LURKER · WÖRTERBUCH
BIBLISCHER BILDER UND SYMBOLE

MANFRED LURKER

Wörterbuch biblischer Bilder und Symbole

KÖSEL

ISBN 3-466-20158-6
4. Auflage 1990

Gesamtherstellung: Kösel, Kempten.
Umschlag: Günther Oberhauser, München

VORWORT

Das vorliegende Wörterbuch möchte in wissenschaftlich fundierter und dabei doch allgemein verständlicher Sprache einen Zugang zu der Bild- und Symbolwelt des Alten und des Neuen Testamentes eröffnen. Dabei ist ganz allgemein an *den* Bibelleser gedacht, aber auch an Theologen und Katecheten, die in der Seelsorge oder im Lehramt die nicht immer leichte Aufgabe haben, den Sinn biblischer Bildmotive und ihrer – bei oberflächlichem Betrachten – oft verwirrenden Zusammenhänge darzulegen. Darüber hinaus hoffen wir, allen an Symbol und Mythos interessierten Lesern ein handliches, zuverlässig orientierendes und vor allem fragwürdige Interpretationen und Hypothesen vermeidendes Nachschlagewerk zu geben, das dem Benützer in vielen Fällen das mühselige Zusammensuchen in Realkonkordanzen, in den großen Kirchenlexika und in anderen mehrbändigen Werken ersparen kann.
Die Stichwortartikel sind in vier Abschnitte gegliedert. Im ersten Abschnitt werden kurze Hinweise zum Phänomen und seinem bildlich-symbolischen Gebrauch in der biblischen Umwelt (Alter Orient, Antike) gegeben. Der zweite Abschnitt geht auf die Bild- und Symbolvorstellungen im Alten Testament ein, der dritte Abschnitt auf die im Neuen Testament. Bibelwissenschaftliche Auseinandersetzungen gehören nicht in den Rahmen dieses Buches und wurden bewußt ausgeklammert. Zur Vereinheitlichung der Zitationsweise wurde – unabhängig von der selbstverständlich auch erfolgten Einsichtnahme in die Lutherbibel – »Die Heilige Schrift des Alten und Neuen Testamentes«, herausgegeben von V. Hamp, M. Stenzel und J. Kürzinger, (7. Aufl. Aschaffenburg 1959) * herangezogen, was besonders bei der angeführten Zählweise der Psalmen zu beachten ist. Die biblischen Eigennamen und Abkürzungen wurden nach dem

---

* Diese Ausgabe liegt bereits in 18. Auflage, Aschaffenburg 1966, vor.

»Ökumenischen Verzeichnis« (Stuttgart 1971) geschrieben. Der letzte Abschnitt der Stichwortartikel gibt kurze Hinweise zum Weiterwirken der biblischen Bilder und Symbole im Schrifttum der Kirchenväter, in Liturgie und christlicher Kunst.

Während es sich bei den Stichwortartikeln immer um Bild- und Symbolmotive handelt, die etwas anderes andeuten bzw. repräsentieren, werden die Bild- und Symbolbedeutungen in einem eigenen Register angeführt, aus dem rasch und übersichtlich zu ersehen ist, durch welche Einzelmotive bestimmte Begriffe (wie Endzeit, Gericht, Heil) und Personen des Heilsgeschehens (Christus, Gott, Maria) symbolisiert werden können.

Bei der dritten Auflage wurden zahlreiche Ergänzungen und Bereicherungen vorgenommen, sowohl der Artikel (32 sind neu hinzugekommen) als auch der Register und der Literaturangaben. Letztere erfassen – ohne auf Vollständigkeit zu zielen – vor allem Veröffentlichungen der letzten sechzig bis siebzig Jahre. Möge das Werk in dieser neuen Gestalt wieder vielen Lesern der Bibel eine echte Verstehenshilfe sein, nicht nur in der Bereitstellung alphabetisch geordneten Wissens, sondern auch in dem Sichtbarmachen des Geistes, der über viele Jahrhunderte hinweg die christliche Symboltradition geprägt hat.

Oberkirch, im Januar 1987 *Manfred Lurker*

INHALT

EINFÜHRUNG IN DIE BILD- UND SYMBOLSPRACHE DER BIBEL

Die Kernaussage der Bibel ist, daß Gott in die Welt und in die Geschichte hineinwirkt – vom ersten Schöpfungstag über die Inkarnation bis hin zur Errichtung eines neuen Himmels und einer neuen Erde. Alles Erschaffene kommt von Gott und führt wieder zu ihm! Nach Thomas von Aquin sind alle Wesen aus Gott hervorgetreten, aus ihm ist das Licht »rückspiegelnd« entsprungen.[1] Mit dem Wort »Gott« bezeichnet der Mensch das höchste, das absolute Sein, das Urbild, aus dem alle Bilder kommen, in dem alle Bilder zusammenfallen, das selbst bildlos ist. Der Mensch ist »imago et similitudo Dei«. In Gott, aus ihm und von ihm »leben, weben und sind wir ... Wir sind seines Geschlechts«, verkündete der Apostel Paulus den Athenern auf dem Areopag (Apg 17,28).

In Christus, dem »zweiten Adam«, wird das Urbild offenbar, nach dem der erste Mensch erschaffen wurde. Darüber hinaus ist die ganze Schöpfung Gottes »Bild«, da er sie gebildet hat. So betrachtet sind alle Bilder »Sinn-Bilder«, und zwar in einer doppelten Bedeutung: erstens Bilder, die durch ihr Ausgestrahltsein vom Urgrund her sinnvoll sind; zweitens, weil sie über sich hinaus wieder auf den Sinn des Seins zurückweisen.

Das eigene Bild und das eigene Wort können dem denkenden Menschen nicht genügen; er will, er muß von einem anderen angeschaut, angesprochen sein; nur vom letzten, höchsten, absoluten DU her kann unser Dasein legitimiert werden. Der gläubige Mensch weiß, daß sein eigenes Bild – wie letztlich alle Bilder seiner Umwelt – nur in der Bezogenheit auf das Urbild einen Sinn hat. So stehen alle

---

[1] Vgl. Gustav Siewerth: Wort und Bild. Eine ontologische Interpretation. Düsseldorf 1952, 47.

Bilder der Bibel – der Lebensbaum und die todbringende Schlange, der opfernde Hirte und das geopferte Lamm, der Becher des göttlichen Zorns und der Kelch der Erlösung – im Licht und im Dunkel des Urbildes, dessen Glanz sie widerspiegelnd offenbaren, dessen Grenzenlosigkeit sie verhüllen.

Vergleicht man die einschlägige Literatur zum Symbolbegriff, so verwirrt zunächst die Fülle der Erklärungen und Abgrenzungen. Etymologisch läßt sich das Wort Symbol aus dem Griechischen ableiten: von symballein = zusammenwerfen, zusammenfügen.[2] Das Wort deutet also eine Synthese an, das Einswerden und Einssein von Zweien. Nach Vonessen ist das Symbol ursprünglich nicht »Symbol von etwas« (d. h. etwas anderem), sondern »Symbol aus etwas« (d. h. aus mehreren polar gegensätzlichen Teilen). Genaugenommen sind die beiden Hälften des auseinandergebrochenen Ringes, bei deren Zusammenfügen die Nachkommen zweier Freunde sich voreinander ausweisen konnten, nur die Allegorie des Symbols.[3] Nur aus der im Geistig-Seelischen begründeten Freundschaft konnte das an Stofflich-Körperliches gebundene Zeichen dieser Freundschaft entstehen. Wenn der abgeleitete Sprachgebrauch in der Antike mit symbola die verschiedensten Dinge bezeichnete – z. B. Verträge in der Rechtskunde, das Losungswort im Kriegswesen und in Mysterienbünden, den zur Weissagung dienenden Vogelflug beim Orakel –, dann ist immer die gemeinsame Grundbedeutung zu erkennen, nämlich das Zusammenfügen zweier Elemente, die polar einander gegenüberstehen und doch wesentlich zusammengehören.
Das griechische Stammwort hat aber noch eine weitere Bedeutung: vergleichen, deuten, erschließen. So gebrauch-

---

[2] Walter Baatz: Zur Wort- und Bedeutungsgeschichte von Symbol (= Jahrbuch für Psychologie und Psychotherapie 3/1955, 95 ff.).
[3] Franz Vonessen: Der Symbolbegriff im griechischen Denken. Zur philosophischen Grundlegung einer Symbolwissenschaft (= Bibliographie zur Symbolik, Ikonographie und Mythologie 3/1970, 6–8).

ten die Stoiker den Begriff »Symbol«, in dem sie einen verhüllenden Hinweis auf eine philosophische oder theologische Wahrheit erblickten. Philo von Alexandrien übernahm diese »symbolische« – richtiger: allegorische – Auslegungsweise für die Erklärung der Bibel und wurde damit zum Vorbild der alexandrinischen Exegeten, besonders für Klemens von Alexandrien und Origenes.[4] Das Symbol ist Zeichen und Beweis für die in der Schrift ausgesprochene Wahrheit; die geschöpfliche Wirklichkeit wird auf die des Schöpfers bezogen. So treffen sich im Symbol zwei Welten: Vordergründiges und Hintergründiges, Erscheinung und Idee. Tiefe und unverständliche Wahrheiten werden in einem analogischen Sinne erklärt; die Symbole erscheinen als heilige und zum Heil führende Zeichen.

Im modernen Sprachgebrauch kann das Symbol sowohl ein signum significativum als auch ein signum repraesentativum sein; es bezeichnet oder repräsentiert ein anderes. Die Bedeutung des Symbols liegt nicht in sich selbst, sondern weist über sich hinaus. Nach Goethe ist die wahre Symbolik überall dort, »wo das Besondere das Allgemeine repräsentiert, nicht als Traum und Schatten, sondern als lebendig-augenblickliche Offenbarung des Unerforschlichen«.[5]

Für den religiösen Menschen ist das Symbol ein konkretes Phänomen (sei es Natursymbol wie z. B. die Taube, sei es künstliches Symbol wie das gleichschenklige Dreieck), in dem der Gedanke des Göttlichen und Absoluten in solcher Weise immanent wird, daß er zu deutlicherem Ausdruck gelangt als durch Worte.

Einige Philosophen haben das Bedeutungsfeld des Symbolischen weiter abgesteckt. So versteht Cassirer unter einer

[4] Paul Heinisch: Der Einfluß Philos auf die älteste christliche Exegese. Ein Beitrag zur Geschichte der allegorisch-mystischen Schriftauslegung im christlichen Altertum. Münster 1908. Unter den neueren Arbeiten sei hingewiesen auf R. P. Hanson: Allegory and Event. A Study of The Sources and Significance of Origen's Interpretation of Scripture. London 1959.

[5] J. W. von Goethe: Maximen und Reflexionen. Stuttgart 1947, 169, Nr. 1002.

symbolischen Form jede Energie des Geistes, durch die ein geistiger Bedeutungsgehalt an ein konkretes Zeichen geknüpft und diesem innerlich zugeeignet wird; das bedeutet, daß alle Formen des menschlichen Kulturlebens symbolisch sind. Cassierer möchte sogar den Menschen geradezu als »animal symbolicum« – statt als »animal rationale« – bezeichnen.[6] Schließlich wurde der Symbolbegriff besonders von den Naturwissenschaften, aber auch von der Linguistik so erweitert, daß alle Zeichen, die »für etwas stehen«, Symbol genannt werden, auch wenn es sich nur um Verkehrsschilder oder Zeichen für chemische Elemente handelt. Von hier aus ist leicht die Gefahr gegeben, allen Symbolen nur einen Zeichen-Charakter zuzuerkennen; dann ist z. B. das christliche Kreuz nicht mehr als eine Hausnummer, beide dienen nur zur äußeren Kennzeichnung.

Der in vorliegendem Wörterbuch gebrauchte Symbolbegriff ist mit Absicht nicht zu eng begrenzt, zumal wir um seine divergierende Auslegung gerade auch in der Religionswissenschaft und in der Theologie wissen. Eine gute Einführung in den gesamtem Problemkreis mit all seinen kontroversen Darstellungen bietet Stephan Wisse; für ihn selbst ist das Symbol »ein sinnfälliges Ausdrucks-Zeichen für erlebtes Transzendentes«. Für den der Schau Mächtigen wird das Symbol einen Zugang zur Erfahrung des Göttlichen eröffnen, wo alle anderen Begriffe versagen.[7]
Da es zweifellos zum Wesen des Symbols gehört, sich nicht definieren, d. h. in Begriffen erklären zu lassen, wollen wir uns nicht auf eine formale Definition festlegen. Völlig verschieden von dem konventionellen und akzidentellen Zeichen, weist der symbolische Ausdruck – unabhängig von

---

[6] Ernst Cassirer: An Essay on Man. New York 1953, 44. Grundlegende Aufsätze Cassirers in dem Sammelband: Wesen und Wirkung des Symbolbegriffs. Darmstadt 1956.

[7] Stephan Wisse: Das religiöse Symbol. Versuch einer Wesensdeutung. Essen 1963, 27. Weiter sei hingewiesen auf Wilhelm Heinen (Hrsg.): Bild – Wort – Symbol in der Theologie, Würzburg 1969.

intellektuellem Kennen und Erkennen – auf eine andere Seinsebene. Wenn es ein echtes Symbol ist, kann es immer nur »die« höhere Seinsebene sein; das Symbol repräsentiert mehr, als es darstellt. In ihm wird das Natürliche, Stoffliche transparent auf seinen Existenzgrund hin. Wichtig ist die Einsicht, daß man keine starre Grenze zwischen (sinngeladenem) Bild und Symbol ziehen kann. Das Symbol und die ihm verwandten Termini – wie Bild, Metapher, Gleichnis, Analogie und auch Allegorie – bilden eine Begriffsreihe, bei der die Einzelbegriffe nebeneinanderstehen und ineinander übergehen, wobei jedoch, infolge verschiedener Wertigkeit, nicht alle Begriffe gleich viel »Raum« einnehmen und auch in ihrem »Standort« nicht genau festzulegen sind.

Es soll nicht verschwiegen werden, daß die Meinung über den Symbolgehalt der Bibel bei einzelnen Theologen weit auseinandergeht. Einige anerkennen nur wenige Symbole, sei es aus einer gewissen Reserviertheit dem oft mißverstandenen oder gar mißbrauchten Symbolbegriff gegenüber, sei es aus Furcht vor einer Überbewertung des Symbolischen, wenn das Diesseitig-Stellvertretende mit dem Jenseitig-Göttlichen verwechselt wird – ähnlich wie in der Bibel das goldene Kalb an Stelle Jahwes verehrt wurde. Andere Theologen, wie z. B. Vahanian[8], bezeichnen die biblischen Texte als durchwegs symbolhaltig. Nach Johann Baptist Bauer begegnet in der Bibel »Symbolik auf Schritt und Tritt«; überhaupt neigen die semitischen Sprachen zu »symbolischer Ausdrucksweise, weil sie das Abstraktum so gut wie nicht kennen und sich daher immer wieder des Konkretums bedienen, das dann durch Sinnstreckung abstrakte Bedeutung erhält«.[9] In der katholisch-theologischen Fakultät der Universität Strasbourg fand 1974 ein vielbeachtetes Colloquium über

---

8 Gabriel Vahanian: Biblical Symbolism and Man's Religious Quest (= JR 38/1958, 232 ff.).

9 J. B. Bauer: Bibel (im Wörterbuch der Symbolik, hrsg. von M. Lurker, S. 84 f.), Stuttgart 1985.

die Beziehungen zwischen Symbol und Theologie statt, bei dem auch die Rolle des Symbols im Alten und Neuen Testament zur Sprache kam.[10]

Für uns zeigt sich die Symbolhaltigkeit der alt- und neutestamentlichen Texte in all den Lebensbereichen, in denen Inneres durch Äußeres, das Ganze durch einen Teil, das Unwandelbare durch Vergängliches angedeutet werden soll. Das Symbol steht zu einer von sich selbst verschiedenen Wirklichkeit in einem Verhältnis der Repräsentation, wobei das Repräsentierte je nach Art der Symbolisierung in eine verschiedene Distanz zum Symbol tritt. Das Symbol ist damit also kein Abbild, sondern fängt Essentielles ein und bringt es in einem höheren Sinne gleichnishaft zur Anschauung.

Heilsgeschichtlich ist das Symbol Ausdruck für die nicht abgebrochene Verbindung zwischen dem Schöpfer und seiner Schöpfung. Alles Kreatürliche weist auf den Creator – nicht umgekehrt! Deshalb erkennt Vereno das Wesen echter symbolischer Beziehungen gerade darin, daß sie nicht umkehrbar sind, weil sie in der Transzendenz gründen.[11] Das Bild wird immer abhängig bleiben vom Abgebildeten, während der (oder das) Abgebildete unabhängig von der bildlichen Darstellung ist. Wenn aus der Fülle des göttlichen Urbildes die Einzelbilder offenbar werden, dann sind diese im eigentlichen Sinn sym-bolon, Zusammenwurf, Zusammenschlag von Zeit und Ewigkeit. »Was nämlich unsichtbar ist« an Gott, »ist seit Erschaffung der Welt an den geschaffenen Dingen mit der Vernunft zu sehen« (Röm 1,20).

Das Symbol ist Verhüllung und Offenbarung zugleich. Deshalb ist die Deutung von Symbolen oft auch so schwie-

---

[10] Die veröffentlichten Vorlesungen bei J. Ménard (Hrsg.): Le symbole, Leiden 1975.

[11] Matthias Vereno: Der ontologische und der gnoseologische Aspekt religiöser Symbole (= Akten des XIV. Internationalen Kongresses für Philosophie, Wien 1968, 354).

rig. Bei der Erklärung des Symbolischen, bei der Übertragung in die Sprache der Begriffe, bleibt wohl immer ein unübersetzbarer Rest. Gerade weil das Symbol auf das Unbegreifliche weist und es repräsentiert, läßt es sich nicht mit unserer Ratio be-greifen. Das Symbol ist immer ein Extrakt, ein Auszug aus einer Fülle von Einzelgedanken; es faßt ganze Gedankenreihen in eine sonst unerreichte, bildhafte Kürze zusammen. Symbole sind keine starren, präzise zu umgrenzenden Gebilde, sondern veränderlich; ihre Aussage ist von der jeweiligen Erscheinungsweise abhängig. Manchmal scheint das Symbol sich selbst zu widersprechen. Ja, es gibt Symbole, die beide Seinspole – Leben und Tod, Gut und Böse – andeuten können. Dieser Ambivalenz begegnen wir immer wieder in der biblisch-christlichen Symbolwelt. So bringt die Schlange nicht nur den Stammeltern den Tod, sondern wird – von Moses als ehernes Bild an der Stange aufgerichtet – den Menschen zum Heil. Kirchgässner spricht mit Recht von der Dialektik des Symbols.[12] Tag und Nacht, Schuld und Sühne, Leben und Tod bedingen einander und werden erst am Ende der Zeiten von Gott aufgehoben. Im Symbol aber kann schon hic et nunc die ursprüngliche, die endgültige – und genau genommen: die immerwährende – Einheit des Seins durchscheinen.

Für den Menschen des Altertums war die Welt nicht weniger eine Ganzheit als für uns; doch während wir heute das Universum durch Messen und Berechnen zu begreifen versuchen, bedienten sich die alten Ägypter, die Babylonier und zum Teil auch noch die Griechen der Bilder – für sie war die Welt ein Synoptikum. Aus dieser imaginativ erfaßten Welt trat dem Menschen das Göttliche gegenüber, der Sinn des Seins. Und der Mensch versuchte, den Sinn im Bild festzuhalten. Daß dabei die biblischen Bildvorstellungen mit denen der umliegenden Völker oft große Ähnlich-

---

12 Alfons Kirchgässner: Die mächtigen Zeichen. Ursprünge, Formen und Gesetze des Kultes. Freiburg 1959, 158ff.

keit aufweisen, darf nicht überraschen. Da alle echten Sinnbilder den Menschen von einer peripheren Seinsbefangenheit auf die Seinsmitte hinweisen sollen, fallen alle symbolischen Erscheinungen in wenige typische und bei fast allen Völkern und Religionen anzutreffende Symbolgruppen zusammen. Alle Symbolik kristallisiert sich um die Pole des Seins: um Werden und Vergehen, um Licht und Finsternis, um Gut und Böse. Genau so kreisen die mythischen Überlieferungen der biblischen Umwelt um die gleichen Grundgedanken: von der Kosmogonie über Sündenfall und Heilbringer zur Eschatologie.

In unserem Jahrhundert besinnt man sich wieder darauf, »daß es keinen Sinn hat, Mythos und Logos gegeneinander auszuspielen. Es sind zwei Arten, in denen der Menschengeist der Wirklichkeit begegnet, zwei Arten des Welt- und Gottverstehens.«[13] Manche Bilder des Alten Testamentes entstammen der mythischen Sprache, so z. B. Einzelmotive in der Darstellung der Gotteserscheinung wie das Erbeben der Berge, Sturm, Feuer und Donner. Doch ist zu beachten, daß diese Bilder zwar Jahwes Handlungen anzeigen, seine wahre Herrlichkeit aber im Unsichtbaren lassen. Gott ist auch nicht Berg, Fels oder Stein, er offenbart sich nur in ihnen. Die Naturerscheinungen lassen lediglich auf seine unsichtbare Macht schließen, stellen aber nicht sein unsichtbares Wesen dar.

Der Doppelstellung von Priester und Prophet entsprechend, zeigt sich die verschiedene Akzentuierung des Kult- und des Wortsymbols. Bei den Vorstellungen von dem heiligen Raum, der heiligen Zeit und den heiligen Handlungen (wie Beschneidung und Waschung) läßt sich die Symbolik des jüdischen Kultes nachweisen. Die Propheten dagegen bedienen sich ganz des Wortes, dessen Zeichenhaftigkeit und Wirkmacht oft noch durch symbolische Handlungen ver-

---

[13] Gebhard Frei (und andere Autoren): Mythisches Denken (Handbuch der Weltgeschichte, hrsg. von Alexander Randa, Bd. I, 181). Olten–Freiburg 1954.

stärkt werden.[14] Die nicht immer dem Glauben dienende Kontroverse zwischen priesterlicher und prophetischer Grundhaltung, zwischen stärkerer Betonung des Kultes oder des Wortes läßt sich von den Zeiten Moses' und Aarons bis in die Zeit der Kirchenspaltung hinein verfolgen. In Wirklichkeit ergänzen Kult und Wort einander, ja, sie bilden beide letztlich eine Einheit. Heiliges Tun und heiliges Wort bilden den Urgrund des Lebens – und der ruht in Gott. So beginnt die Genesis: »Im Anfang schuf Gott den Himmel und die Erde«, und Johannes eröffnet seinen Prolog: »Im Anfang war das Wort«. Heute erkennen Theologen aller Konfessionen, daß mit einer rationalistischen Zurückdrängung des Kultes – und damit auch des Bildes – letztlich eine verbalistische Verkümmerung des lebendigen Wortes Gottes einhergeht. Hier sei vor allem auch auf einen Ausspruch Goldammers hingewiesen, »daß der Kultus und seine Formen- und Ausdruckswelt funktional zum Bedeutendsten in einer jeden Religion gehören«.[15]

Das Wort, das »Fleisch geworden« ist, »das Bild Gottes« und der »Erstgeborene aller Schöpfung« (Kol 1,15), ist das Ursymbol. Christus hat Anteil an Zeit und Raum und zugleich an der Ewigkeit und Grenzenlosigkeit. In Christus fallen alle Pole des Seins zusammen, er ist Anfang und Ende und die zeitlose Mitte; er ist – wie die Benediktinerin Photina Rech so treffend sagt: Inbild des Kosmos. Das gleiche meint Wucherer-Huldenfeld, wenn er Jesus Christus als »das absolute Symbol Gottes in dieser Welt« bezeichnet und unter Hinweis auf Aussagen des zweiten Vatikanischen Konzils in der Kirche »das Symbol Christi in der Welt« erkennt.[16] Alle Bilder sind nur Sinn-Bilder dieses

---

14 Matthias Becker: Bild – Symbol – Glaube. Essen 1965, 140.

15 Kurt Goldammer: Kultsymbolik des Protestantismus. Stuttgart 1960, 8; vgl. Oskar Söhngens Geleitwort zu Christian Rietschel: Sinnzeichen des Glaubens. Kassel 1965.

16 Photina Rech: Inbild des Kosmos. Eine Symbolik der Schöpfung. Salzburg 1966, besonders Bd. I, 18ff.; Augustinus Wucherer-Huldenfeld: Theologie des Symbols (E. Hesse / H. Erharter: Liturgie der Gemeinde. Weihnachts-Seelsorgertagung 1965, 93–106). Wien 1966.

Ursymbols; so sind die Selbstbezeugungen Jesu zu verstehen, daß er das Brot des Lebens, das Licht der Welt, Tür und Weg, der gute Hirte und der wahre Weinstock ist.
Wie der Schöpfer und die Schöpfung zusammengehören, so auch Christus und die Kirche, wobei letzterer Begriff nicht weit genug gefaßt werden kann; es ist die ecclesia catholica – die allumfassende –, in der am Ende der Zeiten alle Geschöpfe wieder in ihren Ursprung einmünden. Und wie Christus von sich sagen konnte: »Wer mich sieht, sieht auch den Vater« (Joh 14,9), so ist die Kirche Bild des ganzen Alls.
Die an Bildern und Gleichnissen reiche Sprache der Bibel war es, auf die das Entstehen der christlichen Symbolik zurückgeht. Die alttestamentliche Relation Schöpfer – Schöpfung (bzw. Jahwe – Israel) wurde durch das neutestamentliche Verhältnis Christus – Kirche erweitert. In bewußter Abgrenzung von der überquellenden Bilderwelt der »umliegenden« Völker und ihrer religiösen Vorstellungen kannte die christliche Frühzeit nur wenige Symbole im liturgischen Bereich, vor allem Taufe und Eucharistie,[17] deren reiche Symbolbezüge (zu Wasser, Brunnen, Fisch, Ähre, Brot, Kelter, Wein) in der folgenden Zeit auch in Kunst und Dichtung ihren Niederschlag fanden. Nachdem seit dem Mailänder Edikt (313) das Christentum sich frei entfalten konnte, wurden auch Bilder aus der antiken Welt aufgenommen und im christlichen Sinne interpretiert. So etwa verstand man unter dem an den Mastbaum gefesselten Odysseus den gläubigen, an das Kreuz »gebundenen« Christen, der ungefährdet von dem Gesang der Sirenen (Hinweis auf die Versuchungen und Verstrickungen dieser Welt) zu seinem wahren Ziel fährt. Besondere Bedeutung gewann

---

17 Zur Symbolik der Sakramente vgl. Alois Winklhofer: Kirche in den Sakramenten. Frankfurt 1968; M. Dominicus Koster: Symbol und Sakrament (= Neue Ordnung 1/1946–1947, 385–403); Paul Niewalda: Sakramentssymbolik im Johannesevangelium? Eine exegetisch-historische Studie. Limburg 1958.

der »Physiologus«, ein in Alexandria entstandenes Tierbuch (Bestiarium), in dem antike Naturerkenntnis mit der christlichen Glaubens- und Heilslehre verknüpft wurde.
Bei der Erklärung der Sakramente wandten sich die Kirchenväter immer wieder den Analogien zwischen kirchlichen Riten und biblischen Ereignissen zu. Der Durchgang durch das Rote Meer wurde als Vorausdarstellung der Taufe angesehen, und das von Melchisedech dargebrachte Opfer von Brot und Wein galt als Hinweis auf die Eucharistie. Die Typologie der Sakramente ist gleichbedeutend mit der concordia veteris et novi Testamenti, der Übereinstimmung des Alten und des Neuen Testamentes in ihren heilsgeschichtlich bedeutsamen Ereignissen und Personen.[18]
Seit der Zeit von Augustinus sprachen die mittelalterlichen Kirchenlehrer von einem vierfachen Sinn der Heiligen Schrift. Durandus (13. Jh.) unterschied den historischen (wörtlich zu nehmenden), allegorischen (auszudeutenden), tropologischen (moralisierenden) und anagogischen Sinn; bei letzterem wird im Text eine metaphysische Beziehung zum Überirdischen oder zur Kirche gesehen. Die ganze Liturgie wird unter symbolisch-allegorischem Aspekt betrachtet, und selbst unscheinbaren Einzelheiten im gottesdienstlichen Bereich wird ein tieferer, bibelbezogener Sinn unterlegt. Mit der überreichen Entfaltung der Symbolik in den Werken eines Beda Venerabilis, Honorius Augustodunensis und Durandus wurde zwar die christliche Ikonographie aufs stärkste angeregt, aber andererseits die Gefahr heraufbeschworen, daß das Verständnis des einfachen Volkes für die eigentlichen Symbole geringer wird. Auch können wir uns heute des Eindrucks nicht erwehren, daß manche typologische Querverbindung mehr einer komplizierten theologischen Spekulation als ursprünglicher Absicht der biblischen Autoren entsprang.

---

[18] Hierzu besonders Leonhard Goppelt: Typos. Die typologische Deutung des Alten Testaments im Neuen. Gütersloh 1939. Reprint Darmstadt 1969. Reiches typologisches Material bei Jean Daniélou: Liturgie und Bibel. Die Symbolik der Sakramente bei den Kirchenvätern. München 1963.

In den letzten Jahrzehnten sind die kritischen Stimmen gegenüber einer allegorischen Auslegung gewisser biblischer Texte immer lauter geworden. Dies sei an dem Beispiel des Hohen Liedes aufgezeigt. Bis in die Neuzeit hinein verstand man es entweder in seiner Ganzheit als eine Art Parabel, wobei die Ehe als Bild für den Bund Gottes mit seinem Volk diente, oder als Allegorie, die in allen Einzelzügen die Liebe Jahwes zu seinem Volk beschreibt: der Bräutigam ist Christus, die Braut kann interpretiert werden als die Kirche (so bei Origenes), als die Seele der Gläubigen (bei Tertullian) oder als Maria (bei Hieronymus); im mittelalterlichen Symbolismus war die marianische Auslegung besonders beliebt. Heute ist die allegorische Deutung zugunsten einer naturalistischen fast ganz aufgegeben. Das Hohe Lied wird nun real auf die Liebe zwischen Mann und Frau hin gedeutet, eine Liebe, die durch Bilder und Metaphern dem Banalen enthoben ist und in der auch religiös-mythologische Symbole (wie Taube und Granatapfel) vorkommen.[19] Wichtig ist die von modernen Exegeten gezogene Folgerung, daß alles deskriptive Reden von Gott metaphorische Implikate enthält und daß die Inhalte dieser Metaphorik weithin aus dem Unterbewußtsein bzw. Unbewußten bezogen werden.[20]

Nach der Erstarrung und einer oft inhaltlich nicht mehr verstandenen Tradierung des biblisch-christlichen Bilderschatzes in der katholischen Kirche und einer unübersehbaren Abneigung, ja Ablehnung der Bilder und bildhaften Symbole auf protestantischer Seite wird – nachdem bereits im 19. Jahrhundert Friedrich Creuzer und Johann Jakob Bachofen auf die religionsgeschichtliche Bedeutung von Symbol und Mythos hingewiesen haben – mit Beginn des 20. Jahrhunderts ein neues Symbolverständnis geweckt.

---

19 Vgl. dazu Herbert Haag/Katharina Elliger: »Wenn er mich doch küßte«. Das Hohe Lied der Liebe. Tübingen o.J. (1983), S. 11 ff.

20 Hans-Peter Müller: Vergleich und Metapher im Hohenlied. Freiburg/Schweiz, Göttingen 1984, S. 51.

Ganz abgesehen von den hier nur am Rande zu erwähnenden Vertretern der Tiefenpsychologie – deren Ergebnisse und Erkenntnisse jedoch auch von der Theologie nicht übersehen werden dürfen[21] –, sei auf zwei Exponenten des religiösen Lebens hingewiesen: Karl Rahner und Paul Tillich, die sich bei aller Distanz doch im Bekenntnis zum Symbol begegnen. Für Rahner ist das Seiende »von sich selbst her notwendig symbolisch, weil es sich ›notwendig‹ ausdrückt, um sein eigenes Wesen zu finden« – ein Rückgriff auf scholastische Grundgedanken, die ja in der Lehre von der analogia entis gipfeln. Tillich betrachtet die »Selbstmächtigkeit« als wichtigstes Charakteristikum des Symbols, dem eine gewisse Notwendigkeit anhaftet, durch die es sich vom – in sich ohnmächtigen – Zeichen unterscheidet.[22]

Sicher wird kein Einsichtiger es als Zufall bezeichnen, daß nach einer Zeit, in der nur die rationalisierte, pragmatisch eingeengte »Realität« Geltung hatte, sich wieder die Stimmen mehren, die sich auch für eine Wirklichkeit der Bilder aussprechen. Der Mensch, der bei allem Fortschritt zu einem unbedeutenden Rädchen einer entseelten Weltmaschinerie geworden ist, muß sich selbst wieder als Mikrokosmos erahnen und erleben. Es gilt, die verlorene Mitte wiederzugewinnen! Und dies ist nur möglich in der re-ligio (nach augustinischer Wortauslegung), in der Rückbindung an Gott. Dabei sind die in der Bibel entfalteten Bilder und Symbole eine unschätzbare Hilfe. Nach Ernst Jünger ist »in den Symbolen des göttlichen Ursprungs, der Schöpfung, des Sündenfalls, in den Bildern von Kain und Abel, von

---

[21] Vgl. Raymond Hostie: C. G. Jung und die Religion. Freiburg 1957; Charles Baudouin: Psychoanalyse du symbole religieux. Paris 1957 (deutsch Würzburg 1962); Wolfgang Kretschmer: Psychologische Weisheit der Bibel. Urbilder des Seins und Werdens im biblischen Schöpfungsbericht. München 1955.

[22] Karl Rahner: Zur Theologie des Symbols (Schriften zur Theologie IV, 278). Einsiedeln–Köln 1960; Paul Tillich: Das religiöse Symbol (= Blätter für deutsche Philosophie 1/1927–1928, 277ff.)

der Sintflut, von Sodom und vom Turm zu Babel, in den Psalmen, Propheten ... uns das Muster, das ewige Gradnetz vorgezeichnet, das menschlicher Historie zugrunde liegt«.[23] In dem Spannungsfeld der biblischen Bilder und Symbole, in ihrem Zusammenwurf von Zeit und Ewigkeit, zeigt sich die Einheit und Ganzheit des Seins, in dem der Mensch das Maß der Dinge ist (vgl. Offb 21,17) – das Urmaß, das Urbild aber ruht in Gott.

»Wenn du den Schöpfer hast, so lauft dir alles nach,
Mensch, Engel, Sonn und Mond, Luft, Feuer, Erd und Bach«.
(Angelus Silesius)

---

23 Ernst Jünger: Der Friede (Die Aussprache, Folge 5). Düsseldorf 1948, 15.

A und O. Anfang und Ende

Anfang und Ende sind Kennzeichen von Raum und Zeit, also alles Geschaffenen. Wo Anfang und Ende aufgehoben sind, ist die irdische Beschränktheit überwunden, die Vollkommenheit erreicht. Der Herr über Anfang und Ende ist Herr über Raum und Zeit. In einem orphischen Hymnus wird Zeus besungen als der Erste und der Letzte, als Haupt und Mitte, als Tiefe der Erde und des Himmels. Auch mandäische Texte rühmen Gott als Anfang und Ende. Nach antikem Glauben stellen die Buchstaben die Elemente des Kosmos dar; der erste und der letzte Buchstabe sind symbolischer Hinweis auf die allumfassende Einheit. Nach einer rabbinischen Auslegung ist das hebräische Wort amat (= Treue) eine Wesensbezeichnung Gottes, weil Aleph der erste und Taw der letzte Buchstabe des hebräischen Alphabetes sind und somit das ganze Wesen Gottes darstellen. In Alchimistenkreisen ist die Formel A und O als Ruf des Agathodaimon belegt.
Bereits zu Beginn der Genesis zeigt sich Gott als der Allumfassende, der Himmel und Erde und damit Raum und Zeit erschuf (Gen 1,1). Wer hat alles in der Welt bewirkt? Wer vollbracht? »Der herbeiruft die Geschicke von Anbeginn: Ich, der Herr, bin zuerst, und bei den Letzten bin ich es!« (Jes 41,4) Wer Anfang und Ende in sich umschließt, ist der Inbegriff des Seins. Also spricht der Herr: »Ich bin der Erste, und ich bin der Letzte, außer mir gibt es keinen Gott!« (Jes 44,6) An anderer Stelle bezieht Jesaja (48,12 f.) das allumfassende Wesen Gottes, nämlich der Erste und der Letzte zu sein, auf die Erschaffung von Himmel und Erde. Ohne die Schöpfung könnte es die Begriffe Anfang und Ende nicht geben.
In der Offenbarung (1,8) bezeichnet sich »der Herr und Gott, der ist und der war und der kommt« selbst als »das Alpha und das Omega«; der erste und der letzte Buchstabe des griechischen Alphabetes werden zum Symbol allumfassender, alles bestimmender Herrschaft. Das Ende der

Zeiten wird in einen neuen Anfang ohne Ende, in die Vollendung übergehen. In seiner Allmacht, die Anfang und Ende festsetzen und aufheben kann, wird der Herr »einen neuen Himmel und eine neue Erde« schaffen (Offb 21,1), die mit der Ewigkeit Gottes identisch sind; denn er ist »das Alpha und das Omega, der Erste und der Letzte, der Anfang und das Ende« (Offb 22,13).
Bereits im 3. Jh. erscheinen die beiden Buchstaben A und Ω (meist als Minuskel ω geschrieben) in epigraphischen Denkmälern der Priszilla-Katakombe, vom 4. Jh. an werden sie mit dem Christusmonogramm verbunden und sind als Zeugnis für die Wesensgleichheit mit dem Vater gegen den Arianismus gerichtet. Als Ausdruck der Auferstehungshoffnung gingen die beiden Buchstaben in die Sepulkralsymbolik ein. Im Mittelalter werden sie häufig in den Nimbus Christi geschrieben, besonders in den Darstellungen der Maiestas Domini und des Weltenrichters.

LITERATUR: G. Stuhlfauth (RAC I, 1–4); Fr. Chatillon: Arbiter omnipotens et le symbolisme de l'Alpha et de l'Omega (= Revue du Moyen Age Latin 11/1955, 5–46); W. J. P. Boyd: I am Alpha and Omega (= Studia Evangelica II, 526–531). Berlin 1964.

Aas

Das Fleisch toter Tiere, das nicht durch Schlachtung zum Opfer oder zur Mahlzeit getötet wurde, durfte der Israelit weder essen noch berühren. Das der Verwesung anheimgefallene Aas war ein Bild des Todes und damit auch der Gottesferne. Der Leichnam der Gottlosen wird manchmal als Aas oder Mist bezeichnet (2 Kön 9,37). Wenn der Prophet Ezechiel (4,14) von sich beteuert, daß er noch nie »Gefallenes und Zerrissenes« gegessen und noch nie »verdorbenes Fleisch« in seinen Mund genommen habe, dann soll dies Zeugnis ablegen für seine Gesetzestreue und Gottverbundenheit. Das den Tieren des Feldes und den Vögeln zum Fraß hingeworfene Aas ist ein Bild für das dem göttlichen Gericht verfallene Ägypten (Ez

32,3–5). Wie in dem Kadaver des von Simson überwundenen Löwen ein Bienenschwarm haust und sich Honig findet (Ri 14,8), so kann Gott aus dem Tode und der Verwesung Leben erwecken.
Nach dem Bericht der Evangelisten (Mt 24,28; Lk 17,37) wird am Ende der Zeiten der Herr wie ein Geier (nach anderer Übersetzung wie ein Adler) zu den in Sünde gefallenen Menschen, dem Aas, kommen; denn »wo das Aas ist, da versammeln sich die Geier«. In symbolischer Ausdeutung läßt sich daraus folgern, daß den auf Gott Vertrauenden statt des Gestankes der Verwesung der süße Wohlgeruch ewigen Lebens erwartet.

Acker

Bei den alten Völkern wurde die den Samen aufnehmende Erde, der Acker, als weiblich empfunden. Der syrische Gott Baal wurde »Gatte der Felder« genannt. Die Früchte des Ackers sind letztlich Eigentum der Gottheit. Das Bestellen des Feldes wurde mit dem menschlichen Leben in Verbindung gebracht. Das in den ägyptischen Totenbuch-Illustrationen dargestellte Pflügen, Säen und Ernten ist Ausdruck der Hoffnung auf ein Weiterleben.
Die wesensmäßige Verbundenheit von Mensch und Erde zeigt sich darin, daß um Adams Sünde willen der Ackerboden verflucht sein soll, »mühsam sollst du dich von ihm nähren alle Tage deines Lebens« (Gen 3,17). Im Schweiße seines Angesichts muß sich seither der Mensch ernähren, bis er zum Ackerboden wiederkehrt, von dem er herkommt (Gen 3,18). Der Umbruch des Ackers durch Pflügen (Neubruch) ist ein Bild der Buße und des Neubeginns (Jer 4,3).
Der unter dem Fluch der Ursünde stehende Acker wird zu einem Bild der irdischen Welt. So heißt es bei Mattäus (13,38): »Der Acker ist die Welt; der gute Same, das sind die Kinder des (Gottes-)Reiches, und das Unkraut, das sind die Kinder des Bösen«. Die Menschen sind »Gottes Ackerfeld« (1 Kor 3,9).

Im Acker der Welt kann das Himmelreich gleich einem verborgenen Schatz gefunden werden (Mt 13,44); d. h. das Himmelreich ist nicht in einer unwirklichen Ferne, sondern als höchster Wert bereits mitten in unserem Leben.
In der mittelalterlichen Kirche gehörte ein ungepflügter Acker zu den Mariensymbolen. So wie Adam aus der noch unbearbeiteten Erde gebildet wurde, so geht Christus aus der jungfräulichen Maria hervor. In der orthodoxen Kirche wird am Verkündigungstag vorgelesen: »Wie ein ungepflügter Acker ließest du hervorgehen die göttliche Ähre«.

Ackerboden ↗ Erde

Adler

Im Mythos und in der religiösen Symbolik spielt wie kaum ein zweiter Vogel der Adler eine Rolle. Wo er beheimatet ist, gilt er als König der Vögel. Er weilt bei den Göttern im Himmel, wohin er die auserwählten Menschen trägt. Ein babylonischer Himmelfahrtsversuch war der des Etana, der sich von einem Adler in Ischtars Gefilde tragen lassen wollte. Ein löwenköpfiger Adler ist das Emblem des sumerischen Gottes Ningirsu; in Syrien war der stolze Raubvogel dem Sonnengott von Palmyra geweiht. Die Griechen erblickten im Adler den Begleiter des Zeus. Das Emportragen der zu den Göttern eingehenden Seele ihres Kaisers deuteten die Römer dadurch an, daß sie gleichzeitig mit der Verbrennung der Leiche des Herrschers einen Adler in die Luft hochfliegen ließen.
Der mächtige Vogel, dessen Weg am Himmel ist (Spr 30, 19), war ein Bild der Kraft und Ausdauer. Die dem Herrn vertrauen, »bilden Flügel den Adlern gleich, sie laufen und werden nicht matt, sie ziehen dahin und ermüden nicht« (Jes 40,31). Die Fürsorge Gottes für sein auserwähltes Volk ist der eines Adlers vergleichbar, der seine Jungen auf Flügeln zu ihrem wahren Ziel emporträgt (Ex 19,4). Wie ein Adler, der sein Nest bewacht und über seinen Jungen da-

hinschwebt, so breitet der Herr seine Flügel aus und nimmt sein Volk auf, »trägt es auf seinen Fittichen fort« (Dtn 32, 11). Dem gläubigen Menschen gilt der Zuruf: »Dem Adler gleich erneut sich deine Jugend« (Ps 103,5). Der Raubvogel kann auch Gottes Gericht sinnbilden: »Der Herr wird von ferne, von den Grenzen der Erde, ein Volk wider dich senden, das wie ein Adler auf Beute stößt« (Dtn 28,49). Beim Gericht über Moab fliegt ein Adler daher und breitet drohend seine Schwingen aus über das dem Untergang geweihte Volk (Jer 48,40). Der auf dem Felsen wohnende Adler erspäht die Beute, und wo Erschlagene liegen, dort findet er sich ein (Jjob 39,27–30). Bei Ezechiel sinnbildet der Adler mit seinen gewaltigen Flügeln zuerst das babylonische und dann das ägyptische Weltreich (Ez 17,3.7).
Die Stelle bei Jjob ist in abgeänderter Form in Jesu Weissagung vom Ende wieder anzutreffen: »Wo das Aas ist, da sammeln sich auch die Adler« – nach anderer Übersetzung: »die Geier« – (Mt 24,28). Die Adler sind hier ein Symbol der Gläubigen, die sich um den getöteten, dann aber wieder auferstandenen Leib Christi sammeln. Jesus selbst sagte: »Wer sein Leben zu bewahren sucht, wird es verlieren; und wer es verliert, wird es am Leben erhalten«; auf die Frage seiner Jünger: »Wo denn, Herr?« überliefert auch Lukas (17,37) als Antwort: »Wo das Aas ist, da sammeln sich auch die Adler.«
Im Physiologus wird die Erneuerung des Adlers in den Mittelpunkt gestellt; wenn er alt wird und seine Augen trübe, verbrennt er seine Fittiche im Strahlenkranz der Sonne und taucht dann dreimal in eine Quelle reinen Wassers; verjüngt steigt er wieder in die Lüfte – »auch du, Jünger Christi, wenn du noch das alte Gewand trägst: suche die geistliche Quelle, das Wort Gottes, und flieg empor in die Höhe der Sonne der Gerechtigkeit Jesu Christi«. Der majestätische Vogel wird zum Symbol Christi; auf mehreren gallischen und italischen Sarkophagen fand sich auf der Vorderseite ein Adlerkopf mit Flügeln, im Schnabel ein Lorbeerkranz mit Christusmonogramm. Auf Taufbecken

ist der Adler bis in die heutige Zeit ein Hinweis auf die Auferstehung. Als Sinnbild der göttlichen Weisheit wurde er zum Attribut des Evangelisten Johannes. Die Majestät des göttlichen Wortes wurde auf mittelalterlichen Kanzeln oft als Adler mit ausgebreiteten Flügeln dargestellt (Adlerpult).

LITERATUR: Fr. Cumont: L'aigle funéraire des Syriens et l'apothéose des empereurs (= Revue de l'Histoire des Religions 62/1910, 119–163); A. J. Wensinck: Tree and Bird as Cosmological Symbols in Western Asia. Amsterdam 1921; R. Wittkower: Eagle and Serpent (= Journal of the Warburg Institute 2/1939, 293–325); H. Jucker: Auf den Schwingen des Göttervogels (= Jahrbuch des Bernischen Historischen Museums 1959–1960, 266–287); Th. Schneider: Der Erlöser und die Erlösten im Bilde des Adlers (= Erbe und Auftrag 38/1962, 361–371); Ph. Rech: Adler (Inbild des Kosmos I, 192–220); L. Wehrhahn-Stauch: Aquila – Resurrectio (= ZDVKW 21/1967, 105–127); M. Lurker: Adler und Schlange. Tiersymbolik im Glauben und Weltbild der Völker. Tübingen 1983.

Ähre ↗ *Weizen*

Altar

Der Altar ist ganz allgemein eine Anlage zur Darbringung von Opfern. Zu seiner Errichtung mag auch der Wunsch der Opfergemeinde, den Opfernden zu sehen, eine Rolle gespielt haben; bei den Babyloniern gab es regelrechte Stufenaltäre. Die Heiligkeit des Altars ist durch die oft rituell vollzogene Übereignung an die Gottheit begründet; der so geweihte Ort kann geradezu zu einem Symbol des Numinosen werden. Die im semitischen Raum anzutreffenden Hörner des Altars – ein Hinweis auf die göttliche Macht – gewährten dem sie Berührenden das Asylrecht. Jeder Altar ist eigentlich ein Symbol der Weltmitte; in ihm wird die Weltachse sichtbar, die das Oben mit dem Unten, den Himmel mit der Erde verbindet. Die Errichtung des indischen Feueraltars war die rituelle Nachahmung der Weltschöpfung.

Der erste in der Bibel erwähnte Altar wurde von Noach nach dem Verlassen der Arche erbaut (Gen 8,20); doch läßt bereits das Opfer Kains und Abels (Gen 4,3 f.) auf das Vorhandensein eines Altars schließen. In der Zeit der Patriarchen ist der Altar jedenfalls ein Zeichen ihrer Verbundenheit mit Gott. Als Abra(ha)m von Charan auszog und das Land der Kanaaniter erreichte, erschien ihm der Herr und verkündete seinen Nachkommen dieses gesegnete Land; »Abram baute dort einen Altar dem Herrn« (Gen 12,7). Hier ist der Altar nicht Opferstätte, sondern Zeichen für die Begegnung mit der Gottheit. So einen Gedenk-Altar errichtete auch Mose nach der Amalekiterschlacht und nannte ihn »Der Herr ist mein Banner« (Ex 17,15). Später kam man von dieser Art Altar ab, weil das einfache Volk sich Gott in dem Stein wohnend vorstellte. Der Opferaltar soll aus Erde sein oder aus Steinen, letztere aber dürfen nicht behauen sein; »wenn du nämlich deinen Meißel auf ihm hin- und herbewegst, so hast du ihn entweiht« (Ex 20, 25) – d. h., der Altar soll nicht durch Menschenwerk befleckt werden, sondern jungfräulich rein, unberührt, bleiben. In älterer Zeit konnten auch Findlingsblöcke als Altar dienen (vgl. 1 Sam 6,14). In seiner Bezogenheit auf Gott ist der Altar auch ein Symbol der Ganzheit. So nahm Elihu »zwölf Steine nach der Zahl der Stämme der Jakobssöhne« und baute aus ihnen »einen Altar im Namen des Herrn« (1 Kön 18,31 f.). Der Altar einigt die Gläubigen, er ist gleichsam ihre sichtbare heilige Mitte, die – wahrscheinlich siebenmal – umwandelt wurde (Ps 26,6).
Im NT wird der Altar nur noch in bildlichem Sinne erwähnt. Die an Christus Glaubenden »haben einen Opferaltar, von dem jene nicht essen dürfen, die dem Zelte dienen« (Hebr 13,10), d. h., die Christen haben nur ein Speisegesetz, das der Eucharistie, das alle übrigen vom Genuß ausschließt, besonders auch die im »Dienst des Zeltes« (= Judentum) Verharrenden. Der Altar ist der heilige Tisch des Mahles Christi und letztlich ein Abbild des Altars, den der Apokalyptiker Johannes im Himmel schaut

und unter dem die Seelen derer weilen, »die hingemordet wurden um des Wortes Gottes und um des Zeugnisses willen« (Offb 6,9). Der Tisch, an dem der Herr mit seinen Jüngern das Abendmahl feierte (Mt 26,20–46; Lk 22,14 bis 23), ist der erste Altar für das neue, vom at.lichen ganz wesentlich verschiedene Opfer.

Der wichtigste Teil des Gotteshauses ist der Altar, dessen Heiligkeitscharakter seinen stärksten Ausdruck in den lateinischen Kirchweihe-Riten findet. Die hauptsächlichen Symbolbedeutungen des Altars sind die als Abbild des Abendmahlstisches, als Sinnbild des heiligen Kreuzes, an dem das Erlösungsopfer vollbracht wurde, und als Symbol Christi selbst. Die steinerne Mensa weist auf den Stein, »den die Bauleute verwarfen« und der trotzdem »zum Eckstein geworden« ist (Ps 118,22). Das weiße Altartuch deutet auf das Leichentuch Christi, und die bei der Konsekration in den Altarstein eingemeißelten fünf Kreuze entsprechen den fünf Wunden des Erlösers als den Quellen seines heilbringenden Blutes. Eine mystisch-moralische Auslegung der Kirchenväter erblickte im Altar das Herz eines jeden Menschen, in dem das Opfer der göttlichen Liebe als ewige Flamme brennt. Schon Ambrosius betrachtete die gottgeweihten Jungfrauen als Altäre des Allerhöchsten. Die Tugenden sind die Stufen zum Altar, als deren Vorbild die Stufen des salomonischen Tempels gelten.

LITERATUR: W. F. Albright: The Babylonian Temple-Tower and the Altar of the Burnt-Offering (= JBL XXXIX/1920, 137–142); J. Sauer: Symbolik des Altars (Symbolik des Kirchengebäudes, 155–166). Freiburg i. Br. 1924, Neuauflage Münster i. W. 1964; K. Galling: Der Altar in den Kulturen des Alten Orients. Berlin 1925; Fr. J. Dölger: Die Heiligkeit des Altares und ihre Begründung im christlichen Altertum (= Antike und Christentum 2/1930, 161–183); C. G. Yavis: Greek Altars, Origins and Typology Including the Offertory Apparatus. St. Louis 1949; A. Weckwerth: Tisch und Altar (= Zeitschrift für Religions- und Geistesgeschichte 15/1963, 209–244).

Angel ↗ *Fischer*

Angesicht

Unter Angesicht ist die einem Betrachter zugewandte Seite, das, was einen ansieht, zu verstehen. Die besonders in Altmesopotamien beheimatete Vorstellung vom »Angesicht Gottes« ist ein auf die bildliche Darstellung der Gottheit zurückzuführender Anthropomorphismus. Der ursprünglich auf das Kultbild bezogene Ausdruck »das Angesicht Gottes schauen« hatte im Babylonischen den Sinn »Hilfe suchen«. Im Koran (Sure 2,274) bedeutet Gott schauen soviel wie das selige Leben im Jenseits.

Das Angesicht der Erde ist ihre sichtbare Oberfläche (Gen 2,6). Das hebräische Wort für Angesicht kann auch die Bedeutung der Präposition »vor« annehmen; so legte Moses die Stäbe »im Angesicht des« (= »vor dem«) Herrn nieder (Num 17,22). Wie das menschliche Antlitz Freude und Güte ausdrücken kann, so bedeutet das Leuchten des göttlichen Angesichtes Gnade und Wohlwollen (Num 6,25). Die auf Gott Vertrauenden sagen in Psalm 4,7: »Wer zeigt uns das Heil? Laß strahlen auf uns das Licht deines Angesichts, Herr« Das Angesicht Gottes ist Ausdruck seiner Zuwendung, seiner Gegenwart. Weil Gott über der Bundeslade weilt, darum stehen der Krug mit Manna und Aarons Stab vor Gottes Angesicht (Ex 16,33), und die Schaubrote des israelitischen Heiligtums heißen im ursprünglichen Text »Brote des Angesichts« (Ex 25,30). Das Angesicht des Herrn sehen, kann kultische Bedeutung haben, indem Gottes Gegenwart im Tempel aufgesucht wird. »Auf, ziehen wir hin, das Antlitz des Herrn zu besänftigen, das Antlitz des Herrn und den Herren der Heere zu suchen!« (Sach 8,21). Wer sich vor dem Angesicht Gottes verbirgt, von ihm nicht gesehen werden will – wie Adam und Eva nach dem Sündenfall (Gen 3,8) –, wendet sich von ihm ab. Ein vom irdischen Herrscheramt übertragenes Bild läßt das strafende Angesicht Gottes auf die Übeltäter richten. »Ei fürwahr! Ich richte mein Antlitz auf euch zum Unheile und rotte ganz Juda aus« (Jer 44,11).

Weil das Angesicht des Herrn sich wider die wendet, die Böses tun (vgl. 1 Petr 3,12), rufen die Gottlosen den Bergen und

Felsen zu: »Fallet über uns und verbergt uns vor dem Angesichte dessen, der auf dem Throne sitzt, und vor dem Zorn des Lammes (Offb 6,16). Die dem Menschen zugewandte Seite Gottes offenbart sich in seinem eingeborenen Sohn; die »Erkenntnis des Glanzes Gottes« leuchtet »auf dem Antlitz Christi« auf (2 Kor 4,6). Die Gläubigen aber spiegeln »mit unverhülltem Angesicht den Glanz des Herrn« wider und werden »zum selben Bild umgeformt von Glanz zu Glanz« (2 Kor 3,18). Das Angesicht Gottes schauen bedeutet im NT nicht einen diesseitigen Vorgang, sondern ist auf das jenseitige Leben bezogen. Die Engel »schauen im Himmel immerfort das Angesicht« des Herrn (Mt 18,10). Auf dieser Erde sehen wir wie »durch einen Spiegel«, in der anderen Welt aber »von Angesicht zu Angesicht« (1 Kor 13,12). Auf wessen Stirn der Name Gottes steht, d.h. wer zu den Erlösten gehört, wird das Angesicht des Herrn schauen, in seinem Reich ewiger Glückseligkeit leben (Offb 22,4).
Die Kirchenväter greifen wiederholt die anthropomorphistische Metapher auf, so heißt es bei Klemens von Alexandrien: »Wo das Angesicht Gottes hinblickt, ist Friede und Freude; wo es sich aber abgewendet hat, dringt unvermerkt das Böse ein.« Nach Johannes Damascenus bezeichnet der Ausdruck »Angesicht Gottes« die Gottheit selbst, insofern sie sich nach außen offenbart.

LITERATUR: W. W. Baudissin: »Gott schauen« in der alttestamentlichen Religion (= ARW 18/1915, 173–240). P. Dhorme: L'emploi métaphorique des noms de parties du corps en hébreu et en accadien (= RB 30/1921, 374–399). A. R. Johnson: Aspects of the Term panim in the O. T. (Festschrift Eißfeldt). Halle 1947. F. Nötscher/Th. Klauser: Angesicht Gottes (RAC I, 437–440). E. Lohse (ThWNT VI, 769–781). F. Nötscher: »Das Angesicht Gottes schauen« nach biblischer und babylonischer Auffassung. 1924. Nachdruck Darmstadt 1969.

Arche

Wie die Überlieferungen zahlreicher Völker von der Sintflut berichten, so auch von der Rettung einzelner auserwählter Menschen. Nach dem Gilgameschepos wurde Utnapischtim von dem Gott Ea vor der zur Strafe über die Menschheit geschickten Flut gewarnt und baute auf sein Geheiß eine Arche und nahm Samen alles Lebenden an Bord. Ähnliches berichtet die griechische Sage von Deukalion und Pyrrha, die als einzige der Flut entkamen, da ihnen Prometheus geraten hatte, einen verschließbaren Kasten zu bauen, mit dem sie nach neun Tagen am Parnaß landeten. Die vor der Flut Geretteten haben gewöhnlich die Funktion eines Kultur- oder Heilbringers, ähnlich wie die in verschiedenen Mythen ausgesetzten Knaben. Der später mächtige Sargon von Akkad soll in einem Schilfkörbchen den Wassern des Euphrat übergeben worden sein; ähnliches berichtet die römische Sage von Romulus und Remus, die in einem wiegenähnlichen Trog im Tiber ausgesetzt wurden.

Das hebräische Wort für Arche – tebah – bedeutet eigentlich Kasten. Da die Erde voller Gewalttat war, beschloß Gott, alle Lebewesen zu vertilgen, nur Noach und seine Familie sollten gerettet werden und von allen Tieren je ein Männchen und ein Weibchen (Gen 6,13–22). Nachdem alle in der Arche waren, schloß der Herr selbst die Arche zu (Gen 7,16). Die Arche ist so zu einem Symbol für Gottes Fürsorge und für das dem Noach widerfahrene Heil geworden. Den überschwemmten Erdkreis hat die göttliche »Weisheit gerettet, indem sie auf geringwertigem Holz den Gerechten steuerte« (Weish 10,4). Die Arche ist das »Holz, durch das Gerechtigkeit geschieht« (Weish 14,7). Mit dem Wort tebah wird auch das asphalt- und pechüberzogene »Kästchen aus Papyrusbinsen« bezeichnet, in dem Mose im Schilf am Ufer des Nils ausgesetzt wurde (Ex 2,3–9). Auch hier ist Gottes Fürsorge im Spiel und das Binsenkästchen ein Bild der Rettung und des Heils.

Die Geburtsumstände Christi, sein Ausgesetztsein in diese Welt und in der Krippe, zeigen typologische Beziehungen zur Aussetzungsgeschichte des Mose im Nil in einem Binsenkästchen. In den Apostelbriefen wird die Arche als Sinnbild des Heils erkannt. In den Tagen Noachs wurde die Arche gebaut, »in der wenige, nämlich acht Seelen, hindurchgerettet wurden durch das Wasser« – und dann kommt der bedeutsame Nachsatz: »Dieses rettet nunmehr auch euch im Gegenbild der Taufe« (1 Petr 3,20 f.). Die Arche wird also auf die Taufe als Mittel der Rettung aus dem Untergang der sündigen Welt bezogen. »Im Glauben empfing Noach Weisung über Dinge, die noch nicht zu sehen waren, und baute umsichtig die Arche zur Rettung seines Hauses« (Hebr 11,7). Bei der Parusie des Menschensohnes wird es sein wie in den Tagen Noachs, in denen das entscheidende Heilsereignis der Einstieg in die Arche war (Mt 24,37 f.).

Bei Justinus, dem frühchristlichen Apologeten, findet sich erstmals eine Deutung der Arche auf das erlösende Holz des Kreuzes Christi hin. Augustinus betrachtet die Arche als Vorbild für die durch diese Welt pilgernde Kirche, »die gerettet wird durch das Holz, an dem der Mittler zwischen Gott und den Menschen hing«, und bezieht – in einer weiteren Ineinssetzung von Arche und dem Körper Jesu Christi – die Tür der Arche (Gen 6,16) auf die Seitenwunde des Gekreuzigten; durch sie führt der einzige Weg zum Heil. In der Grabsymbolik rettet die Arche die Seele des Verstorbenen durch die Wasser des Todes; so zeigen Sarkophagbilder Noach (Seelensymbol) in Orantenstellung auf einem verhältnismäßig kleinen Kasten stehend. In mittelalterlichen Miniaturen ist die von den Fluten umgebene Arche ein Vorbild der Taufe Christi.

LITERATUR: L. Budde: Die rettende Arche Noes (= Rivista di Archeologia cristiana 32/1956, 41–58); Jean Daniélou: Liturgie und Bibel, 80–89; H. Rahner: Die Arche Noe als Schiff des Heils (Symbole der Kirche, 504–547).

Arm

Mehr oder weniger ist der Arm an allen Tätigkeiten der Hand beteiligt, besonders bei solchen, die eine gewisse Kraft erfordern. So gehen in der Symbolsprache die Bedeutungen von Arm und Hand ineinander über. Der erhobene Arm ist ein Zeichen von Stärke und kennzeichnend für die Götter. Der babylonische Marduk tötet mit erhobenem Arm den Chaosdrachen, der altsyrische Wettergott schwingt in seiner Rechten eine Keule, während die Linke das Blitzbündel hält, und der ägyptische Luftgott Schu trennt mit seinen beiden Armen Himmel und Erde.

Der Herr befreite sein Volk aus der Knechtschaft und erlöste es mit ausgestrecktem Arm und in gewaltigen Strafgerichten (Ex 6,6). Als Mose ganz Israel die Zehn Gebote wiederholte, um sie ihnen erneut einzuschärfen, erinnerte er, »daß auch du Knecht im Ägypterland gewesen bist und dich der Herr, dein Gott, mit starker Hand und ausgestrecktem Arm hinweggeführt hat« (Dtn 5,15). Die Schutzgebärde für das eigene Volk wird zur Droh- und Gerichtsgebärde für die Feinde. »Der Herr läßt seine erhabene Stimme ertönen, läßt schauen, wie sein Arm herabfährt in grimmiger Wut, verzehrender Flamme, Sturm, Unwetter und Hagelgestein« (Jes 30,30) – großartig, wie hier in der Schau des Propheten die zerstörenden Gewalten der Natur nichts anderes sind als der furchtbare Arm Gottes. In Ps 89, 10 f. wird geschildert, wie der Herr das übermütige Meer beherrscht, das Ungeheuer Rahab mit Kraft zertritt und die Feinde »mit kräftigem Arm« zerstreut. In einer fast unheimlich anmutenden Prophetie wird bei Jesaja der Arm des Herrn zum leidenden Gottesknecht, der unsere Krankheiten trägt, unsere Frevel auf sich lädt und durchbohrt wird (Jes 53,1–12).

Bei Johannes (12,38) wird die Jesajastelle vom Arm des Herrn ausdrücklich auf Christus bezogen; in ihm hat sich des Propheten Wort erfüllt. Als Maria der Größe Gottes inne wurde, sprach sie: »Er tat Mächtiges mit seinem Arm;

er zerstreute die Hochmütigen in ihres Herzens Sinnen, Gewalthaber stürzte er vom Thron und Niedrige erhöhte er« (Lk 1,51 f.).

In der älteren christlichen Kunst, die der Wiedergabe Gottvaters auswich, diente der Arm oder auch nur die Hand als Symbol der Gottheit. Bei Michelangelos berühmter »Erschaffung Adams« erscheint der ausgestreckte Arm, der die göttliche Kraft über Hand und Zeigefinger weiterleitet, als Schöpfungsorgan. Besondere Erwähnung verdient das spätmittelalterliche Motiv des lebenden Kreuzes, bei dem aus den vier Kreuzenden je ein menschlicher Arm herauswächst; der obere öffnet mit einem Schlüssel den Himmel, der untere schlägt mit einem Hammer gegen die Hölle, der rechte Arm (vom Gekreuzigten aus) krönt die Ekklesia, und der linke tötet mit einem Schwert die Synagoge.

Asche

Die unverbrennbaren Rückstände aus der Verbrennung organischer Stoffe haben religionsphänomenologisch zwei Bedeutungen: erstens dienen sie als äußeres Zeichen der Trauer oder Buße, zweitens kann die von Opfertieren oder menschlichen Leichnamen herrührende Asche numinosen Charakter tragen und als vermeintlich krafthaltiger Stoff auch in Reinigungsriten oder apotropäischen Bräuchen Verwendung finden. Im Parsismus erhält der Gläubige beim Besuch des heiligen Feuers eine Prise Asche, die er an die Stirn streicht zum Zeichen der Demut, ausgelöst durch den Gedanken an die Vergänglichkeit seines von der Erde stammenden Körpers. Die im mediterranen Raum verbreitete Trauergeste, sich Asche aufs Haupt zu streuen, wird auch von Homer bezeugt. In antiken Grabinschriften ist Asche eine Bezeichnung für die Hinfälligkeit des Menschen. Die Asche kann – im Beispiel der griechischen Überlieferung vom Vogel Phönix – auch zu einem Symbol der Wiedergeburt werden.

Wer sich in alttestamentlicher Zeit durch Leichenberührung

verunreinigte, muß durch die Asche der roten Kuh, mit kristallklarem Wasser vermischt, wieder gereinigt werden (Num 19). Die Asche vom Opfertier galt nicht als Abfallprodukt, sondern als geläuterte Materie; der Priester brachte sie »zum Lager hinaus an einen reinen Ort« (Lev 6,4). Wenn ohne menschliches Zutun der Altar zerbricht und die Asche zerstreut wird (1. Kön 13,3 ff.), kündet sich das Gericht Gottes an. Zur Strafe für das ungehorsame Volk verwandelt Gott den Regen in Staub und Asche (Dtn 28,24). Zu dem hochfahrenden, von Schuld befleckten Fürsten von Tyrus spricht der Herr: »Da ließ ich Feuer aus dir lodern, das hat dich verzehrt. Ich wandelte dich in Asche auf der Erde für alle, die dich erblickten« (Ez 28,18). Wer bußfertig ist, hüllt sich in »Sack und Asche«. Der sein Antlitz auf Gott richtende Daniel betete und fastete in Sack und Asche (Dan 9,3). Doch ist dem Herrn nicht eine äußere Zur-Schau-Stellung wohlgefällig, es genügt ihm nicht, wenn man das Haupt wie eine Binse beugt und in Sack und Asche sich hinlegt, wichtiger sind die guten Werke (Jes 58,5 f.). Asche ist ein Bild für die Vergänglichkeit des Lebens. Abraham weiß, daß er »nur Staub und Asche« ist (Gen 18,27). Auch bei Ijob (30,19) werden Asche und Staub als Synonyma verwandt. »Wer Asche weidet« – d. h. ein Nichts anbetet, indem er fremde Götter verehrt –, »wird vom verblendeten Herzen getäuscht« (Jes 44,20). Schließlich ist der nach dem Erlöschen des Feuers übriggebliebene Verbrennungsrückstand ein Bild für Trauer und Klage. Die durch ihren Halbbruder entehrte Tamar »streute Asche auf ihr Haupt, zerriß das Ärmelkleid, das sie trug«, und ging unter Wehklagen weg (2. Sam 13,19). »Asche essen wie Brot« bedeutet große Trauer haben (Ps 102,10). Doch den Propheten ist es gegeben, »auszurufen ein huldvolles Jahr des Herrn, ... allen Trauernden zum Trost, zu wandeln Asche in Schmuck, ... Trauerkleider in Freudenöl« (Jes 61,2 f.).
Wenn schon das Blut von Opfertieren und »die Asche einer Kuh die Verunreinigten heiligt zur Erlangung fleischlicher Reinheit«, um wieviel mehr wird das Blut Christi die Menschheit reinigen können (Hebr 9,13 f.). Obwohl die Städte Chora-

zin und Bethsaida Augenzeugen vieler Wunder Jesu waren, wollten sie sich nicht bekehren; da sprach der Herr zu ihnen: »Wären zu Tyrus und Sidon die Wunder geschehen, die bei euch geschahen, sie hätten sich längst in Sack und Asche bekehrt« (Mt 11,21). Beim Untergang der sündigen Stadt Babylon werden deren Anhänger weinen und klagen und Staub (Asche!) auf ihr Haupt streuen (Offb 18,19).
Die durch ihre Leichtigkeit und Feinheit an den Staub der Erde erinnernde Asche ruft im Menschen die Erkenntnis seiner irdischen Herkunft wach und mahnt ihn zu Demut und Buße. Tertullian empfiehlt »sacco et cineri incubare« als Gebrauch der Bußdisziplin. Im Mittelalter haben die Büßer in einem mit Asche bestreuten Gewand öffentlich ihre Sünden bekannt. Die weit über das 10. Jahrhundert zurückreichende Weihe der Asche erhebt diese zu einem Sakramentale. In der katholischen Kirche wird am Aschermittwoch die Asche – aus Zweigen, die am vergangenen Palmsonntag geweiht wurden – dem Klerus und Volk aufs Haupt gestreut oder auf die Stirn gedrückt mit den Worten: »Gedenke, Mensch, daß du Staub bist und wieder zum Staub werden wirst.« Dem Büßer ist die Asche Symbol der Hinfälligkeit alles Kreatürlichen, aber auch der Läuterung und der dadurch herbeigeführten Auferstehung.

Atem ↗ *Wind*

Auge

Von Natur aus dem Licht zugewendet, öffnet sich uns durch das Auge die Welt. Es kann aber auch zum Spiegel der Seele werden, über das Auge kann man zum Innern des Menschen vorstoßen. Sein Glanz und seine Lichtbezogenheit stellen das Auge in den Kreis astraler Symbolik. Die Ägypter erblickten in Sonne und Mond die Augen des Himmelsgottes Horus, nach indischer Überlieferung sind die beiden Gestirne die Augen des Schöpfergottes Prajāpati, und bei Aischylos finden wir die sprachliche Wendung vom allsehenden Auge des Helios.

Als Kräfte und Träger des himmlischen Lichtes sind die vier Kerubim der Ezechiel-Vision am ganzen Leib, an Rükken, Händen und Flügeln »ringsum mit Augen angefüllt« (Ez 10,12) – es sind die Himmelsaugen der Sterne. Die gleiche Deutung trifft zu für »die sieben Augen des Herrn; sie durchschweifen die ganze Erde« (Sach 4,10). Das Auge wird zum Symbol göttlicher Allwissenheit. Gottes Augen sind »viel tausendmal heller als die Sonne«, sie blicken auf alle Menschenwege und dringen bis in die verborgensten Winkel (Sir 23,19). »Die Augen Gottes hüten die Erkenntnis« (Spr 22,12), d. h. das, was als wahr und recht erkannt ist. Für Menschen, die Gott besonders unter seinen Schutz genommen hat, wird das Bild des Augapfels gebraucht. So umhegte der Herr »sein Volk«, das durch Steppe und Wüste einherzog, »wie seinen Augapfel hat er's gehütet« (Dtn 32, 10).

Im Hinblick auf ein gottgefälliges Leben bezeichnet Jesus das Auge als »Leuchte des Leibes«; »ist dein Auge klar, so wird dein ganzer Leib erleuchtet sein; ist aber dein Auge schlecht, so wird dein ganzer Leib im Finstern sein« (Mt 6,22 f.). Das Sehorgan kann auch zum Bild einer geistigen Haltung werden. »Wenn dir dein rechtes Auge zum Ärgernis wird, so reiß es aus und wirf es von dir« (Mt 5,29). Zur Erkenntnis und zum Glauben seien »die Augen eures Herzens« erleuchtet (Eph 1,18). Auf das allgegenwärtige und allwissende Auge Gottes weist der Hebräerbrief (4,13): »Nichts Geschaffenes ist verborgen vor ihm, alles liegt nackt und offen vor den Augen dessen, dem wir Rede und Antwort schulden.« Die sieben Augen des apokalyptischen Lammes (Offb 5,6) sind symbolgeschichtlich identisch mit den sieben Augen des Herrn bei Sacharja wie auch – man denke, daß Auge und Gestirn Synonyma sind – mit den sieben Sternen in der Rechten des Menschensohnes (Offb 1,16), wenn die heilsgeschichtliche Bedeutung auch andere Akzente setzt.

Die im Mittelalter beliebte Darstellung der Ecclesia (= NT) und der Synagoge (= AT) zeigt erstere mit kla-

rem, »erleuchtetem« Blick, während letztere die Augen geschlossen oder verbunden hat. Die Humanisten verwendeten ein einzelnes Auge als Bildzeichen für Gott, für die Eigenschaft der Wachsamkeit und für die Rechtsprechung (»Auge des Gesetzes«). Erst in nachreformatorischer Zeit kam das Dreieck mit dem strahlenden Auge als Symbol der Dreifaltigkeit in ihrer Allgegenwart und Allwissenheit auf; dieses sogenannte »Auge Gottes« findet sich als besonders beliebtes Motiv des 18. Jh. als Altar- und Kanzelbekrönung, auf Kirchenfenstern und Gewölbeschlußsteinen.
↗ Blindheit

LITERATUR: H. P. Middendorf: Gott sieht. Eine terminologische Studie über das Schauen Gottes im Alten Testament. Diss. Freiburg 1935; R. Pettazoni: Le corps parsemé yeux (= Zalmoxis 1/1938, 1–12); E. Sjöberg: Das Licht in dir. Zur Deutung von Matth 6,22 f. (= STh 5/1951–1952, 89–105); C. Edlund: Das Auge der Einfalt. Eine Untersuchung zu Matt. VI,22–23 und Luk XI,34–35. Lund 1952; Ph. Derchain: L'oeil, gardien de la justice (= Zeitschrift für ägpytische Sprache und Altertumskunde 83/1958, 74–75); W. Deonna: Le symbolisme de l'oeil. Paris 1965; P. Fingesten: The Eye of God (The Eclipse of Symbolism, 37–51). Columbia, S. C. 1970.

Aussatz

Unter Aussatz sind in biblischer Zeit verschiedene Hautkrankheiten zu verstehen, also nicht nur die Lepra. Der Aussätzige galt stets als von der Unreinheit befallen und wurde aus der Gemeinschaft ausgeschlossen; »er soll seine Kleider zerreißen, sein Haupthaar frei umherfliegen lassen, den Bart sich verhüllen und rufen: Unrein! Unrein!« (Lev 13,45). »Außerhalb des Lagers sei sein Aufenthalt« (Lev 13,46). Der Aussatz galt als Plage, mit der Gott die Sünder schlägt. So schickte der Herr dem Volk des verstockten Pharao sich entzündende Geschwüre, »die zu Blasen aufbrachen« (Ex 9,9 ff.). Bei Treulosigkeit droht der Herr den Israeliten an, sie »mit ägyptischem Geschwür« zu schlagen, »mit Pestbeulen, Krätze und Grind, die unheilbar sind« (Dtn 28,27). Wie der scheinbar aus dem Innern des

Körpers ausbrechende Aussatz immer mehr um sich greift, so ist es mit der Sünde; der Aussatz galt als sichtbares Zeichen der Sündhaftigkeit, ja geradezu als Symbol der Auflehnung wider Gott. Als König Usija in seinem Übermut in den Tempel ging, um dem Herrn zu räuchern, was nur den Priestern zustand, »brach an seiner Stirne der Aussatz hervor ... Und so wurde der König aussätzig bis zu seinem Todestag« (2 Chr 27,19 ff.). Weil des Herrn Zorn wider Mirjam entbrannte, wurde diese »plötzlich von Aussatz weiß wie Schnee« (Num 12,10). Jahwe erließ aber auch ein Gesetz, durch das der Aussätzige wieder rein werden konnte: Durch das sonst nur zur Salbung von Königen, Priestern und Propheten bestimmte Öl kann dem Unreinen vor dem Herrn Sühne verschafft werden (Lev 14,15–18).

Wenn Jesus die Aussätzigen heilt, triumphiert er über das Unreine und die Sünde. Die zehn aussätzigen Männer aus Galiläa wurden allein durch das Wort des Herrn geheilt (Lk 17,11–14). Der Heiland heilt die Menschen, indem er – in Erfüllung des Jesaja-Wortes (53,4) – ihre Gebresten fortnimmt und ihre Krankheiten selbst trägt (Mt 8,17). Als Johannes der Täufer durch zwei seiner Jünger um ein Kennzeichen des Messias bat, wies sich Jesus mit den Worten aus: »Gehet hin und berichtet dem Johannes, was ihr gesehen und gehört habt: Blinde sehen, Lahme gehen, Aussätzige werden rein, Taube hören, Tote stehen auf, und Armen wird das Evangelium verkündet« (Lk 7,18–22).

Babylon

Im Gegensatz zum Sprachgebrauch der Babylonier, die ihre Hauptstadt als »Gottespforte« auffaßten, bringt die Bibel den Namen mit »verwirren« in Verbindung (Gen 11,9). Bereits beim Bau des Babylonischen Turmes zeigt sich dieser Ort als Zentrum und Sinnbild gottfeindlicher Mächte. Die Ereignisse um den Bau des Turmes, »dessen Spitze bis in den Himmel« reichen sollte (Gen 11,4), ist ein

Höhepunkt menschlicher Vermessenheit und damit auch der Gottesentfremdung. Nach einer wechselvollen Geschichte erlebte Babylon eine neue Blüte unter Nebukadnezzar II. Dieser König beendete die nationale Selbständigkeit der Juden und führte ihre vornehmen Geschlechter und kriegstüchtigen Männer in die Babylonische Gefangenschaft (2 Kön 24,12–16). Nun saßen die aus ihrer Heimat Weggeführten an Babels Strömen und weinten beim Gedenken an Zion. »Du Tochter Babel, Verwüsterin, selig, wer dir vergilt, was du uns alles getan hast!« (Ps 137) Der Feind des auserwählten Volkes ist auch ein Verächter des göttlichen Willens; in seinem Hochmut sprach Nebukadnezzar: »Ist dies nicht das großartige Babel, das ich mir als königliche Residenz erbaut habe in der Stärke meines Reichtums und in der Würde meiner Herrlichkeit« (Dan 4,27). Als der letzte Herrscher über Babylon, Belschazzar, in seinem Weinrausch die goldenen und silbernen Gefäße des Jerusalemer Tempelschatzes herbeischleppen ließ und sie entweihte (Dan 5,2 f.), war das Maß für den maßlosen König voll; die von geheimnisvoller Hand an die Wand geschriebenen Schriftzeichen – »Mene mene tekel peres« – wurden von Daniel gedeutet als »gezählt, gewogen und geteilt« und kündeten das Ende nicht nur Belschazzars, sondern auch Babels an (Dan 5,25–28). Schon Jesaja (14,4–23) stimmte auf den Untergang des Königs von Babel ein Spottlied an; wer »über die Sterne Gottes hinauf« seinen Thron stellen will, dessen Stolz wird um so tiefer hinabgestürzt ins Totenreich.

In der Offenbarung erscheint Babylon als Sitz der antichristlichen Weltmacht. Vor ihrem Fall buhlten mit ihr die Könige der Erde, »und vom Wein ihrer Buhlerei wurden berauscht die Bewohner der Erde«. Der Ausdruck »Buhlerei« – manchmal noch schärfer »Hurerei« – dient bereits bei den at.lichen Propheten zur Charakterisierung des gottlosen Lebens, wobei vor allem auch an den Götzendienst gedacht ist. Johannes schaute Babylon im Bilde eines in Purpur und Scharlach gekleideten Weibes, das einen goldenen Becher voll Greuel und Unrat in seiner Hand hält, »trunken vom Blute der Heiligen und vom Blut der Zeugen Jesu« (Offb 17,1–6). Babylon – Symbol der Sündhaftigkeit, des Hochmuts und der Gottesferne – ist hier ein Deckname für das lasterhafte Rom und seine gegen die Gemeinde Christi gerichtete Macht. Es ist die Stadt, vor der eine Himmelsstimme warnt: »Ziehet fort von ihr, mein Volk, damit ihr euch nicht teilhaftig macht ihrer Sünden« (Offb 18,4).

Im christlichen Mittelalter galt der Babylonische Turm als Prototyp menschlichen Frevels und Unglaubens; die daraus resultierende Sprachenverwirrung galt als at.liches Gegenstück zu der Ausgießung des Heiligen Geistes zu Pfingsten und dem dadurch ausgelösten Sprachenwunder.

Bär

Im Altertum waren die wilden Tiere auch im Vorderen Orient viel zahlreicher als heute; ein gereizter oder von Hunger geplagter Bär gehörte zu den schrecklichsten Erlebnissen der Hirten. In Griechenland spielte der Bär eine gewisse Rolle im Kult der Göttin Artemis, deren Priesterinnen teilweise als Bärinnen verkleidet waren.

In der Bibel wird der Bär als Metapher für Zorn und Grimm gebraucht. Die bösen Knaben, die den kahlköpfigen Elischa verspotteten, wurden von zwei Bären zerrissen (2 Kön 2,24). In den Strafgerichten, die dem Tage des Herrn vorausgehen, fallen Löwe, Bär und Schlange über Israel her (Am 5,19). Gott selbst kann im Bilde einer »verwaisten Bärin« erscheinen, die über sein treuloses Volk herfällt (Hos 13,8). Dem klagenden Dichter ist es, als ob Gott in seinem Zorn ihm wie ein Bär auflauere (Klgl 3,10). Die phantastisch aussehenden Raubtiere in Daniels Vision (Dan 7,4 f.) deuten vier Weltreiche an, der Löwe mit den Adlerflügeln sinnbildet Babylon, der Bär das medische Reich, nach anderer Auslegung das Perserreich.

Der Apokalyptiker Johannes sieht »aus dem Meer ein Tier aufsteigen..., seine Füße waren wie Bärenfüße und sein Maul wie das eines Löwen« (Offb 13,1 f.) – es ist Symbol des antichristlichen römischen Weltreiches.
In der mittelalterlichen Kunst diente der Bär zur Darstellung des Bösen, so wenn in der romanischen Plastik Bären einen Menschen überfallen. Dem Bischof Philibert von Rouen erschien nach einem legendären Bericht der Teufel in Gestalt eines Bären. Das von Natur aus gutmütige Tier kann aber auch im Gefolge der Heiligen auftreten (Attribut des hl. Gallus!) und wie der Löwe zum Herrschaftssymbol (Wappentier!) werden.

Bauch

Vom Analogiedenken her beherbergt der Brustkorb als »obere Hälfte« des Rumpfes die edleren Organe wie Herz und Lunge, in der »unteren Region« des Bauches sitzen die Triebzentren. Die erste biblische Erwähnung des Bauches ist mit der Verfluchung der Schlange verknüpft: »Auf deinem Bauche sollst du kriechen und Staub fressen dein Leben lang« (Gen 3,14). Die Schlange wird der unteren Seinshälfte zugeordnet, ihr Wirkungsbereich ist in der Triebsphäre. Alles, was auf dem Bauche kriecht, galt als unrein und durfte nicht gegessen werden (Lev 11,42). Der Bauch und die Erde (das Irdische) gehören in der Symbolsprache zusammen. Wenn Jona drei Tage und drei Nächte im Bauch des Fisches war (Jon 2,1), so ist dies ein verschlüsseltes Bild für seinen Tod und für seinen Abstieg in den Schoß der Erde. Der seine Unschuld beteuernde Fromme bittet den Herrn, daß er seine Feinde töten möge, daß er sie vernichte, damit »ihr Anteil am Leben dahin sei. Fülle ... ihren Bauch, die Söhne sollen sich noch davon sättigen, und ihren Kindern hinterlassen sie einen Rest« (Ps 17,14). Wer nur von dem lebt, was sein Bauch aufnimmt, ist dem Tode geweiht.

Einen ausgesprochen pejorativen Sinn hat der Bauch im Sprachgebrauch bei Paulus, wenn er von den Leuten spricht, die nicht »unserem Herrn Christus, sondern ihrem Bauch« dienen (Röm 16,18). Von seinen Widersachern sagt der Heidenapostel: »Ihr Ende ist Verderben, ihr Gott ist der Bauch« (Phil 3,19) – hier ein Bild für die irdische Welteinstellung, die im letzten auf eine Befriedigung der niederen Triebe gerichtet ist. Jesus erkennt allerdings ganz klar, daß nicht der Bauch die Ursache der Sünde ist, sondern das Herz, d. h. des Menschen innere Einstellung (Mk 7,19). Der Bauch kann sogar zur Leibeshöhle werden, die das Innerste und Wertvollste enthält: die Kraft des Lebens. »Wer an mich glaubt, aus dessen Leib werden, wie die Schrift gesagt hat, Ströme lebendigen Wassers fließen« (Joh 7,38). »Flumina de ventre Christi« – der Leib des Herrn wird für die Gläubigen zur Quelle des Lebens.

LITERATUR: F. P. Dhorme: L'emploi métaphorique des noms de partis du corps en hébreu et en akkadien (= RB 31/1922, 489–517); H. Rahner: Flumina de ventre Christi. Die patristische Auslegung von Jo 7, 37 f. (= Biblica 22/1941, 269–302, 367–403); M.-E. Boismard: De son ventre couleront des fleuves d'eau (= RB 65/1958, 522–546).

Baum

Der mit dem Rhythmus der Jahreszeiten verbundene, früchtetragende Baum wurde für die am Rande der Wüste lebenden oder in der Steppe umherziehenden Völker zu einer Offenbarung des Lebens. Tief in der Erde wurzelnd, wächst der Baum in eine alle anderen Lebewesen überragende Höhe, was zur Vorstellung des Weltbaumes führte, der Himmel und Erde miteinander verbindet. Im Schatten des Baumes wurden Opfer dargebracht und Orakel eingeholt. So erlangte der Baum den Status einer heiligen Stätte, ja wurde selbst zu einem Symbol der Gottheit. Der sumerische Vegetationsgott Dumuzi wurde als Lebensbaum verehrt. Bekannt ist die Darstellung der ägyptischen Himmelsgöttin Hathor, die in Gestalt eines Baumes dem Grabbewohner oder seinem Seelenvogel Speise und Trank reicht. Der griechische Mythos berichtet von dem Garten der Hesperiden, dessen Baum mit den goldenen Äpfeln den Göttern Unsterblichkeit verleiht. Aus dem Rauschen der heiligen Eichen zu Dodona glaubte man, die Stimme des Zeus zu vernehmen.

Nachdem Gott den Garten in Eden gepflanzt hatte, ließ er »aus dem Erdboden allerlei Bäume aufwachsen, lieblich zum Anschauen und gut zur Nahrung, den Lebensbaum aber mitten im Garten und auch den Baum der Erkenntnis von Gut und Böse« (Gen 2,9). Demnach sind der Baum des Lebens und der Baum der Erkenntnis zwei getrennte Bäume. In symbolischer Sicht können beide durchaus auch in einem gesehen werden, gibt es doch kein (geistiges) Leben ohne Erkennen und keine Erkenntnis ohne Leben. »Gott der Herr gebot dem Menschen: Von allen Bäumen des Gartens darfst du essen, nur vom Baum der Erkenntnis von Gut und Böse darst du nicht essen; denn am Tage, da du davon issest, mußt du sterben« (Gen 2,16 f.). Mit der durch den Sündenfall gewonnenen Erkenntnis taucht für den Menschen die Polarität auf: Gut und Böse, Mann und Frau, Leben und Tod. Aus dem Baum der Einheit wird ein Baum der Zweiheit, dessen zwei Seiten phänotypisch als zwei Bäume auftreten. Nach der Übertretung des göttlichen Gebotes verhinderte der Herr, daß der Mensch »nicht noch seine Hand ausstrecke, sich am Baume des Lebens vergreife, davon esse und ewig lebe« (Gen 3,22). Wer aus freier Willensentscheidung nach der Frucht des Todes greift, hat sein Anrecht auf das Leben verloren. Die innere Zusammengehörigkeit von Erkenntnis (die, richtig erworben, ja zur Weisheit führt) und Leben schimmert wieder in den Sprüchen (3,18) durch, wenn der Lebensbaum zum Sinnbild göttlicher Weisheit wird. Der Gerechte ist »wie ein Baum, an Wasserbächen gepflanzt, der seine Frucht trägt zur rechten Zeit, dessen Laub nicht verwelkt« (Ps 1,3). Im Hohenlied (2,3) wird der göttliche Bräutigam selbst mit einem

(Apfel-)Baum verglichen; »in seinem Schatten zu sitzen ist mein Begehr, und seine Frucht schmeckt süß meinem Gaumen«. Die von den irdischen Fesseln Befreiten werden »Gerechtigkeitsbäume« heißen, sie sind eine »Pflanzung, dem Herrn zur Zier« (Jes 61,3). Der mit seinem Wipfel zum Himmel reichende Baum im Traum Nebukadnezzars (Dan 4,8.17) enthält die uralte Vorstellung vom Weltenbaum, dessen Krone die Erde überdacht. Ohne direkt auf den Menschen übertragen zu werden, ist der Baum bei Jjob (14,7 ff.) ein Symbol der Auferstehung; selbst wenn er gefällt ist und sein Stumpf im Boden stirbt, kann er wieder treiben und sprossen.

Im NT sind fruchtbare oder unfruchtbare Bäume eine gleichnishafte Anspielung auf gute oder böse Menschen. »Jeder Baum, der nicht gute Frucht bringt, wird herausgehauen und ins Feuer geworfen« (Mt 3,10). Jesus selbst gebraucht den Vergleich mit dem unfruchtbaren Feigenbaum (Lk 13,6–9). Die Irrlehrer sind »spätherbstliche Bäume, ohne Frucht, zweimal abgestorben und entwurzelt« (Jud 12). Während der Baum der Erkenntnis nach dem Sündenfall nicht mehr erwähnt wird, kommt der Baum des Lebens immer wieder in den Schriftstellen vor, bis er in wahrhaft visionärer Schau in der Offenbarung (22,2) als Siegespreis der Seligen erscheint: im himmlischen Jerusalem, in der heiligen Stadt der Endzeit, »zwischen ihrer Straße und dem Strom, von dieser und von der anderen Seite her, steht der Baum des Lebens, der zwölffach Früchte trägt, jeden Monat seine Frucht abgebend; die Blätter des Baumes aber dienen zur Heilung der Völker«.

Der Kirchenlehrer Johannes Damascenus verglich Maria mit der Paradieseserde, die den wahren Lebensbaum, nämlich Christus, hervorgebracht hat. Nach einer anderen Symbolgebung war Maria selbst der Lebensbaum, der durch den Geist Gottes fruchtbar wurde und Christus als Frucht der erlösungsbedürftigen Menschheit schenkte; deshalb findet sich auf Elfenbeintäfelchen der altchristlichen Zeit beim Verkündigungsthema neben Maria gewöhnlich ein Lebensbaum. Die Verbindung der Gottesmutter mit vorchristlichen Baumheiligtümern lassen die Namen verschiedener Wallfahrtsorte (wie Maria-Linden, Maria-Grün, Maria-Buch) erkennen. Was den Menschen nach dem Sündenfall verwehrt wurde – Zugang zum Baum des Lebens – wurde ihnen durch Christus am Kreuz gegeben. Der Bischof Ezzo von Bamberg schrieb vom crux benedicta: »Da trug dein Ast die himmlische Last. An dir floß das hohe Blut. Deine Frucht ist süß und gut.« Auf Grund der heilsgeschichtlichen Interpretation des Lebensbaumes hat das Mittelalter das Kreuz verschiedentlich als grünen (= lebenden) Palmstamm gemalt. Vom 10. Jh. ab bis in die Barockzeit hinein begegnet man dem sog. Baumkreuz. Die regenerierende Kraft des Baumes zeigt sich in den Legenden; so soll eine alte, abgestorbene Ulme, an der der Leichnam des Bischofs Zenobius von Florenz vorbeigeführt wurde, von neuem ausgeschlagen haben.

LITERATUR: L. Ragg: Tree Lore in the Bible. London 1935; R. Bauerreiß: Arbor vitae. Der Lebensbaum und seine Verwendung in Liturgie, Kunst und Brauchtum des Abendlandes. München 1938; J. Goettmann: L'arbre, l'homme et la croix. Étude du thème de l'arbre dans la Bible (= Bible et Vie Chrétienne 35/1960, 46–59); H. G. Leder: Arbor Scientiae (= ZNTW 52/1961, 156–189); E. O. James: The Tree of Life. An Archaeological Study. Leiden 1966; E. A. S. Butterworth: The Tree at the Navel of the Earth. Berlin 1970; M. Lurker: Der Baum im Alten Orient. Ein Beitrag zur Symbolgeschichte (In memoriam Eckhard Unger, 147–175). Baden-Baden 1971; H. Genge: Zum »Lebensbaum« in den Keilschriftkulturen (= Acta Orientalia 33/1971, 321–334); G. Höhler: Die Bäume des Lebens. Baumsymbole in den Kulturen der Menschheit. Stuttgart 1985.

Becher und Kelch

Becher und Kelch sind Gefäße, mit denen der Mensch die zum Leben notwendige Flüssigkeit zu sich nimmt. So wird das Trinkgefäß zu einem Kommunikationsmittel im symbolischen Sinne: Lebensübermittler, indem es das Wasser (oder den Saft) des Lebens dem einzelnen Menschen »mundgerecht« darbietet. In den ägyptischen Grabmalereien sind neben Brot, Trauben und Geflügel auch Trinkgefäße dargestellt, gleichsam als magische Kraft, um so den Besitz der zum Leben notwendigen Güter in die Ewigkeit hinein zu verlängern. Der Becher steht den Göttern nahe – Ischtar soll sich sogar einmal in einen solchen verwandelt haben – und spielt deshalb in der Mantik eine besondere Rolle (Becherweissagung!).

Der Inhalt des Bechers kann schlecht oder gut sein; die in der Bibel in einem heilsgeschichtlichen Zusammenhang erwähnten Trinkgefäße können Segen, aber auch Verderben bringen. Alle irdischen Frevler müssen trinken aus dem Becher in des Herren Hand, »schäumender Wein mit Würze gemischt« ist darin, »selbst seine Hefe müssen sie schlürfen« (Ps 75,9). Es ist der Becher des göttlichen Zorns, den die sündigen Menschen trinken müssen. Auch Jerusalem mußte leeren » aus des Herren Hand den Kelch seines Zornes, den Becher seines Taumels« (Jes 51,17), und Samarias Trinkbecher wird »ein Kelch des Entsetzens und Schauderns« genannt (Ez 23,33). Im Bilde des Bechers kann auch Gottes Segen zum Ausdruck kommen. Der Herr erscheint als guter Wirt: »Du deckst vor meinem Antlitz den Tisch ... mein Becher fließt über« (Ps 23,5). »Erheben will ich den Becher des Heiles, und ausrufen will ich den Namen des Herrn« (Ps 116,13). Der Fromme hat die feste Hoffnung, daß er dem Totenreiche entrückt werde; denn »der Herr ist mein Besitz und Becheranteil« (Ps 16,5); der Becher ist hier eine Metapher für das zuerteilte Los.

Wer die Mächte des Bösen anbetet, wird »trinken vom Glutwein Gottes, der ungemischt eingegossen ist in den Becher seines Zornes« (Offb 14,10; 16,19). Eigentlich ist der ganze Lebensweg des Menschen ein Weg des Kelches, er wird gefüllt und muß bis zur Neige ausgetrunken werden. Auch des Heilands irdischer Weg war ein Kelch: »Soll ich den Kelch, den mir der Vater gegeben hat, nicht trinken?« (Joh 18,11) Zu den Söhnen des Zebedäus sprach Jesus: »Könnt ihr den Kelch trinken, den ich trinken werde?« (Mt 20,22), und zu Gethsemani betete er in seiner Todesangst: »Vater, wenn es dein Wille ist, so laß vorübergehen diesen Kelch an mir« (Lk 22,42). Der Leidenskelch des Herrn wurde zum eucharistischen Kelch der Kirche. Beim letzten Abendmahl nahm Jesus einen Kelch, den er seinen Jüngern mit den Worten reichte: »Trinket alle daraus; denn dies ist mein Blut des Bundes, das für viele vergossen wird zur Vergebung der Sünden« (Mt 26,27 f; Mk 14,23 f.). Paulus schreibt den Korinthern: »Sooft ihr ... den Kelch trinkt, verkündet ihr den Tod des Herrn, bis er wiederkommt« (1 Kor 11,26). Gerade in dem Wiederkommen Christi ist die Hoffnung auf das Weiterleben des Menschen begründet – so wird das Gefäß des Abendmahls zum Kelch des ewigen Lebens.

Nach der mittelalterlichen Gralsdichtung hat Joseph von Arimatäa im Abendmahlskelch – ursprünglich die Kristallschale aus der Krone des gestürzten Luzifer – das Blut aus Christi Seitenwunde aufgefangen; in ein westliches Land gebracht, wurde daraus der Gral, der seinen Hütern Speise und Trank spendet, ja zur Unsterblichkeit verhelfen kann. In der christlichen Kunst ist der Kelch vor allem Symbol des Opfers Christi; sein at.liches Vorbild ist Melchisedeks Darbringung von Brot und Wein (Gen 14,18), in der mittelalterlichen Malerei öfter als Pendant zum Abendmahl wiedergegeben. Als Kristallisationspunkte des nt.lichen Geschehens wurden Kelch und Kreuz zu Attributen der Ecclesia, dem Gegenbild der Synagoge.

LITERATUR: W. Lotz: Das Sinnbild des Bechers (= NKZ 28/1917, 396 bis 417); Fr. J. Dölger: Der Kelch der Dämonen. Religionsgeschichtliche Bemerkungen zu 1 Kor 10, 21 (= AuC 4/1934, 267–270); Th. Klauser / S. Grün (RAC II, 37–62); A. T. Hanson: The Wrath of the Lamb. London 1957 (– The Cap of Wrath! –); V. H. Elbern: Der eucharistische Kelch im frühen Mittelalter (= ZDVKW XVII/1963, 1–76, 117 bis 188); Ph. Rech: Der Kelch (= Antaios IX/1968, 197–216).

Berg

In der religiösen Empfindung sind die Berge dem Göttlichen näher als die Ebene. Wegen ihres Aufragens gen Himmel erscheinen die Berggipfel als sichtbarer Aufenthaltsort des unsichtbaren Gottes, dessen Majestät hinter den Wolken verhüllt ist. Die Religionsgeschichte kennt zahlreiche heilige Berge, von denen man glaubte, daß sie als kosmisches Zentrum Himmel und Erde miteinander verbinden. Der Götterberg wurde im Orient häufig Vorbild für den nach Art eines Berges angelegten Tempel, so z. B. bei den babylonischen Zikkurats. Nach einer ägyptischen Überlieferung entstand die Welt durch das Auftauchen des Urhügels aus dem Urwasser. In Pyramidentexten wird der Schöpfergott Atum selbst als »Hügel« angesprochen, und der sumerische Hauptgott Enlil hatte den Beinamen »Großer Berg«.

Der Blick nach oben ist der Blick zu Gott. Die Aramäer sagten von dem Gott der Israeliten: »Er ist ein Gott der Berge« (1 Kön 20,23). Für die Opferung Isaaks durch Abraham war ein Berg vorgesehen, den Gott zeigte; noch zu Zeiten des Mose hieß dieser heilige Ort »Auf dem Berge, da der Herr erscheint« (Gen 22,2.14). Als Mose mit seiner Herde an den Berg Horeb kam und das Wunder des brennenden Dornbusches aus der Nähe betrachten wollte, rief Gott mitten aus dem Dorngebüsch: »Tritt nicht näher hier heran! Ziehe deine Schuhe von den Füßen; denn der Ort, auf dem du stehst, ist heiliger Boden« (Ex 3,1–5). Nach ihrem Auszug aus Ägypten gelangten die Israeliten in die Wüste und lagerten dem Berge Sinai gegenüber; »Mose aber stieg hinauf zu Gott« (Ex 19,2 f.). Drei Tage später führte Mose die Leute Gott entgegen aus dem Lager heraus; sie stellten sich am Fuß des Berges auf. »Der Berg Sinai war ganz mit Rauch bedeckt, weil der Herr im Feuer auf ihn herabgekommen war«; Mose folgte dem Ruf des Herrn und stieg zur Spitze des Berges hinauf (Ex 19,16–20). Dann gab Jahwe von der Höhe des Berges herab die Zehn Gebote. Der bei Jesaja (14,13) erwähnte »Berg der Versammlung« im äußersten Norden bezieht sich auf die im Alten Orient verbreitete Vorstellung, daß hier die Götter ihren Versammlungsort haben. Nachdem die Jebusiterstadt Jerusalem erobert war (2 Sam 5,7), erhielt Gott auf dem Hügel Zion die Stätte seiner Herrlichkeit. Der Psalmist schaut zu den Bergen auf, von wo ihm die göttliche Hilfe kommt (Ps 121,1). Am Ende der Tage wird es geschehen, »da steht der Berg des Hauses des Herrn an der Spitze der Berge gegründet und ragend über die Hügel, und alle Völker wallen zu ihm« (Jes 2,2). Auch andere Propheten verheißen, daß Jahwe in Zukunft auf dem Berge Zion wohnen wird (vgl. Sach 8,3).

Als Lieblingsbild der religiösen Sprache findet sich der Berg auch im NT. Die Berge in Jesu Leben sind gleichsam symbolische Meilensteine vom irdischen Tal zur himmlischen Höhe. In seiner ersten Predigt stieg er auf einen Berg und gab die Grundgesetze seiner Lehre (Mt 5,1–12). Ebenso wählte er auf einem Berg aus seiner Jünger Schar die zwölf Apostel (Mk 3,13 f.). Nach der ersten Brotvermehrung stieg Jesus »für sich allein auf den Berg, um zu beten« (Mt 14,23). Die Verklärung auf dem Berge Tabor (Mt 17, 1–8) und die Todesangst auf dem Ölberg (Lk 22,39–46) sind Stationen zur letzten irdischen Höhe, dem Kalvarienberg, auf dem das Kreuz aufgestellt wurde. In der Apokalypse wird die alte Jebusiterburg auf dem Berge Zion zur uneinnehmbaren Festung der Heiligkeit, hier liegt in der Herrlichkeit Gottes das himmlische Jerusalem (Offb 21, 10 f.).

Im Stufengebet der Messe betet der Zelebrant die Psalmworte: »Sende dein Licht und deine Wahrheit, daß sie mich leiten und bringen zu deinem heiligen Berg und zu deiner Wohnstatt« (Ps 43,3). Wenn in der Sprache der abendländischen Mystik Gott öfter mit einem Berg verglichen wird – z. B. bei Mechthild von Magdeburg –, so schwingt hier die uralte Vorstellung vom Weltberg als axis mundi mit. Im Mittelalter galt der legendäre Montsalvatsch mit der Gralsburg als irdisches Abbild des heiligen Gottesberges. Als princeps aetherius hat der Erzengel Michael seine ihm geweihten Kirchen fast immer auf Bergen oder Hügeln.

LITERATUR: J. Jeremias: Der Gottesberg. Ein Beitrag zum Verständnis der biblischen Symbolsprache. Gütersloh 1919; B. Alfrink: Der Versammlungsberg im äußersten Norden (= Biblica 14/1933, 41–67); H. G. Q. Wales: The Mountains of God. A Study in Early Religion and Kingship. London 1953; G. Mainberger: Berggötter, Gottesberge und das Erhabenheitsgefühl (I. Baumer /H. Christoffels / G. Mainberger: Das Heilige in Licht und Zwielicht). Einsiedeln 1966; E. C. Kingsbury: The Theophany Topos and the Mountain of God (= JBL 86/1967, 205–210); A. Ohler: Der Gottesberg (Mythologische Elemente im Alten Testament, 154–173).

Beschneidung

Die heute noch bei den Juden und bei mehreren Naturvölkern durchgeführte Beschneidung gehört zu den Initiationsriten, die meistens zur Zeit der Geschlechtsreife vollzogen werden. Hygienische oder medizinische Motive spielen dabei keine oder nur eine untergeordnete Rolle. In der Spätzeit Altägyptens galt die Beschneidung als Zeichen ritueller Reinheit, weshalb die Priester sich ihr unterziehen mußten. Bei den Kanaanitern war sie erst bei der Heirat üblich; wahrscheinlich sollte sie der Sicherung der männlichen Zeugungskraft dienen. Mit der Beschneidung kann auch ein Opfergedanke – wie beim Erstlingsopfer – verbunden sein.
Bei den Israeliten erfolgte die Beschneidung am achten Tag nach der Geburt, um die erwarteten Segnungen schon dem Kleinkinde zu sichern. Als Zeichen des mit Gott geschlossenen Bundes soll »alles Männliche beschnitten werden«. Ein unbeschnittener Mann soll aus seinem Volke ausgerottet werden, da er den Bund mit Gott gebrochen hat (Gen 17,9–12.14). Das hohe Alter des Brauches erkennt man an der Benützung von Steinmessern (Jos 5,3). Als der Herr Mose auf dem Wege in der Raststätte töten wollte, nahm Zippora »einen kantigen Stein und schnitt damit die Vor-

haut ihres Sohnes ab« als Ersatz für das Leben ihres Mannes, den sie »Blutbräutigam« nennt, da sie ihn mit dem Blut der Beschneidung losgekauft hat (Ex 4,24 ff.). Im Deuteronomium wird symbolisch von einer Beschneidung der Herzen gesprochen (Dtn 10,16); »der Herr, dein Gott, wird dir und deinen Nachkommen das Herz beschneiden, daß du den Herrn, deinen Gott, liebst aus deinem ganzen Herzen und mit deiner ganzen Seele, um deines Lebens willen« (Dtn 30,6). Unbeschnittene Ohren sind ein Bild für die Untauglichkeit oder Sündhaftigkeit dieses Organs. »Fürwahr, unbeschnittene Ohren haben sie, sie vermögen nichts zu vernehmen« (Jer 6,10).
Zur Zeit Jesu ist mit der Beschneidung die Namensgebung verbunden (Lk 1,59). Weil die Juden mit der Beschneidung sich so sehr auf ihren Stammvater Abraham beriefen, weist Paulus in seinem Brief an die Römer (4,9–13) darauf hin, daß bereits bei Abraham der Glauben das Primäre war und daß er »das Zeichen der Beschneidung« erst im nachhinein empfing »als Siegel der Gerechtigkeit des Glaubens«. Das »unbeschnittene Fleisch« (Kol 2,13) ist Symbol der Sünde; wer glaubt und sich taufen läßt, wird »beschnitten durch eine nicht mit Händen vollzogene Beschneidung, durch Ablegen des fleischlichen Leibes in der Beschneidung Christi« (Kol 2,11). Somit wurde das at.liche Zeichen der Bundeszugehörigkeit im NT durch die Taufe abgelöst. Die Beschneidung allein kann nicht zum Heil führen; »denn in Christus Jesus gilt weder Beschneidung etwas noch Unbeschnittensein, sondern der Glaube, der durch die Liebe wirksam ist« (Gal 5,6).
Obwohl im christlichen Glauben die Beschneidung ihre ursprüngliche Bedeutung verloren hat, blieb sie bei den Äthiopiern und syrischen Nestorianern erhalten. Der Legende nach wurde Jesus beschnitten, um dem Teufel das Geheimnis der Inkarnation zu verheimlichen und ihm vorzutäuschen, das neugeborene Knäblein sei wie alle Menschenkinder mit der Erbsünde behaftet und bedürfe deshalb der Beschneidung.

LITERATUR: T. Schur: Wesen und Motive der Beschneidung im Lichte alttestamentlicher Quellen und der Völkerkunde. Helsingfors 1937; F. Sierksma: Quelques remarques sur la circoncision en Israél (= Oudtestamentische Studiën 9/1951, 136–169); F. Stummer: Beschneidung (RAC II, 159–169); A. Allwohn: Die Interpretation der religiösen Symbole erläutert an der Beschneidung (= Zeitschrift für Religions- und Geistesgeschichte 8/1956, 32–40); R. Meyer (ThWNT 6, 72–83); J. M. Sasson: Circumcision in the Ancient Near East (= JBL 85/1966, 473–476).

Biene

Wenn die Menschen früherer Zeiten den Waben den wilden Honig der Bienen entnahmen, mußte ihnen das Treiben des Bienenvölkchens auffallen. Der Bienenstaat wurde als nachahmenswerter Musterstaat erkannt. Bei der ältesten sumerischen Bilderschrift weist das Ideogramm für »König« die Form einer Biene auf; die prä- und frühdynastischen Herrscher Unterägyptens hatten den Beinamen »Fürst Biene«. Den alten Völkern galt die Biene als Symbol des aus Tod und Verwesung neu entstehenden Lebens. Hier ist der Totenkult der Spartaner anzuführen, die die Leichen ihrer Könige in Honig aufbewahrten. Die griechische Allmutter Demeter, die das Leben schenkt, hatte den Beinamen Melissa, d. h. Biene.

Zwar ist die Biene unter den Tieren der Luft recht klein, »doch bringt sie das beste Gut hervor« (Sir 11,3). In der Septuaginta sind im Buch der Sprüche (6,8a–c) im Anschluß an die vorbildliche Ameise noch drei Verse über die Biene eingefügt: »Geh zur Biene und lerne, wie fleißig sie ist und wie ernsthaft sie ihre Arbeit verrichtet! Die Frucht ihrer Mühen ist der Gesundheit von Königen wie von schlichten Leuten zuträglich. Dabei ist sie beliebt und geschätzt und bekundet trotz ihrer geringen Kraft bewundernswerte Geschicklichkeit.« Als Simson, der einen ihn anspringenden Löwen ohne Waffen bezwang, nach einiger Zeit wieder zu der Stelle zurückkehrte, entdeckte er im Kadaver des Löwen einen Bienenschwarm und Honig (Ri 14,8). Der gierige, verschlingende Löwe – an sich ein Bild für Grab und Unterwelt – wird zum lebengebärenden Schoß, die Bienen zum Symbol der Auferstehung aus der Todesnacht. Die wegen ihres Stiches gefürchtete Biene konnte auch zu einem Bild der die Israeliten verfolgenden Feinde (Dtn 1,44) und der die Gerechten umgebenden Gottlosen werden: »Sie umringten mich wie Bienen das Wachs, im Namen des Herrn wehrte ich mich gegen sie« (Ps 118, 12).

In der nachbiblischen Überlieferung spielt die Biene vor allem in ihrer guten, heilbringenden Bedeutung eine Rolle. In seiner früheren Fassung enthielt der nach dem Anfangswort Exsultet benannte Ostergesang das Bienenlob: »... O wahrhaft selige Biene, wunderbare! Ihr Geschlecht wird nicht vom Männlichen verletzt, nicht von der Brut gestört, ihre Unversehrtheit nicht von den Kindern weggenommen! So hat auch die heilige Maria als Jungfrau empfangen, als Jungfrau geboren, und Jungfrau ist sie geblieben.« Aber auch im später reduzierten Exsultet ist noch immer die Rede vom Wachs, das »Mutter Biene zur Herstellung dieser kostbaren Leuchte«, nämlich der Osterkerze (= Symbol Christi), erzeugt hat. Biene und Bienenkorb sind in der darstellenden Kunst ein Symbol Mariens, von der »alle Süße kommt« (Cunrat von Würtzpurck). Der Bienenstock ist Attribut großer Prediger, wie Ambrosius und Bernhard von Clairvaux, deren süße Rede vom Gottesreich mit dem Honig verglichen wird.

↗ Honig

LITERATUR: H. M. Ransome: The Sacred Bee in Ancient Time and Folklore. London 1937; G. W. Elderkin: The Bee of Artemis (= American Journal of Philology 60/1939, 203–213); P.-A. Février/C. Poinssot: Les cierges et l'abeille (= Cah Arch 10/1959, 149–156); Ph. Rech: Biene (Inbild des Kosmos I, 308–332).

Blei

In früheren Zeiten wurde das Blei hauptsächlich als Nebenprodukt aus dem Silber gewonnen; es diente als Bild für das

Wertlose und Unedle. Wie Eisen und Kupfer ist es nicht rostfrei und scheint somit auf die irdische Anfälligkeit und Befleckung hinzuweisen. In der hermetischen Überlieferung entspricht das Blei als »dumpfes und chaotisches« Metall dem Planeten Saturn.

Zum sündigen Jerusalem spricht der Herr: »Ich wende meine Hand wider dich, läutere im Ofen deine Schlacken, scheide aus deine Bleistücke all« (Jes 1,25). Als das Heer des Pharao die Juden durch das Rote Meer verfolgen wollte, »sanken die Ägypter unter wie Blei in den gewaltig brausenden Fluten« (Ex 15,10). In Gottes Schmelzofen wurde das Haus Israel zu Schlacken; »insgesamt wurden sie zu Schlacken wie Silber, Erz, Zinn, Eisen und Blei« (Ez 22,18). Blei ist schwerer als die anderen Metalle, ist in der Symbolsprache sündiger und wird daher auch am tiefsten sinken. Ein Mensch ohne Einsicht, ein Tor, ist schwerer zu ertragen als Blei (Sir 22,14).

Gregor d. Gr. vergleicht die Juden, die sich Gottes Wort nicht genügend einprägten, mit weichem Blei, auf dem sich das Eingeschriebene leicht wieder auslöschen läßt.

Blindheit

Neben der körperlichen Blindheit gibt es auch eine geistige; beide sind voneinander unabhängig. Ja, im Mythos und im Märchen findet sich die Vorstellung, daß das physische Nicht-Sehen Vorbedingung ist für die aus der Tiefe aufsteigende weise Ahnung, für die Weissagung. Der von Hera mit ewiger Blindheit geschlagene Teiresias erhielt von Zeus die Gabe, Künftiges vorauszusehen. Nach dem ägyptischen Märchen von »Wahrheit und Lüge« verlangt Lüge von den Göttern, Wahrheit zu blenden und als Türhüter einzusetzen.

Die Blindheit wird an erster Stelle unter den körperlichen Unzulänglichkeiten genannt, die den Priesterstand unmöglich machen (Lev 21,18). »Blinde Tiere ... dürft ihr dem

Herrn nicht darbringen und derartiges nicht dem Herrn als Feueropfer auf dem Altar anbieten« (Lev 22,22). Selbsttäuschung und Sünde führen zur geistigen Blindheit. Wer nicht der Stimme des Herrn gehorcht, den wird er schlagen mit Wahnsinn, Blindheit und Verwirrung des Geistes. »Du wirst am hellen Mittag umhertasten wie der Blinde in der Dunkelheit und wirst bei deinen Versuchen kein Glück haben« (Dtn 28,28 f). In beschwörenden Bildern weist der Prophet Jesaja auf das »blinde Volk, das Augen besitzt«, und auf die Götzenverehrer, die nicht sehen, »da ihre Augen verklebt sind und ihr Sinn nicht zur Einsicht kommt« (Jes 43,8; 44,18). Weil Simson durch Delilas Reize und Tücke verblendet war, gab er sein Geheimnis preis und wurde von den Philistern geblendet; mit dem Auslöschen des Augenlichtes wurde sein Inneres wieder offen für das Licht Gottes, der ihm noch einmal die alte Stärke zurückgab (Ri 16). Zu den Zeichen der anbrechenden Heilszeit gehört es, daß die Blinden wieder sehend werden. »Er, der Himmel und Erde erschuf, ... macht sehend die Blinden« (Ps 146,8). »Es hören alsdann die Tauben Worte der Schrift; aus Dunkel und Düster schauen die Augen der Blinden« (Jes 29,18).

Jesus bezeichnete die Schriftgelehrten als »blinde Wegweiser«, die eine Mücke seihen, das Kamel jedoch verschlucken (Mt 23,24). Urheber der Verblendung von Herz und Verstand sind die Mächte der Finsternis. Wer seinen Bruder haßt, der »wandelt in der Finsternis und weiß nicht, wohin er geht, weil die Finsternis seine Augen blind machte« (1 Joh 2,11). Die Ungläubigen wurden vom »Gott dieser Welt geblendet«, »um nicht erstrahlen zu lassen das Leuchten des Evangeliums der Herrlichkeit Christi« (2 Kor 4,4). Zu den vier Aufgaben des Messias gehört es, den Blinden das Augenlicht zurückzugeben (Lk 4,18). Von hier aus sind die Blindenheilungen Jesu zu verstehen. Jesus war nicht einfach Arzt, sondern ist der Heiland und Erlöser. An den Blinden und ihrer Heilung »sollen offenbar werden die Werke Gottes« (Joh 9,3). Die mit ihren gesunden Augen nur das Irdische, Weltliche sehen, werden die Herrlichkeit Gottes nicht schauen. Jesus selbst sprach: »Zum Gericht bin ich in diese Welt gekommen, damit die nicht Sehenden sehen und die Sehenden blind werden« (Joh 9,39). Wer für die Güter dieser Welt blind ist, dem werden im Himmel die Augen geöffnet werden.

Die im AT erzählte Heilung des alten, blinden Tobit durch seinen Sohn Tobias (Tob 11,7–13) wird in der mittelalterlichen Kunst zur Präfiguration des blindenheilenden Christus, z. B. am Nordportal der Kathedrale zu Chartres. Isidor von Sevilla bezeichnet die Blindenheilung als Symbol für die Erleuchtung der in geistiger Finsternis und im Schatten des Todes versunkenen Menschheit. Da mit »Erleuchtung« (griech. photismos) auch die Taufe bezeichnet wurde, können verschiedene Darstellungen von Blindenheilungen auch als Bild der Taufe betrachtet werden. Durch die Taufe wird dem seelisch Blinden das innere Licht der Gnade verliehen. Zum Zeichen ihrer Blindheit (richtiger Verblendung) wird die Synagoge mit verbundenen Augen dargestellt.

LITERATUR: U. Holzmeister: Vom angeblichen Verstockungszweck der Parabeln des Herrn (= Biblica 15/1934, 321–364); L. Cerfaux: »L'aveuglement d'esprit« dans l'evangile de saint Marc (Recueil Lucien Cerfaux. Etudes d'exégèse et d'histoire religieuse II, 3–15). Gembloux 1954; W. Jaeger: Die Heilung des Blinden in der Kunst. Konstanz 1960; W. Schrage (ThWNT VIII, 270–294).

Blitz und Donner

Zu den eindrucksvollsten Naturerscheinungen gehört das Gewitter. Um den Zorn des mächtigen Urhebers zu beschwichtigen, suchte man zu ihm ein persönliches Verhältnis zu gewinnen. Hilflos ist der Mensch dem zuckenden Blitz ausgesetzt, weshalb man in ihm die Waffe des Gottes erblickte: die Doppelaxt bei ägäischen Gottheiten, das dreigezackte Blitzbündel bei dem hurritischen Teschub, der

Donnerkeil bei Indra. Das Zucken des Blitzes und das Grollen des Donners galten als mahnendes Zeichen des himmlischen Strafgerichtes.

Vom Himmel läßt der Höchste es blitzen, so daß seine Feinde in Verwirrung geraten (Ps 18,15). Gleich einem blitzenden Pfeil trifft Gottes Zorn die Frevler (Jjob 20,25). Das Donnern kündet von Gottes unbegreiflicher Macht (Ijob 26,14). Bei der Erscheinung Gottes auf dem Sinai »brachen Donner los und Blitze zuckten, Gewitterwolken hingen über dem Berg, und überaus stark schmetternder Posaunenschall war zu hören. Das ganze Volk im Lager betete« (Ex 19,16). In einem seiner Gesichte erblickte Daniel (10,6) einen Engel; »dessen Antlitz sah aus wie der Blitz, seine Augen wie lodernde Fackeln«.

Die Stimme Gottes in ihrer ganzen Machtfülle ist den Menschen, die sie nicht verstehen, einem Donner gleich (Joh 12,28 f.). Nach dem Wort Jesu ist der Blitz eine Erscheinungsform seiner selbst: »Wie der Blitz aufblitzt und von einer Seite des Himmels bis zur anderen leuchtet, so wird es auch mit dem Menschensohne sein an seinem Tage« (Luk 17,24). Wenn es weiter heißt, daß Satan wie ein Blitz aus dem Himmel gefallen sei (Luk 10,18), dann paßt dies wieder zum Bild des strafenden Gottes. In der apokalyptischen Schau gehen von dem Thron des Weltenrichters Blitze hervor und Stimmen und Donner (Offb 4,5); nach der Öffnung des siebenten Siegels entstand eine Stille im Himmel, bis ein Engel das goldene Rauchfaß mit dem Feuer des Altars füllte und auf die Erde warf, »da entstanden Donner und Brausen, Blitze und Erdbeben« (Offb 8,5).

Der Donner der Apokalypse wurde in der spätmittelalterlichen Kunst verschiedentlich durch Windköpfe symbolisiert. In Albrecht Dürers Holzschnittfolge findet sich sowohl die Vier- und Achtzahl der so dargestellten Donnerstimmen – aus allen Ecken des Weltalls tönend – wie auch die Siebenzahl nach den »septem tonitrua« (Offb 10,4). Während die meisten mittelalterlichen Darstellungen den Blitz als »himmlisches Feuer« wiedergeben, zeigen die Apokalypsefresken der böhmischen Burg Karlstein in Anlehnung an Luk 10,18 den Blitz als herabstürzendes fratzenhaftes Ungeheuer.

LITERATUR: E. St. McCartney: Classical Weather Lore of Thunder and Lightning (= Classical Weekly 25/1931–1932, 183–192, 200–208, 212 bis 216); Fr. Spitta: Der Satan als Blitz (= ZNTW 9/1908, 160–163); A. Vanel: L'iconographie du dieu de l'orage dans le Proche Orient jusqu'au VIIe siècle avant. J.-Chr. Paris 1965; W. Speyer: Die Zeugungskraft des himmlischen Feuers (= Antike und Abendland XXIV/1978, 57–75).

Blumen

Blüten und Blumen sind Boten des Frühlings und Hoffnung auf die kommende Frucht. Wie der Mensch zeigt die Blume eine geheimnisvolle Verwandtschaft zu Licht und Leben und untersteht dem gleichen irdischen Gesetz des Vergehens. So war die Blumenliebe der alten Völker mehr als nur Ausdruck ihrer Freude am Schönen, vielmehr war sie fest eingebaut in ihre religiösen Vorstellungen. Tempel und Götterbilder, Opfertiere und Gräber wurden mit Blumen geziert. Nach indischem Mythos wird Brahman aus der Lotosblüte geboren, und nach einer kosmogonischen Vorstellung der alten Ägypter entstand die Welt dadurch, daß der Sonnengott aus einer Lotosblume hervorkam. Die Bezeichnung für »Strauß« hatte im Ägyptischen den gleichen Lautbestand wie »Leben«; als Symbole des Lebens und des Weiterlebens spielten Blumensträuße im Totenkult eine Rolle.

In der Bildersprache der Bibel deuten die Blumen auf die Vergänglichkeit alles Irdischen. Der Mensch »blüht auf wie eine Blume auf dem Gefild, wenn der Wind darüber weht, ist sie nicht mehr da, selbst ihre Stätte kennt man nicht mehr« (Ps 103,15 f.). Der gleiche Gedanke findet sich bei Jesaja (40,6 f.): »Alles Fleisch ist wie Gras, all seine Pracht wie die Blume der Flur, das Gras verdorrt, die Blume

welkt hin, sobald des Herrn Odem sie anbläst.« Das von Gott abgefallene Israel gleicht einer welkenden Blume (Jes 28,1.4); unter einem gottesfürchtigen, gerechten König aber blüht das Heil auf und die Fülle der Wohlfahrt (Ps 72,7). Blühen und Gottverbundenheit – oder mit anderen Worten: heilig sein – stehen im AT in einem inneren Zusammenhang; so ist auch das Blühen von Aarons Stab (Num 17,17 bis 23) zu verstehen oder wenn es bei Jesus Sirach (39,13 f.) heißt: »Ihr frommen Söhne, hört auf mich, dann sproßt ihr auf wie eine Rose, die an Wasserläufen wächst! Wie Weihrauch gebt ihr süßen Wohlgeruch und setzt Blüten an wie eine Lilie.« Die Bibelübersetzungen der Septuaginta und der Vulgata lassen aus der Wurzel Jesse anstatt eines Reises (im Urtext) eine Blüte hervorbrechen (Jes 11,1).
Im Jakobusbrief (1,10) treffen wir wieder auf die Blume bzw. Blüte als Symbol irdischer Vergänglichkeit; reich und arm werden »wie eine Blüte des Grases« vergehen. Und doch können die Blumen in ihren schönsten Repräsentanten auf eine übernatürliche Herrlichkeit hinweisen; selbst König Salomo in seiner Pracht war nicht so schön wie die »Lilien des Feldes« (Mt 6,28 f.).
Blumen sind ein irdisches Spiegelbild himmlischer Seligkeit. Die karthagische Märtyrerin Perpetua erschaute in einer Vision das Jenseits als blühenden Garten mit zypressenhohen Rosenbäumen. Der gleiche Grundgedanke liegt den mit Blumen und Kränzen übermalten Katakombenwänden zugrunde. Dante schildert in seinem »Paradiso« die große Schar der Erlösten im Himmel als eine riesige Rose. Die Kirchenväter erkannten in der Prophetie des Jesaja (11,1) den eindeutigen Hinweis auf den Erlöser, der aus dunkler Wurzel zur strahlenden Blume erblüht. Während in der Hl. Schrift eine differenzierte Symbolbedeutung einzelner Blumenarten kaum hervortritt, wird von den Dichtern und Malern des Mittelalters die ganze Flora zur Heilsgeschichte in Beziehung gesetzt. Schon Ambrosius sprach von den Violen (Veilchen) der Bekenner und den Rosen der Märtyrer; beide Blumenarten wurden später zu marianischen

Symbolen: das Veilchen als Zeichen der Demut und die Rose in ihrer Eigenschaft als Königin der Blumen.
↗ Lilie

Literatur: E. Haig: The Floral Symbolism of the Great Masters. London 1913; Th. Klauser (RAC II, 446–459); S. Morenz / J. Schubert: Der Gott auf der Blume. Eine ägyptische Kosmogonie und ihre weltweite Bildwirkung. Ascona 1954; L. Behling: Die Pflanze in der mittelalterlichen Tafelmalerei. Weimar 1957; L. Behling: Die Pflanzenwelt der mittelalterlichen Kathedralen. Köln/Graz 1964; Ph. Rech: Blüte und Duft (Inbild des Kosmos I, 443–471).

Blut

Das den Leib durchströmende Blut ist in besonderer Weise Träger von Kraft; den alten Völkern erschien es geradezu als Materialisation des Lebens. Nach altmesopotamischen Überlieferungen war das Blut das göttliche Element im Menschen, da diese aus dem Blut erschlagener (geopferter!) Götter erschaffen wurden. Die rote Farbe ist die Farbe des Lebens. Im Kult des Attis sollte der Myste durch die Bluttaufe des Tauroboliums mit höheren Kräften erfüllt werden; ja, er erhoffte durch das über ihn rieselnde Tierblut eine Wiedergeburt. Aus dem Körper hervorkommendes Blut erinnert an das Sterben, es erregt Ekel und Entsetzen. Bei den Hethitern gehörte das Blut zusammen mit allen bösen und unheimlichen Mächten wie Krankheit und Krieg zu der Unterwelt. Die sumerische Göttin Inanna füllte, um sich zu rächen, die Brunnen mit Blut.
Im Blut ist der Sitz des Lebens; »das Leben des Leibes ist im Blut«, ja, »in ihm lebt die Seele« (Lev 17,11). Weil das Blut voller Lebenskraft ist, kann es zum Himmel schreien (Gen 4,10). Als Lebenselixier war das Blut tabuiert. Der Schöpfer des Lebens wird alles vergossene Blut rächen; »wer Menschenblut vergießt, des Blut soll durch Menschen wiederum vergossen werden. Denn nach seinem Bilde hat Gott ihn gemacht« (Gen 9,6). Das Blut war Gott als dem Herrn alles Lebens vorbehalten. In der oben erwähnten Stelle aus dem 3. Buch Mose heißt es weiter, daß Gott das

Blut »für den Altar« verliehen hat, »daß man euch damit Sühne verschaffe« (Lev 17,11). Das Blut der Opfertiere wurde entweder auf den Altar gesprengt oder auf die Hörner des Altars gestrichen oder am Altar ausgegossen. Das Tierblut wurde stellvertretend für des Menschen Blut vergossen, was auch dadurch zum Ausdruck kommt, daß der Opfernde (der Sünder) seine Hand auf den Kopf des Opfertieres stemmen sollte; »das wird ihm Wohlgefallen und Sühne schaffen« (Lev 1,4). Sühnende und lösende Kraft hatte das an die Türpfosten gestrichene Blut des geopferten Paschalammes, das Gottes Würgeengel fernhielt (Ex 12, 7.13).

Das irdische Verhaftetsein des Menschen kommt in der Redewendung »Fleisch und Blut« zum Ausdruck. Daß Jesus der Messias ist, wurde Petrus nicht durch sein Fleisch und Blut offenbart, nicht durch seinen menschlichen Verstand, sondern durch Gottvater im Himmel (Mt 16,17). Da sie irdischer Herkunft sind, können Fleisch und Blut das Reich Gottes nicht besitzen (1 Kor 15,50). Nur die, »die nicht aus dem Blute und nicht aus dem Wollen des Fleisches ..., sondern aus Gott geboren sind«, werden als Kinder Gottes anerkannt (Joh 1,12 f.). So wie im AT der Bund zwischen Gott und seinem Volk auf das Blut der Opfertiere gegründet war, so der Neue Bund auf Jesu Blut; denn »ohne Blutvergießen gibt es keine Vergebung« (Hebr 9,22). Nur ein ursprüngliches und reines Leben kann das von der Sünde verunreinigte Leben erneuern. Die Menschen sind von ihren Sünden losgekauft worden »mit dem kostbaren Blute Christi als eines untadeligen und makellosen Lammes« (1 Petr 1,18 f.). Das bevorstehende Sühneopfer vorauswissend, sprach Jesus bei der Einsetzung der Eucharistie: »Dieser Kelch ist der Neue Bund in meinem Blute; tut dies, sooft ihr trinkt, zu meinem Gedächtnis« (1 Kor 11,25). Christi Blut wird zum Symbol der Erlösung (Mt 26,28). Wer seine »Kleider weiß gewaschen« hat »im Blute des Lammes«, der kommt vor den Thron Gottes und dient ihm Tag und Nacht in seinem Tempel (Offb 7,14 f.).

In der Kultfeier der Messe und nach dem Sprachgebrauch der evangelischen Kirchen im Abendmahl feiern die Gläubigen das Andenken an das sühnende Blutvergießen des Gottessohnes. Zahlreiche mittelalterliche Bilder zeigen den durch sein Blut die Menschheit erlösenden Heiland, so in den Motiven des Ecce Homo (mit Dornenkrone und Spottmantel), des Gekreuzigten, des Schmerzensmannes (mit allen Leidensmerkmalen als Inbegriff des Heilsgeschehens) und des Vesperbildes. Es gibt Darstellungen, bei denen die Ecclesia die Blutstrahlen aus den Wunden Christi auffängt. Der Legende nach erflehte der zweifelnde Papst Gregor d. Gr. die Verwandlung der Hostie in Blut, was in der Malerei zu dem Motiv der Gregorsmesse geführt hat: Der Papst kniet im Gebet vor dem Altar, auf dem Christus als Schmerzensmann erscheint, wobei sein Blut aus den Wundmalen in den Kelch fließt.

LITERATUR: L. Morris: The Biblical Use of the Term »Blood« (= JThS, N. S. 3/1952, 216–227); L. Dewar: The Biblical Use of the Term Blood (= JThS. N.S. 4/1953, 204–208); P. Niewalda: Sakramentssymbolik im Johannes-Evangelium? Eine exegetisch-historische Studie. Mainz 1958; G. Spahr: Kreuz und Blut Christi in der Kunst Weingartens. Konstanz 1962; D. Barthélemy: Du sang à boire (= La Vie spirituelle 492/1963, 339–357).

Braut, Bräutigam

Die Idee einer Brautschaft zwischen der menschlich-irdischen Braut und dem göttlich-himmlischen Bräutigam ist ein in den alten Kulturen weit verbreitetes Motiv. Im alten Ägypten naht der Gott Amun in der Gestalt des Königs der Königin, um sich mit ihr zu vereinigen. Bei den Babyloniern galt der Herrscher in seiner Eigenschaft als Priester der Ishtar zugleich auch als Gemahl der Göttin. Bei verschiedenen griechischen Seherinnen wurde die Prophetengabe der Liebesvereinigung mit einer Gottheit zugeschrieben; so glaubte man, daß Pythia, über der kastalischen Quelle sitzend, den Gott Apollo in sich aufnahm.

In einigen antiken Mysterien wurde ein Brautbett hergerichtet, auf dem sich der Myste visionär mit der Gottheit vereinigte.
Die Braut wird dem Bräutigam verschleiert zugeführt, wie dies von Rebekka erstmals überliefert ist (Gen 24,65) – ursprünglich vielleicht zur Abwehr des »bösen Blickes«. Der Mann konnte zum Zeichen des Schutzes den Zipfel seines Mantels über die Braut werfen (Rut 3,9). Bei den Propheten steht die Braut als Bild für das neue Zion. »Nicht länger wird man dich ›Verlassene‹ nennen, ... Denn der Herr hat an dir seine Lust, und dein Land wird gefreit« (Jes 62,4). »Wie der Bräutigam sich freut über die Braut, hat Frohlocken an dir dein Gott« (Jes 62,5). Jeremias spricht von der Brautzeit zwischen Jahwe und Israel; danach hat der Herr die Treue von Jerusalems Jugend im Sinn, die Minne, da sie Braut war (Jer 2,2). Im Psalm 19,6 wird der Sonnenball mit einem Bräutigam verglichen, »der aus seiner Kammer hervortritt«. Die königliche Braut, »die Gemahlin in Ophirgold« (Ps 45,10), ist nach späterer Auslegung die Kirche; »nach deiner Schönheit schmachtet der König, dein Gebieter ist er, huldige ihm!« (Ps 45,12). Es ist wahrscheinlich, daß schon das vorchristliche Judentum die Liebeslyrik des Hohenliedes als Allegorie für die Liebe Gottes zu seinem Volke auffaßte; daß der Bräutigam als König gefeiert wird – und bei den Juden als König Salomo (Hld 1,4; 3,6–11) –, entspricht einem auch sonst im Orient üblichen Brauch. Schließlich wird auch die Braut, an sich ein Landmädchen, im Bild der Königin geschaut (Hld 6,8 ff.; 7,1 ff.).
Das alttestamentliche Motiv, daß Israel Jahwes Geliebte ist, wird im paulinischen Schrifttum mit dem hellenistischen Gedanken des hieros gamos verbunden und im Brautverhältnis Christi zur Ekklesia sublimiert. Christus liebte die Kirche und gab sich für sie hin (Eph 5,25). Das Füreinanderbestimmtsein von Mann und Frau ist sicher ein großes Geheimnis, welches sich uns auch »im Hinblick auf Christus und die Kirche« zeigt (Eph 5,31 f.). In dem Gleichnis von den fünf klugen und fünf törichten Jungfrauen erscheint Jesus selbst als Bräutigam (Mt 25,1–13). Die Anwesenheit des (göttlichen) Bräutigams ist eine Zeit der Freude, eine hohe Zeit, in der das Fasten ohne Sinn ist.

»Es werden aber Tage kommen, da ihnen – den Gläubigen, die in ihrer Gesamtheit im Bild der Braut gedacht sind – der Bräutigam genommen ist; dann werden sie fasten« an dem dafür bestimmten Tage (Mk 2,19f.). Die auf den Herrn getaufte Gemeinde gleicht einer »reinen Jungfrau«, die »einem einzigen Manne« verlobt wurde (2 Kor 11,2). Der Apokalyptiker Johannes schaut die heilige Stadt als neues Jerusalem vom Himmel herabsteigen, »hergerichtet wie eine Braut, die sich für ihren Mann geschmückt hat« (Off 21,2); diese Braut ist die »Gattin des Lammes« (Offb 21,9).

Im altchristlichen Schrifttum – so bei Hippolyt – wird die Verherrlichung der bräutlichen Liebe im Hohenlied auf Christus und die Kirche hin interpretiert. Die menschliche Liebe zwischen König Salomo und seiner Braut (Hld) erscheint als Typos der viel höheren Liebe Gottes zu den Menschen und der Menschen zu ihrem Schöpfer. Origenes bezeichnet die Seele als Braut des Logos. Tertullian nannte die Jungfrauen »Bräute Christi«. In den Frühschriften des Augustinus ist die Kirche die »sponsa sine macula et ruga« (in Anlehnung an Eph 5,27). Bereits in gallisch-germanischen Meßgebeten des 7. Jahrhunderts wird Maria (Gegenbild der von Gott abfallenden Eva!) als Braut Christi gefeiert. – Das weißgekleidete Mädchen, welches dem Neupriester bei der Primiz den Meßkelch auf dem Weg zur Kirche vorausträgt, heißt Primizbräutchen und ist als – heute meist nicht mehr erkanntes – Symbol der Kirche zu verstehen.

LITERATUR: H. Dallmeyer: Bräutliche Liebe. Schlichte Beobachtungen über das Hohe Lied. Neumünster 1925; S. Tromp: Ecclesia Sponsa Virgo Mater (= Gregorianum 18/1937, 3–29); C. Chavasse: The bride of Christ. London 1940; J. Jeremias (ThWNT IV, 1092–1099); L. Welsersheimb: Das Kirchenbild der griechischen Väterkommentare zum Hohen Lied (= ZKTh 70/1948, 393–449); M.-E. Boismard: Notes sur l'Apocalypse (= RB 59/1952, 161–181 – über Braut, Bräutigam, Himmlisches Jerusalem); P. Schelkens: De Ecclesia Sponsa Christi (= Augustiniana 3/1953, 145–164); J. Gnilka: »Bräutigam« – ein spätjüdisches Messiasprädikat? (= Trierer Theologische Zeitschrift 69/1960, 298–301); O. Casel: Die Kirche als Braut Christi nach Schrift, Väterlehre und Liturgie. Mainz 1961.

↗ *Hochzeit*

Brot und Wein sind Inbegriff für Lebensspeise und Lebenstrank. Schon in Babylonien bildeten sie die Elemente des kultischen Mahles; Adapa galt als göttlicher Bäcker. Das durch Backen des Mehles und vorausgegangenes Zermahlen der Körner gewonnene Brot wurde dem unter die Oberfläche schauenden Menschen zum Symbol der Verwandlung des lebenden Grundstoffes, durch dessen Verzehr allein das Leben erhalten werden kann. Im Mithras-Kult fand ein heiliges Mahl von Brot und Wasser statt zur Erinnerung an das Mahl, das Mithras vor seiner Himmelfahrt gehalten hat. Zu den eleusinischen Mysterien gehörte das Verzehren des aus Mehl, Wasser und Gewürz bestehenden (flüssigen) Kykeon; man hoffte, daraus göttliches Leben zu empfangen. Die weitverbreitete Sitte, aus Teig Männlein zu bakken, erinnert an Kulte, bei denen ein göttlicher Leib in Brotgestalt verzehrt wurde.

Als Hauptnahrungsmittel konnte Brot auch die Bedeutung von »Speise«, »Nahrung« ganz allgemein annehmen; das gilt bereits für die bekannte Stelle der Genesis (3,19), nach der Adam im Schweiße seines Angesichtes sein Brot verzehren soll. Brot ist mehr als eine Frucht, die man einfach vom Baume pflücken kann; es ist nicht nur eine Gabe aus dem Zusammenspiel von Sonne und Erde, sondern auch ein Produkt menschlicher Arbeit. Brot und Wein gehören zu den Wundergaben von Himmel und Erde (Ps 104,15). Nur dem Auserwählten wird Brot zuteil, das nicht von Menschen gebacken wurde; solch wahre Himmelsspeise war das für die hungernden Israeliten bestimmte Manna (Ex 16,14f.). »Brot der Starken aß jedermann« (Ps 78,25). Die vom Dichter personifizierte göttliche Weisheit hat ihre Tafel gedeckt; »kommt her, genießt von meinem Brot, und trinkt vom Wein, den ich gemischt!« (Spr 9,5). Der Bedeutung des Brotes als Lebensspeise in einem umfassenden, geistig überhöhten Sinn wird das materielle Brot gegenübergestellt, von dem allein der Mensch nicht leben kann (Dtn 8,3).

Jesus hält den Teufel, der ihn nach vierzigtägiger Fastenzeit durch irdische Gedanken in Versuchung führen wollte, die at.liche Stelle entgegen: »Nicht vom Brot allein lebt der Mensch, sondern von jedem Wort, das hervorgeht aus dem Munde Gottes« (Mt 4,3 f.). Nahrung für den Körper und die Seele ist gemeint, wenn Jesus betet: »Unser tägliches Brot gib uns heute« (Mt 6,11). Wenn es heißt, daß das Brot Gottes jenes ist, »das vom Himmel herabkommt und der Welt Leben gibt« (Joh 6,33), dann kann darunter die Erlösungsgabe im allgemeinen Sinn verstanden werden; die sich anschließende Aussage Jesu deutet aber unmittelbar auf das eucharistische Geheimnis und die damit verbundene Teilnahme am göttlichen Leben: »Ich bin das Brot des Lebens; wer zu mir kommt, wird nicht mehr hungern« (Joh 6,35). »Ich bin das lebendige Brot, das vom Himmel herabkam. Wenn einer von diesem Brot ißt, wird er leben in Ewigkeit; das Brot aber, das ich geben werde, ist mein Fleisch für das Leben der Welt« (Joh 6,51). Brot und Wein vermitteln die communio mit Christus. Beim letzten Abendmahl nahm Jesus das Brot, sprach den Segen, brach es und gab es den Jüngern mit den Worten: »Nehmet hin und esset, das ist mein Leib« (Mt 26,26). In Verbindung mit dem Kreuzestod haben wir hier eines der tiefsten Symbole: Der Heiland gibt, indem er sich hingibt! Die Urkirche verstand das Geheimnis der Eucharistie als eine Wirklichkeit der Gegenwart des Herrn und der Lebensverbindung mit ihm. »Das Brot, das wir brechen, ist es nicht Teilhabe am Leibe Christi? Weil es ein Brot ist, sind wir ein Leib als die Vielen; denn wir nehmen alle teil an dem einen Brote« (1 Kor 10,16 f.).

Essen, Verzehren bedeutet soviel wie »in sich aufnehmen«. Das durch den Logos verwandelte Brot ist sakramentales Symbol dessen, der von sich sagt: »Wie ich lebe durch den Vater, wird auch, wer mich ißt, leben durch mich« (Joh 6,57). Das bei der hl. Messe verwendete reine Weizenbrot, die Hostie, ist in der lateinischen Kirche ungesäuert analog dem beim letzten Abendmahl und beim Paschamahl verwendeten Brot. Zum alten Volksbrauchtum gehört die Bezeichnung des Brotes mit dem Kreuz vor dem Anschneiden.

LITERATUR: A. E. Rawlinson: Corpus Christi (Mysterium Christi. Christologische Studien britischer und deutscher Theologen. Hrsg. von G. K. A. Bell und A. Deissmann, 273–296). Berlin 1931; H. Schürmann: Joh 6,51 c – ein Schlüssel zur großen johanneischen Brotrede (= BiZ, N. F. 2/1958, 244–262); J. Jeremias: Die Abendmahlsworte Jesu. Göttingen [3]1960; A. Feuillet: Les thèmes bibliques majeurs du discours sur le pain de vie (Jn 6) (= NRTh 82/1960, 803–822, 918–939, 1040–1962); Ph. Rech: Brot (Inbild des Kosmos II, 485–506); M. Währen: Brot und Gebäck im Leben und Glauben des alten Orients. Schweizerisches Archiv für Brot- und Gebäckskunde 1967; G. Galavaris: Bread and the Liturgy. The Symbolism of the Early Christian and Byzantine Bread Stamps. Madison 1970; L. Scheffczyk: Die Heilszeichen von Brot und Wein. Eucharistie als Mitte christlichen Lebens. München 1973; Fr. Nießen: Botschaft des Brotes. Von Brauchtum und Heiligkeit des Brotes. Kevelaer 1985.

Brunnen

Ganz allgemein sind Brunnen und Quellen mit fließendem Wasser Bilder der körperlichen und geistigen Stärkung und Reinigung. Der Ort der Erfrischung (locus refrigerii) wurde zu einem sprechenden Hinweis auf das Paradies. Mit der Kaaba zu Mekka, dem islamischen Hauptheiligtum, ist ein heiliger Brunnen verbunden; aus ihm trinken die Pilger und nehmen Wasser in die Heimat mit. Das Schwellen und Quellen des Wassers wird auf Keim und Knospe übertragen und somit zum Symbol der Fruchtbarkeit; erinnert sei hier an den »Kindlesbrunnen«, den vorgeburtlichen Aufenthaltsort der kleinen Erdenbürger.

Die Brunnen der Patriarchen haben »gesundes Wasser«, das Gott seinen Auserwählten gab. Wenn die Philister den Brunnen Abrahams mit Erde zuschütteten, so ist dies in der Symbolsprache ein Versuch, die Israeliten von der göttlichen Segensquelle abzuschneiden (Gen 26,15). Gott selbst ist der »Quell des sprudelnden Wassers« (Jer 17,13), der Born des Heils. Als das Volk von Gottes Weg abwich, verließ es »des

lebendigen Wassers sprudelnden Quell und hieb sich Zisternen aus, Zisternen mit Rissen, aus denen das Wasser entweicht« (Jer 2,13). Zisternen haben kein sprudelndes (=lebendiges) Wasser, sondern nur abgestandenes (= totes). Im übertragenen Sinn bezeichnet das Wort Brunnen den lebenspendenden weiblichen Schoß (Lev 20,18). Jahwe ruft denen, die nach Heil trachten, zu: »Blickt auf den Fels, aus dem ihr gehauen, auf den Zisternenmund, aus dem ihr gebohrt seid! Blicket auf Abraham, euren Ahnherrn, und auf Sara, von der ihr abstammt« (Jes 51,1 f.).
Christus ist der fons vitae, in dem die Gläubigen gerettet werden »nach seinem Erbarmen durch das Bad der Wiedergeburt und der Erneuerung des Heiligen Geistes« (Tit 3,5). Die Samariterin, die Jesus fragt, ob er größer sei »als unser Vater Jakob, der uns den Brunnen gegeben hat«, erhält die Antwort: »Wer trinkt von dem Wasser, das ich ihm geben werde, den wird nicht mehr dürsten in Ewigkeit; sondern das Wasser, das ich ihm geben werde, wird in ihm zu einem Quell von Wasser, das aufsprudelt zu ewigem Leben« (Joh 4,7–14). Der Jakobsbrunnen ist ein Bild des Gesetzesjudentums, dem der von der wahren Lehre Christi gespeiste Quell gegenübersteht.
Mechthild von Magdeburg spricht vom »Brunnen der ewigen Gottheit«. Ein beliebtes Motiv der karolingisch-romanischen Buchmalerei war der Lebensbrunnen, an dem die verschiedensten Tiere ihren Durst löschen. Auf dem Genter Altar der Brüder van Eyck teilt sich der himmlische Quellbrunnen in sieben Strahlen, die die sieben Gaben des Heiligen Geistes andeuten. Mit der mystischen Betrachtung des Leidens Christi kam im Spätmittelalter das Motiv des Blutbrunnens auf: Das Blut des Gekreuzigten oder des Schmerzensmannes fließt in einen Brunnen, in dem Adam und Eva oder andere Erlösungsbedürftige baden. Von mehreren Heiligen wird berichtet, daß sie Brunnen stifteten, deshalb führen sie einen solchen als Attribut, z. B. Klemens Romanus.
↗ Höhle

Brust

In der biblischen Umwelt wie auch bei den Israeliten war es eine verbreitete Gebärde der Trauer und der Reue, sich an die Brust zu schlagen. Der Prophet Nahum (2,8) berichtet, wie die Mägde beim Hinausführen ihrer gefangenen Herrin sich an die Brüste schlugen. Bei Ezechiel (23,34) findet sich die sprachliche Form vom Zerreißen der Brüste in Verbindung mit Gottes Strafgericht. Die Mutterbrust dient als Bild der Fruchtbarkeit: »Segnungen von Brust und Schoß« (Gen 49,25). Wer auf Gott vertraut, wird die Milch der Völker trinken und an der Brust der Könige saugen (Jes 60,16). In metaphorischem Sinn spricht man von den Brüsten des Trostes (Jes 66,11). Die Brüste der Braut des Hohenliedes (4,5; 8,10) wurden später als Bild der hegenden und nährenden Mutterliebe der Kirche ausgelegt.
Der reumütige Zöllner schlug sich an die Brust und sprach: »Gott, sei mir Sünder gnädig« (Lk 18,13). Als Geste der Vertrautheit galt es, sich während der Mahlzeit, die man mehr liegend als sitzend einnahm, an die Brust eines Freundes zu lehnen; so lag der Lieblingsjünger Johannes an Jesu Brust (Joh 13,23; 21,20). Wenn der in der Apokalypse beschriebene Menschensohn mit einem goldenen Gürtel an der Brust umgürtet ist (Offb 1,13), so weist dies auf die Stelle des Herzens, wie ja auch sonst der äußere Körperteil für das zentrale Organ stehen kann. Bereits in den Evangelienberichten findet sich die Seligpreisung der Brüste Mariens (Lk 11,27).
↗ Milch, Schoß

Buch, Buchrolle

Für den der Schrift unkundigen Menschen sind die Bilder und Zeichen, durch die Gedanken ausgedrückt werden, etwas Übernatürliches, Machterfülltes. Als Erfinder der Schrift galten die Götter, bei den Ägyptern Thot, bei den Babyloniern Nabu. Die heiligen Bücher sind göttlichen Ursprungs, sei es durch Emanation aus einer Gottheit (so soll der Rigveda aus Brahman ausgehaucht worden sein), sei es durch einen göttlichen Schöpfungsakt (nach rabbinischer Vorstellung ist die Tora tausend Geschlechter vor ihrer Verkündigung erschaffen worden) oder durch Offenbarung (Mohammed hörte den Koran aus dem Munde des Erzengels Gabriel). Den altorientalischen Menschen war die Vorstellung von himmlischen Schicksalstafeln, auf denen die Geschicke der Irdischen verzeichnet sind, nichts Fremdes. Nach ägyptischem Glaubensgut soll Thot die Regierungsjahre der Könige auf die Blätter des Ischedbaumes geschrieben haben.

Wie in den genealogischen Listen (z. B. Gen 5,1–32) die Namen der Stammesmitglieder verzeichnet sind, so hält Gott die Namen aller Frommen im Buch des Lebens fest. Das von Gott geführte Buch wird erstmals bei Mose erwähnt (Ex 32,32). Die Gerechten werden das Gericht der Endzeit überdauern. »Wer in Zion überlebt und in Jerusalem noch übrigbleibt, wird heißen ›Heilig‹; jeder, der zum Leben aufgeschrieben ist in Jerusalem« (Jes 4,3). In der Zeit der Drangsal wird gerettet ein jeder, »der im Buch verzeichnet ist« (Dan 12,1). Alle Taten des Menschen wurden in der Buchrolle aufgeschrieben, »noch eh sie gebildet und keine von ihnen bestand« (Ps 139,16). Wer sündigt, muß sterben; er wird »aus dem Buche des Lebens getilgt, mit den Frommen nicht aufgeschrieben« (Ps 69,29). Wenn der »Hochbetagte«, dem tausendmal Tausende dienen, auf seinem Throne zum Gericht Platz nimmt, dann werden die Buchrollen geöffnet (Dan 7,10). Das Buch wird somit zum Symbol der Wahrheit des göttlichen Wortes und des darin verheißenen Lebens. Dem Propheten Ezechiel wurde Gottes Absicht durch ein Buch mitgeteilt; das Essen der Buchrolle (Ez 2,8 f.) sinnbildet die Übernahme des Prophetenamtes. Das Verzehren des Buches ist gleichbedeutend mit der Aufnahme des göttlichen Wortes in das Herz.

Das »Buch des Lebens« ist ein bildlicher Ausdruck für »Auserwählung«. Im NT sind es die Glieder der christlichen Gemeinde, die im Buch des Lebens, »im Himmel eingetragen sind« (Hebr 12,23). Paulus hegt die feste Überzeugung, daß die Namen seiner Mitarbeiter im Buche des Lebens stehen (Phil 4,3). Jesus selbst sagte zu seinen Jüngern: »Freut euch, daß eure Namen aufgezeichnet sind im Himmel« (Lk 10,20). Wer in den Tagen der Verfolgung sich zu Gott bekennt, wird nimmermehr ausgetilgt aus dem Buch des Lebens (Offb 3,5). Außer dem Buch des Lebens gibt es noch andere Bücher im Himmel; in ihnen sind alle Taten der Menschen verzeichnet, nach ihrem Inhalt wird am Jüngsten Tage über die Toten gerichtet (Offb 20,12). Denn nichts Unreines darf in die Gottesstadt eingehen, »und niemand, der Greuel begeht und Lüge, sondern nur jene, die eingeschrieben sind im Lebensbuch des Lammes« (Offb 21, 27). In einer Schilderung des Weltgerichts wird der Himmel »weggezogen wie ein Buch, das zusammengerollt« – besser wohl »entrollt« – »wird« (Offb 6,14). Die versiegelte Buchrolle der Geheimen Offenbarung (5,1–9) ist ein Symbol des unerforschlichen Ratschlusses Gottes, dessen Ausführung Christus übertragen wurde. Auch der Apokalyptiker Johannes erhielt die Weisung, ein Büchlein – aus der Hand eines Engels – zu essen. »Es war in meinem Mund süß wie Honig, als ich es aber gegessen hatte, wurde mein Magen bitter« (Offb 10,8 ff.). Das Essen der kleinen Schriftrolle symbolisiert die völlige Aufnahme des Geoffenbarten; die Berufung ist zunächst süß (sie erfreut), wird dann aber bitter (zur schweren Bürde).

In der altchristlichen Kunst ist die Buchrolle Symbol der göttlichen Gebote und der Glaubenslehre. In der Sarkophagplastik deuten gebündelte Buchrollen zu Füßen von Oranten darauf, daß der hier Beigesetzte im christlichen Glauben unterrichtet war. Bei dem Motiv der Traditio legis übergibt Christus das Gesetz, die göttliche Lehre, in einer Schriftrolle an die Apostel. Darstellungen des thronenden Christus lassen ihn in der linken Hand das Buch des Lebens (nach Offb 20,12) halten, versehen mit den Buchstaben A und O oder mit den Worten »Lux mundi«. Altkirchlicher Brauch war es, bei der Abhaltung eines Konzils das Evangelienbuch als Symbol dessen, von dem es zeugt, auf den Thron zu legen.

LITERATUR: K. Staritz: Zur Offenbarung Johannis 5,1 (= ZNTW 30/1931, 157–170); Th. Michels: Christus mit der Buchrolle (= Oriens Christianus III 7/1932, 138–148); Br. Olsson: Die verschlungene Buchrolle (= ZNTW 32/1933, 90–91); L. Koep: Das himmlische Buch in Antike und Christentum. Eine religionsgeschichtliche Untersuchung zur altchristlichen Bildersprache. Bonn 1952.

Bundeslade

Lade, Kasten, Schrein und Truhe haben unter den vom Menschen angefertigten Dingen eine ähnliche Funktion wie in der Natur die Höhle; sie bergen und schützen Inneres und Geheimnisvolles. In Ägypten hatten die Götterschreine, in denen sich das Bild der Gottheit befand, einen eigenen Raum im Tempel; der Naos (Schrein) galt als Bild des Himmels. Der Inhalt der Lade ist letztlich immer ein Symbol des Lebens, auch wenn die Lade sich als Sarg entpuppt. Die Ägypter bezeichneten den Sarg als »Herrn des Lebens«. Der von dem heimtückischen Seth bereitgestellte Sarg wurde für Osiris zum Übergang in ein neues Leben. Die mystische Lade der eleusinischen Mysterien enthielt sicher ein Symbol des Lebens, wenn der Inhalt im einzelnen auch unbekannt ist (Phallos? Ähre?).

In der at.lichen Überlieferung ist die Beziehung der Lade Jahwes zu Berg und Höhle unverkennbar. Sie wurde laut göttlichem Auftrag am Fuße des Berges Sinai hergestellt (Ex 25,10 ff.) und vom Propheten Jeremia in einer Höhle vor dem Zugriff der Feinde verborgen. »Der Prophet war auf den Berg gekommen, den Moses bestiegen hatte, um das Erbe Gottes zu betrachten. Da stieß er auf eine geräumige Höhle. Dahin ließ er das Zelt und die Lade und den Räucheraltar kommen und verstopfte den Eingang« (2 Makk 2,4 f.). Berg und Lade gelten als Sitz der Gottheit. Der Ausdruck »Lade Gottes« (1 Sam 3,3) bezeichnet die Bundeslade als Zeichen der göttlichen Gegenwart. Das

hebräische aron (= Lade) dient auch als Bezeichnung für den Sarg Josefs (Gen 50,26). Der Name Bundeslade (aron habberit) kommt daher, daß sie die beiden steinernen Tafeln mit den Zehn Geboten enthielt, die Zeichen des Bundes zwischen Gott und dem Volk Israel waren (1 Kön 8,9). Mose erhielt den göttlichen Auftrag: »In die Lade sollst du das Zeugnis legen, das ich dir geben werde« (Gen 25,16). Der Deckel der Lade trug zwei goldene Kerubsgestalten, die ihre Flügel über das Heiligtum ausspannten; an diesem Sühnedeckel versöhnte der Hohepriester das Volk mit Gott (Lev 16,15 f.). Schon bei Jeremia findet sich die Weissagung, daß eine Zeit kommen wird, in der die Bundeslade nicht mehr nötig sein wird (Jer 3,16). David bezeichnete die Bundeslade in einem bildhaften Vergleich als »Fußschemel unseres Gottes« (1 Chr 28,2).
Rückblickend erweitert das NT den Inhalt der Lade, »in der ein goldener Krug mit dem Manna, der grünende Stab Aarons und die Bundestafeln sich befanden« (Hebr 9,4). Manna und Aarons Stab sind aber nichts anderes als Symbole des Lebens, das Gott den von ihm Auserwählten gewährt. Als sichtbares Zeichen, daß Gott zu Ende führt, was er einst in dem Bund mit seinem Volk verheißen, erblickt Johannes, wie der Tempel Gottes im Himmel sich öffnet, »und die Lade seines Bundes wurde sichtbar« (Offb 11,19); die Bundeslade ist hier Sinnbild der kommenden Vollendung.
Mit ihrem ehrwürdigen Inhalt wurde die Bundeslade zu einem Vorbild nt.licher Mysterien, die alle um den menschgewordenen Gottessohn kreisen. Die Lade, die das Wort Gottes trägt, wurde zum Symbol des Logos; so heißt es in dem Laudeshymnus des Herz-Jesu-Festes: »O Herz, du Lade, deren Schrein die Tafeln des Gesetzes birgt, doch nicht der Knechtschaft, nein, des Heils, der Huld und der Barmherzigkeit.« Von hier aus ist der Schritt nicht allzuweit, in der verschlossenen Lade ein Symbol der Maria zu erblicken, die nicht Aarons grünenden Stab, sondern das Reis Jesse enthält.

Burg

Die zur Verteidigung meist auf einer Anhöhe errichtete Burg ist ein Bild der Unzugänglichkeit und Unerschütterlichkeit. Wie die Burg oder die befestigte Stadt Sicherheit gegen feindliche Angriffe bieten sollte, so erhofften sich die Israeliten Zuflucht vor allem Bösen dieser Welt bei Gott. In einem Dankgebet besingt ihn David als »meine Felsenburg, mein Hort« (2 Sam 22,2). Immer wieder findet sich dieses Bild in den Psalmen. »Sei mir ein schützender Fels, eine feste Burg, die mich sichert! Fürwahr, Fels und Burg bist du mir« (Ps 31,3 f.). Wer an Gott glaubt, kann sich geborgen fühlen. »Wer im Schutze des Höchsten wohnt, in des Allmächtigen Schatten ruht, der darf sprechen zum Herrn: Meine Zuflucht und meine Burg, mein Gott, auf den ich vertraue« (Ps 91,1 f.; vgl. auch 71,3; 144,2). Wenn über die Ungläubigen das Strafurteil verhängt wird und Himmel und Erde erbeben, wird der Herr »seinem Volk eine Zuflucht und Israels Söhnen ein Hort« sein (Joel 4,16). Auch der große Widersacher Jahwes nennt sich »Gott der Festungen«, die aber ihm dienen, erhalten nicht himmlischen Lohn, sondern irdische und damit vergängliche Schätze (Dan 11,38 f.).
Nach Johannes Chrysostomus schützt der christliche Glaube gleich Mauern und Türmen gegen die Mächte des Bösen. Das in den Psalmen auf Gott angewandte Bild wird motivanregend für eines der bekanntesten Reformationslieder: »Eine feste Burg ist unser Gott.« Als infernalische Widerspiegelung wird auch das Reich Satans als – vom Feuerschein umgebene – Burg dargestellt; bei Stephan Lochners Gemälde vom Jüngsten Gericht findet sich eine Verbindung von Höllenschlund und Burg. Wo auf eine klare Wiedergabe der Burg verzichtet wird – wie bei dem Thema der Befreiung der Seelen aus der Unterwelt durch Christus – wird doch oft durch am Boden liegende Mauerreste, Türflügel und Riegel die Vorstellung einer solchen nahegelegt.

Cherubim ↗ Kerubim

Diamant

Der sehr seltene Diamant galt schon in der Antike als kostbarster Edelstein und erhielt deshalb den Beinamen »regina gemmarum«. Man schrieb ihm apotropäische Kraft zu und glaubte, daß er Gifte unschädlich machen könne. Das Geheimnisvolle dieses Edelsteins erblickte Plinius darin, daß er einerseits so hart sei, daß ihm selbst Eisen und Feuer nichts antun können, andererseits aber soll er sich durch das frische Blut eines Hirschbocks auflösen.
Der Diamant ist Symbol der Härte, der Standhaftigkeit und der Unnachgiebigkeit im Glauben, so wenn Gott die Stirn seines Propheten »wie Diamant, härter noch als Kieselgestein« macht (Ez 3,9). Die Straßen des wiedererstehenden Jerusalem werden gepflastert mit Beryll und Diamant (Tob 13,17). Die Härte des Edelsteins hat auch ihre Schattenseite, so wenn das verstockte Volk sein Herz zu einem Diamanten macht, um Gottes Wort nicht zu hören (Sach 7,12). Judas Sünde ist »mit diamantener Spitze eingraviert auf die Tafel ihres Herzens« (Jer 17,1), das bedeutet eine so schwere Sündenschuld, daß sie nicht mehr ausgetilgt werden kann.
Im Physiologus wird der Diamant als »deutliches Gleichnis Christi« bezeichnet; wer diesen Edelstein in seinem Herzen trägt, dem wird nichts Übles widerfahren. Mittelalterlichen Dichtern war der Diamant ein Symbol der Treue; als schmückender Stein der Kaiserkrone sollte er auf die Standhaftigkeit und Kühnheit seines Trägers hinweisen.

Disteln ↗ Dornen

Donner ↗ Blitz

Dornen und Disteln

Nachdem der von Eva verführte Adam von der verbotenen Frucht gegessen hatte, verfluchte Gott den Ackerboden und sprach: »Mühsam sollst du dich von ihm nähren alle Tage deines Lebens. Dornen und Gestrüpp soll er dir sprießen« (Gen 3,17 f.). Nach anderer Übersetzung werden an Stelle von Gestrüpp »Disteln« genannt. Die in der Wildnis wachsenden stacheligen Pflanzen wurden zu einem Symbol der Sündenstrafe. Der Fluch Gottes trifft das vom Gesetz abweichende Israel im Bilde des Weinberges: »Warum hoffte ich, daß süße Trauben er trüge, er aber brachte Herlinge nur? ... Ich will ihn machen zur Wüstenei ... Aufschießen mag er in Dornen und Unkraut« (Jes 5,4 ff.). Als die Israeliten in einer Zeit des Wohlstandes fremden Göttern Kultstätten errichteten, drohte der Herr, daß er auf den Altären Dornen und Disteln wachsen lasse (Hos 10,8). Das Gut der bösen Menschen soll wie Dornen verbrennen (Mich 7,4), und die dem Untergang geweihten Völker werden »wie gehacktes Dornengestrüpp im Feuer entzündet« (Jes 33,12). In seinen letzten Worten vergleicht David die »Verruchten« mit Wüstendornen, die im Feuer verbrennen sollen (2 Sam 23,6 f.). Der brennende Dornstrauch, den Mose am Berge Horeb erblickte, ist ein Bild der sündigen und deshalb leidenden Menschheit (bzw. Israels); daß der Strauch von den Flammen nicht verzehrt wurde (Ex 3,2 f.), ist Hinweis auf Gottes Erbarmen.

In seinem Brief an die Hebräer (6,8) vergleicht der Apostel Paulus vom Glauben abgefallene Menschen mit einem Ackerboden, der Dornen und Disteln hervorbringt. In Jesu Gleichnis vom Sämann verhindert das Dornengestrüpp das Aufkeimen der guten Saat: »Was unter die Dornen fiel, das sind jene, die wohl hören, aber dann hingehen und von den Sorgen, dem Reichtum und den Genüssen des Lebens erstickt werden und nicht zur Reife kommen« (Lk 8,14).

Nach Papst Gregor d. Gr. ist jede Sünde ein Dorn. Und Dornen wiederum werden – durch die Berührung Gottes – zu einem Symbol der Erlösung, so im AT der brennende Dornstrauch, im NT die Dornenkrone (Joh 19,2). Während

Augustinus in der Dornenkrönung vor allem das Leiden und die Erniedrigung erblickt, weist Germanos von Konstantinopel auf die Dornen als Symbol der Sünde. Christus läßt sich die Sünden der Menschheit aufladen und bringt sich selbst als Sühneopfer dar. In der mittelalterlichen Kunst erscheint der brennende Dornbusch in Verbindung mit der Menschwerdung Christi als Sinnbild für das Eingehen Gottes (im Bild des Feuers) in die menschliche Natur. Bei Mariendarstellungen ist der von Flammen unversehrte Dornbusch Hinweis auf die Unversehrtheit der von Gott auserkorenen Jungfrau. Als Symbol irdischer Schmerzen war die Distel ein beliebtes Ornament bei Märtyrerdarstellungen (so in der Buchmalerei).

Drache

Schon in seiner Gestalt der Natur widersprechend, findet sich der Drache in den meisten Religionen des Vorderen Orients als gottfeindliches Wesen. Der Sieg über den Drachen bedeutet in Mythen und Märchen den Sieg über Chaos und Finsternis. Der babylonische Gott Marduk besiegt Tiamat, die Personifikation des Urmeeres (= Urmaterie), und erschafft aus ihren beiden Hälften Himmel und Erde. Gewöhnlich ist der Sonnengott oder der Gott des Lichtes der Widersacher des Ungeheuers; im griechischen Mythos wird erzählt, wie Apollon den schlangengestaltigen Drachen Python mit seinen Strahlenpfeilen vernichtet. Von eschatologischer Bedeutung ist – nach mazdaistischer Vorstellung – der von Ahriman (Verkörperung des Bösen) losgelassene Drache, der ein Drittel der Menschheit verzehrt.
In der israelitischen Kosmogonie finden sich ebenfalls Spuren des Drachen, Leviatan oder Rahab genannt; auffallend ist die Beziehung zum Meer. Gott rüttelte »das Meer auf durch seine Kraft«, zerschmetterte »Drachenhäupter im Meer« und zermalmte »die Häupter Leviatans« (Ps 74, 13 f.). Er erregt durch seine Gewalt »das Meer, in seiner

Weisheit zerschmettert er Rahab. Durch seinen Hauch wird der Himmel heiter, seine Hand durchbohrt die flüchtige Schlange« (Ijob 26,12 f.). Drache und Schlange sind in der Symbolsprache austauschbar. Eine vielfach vorgebrachte Vermutung ist, daß der Urdrache als Personifikation des Urmeeres eigentlich schon in der Genesis mit der Urflut (hebräisch »tehom« in Analogie zu akkadisch-babylonisch »tiamat«) gemeint sei, über der Gottes Geist schwebte (Gen 1,2). An diese Urzeit erinnert Jesaja, wenn er Gott anruft: »Auf, auf, ... rege dich wie in den Tagen der Vorzeit, der uralten Geschlechter. Warst nicht du es, der Rahab zerhieb, den Drachen durchbohrte?« (Jes 51,9) Daß es dem Herrn gelang, das Urmeer sich untertan zu machen, den Chaosdrachen zu zertreten und die Mächte der Finsternis zu besiegen, gibt den Gläubigen die feste Hoffnung, daß auch in Zukunft die Feinde des Herrn vernichtet werden (vgl. Ps 89,10 f.). Jeremias bezeichnet den babylonischen König Nebukadnezzar als Drachen (Jer 51,34), und Ezechiel nennt den Pharao einen Drachen im Weltmeer (Ez 32,2).
In der Apokalypse ist der Drache das Symbol des göttlichen Widersachers, der von Anbeginn an das Wirken des Messias zu verhindern versucht. Rot ist seine Farbe, die sieben Köpfe und die zehn Hörner lassen ihn als widernatürliches Monstrum erscheinen (Offb 12,3). »Sein Schwanz fegte den dritten Teil der Sterne des Himmels hinweg und warf sie auf die Erde. Der Drache stellte sich vor die Frau, die daran war zu gebären, damit er ihr Kind verschlinge, wenn sie geboren hätte« (Offb 12,4). In der »mit der Sonne umkleideten« Frau ist wahrscheinlich die Gottesgemeinde symbolisiert, später bezog man diese Stelle auch auf Maria. Von Michael und seinen Engeln »wurde der große Drache, die alte Schlange, die den Namen Teufel und Satan trägt«, aus dem Himmel hinabgestürzt (Offb 12,9). Damit er nicht mehr die Völker verführe, wird der Drache in den Abgrund geworfen und auf tausend Jahre gefesselt (Offb 20,2); noch ein letztes Mal losgelassen, wird er schließlich für ewig in den Feuer- und Schwefelsee geworfen (Offb 20,10).

Erst im Frühmittelalter wird ein fester Bildtypus für den Drachen greifbar: ein geflügeltes, geschupptes Reptil, oft mit krokodil- oder wolfartigem Kopf. Die in der romanischen Plastik und bei Buchinitialen verwendeten Drachenmotive symbolisieren immer die Niederlage des Bösen. Im 15. Jh. wird der apokalyptische Drache als Todsündendrache aufgefaßt: Die sieben Köpfe kennzeichnen die sieben Sünden. Die Gestalt des Drachen kann auch in die des Basilisken überwechseln, der mit seinen Flügeln, Krallenfüßen und dem Vogelkopf an einen Hahn erinnert, sonst aber einer Schlange gleicht. Ein beliebtes Thema der christlichen Kunst ist der Sieg über den Drachen, der so zu einem Attribut des Erzengels Michael und der Heiligen Georg und Margareta wird.

LITERATUR: A. van Delft: De beesten in de apocalyps (= Studia catholica 3/1926–1927, 26–34); B. Renz: Der orientalische Schlangendrache. Ein Beitrag zum Verständnis der Schlange im biblischen Paradies. Augsburg 1930; H. Köhn: Romanisches Drachenornament in Bronze- und Architekturplastik. Straßburg 1930; A. Rosenberg: Michael und der Drache. Olten 1956; L. Stauch: Drache (= Reallexikon zur deutschen Kunstgeschichte IV, 342–366); E. D. van Buren: The Dragon in Ancient Mesopotamia (= Orientalia XV/1946 und XVI/1947); J. Fontenrose: Python. A Study of Delphic Myth and Origins. Berkeley-Los Angeles 1959 (– auch über den Drachen in Ägypten, 177–193).

Drei

Bei allen Völkern gilt die Drei als besonders herausragende Zahl. In ihr wird die Entzweiung überwunden; Anfang, Mitte und Ende sind in ihr zusammengefaßt. Die Drei ist symbolischer Hinweis für die Einheit der Familie: Vater, Mutter und Kind. Viele Religionen haben ihre Götter-Triaden, zum Beispiel in Ägypten Osiris – Isis – Horus, in Babylonien Sin – Schamasch – Ischtar. Die Heiligkeit der Drei hat ihren eigentlichen Grund in ihrer ursprünglichen Bedeutung als allumfassender Zahl; die ganze Welt ist dreigeteilt in Himmel, Erde und Unterwelt; mit drei Schritten durchmißt Vishnu das ganze All. Dreifache Anrufungen der Gottheit sollten das Gebet oder auch das Zauberwort wirksamer machen.

In der gesamten Heiligen Schrift bezeichnet die Drei zunächst den dreimal heiligen Gott. »Heilig, heilig, heilig ist der Heerscharen Herr, die Fülle der ganzen Erde ist seine Herrlichkeit« (Jes 6,3). Die drei Abraham erscheinenden Engel bei den Eichen von Mamre weisen auf den einen Gott hin (Gen 18,1–8). Dreimal täglich warf sich Daniel auf die Knie und betete zu Gott (Dan 6,11). Die männlichen Israeliten mußten dreimal im Jahr vor dem Herrn erscheinen (Ex 23,17). Zu den liturgischen Dreiheiten gehört auch der dreifache Segen des Aaron (Num 6,24 ff.). Im Jahr gab es drei hohe Feste: das Fest der ungesäuerten Brote, das Wochenfest und das Laubhüttenfest. Dreijährige Opfertiere waren Gott besonders wohlgefällig (Gen 15,9). Die Drei deutet auf Vollkommenheit und Ganzheit, so bei den drei Teilen des jüdischen Tempels (Vorhof, Heiligtum, Allerheiligstes), der ja in gewissem Sinne ein Symbol der Welt ist. Die drei Stammväter Sem, Ham und Jafet sinnbilden die Wurzeln der ganzen Menschheit. Schließlich wird die Drei auch zu einem Bild größter Bedrohung, man denke an die dreitägige Finsternis in Ägypten (Ex 10,22 f.) und an Jonas Aufenthalt im Bauche des Fisches (Jon 2,1).

Im NT wird die Heiligkeit der Drei durch die Offenbarung des dreieinigen Gottes besiegelt; in Erinnerung an Jesu Taufe (Mt 3,16 f.) sollen alle Menschen getauft werden »auf den Namen des Vaters, des Sohnes und des Heiligen Geistes« (Mt 28,19). Auch sonst erscheint die Drei als heilige Zahl. Geist, Wasser und Blut legen für Jesus Zeugnis ab (1 Joh 5,7.8). Im ethischen Bereich bilden Glaube, Hoffnung und Liebe eine Dreiheit (1 Kor 13,13). Der negative, gefahrdrohende, abgründige Aspekt zeigt sich in dem dreifachen Angriff des Teufels auf Jesus (Mt 4,1–11), in der dreitägigen Blindheit des Paulus (Apg 9,9) und in den drei Tagen und drei Nächten zwischen Jesu Tod und Auferstehung (Mt 12,40) – bei letzterem Beispiel zeigt sich der

Symbolgehalt gerade darin, daß es eigentlich nur zwei Nächte waren. Auch die antichristlichen Mächte können mit der Dreizahl verbunden sein, so das widergöttliche Tier in der Offenbarung (13,2).

Die Drei spielt nicht nur eine Rolle im Volksglauben – »Aller guten Dinge sind drei!« Jesus, Maria und Joseph als volkstümliche Triade –, sondern auch in der Liturgie. Dreimal wird das Agnus Dei gebetet, dreimal beim »mea culpa, mea culpa, mea maxima culpa« an die Brust geschlagen. Der Bischof macht bei seinem Segen dreimal das Kreuzzeichen. In der Chrysostomus-Liturgie trinkt der Priester dreimal vom heiligen Blut. Mittelalterliche Darstellungen versuchten das Geheimnis der göttlichen Trinität manchmal in einer dreiköpfigen oder dreigesichtigen Gestalt zu veranschaulichen. Von Grünewald stammt eine dreiköpfige Symbolfigur des Bösen, wie auch verschiedene französische Miniaturen den Teufel dreigesichtig wiedergeben.

LITERATUR: E. B. Lease: The number three, mysterious, mystic, magic (= Classical Philology 14/1919); R. Mehrlein: Drei (RAC 4, 269–310); J. B. Bauer: Drei Tage (Scholia biblica et patristica, 22–26). Graz 1972.

Durst

Der Durst gehört zu den Elementarerfahrungen der Wüsten- und Steppenvölker; für den Verdurstenden bedeutet ein Trank die Rückgabe des Lebens. Selbst dem Feind soll man das Wasser nicht verwehren (Spr 25,21). Zu den eindringlichsten Erfahrungen der Wüstenwanderung der Israeliten gehörte, daß sie dank der Fürsorge Gottes weder Hunger noch Durst litten. Als das dürstende Volk mit Mose haderte, schlug er auf des Herrn Geheiß mit seinem Stab auf einen Felsen, aus dem sogleich Wasser hervorquoll (Ex 17,5 f.). Durst ist das Verlangen nach lebenerhaltender Flüssigkeit, im übertragenen Sinne nach dem Wasser des Lebens, nach Gott. »Wie die Hirschkuh nach Wasserbächen verlangt, so lechzt meine Seele nach dir, o Gott. Es dürstet

meine Seele nach Gott« (Ps 42,2 f.). Das unentgeltliche Löschen des Durstes wird zu einem sprechenden Bild für das Endheil (Jes 55,1). Einst werden Tage kommen, »da sende ich Hunger ins Land, nicht Hunger nach Brot, nicht Durst nach Wasser, sondern zu hören das Wort des Herrn« (Am 8,11). In den Weissagungen werden Hunger und Durst als Zeichen des Gerichts genannt. Weil der Sinn Israels nur auf irdisches Vergnügen, auf Flötenspiel und Wein, gerichtet ist, muß seine Herrenschicht sterben vor Hunger, »sein Haufe muß schmachten vor Durst« (Jes 5,12 f.).
Ein Becher kalten Wassers, auch dem Geringsten gegeben, wird nicht unbelohnt bleiben (Mt 10,42). Metaphorisch kann der Durst zum absoluten Verlangen nach Gerechtigkeit werden. »Selig, die hungern und dürsten nach der Gerechtigkeit, denn sie werden gesättigt werden« (Mt 5,6). In der kommenden Heilszeit werden Hunger und Durst gestillt werden, d. h., das Verlangen nach dem ewigen Leben wird befriedigt (Offb 7,16). »Wen dürstet, der komme, und wer will, der empfange umsonst Wasser des Lebens« (Offb 22,17).

LITERATUR: A. Hermann: Durst (RAC 4, 389–415).

Eckstein, Grundstein

Im Analogiedenken der altorientalischen Völker kam dem Grundstein eine große Bedeutung zu; es war der erste Stein des Mauerwerkes, nach dem der ganze Bau ausgerichtet wurde. Meistens war es ein Eckstein, in den der Name des Gründers und bei Sakralbauten der zugehörigen Gottheit eingeritzt wurde. Die Ägypter bezeichneten die vier Ecken durch Niederlegung segenbringender Gegenstände. Die Grundsteinlegung galt als heilige Aufgabe von Königen oder Priestern. Bei der häufig anzutreffenden Gleichsetzung von Haus und Kosmos bedeutet die Grundsteinlegung einen Akt der Kosmogonie; nach indischen Vorstellungen befindet sich jeder richtig gesetzte Grundstein im Zentrum der Welt.

Gott selbst setzte den Eckstein der Erde, er »gründete« sie – d. h., er legte ihren Grundstein – und spannte über ihr die Meßschnur (Ijob 38,4 ff.). Der Herr erscheint als der wahre Weltenbaumeister. Er legt auch auf Zion »einen Stein, der erprobt ist, einen kostbaren Eckstein, der festgegründet«. Wer auf diesem Grundstein aufbaut, »wer auf ihn vertraut, der wanket nicht« (Jes 28,16) – dieser Eckstein ist Symbol des Messias. In übertragenem Sinn bezeichnet der Eckstein die Führer des israelitischen Volkes (vgl. Sach 10,4). Durch sein Auserwähltsein ist das von anderen Völkern gedemütigte Israel »der Stein, den die Bauleute verwarfen« und der zum Eckstein geworden ist (Ps 118,22).

Im Anschluß an das Gleichnis von den bösen Winzern bezeichnet sich Jesus selbst als den von den Bauleuten verworfenen Stein (Mk 12,10). Der vom Hl. Geist erfüllte Petrus sprach vor dem Hohen Rat von Jesus Christus als dem »Stein, der, von euch Bauleuten verworfen, zum Eckstein geworden ist« (Apg 4,11) – die Erhöhung zum Eckstein bedeutet seine Verherrlichung; obwohl von den Menschen verworfen, wird er zum Grundstein des neuen Jerusalem. Christus ist der Eckstein der Kirche, »in dem zusammengefügt der ganze Bau emporwächst zu einem heiligen Tempel im Herrn« (Eph 2,20 f.). Nur für die an ihn Glaubenden, die auf ihm weiterbauen, hat dieser Eckstein eine alles überragende Bedeutung; den Ungläubigen dagegen wird er »ein Stein des Anstoßes« sein (1 Petr 2,7 f.).

Bevor beim Bau einer neuen Kirche der Grundstein in die mit Weihwasser besprengte Grube versenkt wird, drückt ihm der Bischof ein Kreuz auf. Der Grundstein ist Symbol Christi; denn »einen anderen Grund kann niemand legen als den, der gelegt ist, das ist Jesus Christus« (1 Kor 3,11). Der Grundstein ist die axis mundi, der heilige Weltberg, weshalb der Bischof bei der Grundsteinlegung rezitiert: »Fundamenta eius in montibus sanctis« (nach Ps 87,1).

LITERATUR: J. Jeremias: Der Eckstein (= Angelos 1/1925, 65–70); G. B. Ladner: The Symbolism of the Biblical Corner Stone in the Medieval West (= Medieval Studies IV/Toronto 1942, 43–60); S. Lyonnet: De Christo summo angulari lapide secundum Eph. 2,20 (= Verbum Domini 27/1949, 74–83); C. G. Jung: Die Lapis-Christus-Parallele (Psychologie und Alchemie, 471–580). Zürich 1952; J. Lindblom: Der Eckstein in Jes. 28,16 (= Norsk Teologisk Tidsskrift 56/1955, 123–132); P. Sciascia: Lapis reprobatus. Roma 1959; R. J. Kelvey: Christ, the cornerstone (= NT 5/1962, 25–35).

Edelsteine

Der geheimnisvolle Zauber edler Steine hat die Phantasie des altorientalischen Menschen angeregt. Sind sie auch Bestandteil der Erdkruste, so weisen ihre Härte und vor allem ihr Leuchten auf eine Verwandtschaft zum strahlenden Licht himmlischer Mächte. Der Glanz überirdischer Erscheinungen wird mit dem Funkeln einzelner Edelsteine verglichen. Bevor der babylonische Heros Gilgamesch zum Kraut des Lebens gelangte, mußte er einen Zaubergarten durchqueren, der Edelsteine (als Früchte) trug. Den Ägyptern galt der Lapislazuli als heiliger Stein, dessen blaue Farbe auf eine himmlische Herkunft deutet; die königlichen Schmuckstücke wurden aus Gold und Lapislazuli angefertigt, um dadurch ihren Träger dem Schutz der Sonne und des Himmels anzuvertrauen.

Der Brustschild des Hohenpriesters ist mit zwölf Edelsteinen geschmückt: Rubin, Chrysolith, dunkelgrüner Beryll, Türkis, Lasurstein, Jaspis, Hyazinth, Achat, Amethyst, Tarsis, Karneol und Nephrit; »die Steine sollen die Namen der Söhne Israels tragen« (Ex 28,17–21; 39,10–14). In ihrer Zwölfzahl sind die Edelsteine ein Bild der vielschimmernden, alles überstrahlenden Herrlichkeit Gottes, als dessen oberster Diener auf Erden der Hohepriester galt. Als Gott sich Mose und den Ältesten Israels zeigte, war es unter seinen Füßen »wie Saphirplatten« (Ex 24,10). Der Saphir ist ein besonderer Hinweis auf die Gottesnähe und auf die strahlende Schönheit des Himmels; der elfenbeinerne Leib

des himmlischen Bräutigams ist »bedeckt mit Saphiren« (Hld 5,14). Von der Gestalt eines Engels schreibt Daniel (10,6): »Sein Leib war wie Chrysolith.« Bevor der Fürst von Tyrus – eine Symbolfigur des Antichrist, des aus dem Himmel gestürzten Luzifer – von der Hybris befallen wurde und sich selbst für Gott hielt, lebte er im Garten Eden und war mit allerlei Edelsteinen bedeckt (Ez 28,13). Der gottesfürchtige Tobit sieht das Bild des wiedererstandenen Jerusalem mit Saphir und Smaragd ausgestattet; »seine Mauern, Tore, Festungen aus reinem Gold; die Straßen sind gepflastert mit Beryll und Diamant und Edelstein aus Ophir« (Tob 13,17). Dem gebeugten, sturmumtosten Zion spricht der Herr Mut zu: »Fürwahr, ich belege mit Türkis deine Sockel, deine Grundmauern mit Saphirgestein, deine Zinnen gestalte ich aus Rubin, aus Beryll deine Tore und deine Gehege aus Edelgestein« (Jes 54,11 f.).
In teuflischer Nachahmung und Verstellung ist auch das lasterhafte Weib Babylon mit Edelsteinen und Perlen geschmückt (Offb 17,4). Aber die Waren aus Babel – u. a. Gold und Silber, Edelsteine und Perlen – werden am Ende der Zeiten keine Käufer mehr finden (Offb 18,11 f.). Die Gerechten werden eingehen in das neue Jerusalem, in die Himmelsstadt, und die ganze Herrlichkeit Gottes schauen. Der Lichtglanz der heiligen Stadt »ist gleich einem ganz kostbaren Stein, wie kristallheller Jaspis« (Offb 21,11). Jeder der zwölf Grundsteine der Stadtmauer trägt den Namen eines Apostels und ist jeweils mit einem anderen Edelstein geschmückt (Offb 21,14.19 f.).
Die Zwölfzahl der Edelsteine auf dem Brustschild des Hohenpriesters und beim himmlischen Jerusalem wurde im Mittelalter mit den zwölf Monaten oder mit den zwölf Tierkreisbildern in Verbindung gebracht. In der byzantinischen Kunst sind die Kreuze oft mit einem großen und zwölf kleinen Edelsteinen verziert; der große Edelstein sinnbildet Christus, die kleinen weisen auf die Apostel hin. Der Saphir (irrigerweise oft dem Lapislazuli gleichgesetzt) war allgemein ein Zeichen der Heiligkeit; als Hüter des

Glaubens und Bewahrer der Tugend trugen die Bischöfe Saphirringe. Der grüne Smaragd galt als Hinweis auf Reinheit und Keuschheit und wurde so zum Symbol für den Evangelisten Johannes und die Jungfrau Maria. Der fränkische Gelehrte und Kirchenfürst Hrabanus Maurus versuchte eine Symboldeutung aller Edelsteine, als Beispiele seien Amethyst (= Gedanken des Himmels in Demut) und Jaspis (= Kraft des Glaubens) angeführt.
↗ Diamant

LITERATUR: E. Valère: Marie et le symbolisme des pierres précieuses. Paris 1909; L. Baisier: The lapidaire chrétien. Its Composition, its Influence, its Sources. Washington 1936; Ph. Schmidt: Edelsteine. Ihr Wesen und ihr Wert bei den Kulturvölkern. Bonn 1948; J. Evans: A. History of Jewellery. London 1953; H. Decker-Hauff: Die Reichskrone und das AT (Schramm: Herrschaftszeichen und Staatssymbolik, II, 560 ff.). Stuttgart 1954–1956; H. Lüschen: Die Namen der Steine. Thun–München 1968; U. Jart: Precious stones in the Revelation of St. John 21,18–21 (= STh 24/1970, 150–181).

Ehe ↗ Hochzeit

Einhorn

Eines der verbreitetsten Fabelwesen der Alten Welt ist das Einhorn, das in verschiedenen Formen gedacht und gestaltet wurde, so als Ziegenbock, Rhinozeros, gehörntes Pferd oder als Gazelle. Die vorchristlichen Spuren führen bis nach Vorderindien, wo es schon in den Hymnen des Atharva-Veda auftaucht. Als Einhorn des Meeres dachte man sich den Fisch, an dessen Horn Manu sein Schiff band und sich so vor der Sintflut retten ließ. In der iranischen Überlieferung sinnbildet das Einhorn die Macht, die die Herrschaft des Bösen vernichtet. In der Antike galten Trinkgefäße aus dem Horn des Tieres als Abwehrmittel gegen Krankheiten und Gift.
Der Name des Einhorns kam durch ungenaue Übersetzung in die Bibel. Das hebräische Wort »re'em« bedeutet eine wilde Büffelart und wurde in der Septuaginta bei mehreren

Textstellen mit monokeros und in der Vulgata mit unicornis übertragen. Das Einhorn (eigentlich der Wildbüffel) sinnbildet im AT eine gewaltige Macht, die sich im Bösen wie im Guten offenbaren kann. Im Psalm 22,22 fleht der Gerechte in seiner Todesnot zu Gott: »Dem Löwenrachen entreiße mich, errette mich vor den Hörnern der Einhörner.« Im Psalm 92,11 dagegen heißt es im guten Sinne: »Doch mir erhobst du das Horn gleich dem Einhorn.« Verschiedentlich wurde das Einhorn auch mit dem Rhinozeros gleichgesetzt. Gott führte sein Volk aus Ägypten, »wie des Rhinozeros Horn (andere Version: des Wildbüffel Hörner) ist er für sie« (Num 23,22), damit »stößt er die Völker nieder, die Enden der Erde insgesamt« (Dtn 33,17).
Durch die Kirchenväter wurde das Einhorn in die christliche Symbolik eingeführt. Origenes vergleicht das eine Horn mit der Weltmacht Christi, der »einem Einhorn gleich die eine Herrschaft über alle Reiche ergreifen wird«. Zur Verbreitung des Einhornmotivs trug besonders die lateinische Übersetzung des Physiologus bei; danach ist das Einhorn ein wildes, unzähmbares Tier, das von keinem Jäger eingeholt werden kann. Nur wenn eine reine Jungfrau sich einsam im Walde lagere, so nahe sich ihr das Einhorn und entschlummere in ihrem Schoß. Als Sinnbild der Reinheit und Keuschheit wurde das Einhorn zu einem Mariensymbol. Mit seinem Horn reinigt das Einhorn das von der Schlange vergiftete Wasser und ist somit ein Hinweis auf Christus, der die Welt von Sünden erlöst. Auf Bischofsstäben des 11. und 12. Jh. ist das Tier als Christussymbol zu deuten.

LITERATUR: O. Shepard: The Lore of the Unicorn. Boston 1930; C. G. Jung: Das Einhornmotiv (Psychologie und Alchemie, 587–633). Zürich 1952; H. Brandenburg (= RAC IV, 840–862); J. Boullet: La merveilleuse histoire de la licorne (= Aesculape, décembre 1959); R. R. Beer: Einhorn. Fabelwelt und Wirklichkeit. München 1972; J. W. Einhorn: Das Einhorn als Sinnzeichen des Todes (= Frühmittelalterliche Studien 6/1972, 381–417).

Eisen

Zuerst wurde das meteorische Eisen verwendet, die Sumerer sprachen sinnentsprechend vom »Himmelsmetall«. In den Mythen von Ugarit erscheint der zauberkundige Gott Kotar als Erfinder der Eisenbearbeitung. Wegen seiner Schwere und Härte konnte das Eisen zu einem Symbol der Unterdrückung und des Unterworfenseins werden. In der hermetischen Überlieferung entspricht das Eisen dem Mars.

Das Eisen ist ein Bild für das Abweichen von Gottes Wegen. Die für den Altar bestimmten Steine müssen unbehauen sein, damit sie nicht vom (eisernen) Meißel entweiht werden (Ex 20,25). Die Sünde Judas »ist aufgeschrieben mit einem Griffel von Eisen« (Jer 17,1). Wer sich dem Laster hingibt, legt sich selbst eine eiserne Fessel an. Die den Worten des Herrn getrotzt haben, sitzen in Dunkel und Finsternis, in Elend und Eisen gefesselt (Ps 107,10). Eisen ist damit auch ein Bild des Gerichts und der Strafe. Der »eiserne Stab« in Psalm 2,9 ist das Wahrzeichen der strafenden Gerechtigkeit. Seinem untreuen Volk wird der Herr ein eisernes Joch auf den Nacken legen, bis es vernichtet ist (Dtn 28,48). Im übertragenen Sinn wird das Eisen für unpflügbare Erde gebraucht (Dtn 28,23). Ein Gemisch aus Eisen und Ton weist auf Disharmonie und Schwäche (Dan 2,41–43).

In der Apokalypse wird das Motiv des eisernen Stabes wieder aufgegriffen; er gehört dem Sieger, der über die Heidenvölker herrschen wird (Offb 2,26 f.).

Erdbeben

Schon in den Pyramidentexten werden Erdbeben – als »Reden« oder »Zittern« der Erde umschrieben – erwähnt; aus Furcht vor der Macht des toten Königs gibt ihn die Erde aus ihrer Umhüllung frei. Eine Osirishymne der 19. Dynastie sagt:

»Wenn du dich regst, so bebt die Erde.« Als eigentlicher Erdbebenerzeuger galt Seth; in Übereinstimmung damit spricht Plutarch von Typhon. Bei den alten Mesopotamiern hatten die Erdbeben ominöse Bedeutung. Nach griechischem Volksglauben erbebte die Erde beim Vorüberschreiten der Götter. Als Aeneas auf Delos den Apoll nach seiner neuen Heimat befragt, erbeben Tempel und Lorbeerbaum als Zeichen der Gebetserhörung.

Nach israelitischer Auffassung erfolgt ein Erdbeben dadurch, daß Jahwe die Säulen der Erde erschüttert (Ijob 9,6). Im seismischen Phänomen offenbart sich die Gottheit. Als Moses die Leute aus dem Lager heraus dem Herrn entgegenführte, war der Sinai ganz mit Rauch bedeckt; »der ganze Berg zitterte gewaltig« (Ex 19,18). Ohne selbst in den Elementargewalten zu sein, kann Jahwe durch sie sein Kommen anzeigen; so war die Gotteserscheinung am Berge Horeb mit Sturm, Erdbeben und Feuer verbunden (1. Kön 19,11 f.). Erdbeben kündeten die Macht des Siegergottes, der über Edoms Gefilde schritt und vor dem die Erde erbebte; »die Berge wankten vor deinem Antlitz« (Ri 5,4 f.). »Der Herr ist König, es erzittern die Völker, auf den Kerubim thront er, es wanket die Erde« (Ps 99,1). Erdbeben begleiten das Erscheinen Jahwes beim Gericht. Die während der Wüstenwanderung sich empörenden Korahiten wurden getötet, indem der Boden sich unter ihnen spaltete und die Erde ihr Maul aufriß (Num 16,31 f.). Beim Gericht über Babel erbeben die Himmel, »es rückt die Erde zitternd von ihrem Platz bei des Herrn der Heere Grimm und am Tag seiner Zornglut« (Jes 12,13). Beim Antritt der endzeitlichen Königsherrschaft wird die Erde von Gott so fest gegründet, daß sie nicht mehr wankt (Ps 93,1).

Bei Jesu Tode zerriß der Vorhang des Tempels »von oben bis unten in zwei Stücke; die Erde bebte, und die Felsen spalteten sich« (Mt 27,51 f.). Auch bei Jesu Auferstehung »entstand ein großes Erdbeben« (Mt 28,2). Als Zeichen der Ankunft des Hl. Geistes und zugleich der Gebetserhörung »erbebte der Ort«, wo die christliche Urgemeinde versammelt war (Apg 4,31). Später gebrauchte der Herr ein Erdbeben zur Befreiung der

Apostel Paulus und Silas aus ihrem Gefängnis; die Grundmauern des Kerkers wurden erschüttert, alle Türen sprangen auf, und die Fesseln fielen von den Gefangenen (Apg 16,26). Bei den eschatologischen Schrecken »werden Erdbeben sein von Ort zu Ort und Hungersnöte. Der Anfang der Wehen ist das« (Mk 13,8; ähnlich Mt 24,7). In der apokalyptischen Schau des Johannes entstand bei der Öffnung des sechsten Siegels »ein großes Erdbeben..., die Sterne des Himmels fielen auf die Erde..., und alle Berge und Inseln wurden von ihrer Stelle gerückt« (Offb 6,12ff.). Bei der letzten der sieben Plagen entstand »ein großes Erdbeben, wie ein solches noch nie war, seitdem Menschen die Erde betraten..., alle Inseln verschwanden und von den Bergen wurde nichts mehr gefunden« (Offb 16,18ff.).
Die Kirchenväter vertraten überwiegend die Meinung, daß die Erdbeben durch Gottes Einwirken entstehen. Hilarius und andere deuteten Erdbeben als Ausdruck des göttlichen Zorns. Das Beben bei Jesu Tod ist Zeichen für die Trauer der Elemente; bei Christi Kreuzigung seufzte die gesamte Kreatur (Leo d. Gr.).

Literatur: A. Hermann: Erdbeben (RAC 5, 1070–1113).

Erde, Erdboden

Die Bilder Himmel und Erde entstammen einer elementaren Erfahrung des Menschen, der sich eingeordnet sieht zwischen dem Oben und Unten, dem Hohen und dem Niederen. Mit Himmel und Erde setzt Gott die Pole der Welt. Für den Naturverbundenen ist die Erde der Mutterschoß alles Lebendigen; aus ihr kommen Pflanzen, Tiere und Menschen hervor, kehren aber auch wieder in sie zurück. Die Unterwelt liegt im Schoße der dunklen Erde (Ersetu bei den Babyloniern, Hades bei den Griechen). Während der Körper des Menschen von Erde ist, stammt die Geist-Seele von Gott; das erkannten schon die alten Ägypter, nach deren Glaube der Gott Chnum den menschlichen Körper auf einer Töpferscheibe aus Ton bildet und ihm den Ka als Lebenskraft gibt.

»Im Anfang schuf Gott den Himmel und die Erde« (Gen 1,1). Himmel und Erde sind hier einfach Ausdruck für die mit der Weltschöpfung verbundene Ordnung des Oben und Unten, von Geist und Materie. Die eigentliche Erde wurde erst am dritten Tag erschaffen (Gen 1,9 f.). Die Erde, die alle Grundstoffe enthält, wurde zum Bild für das Geschöpfliche und damit auch des Vergänglichen. Pflanzen und Tiere gingen auf Gottes Wort aus der Erde hervor; zuletzt bildete »der Herr den Menschen aus dem Staub der Ackerscholle und blies in seine Nase den Odem des Lebens« (Gen 2,7). Der Name Adam bedeutet wahrscheinlich der aus adamah (Erdstaub, Ackererde) Gebildete. Das »formavit ex limo terrae« darf natürlich nicht wörtlich genommen werden; schon Augustinus meinte, daß eine wörtliche Auslegung ein allzu kindischer Gedanke wäre. Mit dieser Bibelstelle wird nur auf die irdische Herkunft des Menschen hingewiesen, daneben darf die himmlische nicht übersehen werden, wenn Gott spricht: »Lasset uns Menschen bilden nach unserm Ebenbilde, uns ähnlich« (Gen 1,26). Erst durch des Menschen Sündenfall erhalten Oben und Unten eine ethische Bedeutung; »um deinetwillen soll der Ackerboden verflucht werden; ... Im Schweiße deines Angesichts sollst du dein Brot verzehren, bis du zum Ackerboden wiederkehrst, von dem du genommen bist« (Gen 3,17 ff.). Die Menschen sind »Bewohner von Lehmgehäusen, deren Fundament auf Staub sich gründet« (Ijob 4,19). Abraham bekennt vor Gott, daß er nur Staub und Asche ist (Gen 18, 27). Als der fromme Ijob eine »Hiobsbotschaft« nach der anderen erhielt, zerriß er sein Gewand, schor sein Haupt, fiel zur Erde nieder, beugte sich anbetend und sprach: »Nackt kam ich hervor aus dem Schoß meiner Mutter, und nackt kehre ich dorthin zurück. Der Herr hat gegeben, der Herr hat genommen, der Name des Herrn sei gepriesen!« (Ijob 1,20 f.) Bei Jesus Sirach (40,1) erscheint die Erde als »Mutter aller Lebenden«.

Im zweiten Korintherbrief (4,6 f.) spricht Paulus von dem gottgesandten Licht in unseren Herzen; »wir tragen aber diesen Schatz in irdenen Gefäßen«. Wer nur am Irdischen hängt, wird nicht das Himmlische erreichen, deshalb die Mahnung: »Was droben ist, habt im Sinn, nicht was auf Erden!« (Kol 3,2) Der vorläufige Charakter der Erde verbietet dem Menschen, irdische Schätze zu sammeln (Mt 6,19). In der Offenbarung werden mit »Bewohner der Erde« vor allem Menschen bezeichnet, deren Sinnen und Trachten allein dem Irdischen zugewandt war und deren Namen nicht »im Lebensbuch des geschlachteten Lammes« eingeschrieben ist (Offb 13,8). Die sich um das Lamm scharenden Auserwählten sind »von der Erde losgekauft« (Offb 14,3), d. h., sie sind der Gesetzmäßigkeit des Irdischen und damit dem Tod entzogen.
Liturgisches Symbol der irdischen Hinfälligkeit ist die Asche. Am Beginn der Fastenzeit werden bei der Aschenauflegung die Worte gesprochen: »Gedenke o Mensch, daß du Staub bist und wieder zum Staub zurückkehrst« – eine Erinnerung an die Austreibung der Stammeltern aus dem Paradies und Zeichen der Bereitschaft zur Buße. In den Werken der Kirchenväter haftet der Erde der Charakter des Vergänglichen, Fleischlichen und Sündigen an, ja, es kommt regelrecht zur Gleichsetzung der Erde mit der care humana. Beim Begräbnis wird der Körper – als Samenkorn des künftigen verklärten Leibes – der Erde zurückgegeben; deshalb war bis in jüngster Zeit in der katholischen Kirche die Leichenverbrennung nicht gestattet.

LITERATUR: H. Vollmer: Die Erde als jungfräuliche Mutter Adams (= ZNTW Jg. 10, 324 ff.); K. Holzhey: Das Bild der Erde bei den Kirchenvätern (Festschrift Knöpfler, 177–187). Freiburg i. Br. 1917; A. Dieterich: Mutter Erde. Ein Versuch über Volksreligion. 3., erweiterte Aufl. Berlin 1925; E. Briem: Mutter Erde bei den Semiten? (= ARW 24/1926, 179–195); M. Eliade: La terre mère et les hièrogamies cosmiques (= Eranos-Jb 22/1953, 57–95); I. Oppelt (RAC V, 1113–1179); Ph. Rech: Erde (Inbild des Kosmos I, 335–371); H. Schmid: Die »Mutter Erde« in der Schöpfungsgeschichte der Priesterschrift (= Judaica 22/1966, 237–243).

Ernte

In der Frühzeit hatten alle Handlungen des Menschen, besonders die der Ernährung dienenden, wie Jagen, Fischen, Säen und Ernten, symbolische Bedeutungen. Zu den ältesten Festen gehören die Ackerbaufeste und hier wiederum besonders die der Ernte mit ihren magischen und religiösen Bräuchen. Die Ägypter brachten die ersten geernteten Früchte als Dankopfer in den Tempel des Stadtgottes. Aus dem Gefühl des Einsseins mit der Natur heraus setzte der Mensch die Bilder von Saat und Ernte in Beziehung zu seinem eigenen Leben.
Nach dem Herbstäquinoktium, wenn »des Landes Ertrag« eingebracht wurde, feierten die Juden das Laubhüttenfest (Lev 23,39). Bei dieser Gelegenheit sollte Jahwe als Herr des Erntesegens verehrt werden. Der zum Altar getragene Feststrauß aus »Baumfrüchten, Palmzweigen, Ästen von dichtbelaubten Bäumen und Bachweiden« (Lev 23,40) ist sinnvoller Ausdruck des Erntedankes, wie er in einem dem Laubhüttenfest gewidmeten Psalm (118,29) zum Ausdruck kommt: »Danket dem Herrn, denn er ist gütig, ja ewig währet seine Huld!« Die Ernte ist Frucht der Aussaat; ohne Mühe keine Ernte (Spr 20,4). Immer wieder werden die Bilder von Saat und Ernte ins Ethische übertragen. »Wer Unrecht sät, wird Unheil ernten« (Spr 22,8); wer aber »in Gerechtigkeit sät, erntet der Liebe Frucht« (Hos 10,12). Wenn die Bosheit der Menschen ihren Höhepunkt erreicht hat, werden die Pflugscharen zu Schwertern, die Winzermesser zu Lanzen, und an Gottes Streiter ergeht der Ruf: »Greifet zur Sichel, denn die Ernte ist reif« (Joel 4,10–13). Das nahende Gericht über Babel kündigt der Herr an: »Die Tochter Babel wird gleich der Tenne zur Zeit, da man sie feststampft. Nur noch ein Weilchen, dann ist die Erntefrist für sie da« (Jer 51,33).
Als einander komplementierende Bilder erscheinen Saat und Ernte im Galaterbrief (6,7); »Gott läßt seiner nicht spotten; denn was einer sät, das wird er auch ernten«. Aus

der Saat des Fleisches kann nur Verderben erwachsen, wer aber »auf den Geist sät, wird vom Geiste ernten ewiges Leben« (Gal 6,8). Jesus sieht sein Wirken als Arbeit in der Ernte Gottes, der es an Helfern fehlt, sie einzubringen (Mt 9,37 f.). Was Jesus aussät, sind die Apostel berufen zu ernten; »denn darin bewahrheitet sich das Wort: Ein anderer ist, der sät, und ein anderer, der erntet« (Joh 4,37). In dem Gleichnis vom Unkraut auf dem Acker ist die Ernte das Ende der Welt, »und die Schnitter sind die Engel« (Mt 13,39). Der Seher von Patmos erschaut das kommende Gericht als Gotteserntе. Der gleich einem Menschensohne auf einer weißen Wolke Sitzende »legte seine Sichel an die Erde, und die Erde wurde abgeerntet«, und ein Engel »sammelte die Ernte vom Weinstock der Erde und schüttete sie in die große Kelter des Zornes Gottes« (Offb 14,14–19).
↗ Saat

LITERATUR: Sprenger: Jesu Säe- und Erntegleichnisse, aus den Palästinischen Ackerbauverhältnissen dargestellt (= PalJ 9/1913, 79–97); R. Bultmann: Das Evangelium des Johannes. Göttingen 1959 (zu Säen und Ernten S. 144 ff.).

Erstling, Erstgeborener

Der Brauch eines Primitialopfers ist von vielen Naturvölkern her bekannt. Jägerstämme opfern das erste erlegte Wild oder einen Teil von ihm zu Beginn der Jagdsaison; die Handlung wird öfters von Worten des Dankes und der Bitte um Erfolg bei zukünftiger Jagd begleitet. In Ägypten wurde die erste, vom König selbst geschnittene Ähre dem Fruchtbarkeitsgott Min geweiht. Die Gott dargebrachten Erstlinge – gleich ob Pflanze oder Tier – sind Ausdruck für die Anerkennung der göttlichen Souveränität; alle Geschöpfe sind letztlich sein Eigentum. Die vorislamischen Araber haben während des Frühlingsfestes Erstlinge der Herden geopfert. Das griechische aparchae (Erstling, Erstlingsopfer) läßt erkennen, daß auch im ägäischen Raum der Brauch bekannt war, durch die Darbringung eines Teiles das Ganze zu weihen. Der Philosoph Aristoteles vertrat in seiner »Nikomachischen Ethik« die Auffassung, daß das Primitialopfer die älteste Form des Opfers überhaupt sei. Durch die Darbringung der Erstlinge erkannten die Israeliten an, daß die ganze Ernte Gott gehört. Von neuem Getreide durfte erst gegessen werden, nachdem Jahwe sein Teil erhalten hat (Lev 23,14). »Das Wertvollste von den Erstlingen deines Bodens sollst du in das Haus deines Gottes bringen« (Ex 23,19). Die ins Heiligtum gebrachten Erstlingsfrüchte wurden vom Priester in Empfang genommen und vor dem Altar niedergestellt (Dtn 26,2ff.). Die Baumfrüchte sollten in den ersten drei Jahren nicht gegessen werden – sie galten als »Vorhaut« der »unbeschnittenen« Bäume –, im vierten Jahr wurden alle Früchte als Preisopfer dem Herrn dargebracht; erst vom fünften Jahr ab durften die Israeliten davon essen (Lev 19,23ff.). Ein geweihter Teil übt auf die Gesamtheit einen heiligen Einfluß; so ist Israel der geweihte Teil unter den Völkern der Erde, und Gott selbst sprach: »Mein erstgeborener Sohn ist Israel« (Ex 4,22). Weil der Pharao sich weigerte, die Erstgeborenen Jahwes, die Israeliten, ziehen zu lassen, wurden alle Erstgeborenen der Ägypter getötet (Ex 12,29). Der alttestamentliche Begriff bekôr bezeichnet die Erstgeburt von Mensch und Vieh. Stellvertretend für alle anderen sind die Erstgeborenen das Eigentum des Herrn, deshalb das Gebot: »Weihe mir alle Erstgeburt! Alles, was bei den Kindern Israels den Mutterschoß durchbricht, beim Menschen und beim Vieh, gehört mir« (Ex 13,2). Schon Abel opferte von den Erstlingen seiner Herde und von ihrem Fett (Gen 4,4). Die bei umliegenden Stämmen vorkommende Opferung des erstgeborenen Sohnes wurde von den Israeliten verabscheut (vgl. 2. Kön 3,27), ja, es heißt ausdrücklich, daß solche »scheußlichen Sitten« zu den Völkern paßten, die der Herr vor den Israeliten vertrieben hatte (2. Kön 16,3). Wenn im Exodus 22,28f. und 34,19f. der Loskauf der menschlichen Erstlinge und das Opfer der tierischen Erstlinge zusammen genannt werden, dann ist dies lediglich Hinweis, daß beide Jahwe gehören. Die menschliche Erstgeburt wurde nur symbolisch dargebracht. An die Stelle derer, die dem Herrn als Erstgeborene hätten unmittelbar

dienen müssen, trat der Stamm Levi; die Leviten waren gewissermaßen als Ersatz für alle Erstgeborenen dem Herrn geweiht (Num 3,12f.). Wenn nach Ijob (18,13) die Glieder des Gottlosen von dem »Erstgeborenen des Todes« gefressen werden, dann kommt darin zum Ausdruck, daß auch der Tod und die ihm zugehörigen Mächte letztlich Eigentum Gottes sind und in seinem Dienst stehen. Der Prophet Sacharja (12,10) berichtet von dem zukünftigen Tag, an dem die Bürger Jerusalems auf den hinblicken, »den man durchbohrt hat; ... bitter weint man um ihn, wie man um den Erstgeborenen weint«.
Wie Gott »der Erste« ist (Jes 44,6), d.h. der Ursprung allen Seins, so ist Christus der von ihm in die Welt eingeführte Erstgeborene, den alle Engel anbeten sollen (Hebr 1,6). Christus ist »das Bild Gottes, des Unsichtbaren, der Erstgeborene aller Schöpfung ... Er ist vor allem, und alles hat in ihm seinen Bestand« (Kol 1,15.17). Damit wird deutlich gesagt, daß alles Heil nur von ihm kommen kann, daß er aber auch (als Erstgeborener) stellvertretend für alle anderen Menschen vor Gott steht, ihm in besonderer Weise geweiht ist – bis hin zu seinem Opfertod, der die Vorbedingung für die Auferstehung ist. Wie in Adam alle sterben, so werden in Christus, dem »Erstling der Entschlafenen«, alle lebendig gemacht werden (1. Kor 15,20.22). »Er ist der Anfang, der Erstgeborene aus den Toten«, damit er in allem den Vorrang habe« (Kol 1,18). Seine Anhänger, die »die Erstlingsgabe des Geistes besitzen« (Röm 8,23), bilden die »Gemeinde der Erstgeborenen, die im Himmel eingetragen sind« (Hebr 12,23). Die 144000 Getreuen der Apokalypse (14,4) – das Tausendfache der Symbolzahl für »Vollendung«: 12 mal 12 – wurden »losgekauft aus den Menschen als Erstlinge für Gott und das Lamm«; daß sie sich »mit Frauen nicht befleckt haben« und »jungfräulich« blieben, dürfte nicht als absolute Ablehnung der Sexualität zu verstehen sein, sondern daß sie über und nicht unter den Trieben standen. Wer in das Himmelreich eingehen will, muß seine eigenen Erstlinge, die allein der Ichbefriedigung dienenden Triebe, Gott opfern, um so selbst »Erstlingsgabe« (Jak 1,18) unter den Geschöpfen zu werden.

Erz

Unter Erz ist nach altem Sprachgebrauch gelbes oder rötliches Metall zu verstehen, vor allem Kupfer und Bronze; es sind die ersten vom Menschen bearbeiteten Metalle.
Durch die Aufrichtung der ehernen (= erzenen) Schlange (Num 21,8 f.), deren Anblick am Leben erhielt, wurde die Entsühnung der Menschheit durch Jesu Opfertod vorausgedeutet. Den Abtrünnigen droht Gott an, daß der Himmel über ihrem Haupt wie Erz wird (Dtn 28,23), d. h. den zum Leben notwendigen Regen nicht hervorkommen läßt. Auch ein zur Unfruchtbarkeit verdammter »Boden wie Erz« gehört zu den schrecklichen Strafandrohungen (Lev 26,19). Der Weg zum Herrn ist ein Weg der Sühne. Aaron und seine Söhne mußten vor dem Betreten des Begegnungszeltes ihre Hände und Füße im kupfernen Waschbecken reinigen (Ex 30,17–21). Bevor man in das von Gold erstrahlende Innere des salomonischen Tempels gelangte, mußte man an den zwei ehernen Säulen in der Vorhalle vorbei (1 Kön 7, 15–22). In der biblischen Bildersprache bedeutet Erz auch Härte, sei es im schlechten Sinne – »eine Stirn von Erz« (Jes 48,4) in der Bedeutung von Starrsinn –, sei es im guten Sinne – »die eherne Mauer« (Jer 15,20) als Metapher für Standhaftigkeit. Auf den strahlenden Glanz des Erzes weisen Ezechiel (1,7) und Daniel (10,6).
Ein Mensch ohne Liebe ist, selbst wenn er mit Engelszungen reden würde, nichts als »tönendes Erz oder eine klingende Schelle« (1 Kor 13,1). Bei der Parusie werden die Füße des Weltenrichters glänzendem Erz gleichen, als wären sie im Ofen zum Glühen gebracht (Offb 1,15).

Esel

Mit dem einerseits als störrisch und dumm verachteten, andererseits als nützlich und gutmütig geschätzten Esel verbinden sich einander widersprechende Vorstellungen. Den

Ägyptern galt er als dämonisches Tier, dem bösen Seth zugeordnet. Als geiles Tier war er den alten Indern ein Symbol der Unkeuschheit. Dagegen war der Esel in Syrien als heiliges Tier verehrt; auf ihm reitet die Göttin Atirat. Schließlich gehört der Esel auch zum bacchischen Zuge, ist Reittier des Gottes Dionysos.

Wegen seiner wilden Brünstigkeit wurde der Esel zu einem Bild der Unzucht (Ez 23,20). Das Tier wurde, wenn es verendet war, einfach auf den Unrathaufen geworfen. So ist es zu erklären, daß Simson »einen frischen Eselskinnbacken« fand; in der Hand des gottgeweihten Mannes wurde der kleine und zerbrechliche Eselskiefer zur furchtbaren Waffe, mit der er tausend Mann erschlug (Ri 15,15). Eine furchtbare Strafe Gottes und Schande vor seinen Mitmenschen war es, daß König Jojakim nur ein Eselsbegräbnis zugebilligt erhielt; »man schleift ihn hinweg und wirft ihn hin, draußen vor die Tore Jerusalems« (Jer 22,19). Andererseits war der Esel das Reittier auch der angesehenen Leute: »Die ihr reitet auf hellgrauen Eselinnen, die ihr auf Teppichen sitzt, ... singet!« (Ri 5,10) Der Esel als Reittier war geradezu ein Zeichen von Vornehmheit, so hieß es von dem Richter Abdon: »Er hatte vierzig Söhne und dreißig Enkel, die auf siebzig Eselsfüllen ritten« (Ri 12,14). Für die messianische Symbolik von Bedeutung wurde des Patriarchen Jakob Segensspruch über Juda: »An den Weinstock bindet er seinen Esel und an die Rebe seiner Eselin Junges« (Gen 49,11). Und bei Sacharja (9,9) heißt es: »Tochter Zion, juble laut, jauchze, Tochter Jerusalem! Siehe, dein König kommt zu dir, gerecht und heilbringend ist er, demütig auf einem Esel reitend, auf einem Hengst, einer Eselin Füllen.« Daß die unvernünftige Kreatur Gott näher stehen kann als der verblendete Mensch, zeigt die Geschichte von dem Wahrsager Bileam: »Die Eselin sah den Engel des Herrn«, während der sonst so kluge Mann für die Nähe Gottes kein Gespür hatte (Num 22,23–35).

Ein einziges Mal berichten die Evangelien, daß Jesus geritten ist – bei seinem Einzug in Jerusalem. Zu zwei Jüngern sprach der Herr: »Geht in das Dorf dort vor euch, und sogleich werdet ihr eine Eselin angebunden finden und ein Füllen bei ihr; macht sie los und führt sie zu mir« (Mt 21,2). Nicht auf einem stolzen Pferd kam er, sondern auf einem bescheidenen Esel; freilich war es ein Jungtier, ein Füllen (Joh 12,15), auf dessen Rücken vorher noch kein Mensch gesessen war.

Nach dem hl. Ambrosius ist der Esel ein Symbol des demütigen Menschen: »Lerne vom Haustier Gottes Christus tragen... Lerne bereitwillig, ihm den Rücken deines Geistes darzubieten; lerne unter Christus zu sein, auf daß du über der Welt stehen könntest!« Rind und Esel, die beide nicht in der Weihnachtsgeschichte vorkommen, werden in Anlehnung an Jesaja (1,3) im Stall zu Bethlehem dargestellt; eine mittelalterliche Interpretation erblickt im Ochsen das Opfertier (Hinweis auf den Kreuzestod) und im Esel das Lasttier (der Menschensohn hat am Kreuz der Welt Sündenlast getragen). Zur Erinnerung an den in Jerusalem einziehenden Jesus war es im Mittelalter bis zur Barockzeit Sitte, bei der Palmsonntagsprozession den sog. Palmesel mitzuführen, der auf fahrbarem Gestell einen segnenden Christus trug. Im 15./16. Jh. war der Esel Symbol der Acedia, der Trägheit, wie auch der Luxuria, der Genußsucht; schon die musizierenden Esel der romanischen Plastik sind als Hinweis auf die Weltlust zu deuten.

LITERATUR: H. Adolf: The Ass and the Harp (= Speculum 25/1950, 49–57); J. Ziegler: Ochs und Esel an der Krippe (= MThZ 3/1952, 385–402); E. Nielsen: Ass and Ox in the Old Testament (Studia orientalia I. Pedersen dedicata, 263–274). Kopenhagen 1953; I. Opelt (RAC VI, 564–595).

Essen

Die kultische Bedeutung der Nahrung liegt in der durch sie bewirkten Aufnahme von (Lebens-)Kraft. Zahlreiche Bräuche – wie Anthropophagie oder das Verschlingen von rohem

Fleisch des Opfertieres – sind dadurch motiviert. Durch das sakramentale Mahl der Mysterienreligionen soll dem in seiner irdischen Existenz so bedrohten Menschen Kraft aus einer anderen Welt zugeführt werden. In großartiger Weise wird die elementare Symbolik des Essens in altindischen religiösen Texten aufgezeigt: darin erscheint die Nahrung als das älteste aller Wesen; der Gott (Brahma) wird als die Welt Ernährender gefeiert, ja, er ist selbst Nahrung; andererseits geben die Menschen der Gottheit im Opfer Nahrung, die ganze Welt dient den Göttern gleichnishaft als Speise. In den Pyramidentexten Ägyptens heißt es von dem verklärten (= auferstandenen) Toten, daß er den Göttern ihre Herzen fortgenommen habe und jeden der ihm Begegnenden aufesse; das bedeutet nichts anderes, als daß er sich ihr Wesen aneignet. Je mehr die gemeinsame Mahlzeit unter einem zentralen Leitgedanken steht, desto mehr werden die Beteiligten miteinander verbunden; Gebet und Opfer lassen auch Gott als (unsichtbaren) Tischgenossen erscheinen. In antiken Kulten galten die Opfertiere nicht nur als Gabe an die Gottheit, vielmehr erblickte man in ihnen die (Kraft der) Gottheit, die man in sich aufnehmen wollte, um selbst göttlich, d.h. unsterblich, zu werden. Das Bild der Nahrungsaufnahme kann – auch noch in unserer Sprache – zur »Sichtbarmachung« nichtmaterieller Phänomene dienen: Geistiges wird »verdaut«, die Arbeit »frißt« einen auf, man hat eine »verzehrende« Krankheit und erfährt den Tod als »Verschlinger«.

Wie alles, was der Mensch tut, steht auch die Nahrungsaufnahme unter der Ordnung des Schöpfers. Adam und Eva war es verboten, von dem Baum der Erkenntnis zu essen (Gen 2,17); daß sie es doch taten (Gen 3,1–6), sinnbildet ihre Loslösung aus der paradiesischen Einheit mit Gott. Erst durch den Genuß der verbotenen Speise gewinnt der Mensch die Erkenntnis und die Erfahrung von Gut und Böse, Mann und Frau, Leben und Tod. Das körperliche Ergreifen und Verzehren der Frucht ist eigentlich ein geistiges Begreifen dem Menschen zu seinem eigenen Nutzen bisher verwehrter Erkenntnisse. Konnte der Mensch bis dahin mit der einen Ausnahme

von allen Bäumen essen, also ohne eigene Anstrengung als Gast in Gottes Garten (Gen 2,16), so muß er sich jetzt mühsam nähren alle Tage seines Lebens, und schwer lasten die strafenden Worte des Herrn auf ihm: »Im Schweiße deines Angesichtes sollst du dein Brot verzehren« (Gen 3,17ff.) – Das gemeinsame Essen bedeutet für einen Gast Aufnahme in die Gemeinschaft der Familie. Die größte Ehre ist es, ständig am Tisch des Königs speisen zu dürfen (2 Sam 9,7). Der vom Babylonischen Herrscher begnadigte Jojachin konnte »regelmäßig an der königlichen Tafel speisen, solange er lebte« (2 Kön 25,29). Der gläubige Israelit ist sich bewußt, daß er unter den Augen der Gottheit lebt und sich von seinen Gaben ernährt. Deshalb »sollt ihr vor dem Herrn, eurem Gott, Mahlzeiten halten, sollt mit euren Familien fröhlich sein über das, was eure Hände sich erworben, womit dich der Herr, dein Gott, gesegnet hat« (Dtn 12,7). In Anlehnung an das (so oft falsch interpretierte) Wort, daß der Mensch das ist, was er ißt, läßt sich sagen, daß, wer nur Irdisches verzehrt, selbst der Erde und dem Tod verfällt, wer aber Himmlisches verspeist, wird ewig leben. »Warum wäget ihr Silber für etwas, was nicht Brot (des Lebens!) ist, euer Sauererworbenes für das, was nicht satt macht? Höret auf mich, auf daß ihr Gutes zu essen bekommt« (Jes 55,2). Das Verzehren kann die Einverleibung, die Aneignung geistiger Gehalte bedeuten. Das Essen der Buchrolle durch Ezechiel – »Menschensohn, was du vor dir hast, iß; verzehre diese Buchrolle da« (Ez 3,1 ff.) – sinnbildet die Aufnahme des göttlichen Wortes als Vorbedingung des Prophetenamtes. Trotz äußerer Gleichheit unterscheidet sich das Essen des Gerechten von dem des Bösen; während ersterer zu essen hat »bis zur Sättigung des Hungers«, hat »der Bauch der Frevler« nimmer genug (Spr 13,25). Wer über seinem eigenen Wohl den Herrn als Spender aller Gaben vergißt, kann viel säen und wird doch nur wenig einbringen; »ihr esset zwar, doch zum Sattwerden reicht es nicht hin« (Hag 1,6).
Die gemeinsame Mahlzeit hat für die Teilnehmer eine verbindende Kraft. Deshalb richteten die Pharisäer erstaunt an Jesu Jünger die Frage: »Warum ißt euer Meister mit den Zöllnern

und Sündern?« (Mt 9,11). Um so verwerflicher ist der Verrat des Judas, der zuvor mit seinem Herrn an einem Tische saß; Jesus erblickte darin die Erfüllung der Schrift (Ps 41,10): »Der mein Brot ißt, hat gegen mich erhoben seine Ferse« (Joh 13,18). Das Festmahl ist ein Bild der Freude, der Lebensbejahung und schließlich des Lebens selbst; in Jesu Gleichnis vom königlichen Gastmahl ist die Lebensgemeinschaft mit Gott angesprochen; wer davon ausgeschlossen wird, fällt »in die Finsternis draußen« (vgl. Mt 22,1–13). In einem spirituellen Sinn spricht Jesus von dem Essen seines Fleisches und dem Trinken seines Blutes. »Wahrlich, wahrlich, ich sage euch: Wenn ihr das Fleisch des Menschensohnes nicht esset und sein Blut nicht trinket, habt ihr nicht Leben in euch« (Joh 6,53), d.h. wer nicht bereit ist, die Gaben Gottes, ja Gott selbst (»das lebendige Brot, das vom Himmel herabkam«, Joh 6,51) in sich aufzunehmen, wird dem Tod verfallen sein. Die mit diesen Worten verbundene Verheißung des eucharistischen Geheimnisses ging bei der Feier des letzten Abendmahls in Erfüllung. Während des Essens nahm Jesus Brot, sprach den Segen, brach es und gab es den Jüngern mit den Worten: »Nehmet hin und esset, das ist mein Leib« (Mt 26,26). In der paulinischen Auffassung erscheint die Eucharistie als ein Opfer; Brot und Wein vermitteln die communio mit dem Leib und dem Blut Christi (1 Kor 10,16). Wer aus dem irdischen Daseinskampfe im Geiste des Glaubens als Sieger hervorgeht, dem wird Gott »zu essen geben vom Baume des Lebens, der im Paradiese steht« (Offb 2,7). Wenn der Apokalyptiker Johannes bei der Übergabe der Offenbarungsschrift von dem Engel den Befehl erhält, das Büchlein aufzuessen (Offb 10,9), so ist damit nichts anderes gemeint, als daß er Gottes Wort ganz in sich aufnehmen soll.

Das sakramentale Mahl dient nicht der körperlichen Sättigung, vielmehr ist es eine mystische Speisung. Nachdem sich Christus der materiellen Seinsweise der Kommunikanten angeglichen hat, teilt er sich in Brot und Wein mit und ermöglicht so, daß der Mensch vom Wesen der Gottheit in sich aufnimmt. Der römische Kirchenvater Irenäus schreibt (in »Adversus haereses«): »Der menschliche Leib nährt sich von Christi Fleisch und Blut und ist so gefeit gegen die Verwesung«. Die Aufnahme der Hostie ist eigentlich ein Opfermahl; nur durch Christi Selbstopfer wurde und wird die Transsubstantiation möglich. In der Feier der Eucharistie wird der Kreuzestod Christi als Inbegriff des in ihm gekommenen Heiles sakramental vergegenwärtigt. Die Aufnahme der Gottheit durch das »Essen« entspricht der ursprünglichsten Art der Integration und ist das Gegenbild zum Essen der verbotenen Frucht im Paradies, durch welches der Mensch die Gemeinschaft mit Gott verlor. Spätmittelalterliche Darstellungen (so z. B. von Berthold Furtmayr) zeigen unter einem Baum Eva und Maria; während erstere die Frucht des Sündenfalls und des Todes zum Essen weiterreicht, teilt letztere vom – nunmehr in symbolischer Schau als Kreuz gedeuteten – Baum das Brot des Lebens aus.

↗ Brot

LITERATUR: E. Reuterskiöld: Die Entstehung der Speisesakramente. Heidelberg 1912. A. Arnold: Der Ursprung des christlichen Abendmahls im Lichte der neuesten liturgiegeschichtlichen Forschung. Freiburg ²1939. Fr. Bammel: Das heilige Mahl im Glauben der Völker. Eine religionsphänomenologische Untersuchung. Gütersloh 1950. J. Allfrink: Biblical background to the Eucharist as a sacrificial meal (= Irish Theological Quarterly XXVI/1959, 290–302). P.-M. Galopin: Les repas de la Bible (= BiViChr 26/1959, 53–59). P. Neuenzeit: Das Herrenmahl. Studien zur paulinischen Eucharistieauffassung. München 1960. R. Ch. van Assche: L'Eucharistie, la cène et Mithra (= Cahiers Renan 18/1971, 33–38). M. Josuttis/G. M. Martin: Das hl. Essen. Kulturwiss. Beiträge zum Verständnis des Abendmahls. Stuttgart 1980

Evangelistensymbole ↗ Lebewesen

Fackel

Die brennbaren, mit Pech, Fett oder Wachs getränkten Stäbe partizipieren an der Symbolik des Feuers und des Lichtes. Den alten Völkern galten sie als Symbol der Reinigung und der Erleuchtung. In der Antike deutete die nach oben gehaltene

Fackel auf das Leben, abwärts gerichtet, sinnbildete sie den Tod. Fackeln spielten eine Rolle im Kult der hethitischen Unterweltsgöttin Lelwani wie auch im antiken Totenbrauchtum.

Im übertragenen Sinn können Fackeln ein Bild für Israels Heil sein (Jes 62,1). Im Zusammenhang mit Jerusalems Rettung und Reinigung heißt es beim Propheten Sacharja (12,6): »An jenem Tage wandle ich Judas Gaue zum Feuerbecken im Holzstoß und mache es wie eine Feuerfackel im Stroh«. Die Gotteserscheinung in Daniels Vision (10,6) hatte ein Antlitz, das aussah »wie der Blitz, seine Augen wie lodernde Fackeln«.

Feuer und Licht gehören zu den apokalyptischen Gotteserscheinungen. »Vom Throne gehen Blitz und Stimmen und Donner, und sieben Feuerfackeln brennen vor ihm, das sind die sieben Geister Gottes (Offb 4,5); in letzteren kann man vielleicht die göttlichen Urkräfte erblicken.

Das Christentum hat die Fackel als heidnisch-orgiastisch großenteils abgelehnt und bedient sich statt ihrer lieber der Kerze. Trotzdem fand das antike Motiv der umgekehrten Fackel als Hinweis auf das verlöschende Leben, auf den Tod, Eingang in die christliche Ikonographie. Sonst kann die Fackel das Element Feuer bezeichnen (z. B. im Echternacher Evangeliar); in der Legende vom hl. Dominikus (Fackel im Maul eines Hundes) weist sie auf die Erleuchtung.

Literatur: Vassitz: Die Fackel in Kult und Kunst der Griechen, 1900; P. Boyancé: Funus acerbum (Revue des Études Anciènns 54/1952); J. Gagé: Fackel (RAC VII/1967).

Farben

Die in Mythos und Kult vorkommenden Farben sind in der Regel nicht zufällig, sondern haben eine bestimmte Bedeutung, auch wenn diese im einzelnen oft nicht bekannt ist. Die alten Ägypter haben »Farbe« und »Wesen« mit dem gleichen Wort bezeichnet; wenn es von den Göttern heißt, daß man ihre Farbe nicht kenne, dann ist das Aus-

druck für die Unergründlichkeit ihres Wesens. Die blaue Bemalung des Amun deutet auf seine Zugehörigkeit zu den kosmischen Mächten; andere ägyptische Götter tragen blaue Perücken und blaue Bärte. Die hinduistischen Götter Krishna und Shiva werden ebenfalls blau bzw. blau-weiß dargestellt. Bei verschiedenen Völkern Asiens symbolisieren vier Farben die vier Himmelsrichtungen; daß in China Schwarz dem Norden zugeordnet ist, dürfte auf dieselbe Vorstellung zurückzuführen sein wie im Parsismus, der den Norden als Wohnort der bösen Dämonen bezeichnet.
Das Hebräische hat keine eigentlichen Farbbezeichnungen, sondern nimmt sie von den für die entsprechenden Farben charakteristischen Dingen; so dient die Milch zur Kennzeichnung der weißen Farbe, die Ackererde bezeichnet die rote Farbe, der Saphir das helle Blau des Himmels, und Grün wird als Farbe der Pflanzen umschrieben. Die vier mosaischen Kultusfarben sind das helle Scharlachrot, das dunkle Purpurrot, Purpurblau (oder Purpurviolett) und Weiß; vierfarbig gewebt waren die Decken und Vorhänge beim Stiftszelt (Ex 26,1.31). Der Priestermantel war »ganz aus violetter Purpurwolle«, unten am Saum »brachte man Granatäpfel aus violetter Purpurwolle, rotem Purpur und karmesinfarbenem Stoff gezwirnt an« (Ex 39,22 ff.). Purpur bezeichnet ganz allgemein die königliche Würde (Est 8,15). Bei Jes 1,18 steht die schneeweiße Farbe der Unschuld der roten Farbe der Sünde gegenüber. Wenn der Himmel sich verdüstert und schwarz wird, steht Unheil bevor (Jer 4,28). Durch eigene Schuld wurde die Tochter von Jahwes Volk ihres strahlendweißen Adels beraubt; jetzt ist »ihr Aussehen schwärzer als Ruß« (Klgl 4,7 f.). Die Rosse der vier die Erde durchfahrenden Wagen sind rot, schwarz, weiß und fahl; die Farben sind entgegen dem Sonnenlauf (in der Symbolik also von schlechter Bedeutung) angeordnet: Rot = Osten, Schwarz = Norden, Weiß = Westen, das Fahle = Süden (Sach 6).
Purpur ist die Farbe des Reichtums (Lk 16,19) und der herrscherlichen Würde. Die Soldaten, die Jesus als König

der Juden verspotteten, setzten ihm eine Dornenkrone aufs Haupt und »legten ihm einen purpurroten Mantel um« (Joh 19,2). In der Offenbarung (6,2–8) sind die Farben zwar anders angeordnet als bei Sacharja, aber im Grunde doch auch rückdrehend; die vier Rosse – weiß, feuerrot, schwarz und fahl – tragen vier Heimsuchungen in die Welt hinaus; die Deutung des Reiters auf dem weißen Pferd ist nicht sicher, die anderen Reiter sind Krieg, Hunger und Tod.

Zur Ausbildung eines ausgesprochenen Kanons der Farbensymbolik ist es nur bei den liturgischen Farben gekommen, die von Papst Innozenz III. als Grundfarben der Paramente vorgeschrieben wurden und heute noch zum Teil Gültigkeit haben: weiß an den Festen des Herrn, der Maria und aller Heiligen, die nicht Blutzeugen sind, und an ihren Oktaven; rot zu Pfingsten mit Oktav, den Festen vom heiligen Kreuz und der Märtyrer; grün an den gewöhnlichen Sonntagen und Werktagen des Jahres nach Epiphanie und nach Pfingsten; violett in der Advents- und Fastenzeit, an den Quatembertagen und an den gewöhnlichen Vigilien; schwarz am Karfreitag, an Allerseelen und bei Totenmessen. Infolge rein malerischer Erwägungen ist die Anwendung einer Farbensymbolik in der christlichen Malerei nur bei bestimmten Personen mit einer gewissen Regelmäßigkeit festzustellen. Bei Christus und Maria dominieren Blau und Rot, es sind die Farben des Himmels und der Morgenröte, letztere als Hinweis auf die allerbarmende Liebe und die Passion. Grün ist nicht nur die Farbe der Hoffnung, sondern auch der Auserwählten, die »grünen wie ein Ölbaum«; grün ist oft die Gewandfarbe des Evangelisten Johannes. Wahrscheinlich ist nicht bei allen »Schwarzen Madonnen« der dunkle Farbton auf Alter, Kerzen und Weihrauch zurückzuführen, sondern war in Anspielung auf das Hohelied (1,5) so angefertigt: »Gebräunt bin ich zwar, aber doch schön.«

↗ Purpur
↗ Rot, Weiß

Literatur: J. J. Tikkanen: Studien über die Farbgebung in der mittelalterlichen Buchmalerei. Helsingfors 1933; F. Birren: The Story of Color, from ancient mysticism to modern science. Westport/Conn. 1941; G. Haupt: Die Farbensymbolik in der sakralen Kunst des abendländischen Mittelalters. Dresden 1941; H. Kees: Farbensymbolik in ägyptischen religiösen Texten (Nachrichten von der Akademie der Wissenschaften, phil.-hist. Kl.). Göttingen 1943; K. Schmidt-Clausen: Die liturgischen Farben (Grundfragen evangelischer Paramentik, 35). Kassel 1955; M. Lurker: Symbol, Mythos und Legende in der Kunst, 81 bis 87; R.-L. Rousseau: Les Couleurs. Contribution à une philosophie naturelle fondée sur l'analogie. Paris 1959; R. Gradwohl: Die Farbe im AT (= ZATW 83/1963, Beiheft); A. Hermann: Farbe (RAC 7, 358–447); M. Lurker: Farbensymbolik (Symbol, Mythos und Legende in der Kunst, 140–153). Baden-Baden, 2. Aufl. 1974.

Feigenbaum und Feigenfrucht

Die Früchte des im östlichen Mittelmeergebiet heimischen Feigenbaumes bildeten im Altertum ein Hauptnahrungsmittel und galten deshalb als Fruchtbarkeitssymbol. Eine besondere Bedeutung hatte der Feigenbaum im altindischen Glauben; als sein Urbild galt der im Himmel wurzelnde Weltenbaum; der Gott Vishnu selbst wurde mit dem Feigenbaum gleichgesetzt. Angeblich wurde Buddha unter einem Feigenbaum die vollkommene Erleuchtung zuteil.

In der Bibel lesen wir zum ersten Mal bei Mose von den Feigen; sie gehören zu den charakteristischen Früchten des Gelobten Landes (Dtn 8,8; Num 13,23) und unterstreichen damit den Kontrast zur Wüste, wo »es keine Saat, keinen Feigenbaum, keinen Weinstock, keinen Granatapfel und nicht einmal Trinkwasser« gibt (Num 20,5). Wenn der Herr seinem Volke zürnt, zerschlägt er die Reben und Feigenbäume (Ps 105,33); Heuschreckenschwärme kommen, machtvoll und zahllos, knicken die Feigenbäume, schälen sie ab und entblättern sie (Joel 1,7). Gegen sein im Glauben unfruchtbares Volk spricht der Herr der Heerscharen: »Ha, ich sende gegen sie Schwert, Hungersnot und Pest und verwandle sie in abscheuliche Feigen, die nichts taugen und unfruchtbar sind« (Jer 29,17). In einem eindrucksvollen Psalm beschreibt der Prophet Habakuk das Erscheinen Gottes und den Tag der Bedrängnis: »Es kreißen die Berge, ..., die Sonne vergißt ihres Aufgangs ..., die Feige trägt keine Frucht, an den Weinstöcken ist kein Ertrag« (Hab 3,10.17). Das Sitzen eines jeden »unter seinem Weinstock und unter seinem Feigenbaum« ist ein Bild des von Gott den Menschen gewährten Friedens. Unter der Herrschaft des gottesfürchtigen Makkabäers Simon war »Frieden im Land, Israels Freude war groß. Ein jeder konnte unter seinem Weinstock und seinem Feigenbaum sitzen, niemand gab es, der ihn aufschrecken konnte« (1 Makk 14,12); das gleiche Bild gebraucht Micha für das künftige Messiasreich (Mich 4,4).

Als Jesus seinen Jüngern vom Weltende sprach, führte er das Gleichnis vom Feigenbaum an: »Wenn sein Zweig schon saftig wird und die Blätter treiben, erkennt ihr, daß nahe ist der Sommer. Ebenso sollt ihr auch, wenn ihr dies alles seht, erkennen, daß er (– der Menschensohn –) nahe ist an den Türen« (Mt 24,32 f.; vgl. auch Lk 21,29 f.). Der Feigenbaum, der keine Früchte hervorbringt, wird herausgehauen; dies gilt – wie aus einer weiteren Parabel ersichtlich – in bildhafter Übertragung auch für das Volk, das im Glauben unfruchtbar ist (Lk 13,6–9).

Die patristische Literatur wendet sich besonders den Feigenblättern in Gen 3,7 zu; meist werden sie als Symbol der Sünde gedeutet, da Adam und Eva sich nach der Übertretung von Gottes Gebot damit bedeckten. Augustinus dagegen erblickt in dem Feigenbaum und seinem Laub ein Zeichen von Gottes erbarmender Gnade: »Wie wir durch einen Baum gestorben sind, so sind wir durch einen Baum lebendig gemacht; ein Baum hat uns die Nacktheit gezeigt, bekleidet hat uns ein Baum mit Blättern des Erbarmens.« Das christliche Adambuch des Morgenlandes erzählt, daß den vertriebenen Stammeltern vom Kerub Feigen aus dem Paradies gegeben worden seien – ein Hinweis auf Gottes Gnade. Verschiedene Kirchenväter, z. B. der hl. Hieronymus, deuten die Frucht des Feigenbaumes als Symbol des Heiligen Geistes. In der Mitteltafel des Isenheimer Altars erscheint Maria in Verbindung mit einem früchtetragenden Feigenbaum.

LITERATUR: J. W. Wenham: The Fig Tree in the Old Testament (= JThS 5/1954, 206–207); C. H. Hunzinger (ThWNT VII, 751–757); L. Cser: Der mythische Lebensbaum und die Ficus ruminalis (= Acta antiqua Academiae Scientiarium Hungaricae 10/1962, 315–335); O. Goetz: Der Feigenbaum in der religiösen Kunst des Abendlandes. Berlin 1965; V. Reichmann (RAC VII, 681–689).

Fels

Je gewaltiger und sonderbarer in der Form die Felsen sind, desto größer ist der Eindruck beim primitiven Menschen. Die über ganz Eurasien ausgedehnte Megalithkultur vorgeschichtlicher Zeit legt Zeugnis ab von ihrer kultischen Verehrung. Im vorislamischen Arabien wurden einem roten Felsvorsprung von menschenähnlicher Gestalt als Verkörperung einer Gottheit (al-Fals) Opfer dargebracht. Doch ist zu beachten, daß der Kult meistens nicht dem Stein an sich galt, sondern der in ihm stattgefundenen Gottesoffenbarung oder der Erinnerung an einen hier mit Gott eingegangenen Bund. Ein hurritischer Mythos berichtet, daß ein Felsen dem Göttervater Kumarbi einen Sohn geboren habe.

Schon in der Genesis (49,24) erscheint das hochaufragende Felsgestein als ein Bild Gottes. David singt in einem Danklied: »Herr, meine Felsenburg, mein Horst, mein Retter bist du! Mein Gott, mein Fels, auf den ich baue« (2 Sam 22,2 f.). Jahwe gleicht der uneinnehmbaren Festung, in der Israel sich geborgen fühlt. »Fürwahr, Fels und Burg bist du mir« (Ps 31,4). Ganz klar wird auch unterschieden zwischen der götzendienerischen Steinverehrung der umliegenden Völker und dem auf Jahwe angewendeten Bild: »Denn ihr Fels gleicht nicht unserem Fels« (Dtn 32,31). Wehe denen, die den Gott ihres Heils verlassen und nicht an den Fels ihrer Zuflucht denken (Jes 17,10); denn für die Ungläubigen und Treulosen wird der Herr der Heerscharen zu einem »Stein des Anstoßes« und zu einem »Fels des Strauchelns« werden (Jes 8,14).

Der Felsen in der Wüste, aus dem Mose auf Gottes Geheiß Wasser geschlagen hatte, ist nach Paulus (1 Kor 10,4) ein Vor-Bild Christi. Von besonderer Bedeutung für die Kirche wurden Jesu Worte zu Petrus: »Ich sage dir: Du bist Petrus, und auf diesen Felsen will ich bauen meine Kirche, und die Pforten der Unterwelt werden sie nicht überwältigen« (Mt 16,18). Der Felsenapostel ist somit ein Symbol für die Unerschütterlichkeit des wahren Glaubens. Dauer und Standhaftigkeit können durch den Felsen angedeutet werden; jeder, der auf des Herrn Worte hört und sie seinem Handeln zugrunde legt, »wird gleich sein einem klugen Mann, der sein Haus auf den Felsen baute« (Mt 7,24).

Ambrosius nennt das aus dem Felsen kommende Wasser eine Präfiguration des Blutes aus der Seitenwunde Christi. In der Katakombenmalerei und auf Sarkophagreliefs wurde öfter dargestellt, wie Mose – entsprechend Ex 17,6 – aus dem Horeb-Felsen Wasser schlug. Wie die kirchliche Sprache Christus häufig mit einem Felsen vergleicht, so wurde er in der Sprache der Alchimie mit »Lapis Philosophorum« umschrieben. Eine frühmittelalterliche Darstellung zeigt das Lamm (= Christus) auf einem Felsen, aus dem die vier Paradiesesströme fließen. Auf Bildern des 15./16. Jh. mit der Taufe Jesu weist oft eine unmittelbar aus der Ebene hoch aufragende Felsengruppe auf den Gottessohn.

Literatur: J. Ludwig: Die Primatworte Mt 16,18–19 in der altkirchlichen Exegese. Münster 1952; O. Cullmann (ThWNT VI, 94–99); O. Betz: Christus – Petra – Petrus (Festschrift J. R. Geiselmann, 1–21). Freiburg 1960; O. J. F. Seitz: What do these stones mean? (= JBL 79/1960, 247–254); G. Bruns: Umbaute Götterfelsen als kultische Zentren in Kulträumen und Altären (= Jahrbuch des deutschen Archäologischen Instituts 75/1960, 100–111); H. W. Hertzberg: Der heilige Fels und das AT (Beiträge zur Traditionsgeschichte und Theologie des AT, 45–53). Göttingen 1962.

Fett

Das von Tieren stammende Fett galt im Altertum als Zeichen für Wohlstand und wurde als besonders wertvoller Teil den Göttern geopfert. Idole und Götterbilder sollten durch das Einreiben mit Fett magische Kraft gewinnen und die Gebetswünsche der Gläubigen verwirklichen.
Bereits Abel opferte von den Erstlingen und ihrem Fett, und der Herr blickte (wohlgefällig) auf seine Gaben (Gen 4,4). Zum mosaischen Feueropfer für den Herrn gehört vor allem das Fett der Eingeweide; »der Priester lasse diese Teile auf dem Altar in Rauch aufgehen als eine Feuerspeise lieblichen Wohlgeruches für den Herrn« (Lev 3,14–16). In übertragenem Sinn ist Fett ein Bild für Reichtum und Gottes Segen. Wer das »Fett des Landes« verzehren kann, so wie es der Pharao den Israeliten versprach, wird keine Not leiden (Gen 45,18). Gottes Gebot und Verheißung lautet: »Höret auf mich, daß ihr Gutes zu essen bekommt, und eure Sinnenlust soll schwelgen im Fett« (Jes 55,2). Und in den Psalmen (36,8/9) heißt es »Wie köstlich ist deine Huld, o Gott! ... Am Fett deines Hauses laben sie sich.«

Feuer

Die zwei Wirkungen des Feuers – einerseits die erleuchtende und wärmende, andererseits die zerstörende – ließen es zum Symbol des Göttlichen wie auch des Dämonischen werden. Der sumerische Gott des Feuers, Gibil, galt als Lichtbringer; dank der läuternden Kraft der Flamme kann er auch von Unreinheit befreien. Das griechische pyr (Feuer) und das lateinische purus (rein) entstammen der gleichen Sprachwurzel; Feuer ist rein und reinigend. Hauptbestandteil des altpersischen Gottesdienstes war der Feuerkult; das als Sohn Ahura Mazdas bezeichnete Feuer galt als sichtbares Zeichen der Gegenwart Gottes. Die bewegte, himmelwärts weisende Flamme ist Symbol des Lebens und der Sonnenkraft; von Priesterinnen

(Vestalinnen!) gehütet, garantiert es den Fortbestand des Staates (Rom!). Die unheimliche, zerstörende Macht des Feuers spielt in den Jenseitsvorstellungen der ägyptischen Sargtexte eine große Rolle: Feuerströme und feuerspeiende Wesen bedrohen das Weiterleben nach dem Tode. Der Parsismus spricht von einem Feuerstrom am Ende der Zeiten, den Bösen zur furchtbaren Pein, den Guten aber zur Erquickung.

Im AT ist das Feuer ein beliebtes Bild für Gottes Sein und Wirken. In einem brennenden Dornbusch offenbarte sich der Herr dem Mose (Ex 3,2), und in Gestalt einer Feuersäule zog er des Nachts vor seinem aus Ägypten ausziehenden Volke her (Ex 13,21). Die faszinierendste göttliche Feuererscheinung erlebten die Israeliten am Sinai; der Berg war ganz mit Rauch bedeckt, »weil der Herr im Feuer auf ihn herabgekommen war« (Ex 19,18). Während der Gesetzgebung erschien der Lichtglanz des Herrn »wie ein auf dem Bergesgipfel gierig fressendes Feuer« (Ex 24,17). In Ezechiels Gottesschau war »eine gewaltige Wolke und loderndes Feuer mit Glanz ringsherum« (Ez 1,4), und Daniel schreibt von der Herrlichkeit Gottes: »Feuerflammen waren sein Thron, dessen Räder flakkernde Feuerbrunst« (Dan 7,9). Die Kraft des Feuers überträgt sich auch auf die in Gottes Dienst Stehenden, es wird zu einem Bild für Jakobs Haus, das seine Feinde überwindet (Obd 18). Gott ist es, »der Winde zu seinen Boten bestellt, zu seinen Dienern feurige Lohe« (Ps 104,4). Gott ist ein verzehrendes Feuer (Dtn 4,24). Der furchtbare Aspekt göttlichen Wirkens erlangt in der bildhaften Sprache der Psalmen (18,9) das Bedrohliche eines Vulkanausbruchs: »Von seiner Nase stieg Rauch auf, aus seinem Rachen ein verzehrendes Feuer, Kohlenglut entbrannte ihm.« Das Feuer der göttlichen Zorneswut vermag niemand zu löschen (Jer 21,12), diese Erfahrung mußten schon Adam und Eva machen, als Gott die Kerubim mit dem flammenden Schwert als Wächter am Paradieseingang aufstellte (Gen 3,24). Das richtende und rächende Feuer erhält eschatologische Bedeutung. »Feuer entfachte sich in meinem Zorn und brannte zu den Tiefen der Totenwelt hin, verzehrte die Erde und ihren Ertrag, die Bergesgründe entzündete es«

(Dtn 32,22). In der prophetischen Vorstellung der Endzeit erscheint der Herr im Feuer, »seine Wagen sind wirbelnder Sturm, um wirken zu lassen in Glut seinen Zorn und sein Dräuen in feurigen Flammen« (Jes 66,15). Schließlich wird das verzehrende Element zu einem Bild der Prüfung und der Läuterung: »Im Feuer nämlich wird das Gold geprüft, wer Gott gefällt, im Flammenherd der Not« (Sir 2,5). Wer gereinigt werden will wie Silber, muß durch das Feuer des Schmelzers (Mal 3,2 f.).

Auch im NT ist das Feuer eine häufig vorkommende Metapher. Im Hebräerbrief (12,29) erscheint Gott im Bild eines verzehrenden Feuers. Johannes der Täufer weissagt vom Messias, daß er mit Heiligem Geist und mit Feuer taufen werde (Mt 3,11). Jesus konnte mit Recht von sich sagen: »Feuer auf die Erde zu werfen, bin ich gekommen, und wie sehr wünschte ich, es wäre schon entzündet« (Lk 12,49). Jesus sehnt sich nach der Vollendung des Gottesreiches und wünscht deshalb den Läuterungsbrand. Am Tage Gottes werden die Himmel im Feuer zergehen und die Elemente brennend zerschmelzen (2 Petr 3,12). Wenn »der Herr Jesus sich offenbaren wird vom Himmel her mit den Engeln seiner Macht«, werden ihn Feuerflammen begleiten und Vergeltung üben an denen, die Gott nicht gehorchen (2. Thess 1,7 f.). Der apokalyptische Kyrios wird Augen wie Feuer haben (Offb 1,14). Den Mördern, Unzüchtigen und Götzendienern wird am Ende der Zeiten »ihr Anteil sein im See, der von Feuer und Schwefel brennt« (Offb 21,8).

Nach Klemens von Alexandrien waren die Feuersäule und der brennende Busch des AT Vorbilder des wahren Gottesfeuers, das aus dem Kreuzholz lodert, um die Menschheit zu entsühnen. Mechthild von Magdeburg greift das uralte Bild vom Feuer der Gottheit wieder auf: »Dies viur ist der ewige Gott.« Mit zu den schaurigsten Visionen der den Sünder peinigenden Höllenfeuer gehören die Darstellungen des Jüngsten Gerichts bei Hieronymus Bosch. Durch seinen Martertod auf glühendem Rost wurde der heilige Laurentius zum Patron der mit Feuer beschäftigten Berufe wie Kohlenbrenner und Feuerwehrleute; er wurde bei Brandverletzungen und zur Bewahrung vor Fegfeuerqualen angerufen. Franz von Assissi liebte von allen unvernünftigen Geschöpfen besonders seinen »Bruder Feuer«. Das in der Osternacht aus einem Stein geschlagene Feuer ist Symbol dessen, der aus dem verschlossenen Felsengrab seiner Verklärung entgegenging. Ein beliebtes Motiv der bildenden Kunst ist die Ausgießung des Heiligen Geistes in Gestalt feuriger Zungen (Apg 2,3). Das Feuer kann auch zu einem Bild göttlicher Liebe werden, die aus dem Herzen Jesu hervorleuchtet.

LITERATUR: C.-M. Edsman: Le baptême de feu. Leipzig–Uppsala 1940; W. Kirfel: Die fünf Elemente, insbesondere Wasser und Feuer. Walldorf 1950; Fr. Lang: Das Feuer im Sprachgebrauch der Bibel, dargestellt auf dem Hintergrund der Feuervorstellungen in der Umwelt. Diss. (Maschinenschrift) Tübingen 1951; E. Pax: »Bruder Feuer«. Religionsgeschichtliche und volkstümliche Hintergründe (= Franziskanische Studien 33/1951, 238–249); R. Mayer: Die biblische Vorstellung vom Weltenbrand. Bonn 1956; Wilson's Dictionary of Bible Types, 182–189; J. Goettmann: Le feu du ciel sur la terre (= Bible et Vie Chrétienne 33/1960, 48–61); J. Morgenstern: The Fire upon the Altar. Leiden 1963; Ph. Rech: Feuer (Inbild des Kosmos II, 50–93).

Finsternis

Aller Ursprung ist dunkel und wird nur durch das Licht der Offenbarung ganz erhellt. Die Finsternis verschließt sich dem unerleuchteten Auge und erscheint daher dem durch den Sündenfall getrübten Blick des Menschen als etwas Geheimnisvolles, Bedrohendes, ja Böses. In altmesopotamischen und altägyptischen Überlieferungen ist die Finsternis Symbol des Chaotischen, Präformalen, des Zustandes vor der Schöpfung. Hier in der Dunkelheit hausen die den Göttern und den Menschen feindlichen Mächte, die häufig in Tiergestalt (Drache, Schlange) gedacht wurden.

Finsternis war für den at.lichen Menschen nicht einfach Mangel an Licht, sondern wie dieses etwas Stoffliches und Erschaffenes. »Das Licht bilde ich und erschaffe die Fin-

sternis« (Jes 45,7). Gott steht jenseits von Hell und Dunkel; »Dir gehört der Tag, dir auch die Nacht« (Ps 74,16). Im symbolischen Denken verbindet sich die Dunkelheit mit dem Anfangszustand, mit der Ursituation: »Die Erde war wüst und leer, Finsternis lag über der Urflut« (Gen 1,2). Das in Finsternis liegende Urwasser war die prima materia, aus der die lichte Schöpfung hervorging. Die Finsternis ist eine Eigenschaft der von Gott noch nicht geformten und durch kein Gesetz gebundenen Urmaterie. Mit der Ethisierung der Bilder verband sich mit dem Begriff des Dunkels die Vorstellung der Gesetzlosigkeit und der Gottesferne (vgl. Ijob 36,20). In prophetischer Schau wird am Tag des Jüngsten Gerichts Finsternis über die Gottlosen hereinbrechen (Am 5,18).
Im NT wird die Nacht dem Bösen zugesellt. »Wandert einer bei Nacht, stößt er an; denn das Licht ist nicht bei ihm« (Joh 11,10). Wer aber Christus folgt, steht nicht in der Dunkelheit. »Ihr alle seid Kinder des Lichtes und Kinder des Tages; wir gehören nicht der Nacht und der Finsternis« (1 Thess 5,5). Das Nächtige ist mit dem Tod, mit dem Unterweltlichen verschwistert. Die über dem ganzen Land entstehende Finsternis bei Jesu Sterben (Lk 23,44) war für die antiken Christen sichtbarer Ausdruck für die »Höllenfahrt« Christi. Als Bild der endzeitlichen Besiegung des Bösen und der Überwindung des Todes steht in der Offenbarung (22,5) die Verheißung: »Nacht wird es nicht mehr sein, und man braucht nicht das Licht einer Lampe oder das Licht der Sonne; denn Gott, der Herr, wird über ihnen leuchten.«
Christus ist in der Finsternis dieser Welt geboren, was in der ostkirchlichen Überlieferung durch das Bild der Geburtshöhle noch unterstrichen wird. Das sog. Protoevangelium des Jakobus, eine apokryphe Schrift des späten 2. Jh., berichtet ausführlich von der Geburt in der Höhle. Auch die Fixierung von Christi Geburt auf den 25. Dezember ist so zu verstehen: In der Zeit der längsten Nacht (Wintersonnenwende) geht die Sonne des Heils auf. In einer Pre-

digt des Hieronymus heißt es: »Der Kosmos ist Zeuge für die Wahrheit unseres Wortes. Bis zu diesem Tag wachsen die finsteren Tage, von diesem Tag an nimmt die Finsternis ab. Es wächst das Licht, es weichen die Nächte! Der Tag nimmt zu, der Irrtum nimmt ab, auf geht die Wahrheit.«
↗ Nacht

Literatur: R. Bultmann: Die Bedeutung der neuerschlossenen mandäischen und manichäischen Quellen für das Verständnis des Johannesevangeliums (= ZNTW 24/1925, 100–146; zu den Vorstellungen von Licht und Finsternis); S. Aalen: Die Begriffe »Licht« und »Finsternis« im AT, im Spätjudentum und Rabbinismus. Oslo 1951; J. Daniélou: La colombe et la ténèbre dans la mystique byzantine ancienne (= Eranos-Jb 23/1954, 389–418); W. von Soden: Licht und Finsternis in der sumerischen und babylonisch-assyrischen Religion (= Stud Gen 13/1960, 647–653).

Fisch

Da die Fische im Altertum, so noch bei Aristoteles, als eingeschlechtlich galten, fanden sie leicht Eingang in die Symbolik der göttlichen Jungfraumutter und ihres Sohnes, des Heilbringers. Nach altbabylonischer Sage kam im ersten Jahr nach der Schöpfung Oannes, der Gott der Weisheit, in Fischgestalt ans Land, brachte den Menschen die Kenntnis der Feldbestellung bei und führte sie in die Wissenschaften ein. In der Inkarnation eines Fisches soll Vishnu den Stammvater des jetzigen Menschengeschlechtes aus der Sintflut gerettet haben. Schon im Kult der syrischen Göttin Atargatis gab es heilige Fischmahlzeiten; möglicherweise hängt dieser Kultbrauch mit der dem Tier des Heilbringers zugeschriebenen Auferstehungssymbolik zusammen (daher auch die Fischabbildungen auf ägyptischen, mykenischen und etruskischen Grabdenkmälern).
Als der vor dem Herrn mit einem Schiff fliehende Jona in einen Seesturm geriet, forderte er die Seeleute auf, ihn ins Meer zu werfen. »Der Herr aber bestimmte einen großen Fisch, daß er den Jona verschlinge. Jona blieb im Fisch-

bauche drei Tage und drei Nächte. Da betete Jona zum Herrn, seinem Gott, vom Bauche des Fisches aus.« Aus der Unterwelt Schoß schrie er auf: »Die Urflut umgab mich ... Zu den Gründen der Berge stieg ich hinab, zu den Tiefen der Erde; ihre Riegel schlossen auf ewig mich ein. Du aber entzogst mein Leben dem Abgrund.« Auf des Herrn Befehl spie der Fisch den Propheten ans Land (Jon 2). Der Bauch des Fisches ist der bildhafte Ausdruck der »verschlingenden Tiefe« (vgl. Ps 69,16), das Verschlungenwerden selbst deutet das Überschreiten der Schwelle zum Jenseits an; nur durch Gottes Wort wurde der Prophet dem Leben wiedergegeben. Bereits im AT werden die Menschen mit Fischen des Meeres verglichen. Wie die Fische »im bösen Netz« gefangen werden, so verstricken sich die Menschen in der schlimmen Zeit (Koh 9,12). Der Herr macht »Menschen wie Fische im Meer« (Hab 1,14). Symbolische Bedeutung kommt den Fischen zu, die das wunderbare Wasser beleben, das dem Tempel entquillt (Ez 47,9); sie stehen in Übereinstimmung mit den am Flußufer wachsenden Bäumen, deren Laub nie welkt und deren Frucht nie schwindet – sie sind also Sinnbild des Lebens und des von Gott kommenden Heils.

Die Ereignisse der Jonageschichte sind nach Mattäus (12, 39 f.) eine Präfiguration für Christi Tod und Auferstehung; »denn wie Jona drei Tage und drei Nächte im Bauch des Fisches war, so wird der Menschensohn drei Tage und drei Nächte im Schoße der Erde sein«. Auch im NT steht der Fisch stellvertretend für den Menschen. Jesus selbst sprach zu seinen Jüngern: »Kommt, folget mir nach, ich werde euch zu Menschenfischern machen!« (Mt 4,19; vgl. auch Lk 5,10) In der Bergpredigt zieht Jesus eine Parallele zwischen Fisch und Brot einerseits (als Gabe des guten Vaters), andererseits zwischen Schlange und Stein (Mt 7,10). Die wunderbare Vermehrung von fünf Broten und zwei Fischen und die Speisung der fünftausend Menschen durch Jesus (Mk 6,35–44) ist ein Vorbild des Altarsakramentes. Nach seiner Auferstehung erschien der Herr am See Tiberias seinen Jüngern, die vergeblich auf Fischfang gingen. Da sprach Jesus, zunächst nicht erkannt, zu ihnen: »Werft das Netz aus auf der rechten Seite des Schiffes, und ihr werdet finden.« Tatsächlich kehrten die Jünger mit reichem Fischsegen zurück. 153 große Fische lagen im Netz. Nach ihrer Zählung sprach der Herr: »Kommt und haltet Mahlzeit!« Dann reichte er ihnen einen schon über dem Kohlenfeuer gebratenen Fisch und Brot (Joh 21,3–13). Bei der Deutung der Zahl 153 dachte man, daß die Naturkundigen der damaligen Zeit 153 Fischarten gekannt hätten, die nun alle Arten der Menschen sinnbilden, die vom Netz der Kirche umfaßt werden. Auch wollte man in der Zahl 153 nach der in der Antike gebräuchlichen Gematrie (Umsetzung der Buchstaben eines Wortes in ihre Zahlenwerte) die Zahl des Paschalammes erkennen, womit wieder ein versteckter Hinweis auf die Eucharistie gegeben wäre.

Der einzelne über dem Feuer gebratene Fisch, den der Herr seinen Jüngern zum Mahl gab (Joh 21,9.13), wurde bereits von Augustinus als »der leidende Christus« interpretiert. Die christologische Bedeutung des Fisches, in der uralten Symbolik vom Fisch als Heilbringer wurzelnd, wurde durch die Buchstabenfolge des griechischen Wortes für Fisch, »Ichthys« neu belebt; man erkannte in den Buchstaben die Anfangslettern der Worte Jesous Christos Theou Hyios Soter, Jesus Christus, Gottes Sohn, Erlöser. In der Zeit der Christenverfolgungen war das Bild des Fisches das geheime Erkennungszeichen der Christen; das Taufbad wurde piscina (= Fischteich) genannt. Im Bild des Fisches veranschaulicht Tertullian das Geheimnis der Taufgnade: »Wir aber werden nach der Ähnlichkeit unseres Ichthys Jesus Christus im Wasser geboren, und nur durch Verharren im Wasser finden wir Heil.« In der Katakombenmalerei erscheint der Fisch als eucharistisches Symbol; bis ins 9. Jh. hinein findet sich bei Abendmahlsszenen der Fisch neben Brot und Kelch.

Literatur: I. Scheftelowitz: Das Fischsymbol im Judentum und Christentum (= ARW XIV/1911, 1–53, 321–393); Fr. J. Dölger: Ichthys. Das Fischsymbol in frühchristlicher Zeit. 5 Bde. Münster 1922–1928;

A. Allgeier: Vidi aquam. Exegetisches zur Begriffsgeschichte der altchristlichen Ichthys-Symbolik (= RQS 31/1931, 23–41); F. Hrozny: Der babylonische Fischgott Oannes in den Keilinschriften (= Archiv Orientalni VII/1935, 1); E. R. Goodenough: Jewish Symbols in the Greco-Roman Period V, 3–61; J. Daniélou: L'eau vive et le poisson (Les symboles chrétiens primitifs, 49–63); J. Engemann: Fisch (RAC VII, 1047–1084); L. Wehrhahn-Stauch: Christliche Fischsymbolik von den Anfängen bis zum hohen Mittelalter (= Zeitschrift für Kunstgeschichte 35/1972, 1–68).

Fischer

Neben dem Jäger und dem Hirten gehört der Fischer zu den archaischen Berufen, die sich ganz von den Mächten der Natur abhängig fühlten. In altorientalischen Texten wird öfter die Gestalt eines göttlichen Fischers transparent; so wird auch der sumerische Dumuzi an einer Stelle als »Fischer« bezeichnet. Ein hethitisches Märchen erzählt, wie ein kinderloser Fischer und seine Frau das Kind des Sonnengottes als eigenes aufziehen.

Das unter die Nationen versprengte Israel soll im Auftrag Gottes von vielen Jägern gejagt werden, und zahlreiche Fischer werden kommen, »die fischen sie fort... Denn meine Augen sind auf all ihre Wege gerichtet... So vergelte ich zunächst doppelt ihre Schuld« (Jer 16,16ff.). Als Vollstrecker des göttlichen Willens hat sich der Herr die chaldäische Großmacht ausgesucht, deren Herrscher zieht die wie Fische im Meer schwimmenden Menschen »mit dem Haken« (der Angel!) »alle hinauf« und schleift sie mit seinem Netz fort (Hab 1,14f.). Trotz allen Bemühens kann der Mensch ohne Gottes Hilfe das Böse nicht ganz ausrotten, genau so wenig wie er das Krokodil am Angelhaken hochziehen oder ihm eine Binsenschnur an seine Schnauze legen kann (Ijob 40,25f.). In einem Zukunftsbild beschreibt Ezechiel (47,10) den aus der Tempelquelle hervorgehenden Strom: »Fischer werden daran stehen... Einen Raum zum Netzetrocknen wird es zu seiner Rechten geben... Fische werden in überaus zahlreicher Menge wie im

Großen Meere vorhanden sein« – hier sind Fische und Fischfang sinnbildlicher Ausdruck für den in der Heilszeit von Gott geschenkten Segen.
Fischer waren die ersten Jünger, die sich Jesus erwählte (Mk 1,16–20). Zu dem über Jesu Wunder des reichen Fischfangs in Schrecken geratenen Petrus sprach der Herr: »Fürchte dich nicht; von nun an wirst du Menschenfischer sein!« (Lk 5,10). Ausnahmsweise soll hier ein apokrypher Text aus dem Thomasevangelium (Logion 8) angeführt werden; danach gleicht der gläubige Mensch einem klugen Fischer, der in seinem Netz viele kleine Fische ans Land zog, aber alle wieder ins Meer warf, als er »einen guten, großen Fisch« sein eigen nennen konnte – zwar wird nicht ausgesprochen, wer oder was hinter diesem einzigartigen Fisch steht, aber der Schluß auf Christus ist sicher nicht abwegig.
Der Fischfang mit Angel und Netz gehört zu den ältesten Themen der vorkonstantinischen Malerei und Plastik und sinnbildet Taufe und Apostolat. Gregor d. Gr. schreibt zu der oben angeführten Ijob-Stelle, daß Leviatan (Personifizierung des Bösen in Krokodilsgestalt) von dem Stachel der Gottheit durchbohrt wurde, weil er nach dem Fleisch des Erlösers schnappte; im Hortus deliciarum der Äbtissin Herrad von Landsberg tritt Gottvater selbst als Fischer auf, der mit der Kreuzesangel das Ungeheuer fängt. Eine bis heute lebendige Auswirkung der Fischersymbolik ist der allein dem Papst zustehende Fischerring (annulus piscatoris) mit der eingravierten bildlichen Darstellung des wunderbaren Fischfanges durch Petrus nach Lk 5,4–10).
↗ Netz

Literatur: R. Eisler: Orpheus – The Fisher. Comparative studies in Orphic and Early Christian Cult Symbolism. London 1921; G. Prausnitz: Die Ereignisse am See Genesareth (Studien zur deutschen Kunstgeschichte, Nr. 196). Straßburg 1917, 33–48; J. Mánek: Fishers of men (= NT 2/1958, 138–141); Ch. W. F. Smith: Fishers of Men (= HThR 52/1959, 187–203).

Das hebräische Wort für Fleisch (bāśār) kann ganz allgemein den »Körper« bedeuten und wird oft auch mit »Leib« übersetzt (vgl. Ex 30,32; 1 Kön 21,27). Da durch Fleisch die leibliche Abstammung gekennzeichnet wird, steht das Wort euphemistisch für »Scham« oder im besonderen für »Zeugungsglied«. »Wenn jemand einen Ausfluß aus seinem Fleisch hat, ist dieser Fluß unrein« (Lev 15,2; noch eindeutiger bei Ez 16,26 und 23,20). Das Wort »Du bist mein Bein und Fleisch« weist auf die Bluts- oder Stammesverwandtschaft hin. Als Abimelech sich zu den Brüdern seiner Mutter begab, wies er darauf hin, daß er von ihrem »Bein und Fleisch« abstamme (Ri 9,2). Die Stämme Israels erklärten dem König David: »Siehe, wir sind dein Gebein und dein Fleisch!« (2 Sam 5,1). Die Wendung »alles Fleisch« steht für »alle Menschen«. Schon in der Urzeit ging durch den Sittenverfall »alles Fleisch auf Erden verderbliche Wege« (Gen 6,12). Da Gott »allem Fleische Brotnahrung gibt«, soll ewig währen seine Huld (Ps 136,25). Fleisch deutet aber auch die Schwäche und Vergänglichkeit des Menschen an. Weil die Fleischeslust über den Geist gesiegt hat, soll der Geist des Herrn nicht für die Dauer im Menschen bleiben; das Menschenleben wird zeitlich begrenzt, sein Fleisch ist sterblich (Gen 6,3). »Alles Fleisch wird alt wie ein Gewand; es gilt das ewige Gesetz: man muß einst sterben!« (Sir 14,17). Gott sieht mehr als ein Mensch, er hat keine Augen aus Fleisch (Ijob 10,4). Wer nur »fleischliche Arme« als Bundesgenossen hat, vertraut auf eine ohnmächtige Hilfe (2 Chr 32,8).
Die sprachliche Formel »Fleisch und Blut« deutet auf das Unvermögen und die Vergänglichkeit des Menschen. Die Jünger Jesu erhielten ihre Offenbarungen nicht von Fleisch und Blut, sondern von Gott selbst (Mt 16,17). »Fleisch und Blut können das Reich Gottes nicht besitzen, ebensowenig die Verwesung die Unverweslichkeit« (1 Kor 15,50). Die alte Prophezeiung, daß »alles Fleisch«, d. h. »jedermann«, das Heil Gottes schauen wird (nach Jes 40,3–5), geht in Christus in Erfüllung (Lk 3,6). Die Inkarnation des Herrn wird bei Johan-

nes (1,14) mit den bekannten Worten ausgesprochen: »Und das Wort ist Fleisch geworden und hat unter uns gewohnt.« Christi »Fleischesleib« ist sein menschlicher, sein sterblicher Leib, durch dessen Kreuzigung er uns erlöst (»versöhnt«) hat (Kol 1,22). Bei Paulus bedeutet das Fleischliche häufig das Natürliche, rein Menschliche, im Gegensatz zum Übernatürlichen, Geistig-Himmlischen. Wer im Geiste Gottes dient, wird nicht sein Vertrauen auf das Fleisch setzen (Phil 3,3). Bei wem »das Geistige« gesät wurde, von dem werden bei der Ernte mehr als nur »Dinge des Fleisches« erwartet (1 Kor 9,11). »Die im Fleische sind, können Gott nicht gefallen«; Gottes Diener sind nicht im Fleische, sondern im Geiste (Röm 8,8f.). Fleisch und Fleischliches erscheinen gekoppelt mit dem Minderwertigen, Bösen. Was fleischlich ist, ist verkauft unter die Gewalt der Sünde (Röm 7,14). »Fleischeslust« erscheint als Inbegriff dessen, was die Welt an Lastern zu bieten hat – vgl. 1 Joh 2,16. So ist die Aufforderung nur zu verständlich, das Fleisch mit seinen Leidenschaften und Begierden zu kreuzigen (Gal 5,24).

LITERATUR: W. Schauf: Sarx. Der Begriff »Fleisch« beim Apostel Paulus unter besonderer Berücksichtigung seiner Erlösungslehre. Münster i. W. 1924. J. Pryke: »Spirit« and »Flesh« in the Qumram Documents and some N. T. Texts (= Revue de Qumram 5/1964–1966, 345–360). J. Scharbert: Fleisch, Geist und Seele im Pentateuch (Stuttgarter Bibelstudien 19). Stuttgart 1966. E. Schweizer (ThWNT VII, 98–151). A. Sand: Der Begriff »Fleisch« in den paulinischen Hauptbriefen. Regensburg 1967. E. Brandenburger: Fleisch und Geist. Paulus und die dualistische Weisheit. Neukirchen 1968.

Flügel

Durch die Flügel werden Tiere befähigt, die Erde zu verlassen und sich in die Luft zu erheben. In einer Zeit, in der dem Menschen das Fliegen mit Hilfe technischer Konstruktionen noch nicht möglich war, bedeutete das »Geflügeltsein« eine Wesenserhöhung, ein Näherrücken, wenn nicht gar eine Angleichung an überirdische Mächte. In der mesopotamischen Kunst waren die Flügel bei Löwe, Stier und

Pferd sichtbarer Ausdruck für ihre Zuordnung zum Göttlichen. Das altägyptische Motiv der Flügelsonne fand auch in der assyrischen und hethitischen Kunst Eingang. Oft erscheinen die Götter selbst als geflügelte Wesen (z. B. die ägyptische Isis) oder besitzen ein entsprechendes Requisit (Flügelschuhe des griechischen Götterboten Hermes).

Wie bei allen Geschöpfen sich des Schöpfers Macht offenbart, so kann alles Kreatürliche zu einem Symbol des Göttlichen werden. Im Bilde der Flügel wird Gottes allerbarmende Liebe und Fürsorge sichtbar vor Augen gestellt. Nach dem Auszug aus Ägypten sprach der Herr zu seinem Volk: »Ihr habt gesehen, ... wie ich euch auf Adlerflügeln getragen habe« (Ex 19,4). Von der reingoldenen Deckplatte der Bundeslade heißt es, daß sie von den Flügeln der goldenen Kerubim überdacht werden soll (Ex 25,20). »Denn die Kerubim breiteten die Flügel über den Platz der Lade. Die Kerubim bedeckten die Lade und ihre Stangen von oben her« (1 Kön 8,7). Der fromme Sänger betet in den Psalmen zu Gott: »Wie einen Augapfel behüte mich doch, in deiner Flügel Schatten verbirg mich« (Ps 17,8). Wie die Vogeljungen Zuflucht unter den elterlichen Fittichen suchen, so hofft der vom Leben hin und her geworfene Mensch auf Gott. »Sei gnädig mir, Gott, gnädig sei mir! Denn bei dir sucht meine Seele ihre Zuflucht! In deiner Schwingen Schatten berge ich mich, bis das Verderben vorüber« (Ps 57,2). Dem Gläubigen wird Gott zur Errettung, im Schutze seiner Schwingen kann er getrost ausruhen (Ps 63,8).

Auch Jesus wußte um die Ausdrucksstärke des Bildes der schützenden Flügel; so sprach er in seinem Wehruf über Jerusalem: »Wie oft wollte ich deine Kinder sammeln, wie eine Henne ihre Küchlein unter ihre Flügel sammelt, ihr aber habt nicht gewollt!« (Mt 23,37; Lk 13,34)

In der christlich-mittelalterlichen Kunst wurden nicht nur überirdische Wesen wie die Engel mit Flügeln dargestellt, sondern auch unterirdische wie Dämonen und Teufel, nur daß letztere häufig statt der Vogelschwingen Fledermausflügel haben. Ein eigenartiges Motiv der Ikonenmalerei ist

»Der gekreuzigte Seraph«, bei dem der Leib Christi bis auf Unterarme und -schenkel von den weißen Flügeln eines Seraphs bedeckt wird. Das nt.liche Bild der schützenden Flügel einer Henne wird von der Patristik auf die Kirche übertragen; in der emblematischen Literatur des Nachmittelalters kann es auch auf den christlichen Herrscher Anwendung finden.

Fluß

Bei den meisten Völkern des Orients galt das fließende Wasser als machtgeladene Substanz, die nicht nur von äußerem Schmutz, sondern auch von Sünden zu reinigen vermag. In der Mythologie sind die heiligen Flüsse mit dem Wohnsitz der Götter verbunden. Der syrisch-ugaritische Gott El hat seinen Wohnsitz »an den Quellen der beiden Flüsse, inmitten der Ströme der Tiefen«. Babylonische Götterlisten erwähnen einen Gott mit dem Namen »Fluß des Heils«. In Ägypten stand der Nil in hohem Ansehen; nach einer Überlieferung ist des Stromes Quelle in einer Berghöhle, in der die Leiche des Osiris ruht; die für die Fruchtbarkeit des Landes so wichtige Nilüberschwemmung wurde mit der Wiederauferstehung des Gottes verbunden.
Ohne Wasser ist fruchtbares Land nicht denkbar. »Ein Strom entsprang in Eden zur Bewässerung des Gartens. Von da an teilt er sich in vier Arme« (Gen 2,10). Die nun folgende Beschreibung der vier Ströme – von denen nur zwei geographisch zweifelsfrei zu bestimmen sind: Eufrat und Tigris – gibt dem Paradies eine zentrale Lage (Gen 2,11–14); in symbolischer Schau fließt jeder Paradiesesstrom in eine der vier Weltgegenden. Der Herr lenkt »den Wohlstand wie einen Strom, wie einen überflutenden Bach den Reichtum der Völker« (Jes 66,12). Gottes Heil wird wie ein Fluß zugeleitet; das Versiegen des Stromes aber bringt Unheil (Jes 19,5). Eine schreckliche Prophezeiung ist die Austrocknung der Nilarme (Ez 30,12). Mit dem Wasserreich-

tum der Flüsse wird die Weisheit des Bundesbuches verglichen (Sir 24,23–27). Der Durchzug des Israeliten durch den Jordan (Jos 3–4) wurde in christlicher Zeit als at.liches Vorbild der Taufe gedeutet. Die heilende Kraft des fließenden Wassers zeigt sich bei dem aussätzigen Syrer Naaman, der auf des Propheten Elischa Geheiß siebenmal im Jordan badete (2 Kön 5,9–14).
Auch im NT ist der Jordan Schauplatz wichtiger religiöser Ereignisse. Die Leute von Judäa gingen zu Johannes dem Täufer hinaus, »und sie ließen sich von ihm im Jordanflusse taufen und bekannten dabei ihre Sünden« (Mt 3,5 f.). Auch Jesus aus Galiläa kam an den Jordan und ließ sich von Johannes taufen (Mt 3,13–17). Mit der heilsgeschichtlichen Deutung der Reinigung von Sünden verband sich die uralte Idee der Wiedergeburt aus dem mütterlichen Schoß des Wassers. Wenn die Zeit erfüllt ist, wird ein »Strom mit dem Wasser des Lebens, glänzend wie Kristall«, vom Throne Gottes hervorkommen (Offb 22,1).
In der christlichen Kunst erfolgt die Darstellung der Flüsse – nach antikem Vorbild – meistens in Gestalt sitzender oder liegender Flußgötter mit dem Attribut einer Urne, der Wasser entströmt. Schon in der altchristlichen Sarkophagplastik findet sich die Personifikation des Jordan als bärtiger Flußgott mit Urne, Schilfrohr und Ruder. An mittelalterlichen Taufbecken weisen öfter die vier Paradiesesströme nach den vier Himmelsrichtungen; in den Buchmalereien sind die Flüsse des Gartens Eden mit den vier Evangelisten in Verbindung gebracht. Die Verklammerung zwischen dem at.lichen Gottesgarten und dem durch das NT angekündigten Paradieseszustand findet sich bei Gregor von Nyssa im Bild eines Stromes der Gnade: Er fließt »um die ganze Erde und mündet ins Paradies, fließt also in entgegengesetzter Richtung wie die vier Paradiesströme und trägt weitaus größere Kostbarkeiten ins Paradies hinein, als jene von dort mitbrachten«.

LITERATUR: W. Engelkemper: Die Paradiesflüsse. Exegetische Studie. Münster 1901; Fr. J. Dölger: Der Durchzug durch den Jordan als

Sinnbild der christlichen Taufe (= AuC 2/1930,70–79); E. Schlee: Ikonographie der Paradiesesflüsse. Leipzig 1937; P. A. Février: Les quatres fleuves du Paradis (= Rivista di Archeologia Cristiana 32/1956, 179–199); G. Ristow: Zur Personifikation des Jordan in Taufdarstellungen in der frühen christlichen Kunst (= Berliner Byzantinistische Arbeiten 6/1957, 120–126).

Frosch

Wegen seiner großen Fruchtbarkeit sinnbildete der Frosch bei den alten Ägyptern die Kräfte der Lebensentstehung; die Geburtsgöttin Heket wurde froschköpfig dargestellt. In der Spätzeit erblickte man in dem Amphibium ein Symbol der Wiedergeburt.

In Abhebung von der Tierverehrung im Nilland galt der Frosch bei den Israeliten als Verkörperung dämonischer Mächte, die aber im Dienst Gottes stehen konnten. Weil der Pharao das Volk Israel nicht ziehen lassen wollte, wurde Gottes Drohung wahr: »Wimmeln soll der Nil von Fröschen, sie sollen heraufkommen und bis in deinen Palast kommen, ja, bis in dein Schlafgemach und bis auf deine Lagerstatt, in die Häuser deiner Diener und zu deinem Volk, auch in deine Backöfen und Backtröge« (Ex 7,28). Als Aaron seine Hand über die Wasser ausstreckte, »da kamen die Frösche herauf und bedeckten das Ägypterland« (Ex 8,2).

In analogem Verhältnis zu den über Ägypten verhängten Strafen stehen die sieben Plagen der Apokalypse. Bei der sechsten Plage treten »aus dem Maul des Drachen und aus dem Maul des Tieres und aus dem Maul des falschen Propheten drei unreine Geister« heraus »gleich Fröschen« (Offb 16,13).

Bei der Auslegung der apokalyptischen Stelle erblickte Eucherius von Lyon in den Fröschen dem Teufel und der Häresie zugehörige Wesen. Die in der Symbolik dem Frosch oft gleichgesetzte Kröte wurde im späten Mittelalter Attribut der Unkeuschheit und des Todes. In der koptischen Kunst wurde der Frosch – im Rückgriff auf altägyptische

Vorstellungen – zu einem Symbol der Auferstehung und des ewigen Lebens.

LITERATUR: A. Jakoby-Spiegelberg: Der Frosch als Symbol der Auferstehung (= Sphinx 7/1903, 215); Fr. X. Steinmetzer: Das Froschsymbol in Offb 16 (= BiZ 10/1912, 252–260); G. Ristow: Das Frosch- und Krötenmotiv auf koptischen Tonlampen (= Staatl. Museen zu Berlin, Forschungen und Berichte 3–4/1961, 60).

Frucht

Als Symbiose aus Erdtiefe und Lichthöhe ist die Frucht das Produkt irdischen Gedeihens und sichtbares Zeichen göttlichen Segens. Ein beliebtes Motiv der assyrischen Kunst war der stilisierte Lebensbaum, dessen Blüten von geflügelten Genien mit einem Pinienzapfen bestrichen werden; es ist eine symbolische Ausführung der künstlichen Befruchtung der in Mesopotamien lebensnotwendigen Dattelpalme. Früchte sind Sinnbilder für Fruchtbarkeit und Leben. Im Garten der Götter wachsen die goldenen Äpfel, die einst Gaia dem Zeus und der Hera als Hochzeitsgeschenk gebracht hat. Blüte und Frucht gehören zu den typischen Symbolen der altorientalischen und antiken Muttergöttinnen, deren Söhne selbst »die große Frucht« sind. Die Frucht kann auch Todesspeise sein, man vgl. den Granatapfel in der Persephone-Sage und den Apfel im Märchen vom Schneewittchen.

Die Allmacht des Schöpfers läßt »Grünes hervorsprießen, samenhaltige Pflanzen, sowie Fruchtbäume, die Früchte tragen nach ihrer Art, in denen Samen ist auf Erden« (Gen 1,11). Hundertfältige Ernte ist sichtbares Zeichen von Gottes Segen (Gen 26,12). Das Essen der von Gott verbotenen Frucht des Erkenntnisbaumes führte zum Tod (Gen 3). Die Frucht bezeichnet nicht nur den samenhaltigen Pflanzenteil, sondern – im übertragenen Sinne – auch die Leibesfrucht von Tier und Mensch. Das »Weib blüht auf wie ein fruchtbarer Weinstock«, und die »Söhne blühen wie Ölbaumpflänzchen« (Ps 128,3). Als Zeichen der Anerkennung Gottes und als Dank für seine Güte

nahmen die Israeliten die »Erstlinge aller Früchte des Erdbodens« und brachten sie dem Herrn (Dtn 26,2.10). Als sprachliches Bild bezeichnet die Frucht auch das Ergebnis der Arbeit und des sittlichen Strebens. Der Gerechte trägt gleich »dem Baum, am Wasser gepflanzt«, unaufhörlich Früchte (Jer 17,8). Aus der Frucht der Gerechtigkeit entsteht ein Lebensbaum (Spr 11,30). Gott beurteilt seinen Weinberg (= Israel) nach den Früchten, die er bringt (Jes 5,1–7). In Ankündigung des Messias schreibt Jesaja (4,2): »An jenem Tage wird der Sproß des Herrn zur ehrenden Zier und die Frucht des Landes zum prachtvollen Stolz für die Geretteten Israels.«
Christus selbst ist die schönste »Frucht«, die der Himmel (Gottvater) aus der Erde (Maria) hervorkommen läßt. Der jungfräulichen Maria gilt der Gruß: »Gebenedeit bist du unter den Weibern, und gebenedeit ist die Frucht deines Leibes!« (Lk 1,42). Es ist die Frucht aus den Lenden des Erzvaters David (Apg 2,30). Johannes der Täufer prangert die Einbildung derjenigen an, die sich rühmen, Söhne Abrahams zu sein, aber keine guten Früchte bringen (Mt 3,8f.). Die Axt des Gerichts wird jeden Baum, der keine guten Früchte bringt, fällen und dem Feuer überliefert (Mt 3,10). »Es gibt nicht einen guten Baum, der schlechte Frucht bringt, und auch nicht einen schlechten Baum, der gute Frucht bringt« (Lk 6,43). Im Hinblick auf die falschen Propheten sagt Jesus: »An ihren Früchten werdet ihr sie erkennen. Sammelt man denn Trauben von den Dornen oder Feigen von den Disteln?« (Mt 7,16). Früchte sind in bildlichem Sinn die Werke, die aus der Verbundenheit mit Christus hervorgehen (Joh 15,2–8). Die durch Jesus Christus zum Lobe Gottes verliehene Frucht der Gerechtigkeit wird zur Vollreife gelangen (Phil 1,11).
Um nur eine einzelne Fruchtart herauszugreifen, sei auf die Ambivalenz des Apfels hingewiesen. Während der Mailänder Bischof Ambrosius den an das Kreuz geschlagenen Christus mit einem am Baume hängenden Apfel vergleicht, der den Duft der Welterlösung ausströmt, erblickten andere Exegeten im Apfel die Frucht des Sündenfalls, nicht zuletzt dank der Wortgleichheit mit dem »Übel«, beide heißen lateinisch »malum«.

Symbol der Erlösung ist der Apfel, wenn das Christuskind nach ihm greift und dadurch symbolisch die Sünde der Welt auf sich nimmt. In verschiedenen mittelalterlichen Darstellungen trägt der Baum des Sündenfalls statt der Früchte Totenköpfe. Auf den göttlichen Bräutigam bezogen die Kirchenväter den Apfelbaum des Hohen Liedes (2,3); seine wohlschmeckende Frucht – von der Braut (= Kirche) gegessen – ist Bild für die Lehre Christi.

↗ Feigenfrucht, Granatfrucht

LITERATUR: H. Sahlin: Zwei Lukasstellen, Lk 6: 43–45; 18: 7 (Symbolae biblicae Upsaliensis, 4). Uppsala 1945; E. Lohmeyer: Von Baum und Frucht. Eine exegetische Studie zu Matth. 3,10 (Urchristliche Mystik. Nt.liche Studien, 31–56). Darmstadt 1958; J. E. Rosscup: Fruit in the NT (= Bibliotheca Sacra 497/1968, 56–66). H. Aurenhammer: Apfel (Lexikon der christlichen Ikonographie I, 171–176). Wien 1967. K. Heisig: Woher stammt die Vorstellung vom Paradiesapfel? (= ZNTW 44/1952–1953, 111–118).

Fuchs

In der Antike galt der Fuchs wegen seiner rötlichen Farbe als Feuergeist. Zur Abwehr des Getreidebrandes wurden Füchse mit brennenden Fackeln an ihren Schwänzen durch die Felder gejagt (in Rom am Fest der Ceres). Schon im sumerischen Mythos ist der Fuchs als listiges Tier gekennzeichnet; er verspricht, gegen Belohnung die verschwundene Muttergöttin wieder herbeizuschaffen. In Ägypten tritt der Fuchs zwar wiederholt in Tiermärchen und Tierfabeln auf (Gänse hütend oder auf einem Musikinstrument spielend), aber nicht in Religion und Kult.

Die Merkmale der Arglist und der Bosheit wurden für das biblische Fuchsbild bestimmend. Schon die kleinen Füchse verwüsten den blühenden Weinberg (Hld 2,15). In dem Klagelied über den Zusammenbruch Jerusalems heißt es, daß Füchse um den verwüsteten Zionberg herumlaufen (Klgl 5,18), so daß des Herzens Lust schwindet und Trauer zum Reigentanz wird. Die törichten, falschen Propheten Israels, die es versäumten,

um Gottes Volk ein schützendes Mauerwerk zu errichten, werden mit »Füchsen« (bzw. »Schakelen« »in den Ruinen« verglichen (Ez 13,4). Das verschlagene Tier steht auf der Seite der Feinde, so wenn der Ammoniter Tobias beim Anblick des Mauerbaus zu Jerusalem verächtlich ausruft: »Mögen sie bauen, was immer sie wollen; springt ein Fuchs darauf, reißt er die steinerne Mauer nieder« (Neh 3,35). Aber Simson ist noch klüger als die Füchse und seine Feinde; er bindet 300 Füchse (nach anderer Übersetzung waren es Schakale) brennende Fakkeln an die Schwänze und jagt sie in die Felder und Fruchtgärten der Philister (Ri 15,4f.).
Während die Füchse ihre Höhlen und die Vögel ihre Nester haben, besitzt der Menschensohn nichts, wohin er sein Haupt legen kann (Mt 8,20). Wenn Jesus mit Bezug auf Herodes zu den Pharisäern spricht: »Geht hin und sagt diesem Fuchs: Siehe, ich treibe Dämonen aus und vollbringe Heilungen heute und morgen, und erst am dritten Tag komme ich zur Vollendung« (Lk 13,32), so weist hier das Tierbild auf den hinterlistigen Menschen und gottlosen Herrscher.
In Anknüpfung an die Matthäusstelle (8,20) interpretiert Eucherius die Füchse als niedrig gesinnte und dem Irdischen verhaftete Menschen. Die mittelalterlichen Exegeten erblickten in den weinbergverwüstenden Füchslein die den wahren Glauben bedrohenden Häretiker. In der Kunst symbolisiert der Fuchs das Böse, Infernalische, so auch, wenn er – in der Kathedralplastik – im Mönchsgewand den Gänsen aus einem Meßbuch vorliest, um sie anschließend zu überfallen. Die rostrote Farbe läßt ihn zu einem Symbol des Teufels werden, wie z.B. der sich in seiner Höhle verkriechende Fuchs in Martin Schongauers Kupferstich »Jesus nach der Versuchung«.
↗ Schakal

LITERATUR: F. Bömer: Die römischen Ernteopfer und die Füchse im Philisterlande (= Wiener Studien 69/1956, 372–383). E. Diez/J. B. Bauer: Fuchs (= JbAC 16/1973, 168–178). J. B. Bauer: Der »Fuchs« Neh 3,35 ein Belagerungsturm? (= BiZ 18/1974).

Die beiden Füße tragen den Körper und ermöglichen seine Fortbewegung. Mit den Füßen bleibt der Mensch dem Boden verhaftet; seine Fußspur bleibt oft noch lange nach dem Weggang sichtbar. Im alten Orient und in der Antike galt der Fuß als Symbol der Unterjochung; allgemeine Sitte war es, daß der Sieger zum Zeichen der völligen Unterwerfung seinen Fuß auf den am Boden liegenden Feind setzte. Ägyptische Darstellungen zeigen den König, dessen Fußschemel von besiegten Gegnern gebildet wird.
Wie das Leben mit einem Weg verglichen wird, so spielen auch die Füße im übertragenen Sinn eine Rolle. Das Straucheln der Füße, das Ausgleiten der Schritte in Ps 73,2 ist nicht wörtlich zu nehmen, sondern bezieht sich auf das sittliche und religiöse Verhalten. »Wer im Schutze des Höchsten wohnt«, für den »entbietet er seine Engel, dich zu schützen auf all deinen Pfaden ..., daß dein Fuß sich nicht stoße an Steinen« (Ps 91,12). David sagt von sich, daß sein Fuß auf ebenem Boden stehe, weil er in Unschuld dahinwandle (Ps 26,11 f.). Ijob weiß, daß sein Fuß an der Spur des Herrn festhielt, »seinen Weg hielt ich ein und bog nicht ab« (Ijob 23,11). Der Herr legte dem Menschen alles zu Füßen, d. h., er gab es ihm zum Eigentum (Ps 8,7 ff.). Zur Bekräftigung seines Sieges ließ Josua die fünf gefangenen Könige herbeibringen und befahl seinen Heerführern, ihren Fuß auf den Nacken der Besiegten zu stellen (Jos 10,24). Man erniedrigt die Feinde zum Schemel seiner Füße (Ps 110,1). Zum Zeichen seiner Herrschaft macht Gott den Himmel zu seinem Thron und die Erde zu seiner Füße Schemel (Jes 66,1). Das Ausziehen der Schuhe kann aus Demut und Ehrerbietung geschehen (vgl. Ex 3,5); Barfüßigkeit kann aber auch auf Elend und Knechtschaft hinweisen. Der Herr befahl Jesaja, drei Jahre lang »halbnackt und barfuß« einherzugehen »als ein bedeutungsvolles Vorzeichen wider Ägypten und Kusch«, deren Gefangenen es genau so ergehen wird (Jes 20,2 ff.).

Jemand zu Füßen fallen kann eine Bittgebärde sein – so bat der Synagogenvorsteher Jairus um die Heilung seiner Tochter (Mk 5,22) –, aber auch Zeichen der Anbetung (Offb 22,8). Der uralte Rechtsbrauch der Besitzergreifung durch die Füße, besonders bei der Landnahme, ist deutlich erkennbar, wenn die reichen Christen den Erlös ihrer verkauften Grundstücke den Aposteln zu Füßen legten (Apg 4,35). Im Hinblick auf den Lebenswandel schreibt Paulus: »Macht gerade Wege euren Füßen, damit das, was gelähmt ist, sich nicht verrenke, vielmehr geheilt werde« (Hebr 12,13). Zur Bekräftigung des endgültigen Sieges wird der Todfeind unter den Füßen zertreten (Röm 16,20). Die Füße als Werkzeuge des Gerichts! – vielleicht ist von daher die apokalyptische Beschreibung des »Menschensohnes« zu verstehen, dessen »Füße glichen glänzendem Erz, als wären sie im Ofen zum Glühen gebracht« (Offb 1,15).
Frommer Glaube erblickte in der Himmelfahrtskirche auf dem Ölberg die Fußabdrücke, die der Heiland bei seinem Scheiden dem Felsengrund einprägte. Den Heiligen wurden – an Stelle des nicht sichtbaren Gottes – die Füße geküßt; man denke auch an den Pilgerbrauch bei der Statue des hl. Petrus in der Peterskirche zu Rom.

LITERATUR: E. Speyer: Die Segenskraft des »göttlichen« Fußes (Romanitas et Christianitas. Festschrift J. H. Waszink, 293–309). Amsterdam 1973.

Garten

Dem frühgeschichtlichen Menschen war jede Pflanze, jeder Baum, ja die ganze Landschaft Ausdruck außermenschlicher Mächte, denen nicht nur Werden und Vergehen in der Natur, sondern auch sein eigenes Leben und Sterben unterworfen schienen. Während der undurchschaubare, wild wachsende Wald als bedrohlich empfunden wurde, als Ort der bösen Geister, erkannte man im fruchtbaren, umhegten Garten (eigentlich »umgürtetes« Land) ein göttliches Geschenk. Der den Körper nährende, Geist und Seele erfreuende Garten, wir nennen ihn mit den Persern und Griechen Paradies, wurde zum sprechenden Bild für ein todloses Leben. Die zu Ehren des Vegetationsgottes Adonis in Töpfen oder Körben gezüchteten Pflanzen (Adonisgärten!) dienten zur Erinnerung an die angebliche Auferstehung des Gottes. Nach iranischem Schöpfungsmythos gleicht die heilige Landschaft der Urzeit einem lichterfüllten, von Wasserkanälen durchzogenen Garten.

Nachdem Gott der Herr den ersten Menschen gebildet hatte, pflanzte er »einen Garten in Eden gen Osten und setzte den Menschen hinein« (Gen 2,8). Daß der Garten im Osten, also »gegen Morgen«, liegt, dürfte nicht nur an gewisse geographische Vorstellungen der Juden anknüpfen, sondern in symbolischer Schau ganz einfach den Aufgang des Menschheitsgeschlechtes andeuten. Das Paradies bedeutet räumlich und zeitlich den Anfang (und unter heilsgeschichtlichem Aspekt auch wieder das Ende). »Gott der Herr nahm den Menschen und setzte ihn in den Garten Eden, daß er ihn bebaue und erhalte« (Gen 2,15). Das »Hineinsetzen« hat eine tiefere Bedeutung: Es kommt darin die Zugehörigkeit zu der von Gott geschaffenen Ordnung zum Ausdruck, eine Ordnung, die der Mensch im Sinne Gottes weiter ausbauen und erhalten soll. Da Adam und Eva dem göttlichen Gebot zuwiderhandelten, vertrieb der Herr den Menschen, »ließ ihn östlich vom Garten Eden wohnen« und verwehrte ihm durch die Kerubim mit flammenden Schwertern den Zugang zum verlorenen Paradies (Gen 3,24). Auch an anderen Stellen des AT ist der Garten ein Bild für die Verbundenheit mit Gott. »Der Herr hat Mitleid mit Zion, all ihrer Trümmer erbarmt er sich, ihre Wüste wandelt er in ein Paradies, ihre Steppe in einen Garten des Herrn« (Jes 51,3). Wegen seiner üppigen Vegetation diente der Garten als Symbol der Fruchtbarkeit; so war das Land am Jordan vor dem Untergang Sodoms und Gomorras ein Garten Gottes (Gen 13,10). Wie der Garten das Gesäte sprießen läßt, »genau so läßt der Gebieter und Herr Gerechtigkeit wachsen« (Jes 61,11). Im Hohenlied

(4,12) wird die Braut – in der typologischen Deutung späterer Zeit Maria oder der Kirche gleichgesetzt – ein verschlossener Garten genannt.
Zu seinem letzten großen Gebet zog sich Jesus in die Stille eines Gartens zurück (Joh 18,1); auch das Grab, in das zwei Jünger ihn legten, befand sich in einem Garten (Joh 19,41). Der eschatologische Garten ist in der Beschreibung des endgültigen Glücks mit dem Lebensstrom und dem Lebensbaum angedeutet (Offb 22,1 f.).
Zusammen mit der versiegelten Quelle wurde der hortus clausus zu einem Symbol Marias und ihres jungfräulichen Standes. Auf Bildern der deutschen Spätgotik und der italienischen Frührenaissance ist die Mutter Gottes häufig in einen blühenden Garten hineingesetzt, erinnert sei an das Paradiesgärtlein des Oberrheinischen Meisters. Die gleiche Bildaussage haben wir bei dem Thema Maria im Rosenhag: Maria selbst ist die Rose im eingehegten Garten. Im 15./16. Jh. verdeutlichen Epitaphien mit Darstellungen des Paradiesgärtleins die Paradieseshoffnung der Gläubigen. Im 17. Jh. geht die religiöse Bedeutung an wirkliche Gärten über, in denen ein Gleichnis göttlicher Ordnung erblickt wurde.

Literatur: A. Brock-Utne: Der Gottesgarten. Eine vergleichende religionsgeschichtliche Studie. Oslo 1936; Fr. Schnack: Traum vom Paradies. Eine Kulturgeschichte des Gartens. Hamburg 1962; Pj. Hendrix: »Garten« und »Morgen« als Ort und Zeit für das Mysterium Paschale in der orthodoxen Kirche (= Eranos-Jb 32/1963); E. Börsch-Supan: Garten-, Landschafts- und Paradiesmotive im Innenraum. Berlin 1967; A. Ohler: Der Gottesgarten (Mythologische Elemente im AT, 183–189).

Gefäß

Der eigentliche Sinn des an sich hohlen Gefäßes »er-füllt« sich erst mit seinem Inhalt. Die symbolische Bedeutung der Gefäße kann je nach Material, Form und Zweck verschieden sein. Das Tongefäß kann zu einem Bild der Zerbrechlichkeit werden, ein goldener Kelch zum Ausdruck königlicher Würde. In Mesopotamien dienten in sumerischer Zeit

vasenförmige Ständer, in die Palmzweige gesteckt und die vom Priester begossen wurden, als Altar. Gefäße spielen in der Opfersymbolik eine Rolle; ägyptische Tempelreliefs zeigen, wie der König den Göttern in zwei Kugelvasen Milch und Wein darbringt. Aus vor- und frühgeschichtlicher Zeit stammen im Mittelmeerraum gefundene anthropomorphe Gefäße. Besonders der weibliche Körper galt im symbolischen Denken als Gefäß; hier sei an die griechische Pandora-Mythe erinnert. Pelops wurde im heiligen Kessel gekocht und gelangte durch die Schicksalsgöttin Klotho zur Lebenserneuerung.
Das Tongefäß ist ein Bild der irdischen Natur des Menschen und seiner Abhängigkeit vom Schöpfer. »Wir sind der Ton, du unser Bildner, und wir alle sind das Werk deiner Hände« (Jes 64,8). Wiederholt wird die Leiblichkeit des Menschen als Gefäß bezeichnet. Bei Jeremia (22,28) wird Jojachin mit einem verachteten Gefäß verglichen. Wehe, wer sich gegen Gott auflehnt, »wer mit seinem Bildner streitet«, er wird »eine Scherbe bei irdenen Scherben« (Jes 45,9). In den Psalmen (31,11 ff.) findet sich die erschütternde Klage: »Mein Leben geht in Jammer zu Ende..., meine Gebeine werden welk, ... ich bin geworden wie ein zerbrochenes Gefäß.« Als wahrer König des Weltalls kann der Messias ganze Völker »zertrümmern wie Töpfergeschirr« (Ps 2,9). Jeremia erhielt den Auftrag, einen irdenen Krug zu kaufen und mit einigen Ältesten und Priestern vor das Scherbentor, auf den Schuttabladeplatz Jerusalems, zu gehen; dort sollte er den Krug vor ihren Augen zerbrechen und ankündigen, daß Jahwe das Volk und die Stadt ebenso zerbrechen werde (Jer 19,1 f. 10 f.). Wie das Gefäß zum Symbol der Zeugung (der Erschaffung) des einzelnen Menschen werden kann – vgl. hier Hld 7,3 –, so ist das »eherne Meer« im Vorhof des salomonischen Tempels (1 Kön 7,23–26) nichts anderes als der Weltkessel, der mythische Ursprungsort des sichtbaren Seins. Oft werden im AT Gefäße für Opfer- und Reinigungsriten erwähnt; schon in der Zeit des Mose werden

Silberbecken für Speiseopfer und goldene Schalen, gefüllt mit Räucherwerk, zur Altarweihe gebracht (Num 7).
Von dem zu bekehrenden Saulus sprach der Herr: »Er ist mir ein auserwähltes Gefäß« (Apg 9,15) – »vas electionis« wird auch als »auserwähltes Werkzeug« übertragen. Und gerade Paulus ist es, der immer wieder die alte Gefäßsymbolik aufgreift. »Hat der Töpfer nicht Macht über den Ton, um aus derselben Masse das eine Gefäß zu machen zur Ehre, das andere zur Unehre?« (Röm 9,21) Im 2. Brief an Timotheus (2,20) heißt es: »In einem großen Hause sind nicht allein goldene und silberne Gefäße, sondern auch hölzerne und irdene, etliche zu Ehren, etliche aber zu Unehren. So nun jemand sich reinigt ..., der wird sein ein geheiligtes Gefäß zu Ehren.« Den Lichtglanz des Evangeliums tragen wir als »Schatz in irdenen Gefäßen« (2 Kor 4,7). Mit ernsten Worten mahnt Paulus vor der Zügellosigkeit des geschlechtlichen Lebens: »Denn das ist der Wille Gottes: eure Heiligung. Ihr sollt euch enthalten von Unzucht; ein jeder von euch wisse sein Gefäß in Heiligung und Ehrbarkeit zu besitzen« (1 Thess 4,3 f.).
In der frühchristlichen Epigraphik wurden gläubige Menschen öfters als »vas Christi« bezeichnet, eine Vorstellung, die auf Katakombengrabsteinen in der symbolischen Amphora ihren bildhaften Ausdruck fand. Im Mittelalter war das unversehrte Gefäß ein Sinnbild der Jungfrau Maria, in der die göttliche Frucht heranreifte. Die Stelle aus dem 2. Brief an Timotheus hat Matthias Grünewald auf dem Christnachtsbild des Isenheimer Altars veranschaulicht; zwischen Maria und den musizierenden Engeln stehen eine Vase aus lauterem Kristall, ein hölzerner Waschzuber und ein irdenes Nachtgeschirr; die beiden letztgenannten sind Gefäße der äußeren Reinigung und der inneren Entschlakkung. Das Gefäß in Händen bedeutet die Hingabe des eigenen Ich, bei Maria Magdalenas Salbbüchse nicht weniger als bei den Gefäßen der drei Könige aus dem Morgenlande. Das Gefäß des zu Gott strebenden Menschen weist nach oben, man vgl. die klugen Jungfrauen im Gegensatz zu

den törichten – eine beliebte Darstellung an mittelalterlichen Münsterportalen.

↗ Becher, Töpfer

LITERATUR: L. Borchardt: Bilder des »Zerbrechens der Krüge« (= Zeitschrift für ägyptische Sprache und Altertumskunde 64/1929, 12–16); E. D. van Buren: The Flowing Vase and the God with the Streams. Berlin 1933; C. Spicq: L'image sportive de II Corinthiens IV, 7–9 (= EThL 14/1937, 209–229); E. Neumann: Die Große Mutter. Der Archetyp des Großen Weiblichen. Darmstadt 1957 (über das Gefäß als Zentralsymbol 51–58, 123–144); D. Forstner: Die Welt der Symbole, 549–554.

Geißel ↗ *Rute*

Geruch

Bei zahlreichen Religionen gehört der Wohlgeruch zu den sinnenfälligen Merkmalen des Hereinragens einer überirdischen in die irdische Welt. Die Ägypter glaubten, daß die Götter durch einen angenehmen Geruch ausgezeichnet seien. Im Geruch offenbart sich das Wesen, daher noch heute die sprachliche Wendung »jemanden nicht riechen können«. Bei den Triumphzügen siegreicher Feldherren im alten Rom waren stets Gefangene, die Weihrauchgefäße trugen und somit Wohlgeruch verbreiteten.

Der angenehme Geruch der Felder ist ein Zeichen des göttlichen Segens (Gen 27,27). Gott verspricht seinem Volk, daß es blühe wie die Lilie und »sein Duft dem Dufte des Weihrauchs« gleich sei (Hos 14,6). Als heilige Stätte ist der Libanon Inbegriff des Wohlgeruchs (Hld 4,11). Die von Gott auf Zion eingesetzte Weisheit ist – symbolhaft ins Atmosphärische übertragen – ein »Duft wie Zimt und feiner Aspalath, und wie die beste Myrrhe« strömt sie Wohlgeruch aus (Sir 24,15). Jemanden in einen üblen Geruch bringen bedeutet seinen Ruf, sein Ansehen schmälern (Ex 5,21). Der liebliche Duft der eitlen und genußsüchtigen Weiber wird in einen stickigen Geruch verwandelt, »statt des Balsames gibt es Moder« (Jes 3,24). Die Gott dargebrachten Opfer werden als »lieblicher Wohlgeruch« bezeichnet (Gen 8,21). Aaron erhält das Gebot, einen ganzen Widder auf dem Altar in Rauch aufgehen zu lassen; »es ist ja ein Ganzopfer für den Herrn, ein lieblicher Wohlgeruch« (Ex 29,18). Im Gegensatz zum Glauben anderer Völker, daß Gott die dargebotenen Speisen verzehre, kommt hier die sublimere Vorstellung zum Ausdruck, daß Gott sich an dem Duft erfreue.

Nach Paulus ist der Gläubige ein Besiegter Jesu Christi und verbreitet das Evangelium wie einen Wohlgeruch. »Gott aber sei Dank, der uns allezeit zum Siege führt in Christus und den Duft seiner Erkenntnis ausströmen läßt durch uns an jedem Orte. Denn Christi Wohlgeruch sind wir vor denen, die gerettet werden, und unter denen, die zugrunde gehen« (2 Kor 2,14 f.). Im Brief an die Epheser (5,2) wird das Symbol des Wohlgeruchs auf das Opfer Jesu Christi übertragen. Aber auch die Opfer der Gläubigen sind »ein lieblicher Wohlgeruch«, »wohlgefällig vor Gott« (Phil 4,18).

Nach Gregor von Nyssa ist »der Duft der göttlichen Salben« keine Empfindung des Geruchssinnes, sondern einer intellektuellen Fähigkeit, »die mit dem geistigen Atemzug den Wohlduft Christi aufnimmt«. Im Taufritus berührt der Priester Ohren und Nase des Täuflings, was die Erschließung des inneren Sinnes für das göttliche Pneuma und den Wohlgeruch des Evangeliums (in odorem suavitatis) bewirken soll.

LITERATUR: E. Nestle: Der süße Geruch als Erweis des Geistes (=ZNTW 7/1906, 95–96); E. Lohmeyer: Vöm göttlichen Wohlgeruch. Heidelberg 1919; A. Stumpf (ThWNT II, 808–810); A. Orbe: Variaciones gnósticas sobre las olas del alma (= Gregorianum 35/1954, 18–55).

Göttersöhne ↗ Sohn (Söhne) Gottes

Gold

Im Analogiedenken des Orients war das Gold der Sonne zugeordnet. Vom Pharao, dem Sohn des Sonnengottes Re, heißt es, er ist »Das Goldgebirge, das die ganze Erde überstrahlt«. Das Erwachen des Tages ist Goldes wert: »Morgenstund hat Gold im Mund.« Die Seltenheit des Metalls, seine Rostfreiheit und sein Glanz ließen es zu einem Symbol des himmlischen Lichtes werden. Nach den mythologischen Fragmenten aus Ugarit ist das Himmelshaus von Baal mit Gold und Silber überzogen. Gold war das dem sumerischen Hauptgott Enlil zugeordnete Metall. Im alten Indien war das Gold ein Hinweis auf die Unsterblichkeit.

Die aus Akazienholz verfertigte Bundeslade war innen und außen mit reinem Gold überzogen; an der goldenen Deckplatte waren zwei »Goldkerubim als getriebene Arbeit« angebracht (Ex 25,10–18). Der salomonische Tempel erstrahlte als Haus Gottes im Goldglanz; »das ganze Haus überzog er vollständig mit Gold« (1 Kön 6,20–30). Zwar ist das Gold nicht göttlich – das war ja der aus der Sünde erwachsene Trugschluß bei der Anfertigung des goldenen Kalbes (Ex 32,4) –, kann aber zum Symbol des Allerheiligsten werden. »Wenn der Allmächtige dein Goldschatz ist und dir als Silber höchster Güte gilt, dann wirst du deine Wonne finden am Allmächtigen und kannst zu Gott dein Angesicht erheben« (Ijob 22,25 f.). Für den Menschen wichtiger als Silber ist die Zucht, wertvoller als das reinste Gold ist die Erkenntnis (Spr 8,10). Messianische Bedeutung hat die Prophezeiung von Jesaja (60,6), daß Gold und Weihrauch herbeigetragen werden und »froh des Herren ruhmreiche Taten« künden.

Dem heilsgeschichtlichen Wert nach sind die Edelmetalle nur vergängliche Güter; weit kostbarer als im Feuer geläutertes Gold ist der Glaube an Christus (1 Petr 1,7). Das Gold deutet ganz allgemein das Irdische und Vergängliche an (Apg 17,29; 1 Petr 7,18). Andererseits wird im ersten Brief an die Korinther (3,12) Gold unter den Edelmetallen

genannt, die einst der Feuerprobe des Gerichtes standhalten. Am Ende der Zeiten wird der Menschensohn einen goldenen Kranz auf seinem Haupte tragen (Offb 14,14). Die Seligkeit des neuen Lebens wird durch die himmlische Stadt »aus lauterem Gold, gleich reinem Glase« (Offb 21,18) sinnbildlich dargestellt.
Bei den Kirchenvätern ist Gold ein Symbol für das göttliche Königtum; so wird auch die Gabe der Weisen aus dem Morgenland interpretiert, und Gregor d. Gr. schreibt im Anschluß an die Mattäusstelle (2,11): »Auch wir opfern dem neugeborenen Herrn Gold, indem wir ihn als König des Weltalls anerkennen.« Der goldfarbene Bildgrund in der mittelalterlichen Malerei deutet ganz allgemein auf das überirdische, nicht sichtbare Sein und im besonderen auf die Verklärung im neuen Jerusalem. Auch bei den liturgischen Gewändern und Geräten ist das Gold als Abglanz der ewigen Glorie zu verstehen. In volkstümlichen Bräuchen und Überlieferungen trägt das Christkind eine goldene Krone oder sitzt (in verschiedenen österreichischen Gegenden) auf einem goldenen Rössel.

LITERATUR: W. Danckert: Gold als Symbol des Lebens (= Zeitschrift für Menschenkunde 19–20/1943–1944, 199–204). A. L. Oppenheim: The Golden Garment of the Gods (= Journal of Near Eastern Studies 8/1949, 172); Fr. F. E. Daumas: La valeur de l'or dans la pensée égyptienne (= Revue de l'Histoire des Religions 149/1956, 1–17); V. H. Elbern: Zur Bedeutung des Goldes in der Kunst des frühen Mittelalters (= Kunstgeschichtliche Gesellschaft zu Berlin, Sept.-Okt. 1960 bis Mai 1961).

Granatbaum und Granatfrucht

Wegen ihres Samenreichtums und wegen der leuchtend roten Farbe galten die Früchte des Granatbaumes als Sinnbild der Lebensfülle. Wiederholt finden sie sich als Attribut vorderasiatischer Vegetationsgötter (wie Baal und Adonis) und mediterraner Fruchtbarkeitsgöttinnen (Aphrodite). Als symbolischer Hinweis auf die unbesiegbare Macht

des sich immer wieder erneuernden Lebens können auch die im Innenhof des Neujahrsfesthauses zu Assur angepflanzten Granatbäume aufgefaßt werden.
Die von Mose nach Kanaan ausgesandten Kundschafter brachten als wertvollste Früchte Weintraube, Granatapfel und Feige mit (Num 13,23). Den Israeliten waren die Granatäpfel ein Zeichen überreichen Segens, der aus ihrem Bunde mit Gott entsprang. Auf diesen Gedankengang dürften auch die Reihen plastischer Granatäpfel an den Kapitälen der ehernen Säulen des salomonischen Tempels (1 Kön 7,18 ff.; Jer 52,22 f.) und die den Saum des hohepriesterlichen Gewandes schmückenden Granatfrüchte (Ex 28,33 f.) zurückzuführen sein. Der mit höchster Schönheit umgürtete Aaron war mit Prachtgewändern geschmückt »und mit den Granatäpfeln rings herum« (Sir 45,9). Im Hohenlied wird mit der Schönheit des Granatapfels die Braut verglichen: »Wie ein Granatapfelstück erstrahlt deine Schläfe hinter deinem Schleier hervor« (Hld 4,3); die edlen Reize »sind ein Granatparadies mit köstlichen Früchten« (Hld 4,13).
In Anknüpfung an die at.lichen Schriftstellen erblickten die Kirchenväter im Granatapfel ein Symbol der Kirche Christi, deren Vorbild ja die Braut des Hohenliedes ist; wie der Granatapfel purpurfarben erglüht, so erstrahlt die Ecclesia durch des Erlösers Blut in leuchtendem Rot. Die Marienmystik des Mittelalters bezog die Stellen des Hohenliedes auf Maria. In der koptischen Kunst findet sich der Granatbaum als Symbol der Auferstehung. Die Maler des 15./16. Jh. geben den Granatapfel oft in die Hand des bei Maria weilenden Jesuskindes und deuten damit auf das durch Christus neu geschenkte Leben.

LITERATUR: D. Forstner: Symbolik des Granatapfels (= Bibel und Liturgie 22/1955, 306–311); F. Muthmann: Der Granatapfel. Symbol des Lebens in der alten Welt. Bern 1982.

Gras und Heu

Das wild wachsende, auch auf wenig fruchtbarem Boden gedeihende Gras war dem biblischen Menschen Sinnbild für die Vergänglichkeit des irdischen Lebens. »Der Mensch, seine Tage gleichen dem Gras« (Ps 103,15). Im Hinblick auf das Sein in Gott werden Gras und Blume bei Jesaja (40,6 ff.) zu Vanitassymbolen: »Alles Fleisch ist wie Gras, all seine Pracht wie die Blume der Flur; das Gras verdorrt, die Blume welkt hin, sobald des Herren Odem sie anbläst; das Gras verdorrt, die Blume welkt hin, doch unseres Gottes Wort besteht auf ewig.« Die Ruchlosen sprießen gleich dem Grase (Ps 92,8), aber die sündigen Menschen, die am Morgen wie Gras heranblühen und aufwachsen, werden am Abend welken und verdorren, »ja, wir schwinden dahin in deinem Zorn« (Ps 90,5 ff.). Wer die Speise des Lebens mißachtet, dessen Tage schwinden wie Rauch. »Geschnitten wie Gras und verdorrt ist mein Herz, ich vergaß, zu genießen mein Brot« (Ps 102,4 f.). Das gedörrte Gras wird zu einem Bild der Wertlosigkeit; wer schwanger geht mit Heu, der kann nur Stroh gebären und wird von Gottes Geist wie von einem Feuer verzehrt (Jes 33,11).

Im Jakobusbrief (1,10 f.) ist das Gras ein Bild des irdischen Reichtums, der aber letztlich – mit himmlischen Maßstäben gemessen – wertlos ist. Der gleiche, von Jesaja herstammende Gedanke erscheint nochmals im 1. Petrusbrief (1,24), in dem das Menschenleben (»Fleisch«) mit dem anfangs grünenden, dann verdorrenden Gras verglichen wird.

Das alte flämische Sprichwort, daß die Welt ein Heuberg ist, von dem jedermann zupft, was er bekommen kann, zeigt das dürre Gras als Symbol der Weltlust. Bei einem Bild des Hieronymus Bosch stürzt sich die rasende Menge auf einen Wagen voller Heu, das die vergänglichen und im letzten wertlosen Güter und Freuden dieser Welt bedeutet.

Wegen seiner kreisförmig geschlossenen Form galt der Gürtel als besonderer Kraftträger. Oft kostbar verziert und mit Symbolen oder apotropäischen Zeichen versehen, wurde der Gürtel zu einem Bild der Herrschaft und Macht, der Keuschheit und Weihe, aber auch zum magischen Mittel. Bei Persern und Griechen findet sich auch die Vorstellung eines sternengestickten Gürtels am Firmament. Im Awesta erblickte man den himmlischen Gürtel in der Milchstraße. Möglicherweise ist auch der homerische Gürtel der Aphrodite ein kosmisches Herrschaftssymbol, falls er nicht ein Requisit des Liebeszaubers ist. Das Tragen des Gürtels galt in der Antike als Zeichen des Anstands und der Sittlichkeit. Im Parsismus ist der Gürtel (kusti) Symbol der Teilung des Körpers in einen oberen edleren und in einen unteren unedleren Teil.

Bei den Israeliten war der Gürtel ein Sinnbild für Stärke, Gerechtigkeit und Treue. Darum wurde auf das Gürten der priesterlichen Kleidung mit der Leibbinde besonderer Wert gelegt (Ex 29,9). Vom Messias heißt es: »Gerechtigkeit ist seiner Hüften Gurt und Treue seiner Lenden Umgürtung« (Jes 11,5). Sicher denkt auch David an diese beiden Eigenschaften, wenn er davon spricht, daß ihn Gott »mit Kraft umgürtet« habe und ohne Fehl seinen Weg gehen läßt (Ps 18,33). Wenn Joab »mit unschuldigem Blute den Gürtel an seinen Hüften befleckte« (1 Kön 2,5), dann hat er die Gerechtigkeit durch Gewalt und Frevel entweiht. Das Paschamahl sollte mit gegürteten Lenden und beschuhten Füßen eingenommen werden (Ex 12,11) – Symbol der Bereitschaft. So wird auch im Psalm 45,4 dem Messiaskönig zugerufen: »Gürte an die Hüfte dein Schwert, o Held, Hoheit an deine Lenden!« Gott selbst ist »mit Stärke gegürtet« (Ps 65,7) und mit Kraft (Ps 93,1). Alle irdische Macht zerrinnt, wenn Gott den Gürtel der Starken lockert (Ijob 12,21).

Der Gläubige soll immer wachsam sein und bereit, den

Herrn zu erwarten. »Eure Lenden sollen umgürtet sein und eure Lampen brennend« (Lk 12,35). Am Gürtel des Kriegers sind Dolch und Schwert, oft auch Schleuder und Köcher befestigt. Auch der Christ benötigt Waffen, um gegenüber den Anschlägen des Teufels bestehen zu können. »Tretet also an, eure Lenden umgürtet mit Wahrheit, angetan mit dem Panzer der Gerechtigkeit« (Eph 6,14). Das äußerste Bereitsein im Bekennen der Wahrheit und in der Treue zum Herrn wird von Petrus verlangt: »Wahrlich, wahrlich, ich sage dir: Als du jünger warst, gürtetest du dich selbst und gingst, wohin du wolltest; bist du aber alt geworden, wirst du deine Hände ausstrecken, und ein anderer wird dich gürten und dich hinführen, wohin du nicht willst« (Joh 21,18). Der Seher von Patmos erschaut den Menschensohn »mit einem bis zu den Füßen reichenden Gewand und an der Brust umgürtet mit einem goldenen Gürtel« (Offb 1,13) – sicher hat dieses Symbol des Weltenherrschers kosmische Bedeutung; es ist das Band, das – durch Gottes Liebe – die Welt umspannt und zusammenhält.

Das zum Gürten der weiten Tunika benötigte Cingulum gilt in der katholischen Kirche als Zeichen der Bereitschaft zum geistigen Kriegsdienst, besonders aber als Symbol der Keuschheit, weil es die Lenden, den Sitz der Begierlichkeit, einschnürt. Im Benediktinerorden wird bei der Einkleidung an die Stelle des Johannesevangeliums angeknüpft: »Die Gerechtigkeit sei der Gürtel deiner Lenden. Bleibe eingedenk, daß ein anderer dich gürten und dahin führen wird, wohin du nicht willst!« Bei der Einkleidung der Nonnen wird von dem »Gürtel der Gerechtigkeit und dem Gurt der Reinheit« gesprochen. Bezeichnenderweise war im Mittelalter den Dirnen das Tragen von Gürteln untersagt. Die Brautgürtel wurden in Bayern und Österreich von den Gemeinden verwahrt und nur an unberührte Bräute verliehen.

Literatur: G. Widengren: Le symbolisme de la ceinture (= Iranica antiqua 8/1968, 133–155); P. Calmayer: Gürtel (Reallexikon der Assyriologie und vorderasiatischen Archäologie. 3. Bd., 9. Lief.); W. Speyer: Gürtel (RAC, XII, 1232–1266). Stuttgart 1983.

Bei vielen Völkern gilt das Haar als Träger körperlicher, oft auch geheimer Kräfte; zu diesem Glauben trug die Beobachtung des immer wieder erneuten Nachwachsens bei. Das Ergreifen des Haares symbolisiert die Unterwerfung des ganzen Menschen nach dem Grundsatz: pars pro toto. Wenn der ägyptische König einen Gegner besiegte, so wurde dies dadurch veranschaulicht, daß er ihn beim Schopfe packt. Der Verlust der Haare kann im Mythos gleichbedeutend sein mit dem Verlust der Kraft. Die um Osiris trauernde Isis schneidet sich zum Zeichen der Trauer eine Haarlocke ab. Das Abschneiden der Haare – z. B. Kopfrasur der ägyptischen Priester – kann auch, vom Gedanken des Opfers herkommend, zu einem Sinnbild der Unterwerfung unter die göttliche Macht werden.
Die Einwohner Israels trugen langes Haar, ein auch in Mesopotamien verbreiteter Brauch des freien, unbescholtenen Menschen. Wer das Gelübde des Nasiräates ablegte, sich Gott zu weihen, durfte während dieser Zeit das Haupthaar nicht scheren (Num 6,5). Simson war so ein Gottgeweihter, der mit der Preisgabe seines Geheimnisses und mit dem Verlust seiner Locken seine Heldenkräfte verlor (Ri 16,17 ff.). Im allgemeinen galt Kahlköpfigkeit als Schande; Elischa wurde deshalb von den Knaben verspottet (2 Kön 2,23). Zum Zeichen der Trauer schor man sich Haupthaar und Bart. In dem vom Herrn wegen seines Hochmuts gerichteten Moab herrscht Klagegeschrei, »jedes Haupt ist eine Glatze, und jeder Bart wird geschoren« (Jer 48,37). Ganz im Zeichen des Gerichtes steht das »Schermesser, das von jenseits des Euphratstromes gemietet ist« und mit dem der Herr »das Haupt, die Schamhaare und selbst den Bart« abnehmen wird (Jes 7,20); das vom Herrn in Dienst genommene Schermesser ist der assyrische König, der Verlust der Haare bedeutet Schande, Knechtschaft und Tod. Wieder eine andere Bedeutung hat der Haarverlust bei den Leviten; »sie sollen ein Schermesser über ihren ganzen Kör-

per gehen lassen« (Num 8,7) – hier Ausdruck der Demut und Dienstbarkeit Gott gegenüber.
Paulus war eine Zeit lang Nasiräer, der sein Haar wachsen lassen mußte. Als er nach Kenchreä kam, war die Zeit seines Gelübdes zu Ende, und er ließ sich das Haupt scheren (Apg 18,18). Gott wird dafür sorgen, daß kein Härchen seiner Anhänger in Verlust gerät. »Von euch aber sind sogar alle Haare eures Hauptes gezählt« (Mt 10,30). Seinen Jüngern prophezeit Jesus, daß sie um seines Namens willen von allen gehaßt werden, »aber kein Haar von eurem Haupte soll verlorengehen« (Lk 21,17 f.).
Das Abschneiden von Haaren bei der Aufnahme in den Stand der Kleriker ist Ausdruck für die Lossagung von der Welt. Die Tonsur der Benediktiner besteht aus zwei parallellaufenden ausgeschnittenen Linien als Sinnbild der Dornenkrone. Eine Verkennung der ursprünglichen Bedeutung ist es, wenn in der Legende der Bischof Amandus von Maastricht das Haarschneiden als Mittel betrachtet, die bösen Gedanken abzuwehren.

Hagel

Die in den Kulturlandschaften so gefürchteten wolkenbruchartigen Regen und Hagelunwetter wurden zum Ausdruck der erzürnten Gottheit. Der sumerische Wettergott wird als wild dahinrasender Stier unter dem Aspekt des Gewittersturmes geschildert. Aus dem altarabischen Gewittergott, der die Hagelpfeile von seinem Bogen schießt, hat der Islam einen Engel gemacht, der die Wolken verwaltet.
Die verstockten Ägypter wurden von einem furchtbaren Hagelwetter heimgesucht; Menschen, Vieh und Pflanzen wurden zerschlagen; »nur im Lande Goschen, wo die Israeliten wohnten, fiel kein Hagel« (Ex 9,23–26). Auch sein eigenes Volk schlägt der Herr »mit Brand, Getreiderost und Hagel« (Hag 2,17). Im Zorn läßt der Herr vom Himmel den Donner dröhnen, »Wolken, Hagel und feurige

Kohlen ziehen vor ihm her« (Ps 18,13). In Ezechiels Prophezeiung (38,22) wird Gott mit dem at.lichen Vorbild des Antichristi, dem Großfürsten Gog, durch Pest und Blut ins Gericht gehen und »flutartigen Regen und steinige Eiskörner« auf ihn herabfallen lassen. Gottes richtender Arm fährt herab in »verzehrender Flamme, Sturm, Unwetter und Hagelgestein« (Jes 30,30).
Beim Endkampf gegen die antichristlichen Mächte wird ein Engel die siebte Schale göttlichen Zorns ausgießen, und »ein gewaltiger Hagel, zentnerschwer, geht nieder vom Himmel auf die Menschen (Offb 16,21), nachdem schon vorher beim Blasen eines Engels Hagel und Feuer entstanden und mit Blut vermischt auf die Erde geworfen wurden (Offb 8,7).

Hahn

Die vielfältige Symbolik des Hahns ist auf seine hervorstechenden Eigenschaften des starken Fortpflanzungstriebes, der Kampflust und des Tagankündens zurückzuführen. Die Kampfbereitschaft des eifersüchtigen Tieres erklärt seine Zusammenstellung mit der griechischen Kriegsgöttin Pallas Athene. Als Künder des Tages war der Hahn im Awesta dem Gotte Ahura Mazda geweiht; bei der Geburt des Apollo deutete seine Anwesenheit auf das Hervorbrechen des göttlichen Lichtes. Der die Mächte der Finsternis und des Bösen vertreibende Hahnenschrei wurde zu einem Symbol der Wachsamkeit und der Überwindung des Todesschlafes.
Im Buch der Sprüche (30,31) wird der Hahn mit seinem stolzen Gang in einem Atemzug mit dem Löwen, dem Leitbock und dem König genannt. Seine Fähigkeit als Wetterprophet und sein untrüglicher Zeitsinn beim Nahen des Tages, seine »Weisheit« erhielt er von Gott (Ijob 38,36).
Am Abend vor seiner Gefangennahme sagte Jesus zu Petrus: »Wahrlich, ich sage dir: In dieser Nacht, ehe der

Hahn kräht, wirst du mich dreimal verleugnen« (Mt 26,34). So, wie der Herr es vorhergesagt hatte, geschah es; beim zweiten Hahnenschrei durchfuhr es den Apostel, und er weinte bitterlich (Mk 14,66–72). Jesus sprach auch von den Drangsalen, die dem Ende dieser Welt vorausgehen, und von der Wiederkunft des Menschensohnes: »Wachet also, denn ihr wißt nicht, wann der Herr des Hauses kommt, ob abends oder um Mitternacht oder beim Hahnenschrei oder frühmorgens« (Mk 13,35). Der Hahnenschrei, das ist die Zeit, in der der neue Tag beginnt!
Die Stelle bei Ijob wurde von Gregor d. Gr. auf die Prediger bezogen, »die in der Finsternis des gegenwärtigen Lebens bestrebt sind, durch ihr Wort das künftige Licht wie mit einem Hahnenruf zu verkünden«. Auf altchristlichen Grabsteinen und Sarkophagen ist der Hahn Hinweis auf den neuen Tag nach der Todesnacht, also Auferstehungssymbol. Bei der Darstellung der Petrus-Szene ist der Hahn – oft auf einer Säule stehend – Sinnbild des reuigen Sünders. Der Hahn auf dem Kirchturm hat zunächst die Aufgabe, vor Blitz und Hagelschlag zu schützen, dann aber ist er in speziell christlichem Sinne Symbol der Wachsamkeit und Künder des wahren Lichtes; in verschiedenen Gegenden findet sich auch der Volksglaube, der Turmhahn solle die Gläubigen davor warnen, an der Kirche so zu handeln wie Petrus an Gottes Sohn.

LITERATUR: S. A. Callisen: The Iconography of the Cock on the Column (= Art Bulletin XXI/1939, 160–178); S. Killermann: Hahn und Henne im NT (= ThPQ 94/1941, 285–290); L. Kretzenbacher: Der Hahn auf dem Kirchturm (= Rhein. Jahrbuch für Volkskunde 9/1958, 194–206); P. Gerlach: Hahn (LCI, Bd. 2, 206–210).

Hand

Zum Verrichten äußerer Werke ist die Hand das wichtigste Organ des Menschen; sie kann zerstören und morden, aber auch heilen und segnen. In semitischen Sprachen bezeichnet das Wort für »Hand« auch »Macht«. Die Darstellung von

Händen auf phönikischen Grabstelen und Votivsteinen dürfte symbolischer Hinweis auf die helfende Hand der Gottheit sein. Die gespreizte Hand mit den strahlenförmig ausgehenden Fingern bei Felsmalereien und Homers rosenfingrige Göttin der Morgenröte gehören zu einer solaren Symbolik. Bekannt ist die Darstellung des ägyptischen Gottes Aton als Sonnenscheibe, deren Arme handförmig enden und die Lebensschleife halten.

Als Bild des Handelns und des Gebens finden wir die Hand in zahlreichen Stellen der Schrift. Ps 104,28 preist den Herrn, auf den alle Lebewesen warten, daß er ihnen Nahrung zur rechten Zeit gebe. »Du spendest ihnen, sie lesen es auf, tust deine Hand auf, dann werden an Güte sie satt.« In der Hand eines anderen sein bedeutet, unter dessen Verfügungsgewalt zu stehen (Gen 16,6). »Lieber wollen wir in die Hand des Herrn fallen, weil seine Barmherzigkeitserweise groß sind, als in die Gewalt der Menschen« (2 Sam 24,14). Als der Herr das Elend seines im Nilland lebenden Volkes sah, stieg er herab, »um sie aus der Hand der Ägypter zu befreien« (Ex 3,8). Gott streckte seine Hand aus und schlug mit all seinen Wundertaten die Ägypter (Ex 3,20). Die Hand Gottes kennzeichnet die führende, rettende oder auch strafende Macht. »All deine Feinde trifft deine Hand, deine Rechte erschlägt deine Hasser« (Ps 21,9). Tag und Nacht lastet die Hand Gottes auf dem Sünder (Ps 32,4). Ijob, das Symbol des geschlagenen Menschen, weiß, daß die Hand des Herrn die Vögel des Himmels, die Fische des Meeres, die ganze Erde erschaffen hat und daß er allein es ist, »in dessen Hand aller Lebendigen Seele ruht« (Ijob 12,7–10). Der Herr selbst spricht zu Jesaja, daß seine Hand Himmel und Erde erschaffen habe (Jes 66,1 f.). Die symbolische Gotteshand wird in der Vision des Ezechiel deutlich; als er die Majestät des Herrn erschaute, gewahrte er eine Hand gegen sich ausgestreckt, in der eine Buchrolle war (Ez 2,9). Mitten in dem sündigen Gelage des Königs Belsazar »erschienen die Finger einer Menschenhand« und schrieben geheimnisvolle Worte an die Wand, die erst Daniel deuten konnte; die Hand war von Gott gesandt (Dan 5,5.24).

Der Herr benötigt noch nicht einmal die ganze Hand, um Wunder zu vollbringen; ein Finger, »der Finger Gottes«, genügt, um die Dämonen auszutreiben (Lk 11,20). Den guten Schafen wird Jesus Christus ewiges Leben geben, »und niemand wird sie entreißen meiner Hand« (Joh 10,28), d.h., die wahrhaft Gläubigen werden immer unter dem göttlichen Schutz bleiben. Petrus schreibt in seinem ersten Briefe (5,6): »Demütigt euch also unter die starke Hand Gottes, daß er euch erhöhe zur rechten Zeit!« In seiner Todesstunde – während die Sonne sich verdunkelte und der Vorhang im Tempel zerriß – rief Jesus mit lauter Stimme: »Vater, in deine Hände befehle ich meinen Geist« (Lk 23,46).

Die Kirchenväter interpretieren die im AT genannte Hand Gottes als Symbol des inkarnierten Logos; »durch ihn hat nämlich der Vater gleichsam mit seiner eigenen Hand alles zum Dasein gebracht« (Cyrillus von Alexandrien). Das älteste in der christlichen Kunst verbreitete Symbol Gottvaters ist die aus den Wolken ragende Hand. Schon in den Katakomben und auf altchristlichen Sarkophagen kündet dieses Zeichen von der göttlichen Manifestation, z. B. in Szenen von der Opferung Isaaks und der Berufung des Mose. Vereinzelt findet sich die Hand Gottes auch in Apsiden und an Gewölbefeldern mittelalterlicher Kirchen. Bei karolingisch-frühromanischen Darstellungen von Jesu Taufe und von seiner Verklärung sinnbildet die Hand die in den Evangelien erwähnte Stimme Gottvaters.

LITERATUR: F. P. Dhorme: L'emploi métaphorique des noms de partis du corps en hébreu et en akkadien (= RB 32/1923, 185–212); H. Jursch: Hände als Symbol und Gestalt. Berlin 1951; R. Gaudin: Les mains divines dans l'art roman (= Mémoires de la Société Arch. et Hist. de la Charente 1957, 7–19); J. Mambrino: »Les deux mains de Dieu« dans l'œuvre de saint Irénée (= NRTh 79/1957, 355–370); Cl. Winkler: Die Hand Gottes im Alten Testament (= Bibel und Leben 10/1969, 295–299); J. J. M. Roberts: The hand of Yahweh (= VT 21/1971, 244–251); K. Groß: Menschenhand und Gotteshand in Antike und Christentum. Stuttgart 1985.

Handauflegung

Im Gilgamesch-Epos wird berichtet, wie der Gott Enlil nach der Sintflut Utnapischtim bei den Händen faßte und aus dem Schiff führte, dann segnete er ihn und sein Weib, indem er mit der Hand ihre Stirn berührte. Von charismatischen Menschen – wie Apollonius von Tyana – wird behauptet, daß sie durch Handauflegung heilen konnten. Besonders der rechten Hand sakraler Personen (Propheten, Priester, als irdischer Repräsentant der Gottheit auch der König) traute man heilende und segnende Kraftwirkungen zu. In den alten Mysterienkulten findet sich die Auflegung der Hand als Initiationsritus.

Die Handauflegung ist sichtbarer Ausdruck der Segensvermittlung. Indem Jakob seine beiden Hände auf das Haupt von Efraim und Manasse legte, segnete er sie (Gen 48,14). Der gleiche Gestus dient auch der feierlichen Übertragung eines Amtes. Auf des Herrn Geheiß wurde Josua durch Handauflegung des Mose mit dem Oberbefehl betraut (Num 27,18). Wenn die Kinder Israels ihre Hände auf die vor den Herrn getretenen Leviten legen (Num 8,10), so kommt dies einer Art Weihe gleich. »Die Leviten aber sollen ihre Hände auf den Kopf« der Opfertiere »stemmen« (Num 8,12). Mit der Handauflegung kann sinnbildlich eine Last abgeladen werden, indem man Unreinheit und Sünde einem anderen aufbürdet. So stemmte Aaron »seine beiden Hände auf den Kopf des lebendigen Bockes« und bekannte über ihm alle Verschuldungen der Israeliten (Lev 16,21).

Mit den Worten »Lasset die Kinder zu mir kommen...; denn für solche ist das Gottesreich« legte Jesus den Kleinen die Hände auf und segnete sie (Mk 10,14 ff.). Der durch die Handauflegung vermittelte Segen zeigt sich oft auch äußerlich in den wunderbaren Heilungen Jesu (z. B. Lk 13,13), so daß viele Leute staunend fragten: »Was sind das für Wunder, die durch seine Hände geschehen?« (Mk 6,2). In Samaria übertragen Petrus und Johannes durch Handauflegung den Hl. Geist auf die Getauften (Apg 8,17).

Begnadete Diener des Herrn können von ihrem Charisma weitergeben; Paulus schreibt deshalb in seinem 2. Brief an Timotheus (1,6): »Entfache von neuem die Gnadengabe Gottes, die in dir ruht durch die Auflegung meiner Hände.« Als Stephanus und sechs andere gottesfürchtige Männer gewählt waren, wurden sie den Aposteln vorgestellt; diese »legten ihnen unter Gebet die Hände auf« (Apg 6,6).
In der Liturgie ist die Handauflegung eine Segensgeste, sie soll eine sakramentale Mitteilung des hl. Pneuma bewirken. Das Auflegen der Hände ist wesentlicher Ritus bei Firmung und Priesterweihe und wurde auch bei der Ordination evangelischer Pfarrer und Bischöfe beibehalten. Schließlich ging die Handauflegung in Anlehnung an die nt.lichen Heilungen in die Krankenseelsorge ein. Französische Könige legten den Kranken die Hand auf und sprachen: »Le roi te touche, Dieu te guérisse!«

Literatur: J. Behm: Die Handauflegung im Urchristentum nach Verwendung, Herkunft und Bedeutung in religionsgeschichtlichem Zusammenhang. Leipzig 1901; J. Coppens: L'imposition des mains et les rites connexes dans le NT et dans l'église ancienne. Paris 1925; P. A. Eldernbosch: De opleging der handen. Haag 1953.

Harfe

Die schon bei den alten Ägyptern und Sumerern bekannte Harfe fand bei der religiösen Musik Verwendung. In den Königsgräbern von Ur gefundene Harfen zeigen religiöse Symbole wie den Imdugudvogel oder das Lebensbaummotiv. Das bekannte ägyptische Harfnerlied besingt die Vergänglichkeit des Lebens und die Ungewißheit über das, was den Menschen nach dem Tode erwartet.
In der Bibel werden zwei Harfenarten erwähnt, die Kastenleier (hebräisch kinnor, griechisch kithara, in der Luther-Übersetzung »Harfe«) und die Schrägleier (hebräisch nebäl, als »Psalter« wiedergegeben). Das Harfenspiel drückt Freude, Dank und Lob aus. »David und das ganze Haus

Israel tanzten vor dem Herrn mit aller Kraft unter Liedergesang und dem Spiel von Zithern, Harfen, Pauken, Rasseln und klingenden Becken« (2 Sam 6,5). Die über ihre Feinde siegenden Israeliten kamen »mit Harfen, Kastenleiern und Trompeten zum Tempel des Herrn« (2 Chr 20,28). Immer wieder erklingt das Loblied der Harfe in den Psalmen. »Dankt mit der Zither dem Herrn, spielt ihm auf der zehnsaitigen Harfe« (Ps 33,2). Etwas Köstliches ist es, am Morgen und zur Nachtzeit dem Herrn durch ein Spiel auf dem zehnsaitigen Psalter und auf der Harfe zu danken (Ps 92,3 f.). Wenn die Juden an den Weiden der babylonischen Ströme ihre Harfen aufhängten (Ps 137,1 f.), dann zeigt das die Einkehr der Trauer an, die Lob- und Danklieder verstummen. Dem jungen David gelang es, durch sein Harfenspiel den von einem bösen Geist geplagten Saul zu beruhigen (1 Sam 16,14.16.23). Als der Prophet Elischa gebeten wurde, eine Weisung Gottes zu vermitteln, bat er um einen Saitenspieler; »als der Spieler die Saiten schlug, kam die Hand des Herrn über jenen« (2 Kön 3,15), d. h., er wurde vom Geist der Weissagung erfüllt. Die wahre Gottesverehrung hängt nicht von äußerlichen Dingen ab; »wehe den Sorglosen auf Zion . . ., die plärren zu der Harfe Ton und ihr Grölen für ein Lied halten« (Am 6,1.5).
In der Vision vom Lamm und dem versiegelten Buch »fielen die vier Lebewesen und die vierundzwanzig Ältesten nieder vor dem Lamme, wobei ein jeder eine Harfe und goldene Schalen voll Rauchwerk trug – das sind die Gebete der Heiligen« (Offb 5,8). Die Verknüpfung von Harfe und Gebet ist durch das beiden gemeinsame Lob Gottes motiviert. Bei der feierlichen Eröffnung des Gerichtsvollzuges erscheinen die Sieger des Kampfes gegen das Tier und tragen Harfen und singen das Lied des Mose und das des Lammes (Offb 15,2 f.).
In der mittelalterlichen Kunst wurden die in der Form dreieckigen Harfen zu einem Symbol der Trinität oder auch des Lobpreises der Dreieinigkeit. Nach Cassiodor bedeutet die Harfe die glorreiche Passion Christi; bis ins

17. Jh. versuchten Dichter, die Vorstellung einer Kreuzigungsharfe mit der von Orpheus (nunmehr als Christus) zu verbinden.

LITERATUR: A. Adolf: The Ass and the Harpe (= Speculum 25/1950, 49–57); F. P. Pickering: Literatur und darstellende Kunst im Mittelalter. Berlin 1966 (über Harfe und Harfengleichnis von David bis Christi Kreuzestod 182–192); H. J. Zingel: König Davids Harfe in der abendländischen Kunst. Köln 1968.

Hase

Das wegen seiner Fruchtbarkeit bekannte Tier war in Ägypten Attribut der Gaugöttin Unut. Nach Plutarch betrachtete das Volk am Nil den Hasen wegen seiner Schnelligkeit und seiner vorzüglichen Sinnesorgane als Symbol göttlicher Eigenschaften. Bei den Hethitern war der Hase ein Attribut der Schutzgottheit, in deren Obhut der König und damit das ganze Land stand. Plinius erwähnt das Essen des Hasenfleisches zu aphrodisischen Zwecken.

Im Pentateuch wird der Hase unter den unreinen Tieren aufgezählt (Lev 11,6), d.h. er durfte nicht zu gottesdienstlichen Verrichtungen verwendet werden; daß der Hase Wiederkäuer sei, beruht auf irriger, nur äußerlicher Naturbeobachtung. Der Genuß von Hasenfleisch war ausdrücklich verboten (Dtn 14,7) – ursprünglich vielleicht motiviert durch die bewußte Ablehnung der religiösen und magischen Bedeutung des Tieres, wie sie bei den Nachbarvölkern üblich war. Bei den für die spätere Symbolgebung relevanten Textstellen ist genau genommen gar nicht der Hase gemeint, sondern der Klippdachs (hebräisch: šāpān), der in lateinischen Bibelübersetzungen mit lepusculus oder leporibus wiedergegeben wird. Nach dieser Version heißt es in Psalm 104,18, daß die Felsen dem Hasen Zuflucht sind. Die zweite Stelle erwähnt die Hasen (!) als »ein Volk ohne Stärke«, die sich »dennoch im Fels ihre Wohnung« bauen (Spr 30,26).

In allegorischer Auslegung sind die ihre Wohnung im Fels

bauenden Hasen ein Symbol der Heiden, die trotz ihres anfangs falschen religiösen Standortes numehr im Felsen Christi Halt finden. Augustinus interpretiert den Hasen als den Sünder, der voll Reue beichtet und zu Gott zurückfindet. Besonders hat das Bild des Hasen auf den Katechumenen Anwendung gefunden, weshalb das Tier öfters in Baptisterien dargestellt wurde. Ambrosius verstand den Hasen und seine mit der Jahreszeit wechselnde Färbung – in Anlehnung an die im 1. Kor 15,51 verheißene Verwandlung – als Symbol der Auferstehung; von hier aus kann seine Darstellung auf Katakombengrabsteinen und Totenlämpchen verstanden werden. Der gleiche Gedanke findet sich im eierlegenden Osterhasen mit der vorchristlichen Fruchtbarkeitssymbolik vereint. Auf Renaissancebildern mit den Motiven der Heimsuchung und der Heiligen Familie kann der Hase als Symbol gesegneter Fruchtbarkeit verstanden werden.

LITERATUR: J. B. Bauer: Lepusculus Domini (= ZKTh 79/1957, 457–466). W. Kempf: Hase (LCI, 2. Bd., 221–225; J. Maringer: Der Hase in Kunst und Mythos der vor- und frühgeschichtlichen Menschen (Zeitschr. f. Religions- u. Geistesgeschichte 30/1978); J. B. Bauer: Hase (RAC).

Haupt

Des Menschen Haupt-Organ ist der Kopf, dem durch seine Richtungsbezogenheit zum Himmel schon früh religiöse Bedeutung zuerkannt wurde. Das Auf-dem-Kopf-Stehen symbolisiert die Umkehrung der naturgegebenen Ordnung. Das Haupt ist Träger des Bewußtseins, des Ich; es repräsentiert den ganzen Menschen. Wer eine Maske vor dem Gesicht trägt, d. h. sich einen anderen Kopf aufsetzt, ist ein anderes Wesen. Nach einer altmesopotamischen Überlieferung mußte sich ein Gott sein Haupt abschlagen, damit aus seinem Blute und der Erde die Menschen und die Tiere erschaffen werden konnten. Athene entsprang dem Haupte des Zeus.

Das Haupt, das den menschlichen Körper lenkt und leitet,

wird zum sprachlichen Bild für die Herrschaft. Der siegreiche David nennt sich »Haupt der Völker« (2 Sam 22,44). Dem gehorsamen Israel verspricht der Herr, »es zum Haupt werden zu lassen und nicht zum Schwanz; du wirst immer nach aufwärts streben, aber nicht abwärts gehen« (Dtn 28,13). Der größte Herrscher aber ist Jahwe: »Dein, o Herr, ist die Größe, die Stärke, der Ruhm, der Glanz und die Majestät... Als Haupt überragst du alle« (1 Chr 29,11). Gott wird alle seine Widersacher besiegen und »das Haupt seiner Feinde, des Ruchlosen Scheitel« zerschmettern (Ps 68,22). Das Haupt strahlt das Wesen der Person aus, so heißt es im Hohenlied (5,11) vom himmlischen Bräutigam: »Sein Haupt ist gediegenes Gold.« Das Haupt spielt auch in der Gebärdensprache eine wichtige Rolle. Das erhobene Haupt bedeutet Freude und Zuversicht (Ps 110,7). »Würde ich Unrecht verüben, dann wehe mir, und blieb ich gerecht, so dürfte ich doch mein Haupt nicht erheben, gesättigt mit Schmach und mein Elend betrachtend« (Ijob 10,15). Bei Trauer streut man sich Staub (Neh 9,1) oder Asche aufs Haupt (Klgl 2,10). Wer dem Feind Gutes tut, sammelt feurige Kohlen auf dessen Haupt – ein Bild der Rache, die in ihrem Edelmut den Gegner beschämt (Spr 25,22).

Nach dem Apostel Paulus ist der Mann Gebieter des Weibes, »das Haupt eines jeden Mannes« aber ist Christus, »und Haupt Christi ist Gott« (1 Kor 11,3). Weil der Mann »Gottes Bild und Abglanz ist«, soll er sich sein Haupt beim Gebet nicht verhüllen (1 Kor 11,7). Der himmlische Vater hat alles unter die Füße Christi gelegt »und ihn bestimmt zum Haupt über alles für seine Kirche, die sein Leib ist, die Vollgestalt dessen, der alles in allem erfüllt« (Eph 1,22 f.). Christus ist das »Haupt von jeder Macht und Gewalt« (Kol 2,10), d. h., er ist der wahre Weltenherrscher.

Da das Haupt als Sitz des Lebens galt, diente die Enthauptung nicht nur in der Wirklichkeit, sondern auch in einem übertragenen Sinne der Abtrennung des Lebens. In der mittelalterlichen Kunst findet sich das Haupt als Attribut

Davids, in Ausmalung des Kampfes mit Goliat (1 Sam 17,51), und der Judit, die Holofernes den Kopf abschlug (Jdt 13). Ein abgeschlagenes Haupt auf einer Schüssel ist Attribut von Johannes dem Täufer (Mt 14,1–12). Der Märtyrer, der sein abgeschlagenes Haupt in Händen hält, bringt damit Gott ein letztes Opfer dar; einer der bekanntesten ist Dionysius, Bischof von Paris. Der Glaube des einfachen Volkes, daß im Haupt der Heiligen eine geheimnisvolle Lebenskraft weiterlebe, führte zur Verehrung der Kopfreliquien und ihrer Nachbildung (z. B. das Motiv der Johannesschüssel). Daß das Haupt die ganze Person repräsentiert, erkennt man an der Darstellung von Engeln als geflügelte Köpfe ohne Leib oder an dem Trinitätsrelief Donatellos in Florenz (Or San Michele).

LITERATUR: H. Schlier: Christus und die Kirche im Epheserbrief. Tübingen 1930; P. Benoit: Corps, tête et plérôme dans les Épitres de la captivité (RB 63/1956, 5–44); C. Colpe: Zur Leib-Christi-Vorstellung im Epheserbrief (Judentum, Urchristentum, Kirche. Festschrift J. Jeremias, 172–187). Berlin 1960.

Haus

Das Haus ist der wichtigste Aufenthaltsort des Kulturmenschen. In seinem Haus fühlt sich der Mensch im Mittelpunkt der Welt, ja, das Haus wird selbst zum Abbild der ganzen Welt. Das Awesta nennt den Himmel ein »Haus«. Nach den Stoikern ist die Welt das gemeinsame Haus der Götter und Menschen. Unter dem schützenden Dach des Hauses erblickt der Mensch das Licht der Welt. Im Ägyptischen war »Haus« zugleich ein Bild für den Mutterschoß; die Göttin Hathor ist das »Haus des Horus«. In ältester Zeit wurde der Verstorbene wahrscheinlich auch im Hause begraben. Nach ägyptischer Vorstellung sollte der Tote seinen Sarg wie ein Haus verlassen können, was durch die Anbringung der Scheintür angedeutet wurde. Die Römer bezeichneten das Grab als domus aeterna.

Unter dem »Haus Gottes« ist die Stätte der besonderen Gegenwart des Herrn zu verstehen; im umfassendsten Sinn ist es das Volk Israel; so hat Gott Mose sein »ganzes Hauswesen« anvertraut (Num 12,7). Im engeren Sinne ist unter »Haus Gottes« das irdische Heiligtum zu verstehen, vor allem die Stiftshütte (Ex 34,26) und der Tempel. König Salomo ließ nach Fertigstellung des Tempelbaues Weihegeschenke, Gold, Silber und alle Geräte, »in die Schatzkammer des Gotteshauses« bringen (2 Chr 5,1). Jede Stätte einer Theophanie wird zur heiligen Stätte und kann somit als Wohnung Gottes erkannt werden. Als Jakob aus seinem Traum von der Himmelsleiter erwachte, sprach er: »Fürwahr, der Herr ist an diesem Ort, und ich wußte es nicht... Hier ist nichts anderes als Gottes Haus (Bet-El), und hier ist des Himmels Pforte« (Gen 28,16 f.). Der Herrschaftsbereich des Pharao wird als »Sklavenhaus« bezeichnet (Ex 13,3; Jos 24,17). Der Ort der Verstorbenen wird zum »ewigen Haus«. »Ja, der Mensch geht dahin in sein ewiges Haus, und die Klagenden gehen draußen umher« (Koh 12,5). Schließlich wird der Begriff des Hauses auch auf seine Bewohner übertragen, auf die Familie, die Sippe und den Stamm; so wird vom Hause Davids oder vom Hause Levi gesprochen (2 Sam 3,1; Ps 135,20).

Im NT wird die christliche Gemeinde, die Ecclesia, zum Haus Gottes. In der Gemeinschaft mit Christus »werdet auch ihr auferbaut als ein geistiges Haus zu einer heiligen Priesterschaft« (1 Petr 2,5). Christus steht über seinem Hause; »sein Haus sind wir« (Hebr 3,6), und die an ihn Glaubenden und ihm Vertrauenden müssen nicht mehr als Fremdlinge in dieser Welt umherirren, sondern werden »Mitbürger der Heiligen und Hausgenossen Gottes« (Eph 2, 19). Seinen Jüngern verkündet der Herr: »Im Hause meines Vaters sind viele Wohnungen« (Joh 14,2) – ein Hinweis auf den Himmel. Nach dem »Abbrechen der irdischen Zeltwohnung« (d. i. des sterblichen Körpers) werden wir von Gott »ein nicht von Händen erbautes, ewiges Haus im Himmel erhalten« (2 Kor 5,1).

An die uralte Vorstellung vom Grab als Haus knüpfen in frühchristlicher Zeit die an Sarkophagen dargestellte Tür und die auf Grabinschriften angebrachten Worte »domus aeterna« an.

Literatur: H. Hanse: »Gott haben« in der Antike und im frühen Christentum. Eine religions- und begriffsgeschichtliche Untersuchung. Berlin 1939 (u. a. auch zu den Bildern Haus und Wohnung); W. Michaelis: Zelt und Hütte im biblischen Denken (= Evangelische Theologie 14/1954, 29–49); J. Hempel: Der Symbolismus von Reich, Haus und Stadt in der biblischen Sprache (= Wissenschaftliche Zeitschrift der Ernst-Moritz-Arndt-Universität Greifswald. Gesellschafts- und sprachwiss. Reihe 5/1955–1956, 123–130); M. Eliade: Centre du monde, temple, maison (Le symbolisme cosmique des monuments religieux. Actes de la conférence internationale à Rome 1955. Série Orientale XIV, 75–82). Roma 1957.

Helm

Als Kopfschutz war der Helm – ursprünglich als Lederkappe, später mit Metallbeschlägen versehen – bei Babyloniern, Assyrern und Syrern verbreitet, nicht aber bei den Ägyptern. Das Haupt mit seinen Sinnesorganen schützend, erhielt der Helm schon bald eine über den Verteidigungszweck hinausreichende Bedeutung. Wie das Haupt in besonderer Verbindung zu dem Göttlich-Himmlischen gedacht wurde, so auch der Helm. Die Helme der syrischen Götter Baal und Reschep sind gehörnt. Zur Rüstung der Pallas Athene gehört neben Schild und Speer der Helm; auf Münzen war der Helm verschiedentlich durch einen Stern verziert.

Als irdische Waffe ist – im Streit um höhere Güter – auch ein eherner Helm nutzlos, wie der Kampf zwischen dem Philister Goliat und David zeigt (1 Sam 17,5.38–51). Nur bei Gott selbst kann der Helm vollkommen sein. Im Kampf mit den Gegnern Zions legte der Herr »rechtliches Handeln als Panzer an, der Helm des Heiles kam auf sein Haupt« (Jes 59,17). Die göttliche Rüstung, an der alles Böse abprallt, wird zum Segen für sein Volk.

Auch die Anhänger Christi werden von den Mächten der Finsternis befehdet, aber mit den Waffen des Glaubens werden sie siegen; deshalb ruft ihnen Paulus zu: »Nehmt den Helm des Heiles!« (Eph 6,17). »Wir aber, die wir dem Tag gehören, wollen nüchtern sein, angetan mit dem Panzer des Glaubens und der Liebe und mit dem Helm der Hoffnung des Heiles« (1 Thess 5,8).
Da das zu den liturgischen Gewändern gehörende Schultertuch (Humerale) nach seiner Anlegungsart zunächst das Haupt umgibt, wird es in Anlehnung an Jesaja und Paulus als »Helm des Heiles« bezeichnet; weil es dann den Hals umgibt, wird es auch zu einem Symbol der castigatio vocis, der Bezähmung der Stimme. Auf einigen mittelalterlichen Darstellungen erscheint die Ecclesia mit Helm und Schild gewappnet, es sind die Waffen des Glaubens.

Herz

Im Glauben der Völker nimmt das Herz seit je eine zentrale Stelle ein. Es bezeichnet den ganzen inneren Menschen im Gegensatz zur äußeren Person. Der altmesopotamische Heros Gilgamesch sucht das Kraut des Lebens, denn »die Furcht vor dem Tode ist eingekehrt in sein Herz«. Den Ägyptern galt das Herz als Mittelpunkt aller geistigen Regungen; es war Sitz des Verstandes, des Willens, des Gefühls, ja es war Symbol des Lebens. Ohne dieses zentrale Organ war ein Weiterleben nach dem Tode nicht denkbar; während bei der Einbalsamierung alle inneren Organe entfernt wurden, blieb das Herz an seinem Platz. Der Urgott Ptah hat das Weltall zuerst mit seinem Herzen erdacht, bevor er ihm durch sein Schöpfungswort Gestalt verlieh.
Das wahre Wesen des Menschen liegt nicht in seinem Äußeren, in Schönheit oder Kraft, sondern in seinem Inneren. Gott sieht deshalb nicht auf das, »was der Mensch beachtet. Der Mensch schaut ja auf die Augen, der Herr aber auf das Herz« (1 Sam 16,7). David weiß, daß Gott die Herzen

prüft (1 Chr 29,17). Da auch die Nieren ein Bild des inneren Menschen waren, wird der Mensch schließlich »auf Herz und Nieren geprüft« (Jer 11,20). Die Haltung des Herzens prägt den ganzen Menschen: »Ein fröhlich Herz macht auch das Antlitz heiter, jedoch bei Herzeleid ist das Gemüt bedrückt« (Spr 15,13). In älterer Zeit wurden die Empfindungen des Menschen auch auf Gott übertragen; der Herr »bekam Kummer in seinem Herzen« (Gen 6,6) und hat sich einen Mann ausgesucht, »der seinem Herzen genehm ist« (1 Sam 13,14). Weil der Pharao sich des Mose Bitten und Drohen »nicht zu Herzen nahm« (Ex 7,23), »verhärtete« der Herr sein Herz (Ex 9,12). Unüberhörbar klingt ein Pessimismus durch, wenn es heißt, daß der Herr sah, »wie groß die menschliche Bosheit auf Erden war, und daß jegliches Gebilde ihrer Herzensgedanken allzeit nur böse war« (Gen 6,5). Gerade weil der Mensch der Sünde fähig ist, soll er Gott aus ganzem Herzen, aus ganzer Seele und mit all seiner Kraft lieben (Dtn 6,5). Der nach Gottes Geboten lebende Mensch kann wie Anna ausrufen: »Mein Herz frohlockt in dem Herrn« (1 Sam 2,1). Wer ein neues Herz bekommt, hat eine innere Wandlung durchgemacht; der Herr vermag »das Herz aus Stein« zu entfernen und ein »Herz aus Fleisch« in den Leib zu legen (Ez 36,26).
Auch im NT bezeichnet das Herz den seelisch-geistigen Mittelpunkt. Paulus schrieb »aus großer Bedrängnis und Beklemmung des Herzens« (2 Kor 2,4). Der Glaube ist nicht Sache des Denkens oder des Fühlens, sondern allein des Herzens (Röm 10,10). Das Herz, »das uns verklagt«, ist nichts anderes als das Gewissen (1 Joh 3,19 ff.). Petrus mahnt die Frauen, daß ihr Schmuck nicht im Äußeren bestehe, in Haargeflecht, Schmuck und Kleidung, »sondern es sei der verborgene Herzensmensch in der Unwandelbarkeit eines bescheidenen und ruhigen Geistes« (1 Petr 3,3 f.). Weil das Herz Ausgangspunkt allen menschlichen Tuns ist, deshalb will Gott seine Gesetze in die Herzen einschreiben (Hebr 8,10). »Die Liebe Gottes ist ausgegossen in unseren Herzen durch den Heiligen Geist, der uns gegeben wurde«

(Röm 5,5). Das Herz wird zum Organ der religio, der Rückbindung zu Gott; durch den Glauben wohnt Christus im Herzen (Eph 3,17).
Im christlichen Mittelalter ist das Herz immer mehr zu einem Symbol der Liebe geworden, sowohl im profanen als auch im religiösen Sinne. Darstellungen des hl. Augustinus zeigen ihn mit einem flammenden Herzen, manchmal auch mit Pfeilen durchbohrt, als Sinnbild seiner feurigen Gottesliebe. Der liturgische Schriftsteller Durandus (13. Jh.) hat das Herz als einen mystischen Altar bezeichnet, auf dem die fleischlichen Regungen durch das Feuer des Hl. Geistes verzehrt und von der Liebe geläuterte Werke als Opfer dargebracht werden. Die schon bei Mystikern anzutreffende Herz-Jesu-Verehrung wird gegen Ende des Mittelalters in Meditationsbildern mit dem durchstochenen Herzen als Symbol des liebenden und leidenden Heilandes in weiteren Kreisen bekannt. Die Visionen der Maria Margarete Alacoque (um 1674) sind ausschlaggebend für die allgemeine Durchsetzung der Herz-Jesu-Verehrung. Ende des 17. Jh. kamen die Bilder vom Herzen Mariä auf, welches zur Erinnerung an die Prophezeiung des greisen Simeon (»auch deine eigene Seele wird ein Schwert durchdringen«, Lk 2,35) von einem Schwert durchbohrt wird.

LITERATUR: F. P. Dhorme: L'emploi métaphorique des noms de partis du corps en hébreu et en akkadien (= RB 31/1922, 489–517); H. Flasche: El concepto de »cor« en la Vulgata (= EB 10/1951, 5–49); A. Rosenberg: Die Meditation des Herzens (Die christliche Bildmeditation, 114–161). München 1955; A. Hermann: Das steinharte Herz. Zur Geschichte einer Metapher (= JbAC 4/1961, 77–107); X. von Ertzdorff: Das »Herz« in der lateinisch-theologischen und frühen volkssprachigen religiösen Literatur (= Beiträge zur Geschichte der deutschen Sprache 84/1962); A. Walzer: Das Herz im christlichen Glauben (Das Herz, Bd. I, 107–147). Privatdruck Biberach 1965; Fr. Vonessen: Das Herz in der Naturphilosophie (Das Herz, Bd. III, 1–45). Privatdruck Biberach 1969.

Heu ↗ *Gras*

Heuschrecke

Ungeheure Heuschreckenschwärme fielen über das Land der Ägypter her, nachdem der Pharao den Israeliten den Auszug verweigerte (Ex 10,12–15). Die als göttliches Strafgericht mit dem Ostwind herangebrachten Heuschreckenschwärme »bedeckten des ganzen Landes Oberfläche, und der Boden erlitt Schaden, denn sie fraßen alles Grünkraut des Feldes und alle Baumfrüchte, welche der Hagel noch übrig gelassen hatte« (Ex 10,15). Die gefräßigen Tiere ließen nichts mehr übrig; der erzürnte Gott gab die Ernte der Ägypter den Freßgrillen preis, »ihren Ertrag dem Heuschreckenschwarm« (Ps 78,46). Der Herr droht seinem Volk bei Ungehorsam an: »Viel Samen streust du aufs Feld, nur wenig erntest du, denn die Wanderheuschrecken fressen alles ab« (Dtn 28,38). Besonders anschaulich schildert der Prophet Joel die Heuschreckenplage: »Was die Raupe verschont, fraß der Schwarm, was der Schwarm hat verschont, Larven fraßen es auf, was die Larven verschont, fraß das erwachsene Tier« (Joel 1,4). Zeugt diese Textstelle von scharfer Beobachtung der einzelnen Entwicklungsstufen, so ist man im folgenden mehr geneigt, die Heuschrecke als Symbol feindlicher (von Gott zur Strafe gesandter) Krieger zu deuten: »Wie Pferde sehen sie aus, wie Rosse laufen sie hin. Wie Wagengerassel hört es sich an« (Joel 2,4) – das die Luft erfüllende starke Geräusch ist für die Heuschreckenschwärme tatsächlich charakteristisch; oft erscheinen sie auch als sonnenverfinsternde Wolke – »die Erde erzittert vor ihnen, der Himmel erbebt, finster werden Sonne und Mond« (Joel 2,10). Ein Vergleich zwischen Pferd und Heuschrecke findet sich auch bei Ijob 39,20. In guter Bedeutung erscheinen die Heuschrecken im Buch der Sprüche (30,27): »Die Heuschrecken haben bei sich keinen König und ziehen doch alle geordnet einher« – ein Bild friedlicher Eintracht!

In der Apokalypse steigert sich noch der Schrecken von Joels Heuschreckenvision. Aus dem rauchenden Schacht der Unterwelt »kamen Heuschrecken über die Erde, und es wurde ihnen Gewalt gegeben, wie sie die Skorpione der Erde besitzen«, ihr Aussehen »glich Rossen, die zum Krieg gerüstet sind« und »das Rauschen ihrer Flügel war wie das Rasseln vieler Pferdegespanne« (Offb 9,3–9). Wie diese Vision im einzelnen auch gedeutet werden mag, in jedem Fall sind die Heuschrecken Ausgeburten der Hölle, Symbol gottfeindlicher Mächte.

Der hl. Gregor bezieht das einer Heuschrecke ähnliche Springenlassen eines Rosses (nach Ijob 39,20) auf »die Auferstehung unseres Erlösers«. In der Renaissancezeit findet sich die Heuschrecke wegen ihrer Eigenschaft des Häutens als Symbol der Auferstehung, in dieser Bedeutung bei Albrecht Dürers »Madonna mit der Heuschrecke«.

Himmelsrichtungen

Durch den täglichen Sonnenlauf erlangten die östliche und die westliche Himmelsrichtung besondere Bedeutung. Von der einen Seite des Himmels scheinen Licht, Wärme und Leben zu kommen, während die Seite des Sonnenuntergangs Kühle, Finsternis und Tod andeutet. Die ägyptischen Nekropolen wurden meistens im Westen des Fruchtlandes angelegt; in der euphemistischen Sprache wurden die Verstorbenen als die »Westlichen« bezeichnet; die Toten wurden so gebettet, daß sie der aufgehenden Sonne entgegenblicken konnten. Im Norden, wo ewige Kälte und Dunkelheit herrschen, ließ der Parsismus die bösen Dämonen hausen. Andererseits können im unzugänglichen Norden auch die Götter wohnen; der phönikische Gott Baal hatte das Epitheton Baal Sephon, d. h. Herr des Nordens. Wer die Ecken der Welt hält, ist ihr Herrscher. Nach einem babylonischen Mythos hängte Schamasch die vier Weltecken im Himmel auf. In den Ecken der durch den Tierkreis begrenzten Welt erblickte man die Sternbilder Stier, Löwe, Adler und Wassermann.

Die Orientierung erfolgte meist nach dem Aufgang der Sonne, d. i. nach Osten, auch »vorn« bezeichnet, nämlich von dem sich Orientierenden aus. In der Himmelsgegend des Sonnenaufgangs lag der Garten Eden (Gen 2,8). Diese aus der zeitlich-räumlichen Sicht abgeleitete Vorstellung des aus dem Paradies verstoßenen Menschen darf nicht darüber hinwegtäuschen, daß die Stätte des Ursprungs in der Mitte des Seins lag; von hier aus flossen die vier Paradiesesströme (Gen 2,10–14) in die vier Himmelsrichtungen. Die Zahl 4 ist überhaupt ein Hinweis auf die Weltgegenden und damit ein Symbol der kosmischen Ganzheit. In Nachahmung des Weltenbaues, d. h. in gottgewollter Übereinstimmung mit ihm, sollte der Altar »viereckig« sein; die »Hörner auf seinen vier Ecken« (Ex 27,1 f.) stehen in Korrespondenz mit den vier Ecken der Welt. Auch der heilige Tempelbezirk war viereckig und schaute mit seinen Seiten genau in die vier Himmelsrichtungen (Ez 42,15–20). Dem irdischen Altar entspricht der himmlische Thron Gottes, der von vier lebendigen Wesen (mit den Gesichtern von Mensch, Löwe, Stier und Adler) umgeben war (Ez 1,10); »jedes Lebewesen ging nach der Richtung, die sein Gesicht anzeigte« (Ez 1,12). Die vier Weltgegenden können auch durch die vier Winde angedeutet werden; in einem Traum Daniels (7,2) wühlten »die vier Winde des Himmels das Meer auf«. Der Norden ist eine unheimliche Himmelsgegend, in der die dem Menschen verborgenen Mächte hausen; dort liegt der »Götterberg« (Jes 14,14). »In Schönheit erhebt sich als Wonne der ganzen Welt der Zionberg, der äußerste Norden, die Stadt des gewaltigen Königs« (Ps 48,3). Im Opferkult ist die Nordseite des Altars besonders heilig (Lev 1,11). Vom Norden kommt aber auch das vernichtende Gericht über Israel (Jer 1,14 f.); »denn Unheil verhänge ich von Norden aus und schweren Zusammenbruch« (Jer 4,6).

Aus dem Osten, dem Morgenlande, kamen die drei Weisen, um Jesus anzubeten (Mt 2,1). Nach der Offenbarung kommt auch der gute Engel, der das Siegel des lebendigen

Gottes trägt, »vom Aufgang der Sonne«; er ruft »mit lauter Stimme den vier Engeln zu, denen Macht gegeben ist, Schaden zu bringen dem Land und dem Meer« (Offb 7,2). Die vier Engel stehen »an den vier Ecken der Erde« und halten die vier Winde der Erde fest (Offb 7,1). Wie schon in der Ezechiel-Vision tragen auch in der Apokalypse vier Wesen (mit je einem Menschen-, Löwen-, Stier- und Adlergesicht) den Thron Gottes (Offb 4,6 f.); in den Lebewesen bringen die vier Himmelsrichtungen, d. h. die ganze Welt, Gott »Lobpreis, Ehre und Dank dar« (Offb 4,9).
Zum Zeichen der Absage an die Mächte des Bösen und der Finsternis spuckten die altchristlichen Täuflinge nach Westen und wandten sich dann nach Osten, um Christus, den sol salutis, zu begrüßen. So ist auch die bereits von Tertullian bezeugte Ostung der Kirchenschiffe zu verstehen: Der Zug der Getauften in ihren weißen Gewändern vom Taufbecken im Westen der Kirche zum Altar im Osten war ein symbolischer Weg vom Untergang zur Auferstehung. Eine mystische Interpretation des Namens Adam als Zusammensetzung der Initialen der die vier Weltgegenden bezeichnenden griechischen Wörter (Anatole, Dysis, Arktos und Mesembria) läßt den Urmenschen – vor seinem Sündenfall – als Symbol kosmischer Ganzheit erscheinen. Von den Kirchenvätern ausgehend, findet sich die allegorische Beziehung der vier Himmelsrichtungen zu den vier Armen des Kreuzes Christi. Mittelalterliche Buchmalereien stellen die Welt kreisförmig dar, in der Mitte ist Christus, von ihm gehen die vier Paradiesesströme und die Lehre der vier Evangelisten in alle Welt hinaus; oft finden sich auch noch die vier großen Propheten des AT, die Kardinaltugenden und die vier Elemente in dieses kosmische Achsenkreuz eingebaut.

Literatur: Fr. J. Dölger: Sol Salutis. Gebet und Gesang im christlichen Altertum. Mit besonderer Rücksicht auf die Ostung in Gebet und Liturgie. Münster 1920; A. Lauha: Der Norden und die Nordvölker im AT. Helsinki 1943; K. Goldammer: Der Mythus von Ost und West. Eine kultur- und religionsgeschichtliche Betrachtung. München 1962.

Nach altorientalischer Auffassung ist alles Unnormale, Krankhafte im kultischen Sinne unrein. Das Hinken kann auch als Lahmheit dargestellt werden. Im griechischen Mythos erscheint das Hinken als Folge einer Strafe, die von einem höhergestellten Wesen wegen Gehorsamsverweigerung oder Auflehnung erteilt wurde. Hier ist besonders auf Hephaistos, den Gott der Schmiede hinzuweisen, der von Zeus aus dem Olymp geworfen wird, weil er seiner Mutter Hera gegen den Vater beistehen will.

Wenn jemand ein körperliches Gebrechen hat, darf er seinem Gott keine Opfer darbringen; Blindheit und Lahmheit machen untauglich zum Priesterdienst (Lev 21,18). Tiere, die lahm oder sonst mit einem bösen Fehler behaftet sind, dürfen nicht geopfert werden (Dtn 15,21). Das Hinken der Baalspriester um den Altar (1 Kön 18,26) dürfte wahrscheinlich eine besondere Art ihres kultischen Tanzes sein, wurde aber von den Israeliten in spöttischer Weise ausgelegt. Hinken ist der Ausdruck von Schwachheit, von geistiger Blindheit; so ruft der Prophet Elihu dem zwischen Baal und Jahwe schwankenden Volke zu: »Wie lange hinkt ihr nach zwei Seiten?« (1 Kön 18,21) In seinem Kampf mit dem Engel Gottes unterliegt der Patriarch Jakob zwar nicht, aber während des Ringens wird ihm das Hüftgelenk ausgerenkt (Gen 32,26). Im »Angesicht Gottes« (hebräisch penuel, so nannte Jakob die Stätte der Begegnung) wurde der Patriarch schwach, »er hinkte an seiner Hüfte« (Gen 32,32). Die Propheten nennen den elenden Rest des Volkes, der wiederhergestellt werden wird, »die Hinkenden« (Mich 4,6). Der Herr wird alles Schwache von seinem Volke nehmen; deshalb »Juble, Tochter Zion!« Denn »ich errette, was hinkt, ich sammle, was versprengt ist. Ich mache sie zum Preis und Ruhm auf der ganzen Erde, wenn ich ihr Schicksal wende« (Zef 3,19).

Im NT ist ganz allgemein von dem Lahmen die Rede, also nicht nur von dem Fuß- oder Beingelähmten. Unter den sieben Beweisen, daß er es ist, »der da kommen soll«, läßt Jesus dem Täufer auch sagen, daß durch ihn Lahme gehen werden (Mt 11,5). Daß die Lahmheit in der Sprache der Bibel mehr sein kann als nur ein körperliches Gebrechen, zeigt sich auch in der Mahnung des Apostels Paulus zur Standhaftigkeit im Leiden: »Richtet wieder auf die erschlafften Hände und die wankenden Knie und macht gerade Wege euren Füßen, damit das, was gelähmt ist, sich nicht verrenke, vielmehr geheilt werde« (Hebr 12,12 f.). Nach Jesu Gastmahlgesprächen im Hause eines Pharisäers gehören Arme und Krüppel, Lahme und Blinde zu den geladenen Gästen, die im Reiche Gottes speisen (Lk 14,13.21).

Dem Volksglauben nach hinkt der Teufel auf einem Fuß, was auf seinen selbstverschuldeten Sturz aus dem Himmel zurückzuführen sei. Auch in Goethes »Faust« hinkt Mephistopheles auf einem Fuß.

LITERATUR: R. de Vaux: Les prophètes de Baal sur le Mont Carmel (= Bulletin du Musée de Beyrouth 5/1941, 7–20); St. Sas: Der Hinkende als Symbol. Zürich 1964.

Hirsch

Jedes Jahr wirft der Hirsch sein Geweih ab, dabei scheuert das Tier den sogenannten Bast ab, der dann in blutigen Fetzen herabhängt. Die alten Völker setzten die rote Farbe in Beziehung zu Feuer und Sonne. Mit dem Abwerfen und Wiedernachwachsen des Geweihs wurde der Hirsch zu einem Sinnbild des Kreislaufes in der Natur, des unaufhörlichen Stirb und Werde. Bei den Hethitern war der Hirsch dem Jagd- und Glücksgott Rundas zugeordnet; dieser hatte auch den Namen »Doppelspießgott«, das bedeutet Gott des Geweihs. Die Jagd und der Schuß auf den göttlichen Hirsch reichen in vorchristliche Zeit zurück. Als der Gott Krishna (Vorderindien) seine Sendung auf Erden erfüllt hatte, wurde er – im Walde meditierend – auf Grund seines

Alters von einem Jäger für einen Hirsch gehalten und an der einzig verwundbaren Stelle zu Tode getroffen. In der Antike war der Glaube verbreitet, daß der Hirsch den Schlangen feind sei.

Die Anmut und Gewandtheit führten zu wiederholten Vergleichen. Nach siegreicher Schlacht wird Gott gedankt, »der meine Füße flink macht den Hirschkühen gleich« (Ps 18,34). Der Geliebte des Hohenliedes (2,8 f.) gleicht einem Reh oder Junghirsch; »siehe, da kommt er, springend über die Berge, hüpfend über die Hügel«. Und im Buch der Sprüche wird die Weisheit – in Gestalt der geliebten Gattin – mit dem Kosenamen »eine Hinde hold« bedacht. Von besonderer Bedeutung für die spätere Exegese ist der Psalm 42/43,2 (nach anderer Zählung 41,1): »Wie die Hirschkuh nach Wasserbächen verlangt, so lechzt meine Seele nach dir, o Gott.«

Der Physiologus berichtet, wie der Hirsch die vor ihm in eine Erdspalte fliehende Schlange (oder einen Drachen) durch seinen Atem oder durch Wasserspeien heraustreibt und verschlingt; »so hat auch unser Herr getötet den großen Drachen, den Teufel, durch die himmlischen Wasser, nämlich die göttliche Heilslehre« – der Hirsch wird somit zum Symbol Christi. Hier sind die Legenden der Heiligen Eustachius und Hubertus anzuschließen, denen während der Jagd ein Hirsch erschien, der zwischen seinem Geweih den Gekreuzigten trägt. Der Kirchenvater Augustinus verwendet den Hirsch als Bild des Gottsuchens in Anlehnung an den at.lichen Psalm. In diesem Sinne stehen in der langobardischen Kunst zwei Hirsche neben einem Gefäß mit Lebenswasser, und in mittelalterlichen Buchmalereien nähern sich zwei Hirsche dem Lebensbrunnen; die Darstellung des Hirsches an der Fons vitae ist als Taufsymbol zu verstehen.

Literatur: K. Th. Weigel: Der Hirsch (Beiträge zur Sinnbildforschung, 88–94). Berlin 1943; H.-Ch. Puech: Le cerf et le serpent. Note sur le symbolisme de la mosaique découverte au baptistère de l'Henchir Messaouda (= Cah Arch 4/1949, 17–60 – Interpretation der Kirchenväter!); Ph. Rech: Hirsch (Inbild des Kosmos I, 221–240).

Hirte

Die Wertschätzung des Hirten, der seine Herde zu den Futterplätzen führt und sie vor den Tieren der Wildnis beschützt, zeigt sich darin, daß in altorientalischen Königstitulaturen das Wort »Hirte« eine der gebräuchlichsten Bezeichnungen ist. Die Insignien der ägyptischen Könige, die sog. Geißel und das Zepter, waren ursprünglich die Abzeichen des Hirten, nämlich Fliegenwedel und Hirtenstab. Auch der griechische Mythos weiß um die Wesensverwandtschaft zwischen Hirt und König, wenn er den Königssohn Paris auf den Hängen des Ida seine Herde weiden läßt. Da nach alter Vorstellung der König der irdische Repräsentant Gottes ist, so wird auch dieser im Bild des Hirten geschaut. In der mesopotamischen wie in der griechischen Kunst findet sich das Bild des Hirten, der ein Lamm oder Kalb auf der Schulter trägt; so wurde auch der griechische Gott Hermes als Kriophoros dargestellt.
Sicher ist es mehr als Zufall, wenn David von der Herde weg zum Amt des Königs berufen wurde (2 Sam 7,8). Der Herr selbst sprach zu David: »Du sollst mein Volk Israel weiden und Fürst über Israel sein« (2 Sam 5,2). Wiederholt werden die Fürsten des Volkes mit Hirten verglichen. Der Herr wird sein getreues Volk Hirten überantworten, »diese weiden euch voll Einsicht und Klugheit« (Jer 3,15). Es gibt aber auch schlechte Fürsten, die wider die Interessen ihrer Untertanen handeln; ihnen gilt des Propheten Wort: »Wehe dem Hirten, der nichts taugt, der die Schafe verläßt!« (Sach 11,17). Der Pflichtvergessenheit vieler irdischer Hirten, die sich selbst statt ihre Schafe weideten, wird der Herr als guter Hirt gegenübergestellt: »Gleichwie ein Hirt sich seiner Herde annimmt am Tag, da manche von den Schafen auseinandergelaufen sind, so will ich für meine Schafe Sorge tragen und sie von all den Orten erretten, wohin sie am Tage des Gewölks und der Düsternis versprengt worden sind« (Ez 34,1–10.12). Die an Gott Glaubenden sind »seiner Weide Herde« (Ps 100,3). Wen der Knecht des

Herrn auf die Weide führt, den wird weder hungern noch dürsten (Jes 49,9 f.). Im Hohenlied erscheint der himmlische Bräutigam als Hirt, der unter den Lilien weidet (Hld 1,7; 2,16). Das »Weiden unter den Lilien« ist ein Bild der bräutlichen Liebe und diese wiederum Symbol für die Sehnsucht des Menschen nach Gott. So verwundert es nicht, daß auch der verheißene Messias als Hirte erscheint. Der Herr wird einen einzigen Hirten mit der Herrschaft beauftragen; in bewußter Anspielung auf den zeitlich vorausgegangenen König David wird der Gottgesandte bei Ezechiel (34,24) ebenfalls David genannt. Die messianische Zeit ist da, wenn der Herr seiner Herden Schar wie ein Hirt weidet (Jes 40,11).

Jesus hat seine Aufgabe im Gleichnis vom guten Hirten dargestellt. Er ist »gesandt zu den verlorenen Schafen des Hauses Israel« (Mt 15,24). Wie der echte Hirt sich um die verlorenen Schafe sorgt, so ist der Menschensohn »gekommen zu retten, was verloren war« (Mt 18,11 ff.). Wenn der Hirt das verirrte Schaf wiederfindet, »legt er es voll Freude auf seine Schultern« (Lk 15,5). Im Gegensatz zum »Mietling«, der seine Herde im Stiche läßt, wenn ihm Gefahr droht, ist Christus der gute Hirte, der alle Schafe führt, auch die, »die nicht aus seinem Hofe sind«, d. h. auch die Nichtjuden (Joh 10,16); Christus ist der gute Hirte, der »sein Leben für die Schafe gibt« (Joh 10,11). Die Schafe, die auf die Stimme ihres göttlichen Hirten hören, »werden nicht verlorengehen in Ewigkeit« (Joh 10,27 f.). Nachdem Jesus von den Toten auferstanden war, übertrug er das Hirtenamt seinen Jüngern; zu Petrus sagte er: »Weide meine Lämmer! ... Weide meine Schafe!« (Joh 21,15 ff.) Im 1. Petrusbrief (5,3 f.) werden die Vorsteher der Gemeinden ermahnt, »Vorbilder für die Herde« zu sein, damit sie einst vom obersten Hirten den unverwelklichen Kranz der Herrlichkeit entgegennehmen können. In seiner Eigenschaft als Weltenrichter wird der Menschensohn »wie der Hirt die Schafe von den Böcken scheiden« (Mt 25,32 f.). In Gleichsetzung des Hirten mit dem wertvollsten Tier seiner

Herde – so ist es auch zu verstehen, daß Christus Opferer und Opfer in einem ist – wird das apokalyptische Lamm die Auserwählten »weiden und führen zu den Quellen des lebendigen Wassers« (Offb 7,17).

In der Kirche werden noch heute die Seelsorger als Hirten (in der evangelischen Kirche mit dem lateinischen Wort Pastor) bezeichnet. Die seelsorglichen Schreiben des Bischofs an die Gläubigen seiner Diözese werden Hirtenbriefe genannt. In gewisser Hinsicht ist das vom Papst und den Erzbischöfen getragene Pallium ein Symbol des Hirtenamtes; dieses weiße, mit schwarzen Kreuzen bestickte Band wird aus der Wolle zweier Lämmer gewonnen, die alljährlich am Fest der hl. Agnes in Rom gesegnet werden.

Das Bild des Guten Hirten ist das am häufigsten anzutreffende Motiv der frühchristlichen Kunst, so in der Katakombenmalerei, auf Sarkophagreliefs, auf Goldgläsern und in Mosaiken; die häufige Darstellung in Taufräumen hängt zusammen mit der im altchristlichen Schrifttum wiederholt nachzuweisenden Vorstellung von der Taufe als Akt der Heimkehr in die Herde Christi.

Literatur: C. Spitta: Die Hirtengleichnisse des 4. Evangeliums (= ZNTW 10/1909, 59–80, 103–127); J. Kremer: Die Hirtenallegorie im Buche Zacharias auf ihre Messianität hin untersucht. Münster 1930; P. de Puniet: Pastor ovium. Le symbole du pasteur dans la liturgie (= EL 53/1939, 273 ff.); Th. K. Kempf: Christus der Hirt. Ursprung und Deutung einer altchristlichen Symbolgestalt. Rom 1942; V. Hamp: Das Hirtenmotiv im AT (Festschrift Kardinal Faulhaber, 7–20). München 1949; L. Schnitzler: Der »Gute Hirte« im Alten Orient und in der Bibel (= Antaios VI/1965, 258–274); A. Legner: Hirt, Guter Hirt (LCI II, 289–299); M. Vereno: Die Symbolik des Hirten (= Antaios XII/1971, 575–589).

Hochzeit

Zahlreiche Hochzeitsbräuche fallen in die Bereiche des Magischen und des Religiösen. Lärm und Lichter sollen die Dämonen fernhalten. Bei Völkern mit lebendigem Ahnenkult sind auch die Vorfahren in die Hochzeitsfeier miteinbezogen. Tiefer Mysterienglaube ist es, daß in der Hochzeit die Pole des Seins miteinander verbunden werden: Mann und Frau, Himmlisches und Irdisches, ja in gewissem Sinne selbst Leben und Tod, woraus dann wieder das Leben hervorgeht. Isis empfängt vom toten Osiris den Horus. Bei vielen Völkern des Altertums führte das Verlangen nach Vereinigung mit dem Göttlichen zum hieros gamos, zur Heiligen Hochzeit; als Stellvertreter der Gottheit diente dabei der König, der Priester, das Tempelmädchen oder auch einfach ein Fremder.

In den Psalmen beschreibt das vor seliger Botschaft überwallende Herz des Sängers die Hauptpersonen einer königlichen Hochzeit: den Bräutigam »überaus schön unter den Menschen ...; denn Gott hat dich für immerdar gesegnet« (Ps 45,3) und die »ganz in Lichtglanz« gehüllte Tochter des Königs (Ps 45,14); die ans Überirdische grenzenden Gestalten ließen spätere Geschlechter in der Hochzeit ein messianisches Sinnbild erkennen. Das Bild der Hochzeit kann zum Inbegriff höchsten Jubels und echter Freude werden (Ps 45,16). – Als symbolische Handlung befiehlt der Herr dem Hoschea, »ein zuchtloses Weib« zu heiraten; »denn das Land hurt unablässig vom Herrn weg« (Hos 1,2); dabei erscheint der Prophet als Vertreter Jahwes, während die zuchtlose Frau das ungetreue, ehebrecherische Israel repräsentiert. Möglicherweise sollte durch Hoscheas Handlung auch die Übernahme kanaanäischer Fruchtbarkeitskulte durch das israelitische Volk bloßgestellt werden, fand doch selbst die sakrale Prostitution im Jahwetempel Eingang; sie wurde aber von König Joschija energisch beseitigt (2 Kön 23,7). Je nach der Stellung, die Israel zu Jahwe einnimmt, wird es Braut, Weib oder Dirne genannt; sein Abfall von Gott wird dementsprechend als Ehebruch gebrandmarkt. Das abtrünnige Israel »ging dahin auf jeden erhöhten Berg und unter jeden grünen Baum und trieb daselbst Unzucht« (Jer 3,6), d. h., es verehrte fremde Götter (vgl. auch Ez 16,15 f.).

Paulus bezeichnet das Zueinanderfinden von Mann und Frau als großes Geheimnis und bezieht es ausdrücklich auf Christus und die Kirche; von hier aus ist auch das Wort zu verstehen:

»Die Frau aber stehe in Ehrfurcht zum Mann« (Eph 5,31ff.). Das Gleichnis von den fünf klugen und den fünf törichten Jungfrauen ist ein Symbol der Parusie. Die klugen Jungfrauen eilen mit ihren Öllämpchen dem Bräutigam entgegen – und sie »gingen mit ihm hinein zur Hochzeit, und die Tür wurde verschlossen« (Mt 25,10). Das Hochzeitsgemach ist der Himmel, in den die törichten Jungfrauen nicht eingelassen wurden. In einer anderen Parabel ließ der König die Geladenen zur Hochzeit rufen; »aber sie wollten nicht kommen«, sie achteten nicht der frohen Botschaft. Schließlich wurden von des Königs Dienern alle zusammengeholt, »Böse und Gute; und der Hochzeitssaal war mit Gästen ganz besetzt«. Wer aber kein »hochzeitliches Kleid« anhatte, wurde auf des Königs Geheiß hinausgeworfen in die Finsternis (Mt 22,1–14). Von den Ungläubigen und Abtrünnigen wird gesprochen als von einem »ehebrecherischen Geschlecht« (Mk 8,38). Der Jubel über die Verbindung Gottes mit den Gläubigen findet in der Apokalypse in dem Bild der Hochzeit ihren Ausdruck: »Laßt uns freudig sein und frohlocken ...; denn die Hochzeit des Lammes ist gekommen, und seine Braut hält sich bereit.« – »Selig, die zum Hochzeitsmahle des Lammes gerufen sind!« (Offb 19,7.9).

Die Hochzeit zu Kana (Joh 2,1–11) wurde im Mittelalter in Anlehnung an Augustinus gern als Bild der Hochzeit Christi mit der Kirche interpretiert; die sechs Krüge sollen dabei die sechs Zeitalter des AT andeuten. Bernhard von Clairvaux erblickt in den Bildern des Hohenliedes die Wonne der mit Christus vereinten Seele. Tiefe Bedeutung hat das Bild der Hochzeit in der asketischen Virginität; die sponsae Christi geben nicht nur ihre Seele, sondern auch ihren Leib an Christus hin. Katharina von Siena, die schon mit sieben Jahren das Gelübde der Jungfräulichkeit ablegte, erblickt in einer Vision Christus, der ihr den Brautring reicht.

↗ Braut, Bräutigam

Literatur: G. Contenau: Représentations sumériennes de la hiérogamie (Hommages à W. Deonna, 149–156). Bruxelles 1957; J. Daniélou: Liturgie und Bibel, 193–208 (– das Hohelied als Brautlied der endzeitlichen Hochzeit des Lammes); A. Strobel: Zum Verständnis von Mt XXV, 1–13 (= NT 2/1958, 199–227); J. P. Audet: Love and Marriage in the O. T. (= Scripture 10/1958, 65–83); Th. Schneider: Christus ist es und die Kirche. Vom Symbolcharakter der christlichen Ehe (= Anima 13/1958, 349–359). E. Linnemann: Überlegungen zur Parabel vom großen Abendmahl Lc 14,15–24/Mt 22,1–14 (= ZNTW 51/1960, 246–255); R. M. Grant: The Mystery of Marriage in the Gospel of Philip (= VChr 15/1961, 129–140); G. Freymuth: Zum Hieros Gamos in den antiken Mysterien (= Museum Helveticum 21/1964, 86–95).

Höhle

Schon in prähistorischer Zeit dienten Höhlen für magische Kulthandlungen. Mit der Höhle, die von Natur aus ein geeigneter Ort für die Bestattung der Verstorbenen war, verband sich die Vorstellung vom Totenreich. Nach altsumerischer Vorstellung gelangt der Verstorbene nach Überschreiten des Totenflusses in den Berg, d. h. in die Höhle des Weltberges. Das Nekropolengebiet des ägyptischen Lykopolis hatte den Namen »Öffnung der Höhle«. Die eng mit dem Archetyp der Magna Mater verbundene Höhle ist ebenso Geburtsort wie Todesraum. Die Ägypter glaubten, daß das lebenspendende Wasser des Nils aus einer Höhle hervorkomme. Zeus wurde in einer Höhle auf Kreta geboren, Hermes in einer Höhle des Berges Kyllene. Die dunkle Erdhöhle ist schließlich der mythische Ort des hieros gamos (so bei Jupiter und Juno).
Die in der Bibel mehrmals erwähnten Höhlen sind meist ohne Symbolbedeutung; Tiere hielten sich in ihnen auf, aber auch Menschen bewohnten sie oder flüchteten in sie hinein. Und doch gibt es einige Stellen, in denen auch die Höhle der Bildersprache zuzurechnen ist. Bezeichnenderweise steht die Höhle oder Felsspalte in Verbindung mit der Epiphanie Gottes. Der Herr sprach zu Mose: »Wenn mein Lichtglanz vorüberzieht, stelle ich dich in die Felsritze und bedecke dich mit meiner Hand, bis ich vorüber bin« (Ex 33,22). Als Elihu in einer Höhle des Gottesberges Horeb übernachtete, »erging an ihn das Wort des Herrn: Was hast

du hier zu suchen?« Und noch einmal ertönte die gleiche Frage, nachdem der Prophet, sein Gesicht im Mantel verhüllend, sich an den Eingang der Höhle gestellt hatte (1 Kön 19,8–13). Die vor den Feinden gerettete Bundeslade wurde in einer Höhle des Berges Nebo versteckt, solange »bis Gott bei der Rückführung das Volk zusammenbringt und gnädig ist« (2 Makk 2,4–7). Die Höhle ist Eingang und Übergang in eine andere Welt. Es ist auch der Ort, wo auf geheimnisvolle Weise Leben gezeugt wird – in der Bibel wider die Gesetze der Natur: Aus dem inzestuösen Umgang von Lots Töchtern mit dem betrunkenen Vater in einer Höhle gingen zwei neue Völker, die Moabiter und die Ammoniter, hervor (Gen 19,30–38). Schließlich ist die Höhle ein Bild für die Unterwelt. Die vor Josua in eine Höhle flüchtenden fünf Könige sind Repräsentanten der finsteren, abgründigen Macht, die vom Diener Gottes hervorgeholt, getötet und wieder in die Höhle geworfen wurden, vor deren Eingang man große Steine wälzte (Jos 10,17–27). Auch der Hohlraum des Brunnens kann die Unterwelt andeuten, man vgl. den von seinen Brüdern in den Brunnen geworfenen Josef (Gen 37,20–24). In tiefster Not singt der Psalmist: »Der Strudel verschlinge mich nicht, noch schließe über mir der Brunnen seinen Schlund« (Ps 69,16). Höhle, Grube und Grab sind Synonyma. Wer in der »tiefsten Grube« liegt, ist im Reich der Finsternis, des Todes (Ps 88,7); hier ist die hebräische Scheol.
Daß das Grab des Lazarus eine von einem Stein verschlossene Höhle war (Joh 11,38), ist in dem gebirgigen Land nichts Ungewöhnliches, erhält aber aus heilsgeschichtlicher Schau einen tieferen Sinn. Aus der Höhle kommt das Leben hervor! Als eine Art Höhle kann auch die Grabstätte Christi aufgefaßt werden, die Joseph von Arimatäa »im Felsen hatte aushauen lassen« und vor die er einen großen Stein wälzte. Das Eingehen in das Felsengrab bedeutet Christi Abstieg in die Unterwelt, in das Reich des Todes, aus dem er am ersten Tag der Woche wieder auferstand (Mt 27,60; 28,1–15).

Zwar findet sich in den Evangelien kein Hinweis auf Christi Geburt in einer Höhle; aber schon im apokryphen Protoevangelium des Jakobus wird ausführlich davon berichtet, und auch Origenes schreibt in seiner Schrift gegen Celsus von der Krippe in der Höhle zu Betlehem. Im Gegensatz zu den abendländischen Darstellungen mit dem Stall wird in der orientalisch-byzantinischen Kunst fast immer eine Grotte oder dunkle Felsenhöhle als Geburtsort Christi gezeigt. Ein typologischer Bezug wurde in Hab 3,3 erblickt; danach kommt Gott vom Parangebirge = Gottesmutter, deren Schoß die Geburtshöhle ist. Der scheinbare Widerspruch zwischen den beiden Angaben zum Geburtsort löst sich auf, wenn man berücksichtigt, daß es in Palästina üblich war, bei Weidegebieten gelegene Höhlen als Stall zu benutzen. Der Legende nach war es kein anderer als der Erzengel Michael selbst, der sich in einer Höhle auf dem Monte Gargano eine Kultstätte gründete. Lourdes wurde wegen seiner Marienerscheinungen in einer Grotte, verbunden mit einer wunderwirkenden Quelle, zum berühmten Wallfahrtsort.

Literatur: E. Benz: Die Höhle in der alten Christenheit und in der östlich-orthodoxen Kirche (= Eranos-Jb 22/1954, 365–432); A. Rosenberg: Michael und der Drache. Olten–Freiburg 1956 (zur Kulthöhle im allgemeinen und zur Michaelshöhle im besonderen, 95–159); H. Blumenberg: Licht als Metapher der Wahrheit. Im Vorfeld der philosophischen Begriffsbildung (= Stud Gen 10/1957, 432–447; auch zum Bild der Höhle); G.v. d. Osten: Der Blick in die Geburtshöhle (= Kölner Domblatt 23–24/1964, 341–358).

Holz

Das seiner Herkunft und seiner Symbolbedeutung nach mit dem Baum zusammenhängende Holz ist als eines der wichtigsten Werkstoffe oft mit der materia prima, aus der Anfang und Ende hervorgehen, gleichgesetzt. Aus Holz wurde die Arche zur Rettung des Menschen erbaut (Gen 6,14). Seine Heilsfunktion zeigt sich deutlich bei der Geschichte vom Wasser zu

Mara, das die Israeliten wegen seiner Bitterkeit nicht trinken konnten; da wurde Moses vom Herrn ein Stück Holz gezeigt, welches das Wasser süß und trinkbar machte (Ex 15,25). Bei den Reinigungszeremonien spielte neben Karmesinfäden und Ysop auch Zedernholz eine Rolle (Lev 14,4–6). In das neue Jerusalem wird die Pracht des Libanon eingehen: »Wacholder, Buchsbaum und Zypresse jeglicher Art, zu schmücken meinen heiligen Wohnplatz« (Jes 60,13). Doch können in Baum und Holz auch falsche Götter verehrt werden (Jer 2,26/27); deshalb heißt es beim Propheten Habakuk (2,19): »Weh dem, der zum Holze spricht: Erwache! Reg dich! zum schweigenden Stein. Gibt er etwa Bescheid? Wohl ist er in Gold und Silber gefaßt, doch ist darin keinerlei Geist.«
Auf zweierlei Holzarten weist Jesus; er selbst bezeichnet sich als grünes Holz, dem er das dürre (der sündigen Menschen) gegenüberstellt (Lk 23,31). Der Gottessohn, der selbst das Holz des Lebens ist, wurde ans dürre Kreuzesholz geschlagen; »er trug unsere Sünden an seinem Leibe ans Holz hinan« (1 Petr 2,24).
Im apokryphen Barnabasbrief (wahrscheinlich um 130 n. Chr. entstanden) wird in Anknüpfung an Levitikus 14,4–6 die Frage nach der Bedeutung des Holzes aufgeworfen und die Antwort gegeben: »Daß die Königsherrschaft Jesu vom Holz ausgeht und daß die auf das Holz Vertrauenden leben werden in Ewigkeit«. Die patristische Symbolik setzt das Holz der Arche mit dem des Kreuzes gleich, beides dient zur Rettung der Menschheit. Vom hl. Franziskus wird berichtet, daß er den Bruder, der für das Brennholz sorgte, bat, beim Fällen eines Baumes immer einen Teil unversehrt zu lassen, weil Christus am Holz des Kreuzes sich für die Menschheit geopfert hat. In der christlichen Ikonographie konnte das dürre Kreuzesholz bewußt als lignum vitae, als Holz des Lebens (z. B. im Weinstock) dargestellt werden.

Als geheimnisvolles Produkt der Biene war der Honig den Menschen früher Zeit Träger besonderer Kräfte und diente als Heilung bringendes und Dämonen abwehrendes Mittel. Dünnfließender, goldgelber Honig oder der daraus bereitete Honigwein ist der Trank der Götter; das Zeusknäblein wurde mit Honigsaft großgezogen. Der indische Mythos kennt eine Honig-(madhu-)Quelle, an der die Frommen sich laben. In alten Überlieferungen, so bei den Römern, erscheint der Honig wie eine Art Manna als vom Himmel oder vom Weltenbaum herabträufelnder Tau. Mit Honig reinigten sich die Mithrasjünger Hände und Zunge von Schädlichem und Sündhaftem. Wegen seiner konservierenden (lebenerhaltenden) Kraft diente in Sparta der Honig zur Einbalsamierung der Könige.

Die Bedeutung des Honigs als Symbol des Lebens zeigt sich in der Geschichte von Simson, der im Kadaver des von ihm erlegten Löwen einen Bienenschwarm und Honig fand (Ri 14,8). Der verschlingende Löwe ist selbst ein Bild des Todes, aus dem neues Leben hervorkommt. Ein treues Volk wird Gott »sättigen mit Honig vom Fels« (Ps 81,17). Wer Honig ißt, hat teil an der ewigen Seligkeit; so verstehen wir auch das Prophetenwort vom Messias: »Von Dickmilch und Honig wird er sich nähren, bis er das Böse zu verwerfen und das Gute zu erwählen weiß« (Jes 7,15). Mit Honig wird die Süße des Gotteswortes verglichen: »Wie süß sind deine Aussprüche meinem Gaumen, süßer als Honig für meinen Mund« (Ps 119,103). Die auf Befehl des Herrn von Ezechiel verzehrte Buchrolle – Symbol für die vollständige Aufnahme des Gotteswortes – ward in seinem Munde »süß wie Honig« (Ez 3,3). Wie der Honig gut und süß für den Gaumen ist, so ist es die Weisheit für die Seele (Spr 24, 13 f.). Honig öffnet die Sinne; als Jonatan mit seinem Stab etwas Honig in den Mund führte, wurden »seine Augen hellblickend« (1 Sam 14,27).

Der – vom Himmel kommende – Honig öffnet dem gott-

zugewandten Menschen das innere Auge; so ist es mehr als Zufall, daß dem in der Wüste lebenden Johannes dem Täufer wilder Honig zur Nahrung diente (Mt 3,4). Ob wohl auch in dem letzten Mahl des Herrn, mit dem er sich seinen Jüngern als der Auferstandene auswies, noch etwas Tieferes angedeutet ist? Die symbolträchtigen Bilder von Fisch und Honigwabe (Lk 24,42) legen jedenfalls die Vermutung nahe. Das at.liche Bild von der Einverleibung der Buchrolle, die im Munde süß wie Honig ist, findet sich wieder in der Offenbarung (10,9).
Nach patristischer Auslegung ist der Leib Christi der honigspendende Fels; er ist der aus Gottes Mund quellende Logos, der Honigfluß des neuen Paradieses. Nach Augustinus wird der »Bienenkorb Christi« in der Kirche gehütet, in der die Gotteskinder den »süßen Honig Christi« – d. i. die Speise des ewigen Lebens – saugen. Gregor erblickt in dem »gebratenen Fisch« des letzten Mahles vor der Himmelfahrt die Passion des Herrn angedeutet, in der Honigwabe die Auferstehung. Die bekannte Plastik »Der Honigschlecker« von J. A. Feuchtmayer (Wallfahrtskirche zu Birnau) ist eigentlich nichts anderes als das personifizierte Verlangen nach der süßen Seligkeit des Gottesreiches.
↗ Milch

Horn (Tierhorn)

Den alten Völkern galt das als Angriffs- und Verteidigungswaffe gefürchtete Horn als Symbol physischer Kraft und übermenschlicher Macht. Im alten Ägypten diente das Gehörn in Verbindung mit der Krone vielen Göttern als Kopfputz und galt dem einfachen Volk als Inbegriff des Schreckens, den das Übernatürliche umgibt. Eine besondere Symbolbeziehung wurde zwischen Horn und Sonne hergestellt. Nordafrikanische Felsbilder zeigen Widder und Büffel, die zwischen ihren Hörnern die Sonnenscheibe tragen. Die Himmelsgöttin Hathor trägt auf ihrem Haupt

das Rindergehörn mit der Sonnenscheibe. In der altmesopotamischen Kunst sind die Gottheiten mit einer Hörnerkrone geschmückt, gleichsam Symbol ihrer überirdischen Macht. Zur Zeit des Hellenismus ließen weltliche Herrscher ihr Bild mit gehörnter Stirne auf Münzen prägen.
Auch in der Bibel ist das Horn ein Zeichen für Macht und Stärke. Der Herr macht seinem Volke Hörner aus Eisen und Hufe aus Erz, »daß du viele Völker zertrittst und ihren Gewinn dem Herrn weihst« (Mich 4,13). Dem Frommen hebt Gott das Horn (Ps 92,11), ein aussagekräftiges Bild für die göttliche Gnade. Wer Gott fürchtet und nach seinen Geboten wandelt, dessen »Horn steht glanzvoll erhöht« (Ps 112,9). Während der Herr das Horn seines Volkes erhöht (Ps 148,14), wird Moabs Horn abgeschlagen (Jer 48,25), d. h. seine Macht gebrochen. »Die Hörner haut er allen Ruchlosen ab; der Gerechten Hörner aber werden erhöht« (Ps 75,11). Der Herr selbst wird im Danklied nach siegreichen Schlachten als Horn des Heiles bezeichnet (Ps 18,3). Als besonderes Signum göttlicher Segensmacht galten die metallgefaßten Hörner an den vier Ecken des Brand- und des Rauchopferaltars der Stiftshütte (Ex 27,2; 30,2). Auch bei dem im salomonischen Tempel stehenden Brandopferaltar »ragten vier Hörner in die Höhe« (Ez 43,15). Durch das Bestreichen der Hörner mit dem Blut der Opfertiere wurde die Hingabe des Lebens an Gott besonders betont. Schon Aaron und seine Söhne erhielten anläßlich ihrer Priesterweihe den Auftrag: »Nimm von dem Stierblut und streiche davon mit deinem Finger an die Hörner des Altars« (Ex 29,12). Eine furchtbare Strafe ist es, wenn der Herr die Hörner des Altars abschlägt, so daß sie zur Erde fallen (Am 3,14). Wenn einem Angeklagten die Flucht in den Tempel gelang und er dort die Hörner des Altars berührte, so stellte er sich unter Gottes Schutz und war – falls er keinen vorsätzlichen Mord beging – gerettet (1 Kön 1,50–53).
In Anlehnung an die Psalmen heißt es bei Lukas: »Gepriesen sei der Herr, der Gott Israels; denn er hat heimgesucht

sein Volk und ihnen Erlösung bereitet. Er hat uns aufgerichtet ein Horn des Heiles im Haus seines Knechtes David« (Lk 1,68 f.). Das apokalyptische Lamm »hatte sieben Hörner und sieben Augen; das sind die sieben Geister Gottes, die er ausgesandt auf die ganze Erde« (Offb 5,6). Die sieben Hörner des Lammes sind Symbol der Allmacht Christi, während die zehn Hörner des großen, roten Drachen (Offb 12,3) die Stärke der satanischen Bosheit ausdrücken, die sich letztlich als Ohnmacht entpuppt.

Unter Zurückgreifen auf antike Gestaltungen erhielt der Teufel in der Kunst und im Volksglauben eine Reihe tierischer Züge, dabei unterstreichen die Hörner die Macht des Bösen. Die Darstellung des »gehörnten« Mose, am bekanntesten die Skulptur Michelangelos, ist auf eine falsche Übersetzung der hebräischen Bibelstelle (Ex 34,29 f.) ins Lateinische zurückzuführen: nicht Hörner gingen von seinem Antlitz aus (facies cornuta), sondern Strahlen. Die künstlerische Gestaltung dieses Mißverständnisses der Vulgata spricht aber erst recht für die Ausdruckskraft des alten Symbols, glaubte man doch in dem Gehörntsein des Mose die von Gott übertragene Kraft zu erkennen.

LITERATUR: I. Scheftelowitz: Das Hörnermotiv in den Religionen (= ARW 15/1912, 451–487); W. Foerster (ThWNT III, 668–671); J. Avalon: La corne, symbole de l'autorité et de la puissance (= Aesculape, mai 1958, 3–62); J. de Fraine: Moses' »cornuta facies« (= Bijdragen 20/1959, 28–37); M. Lurker: Zur Symbolbedeutung von Horn und Geweih unter besonderer Berücksichtigung der altorientalisch-mediterranen Überlieferung (= Symbolon N.F. 2/1974, 83–104).

Hüfte ↗ Lende

Hund

Die dem Hund zugemessene Welt liegt zwischen Wildnis und Zivilisation, auf ethischem Bereich zwischen Gut und Böse, und in der Dimension des Religiösen zwischen Diesseits und Jenseits. Im altmesopotamischen Glauben stand

der Hund in unverkennbarer Beziehung zum Leben wie auch zum Tode; er war Attribut der Heilgöttin Gula, andererseits wurden der Krankheit und Tod verursachenden Dämonin Lamaštu tönerne Hundebilder geweiht. Der Hund ist im wahrsten Sinne des Wortes ein »Tier der Schwelle«; er ist Wächter an der Unterweltspforte (in der griechischen Sage: Kerberos). Die altägyptischen Vorstellungen vom Herrscher der Unterwelt verschmolzen mit dem Bild vom Hund bzw. Schakal (Totengott Anubis!). Der hinduistische Gott Shiva, der große Zerstörer, ist der »Herr der Hunde«. Schon auf griechischen Grabsteinen und Vasenbildern findet sich die Darstellung des Hundes als Symbol der Treue.
Der als unrein geltende Hund diente im AT als sprechendes Bild für das Gemeine und Verächtliche. Ein Tor, der seine Narrheit wiederholt, ist »wie ein Hund, der wiederkehrt zu seinem Auswurf« (Spr 26,11). Die abtrünnigen Frevler »kommen an jedem Abend, kläffen gleich Hunden, durchstreifen die Stadt« (Ps 59,6 f.). Wenn über Edom der Tag des Gerichtes kommt, werden in seinen Palästen dornige Blumen aufschießen, es wird zum Wohnsitz für Schakale (Jes 34,13). Wo Schakale hausen, ist das menschliche Leben ausgelöscht (Jer 50,39). In seiner Todesangst fleht der Gerechte zu Gott: »Errette mein Leben vom Schwert, von Hundepfoten mein einziges Gut« (Ps 22,21).
Wie man Perlen nicht den Schweinen vorwerfen soll, so »gebt das Heilige nicht den Hunden« (Mt 7,6). Auch im 2. Petrusbrief (2,22) werden Hund und Schwein zusammengestellt, wenn es unter Bezugnahme auf die Irrlehrer heißt: »Sie erfahren die Wahrheit des Sprichwortes: Der Hund kehrt zu seinem Auswurf zurück, und das Schwein wälzt sich nach der Schwemme wieder im Schlamm.« Paulus nennt seine judaistischen Widersacher »Hunde« (Phil 3,2), was weniger als Schimpfname nach heutigem Sprachgebrauch zu verstehen ist, wohl aber in voller Schärfe auf die Gemeinheit und in gewissem Sinne Unreinheit »der schlechten Arbeiter« hinweisen soll. In der Apokalypse wer-

den die gottlosen, verbrecherischen Menschen zusammengefaßt, sie sind aus der himmlischen Stadt ausgeschlossen; »draußen aber sind die Hunde und die Zauberer, die Unzüchtigen und die Mörder, die Götzendiener und ein jeder, der die Lüge liebt und sie begeht« (Offb 22,15). Bei Jesus verliert der Ausdruck an Schärfe, dient aber zur Unterscheidung der »verlorenen Schafe des Hauses Israel« von den heidnischen »Hündlein« (Mt 15,24 ff.). In dem Gleichnis vom Reichen und Armen kommen Hunde und lecken an den Geschwüren des Lazarus (Lk 16,21); hier können die Tiere in symbolischer Sicht als Todankünder oder auch als Weggeleiter in eine andere Welt verstanden werden; Lazarus selbst lag auf der Schwelle und wurde kurz danach von den Engeln in Abrahams Schoß getragen.
Bei den Kirchenvätern sind die Hunde, die die Wunden lecken, ein Sinnbild der Prediger, die gleichsam mit ihrer Zunge (Wort Gottes) die Seelen der Sünden berühren. Hier ist die Legende von St. Dominicus anzuschließen, dessen Mutter vor seiner Geburt träumte, sie werde einen kleinen, schwarz und weiß gefleckten Hund zur Welt bringen, der mit einer Fackel im Maul die ganze Welt erleuchten würde. In der Malerei symbolisiert ein häßlicher Köter den Unglauben, ein feingliedriger weißer Hund dagegen die gläubige Kreatur (z. B. auf Dreikönigsbildern). Im 15./16. Jh. ist der Hund häufig Attribut der Personifikationen des Neides und des Zornes, auf Bildern mit einem Ehepaar (z. B. Zacharias und Elisabet) ist er Hinweis auf die eheliche Treue.

Literatur: B. Schlerath: Der Hund bei den Indogermanen (= Paideuma VI/1954, 25–40); D. W. Thomas: Kelebh »Dog« – its Origin and Some Usages of it in the O. T. (= VT 10/1960, 410–427); M. Lurker: Hund und Wolf in ihrer Beziehung zum Tode (= Antaios X/1969, 199–216); M. Lurker: Der Hund als Symboltier des Übergangs vom Diesseits in das Jenseits (= Zeitschrift für Religions- und Geistesgeschichte 35/1983, 132–144).

Hunger ↗ *Durst*

Jagd, Jäger

Die mit einer Fülle magischer Bräuche verbundene Jagd kann zwei über den Alltag hinausreichende Bedeutungen aufweisen: erstens kann das Fangen oder Töten des Tieres einem Unterwerfen oder Vernichten gefährlicher, böser Mächte gleichkommen, zweitens kann das gejagte Tier auch Wegweiser zu einem erstrebenswerten Gut sein, ja selbst Göttliches verkörpern. Bei den alten Ägyptern glich das Jagdgeschehen zuweilen einem kultischen Drama, bei dem das verfolgte Wild die Rolle des Feindes spielt, Symbol des Bösen wird; Reliefs zeigen, wie der Gott Horus selbst den nilpferdgestaltigen Seth jagt und mit einer Lanze ersticht. Südarabische Inschriften lassen erkennen, daß man in vorislamischer Zeit rituelle Jagden auf heilige Tiere, die ja in gewissem Sinne ihre Gottheit repräsentieren, durchführte. Ein alter indogermanischer Mythos berichtet von der Jagd auf den Sonnenhirsch – ein Motiv, das später in variierter Form in der christlichen Legende wieder auftaucht.
Der erste in der Bibel erwähnte Jäger war Nimrod, der als »Gewaltherrscher auf Erden« charakterisiert wird. Weiter heißt es von ihm, daß er »ein gewaltiger Jäger vor dem Herrn war« (Gen 10,8f.); ob dies im guten oder schlechten Sinne auszulegen ist, geht nicht einwandfrei aus dem Text hervor. Es ist durchaus möglich, daß der die Nachbarvölker unterwerfende Nimrod vom Herrn als Werkzeug benützt wurde. Im allgemeinen schätzt Gott den friedliebenden Hirten mehr als den Jäger, was auch aus der Geschichte von der Bevorzugung des »am liebsten in Zelten« wohnenden Jakob vor dem »der Jagd kundigen« Esau hervorzugehen scheint (Gen 25,27). Der fallenstellende und schlingenwerfende Jäger wurde zu einem Bild der Verfolgung. Das wogende, brausende Völkermeer wird »gejagt wie Spreu vor dem Wind, wie wirbelndes Laub vor der Windsbraut« (Jes 17,13). Über das abgefallene Israel spricht der Herr, daß er viele Jäger senden wird, »die werden nach ihnen jagen von jedem Berg und von jedem Hügel herunter und aus den Felsenklüften heraus« (Jer 16,16). Jahwe selbst kann im Bild eines Jägers erscheinen, so wenn Ijob klagt, daß

Gott rings um ihn sein Netz – nach anderer Übersetzung: Jagdstrick – geworfen habe (Ijob 19,6). Gerade weil der Herr der wahrhaft große Jäger ist, kann er auch den Menschen erretten »aus der Schlinge des Voglers, vor verderbenbringendem Anschlag« (Ps 91,3).
Im christlichen Mittelalter diente die Jagd öfters als Symbol des Seelenfangs durch den Teufel; vor allem in der romanischen Bauplastik sind bogenschießende Kentauren als bedrohliche, böse Wesen zu interpretieren. Andererseits findet sich bei Meister Eckhart das Bild von der nach Christus jagenden Seele. Die Legende erzählt von dem leidenschaftlichen Jäger Eustachius – ähnlich auch von Hubertus –, dem auf der Jagd ein großer Hirsch mit einem Kreuz zwischen dem Geweih erschien und zurief: »Was jagst du auf mich, ich bin Christus und habe lange nach dir gejagt.«

Jerusalem ↗ *Stadt*

Joch

Das Tragen des Joches ist ein Bild der Knechtschaft. Gott droht dem Volk Israel, wenn es nicht auf seine Stimme hört und die Gebote nicht beachtet, daß er ihm ein eisernes Joch auf den Nacken lege (Dtn 28,48). Im Auftrag Gottes mußte sich der Prophet Jeremia Stricke und Jochhölzer auf das Genick legen zum Zeichen, daß alle Völker dem babylonischen König Nebukadnezzar untertan sein sollen. Als der falsche Prophet Hananja das hölzerne Joch vom Nakken Jeremias nahm und entzweibrach, kündigte der Herr eine um so härtere Knechtschaft durch ein eisernes Joch an (Jer 27,1 ff.; 28,10–14). Das Zerbrechen des Joches bedeutet das Ende des Frondienstes. »Ich, der Herr, bin euer Gott, der euch aus Ägypten fortgeführt hat, damit ihr nicht länger Sklaven seiet. Ich zerbrach die Stäbe eures Joches und ließ euch in aufrechter Haltung dahingehen« (Lev 26,13). Auch später erbarmt sich der Herr Israels, indem er Assur zerschmettert und das von den assyrischen Herr-

schern auferlegte Joch hinwegnimmt (Jes 14,25). Das Joch bedeutet aber nicht nur die drückende und ungerechte Fremdherrschaft, sondern kann auch Bild der sanften und gerechten Herrschaft Gottes sein, dem sich allerdings das undankbare Israel öfter zu entziehen versuchte; es zerbrach sein Joch, zerriß seine Stricke und redete: »Ich will nicht dienen!« (Jer 2,20) Wer nicht nach Gottes Willen leben kann, wird seine Gebote als Zwang, als Joch empfinden. Dabei ergeht es gut dem Manne, »welcher sein Joch in der Jugend schon trägt« (Klgl 3,27), d. h. früh lernt, dem Herrn zu gehorchen.
Ohne die von Christus geforderte und von ihm selbst bis zu seinem Tode vorgelebte Liebe und Barmherzigkeit ist das Gesetz aus der Zeit des Mose ein schweres Joch (Apg 15,10). Was der Heiland aber seinen Gläubigen anbietet, ist ein sanftes Joch und eine leichte Bürde und dient der Erquickung der Seele (Mt 11,29). Der Apostel Paulus warnt seine Glaubensbrüder, mit den Ungläubigen im gleichen Joch zu ziehen; »denn was hat Gerechtigkeit zu tun mit Ungesetzlichkeit? Oder was haben Licht und Finsternis miteinander gemeinsam?« (2 Kor 6,14)

LITERATUR: J. B. Bauer: Das milde Joch und die Ruhe, Mt 11,28–30 (Scholia biblica et patristica, 51–60). Graz 1972.

Jordan ↗ Fluß

Kelch ↗ Becher

Kelter

Den alten Ägyptern war die Gleichsetzung von Blut und Wein eine vertraute Vorstellung. Der Gott der Öl- und Weinpresse, Schesmu, fesselt die Sünder an den Richtblock, während ihre Köpfe in einem Keltergerät ausgepreßt werden; andererseits reicht der Keltergott den Toten Wein als lebenserhaltendes Getränk.
In den prophetischen Büchern der Bibel ist die Kelter ein

Bild des göttlichen Strafgerichts. »Greifet zur Sichel, denn die Ernte ist reif, kommet und tretet, denn die Kelter ist voll, die Kufen strömen über, denn ihre Bosheit ist groß« (Joel 4,13). Als Keltertreter erscheint Jahwe selbst; er verwirft die Helden und tritt die Kelter (Klgl 1,15). Von besonderer Bedeutung für die spätere Auslegung ist die Stelle bei Jesaja (63,1 ff.), nach der Gott »im herrlichen Prachtgewand hinschreitet in voller Kraft«; sein Gewand aber ist rot »wie dessen, der auf die Kelter tritt« – der keltertretende Herr trat in seinem Zorn auf die Völker nieder, zertrampelte sie in seinem Grimm wie die Trauben, »es spritzte ihr Saft an meine Kleider«. Die Kelter ist ein Symbol der Wandlung, aus den Trauben wird Wein, aus Leid Freude, aus dem Tod kommt neues Leben hervor. So wie der Weinberg das Volk Israel sinnbildet und der Turm den Tempel, so weist die Kelter auf den Altar (vgl. Jes 5,1 f.).

Bei der apokalyptischen Schilderung des Gerichtes als Gotteserntе »legte der Engel seine Sichel an die Erde und sammelte die Ernte vom Weinstock der Erde und schüttete sie in die große Kelter des Zornes Gottes. Und die Kelter wurde getreten außerhalb der Stadt, und es floß Blut aus der Kelter« (Offb 14,19 f.). Wenn der Christkönig zum Endkampf aufbricht, wird er in seinem blutgetränkten Gewand die Völker mit eisernem Stabe leiten, »und er tritt die Kelter des glühenden Zornweins Gottes« (Offb 19,15).

Die Kirchenväter erblickten bereits in Gen 49,11 ein Vorbild der Leiden Christi: »Er wäscht im Wein sein Kleid und im Rebenblut sein Gewand«; Tertullian verknüpfte diese Stelle mit Jes 63,2 und erblickte in dem in der Kelter ausgepreßten Blut Christi den Trank der Eucharistie. Die den Psalmen 8,81 und 84 beigefügten Überschriften »Pro torcularibus« (»Bei den Keltern«) wurden ebenfalls unter dem Gesichtspunkt der ausgepreßten Trauben und des leidenden Christus betrachtet, obwohl nichts davon geschrieben ist und vielleicht nur der freudige Inhalt mit dem Jubel bei der Weinlese verglichen werden sollte. In der Malerei des Mittelalters und der Renaissance war die »mystische Kelter« ein häufiges Motiv: Der die Trauben stampfende Heiland wird selbst vom Kelterbalken (= Kreuz) niedergepreßt, um mit seinem Blut die Menschheit zu erlösen.

LITERATUR: A. van Gramberen: Le presoir mystique (= Bulletin des Métiers d'art 1913, 129–132); A. Weckwerth: Christus in der Kelter. Ursprung und Wandlung eines Bildmotivs (Festschrift H. R. Rosemann, 95–108). München 1960; A. Thomas: Kelter, mystische (LCI, 2. Bd., 497–504); A. Weckwerth: Der in der weinumrankten Kelter Gekreuzigte (Festschrift für A. Thomas). Trier 1967.

Kerubim und Serafim

Altorientalische Vorstellungen bedienten sich der Mischwesen, um die Repräsentanten einer dem Menschen nicht verständlichen Welt zu veranschaulichen, deren Wirkungsbereich zwischen dem Göttlichen und dem Dämonischen liegen kann. Sie nehmen die Stellung von Genien ein und sind zum Zeichen ihres überirdischen Ranges geflügelt dargestellt. In Ägypten spielen teilweise die Götter Isis und Nephthys diese untergeordnete Rolle; in Schlangengestalt bewachen sie die Pforte der Unterwelt, als geflügelte anthropomorphe Wesen beschützen sie die Mumie im Sarg. Die altmesopotamische Karîbu-Gottheit war Torhüterin und hatte Zugang zum Heiligtum. In der assyrischen Kunst umgeben geflügelte Menschen mit Adlerköpfen den Lebensbaum, und geflügelte Stiermenschen sind die Wächter am Eingang von Tempeln und Palästen.
Das AT kennt vor allem die Kerubim als Mischwesen. Von den verwandten mythologischen Gestalten der biblischen Umwelt unterscheiden sie sich darin, daß ihnen nirgends eine kultische Mittlerrolle zufällt. Sie sind die Hüter der sakralen Lebenszentren. Nach dem Sündenfall stellte der Herr »die Kerubim und die flammende Schwertklinge auf, den Weg zum Baum des Lebens zu behüten« (Gen 3,24). Wächter des Heiligsten waren auch die Kerubim mit den

zwei Antlitzen, dem eines Menschen und dem eines Löwen; sie bewachten den Eingang und alle Wände des Tempels (Ez 41,17–20). Jahwe erteilt zwischen den beiden aus Gold getriebenen Kerubim auf der Lade seine Offenbarung (Ex 25,22). Mose vernahm Gottes Stimme »von der Deckplatte her, die auf der Zeugnislade lag, und zwar zwischen den beiden Kerubim« (Num 7,89). Die Kerubim zeigen das Nahen oder die Anwesenheit Gottes an; er reitet auf ihnen (2 Sam 22,11), und er thront auf ihnen (2 Kön 19,15). In Ezechiels Vision bilden sie – menschengestaltig mit vier Gesichtern und vier Flügeln – den lebendigen Thronwagen Gottes (Ez 1,5 f.). Auch die Serafim sind Zeichen der Anwesenheit Gottes. Ihr Äußeres ist in Jesajas Berufungsvision durch drei Flügelpaare gekennzeichnet (Jes 6,2). Das Wort śārāph (= brennen) bezeichnet rein sprachlich eine feurige Giftschlange (Num 21,6–9; Dtn 8,15) und eine fliegende Schlange (Jes 14,29); doch ist eine Schlangengestalt der Serafim nicht nachzuweisen. Ihre Beziehung zum Feuer zeigt sich darin, daß einer von ihnen mit einer glühenden Kohle vom Altar Jesajas Lippen berührte und ihn so von seinen Sünden reinigte (Jes 6,6).

Die vier apokalyptischen Lebewesen um Gottes Thron sind »voller Augen vorne und hinten« als kosmische Wesen gekennzeichnet (Offb 4,6); die Augen sind Sternsymbole. Ihr Erscheinungsbild hat große Ähnlichkeit mit den vier Lebewesen der Ezechielvision, die sechs Flügel (Offb 4,8) erinnern jedoch an die Serafim. In seinem Brief an die Hebräer (9,5) weist Paulus auf »die Kerubim, die den Versöhnungsschrein überschatteten«, sie sind wie auch der Leuchter und der goldene Rauchopferaltar nichts anderes als »Sinnbilder des Himmlischen«, denen er »das Himmlische selbst« gegenüberstellt (Hebr 9,23 f.).

Dionysius Areopagita unterscheidet in seiner himmlischen Hierarchie neun Engelchöre. An erster Stelle stehen die Serafim; in der Kunst werden sie immer mit sechs Flügeln dargestellt, von denen zwei aufwärts gerichtet sind, um sich gegen Gottes Herrlichkeit abzuschirmen. Die Kerubim haben meist – nach Ezechiel – vier Flügel, manchmal aber auch zwei (1 Kön 6,27) oder, nach der Offenbarung, sechs Flügel. Das altchristlich-byzantinische Motiv der Etimasie, des erhöhten Christus – er selbst ist nicht dargestellt, sondern nur der Thron mit Polster und Christus-Emblemen –, zeigt auch Wache haltende Kerubim, obwohl diese in der literarischen Quelle (Ps 9,8) nicht angeführt sind. In der im 12. Jh. aufgekommenen Trinitätsdarstellung des Gnadenstuhls wird dieser von den Flügeln zweier Kerubim bedeckt.

LITERATUR: A. Jacoby: Zur Erklärung der Kerube (= ARW 22/1923–1924, 257–265); E. Dhorme: Le nom des chérubins (Recueil E. Dhorme, 671–683). Paris 1951; A. S. Kapelrud: The Gates of Hell and the Guardian Angels of Paradise (= JAOS 70/1950, 151–156); M. Haran: The Ark and the Cherubim. Their Symbolic Significance in Biblical Ritual (= IEJ 9/1959, 30–39); A. Ohler: Die Keruben (Mythologische Elemente im AT, 38–40).

Kleid, Kleidung

Die Kleidung ergänzt das Bild vom äußeren Menschen; sie ist nicht zufällig, sondern spiegelt etwas vom Wesen des inneren Menschen wider. In alten Zeiten glaubte man, sich durch das Anlegen bestimmter Kleider verwandeln zu können; so hoffte man durch ein umgehängtes Löwenfell die Kraft eines Löwen zu erlangen. Das Kleid ist eine Art alter ego; der Kleidertausch kann das Auswechseln des inneren Ich bedeuten. Um seine Krankheit loszuwerden, sollte nach einer altbabylonischen Ritualtafel der Kranke sein Gewand ausziehen. Der Kleidertausch bewirkt die Erneuerung des Menschen und ist oft Vorbedingung zur Teilnahme am Kult. Vor dem Betreten eines Tempels sollten die Griechen in einem fließenden Gewässer baden und neue oder frisch gewaschene Kleider anziehen. Die besondere Gewandung der orientalischen und antiken Kultträger betonte den Unterschied zwischen der sakralen und der profanen Welt.
Im Urzustand der Vollkommenheit bedurfte der Mensch

keiner verhüllender Gewänder, da er – nach einer späteren Auslegung – vom göttlichen Licht bekleidet war. Erst durch den Sündenfall entdeckten Adam und Eva ihre Nacktheit und »hefteten Feigenlaub zusammen und machten sich Schürzen daraus« (Gen 3,7). Das Herschenken der Kleider Jonatans an David, dazu Schwert, Bogen und Gürtel, ist eine Ergänzung der geschlossenen Blutsbrüderschaft (1 Sam 18,3 f.). Der Kleidertausch kann auch der Übertragung eines Amtes dienen; indem Mose auf Gottes Befehl Aaron vor dessen Tode von seinen Gewändern entkleidete und damit Eleasar bekleidete (Num 20,28), wurde das hohepriesterliche Amt auf den letzteren übertragen. Jeder Israelit sollte Quasten an die Zipfel seiner Kleidung nähen »und an jeder Zipfelquaste eine Schnur von violettem Purpur anbringen ... Wenn ihr es anseht, sollt ihr aller Gebote des Herrn gedenken« (Num 15,38 f.). In der Berufungsgeschichte des Elischa wird das Überwerfen des Mantels zu einem Symbol der Besitzergreifung durch den Herrn selbst (1 Kön 19 f.). Sinnfälliger Ausdruck der Buße ist das Tragen härener Gewänder; zum Zeichen ihrer Abkehr vom Bösen hüllten sich die Bewohner von Ninive in Sackgewänder (Jon 3,8). Schmutzige Kleider sind Symbol eines sündhaften Lebenswandels (Sach 3,3), daher die Mahnung des Kohelet (9,8): »Allzeit seien deine Kleider weiß!« Das reinste Kleid – entstofflicht – trägt Gott; »Licht umhüllt dich einem Mantel gleich« (Ps 104,2). Der Herr kann sich aber auch »mit Kleidern der Rache bedecken und sich in Eifer hüllen wie in ein Obergewand (Jes 59,17). Gewänder können zum Bild für Eigenschaften werden; Ijob »bekleidete« sich »mit Gerechtigkeit; wie Mantel und Kopfbund umhüllte mich Recht« (Ijob 29,14). Prophetenmund fordert Jerusalem auf, das Gewand der Trauer und des Elends auszuziehen und sich den »Mantel der göttlichen Huld« umzulegen (Bar. 5,1 f.). Zu den Bildern des messianischen Reiches gehören die Gewänder des Heils und des Sieges (Jes 61,10). Der blutbefleckte Rock Josefs, der zum Zeichen seines Todes von seinen Brüdern dem Vater Jakob

gezeigt wird (Gen 37,31 ff.), erlangte später symbolische Bedeutung im Hinblick auf das Passionsgewand Christi.
Die Schriftgelehrten und Pharisäer wollen mit ihren großen Quasten auf ihre Gesetzestreue hinweisen; in Wirklichkeit ist es – wie auch ihr sonstiges Tun – nur eine Zur-Schau-Stellung (Mt 23,5). Wer von Sünden befleckt in den Himmel eingehen möchte, ist wie einer, der ohne hochzeitliches Kleid den Hochzeitssaal betritt (Mt 22,11 f.). Bei der Verklärung Jesu wurden seine Kleider »hell leuchtend wie das Licht« (Mt 17,2). Wer auf Erden in Gerechtigkeit wandelte und seine Kleider nicht befleckte, wird dereinst in weißen Gewändern wandeln; die Auserwählten werden vor dem Throne des Lammes stehen, »angetan mit weißen Kleidern und mit Palmen in ihren Händen« (Offb 3,3 f.; 7,9). Nach des Paulus Wort wird das Verwesliche mit Unverweslichkeit und das Sterbliche mit Unsterblichkeit bekleidet werden (1 Kor 15,53), weshalb er den Menschen seiner Zeit die Mahnung gibt, Jesus Christus anzuziehen (Röm 13,14). Mit dem Kleid Christi werden alle angezogen, die auf Christus getauft wurden (Gal 3,27). So kann jeder »den neuen Menschen« anziehen, »der nach Gott geschaffen ist in wahrer Gerechtigkeit und Heiligkeit« (Eph 4,24).
In frühchristlicher Zeit wurden bei der Taufe die alten Kleider abgelegt und damit auch der alte, sündige Mensch. Das weiße Taufgewand symbolisiert die Auferstehungsherrlichkeit; es ist das »Hochzeitskleid«, welches berechtigt, am himmlischen Königsmahle teilzunehmen. In der katholischen Kirche legt der Novize mit seinem Namen die weltlichen Kleider ab und wird unter einem Bahrtuch begraben – Symbolisierung des dem neuen Leben vorausgehenden Absterbens. Nach dem Pontificale Romanum wird jeder, der ein härenes Büßerkleid trägt und Gottes Barmherzigkeit anruft, Verzeihung erlangen. Bei den liturgischen Gewändern sei auf die Symbolbedeutung des Manipels (ursprünglich ein Schweißtuch) hingewiesen; bei der Übergabe an den Subdiakon wird es als Sinnbild der »Frucht guter Werke« bezeichnet, was wohl auf die Na-

mensgleichheit mit manipulum (Garbe, Fruchtbündel) zurückzuführen ist. Der Leibrock Jesu, um den die Soldaten losten (Joh 19,23 f.), wurde zur kostbaren Reliquie. Nach dem syrischen Kirchenlehrer Ephräm war die Kleidung die Hülle der Menschheit Jesu Christi, während sein Körper die Gottheit verdeckte.

LITERATUR: A. Jirku: Die magische Bedeutung der Kleidung in Israel. Habilitationsschrift Kiel 1914; H. Thiersch: Ephod und Ependytes. Gottesbild und Priesterkleid im alten Vorderasien. Stuttgart 1936; W. Michaelis: Das hochzeitliche Kleid. Eine Einführung in die Gleichnisse Jesu über die rechte Jüngerschaft. Berlin 1939; J. Eichinger: Die menschliche Kleidung und ihre Symbolik in der Bibel. Diss. Wien 1954; R. Swaeles: L'orientation ecclésiastique de la parabole du festin nuptial en Mt XXII, 1–14 (= EThL 36/1960, 655–684); M. A. Flüeler: Das sakrale Gewand. Würzburg 1964; E. Haulotte: Symbolisme du vêtement dans la Bible (Théologie, 65). Paris 1966; J. B. Bauer: De veste nuptiali, Mt 22,11–13 (Scholia biblica et patristica, 67–72). Graz 1972.

Knie, Knien

Das Knien galt als Zeichen des Schuldgefühls, als Bittgebärde und als Ausdruck der Huldigung. Wer sich auf beide Knie niederläßt, nicht mehr aufrecht wie ein freier Mann steht, zeigt seine Unterwerfung vor dem Höhergestellten, vor dem Mächtigeren. Kriegsgefangene, aber auch Verbrecher, flehten so um ihr Leben. Vor allem wurde in dieser Körperhaltung die Gottheit verehrt; in Assyrien kniete selbst der König vor dem Altar.

Das Beben der Knie ist ein Bild für Angst und Schwäche. Wenn des Endes Schrecken nahen, erschlaffen alle Hände, »und alle Knie zerfließen wie Wasser« (Ez 7,17). Bei dem Sturm auf Ninive herrschen »Verwüstung, Verheerung, verzagter Mut und schlotternde Knie, in allen Lenden ein Zittern« (Nah 2,11). Wem Gott seine Gnade zuwendet, wer seinen Lichtglanz erschaut, dessen schlaffe Hände werden gestrafft, »die schlotternden Knie gefestigt« (Jes 35,3). Man beugt das Knie aus Ehrfurcht, als Zeichen der Unterwerfung unter Gottes

Willen. Vor der ganzen Gemeinde Israel warf sich Salomo »auf die Knie nieder und breitete seine Hände zum Himmel empor« (2 Chr 6,13). Bei seinem Bußgebet fiel Esra auf die Knie nieder und breitete seine Hände zum Herrn aus (Esr 9,5). Jahwe hat sich die Israeliten gemerkt, »die ihre Knie vor Baal nicht gebeugt haben und deren Mund ihn nicht geküßt hat« (1 Kön 19,18). Gestus intensivsten Betens ist es, wenn Elias auf dem Berge Karmel sich zur Erde niederbeugt und sein Antlitz zwischen die Knie legt (1 Kön 18,42). Am Ende der Zeiten werden sich alle vor dem Herrn niederwerfen, »beugen soll sich vor ihm, wer immer zum Staube hinabfuhr« (Ps 22,30).
Das alttestamentliche Bild der schlotternden, wankenden Knie als Ausdruck für Angst und Schwäche findet sich im Brief an die Hebräer (12,12) wieder. Der Kniende ist der Bittende, und zahlreich waren die, die vor Jesus knieten – wie der Aussätzige, der geheilt werden wollte (Mk 1,40), oder wie der Vater, der um Gesundung seines mondsüchtigen Sohnes flehte (Mt 17,15). Auch der Betende kniet nieder – wie der Märtyrer Stephanus, als er seinen Geist in Jesu Hände befahl (Apg 7,60). Vor seiner Gefangennahme entfernte sich Jesus etwa einen Steinwurf weit von seinen Jüngern, »kniete nieder und betete« (Lk 22,41). Einst wird der Tag kommen, an dem sich »im Namen Jesu« ein jedes Knie beugt (Phil 2,10); Himmel, Erde und Unterwelt werden so Gott ihre Verehrung erweisen.
In der abendländischen Kirche galt das kniende Beten zunächst nur für die Tage mit Bußcharakter; gegen Ende des Mittelalters wurde das Knien für die ganze Opfermesse die Grundhaltung der Gläubigen. Die nur einen Augenblick andauernde Kniebeuge mit leichtem Verneigen des Oberkörpers wird in der katholischen Kirche als Zeichen der Anbetung vor dem Allerheiligsten gemacht.

LITERATUR: J. Kramp: Von der Kniebeuge vor der Eucharistie (= ZKTh 48/1924, 154–160); Th. Ohm: Die Gebetsgebärden der Völker und das Christentum. Leiden 1944; J. B. Bauer: Inter genua deposito capite (= Hermes 87/1959, 383 f.); F. T. van Straten: Did the Greeks kneel before their Gods? (Bulletin Anticke Beschaving 49/1974, 159–189).

Kohlen

Nachdem die Verwendung von Steinkohlen für den palästinensischen Raum in vorchristlicher Zeit nicht nachgewiesen ist, dürfte es sich bei den biblischen »Kohlen« (in Luthers Übersetzung oft auch »Glut«) um Holzkohlen gehandelt haben. Ezechiel erschaute die dem Menschen unheimliche Majestät Gottes als »loderndes Feuer mit Glanz ganz ringsherum«; in ihm waren die vier Lebewesen, und zwischen ihnen »war etwas, das aussah wie brennende Feuerkohlen« (Ez 1,13). Die Kohlenglut ist ein Bild für das Leben, das in Gott ruht und an dem auch der Altar – als irdischer Thron des Herrn – teilhat. Bei der Berufung des Jesaja flog einer der Serafim auf ihn zu und berührte mit einer glühenden Kohle, die er »mit einer Dochtschere vom Altar genommen«, seinen Mund; dabei sprach er: »Da, dies hat deine Lippen berührt, es weicht deine Schuld, deine Sünde ist gesühnt« (Jes 6,6 f.). Verschiedene Bibelübersetzungen sprechen einfach von »einem glühenden Stein«, wie er im Alltag zum Brotbacken verwendet wurde. Wer den letzten Sproß eines Geschlechtes beseitigt, so daß »weder Name noch Nachkomme auf dem Erdboden bleibt«, der löscht seine (Kohlen-)Glut aus (2 Sam 14,7). Glühende Kohlen gehören auch zum Erscheinungsbild göttlichen Zorns; »Rauch stieg von seinem Antlitz auf, aus seinem Rachen ein verzehrend Feuer, Kohlenglut flammte aus ihm« (2 Sam 22,9). Die Kohlenglut ist ganz allgemein ein Bild des Schrecklichen, Bedrohlichen und kann so zum Kennzeichen Leviatans, des krokodilartigen Ungeheuers, werden; aus seinem Schlund »fahren brennende Fackeln ... sein Atem entflammt glühende Kohlen« (Ijob 40,11 ff.).
Griechische Kirchenväter erblicken in der glühenden Kohle der Jesaja-Vision ein Symbol Christi. In der Jakobusliturgie spricht der Priester vor Austeilung der konsekrierten Brote: »Der Herr wird uns segnen und würdig machen, mit den reinen Zangen der Finger die feurige Kohle zu nehmen und auf die Zunge der Gläubigen zu legen, zur Reinigung

und Erneuerung ihrer Seelen und Leiber.« Im Volksglauben hat die vom Christblock oder von einem blitzgefällten Baum herstammende Kohle besondere Segenskraft; mit ihr werden Kreuze an die Tür gemalt und zur Zeit der Zwölften räuchert man mit ihr, um die umgehenden Toten und Geister abzuwehren.

LITERATUR: Fr.-J. Maus: Le charbon de l'autel ou le Corps du Christ dans l'économie du Salut (= Etudes Franciscaines XXI/1971, 25–38).

König

In alter Zeit galten die Herrscher als Träger besonderer Kräfte, vor allem dachte man sie in ständiger Verbindung mit den Göttern. Teils erschien der König als sichtbarer Gott, als sein Sohn, oder er galt als sein auserwählter Stellvertreter. Als Sohn des Re war der ägyptische König des Sonnengottes »lebendes Bild auf Erden«; er war Garant des irdischen wie auch des kosmischen Lebens, dessen Sinnbild, das Henkelkreuz, er in Händen hielt. Nach sumerischer Überlieferung kam das Königtum vom Himmel herab. Ursprünglich war das Amt des Herrschers mit dem des höchsten Priesters verbunden, so bei den altmesopotamischen Priesterkönigen. Die Achämeniden behaupteten, das Königtum durch die Gnade Ahura Mazdas erhalten zu haben. Seine eigentliche Entfaltung erfuhr der Herrscherkult in hellenistischer Zeit, und im römischen Kaisertum führte er zur Apotheose.
Im Gegensatz zum ägyptischen und altmesopotamischen Herrscher war der israelitische König nie das Kraftzentrum seines Volkes; diese Stellung nahm allein Jahwe ein. Er war der wahre Fürst seines Volkes. »Es freue sich Israel seines Schöpfers, Zions Söhne jauchzen um ihren König! Seinen Namen sollen sie lobpreisen!« (Ps 149,2 f.) »Uns richtet der Herr; der Herr regiert über uns, unser König ist der Herr, der uns hilft« (Jes 33,22). Als Israel nach dem Vorbild der umliegenden Völker einen irdischen König wollte,

galt dieser als Statthalter Gottes. Samuel sprach zu Saul: »Fürwahr, der Herr hat dich zum Fürsten über sein Eigentum gesalbt!« (1 Sam 10,1) Obwohl David nicht ohne Fehler war, erhielt er vom Herrn die Verheißung, daß seinen Lenden Samen erweckt wird, in dem das Königtum erneut bestätigt wird. »Ich werde seinen Königsthron für immer begründen« (2 Sam 7,12 f.). In Anlehnung an Gen 49,10 – »Nicht weicht der Herrscherstab von Juda ..., bis der kommt, dem er gebührt und dem der Völker Gehorsam gehört« – muß diese Stelle auf den Messias bezogen werden. »Vater will ich ihm sein, und er ist mein Sohn« (2 Sam 7,14). Durch den Psalmisten spricht der Herr: »Ich selber habe meinen König bestellt auf Zion ... Mein Sohn bist du, heute habe ich dich gezeugt ... Ich gebe dir Völker zum Erbe und die Welt zum Besitztum« (Ps 2,6–8).
Das Königtum auf Zion ist das Vorbild des ewigen Königtums Christi, vor dem die Macht aller Erdenkönige in nichts zerrinnen wird (Apg 4,26; Hebr 1,8). Jesu Anspruch, der Messias zu sein, d. h. »der Gesalbte« des Herrn (griechisch »Christos«), wird bereits bei der Verkündigung des Engels an Maria offenbar: »Siehe, du wirst empfangen und einen Sohn gebären ... Gott der Herr wird ihm den Thron seines Vaters David geben ..., und seines Reiches wird kein Ende sein« (Lk 1,31 ff.). Die kostbaren Geschenke der Weisen aus dem Morgenlande sind symbolischer Ausdruck der Huldigung vor dem messianischen Königtum (Mt 2,2.11). Nachdem Jesus die Zweifel Natanaels beseitigt hat, erkennt dieser: »Du bist der Sohn Gottes, du bist der König von Israel« (Joh 1,49). In Jesus erfüllt sich das Wort des Propheten: »Siehe, dein König kommt zu dir, sanftmütig auf einer Eselin reitend« (Mt 21,5; vgl. Sach 9,9). Jesus bezeichnet sich selbst als König (Joh 18,37), allerdings nicht in politischem Sinn. Die spöttische Verhöhnung als »König der Juden« mit der Dornenkrone auf dem Haupt (Mt 27, 29) beweist nur zu gut die Wahrheit des Ausspruchs: »Mein Königtum ist nicht von dieser Welt« (Joh 18,36). Bei der Parusie wird die Herrschaft Christi vor aller Augen Wirk-

lichkeit werden; er ist der »Herrscher über die Könige der Erde«, der von seinem himmlischen Thron aus regieren wird in alle Ewigkeit (Offb 1,5; 11,15).
Mit der offiziellen Anerkennung der christlichen Kirche im Staat wird auch der Herrschercharakter Christi stärker betont und findet besonders seit dem 6. Jh. in der Maiestas Domini – in Anlehnung an die Offenbarung – sichtbaren Ausdruck. Daneben wird der thronende Christus statt auf der Sphaira auch auf dem Kaiserstuhl dargestellt; er verkörpert den »Menschensohn auf dem Throne seiner Herrlichkeit« (Mt 19,28). In der romanischen Zeit wurde selbst der Gekreuzigte in königlicher Haltung und mit der Königskrone (statt dem Dornenkranz) wiedergegeben. Bei den byzantinischen Kaisern fand das altorientalisch-antike Gottesgnadentum erneut Eingang; auch in West- und Mitteleuropa galten die Könige als Stellverteter Christi. Im frühen Mittelalter wurde die feierliche Königsweihe als Sakrament bezeichnet, und die Krone wurde als Lehen Christi aufgefaßt.

Literatur: J. Kollwitz: Das Bild von Christus dem König in Kunst und Liturgie der christlichen Frühzeit (= ThuG 35/1947–1948, 95–117); Sh. E. Johnson: King Parables in the Synoptic Gospels (= JBL 74/1955, 37–39); G. Widengren: Sakrales Königtum im AT und im Judentum. Stuttgart 1955; La regalità sacra, The Sacral Kingship. Contributions of the Central Theme of the VIIIth International Congress for the History of Religions. Leiden 1959; W. Schmidt: Königtum Gottes in Ugarit und Israel. Zur Herkunft der Königsprädikation Jahwes. Berlin 1961; F. Hahn: Christologische Hoheitstitel. Göttingen 1963; I. Engnell: Studies in Divine Kingship in the Ancient Near East. Oxford [2]1967; V. G. Smith: The concept of God. The Gods as King in the Near East and the Bible (= Trinity Journal 3, 1/1982, 18–38).

Kopf ↗ Haupt

Kranz

Die in alter Zeit dem Kranz zugeschriebenen magischen Wirkungen beruhen teils auf seiner kreisrunden Form, teils auf den Kräften der Pflanzen, aus denen er geflochten ist.

Wie von den Zweigen und Blüten, so erwartete man auch von dem Kranz eine Übertragung von Kräften. Im alten Ägypten wurden den Toten »Kränze der Rechtfertigung« mitgegeben; dieser Brauch ist als Ausdruck der vom Jenseitsgericht erwiesenen Unschuld zu deuten. Der in der griechisch-römischen Antike gewöhnlich aus Ölbaumblättern bestehende Totenkranz sollte dem Verstorbenen die Ruhe im Grabe sichern. Bei dem griechischen Fest der Anthesterien wurden zwei- und dreijährige Kinder mit Blumenkränzen geschmückt, um sie vor allem Unheil zu bewahren. Der dem siegreichen Schlachtenkämpfer verliehene Lorbeerkranz sollte ursprünglich die Reinigung vom Blutvergießen bewirken; später wurde nur noch die Idee des Sieges und der Ehrung mit dem Kranz verbunden.
In der Bibel ist der Kranz ein Zeichen des Ruhmes, der Huldigung und der Freude. Indem der einstige Hohepriester Alkimus dem Seleukidenherrscher Demetrius einen goldenen Kranz brachte (2 Makk 14,4), huldigte er dem fremden Monarchen. Eine Huldigung an Gott waren die goldenen Kränze, die gleich einer dekorativen Einfassung an der Bundeslade, am Schaubrottisch und am Altar angebracht waren (Ex 25,11.24 f.; 30,3; 1 Makk 4,57). Im übertragenen Sinn wird der Herr »zum schmückenden Kranz« für die Getreuen seines Volkes (Jes 28,5). Bei den gottlosen Schwelgern wird der Kranz zum Sinnbild ausgelassener Freude und irdischer Vergänglichkeit: »Wir wollen uns bekränzen mit Rosenknospen, ehe sie welken!« (Weish 2,8) Vor allem aber ist der Kranz ein Zeichen des Sieges. In der Ewigkeit schreitet die Weisheit »bekränzt im Festzug, nachdem sie im Ringen um unbefleckte Kampfpreise gesiegt hat« (Weish 4,2). Wer die Weisheit höher schätzt als die Torheit, wer damit im Kampf des Lebens als Sieger hervorgeht, dem wird ein schmucker Kranz aufs Haupt gelegt (Spr 4,9).
Paulus vergleicht den Kampf um den Glauben mit den antiken Wettkämpfen. Jeder Wettkämpfer übt in allem Enthaltsamkeit. »Jene tun es, um einen vergänglichen

Kranz zu empfangen, wir aber um eines unvergänglichen willen« (1 Kor 9,24 f.). Allen, die in Liebe der Wiederkunft des Herrn zugewandt sind, wird der »Kranz der Gerechtigkeit überreicht« (2 Tim 4,8). Im Jakobusbrief (1,12) wird der Mann seliggepriesen, der in der Anfechtung aushält; »denn hat er sich bewährt, wird er empfangen den Kranz des Lebens«. Wie einst bei Jesaja die Getreuen zu einem schmückenden Kranz werden sollten, so schildert Petrus, wie die Gemeindeältesten »den unverwelklichen Kranz der Herrlichkeit« vom obersten Hirten entgegennehmen (1 Petr 5,4). Wer bis zum Tode getreu ist, dem wird der »Kranz des Lebens« gegeben (Offb 2,10). Im Umkreis des apokalyptischen Thrones stehen 24 weitere Throne, auf dem die 24 Ältesten sitzen, ihre Häupter werden von goldenen Kronen geziert (Offb 4,4).

Nachdem in der Antike das Tragen von Kränzen eine große Rolle spielte, wandten sich Klemens von Alexandrien und Tertullian scharf gegen das Bekränzen des Hauptes. Trotzdem erscheint in der Literatur (z. B. in den sog. »Oden Salomos«), auf Grabplatten und Sarkophagen der Siegeskranz, häufig in Verbindung mit dem Christusmonogramm oder dem Lamm. Schon seit dem 4. Jh. werden heilige Bilder und Statuen bekränzt. Johannes Chrysostomus bezeichnet den Brautkranz als Symbol des Sieges, da die Braut als Unbesiegte (jungfräulich) das Brautgemach betrete. Noch heute gehört die Bekränzung der Braut zum sakramentalen Ritus der griechisch-orthodoxen Eheschließung. Als Symbol der Jungfräulichkeit trägt die heilige Cäcilia einen Kranz von Rosen und Lilien.

↗ Krone

Literatur: J. Freundorfer: Die Apokalypse des Apostels Johannes und die hellenistische Kosmologie und Astrologie. Freiburg i. Br. 1929, 40 ff; K. Baus: Der Kranz in Antike und Christentum. Eine religionsgeschichtliche Untersuchung. Bonn 1940; J. Daniélou: La palme et la couronne (Les symboles chrétiens primitifs, 9–31); A. J. Brekelmans: Märtyrerkranz – eine symbolgeschichtliche Untersuchung im frühchristlichen Schrifttum. Rom 1965; Fr. Vonessen: Die pythagoreischen Symbole (= Antaios IX/1968 – über »Das Gesetz als Kranz« 296–300).

Kreis

Bei der in sich selbst zurückkehrenden Linie des Kreises sind alle Punkte gleich weit vom Zentrum entfernt; es gibt kein Vor- und kein Hintereinander. So haben wir hier das einfachste Sinnbild des In-sich-Geschlossenen, des Grenzenlosen, Ewigen. Der kosmische Urkreis findet sich ikonographisch im Bild der Schlange, die sich in den eigenen Schwanz beißt. Die runde Gestalt war den alten Völkern Symbol der kosmischen Harmonie; die ägyptische Bezeichnung für die Welt war: »das, was die Sonne umkreist«. Aus dem Kreis lassen sich alle anderen geometrischen Figuren konstruieren, genauso wie aus der Unendlichkeit Gottes alle Geschöpfe entbunden wurden. In Anknüpfung an diese Vorstellung ist der Kreis ein Symbol für die Erschaffung der Welt und für ihren Schöpfer.

Der mit der Zentrumssymbolik zusammenhängende Kreis findet sich bei dem Ring »feuriger Steine«, die um den heiligen Gottesberg gelegt sind (Ez 28,14). Als Schöpfung Gottes ist auch die Erde in sich gut, in mythischer Sprache ist sie rund; so entstand das Bild und der Begriff vom Erdkreis (Ps 33,8). Mit ursprünglich magischen Vorstellungen hängt das Umkreisen zusammen. Durch das sich über sieben Tage erstreckende Umkreisen Jerichos stürzten die Mauern dieser Stadt ein (Jos 6). Heilige Gegenstände oder Orte werden umkreist, um ihrer Heilskraft teilhaftig zu werden. »Darum wasche ich meine Hände in Unschuld und umwandle deinen Altar, o Herr« (Ps 26,6). Der Heerscharen Herr wird selbst im Bild des Runden geschaut, im übertragenen Sinne heißt es von ihm, daß er »zur prächtigen Krone, zum schmückenden Kranz« wird (Jes 28,5).

Der Thron der göttlichen Majestät ist von einem »farbenreichen Strahlenkranz« rings umgeben, »und im Umkreis des Thrones waren vierundzwanzig Throne«, auf denen die vierundzwanzig Ältesten saßen (Offb 4,3 f.). Am Ende der Zeiten wird der große Drache, »der den ganzen Erdkreis verführt«, von Gott gestürzt werden (Offb 12,9).

Bonaventura spricht von Gott als »Kreis, dessen Mittelpunkt überall und dessen Peripherie nirgends ist« – ein Gedanke, der bei mehreren Mystikern wiederkehrt. Der Himmelskreis mit dem ihm innewohnenden und zugleich aus ihm herauswirkenden Gott fand eine erhabene Darstellung in den byzantinischen Kuppelmosaiken, als Beispiel sei der Christus Pantokrator zu Daphne angeführt. Als Werk Gottes ist auch seine Schöpfung zunächst vollkommen, in sich gerundet; das Paradies hat Kreisform, so z. B. in dem wegen seiner Illustrationen berühmten Stundenbuch Très Riches Heures. Das religiös zentrierte Weltbild fand seinen kartographischen Niederschlag in den mittelalterlichen Darstellungen Jerusalems als viergeteilter Stadt.

LITERATUR: D. Mahnke: Unendliche Sphäre und Allmittelpunkt. Halle 1937; M. Loeffler-Delachaux: Le cercle, un symbol (Collection Action et Pensée). Genève 1947; M. Lurker: Der Kreis als symbolischer Ausdruck der kosmischen Harmonie (= Stud Gen 19/1966, 523–533); M. Lurker: Der Kreis als imago mundi. Abwandlungen des Kreismotivs in der christlichen Kunst (= Das Münster 25/1972, 297–306); M. Lurker: Der Kreis als Symbol. Tübingen 1981.

Kreuz, Kreuzigung

Das durch die Vierzahl gekennzeichnete Kreuz ist Symbol für die Vereinigung der Gegensätze (Oben – Unten, Rechts – Links). Als kosmisches Zeichen – für die Sonne und ihren Lauf oder für die vier Himmelsrichtungen – findet es sich in Gestalt des Radkreuzes oder des Hakenkreuzes, so bei den Sumerern, im alten Indien, im donauländischen Neolithikum. Als Heils- oder Schutzzeichen kommt es auf zahlreichen antiken Siegeln und Amuletten vor. Auf einer Stele trägt der assyrische König Schamschi-Adad (824–810) ein Kreuz in der Form der crux quadrata an einer Schnur um den Hals. Die aus dem Orient – besonders aus Persien – stammende Strafe der Kreuzigung wurde von den Karthagern und Römern übernommen; sie galt als verächtlichste Todesart und wurde vor allem bei Sklaven ausgeführt. Sowohl das griechische wie das lateinische Wort für Kreuz bezeichnen zunächst einfach einen senkrechten Pfahl, an den die zum Tode Verurteilten gebunden wurden. Das Kreuzigungsholz und das kosmische Kreuz standen in vorchristlicher Zeit in keinem gedanklichen Zusammenhang.

Im AT war die Kreuzigung unbekannt; doch wurden die Leichen der Hingerichteten zur Vermehrung ihrer Schande aufgehängt. Nach der Steinigung eines zum Tode verurteilten Verbrechers hängte man ihn an einem Baume auf (Dtn 21,21ff.; vgl. auch Gen 40,19). Die im Auftrag des Herrn an einer Stange befestigte Schlange wurde in neutestamentlicher Zeit zum Typos für den gekreuzigten Jesus; »jeder, der gebissen ist, soll zu ihr aufblicken. Er wird am Leben bleiben« (Num 21,8).

Gewöhnlich nimmt man für die Kreuzigung Jesu die crux immissa mit über dem Haupt emporragenden Längsbalken an, weil der Kreuzestitel über dem Haupte angebracht war (Mt 27,37). Bei Johannes (3,14) findet sich der typologische Bezug »Wie Moses die Schlange erhöhte in der Wüste, so muß erhöht werden auch der Menschensohn, damit jeder, der an ihn glaubt, ewiges Leben habe.« Von den symbolischen Ausdeutungen des Kreuzes ist die des Briefes an die Epheser (2,16) besonders hervorzuheben: durch das Kreuz werden zwei einander entgegengesetzte Teile versöhnt, was im letzten nicht nur für zwei Zeitalter oder zwei Glaubensrichtungen, sondern auch für Himmel und Erde gilt. Die vier Dimensionen des Kreuzes deuten die Universalität des Heils an; im Hinblick auf die Kreuzigung sagt Jesus: »Ich aber werde, wenn ich erhöht bin von der Erde, alle an mich ziehen« (Joh 12,32). Zunächst ist das Kreuz Zeichen des Todes; Jesus »ist für alle gestorben« (2 Kor 5,14) bzw. bei seinem Tode wurde »unser alter Mensch mitgekreuzigt« (Röm 6,6). Die Ambivalenz des Kreuzes läßt es aber auch zum Symbol der Erlösung und damit des Lebens werden. »Durch das Blut seines Kreuzes« stiftet Christus Friede und versöhnt alles, »ob es auf Erden ist oder im Him-

mel« (Kol 1,20). »Wenn wir aber sterben mit Christus, so glauben wir, daß wir auch leben werden mit ihm« (Röm 6,8). Den Gläubigen ist das Kreuz ein Zeichen der »Kraft Gottes«, durch das sie gerettet werden (1 Kor 1,18). Es ist letztes und höchstes Zeichen des Sieges. »Für mich aber gibt es kein Rühmen, außer im Kreuz unseres Herrn Jesus Christus, durch das mir die Welt gekreuzigt ist und ich der Welt« (Gal 6,14). Die Bereitschaft zum Kreuztragen – ein Gebot für die Jünger des Herrn – ist Bild für die Preisgabe des eigenen Ich; »denn wer sein Leben retten will, wird es verlieren, wer aber sein Leben verliert um meinet – und des Evangeliums willen, wird es retten« (Mk 8,34f.). Am Ende der Zeiten »wird erscheinen das Zeichen des Menschensohnes am Himmel« (Mt 24,36).
Schon die Kirchenväter suchten nach typologisch auswertbaren Texten des AT; so wurde z. B. von Justinus dem Märtyrer der Lebensbaum in Gen 2,9 auf das Kreuz bezogen. Melito von Sardes erblickte als erster in der von Abraham geforderten Opferung seines Sohnes Isaak (Gen 22) einen Typos zum Kreuzesopfer Christi. Ephraem der Syrer empfahl das Kreuz als Siegeszeichen über die bösen Geister. Bei Gregor von Nyssa und Augustinus findet sich bereits eine kosmologische Interpretation der Kreuzform. Der Mensch mit ausgebreiteten Armen – eine der ältesten Gebetsgesten, vgl. Ex 17,11 – wurde in symbolischer Schau zum Bild des Kreuzes und des Gekreuzigten. Schon früh erfolgte die Versiegelung auf den Namen Christi bei der Taufe mittels eines auf die Stirn gezeichneten Kreuzes; dieses Kreuzzeichen ist eigentlich das Siegel der Diener Gottes nach Offb 7,3. Bei der Grundsteinlegung einer Kirche wird an der Stelle des künftigen Altars ein hölzernes Kreuz errichtet. Der kreuzförmige Grundriß zahlreicher Kirchen (nämlich Längsschiff und Querschiff) wird seit Anfang des 14. Jahrhunderts als Abbild des Gekreuzigten gedeutet, der mit seinen ausgestreckten Armen die Welt umfaßt. Zu einer künstlerischen Darstellung des Kreuzes in der Kunst konnte es erst kommen, nachdem unter Kaiser Theodosius d. Gr. die Kreuzigung als Strafe endgültig abgeschafft wurde und somit keine negativen Assoziationen auslöste. Die ältesten Darstel-

lungen des Gekreuzigten (Tür von S. Sabina, Rom 5. Jh.) waren wohl eine Reaktion auf den die Leidensfähigkeit Christi leugnenden Monophysitismus. Die ganze mittelalterliche Literatur und Kunst zeigt, daß im christlichen Glauben das historische Kreuz soteriologisch weiterwirkt als Zeichen der Heilsgegenwart und eschatologisch als Zeichen der Heilshoffnung. Das stellvertretend und repräsentativ für Christus als den auferstandenen erhöhten Herrn dargestellte Kreuz steht seit dem 11. Jahrhundert über dem Altar der Kirche.

LITERATUR: H. Leclerq (DACL III/2, 3045–3144). M. Sulzberger: Le symbole de la croix (= Byzantion 2/1925, 337–448). E. Dinkler: Zur Geschichte des Kreuzsymbols (= Zeitschrift für Theologie und Kirche 48/1951, 148–172). A. Grillmeier: Der Logos am Kreuz. München 1956. W. Michaelis: Zeichen, Siegel, Kreuz (= ThZ 12/1956, 505–526). F. J. Dölger: Beiträge zur Geschichte des Kreuzzeichens (= JbAC 1–10/1958–1967). E. Dinkler: Signum Crucis. Aufsätze zum Neuen Testament und zur christlichen Archäologie. Tübingen 1967. J. Sieper: Das Mysterium des Kreuzes in der Typologie der Alten Kirche (= Kyrios 9/1969, 1–30, 65–82). C. Andresen/G. Klein (Hrsg.): Theologia Crucis – Signum Crucis (Festschrift für Erich Dinkler). Tübingen 1979. J. Maringer: Das Kreuz als Zeichen und Symbol in der vorchristlichen Welt (Studia Instituti Anthropos). St. Augustin bei Bonn 1980.

Krone

Die Krone ist das äußere Zeichen der herrscherlichen Würde; der reiche Schmuck an Edelsteinen und Perlen sinnbildet die Fülle der Macht. Als wichtigstes Stück der Insignien wurde die Krone zum sorgfältig gehüteten Schatz eines ganzen Volkes. Der Gekrönte steht unter dem Schutz der Götter. Die Ägypter erblickten in der Krone das Auge des Sonnengottes oder auch die den König beschützende Flamme. Die goldene Krone ist selbst göttlich, Symbol der Sonne und des Lichtes. Theseus erhält von Ariadne einen Kranz oder eine Krone, durch deren Glanz das Labyrinth erhellt wird. Die Krone der Götter weist auf ihre den Kosmos beherrschende Macht; die persische Anaitis trägt eine Sternenkrone, und eine außerbiblisch-jüdische Überliefe-

rung erwähnt die mit Sonne, Mond und den zwölf Tierkreisbildern geschmückte Krone des Messias-David.
Des Königs Krone ist Zeichen seiner Macht und Majestät. In dem an Gott gerichteten Danklied zur Königskrönung heißt es: »Du begegnest ihm mit Segen und Glück, zierest sein Haupt mit einer feingoldenen Krone« (Ps 21,4). Der Untergang Judas wird mit dem Niedersinken der Krone von des Königs Haupt verglichen (Jer 13,18). Der Verlust der Krone ist eine Folge frevelhaften Handelns; »die Krone entfällt unserm Haupt, weh uns, daß wir gesündigt!« (Klgl 5,16). Die Krone verleiht Würde und Ansehen; beides verliert man mit seiner Ehre. Ijob (19,9) klagt, daß Gott ihn seiner Ehre entkleidet und ihm die Krone vom Haupt genommen habe. Den Frommen krönt Gott mit Huld und Erbarmen (Ps 103,4). Der Hohepriester trägt ein diademartiges »Stirnblatt aus reinem Gold«, darauf ist in Siegelstecherarbeit eingraviert: »Heilig dem Herrn«; der Hohepriester soll es ständig tragen, damit sein Volk »Wohlgefallen vor dem Herrn findet« (Ex 28,36.38). Messianische Bedeutung hat die aus Silber und Gold gefertigte Krone, die dem Hohenpriester Josua aufs Haupt gesetzt werden soll; es ist eigentlich die Krone, die dem Manne gehört, dessen Name »Sproß« ist und der den Tempel des Herrn bauen wird (Sach 6,11 f.).
Das in Luthers Bibelübersetzung mit »Krone« wiedergegebene griechische stephanos bezeichnet eigentlich einen Kranz aus natürlichen oder metallenen Blättern, wie er den Siegern im Wettkampf überreicht wurde (1 Kor 1,25). Um eigentliche Kronen (griechisch diadema) handelt es sich in der Offenbarung. Der rote Drache trägt in teuflischer Nachahmung Gottes, um Würde vorzutäuschen, auf seinen sieben Köpfen sieben Kronen (Offb 12,3). Im letzten Kampf erscheint der Streiter für Gerechtigkeit – Christus – auf einem weißen Pferd, »und auf seinem Haupte sind viele Kronen« (Offb 19,12).
Wie in den schriftlichen Quellen, so gehen auch in der christlichen Kunst Kranz und Krone oft ineinander über.

Auf Mosaiken altchristlicher Basiliken reicht die Hand Gottvaters einen gemmenbesetzten Goldreif oder einen Kranz aus goldglitzernden Blättern mit einem großen Edelstein in der Mitte aus den Wolken herab, bestimmt für Christus oder einen Titelheiligen. Biblisch nicht belegt ist das Bild der Krönung Marias; typologische Beziehungen glaubte man bei der Erhebung Batsebas durch ihren königlichen Sohn Salomo (1 Kön 2,19) und bei der Krönung Esters durch Xerxes (Est 2,17) zu finden. Bei außerliturgischen feierlichen Anlässen trug der Papst die Tiara, bestehend aus einem dreifachen Kronreifen. Der erste Kronreifen bezeichnet die weltliche Herrschaft, der zweite die geistliche Gewalt und der erst im 14. Jh. hinzugefügte dritte sollte vielleicht andeuten, daß sich des Papstes Gewalt – entsprechend dem Wort Christi an Petrus: »Alles, was du auf Erden binden wirst, wird auch im Himmel gebunden sein« – auch noch auf den Himmel erstreckt. Gekrönte Frauengestalten symbolisieren die theologischen Tugenden Glaube und Hoffnung, auch die Ecclesia. Die Synagoge wird mit schiefsitzender oder herabfallender Krone dargestellt, ein Zeichen ihrer Entthronung, ihres Unterganges.

LITERATUR: Abubakr: Untersuchungen über die ägyptischen Kronen. Glückstadt 1937; E. R. Goodenough: The Crown of Victory in Judaism (= Art Bulletin 28/1946, 1–159); A. Bühler: Die at.liche Deutung der deutschen Reichskrone (= Münster 5/1952, 332–338); P. E. Schramm: Herrschaftszeichen und Staatssymbolik. Beiträge zu ihrer Geschichte vom 3. bis zum 16. Jh. 3 Bände. Stuttgart 1954–1956; M. Hellmann: Corona Regni. Studien über die Krone als Symbol des Staates im späteren Mittelalter. Weimar 1961.

Kuh ↗ *Stier*

Kuß

Seit je hat der Kuß über das Profane hinausreichende Bedeutung. Das ursprüngliche Motiv dürfte das der Kraftübertragung gewesen sein, weiter spielen das Bedürfnis nach Vereinigung und das der Verehrung eine Rolle. In antiken

Kulten galt der sakrale Kuß der Tempelschwelle, dem Altar und dem Götterbild. In Ägypten war es üblich, die Füße des gottgleichen Herrschers zu küssen. Schließlich war der Kuß auch Zeichen der Zugehörigkeit zu einem Bund – so bei den Arvalen, dem zwölfköpfigen Priesterkollegium in Rom, dem die Durchführung des rituellen Flurumganges oblag. Im Islam bildet noch heute das Küssen des schwarzen Steines der Kaaba den Höhepunkt der Wallfahrt.

Der Kuß ist Zeichen der Verehrung. Als Samuel Saul küßte, erwies er dadurch dem neu erwählten König seine Huldigung (1 Sam 10,1). Beim Götzendienst wurde das Knie vor Baal gebeugt und sein Standbild geküßt (1 Kön 19,18). Das Küssen der Füße bedeutet bedingungslose Unterwerfung: »Dienet dem Herrn in Furcht und küßt seine Füße mit Zittern!« (Ps 2,11) Ersatz für den Kuß ist die Kußhand. Ijob ließ sich von dem strahlenden Glanz der Sonne und von dem prachtvollen Einherziehen des Mondes betören und sandte mit seiner Hand »vom Mund Küsse empor« (Ijob 31,27). Im Hohenlied wünscht die Braut von ihrem königlichen Geliebten geküßt zu werden (Hld 1,2). Der Kuß mit Umarmung war der Gruß unter Gleichgestellten; bei der Aussöhnung zwischen Jakob und Esau eilte letzterer seinem Bruder entgegen, »umarmte ihn, fiel ihm um den Hals und küßte ihn« (Gen 33,4). Wenn – in eschatologischer Schau – die Huld Gottes sich seinem Volk zuwendet, werden Liebe und Treue einander begegnen, »Rechtssinn und Wohlfahrt geben sich einen Kuß« (Ps 85,11).

An sich Zeichen der Zuneigung und Ergebenheit, wurde der Kuß von Judas Iskariot mißbraucht und zu einem Zeichen des Verrats (Mt 26,48 f.). Paulus mahnt die jungen Christengemeinden: »Grüßt einander mit heiligem Kuß!« (Röm 16,16; 1 Kor 16,20) Mit der gleichen Aufforderung schließt der erste Petrusbrief (5,14): »Grüßt einander mit dem Kuß der Liebe!« Mit einem Kuß nahm Paulus Abschied von der Gemeinde in Ephesus (Apg 20,37).

Der in der Liturgie häufig angewendete Kuß ist Symbol

der übernatürlichen Liebe. Im Tauf- und Firmungsritual ist der Kuß als Zeichen der Aufnahme in die christliche Bruderschaft zu werten. Der seit dem 4. Jh. nachweisbare Altarkuß während der Meßfeier wurde besonders dadurch gefördert, daß man im Altar das Symbol Christi erblickte; vielfach bezog man den Altarkuß aber auch auf die im Altar ruhenden Märtyrerreliquien. Zeichen brüderlicher Liebe ist die im Hochamt auf das Agnus Dei folgende Umarmung, wobei der Priester zum Diakon spricht: »Pax tecum«; in einigen Gegenden wird dieser Friedenskuß (Pax) mittels der Pax-Tafel – aus Elfenbein, Metall oder Holz, meist mit dem Bild des Gekreuzigten – an die dem Gottesdienst beiwohnende Gemeinde weitergereicht. Der dem Papst erwiesene Fußkuß als Zeichen tiefster Ehrfurcht entstammt dem römisch-byzantinischen Kaiserzeremoniell. Der Kuß ist auch in der Sprache der Mystik verbreitet; so sagt Bernhard von Clairvaux, daß der Gläubige den himmlischen Bräutigam nicht nur schauen, sondern auch küssen will.

LITERATUR: A. E. Crawley: Kissing (ERE 7, 739 ff.); A. Wünsche: Der Kuß in Bibel, Talmud und Midrasch. Breslau 1911; J. Löw: Der Kuß (= Monatsschrift für Geschichte und Wissenschaft des Judentums, N. F. 29/1921, 253 ff., 323 ff.); F. J. Dölger: Der Kuß im Tauf- und Firmungsritual nach Cyprian von Karthago und Hippolyt von Rom (= AuC 1/1929, 186–196).

Lahmheit ↗ *Hinken*

Lamm und Widder

Wegen seiner Einfalt und Duldsamkeit wurde das Schaf zu einem Bild des Frommen und stand in Korrespondenz zu einer anderen Metapher der religiösen Sprache: dem göttlichen Hirten. Der Schafswidder galt als Symbol der Fruchtbarkeit. Der ägyptische Schöpfergott Chnum wurde als Mann mit Widderkopf dargestellt. Lamm und Widder waren im Alten Orient und in den Mittelmeerländern die häufigsten Opfertiere. Die griechische Sage berichtet von dem zum Opfer bestimmten Königssohn Phrixos, der durch einen von der Gottheit gesandten Widder nach Kolchis gerettet wurde; der Widder wurde dann – stellvertretend für den Menschen – dem Zeus geopfert. Besondere Bedeutung hatten die Frühjahrsopfer, so in Phrygien, wo während der Attismysterien an der gefällten Fichte ein Widder geschlachtet wurde; wahrscheinlich bestand ein Zusammenhang mit der Sonnenverehrung und mit der Hoffnung auf die Wiederkehr der warmen, fruchtbaren Jahreszeit. Schon die Hethiter opferten dem Sonnengott ein weißes Lamm.

In der Bibel ist die Lenkbarkeit des Schafes und sein Angewiesensein auf den Hirten ein Bild für das Verhältnis des Menschen zu Gott. »Die Gemeinde des Herrn soll nicht sein wie eine Schafherde, die keinen Hirten hat« (Num 27, 17). Gott weidet seiner Herden Schar »wie ein Hirt, auf seinen Armen sammelt er sie; Lämmer trägt er im Gewandbausch, Mutterschafe leitet er sacht« (Jes 40,11). Das Lamm, das sich wie kein anderes Tier willig zur Schlachtbank führen läßt, war das beliebteste Opfertier; tagtäglich wurde auf dem Altar als Morgen- und als Abendopfer je ein Lamm dargebracht (Ex 29,38 f.). In symbolischer Schau sind diese Opferlämmer des Alten Bundes Vorbild auf das eine Lamm des Neuen Bundes, das sich für die ganze Menschheit opfert. Bei Jesaja finden sich im Hinblick auf den Gottesknecht die wahrhaft prophetischen Worte: »Man mißhandelte ihn, und er beugte sich; er tat seinen Mund nicht auf wie das Lamm, das zur Schlachtbank geführt wird« (Jes 53,7). Es ist mehr als nur Zufall, daß im Aramäischen die Worte für »Knecht« und »Lamm« identisch sind. Schon bei der Abraham-Isaak-Geschichte wird deutlich, daß der sich mit seinen Hörnern im Dickicht verfangende Widder, der von Abraham auf dem Brandopferaltar Gott dargebracht wurde (Gen 22,13), ein stellvertretendes Opfer war. Auch das Opfer des Paschalammes am Abend vor der schrecklichen Nacht, in der Gottes Engel die Erstgeburt der Ägypter schlug (Ex 12,1–14), war eine Stellvertretung; denn an den Häusern der Israeliten, durch die mit Lammblut bestrichenen Türpfosten kenntlich gemacht, ging der Herr schonend vorüber. Das Lammblut war nicht nur Sühnemittel, um den Zorn Gottes abzuhalten, sondern auch Kennzeichen der Gläubigen, die sich beim Paschamahl zu einer sakramentalen Gemeinschaft zusammenschlossen. Bedeutsam ist die Stelle, daß von dem geschlachteten und zu verzehrenden Lamm kein Knochen gebrochen werden durfte (Ex 12,46). Zur ständigen Erinnerung sollte die Paschafeier alljährlich wiederholt werden, und so opferten jedes Jahr am Abend des 14. Nisan die Familienväter im Tempelhof zu Jerusalem ein einjähriges, unbeflecktes Lamm, welches von Gott selbst zum Heilszeichen gesetzt wurde, das versöhnend und bindend zwischen ihm und seinem Volke steht. Neben dem Opferlamm deutet auch der Sündenbock auf Christus hin: »Aaron stemme seine beiden Hände auf den Kopf des lebendigen Bockes und bekenne über ihm alle Verschuldungen des Israeliten und alle Übertretungen, die sie irgendwie begangen haben; er soll sie auf den Kopf des Bockes legen und diesen durch einen dabeistehenden Mann in die Wüste hinaustreiben« (Lev 16,21). Um die Menschen zu retten, von ihrer Schuld zu befreien, wird der mit den Sünden beladene Bock in die Wüste, in den Tod, in die Arme des göttlichen Widersachers getrieben.

Der Täufer Johannes hat Jesus Christus als den leidenden Gottesknecht und als das wahre Paschalamm erkannt, als er sprach: »Seht das Lamm Gottes, das hinwegnimmt die Sünde der Welt!« (Joh 1,29) Unmittelbar vor seiner Gefangennahme hat Jesus mit seinen Jüngern das Paschamahl gehalten und dabei die Eucharistie eingesetzt; aus seinen Worten geht hervor, daß er sich selbst als das Paschalamm verstand: »Nehmet hin und esset, das ist mein Leib ... Trinket alle, denn dies ist mein Blut des Bundes, das für viele vergossen wird zur Vergebung der Sünden« (Mt 26,26 ff.). Jesus starb in derselben Stunde, in der im Tempel die Lämmer für das Paschafest geschlachtet wurden. Wie bei den Opfertieren des Pascha keine Knochen zerbrochen werden durften, so auch bei Jesus; »denn dies ist geschehen, damit die Schrift erfüllt würde« (Joh 19,31–36). Paulus spricht es ganz klar aus: »Es wurde ja unser Osterlamm geschlachtet: Christus« (1 Kor 5,7). Petrus weist darauf hin, daß die Gläubigen nicht mit vergänglichen Dingen losgekauft wurden, »sondern mit dem kostbaren Blute Christi als eines untadeligen und makellosen Lammes« (1 Petr 1,19). Auch auf dem apokalyptischen Thron der Herrlichkeit trägt das Lamm die Wundmale seines Opfers, es ist »wie geschlachtet« (Offb 5,6). Beim letzten Gericht werden die Großen und die Reichen der Erde in ihrer Angst rufen: »Verbergt uns vor ... dem Zorn des Lammes« (Offb 6,16). Wer aber seine Kleider weiß gewaschen hat »im Blute des Lammes«, der wird von dem »Lamm in der Mitte vor dem Throne« geweidet und zu den Quellen des lebendigen Wassers geleitet (Offb 7,14–17). Die Vollendung des Gottesreiches wird mit einer Hochzeit verglichen, in der Christus im Bild des Lammes sich mit seiner Braut, der Gottesgemeinde, für immer vereinigt (Offb 19,7). Das at.liche Bild der vom Hirten behüteten Schafherde greift Jesus selbst wieder auf, indem er zu Petrus spricht: »Weide meine Lämmer« (Joh 21,15). Beim Endgericht wird der Menschensohn die Völker voneinander scheiden, »wie der Hirt die Schafe von den Böcken scheidet« (Mt 25,32).

Das in die Liturgie eingegangene Lamm als Symbol Christi findet sich im Hymnus »Gloria in excelsis«, beim Kommunionempfang und besonders im Ostergottesdienst; somit feiert die Kirche ein immerwährendes Pascha, zur ständigen Erinnerung an das Agnus Dei, qui tollit peccata mundi. Der paulinische Vergleich – Christus als Osterlamm – fand auch im Volksbrauch seinen Niederschlag, wovon die Gebildbrote in Form des Osterlämmchens zeugen. Seit altchristlicher Zeit ist das Agnus Dei die symbolische Darstellung Christi als Lamm mit Kreuznimbus, Kreuz oder Kreuzfahne und Kelch. Auf dem Genter Altarbild der Brüder van Eyck ist das Lamm die sakrale Mitte des eucharistischen Kultes. Als Attribut gehört das Lamm zu Johannes dem

Täufer, der ja auf das Lamm Gottes hinwies. Das Vlies des Lammes (Ri 6,37–40) wird von den Exegeten als marianisches Symbol gedeutet; Maria »empfing den Herrn so, daß sie ihn mit ihrem ganzen Wesen aufnahm und dabei keine leibliche Verletzung erlitt« (Maximus von Turin).

LITERATUR: G. Gerola: Le culte du bélier en Afrique du Nord (= Hespéres 35/1948, 93–124); H. Bonnet: Widder (Reallexikon der ägyptischen Religionsgeschichte, 867–871). Berlin 1952; Fr. Nikolasch: Zur Ikonographie des Widders von Gen 22 (= VChr 23/1969, 197–223); A. George: De l'agneau pascal à l'Agneau de Dieu (= Bible et Vie Chrétienne 9/1955, 185–190); B. Neunheuser: Gedanken zu einer Theologie des Lammes (= Enkainia. Festschrift Maria Laach, 123–159). Düsseldorf 1956; O. Beigbeder: Symbolisme de l'agneau (= Zodiaque 51/1962, 2–20); Fr. Nikolasch: Das Lamm als Christussymbol in den Schriften der Väter (= Wiener Beiträge zur Theologie III). Wien 1963; F. Gryglewicz: Das Lamm Gottes (= NTS 13/1966–67, 133–146).

Lampe und Leuchter

Die symbolische Bedeutung von Lampe und Leuchter ist eng mit der Lichtsymbolik verbunden; mit ihnen sollten die unheimlichen Mächte der Finsternis ferngehalten werden. In der Neujahrsnacht wurden in ägyptischen Tempeln Lichter entzündet. Plutarch spricht sogar von einer ewigen Lampe im Hinblick auf Lichter, die vor dem Gottesbild in Brand gehalten wurden. Grenzsteine aus der mittelbabylonischen Zeit zeigen die Lampe als Attribut des Licht- und Feuergottes Nusku. In der Antike war die Lampe als Symbol des Lebens an Grabsäulen aufgehängt oder wurde als Totenbeigabe ins Grab mitgegeben. Beeinflußt durch die Vorstellung vom Lebenslicht, entwickelten die Griechen die Weissagung aus der leuchtenden Flamme (Lychnomantie). Für ihren apotropäischen Zweck brachte man an der Lampe magische und symbolische Zeichen an. Um die Räume besser zu erhellen, setzte man die Lampe auf ein Gestell, den Leuchter. Der siebenarmige Leuchter wurde in frühchristlicher Zeit zu einem Symbol des Judentums.

Im übertragenen Sinn wird Gott selber zur Lampe. »Denn du bist meine Leuchte, Herr; mein Gott läßt meine Finsternis glänzen« (2 Sam 22,29). Das göttliche Wort wird dem Gläubigen zur Quelle des Lichtes und erhellt ihm seinen Pfad (Ps 119,105). Als irdischer Sachwalter des Herrn wird auch der König zur Lampe. Nach einem harten Kampf gegen die Philister schworen die Männer um David und sprachen zu ihm: »Du sollst nicht mehr mit uns in den Kampf ausziehen, denn sonst erlischt die Leuchte Israels« (2 Sam 21,17). Hier schwingt bereits deutlich der Gedanke vom Lebenslicht mit. Das Erlöschen der Lampe bedeutet Rückfall in die Dunkelheit und ist Zeichen von Gottes Fluch, der zum Tode führt. »Des Frevlers Licht erlischt; die Flamme seines Feuers strahlt nicht auf. Das Licht in seinem Zelt wird dunkel, und seine Lampe über ihm erlischt« (Ijob 18,5 f.). Wenn Gott das Lampenlicht tilgt, wird das Land veröden und der Ruf des Bräutigams und der Braut verstummen (Jer 25,10). Auf die Dauer aber wird der Herr »Juda um seines Knechtes David willen nicht ins Verderben bringen, dem er doch verheißen hatte, ihm immerdar eine Leuchte vor seinem Antlitz zu verleihen« (2 Kön 8,19). Das Vorbild des goldenen Leuchters im heiligen Zelt hatte Mose auf dem Berg Sinai geschaut (Ex 25,31–40). Die früheste symbolische Deutung des siebenarmigen Leuchters (menōrā) findet sich bei Sacharja (4,2–5.10): Die sieben Lampen des Leuchters »sind die sieben Augen des Herrn; sie durchschweifen die ganze Erde«.
In den Gleichnissen Jesu erscheint die Lampe als Symbol der Wachsamkeit und des Bereitseins. In der Parabel von der verlorenen Drachme (Lk 15,8 f.) wird die suchende und verzeihende Liebe Gottes zu den Verirrten eindrucksvoll dargestellt – die Frau leuchtet mit einer Lampe in alle Räume des Hauses, so wie der Herr bereit ist, den Sünder aus der tiefsten Finsternis wieder in sein Licht zurückzuholen. Die Parabel von den klugen und törichten Jungfrauen und ihren Öllampen ist ein Aufruf zu steter Wachsamkeit und Bereitschaft zur Erwartung des Herrn (Mt 25,

1–13). In der Offenbarung (1,12.20; 2,1) taucht wieder das Bild des Leuchters auf, nur daß er diesmal nicht sieben Arme hat, sondern eigentlich aus sieben Leuchtern besteht; »die sieben Leuchter sind die sieben Gemeinden« (Bild für die Kirche in ihrer Gesamtheit), in deren Mitte der Menschensohn wandelt.

Eine bis ins Altertum zurückgehende Sitte ist es, an den Gräbern Lichter als Symbol des Glaubens an das unvergängliche Licht und Leben aufzustellen. Hilarius von Poitiers bezeichnet die Lampen als »das strahlende Licht der Seelen, das durch das Taufsakrament aufleuchtet«. In katholischen Kirchen brennt vor dem Allerheiligsten das sog. Ewige Licht in einer Lampe als Hinweis auf die Anwesenheit des Herrn. In Gleichsetzung von Fackel und Lampe symbolisieren bei Darstellungen des thronenden Christus (nach Offb 4,5) sieben Lampen die Gaben des Hl. Geistes. Die zwei Leuchter zu beiden Seiten des Altars sinnbilden die Freude des Heidentums und des Judentums über die Geburt des Heilandes – für die Juden nach dem Wort des Jesaja (60,1), für die Heiden nach der Versicherung des Apostels (Eph 5,8). Die großen kreisrunden Kronleuchter der romanischen Zeit mit ihren zwölf oft laternenartigen Türmchen weisen auf den Lichterglanz des himmlischen Jerusalem.

Literatur: J. Boehmer: Was bedeutet der goldene Leuchter Sach 4,2? (= BiZ 24/1938–1939, 360–364); L. Rost: Bemerkungen zu Sacharja 4 (= ZATW 63/1951, 216–221); A. Strobel. Zum Verständnis von Mt XXV, 1–13 (= NT 2/1958, 199–227); P. Bloch: Siebenarmige Leuchter in christlichen Kirchen (= Wallraf-Richartz-Jahrbuch 23/1961, 55–199); B. Al-Hamdani: The Burning Lamp and Other Romanesque Symbols for the Virgin that Come from the Orient (= Commentari 16/1965, 167–185); A. M. Goldberg: Der siebenarmige Leuchter. Zur Entstehung eines jüdischen Bekenntnissymbols (= Zeitschrift der Deutschen Morgenländischen Gesellschaft 117/1967, 232–246); J. Gagé: Fackel (RAC VII, 154–217).

Lebensbaum ↗ *Baum*

Lebewesen, die vier

Im 4. und 3. Jahrtausend vor Christus waren die Tierkreisbilder Stier, Löwe, Skorpion und Wassermann die Sternbilder, in deren Zeichen der Sonnenstand den Beginn der einzelnen Jahreszeiten ankündigte. Der Stier war das Sternbild der Frühlings-Tagundnachtgleiche, der Löwe zeigte die Sommersonnenwende an, der Skorpion die Herbst-Tagundnachtgleiche und der Wassermann die Wintersonnenwende. Nach altorientalischer Vorstellung standen die vier Sternbilder in den vier »Ecken« der durch den Tierkreis begrenzten Welt. Da dem abergläubischen Altertum das Zodiakalbild des Skorpions unheimlich war, wurde es häufig durch das benachbarte Sternbild des Adlers ersetzt. In der altmesopotamischen Religion und Kunst waren geflügelte Mischgestalten (besonders Löwe oder Stier mit Menschenkopf) Manifestationen göttlicher Kräfte. Hingewiesen sei noch auf die babylonischen Astralgötter Nabu (Wassermann), Nergal (Flügellöwe), Marduk (Flügelstier) und Ninurta (Adler).
Der Prophet Ezechiel weilte in dem babylonischen Exil, als er Gottes Herrlichkeit erschaute: Mitten im Lichtglanz »waren Gestalten, die vier lebendigen Wesen glichen. Ihr Aussehen aber war dieses: Menschengestalt war ihnen zu eigen. Ein jedes hatte vier Antlitze, und jedes besaß vier Flügel ... Ihre Gesichter aber sahen so aus: Ein menschliches Antlitz, ein Löwenantlitz in Richtung nach rechts, ein Stiergesicht nach links und ein Adlergesicht besaßen die vier« (Ez 1,5–10). Die vier lebendigen Wesen tragen als sichtbare Höhepunkte der Schöpfung Gottes Thron: Der Löwe verkörpert die physische Stärke, der Stier die Fruchtbarkeit, der Adler die Schnelligkeit und der Mensch den Geist. Da die ganze Schöpfung aber ein Spiegelbild Gottes ist, so symbolisieren die vier Gestalten zugleich auch die vier wichtigsten Wesenszüge Gottes: der Löwe seine Macht, der Stier seine Schöpferkraft, der scharfblickende Adler seine Allwissenheit und der Mensch den göttlichen Willen.

Auch später offenbarte sich die Herrlichkeit des Herrn in den von Lichtglanz umgebenen vier Lebewesen; Ezechiel kennzeichnet die Wesen mit den vier Flügeln und den vier Antlitzen als Kerubim (Ez 10,14–22). Die Vorstellung, daß Jahwe »auf den Kerubim« thront, findet sich bereits bei Samuel (1. Buch 4,4; 2. Buch 6,2). Wenn jedes der Lebewesen nach der Richtung ging, die sein Gesicht anzeigte (Ez 1,12), dann sind damit die vier Himmelsrichtungen, die Weltgegenden angedeutet – ein Hinweis auf Gottes Weltherrschaft.

Dem Seher von Patmos, Johannes, zeigten sich ebenfalls die »vier Lebewesen, voller Augen vorne und hinten. Das erste Lebewesen glich einem Löwen, das zweite Lebewesen glich einem Stier, das dritte Lebewesen hatte ein Gesicht wie das eines Menschen, und das vierte Lebewesen glich einem fliegenden Adler« (Offb 4,6 f.). Im Unterschied zur Ezechielvision sind hier die Lebewesen in ihrer Erscheinungsform klar getrennt und stellen keine Mischgestalten dar, auch haben sie sechs Flügel (Offb 4,8), aber sie haben die gleiche Funktion: den Thron Gottes zu umgeben, zu tragen; auch sie sind letztlich Symbole der irdischen Schöpfung und damit in einem tieferen Sinne zugleich Hinweis auf die Herrlichkeit Gottes.

Die apokalyptischen Lebewesen, in deren Mitte »ein Lamm steht wie geschlachtet« (Offb 5,6), wurden schon früh zu Symbolen Christi und der Evangelisten, wenn ihre Zuordnung bei den einzelnen Kirchenvätern auch nicht einheitlich ist. Schon Irenäus verknüpft die Vision des Johannes mit der des Ezechiel. Die vier später gültigen Evangelistensymbole lassen sich auf Hieronymus zurückführen. Die Tierbilder erhielten die Evangelisten nach dem Inhalt ihres Evangeliums zugeordnet. Mattäus beginnt mit der Darlegung der menschlichen Abkunft des Herrn, weshalb sein Symbol das »Antlitz wie ein Mensch« hat. Das Markus-Evangelium fängt mit Johannes dem Täufer, dem »Rufer aus der Wüste« an, daher erhielt Markus den Löwen als Attribut. Lukas spricht gleich vom Opfer des Zacharias, welches durch das Opferrind versinnbildlicht wird; eine andere Deutung bezieht das Attribut des Lukas auf den von Gott geschenkten Sohn Johannes, obwohl Zacharias und seine Frau hochbetagt waren (Stier = Symbol der Fruchtbarkeit). Aus dem Evangelisten Johannes sprach der Geist am mächtigsten, seine Worte erhoben sich zu der Höhe, aus welcher das ewige Wort herniederstieg, was am besten durch den Adler symbolisiert wird. In Veranschaulichung der Ezechielvision sind die vier Evangelisten auch zu einer Gestalt, dem Tetramorph, zusammengezogen; das Motiv verschwindet jedoch wieder nach dem 12. Jh. aus der Kunst. In den Gestalten von Mensch, Rind, Löwe und Adler erblickte man auch Hinweise auf Menschwerdung, Opfertod, Auferstehung und Himmelfahrt Christi.

Literatur: L. B. Ellis: The Animal Symbols of the Evangelists (= Ancient Egypt 1930, 109–118); Z. Ameisenowa: Animal-headed Gods, Evangelists, Saints and Righteous Men (= Journal of the Warburg and Courtauld Institutes XII/1949, 21–43); R. Crozet: Représentations anthropo-zoomorphiques des évangélistes (= Cahiers de Civilisation Médiévale 1/1958, 182–187); R. Crozet: Les quatre Evangélistes et leurs symboles (= Les Cahiers Techniques de l'Art 4,3/1962, 5–26).

Leiter

Eine Erde und Himmel verbindende Leiter war den Ägyptern eine vertraute Vorstellung. Zunächst galt die Leiter dem Osiris, dem Gott der Auferstehung und des Aufstiegs. Osiris selbst wird zur symbolischen Himmelsleiter für die Gläubigen. In Mithras-Tempeln erinnerte eine Art Leiter, aus acht übereinandergestellten Toren zusammengesetzt, an den Weg, den die Seele zurücklegen muß, bis sie von allen Mängeln und aller Sinnlichkeit befreit in den obersten Himmel gelangt. In einem Midraschtext wird der Baum des Lebens mit einer Leiter verglichen, auf der die Seelen der Gerechten auf- und niedersteigen können.

Als der vor seinem Bruder Esau fliehende Jakob sich zur Ruhe legte, träumte er: »Eine Leiter stand auf der Erde, ihre Spitze berührte den Himmel. Gottes Engel stiegen auf und nieder. Oben stand der Herr« (Gen 28,11 ff.). An der Symbolbedeutung des Aufstiegs und der Verbindung zwischen Himmel und Erde ändert es nichts, wenn das hebräische Wort sullâm richtiger als Treppenaufgang wiederzugeben wäre. Leiter, Treppe und Stufen führen nach oben, in symbolischer Auslegung zum höchsten erreichbaren Sein. Hier sind auch die Stufen zum salomonischen Thron (1 Kön 10,19) und die Stufen im Tempel Ezechiels (Ez 40,26.31) anzuführen.

Weit über dem Haupt oben ist der Himmel mit seinen Wolken, seinem Licht und seiner Unermeßlichkeit. Erhebung des Gemütes, Aufstieg des Geistes und Himmelfahrt gehören zu den ältesten Wünschen des Menschen. »Was droben ist, habt im Sinn, nicht was auf Erden!« (Kol 3,2) Ohne direkt beim Namen genannt zu werden, taucht das Bild von Leiter oder Treppe auch im NT auf. Jesus selbst prophezeit: »Ihr werdet den Himmel offen sehen und die Engel Gottes auf- und niedersteigen über dem Menschensohn« (Joh 1,51).

Bei verschiedenen Kirchenvätern wird die Jakobsleiter auf das Kreuz Christi bezogen, durch welches dem Menschen der Aufstieg in den Himmel ermöglicht wird. Die karthagische Märtyrerin Perpetua hatte im Kerker die Vision einer hohen, ehernen Leiter, die bis in den Himmel reichte. Die 15 Stufen des Tempels zu Jerusalem wurden als Hinweis auf die 15 Tugenden gedeutet, in denen man wiederum die geheimnisvolle Jakobsleiter erblickte. Als Weg zu Gott konnten Zisterzienser- und Kartäuserklöster den Namen »Scala Dei« tragen.

LITERATUR: H. P. Blok: Zur altägyptischen Vorstellung der Himmelsleiter (= Acta Orientalia 1927, 257–269); M. Eliade: Psychologie et histoire des religions – à propos du symbolisme du »centre« (Eranos-Jb 19/1950, 247–282 – auch Wesentliches zur Symbolik der Leiter!); G. Schmidt: Christus auf der Himmelsstiege. Zur Vergegenwärtigung religiöser Themen in der Kunst des Mittelalters (= Christliche Kunstblätter 93/1955, 132–137).

Lende

Das Hebräische hat verschiedene Wörter für die Lende, die zum Teil auch die Hüft- und Leistengegend mit einschließen. Die Lenden galten als Sitz der Zeugungskraft und wurden so zu einem Bild der Lebensquelle. Gott verhieß Jakob: »Eine Völkergemeinde soll aus dir hervorgehen, und Könige sollen aus deinen Lenden hervorsprießen« (Gen 35,11). Zu David sprach der Herr, daß der Sohn, der aus seinen Lenden hervorgeht, den Tempel bauen soll (1 Kön 8,19). Wenn in der ältesten Zeit beim Eid die Hand unter die Hüfte dessen gelegt wurde, dem man etwas versprach (Gen 24,2; 47,29), dann ist dies ein euphemistischer Ausdruck für die Geschlechtsregion – ein ähnlicher Rechtsbrauch herrschte im alten Rom; man vgl. die Doppelbedeutung des deutschen Wortes »zeugen«! Der speziell jüdische Sinn war, die Heiligkeit des Eides dadurch zu bekräftigen, daß man auf den in der Beschneidung mit Gott vollzogenen Bund hinweist. Auch in Verbindung mit dem Gebären wird die Lende erwähnt: »Meine Lenden sind voll Qualen, es packen mich Wehen wie einer Gebärerin Wehen« (Jes 21,3). Die Lenden sind ganz allgemein ein Bild der Kraft; vom Nilpferd heißt es: »Sieh seine Stärke in seinen Lenden!« (Ijob 40,16) Eine tüchtige Frau »gürtet mit Kraft ihre Lenden, und rüstig gebraucht sie die Arme« (Spr 31,17). Das Gürten der Lenden ist wiederholt ein Bild des Bereitseins und des Aufbruchs. Die Schuhe an den Füßen, den Stab in den Händen und die Hüften gegürtet, so sollte die Gemeinde Israels das Paschamahl verzehren (Ex 12,11). Zu Ijob spricht Gott: »Umgürte deine Hüfte wie ein Held« (Ijob 38,3). Als die Hand des Herrn über Elihu kam, gürtete er seine Lenden und brach auf (1 Kön 18,46). Ein Eiferer für das Gotteshaus bittet den Herrn, daß er seiner Feinde Blicke trüben möge, »daß sie nicht schauen; ihre Hüfte lasse stets wanken« (Ps 69,24) – die wankenden Hüften sind ein Bild der verlorenen Kraft.

Aus den Lenden eines Mannes hervorkommen ist ein verhüllender Ausdruck für die Abstammung von ihm, von ihm gezeugt sein; man vgl. Hebr 7,5. Levi war noch in den Lenden seines Vaters, als dieser Melchisedek begegnete (Hebr 7,10). Wie im AT ist auch in den Apostelbriefen das Gürten der Lenden ein Bild der Bereitschaft. Petrus ruft zu würdigem Wandel auf: »Darum umgürtet die Lenden eurer Gesinnung, seid nüchtern und setzt eure ganze Hoffnung auf die Gnade« (1 Petr 1,13). Es sind hier nicht die körperlichen Lenden gemeint, sondern die des inneren Menschen; das zeigt sich auch im Paulusbrief an die Epheser (6,14): »Tretet also an, eure Lenden umgürtet mit Wahrheit, angetan mit dem Panzer der Gerechtigkeit.«

Leuchter ↗ *Lampe*

Licht

Die Voraussetzung der visuellen Wahrnehmung ist das Licht; in ihm wird die Schönheit und die vom Menschen unabhängige Ordnung der Natur offenbar. Das Licht vermag auch den physisch Blinden zu durchstrahlen, es ist Ausdruck des Immateriellen und somit besonders geeignet, die Geistigkeit Gottes zu sinnbilden. Wie sehr der Mensch vom Licht abhängig ist, geht aus der Umschreibung des Geborenwerdens hervor: »das Licht der Welt erblicken«. Ohne Licht kein Leben! Immer wieder berichten die altorientalischen Mythen vom Kampf des Lichthelden (z. B. Marduk) gegen die Finsternis, deren Niederlage die Erschaffung oder Erlösung der Welt ermöglicht. In den altägyptischen Tempeln brannten vor den Gottesbildern Lichter, denen neben ihrer Lebenssymbolik sicher auch apotropäische Bedeutung zuzumessen ist. Nach dem Glauben der Manichäer sind Welt und Menschheit aus der Vermischung von Licht und Finsternis entstanden; die Erlösung besteht in der Wiederbefreiung der Lichtelemente.
Das eigentliche Licht ist unabhängig von der Existenz der Himmelskörper (Gen 1,3). Licht ist das Attribut der Gottheit: »Licht umhüllt dich einem Mantel gleich« (Ps 104,2).

Das erste Werturteil in der Hl. Schrift gilt dem Licht: »Gott sah, daß das Licht gut war« (Gen 1,4). Dann werden die Gegenpole der Welt getrennt, Hell und Dunkel, Tag und Nacht voneinander geschieden. Das Licht verbindet sich mit dem Himmel, mit dem Göttlichen. Bei der Geburt des Messias wird nach Jesaja (9,1) »ein gewaltiges Licht« über den Bewohnern des in Finsternis wandelnden Volkes aufstrahlen. Die Herrlichkeit der Heilszeit erscheint unter dem Bilde des Lichtes. »Wer zeigt uns das Heil? Laß strahlen auf uns das Licht deines Angesichts, Herr!« (Ps 4,7) Der geistige Charakter des Lichtes zeigt sich darin, daß es Grundlage des Sehens, des Erkennens ist. Die Weisheit »ist ein Abglanz ewigen Lichtes« (Weish 7,26). Gottes Wirken, seine Huld und Gnade, offenbart sich im Licht. »Eine Leuchte ist die Weisung, und die Lehre ist ein Licht« (Spr 6,23). Gott weiß, was im Dunkeln geschieht; »denn bei ihm wohnt das Licht« (Dan 2,22), das alles durchdringt. Dem at.lichen Menschen bedeutete ein Leben in Licht soviel wie Glück und Wohlergehen; »das Licht der Gerechten gedeiht, die Lampe der Frevler erlischt« (Spr 13,9). Der Untergang der Verworfenen zeigt sich an, indem die Flamme ihres Feuers nicht aufstrahlt und das Licht in ihrem Zelt dunkel wird (Ijob 18,5 f.).
Das »gewaltige Licht« der Propheten ist Christus; er ist »das wahre Licht, das jeden Menschen erleuchtet« (Joh 1,9). Er ist es, der von sich selber sagt: »Ich bin das Licht der Welt, wer mir nachfolgt, wird nicht in der Finsternis wandeln, sondern das Licht des Lebens haben« (Joh 8,12) und zu den »Kindern des Lichts« gehören (Joh 12,36). Christus ist »Lichtstrahl der Herrlichkeit des Vaters« oder nach anderer Übersetzung der »Abglanz seiner Herrlichkeit« (Hebr 1,3). Wo das wahre, d. h. das absolute Licht ist, kann es keinen Tod geben. Gott besitzt Unsterblichkeit und »wohnt in unzugänglichem Lichte« (1 Tim 6,16). Nachdem der gottesfürchtige Greis Simeon das göttliche Kind erblickt hatte, pries er Gott und sprach: »Meine Augen schauen dein Heil, das du bereitet hast vor allen Völkern als

Licht zur Offenbarung für die Heiden und zur Verherrlichung deines Volkes Israel« (Lk 2,30 ff.). Das Licht der Welt erblicken bedeutet geboren werden; die Taufe in ihrer paulinischen Gedankenrichtung (Tod und neues Leben durch die Eingliederung in Christus, Röm 6,3–11) heißt mit einem griechischen Wort auch Erleuchtung (photismós). Das Licht Christi wird von seinen Jüngern in alle Welt hinausgetragen; Jesus selbst ruft ihnen in der Bergpredigt zu: »So leuchte euer Licht vor den Menschen« (Mt 5,14 ff.). Die Lichtquelle des himmlischen Jerusalem ist das Lamm; »die Stadt bedarf weder der Sonne noch des Mondes«, da sie allein von der Herrlichkeit Gottes erleuchtet wird (Offb 21,23).

Schon Eusebius von Caesarea betrachtete das durch die Fenster ins Kirchengebäude einfallende Tageslicht als Symbol der Erleuchtung durch Gott. Augustinus schreibt in seinen Confessiones: »Das Wort Gottes ist das wahre Licht.« Im Glauben der orthodoxen Kirchenlehrer geht das göttliche Licht auf den Lichtsuchenden über. Die Symbolik des künstlichen Lichtes ist an die Dunkelheit gebunden; in der Ostervigil wird es zum Zeichen von Christi Sieg über Sündennacht und Tod; die Osterkerze ist Hinweis auf den auferstandenen Herrn. Das in den dunklen gotischen Kirchenraum dringende Sonnenlicht galt als Sinnbild Christi, das Fenster als Symbol der Maria, die erst leuchtete, als sie den göttlichen Sonnenstrahl empfing. Um die Gläubigen an die Gegenwart des Lichtes der Welt zu erinnern, befindet sich vor dem Tabernakel das Ewige Licht (erstmals 1068 in Cluny entzündet). Und immer wieder zeigt die mittelalterliche Kunst die in unzugänglichem Lichte wohnende Gottheit, sei es durch den Strahlenkranz um das neugeborene Jesuskind, sei es durch die gleich einer Lichtblüte den Auferstehenden umhüllende Aureole (wie beim Isenheimer Altar des Matthias Grünewald).

↗ Lampe

Literatur: A. M. Gierlich: Der Lichtgedanke in den Psalmen. Freiburg 1940; M. Pulver: Die Lichterfahrung im Johannes-Evangelium, im

Corpus Hermeticum, in der Genesis und in der Ostkirche (= Eranos-Jb X/1943, 253–296); Fr. J. Dölger: Lumen Christi (= AuC 5/1945, 1–43); R. Bultmann: Zur Geschichte der Lichtsymbolik im Altertum (= Philologus 1948, 1–36); S. Aalen: Die Begriffe »Licht« und »Finsternis« im AT, im Spätjudentum und Rabbinismus. Oslo 1951; G. Mensching: Die Lichtsymbolik in der Religionsgeschichte (Stud Gen 10/1957, 422–432); H. H. Malmede: Die Lichtsymbolik im Neuen Testament. Diss. Bonn 1960; E. Hornung: Licht und Finsternis in der Vorstellungswelt Altägyptens (= Stud Gen 18/1965, 73–83); Gh. Gnoli: Lichtsymbolik in Alt-Iran. Haoma-Ritus und Erlöser-Mythos (= Antaios VIII/1967, 528–549).

Lilie

Den alten Völkern war die Lilie wegen ihrer weißen Farbe ein Symbol der Reinheit und des göttlichen Lichtes. In Elam hatte die lunare Gottheit den Namen »Liliengott«, und die Königsstadt Susa wurde nach dieser Blume benannt. Auf Kreta war das Lilienzepter Attribut der Königin und der Göttin. Es ist sicher mehr als Zufall, daß das goldene Gewand des olympischen Zeus mit Lilien geschmückt war. Nach griechischem Glauben soll der Tote die Gestalt einer Lilie annehmen können.

In der Hl. Schrift ist die Lilie ein Symbol der Erwählung. Der Leiter der königlichen Hochzeit wird mit Lilien zusammengeschaut (Ps 45,1). Für sein Volk will der Herr wie Tau sein, »daß es wie die Lilie blüht« (Hos 14,6). In der Blumensprache des Hohenliedes bezeichnet der Bräutigam die von ihm Erwählte als »Lilie unter Dornen« (Hld 2,2). Der Bräutigam selbst – ein Vorbild Christi – nennt sich »eine Blume des Scharongefildes, eine Lilie der Täler« (Hld 2,1); er ist es, der in den Garten steigt »zu den Balsambeeten, um zu weiden in den Auen und Lilien zu pflücken« (Hld 6,2) – ein sprechendes Bild für die Suche nach Schönheit, Reinheit und Erquickung. Lilienförmig waren die Kapitelle der Säulen Jachin und Boas beim Salomonischen Tempel (1 Kön 7,19.22). Der Vergleich mit der Lilie bei kultisch bedeutsamen Bauteilen und Gegenständen – so heißt

es vom ehernen Meer, daß sein Rand gearbeitet war »nach Art eines Bechers, der einer Lilienblüte ähnelt« (1 Kön 7,26) – zeigt die ihr zugemessene religiöse Bedeutung.
In der Bergpredigt weist Jesus auf die »Lilien des Feldes« hin, »selbst Salomon in all seiner Pracht war nicht gekleidet wie eine von ihnen« (Mt 6,28 f.; Lk 12,27).
Die Lilie ist auf den Himmelswiesen der Mosaiken zu Ravenna und Rom beheimatet und wächst – als Symbol der Unschuld – zu Füßen von Heiligen und Jungfrauen. Als Hinweis auf die jungfräuliche Mutterschaft Marias trägt der Verkündigungsengel häufig eine Lilie in der Hand. Der Lilienstab mit heraldisch stilisierter Lilie als Knauf (Attribut von Engeln und Erzengeln) wird als Lilienzepter Herrschaftszeichen Gottvaters, der Himmelskönigin Maria und des irdisch-politischen Königtums. Aus dem Munde des Weltenrichters hervorkommend, ist die Lilie Sinnbild der Gnade, der Auserwählung. In der at.lichen »Lilie der Täler« glaubte man im Unterschied zur eigentlichen Lilie das Maiglöckchen zu erkennen, welches damit – in Auslegung des Hohenliedes (2,1) – zu einem Symbol Christi wurde.

LITERATUR: A. Hagemann: Zur Deutung der Lilie (=Zeitschrift für Kunstgeschichte 19/1955, 198 ff.); A. Mordini: Die Lilie, uraltes Königssymbol (= Kairos 1964, 3–17).

Löwe

Die unbezwingbare Kraft, das majestätische Schreiten und das furchterregende Gebrüll des »Königs der Tiere« imponierten zu allen Zeiten dem Menschen. Man glaubte, daß seine Natur dem Feuer wesensverwandt sei; aus seinen Augen erstrahlt das Feuer der Sonne in gleichsam animalischer Kraft. In Altägypten galt der Löwe als Erscheinungsform des Sonnengottes und fand auch Eingang in die Königssymbolik. Dem sumerischen Gott Ningirsu – Hymnen preisen ihn als »König« und »leuchtend wie die Sonne« – war der löwenköpfige Adler zugeordnet. Nur wer selbst löwenhaft ist, kann die Löwen besiegen; so überwand Ningirsu den siebenköpfigen Löwen und Herakles das Untier von Nemea. Durch den Schrecken, den das Raubtier verbreitet, gewann es apotropäische Bedeutung und wurde als Wächter an ägyptischen Tempeltoren und am königlichen Thron aufgestellt. Schließlich kann der Löwe auch zu einem Bild unheilbringender Mächte werden; in seiner Gestalt dachte man sich die schreckliche Irra, die babylonische Pestgöttin.

In der Bibel schwankt das Bild des Löwen zwischen guter und böser Bedeutung. Die Könige von Assur und Babylon sind wie Löwen, die über Israel, das versprengte Schaf, herfallen (Jer 50,17). Die Fürsten von Israel, Joahas und Jojachin, werden mit jungen Löwen verglichen, die Menschen auffressen und vor deren Gebrüll sich das Land entsetzt (Ez 19,3–7). Der Löwe wird zu einem Bild des verschlingenden Abgrundes, der Unterwelt, wenn der Mensch in seiner Todesnot einen brüllenden Löwen gewahr wird, der seinen Rachen gegen ihn aufsperrt (Ps 21,14). So ist das Flehen zu Gott zu verstehen: »Dem Löwenrachen entreiße mich« (Ps 21,22). Die Verstrickung im Irdischen wird von den Sängern und Propheten verschiedentlich mit einem Aufenthalt unter Löwen verglichen (Ps 35,17). Dem Löwen ausgeliefert sein bedeutet dem Tod ins Antlitz schauen, wie die Geschichte von Daniel in der Löwengrube zeigt (Dan 6); Gott aber »sandte seinen Engel und verstopfte den Rachen der Löwen« (Dan 6,23) – d. h., Gott verschloß die Pforten der Unterwelt, damit sein treuer Diener nicht verschlungen wurde. Simson, der dem Löwen den Rachen aufreißt (Ri 14,5 f.), ist ein Vorbild Christi, der den Schlund der Unterwelt überwindet. In seiner strafenden Gerechtigkeit wird Gott selbst mit einem Löwen verglichen: »Spott und Schande ist das Los der stolzen Frevler, und wie ein Löwe lauert ihnen Strafe auf« (Sir 27,28). Nach orientalischem Brauch waren an Salomos Thron Löwen als Wächter aufgestellt; die auf den sechs Stufen den Aufgang flankierenden zwölf Löwen (1 Kön 10,18–21) können symbo-

lisch als Repräsentanten der zwölf Stämme Israels gedeutet werden. Im Bild des Löwen zeigt sich die Berufung zur Herrschaft; erinnert sei an den Segen des Patriarchen Jakob über seinen Sohn Juda, der mit einem jungen Löwen verglichen wird, von dem der Herrscherstab nicht weicht, »bis da kommt, dem er gebührt und dem der Völker Gehorsam gehört« (Gen 49,9 f.).
In den Apostelbriefen erscheint der Löwe als Symbol für die Gewalten der Finsternis. »Seid nüchtern und wachet! Denn euer Widersacher, der Teufel, geht umher wie ein brüllender Löwe und sucht, wen er verschlingen könne« (1 Petr 5,8). Wenn Paulus schreibt, daß der Herr ihn aus dem Rachen des Löwen errettet habe (2 Tim 4,17), so kann hiermit nicht nur eine tatsächliche Situation seines Lebens gemeint sein, sondern ganz allgemein die Errettung aus Todesnot. In der Apokalypse (5,5) wird Christus als siegreicher »Löwe aus dem Stamme Juda« bezeichnet.
Zum Verständnis mittelalterlicher Löwenfiguren muß auf den Physiologus hingewiesen werden. Da ist zunächst die Eigenschaft bemerkenswert, daß der Löwe schläft und doch wacht (Funktion als Wächter bei Portalplastiken und Türklopfern!). Weiter heißt es, daß die Löwin ihr Junges tot zur Welt bringt, daß es aber sein Vater am dritten Tage durch seinen Atem erweckt, wie auch Jesus Christus von den Toten auferweckt wurde. Romanische Doppellöwen, von denen der eine einen Menschen verschlingt, der andere ihn wieder ausspeit (so z. B. bei der Kathedrale zu Aix en Provence) sind Ausdruck der uralten Symbolik von Leben, Tod und Auferstehung. Brüllende Löwen waren den Gläubigen ein Symbol für die Auferweckung der Toten durch Christus. Der Sieg des Gottessohnes über die Mächte der Finsternis kommt durch die Verbildlichung von Ps 90,13 zum Ausdruck: »Löwen und Drachen wirst du zertreten.«
In Äthiopien, dem ältesten christlichen Reich Afrikas, ist der Löwe ein Sinnbild des Stammes Juda, von dem der Negus Negesti sich herleitet.

Literatur: A. C. Rush: An Echo of Christian Antiquity in St. Gregory the Great. Death a Struggle with the Devil (= Traditio 3/1945, 369 bis 380 – zum Kampf mit dem Löwen); M. Gady: Le symbolisme des lions dans l'art chrétien (= Bulletin de la Société des sciences historique et archéologique 71/1949, 41–68); A. Vollgraf-Roes: The lion with Body Markings in Oriental Art (= Journal fo Near Eastern Studies XII/1953, 40); C. de Wit: Le rôle et le sens du lion dans l'Egypte ancienne. Leiden 1957; H. Baltl: Zur romanischen Löwensymbolik (= Zeitschrift des Historischen Vereins für die Steiermark 54/1962, 195–220); M. Lurker: Löwen am Münsterportal (= Antaios V/1964, 265–276); A. Eliez: Le lion et l'homme – des origines à nos jours. Paris 1967.

Mahl, Mahlzeit ↗ Essen

Mandelbaum und Mandel

In den Mittelmeergebieten setzt die Blüte des Mandelbaumes schon im Januar ein, weshalb er zu einem Symbol der Wachsamkeit wurde. Die Früchte in der harten, holzigen Schale wurden in der Antike – gleich ob es sich um die Mandel oder um die Walnuß handelte – mit dem gleichen Namen gekennzeichnet; lateinisch »nux« kann sowohl den Nuß- als auch den Mandelbaum bezeichnen. Nach gewissen altorientalischen Überlieferungen ist die Welt aus einer schalenförmigen Urfrucht entstanden; esoterische Kreise unter den Kybele-Verehrern erblickten den Allvater im Bild einer Mandel.
Im Hebräischen hieß der Mandelbaum »schaqed«, d. h. »der Wachende«, wodurch in verschiedenen Bibelübersetzungen Wachebaum statt Mandelbaum zu finden ist. Auf den Doppelsinn wird auch Bezug genommen, wenn Jeremia einen »zur Blüte erwachten Mandelbaum« sieht und der Herr zu ihm spricht: »Du sahst richtig; denn ich wache über meinem Wort, daß es ausgeführt wird« (Jer 1,11 f.). Gott selbst ist der Wachebaum! Als die israelitische Gemeinde in der Wüste gegen die priesterlichen Vorrechte Aarons und seines Stammes murrte, befahl der Herr, für jeden der zwölf Stämme einen Stab zu nehmen und mit

Namen zu versehen; als Mose am folgenden Morgen das Begegnungszelt betrat, »da grünte der Stab Aarons, der zum Stamme Levi gehörte. Er hatte ausgeschlagen, Blüten getrieben und Mandeln zur Reife gebracht« (Num 17, 17–23). Der Stamm Levis soll durch seinen Dienst an Gott, durch die priesterliche Würde, der erste sein, genauso wie der Mandelbaum unter allen Bäumen als erster blüht.
Bei den Kirchenvätern galt der Mandelzweig und seine Frucht als Symbol des Priestertums: Der Lebenswandel des Priesters soll nach außen enthaltsam und zurückhaltend sein, während sein Inneres als unsichtbare Nahrung den Glauben umschließt. »Der Mandelzweig ist Christus«, schreibt Paulinus von Nola. Die süße Frucht in der harten Schale wurde schließlich auch zu einem Sinnbild der Inkarnation Christi und erhielt im Zusammenfall mit Bedeutungsinhalten anderer Herkunft ihre bekannteste kunstgeschichtlich greifbare Gestalt in der Mandorla, jener mandelförmigen Gloriole, die – auf Grund einer auferstehungssymbolischen Auslegung – öfters in der Darstellung Christi als Weltenrichter zu finden ist. Erscheint Maria in der Mandorla, so deutet dies darauf hin, daß Christus in Maria gezeugt wurde, wie der Mandelkern sich in der unverletzt bleibenden Schale bildet.

Mauer

Als Schutz vor wilden Tieren und gegen angreifende Feinde gehörten die Mauern schon in den alten Stadtkulturen zum vertrauten Erscheinungsbild. In altpersischen Überlieferungen ist die Welt von einem Randgebirge umgeben, also einer Art kosmischer Himmelsmauer. Parmenides spricht – obwohl Vertreter eines sphärischen Weltbildes – von der Umfassungsmauer des Alls. Eine ähnliche Vorstellung kann überall erwartet werden, wo der Kosmos mit einem Haus oder Tempel verglichen wird. Bis in die deutsche Sprache

findet sich noch ein Nachhall, nämlich in der Redewendung, daß die Welt »mit Brettern vernagelt« sei.
Im AT ist die Mauer vor allem ein Bild des Schutzes, der Bewahrung vor Unheil. So soll Jeremia sein Volk vor den Mächten des Unglaubens bewahren; Gott macht ihn zur »befestigten Burg« und zur »ehernen Mauer wider die ganze Welt«, gegen die selbst Judas Fürsten und Priester ohnmächtig sind (Jer 1,18). Aber nur weil der Herr auf der Seite des Jeremia ist, kann der Prophet im Kampfe bestehen. Gegen Gottes Willen sind auch die stärksten Mauern nutzlos, wie die Eroberung Jerichos beweist (Jos 6,5–21). Der auf Gott Vertrauende wird alle Wälle erstürmen und alle Mauern überwinden (2 Sam 22,30). In seinem Unmut wird Jahwe über Israel ein großes Beben kommen lassen, die Berge werden bersten, »jede Mauer wird zur Erde niederfallen« (Ez 38,20). Das Niederreißen der Mauern ist ein Bild der Schutzlosigkeit, der Ohnmacht. So beklagt Etan in einem Psalm den Fall des königlichen Hauses David, dem der Herr seine Huld entzog: »Du ... zerbrachest all seine Mauern, legtest seine Burgen in Trümmer« (Ps 89,41). Die Schleifung der Mauern kann auch zum Bild für den Verlust der Selbstbeherrschung werden (Spr 25,28).
Der Widerstand einer jeden Mauer ist mit Gottes Hilfe zu überwinden. Paulus weist darauf hin, daß es allein der Glaube war, durch den die Mauern Jerichos fielen (Hebr 11,30). Durch Jesus Christus wurde die in zwei einander gegenüberstehende Lager teilende Mauer, »die trennende Scheidewand« zwischen Juden und Heiden, beseitigt (Eph 2,14). In der Offenbarung erhalten die Mauern als schützender Wall um die Himmelsstadt kosmische Bedeutung; das neue Jerusalem hat »eine große hohe Mauer mit zwölf Toren ... Die Mauer der Stadt hat zwölf Grundsteine, und auf ihnen die zwölf Namen der Apostel des Lammes« (Offb 21,12.14). Die Ineinssetzung der Grundsteine mit den Aposteln – in der Zwölfzahl ein Symbol der Ganzheit – entspricht der Gleichsetzung des Mauermaßes mit dem »Maß

eines Menschen, das eines Engels Maß ist« (Offb 21,17), also eines vollkommenen Menschen, und ist Ausdruck makro-mikrokosmischer Parallelisierung.
Die mittelalterliche Symbolik erblickte in den Steinen der Kirchenmauer die zum ewigen Leben bestimmten Gläubigen; die größeren Steine, die nach außen liegen und durch stärkeres Behauen geglättet (= geläutert) sind, weisen auf die Menschen im höheren Stande der Vollkommenheit. Der Legende nach wurden die Heiligen Irene und Marciana durch plötzlich erscheinende Mauern vor Mißhandlung und Schändung geschützt.

LITERATUR: H. Schlier: Christus und die Kirche im Epheserbrief. Tübingen 1930 (– auch zum Bild der Mauer).

Meer

Das in den Abgrund hinunterreichende Meer mit seiner trügerischen Oberfläche und dem oft tosenden Brüllen ist seit jeher dem Landbewohner unheimlich. Das in Dunkel gehüllte Urmeer ist symbolischer Ausdruck der chaotischen, noch nicht geordneten und georteten Welt, in der aber die Keime zur kosmischen Entfaltung ruhten und nur auf Gottes Schöpferwort warteten. Leben und Tod scheinen hier noch ungetrennt. Nach ägyptischen Texten bestand die Welt in ihrem Anfang aus einem trägen Urwasser, einem Chaos gleich, aus dem dann die Erde wie eine Insel auftauchte. Die Sumerer verehrten Ea als den Gott der Wassertiefe und der Geheimnisse; unergründlich wie das Meer war sein Wesen.
Nachdem Himmel und Erde erschaffen waren, lag Finsternis »über der Urflut, und der Geist Gottes schwebte über den Wassern« (Gen 1,2). Gott hat die Erde »auf Meeren gegründet, und auf Fluten hat er sie gestellt« (Ps 24,2). Nicht nur der Himmel droben, auch »die Urflut, die drunten lagert«, kann zu einem Bild göttlicher Segensentfaltung werden (Gen 49,25). Am zweiten Schöpfungstag

trennte Gott durch eine Scheidewand (= das Himmelsgewölbe) die oberen und die unteren Wasser (Gen 1,6 ff.). Durch die Errichtung der Scheidewand wird der erneute Zusammenfluß der beiden Wasser und damit die Rückkehr in das Chaos verhindert. Das hebräische Wort für die Urflut, tehom, hat aber auch die Bedeutung von Unterwelt. Als Jona von dem »großen Fisch« verschluckt war, schrie er aus der Unterwelt Schoß auf. »Du warfst mich zur Tiefe ins Herz des Meeres, ... Wasser gingen mir an den Schlund, die Urflut umgab mich, ... zu den Gründen der Berge stieg ich hinab, zu den Tiefen der Erde; ihre Riegel schlossen auf ewig mich ein. Du aber entzogst mein Leben dem Abgrund, Gebieter und Gott« (Jon 2). Auch bei Ijob werden des »Ozeans Tiefe« und die »Totenwelt« miteinander verbunden (Ijob 38,16 f.). Das Meer ist ein öfter gebrauchtes Bild für das ständige Auf und Nieder der Völker. »Wehe dem Wogen der vielen Völker, wie Meere wogen sie hin« (Jes 17,12). Gott allein vermag das Brausen des Meeres zu stillen, seine Wogen zu glätten und das Toben der Völker zu beruhigen (Ps 65,8).

»Die Wasser«, an denen der Seher von Patmos die große Buhlerin sitzen sah, »sind Leute und Menschenscharen, Nationen und Sprachen« (Offb 17,15). Wenn in den Parabeln Christi das Gottesreich mit einem »Fischernetz« (Mt 13,47) und die Apostel mit »Menschenfischern« (Mk 1,17) verglichen werden, so wird dabei indirekt das Meer als Bild für die Welt, als Inbegriff der Menschheit gebraucht.

Bei den Kirchenvätern ist das Meer als finstere, schreckliche Tiefe, als Abyssus, dem Reich des Teufels und der Dämonen zugeordnet. Die von Gott zerschmetterten »Drachenhäupter im Meer« (Ps 74,13) sind Ausdruck der infernalischen Mächte. Gregor d. Gr. bezeichnet das Meer als »Tiefe des ewigen Todes«. Für Origenes ist der das Gottesvolk bekämpfende Pharao Sinnbild des Teufels, der im (Roten) Meer versenkt wurde (Ex 14,27 f.). Im Hortus deliciarum der Äbtissin Herrade von Landsberg angelt Gott, mit Christus als Köder, den Satan aus der Meerestiefe. Bereits in frühchristlicher Zeit kam das Bild vom Schiff der Kirche im Meer der Welt auf.

LITERATUR: L. Radermacher: Das Meer und die Toten (= Anzeiger der Österreichischen Akademie der Wissenschaften, phil.-hist. Kl. 86/1949, 307–315); O. Eißfeldt: Gott und das Meer in der Bibel (Studia Orientalia J. Pedersen dedicata, 76–84). Kopenhagen 1953; H. Rondet: Le symbolisme de la mer chez S. Augustin (Augustinus Magister II, 691–701). Paris 1954; O. Kaiser: Die mythische Bedeutung des Meeres in Ägypten, Ugarit und Israel. Berlin 1959; C. J. Bleeker: Quelques réflexions sur la signification religieuse de la mer (= Numen 6/1959, 234–240); H. Rahner: Symbole der Kirche, 272–303; E. Jeanneau: Le symbolisme de la mer chez Jean Scot Erigène (Le Neoplatonisme, 385–394). Paris 1971.

Milch

Als erste Nahrung für die Kinder erhielt die Milch die Bedeutung eines Lebenstrankes, der in besonderem Maße den Göttern zusteht. Altägyptische Texte und Bilder veranschaulichen, wie der König von einer Göttin (meist Isis) gesäugt wird, was einem symbolischen Ritus gleichkommt, durch den der Herrscher göttlicher Kräfte teilhaftig wird; auf anderen Darstellungen trinkt der König die Milch von dem Euter der Himmelskuh. In der vedischen Religion wurde der deifizierte Opfertrank Soma mit der Milch verglichen; die in dem Opferritus erhitzte Milch repräsentierte den göttlichen Lebensstrom. Der Genuß von Milch und Honig war in den Einweihungsriten des Attiskultes eine Art Sakrament. Milch und Honig gehören zu den Attributen eines paradiesischen Daseins.
Kanaan war das Gelobte Land, »das von Milch und Honig fließt« (Ex 3,8), d. h. Nahrung im Überfluß hatte. Milch ist der von Gott kommende Urstoff des Lebens, aus dem Ijob (10,10) in seiner bildhaften Sprache das Wunder des Lebens ableitet. Von hier aus ist auch das Bild der Mutterbrust zu verstehen; der Psalmist vergleicht seine mit Gott versöhnte Seele mit einem entwöhnten Kind, das an der

Brust seiner Mutter ruht (Ps 131,2). Auch die zugehörigen Textstellen des Hohenliedes sind symbolisch zu verstehen. Die Milch im Garten des himmlischen Bräutigams gehört zu der übernatürlichen Lebensnahrung (Hld 5,1); und von der Braut – die ja später als Vor-Bild der Ecclesia angesehen wurde – heißt es: »Deine beiden Brüste sind wie zwei Kitzlein ... Milch und Honig birgt deine Zunge« (Hld 4,5.11). Die Endzeiterwartung weiß vom Segen über Juda zu berichten: »Da triefen die Berge von Most, die Hügel fließen von Milch« (Joel 4,18). Und wieder taucht das Bild von der Mutterbrust auf, diesmal der lieblichen Tochter Jerusalem gehörend: »Saugen sollt ihr und euch sättigen an ihrer Tröstungen Brust, schlürfen sollt ihr mit Wonnegefühl an ihrem stattlichen Busen« (Jes 66,11).

Im NT bedeutet das Bild der Milch die Anfangsgründe des Glaubens. So schreibt Paulus an die Korinther: »Milch gab ich euch zu trinken, nicht feste Speise; denn ihr wart dazu noch nicht fähig«, da sie noch »Unmündige in Christus« waren (1 Kor 3,2). Im Brief an die Hebräer (5,12 f.) tadelt er den sinkenden Glaubensstand: »Denn die ihr der Zeit nach Lehrer sein solltet, habt wieder nötig, daß man euch die Anfangsgründe der Worte Gottes lehrt, und ihr wurdet zu solchen, die Milch brauchen und nicht feste Speise. Ist doch ein jeder, der noch Milch erhält, unerfahren zu rechter Rede; er ist ja ein Kind.« Im 1. Petrusbrief (2,2) ist das Verlangen nach Milch gleichbedeutend mit der Sehnsucht nach Heil. Die rettende, erlösende, zum wahren Leben führende Milch ist Bild der sakramentalen Gnade.

Klemens von Alexandrien versteht unter der »geistigen« (nach anderer Übersetzung »vernünftigen«) Milch des Petrusbriefes die Milch des Logos; das inkarnierte Wort ist göttliche Nahrung. Andere Kirchenväter erblickten in der zum Symbol gewordenen Milch das Blut Christi. Zum Zeichen ihrer Gotteskindschaft und auch zum Zeichen dafür, daß die Verheißung von dem von Milch und Honig strömenden Land erfüllt ist, reichte man in der Osternacht den Neophyten nach ihrer Erstkommunion einen Mischtrank von Milch und Honig. In altchristlichen Fresken und auf Sarkophagen gibt der Gute Hirte seinen Schafen in kleinen Gefäßen Milch (Trank des ewigen Lebens). In Anlehnung an die Seligpreisung der Brüste Mariens (Lk 11,27) wurde die Maria lactans ein beliebtes ikonographisches Motiv. Es gibt auch Bilder, bei denen Maria aus ihrer Brust einen Milchstrahl auf einen Heiligen sendet – so bei Bernhard von Clairvaux –, was einer besonderen Segnung gleichkommt.

LITERATUR: H. Usener: Milch und Honig (= Rheinisches Museum für Philologie 57/1902, 179–195); J. Schrijnen: Melk en honig in de oudchristelijke Doopliturgie (= Studia Catholica 2/1925, 71–78); N. A. Dahl: La terre où coulent le lait et le miel (Au source de la tradition chrétienne. Mélange offerts à M. Goguel, 62–70). Neuchâtel-Paris 1950; E. R. Goodenough: Jewish Symbols in the Grece-Roman Period, Bd. VIII; F. Ronig: Theologische Inhalte des Bildes der stillenden Gottesmutter (= 1000 Jahre Saarburg 964/1964, 161–170); F. Ch. Fenshan: Symbolism of Milk and Honey. Ancient Tradition of the Fertility of Palestine (= PalEQ 98/1966, 166).

Mond

Die einzelnen Mondphasen zeigen das Nachtgestirn dem Gesetz eines zyklischen Stirb und Werde unterworfen. Der einfache Mensch glaubt, in dem Gestirn seinen eigenen unabänderlichen Lebensrhythmus zu erkennen. Wie ein Einfluß des Mondes auf Ebbe und Flut beobachtet werden konnte, so dachte man auch Beziehungen zu Krankheit und Tod, aber auch zu Fruchtbarkeit und Auferstehung. In einem babylonischen Hymnus wurde der Mond gefeiert als »Mutterleib, der alles gebiert«; die griechische Selene war Göttin des Wachstums und der Entbindung. Der ägyptische Mondgott Thot galt als »Herr der Zeit« und als »Rechner der Jahre«. In Altarabien wurde die lunare Gottheit unter verschiedenen Namen (Almaqah in Saba, Aglibol in Palmyra) verehrt; trotz der Ablehnung der Mondverehrung durch Mohammed wurde der Halbmond zum Glaubenszeichen des Islams.

Wie die Sonne war auch der Mond von Anfang an bestimmt, als Zeichen und als Zeitmesser zu dienen (Gen 1,14); er ist der Beherrscher der Nacht. Das israelitische Jahr war ein Mondjahr; der Neumondtag galt als Festversammlung und war mit Opfern verbunden (Jes 1,13 f.; Num 28, 11–15). Von einer eigentlichen Lunarsymbolik ist im AT nichts zu finden, wohl aber wird der Mond zum Vergleich herangezogen. In den Psalmen (72,5; 89,38) dient er dank seines Leuchtens »von einem Geschlechte zum anderen« als Bild für die Unvergänglichkeit des messianischen Reiches. Nach Jesaja (24,23) sind Nacht- und Taggestirn sichtbar eingeordnet in das Heilsgeschehen: »Es errötet der Mond, es schämt sich die Sonne; denn König ist nunmehr der Herr der Heere auf dem Berge Zion in Jerusalem, und vor seinen Würdenträgern strahlt er in Glanz.« In eschatologischer Vorstellung ist die Verfinsterung des Mondes Vorzeichen des Gerichts (Joel 4,15). Auch im israelitischen Volksglauben dürfte dem Mond Fruchtbarkeitsbedeutung zuerkannt worden sein, so sind die von den Frauen als Schmuck getragenen (Jes 3,18) und die den Tieren um den Hals gehängten Halbmöndchen (Ri 8,21) zu verstehen.
Bei dem nt.lichen Schrifttum muß auf die apokalyptische Frau hingewieesen werden, die mit der Sonne umkleidet ist und deren Füße auf dem Mond stehen (Offb 12,1). Bei der Wiederkunft Christi wird die Sonne sich verfinstern und »der Mond nicht mehr geben seinen Schein« (Mk 13,24). Ja, schließlich wird der Mond überflüssig, da Gott selbst das Licht im neuen Jerusalem sein wird (Offb 21,23).
In der frühchristlichen Theologie werden Sonne und Mond zu »Trägern und Bildern eines großen Mysteriums. Die Sonne nämlich ist das Bild Gottes, der Mond das Bild des Menschen« (Theophilus von Antiochien). Als erster hat der wortgewandte Allegoriker Origenes den Mond als Hinweis auf die Kirche interpretiert; die Kirche empfängt ihr Licht von Christus, der Sonne, und gibt es den Gläubigen weiter. Die ekklesiologische Mondsymbolik wurde im Mittelalter großenteils auf die Gottesmutter übertragen. In

Gleichsetzung mit der apokalyptischen Frau wurde Maria im Mittelalter, aber auch noch im Barock, häufig auf dem Mond stehend dargestellt. Schließlich ist der Mond mit seinen einzelnen Phasen ein sichtbares Zeichen der Auferstehung; so weist der Bischof Zeno von Verona auf die am nächtlichen Himmel sich vollziehende Neugeburt der Luna, die ja alle Züge des menschlichen Daseins an sich trage.

Literatur: L. H. Grondijs: Le soleil et la lune dans les scènes de crucifixion (= Bulletin de l'Institut Archéologique Bulgare IX/1935, 250–254); H. Rahner: Mysterium Lunae (= ZKTh 63/1939, 311–349, 428–442; 64/1940, 61–80, 121–131); J. Leclercq: Symbolique chrétienne de la lune (= Lunaires 1947, 133–148); R. Bultmann: Zur Geschichte der Lichtsymbolik im Altertum (= Philologus 97/1948, 1–36); S. Kirst: Sin, Jerah und Jahwe, eine Bemerkung zum vorderasiatischen Mondkult (= Forschungen und Fortschritte 32/1958, 213–219); Varii autores: La lune. Mythes et rites (Sources Orientales 5). Paris 1962 (– bringt reiches Material zu den altorientalischen Vorstellungen); O. Schilling: Das Mysterium Lunae und die Erschaffung der Frau nach Gn 2,21 f. Paderborn 1963.

Morgen

Der Symbolwert des Morgens ist eng mit dem der aufgehenden Sonne verknüpft. Im Altertum war das an die Sonne gerichtete Morgengebet weit verbreitet. Da – nach altägyptischer Vorstellung – der Sonnengott sich vor jeder Tagesfahrt im Himmelsozean reinigt, nahm auch der König im »Morgenhaus« sein Bad. Nach der den abgründigen Mächten verschwisterten Nacht erinnert der Morgen an die paradiesische Urzeit, in der noch alles gut war, an den Schöpfungsmorgen. Ein Abglanz davon findet sich noch in dem Sprichwort »Morgenstund hat Gold im Mund«.

Die Lage des Paradieses war »in Eden gen Osten« (Gen 2,8). Da der Osten die Himmelsgegend des Sonnenaufgangs ist, wurde die Textstelle auch sinngemäß übertragen »in Eden gegen Morgen«. Das Tagesgrauen weist immer auf den guten Anfang. Bei Sonnenaufgang schleichen die Löwen heim und lagern sich in ihren Höhlen; »dann geht der Mensch hinaus an sein Werk« (Ps 104,22 f.). Am Morgen wird Recht gesprochen (2 Sam 15,2). In den Psalmen (101,8) gelobt ein König: »Morgen für Morgen lasse ich verstummen alle Frevler im Lande, tilge aus der Stadt des Herrn jeden Mann, der üble Taten vollbringt!« In besonderem Maße ist der Morgen die Zeit des Gebets (Ps 5,4); es ist die Stunde, in der Gott sich der Menschen erbarmt. »Am Abend kehrt Weinen ein, doch am Morgen fröhlicher Jubel« (Ps 30,6). Im Morgengrauen wurden die Israeliten befreit, als das ägyptische Heer im Meer unterging (Ex 14,27). An einem Morgen offenbarte sich Jahwe auf dem Sinai (Ex 19,16). Die ersten Strahlen der aufgehenden Sonne werden bei Ijob (3,9) dichterisch umschrieben als »Wimpern der Morgenröte«.

Auch im NT zeigt sich an entscheidenden Stellen die Bedeutung des Morgens. Es war die Tageszeit, in der Jesus von den Hohenpriestern und Ältesten gefesselt an Pilatus zur Aburteilung übergeben wurde (Mk 15,1). Am frühen Morgen ist Jesus von den Toten auferstanden (Lk 24,1). Für die Gläubigen wird es einen ewigen Morgen geben; darum heißt es: »Wach auf, der du schläfst, steh auf von den Toten, und als Licht wird dir erstrahlen der Christus« (Eph 5,14).

Im Volksglauben beendet der Morgen die den Geistern freigegebene Nacht. Seit dem 16. Jh. ruft das morgendliche Angelusläuten die Gläubigen zum Beten des »Engel des Herrn«. Die Taufe ist mit der Symbolik des Morgens und der Sonne verbunden; Origenes bezeichnet einen jeden, »der auf irgendeine Art den Namen Christi empfängt«, als einen »Sohn des Sonnenaufgangs«.

Literatur: L. Köhler: Die Morgenröte im AT (= ZATW 44/1926, 56 bis 59); P. Hendrix: »Garten« und »Morgen« als Ort und Zeit für das Mysterium Paschale in der orthodoxen Kirche (= Eranos-Jb 32/1963); J. Ziegler: Die Hilfe Gottes »am Morgen« (= Bonner Biblische Beiträge 1/1950, 281–288).

Morgenstern

Besondere Beachtung unter den Gestirnen fand der Morgenstern, der das Licht der immer wieder das Dunkel der Nacht besiegenden Sonne ankündet. Bei den Ägyptern wurde er zum Symbol des Heilbringers Horus. In Babylonien galt der Morgenstern als männlicher, waffenklirrender Doppelgänger der Ischtar, deren weibliche, sich hingebende Seite als Abendstern erstrahlt.

Die Himmelsleuchten gehorchen des Schöpfers Gesetz, und mit den Gottessöhnen insgesamt jauchzt der »Jubelchor der Morgensterne« (Ijob 38,7). Einer aber wollte sich Gott gleich stellen, es war Luzifer; »wie fielst du doch aus dem Himmel, Licht aus dem Morgenrot stammend!« In übertragenem Sinne ist auch der König von Babel ein Sohn der Morgenröte, der sich »auf den Götterberg« setzen wollte (Jes 14,12).

Der Stern des endzeitlichen Morgens ist Christus. Petrus erinnert die Gläubigen an das prophetische Wort, das wie eine Leuchte am finsteren Ort aufstrahlt, »bis der Tag anbricht und der Morgenstern aufgeht in euren Herzen« (2 Petr 1,19). Der Menschensohn selbst gibt sich als Erfüller aller Verheißungen aus: »Ich bin der Wurzelsproß und der Stamm Davids, der hellstrahlende Morgenstern« (Offb 22,16).

Nach Ambrosius wird Christus mit Recht als Morgenstern bezeichnet; »wie nämlich dieser bei seinem Aufgang am Morgen der Welt Glanz läßt, so hat auch Christus, als er auf die Erde kam, ihr Angesicht vollends erleuchtet«. Mit dem Ruf »Ave, maris stella« (Meerstern, ich dich grüße) preist der kirchliche Hymnus die Gottesmutter, die den Menschen wegweisend zur Seite steht. Da sie in der leiblichen Existenz der Christussonne vorangeht wie die Morgenröte dem Sonnenlicht, wird auch sie zum Morgenstern, zur stella matutina, der Lauretanischen Litanei.

LITERATUR: A. Fabre: L'étoile du matin dans l'Apocalypse (= RB 5/1908, 227–240); J. Boehmer: Tag und Morgenstern? Zu II Petri 1,19

(= ZNTW 22/1923, 228–233); Ph. Rech: Morgenstern (Inbild des Kosmos II, 158–170).

Motte

Die besonders tierisches Gewebe (Wolle) zerfressende Kleidermotte wird in der Bibel öfters als Bild der Zerstörung genannt. Ijob (27,18) vergleicht den Bau eines Hauses, das baldigem Zerfall ausgesetzt ist, mit dem Bau eines Mottengespinstes. Jahwe zerstört »wie eine Motte« des Menschen Pracht; »nur ein Hauch ist jeglicher Mensch« (Ps 39,12). Ein Vergleich mit der Motte zeigt die Hinfälligkeit und Vergänglichkeit des Menschen (Ijob 4,19). Die Gegner des Gottesknechtes zerfallen wie ein Kleid, »die Motte verzehrt sie« (Jes 50,9). Das göttliche Gericht wird mit der zerstörenden Tätigkeit der Motte verglichen; so droht der Herr: »Für Ephraim bin ich der Motte gleich, für Judas Haus wie der Wurmfraß« (Hos 5,12). Schließlich veranschaulicht der Falter auch die weibliche Bosheit. »Denn von den Kleidern kommt die Motte her, und von dem einen Weib die Schlechtigkeit des andern« (Sir 42,13).
Jesus fordert die entschlossene Abkehr von allen offenkundig vergänglichen Schätzen; es gibt nichts, was nicht durch Motten, durch Rost oder Diebstahl bedroht wäre (Mt 6,19f.). »Verkauft, was ihr habt, und gebt Almosen! Macht euch Beutel, die nicht veralten, einen Schatz im Himmel, der nicht abnimmt, wo kein Dieb herankommt und den keine Motte zerstört« (Lk 12,33). Auch im Jakobusbrief (5,2) werden die Wohlhabenden gewarnt: »Euer Reichtum wird verfault sein und eure Kleider von Motten zerfressen.«

Literatur: O. Bauernfeind (ThWNT VII, 274–277).

Myrrhe

Unter Myrrhe versteht man das wohlriechende, aber bitter schmeckende Harz einer Art des Balsambaumes. Bei den

Ägyptern diente dieser pflanzliche Stoff zur Einbalsamierung; Griechen und Römer verwendeten eine aus Myrrhe gewonnene Flüssigkeit besonders als kosmetisches Mittel.
Im mosaischen Kult wurde Myrrhe als Beimischung zum heiligen Salböl verwendet (Ex 30,23). Wegen des angenehmen Geruches trugen Frauen auf der Brust Beutelchen mit Myrrhe; in der Bildersprache des Hohenliedes wird der himmliche Bräutigam mit einem Myrrhenbüschel am Busen der Braut verglichen (Hld 1,13). Nach orientalischem Brauch wird im Hochzeitszug der Bräutigam als König (Salomo) gefeiert; er wird »von Myrrhe und Weihrauch umduftet« (Hld 3,6). Der Garten, in dem der Bräutigam Myrrhe und Balsam »pflückt«, Honig genießt und Wein und Milch trinkt (Hld 5,1), ist ein sprechender Hinweis auf den Wohlgeruch und die Fülle des Himmels. Im Psalm 45,9 wird beschrieben, wie die Gewänder des göttlichen Helden, dessen Thron ewig steht, von Myrrhe und Aloe duften.
Während im AT die Hauptbedeutung der Myrrhe auf ihrem Wohlgeruch liegt, liegt im NT der Akzent auf der Bitterkeit des Geschmacks. Die Magier aus dem Morgenland huldigten dem Jesuskind und brachten ihm ihre Geschenke: Gold, Weihrauch und Myrrhe (Mt 2,11), nach späterer Auslegung die Symbole für Glauben (nach anderer Deutung auch Königtum), Anbetung und Passion – eine prophetische Andeutung von Christi Erdenweg! Der dem Heiland vor der Kreuzigung angebotene Myrrhenwein (Mk 15,23) war ein Betäubungsmittel; daß Jesus ihn abgelehnt hat, ist Ausdruck, daß er das Leiden voll auf sich nehmen wollte. Da die Myrrhe auch zur Konservierung von Leichen diente, wurde sie zum Bild für die letzte Leidensstation alles Irdischen, für den Tod. Zur Grablegung Jesu brachte Nikodemus »eine Mischung von Myrrhe und Aloe« mit (Joh 19,39).
Mittelalterliche Exegeten deuteten den »Myrrhenberg« des Hohenliedes (4,6) als den Passionshügel Christi, als Golgota. Im Speculum humanae salvationis findet sich eine Abbildung der Gottesmutter mit einem Myrrhenbüschel in

der Hand – Symbol ihrer Teilnahme an dem Leiden und Sterben Christi.

Myrte

Die Myrte wächst als Strauch oder niedriger Baum. Wenn man ihre immergrünen Blättchen reibt, geben sie einen eigenen Duft. Die grazile Pflanze war der Liebesgöttin Aphrodite geweiht. Wenn römische Krieger von einem siegreichen Feldzug heimkehrten, ohne Blut vergossen zu haben, schmückten sie sich (statt mit dem sonst üblichen Lorbeer) mit einem Myrtenkranz.
Die beim Laubhüttenfest eingeholten Zweige enthielten neben »prächtigen Baumfrüchten«, Palmwedeln und Bachweidenzweigen auch »Äste von dichtbelaubten Bäumen« (Lev 23,40). Mit dem Gezweig des »dichtbelaubten Baumes« dürfte die Myrte gemeint sein, wie unter anderem bei Nehemia (8,15) und aus der späteren jüdischen Tradition zu ersehen ist. Aus obengenannten Zweigen wurde auch der Feststrauß gebildet, zum Dank an Gott und zu seinem Ruhme. Um Zion wird »statt der Nessel die Myrte« wachsen, »dem Herrn gereicht es zum Ruhm, zum ewigen Zeichen, das unausrottbar ist« (Jes 55,13). Der Engel des Herrn, der dem Propheten Sacharja die Heimkehr seines Volkes und die Wiederherstellung Jerusalems verheißt, ritt auf einem roten Rosse und »hielt zwischen den Myrten im Talgrund« (Sach 1,8) – hier weisen die Bäume auf den guten, freudigen Charakter der Voraussage.
Der heilige Hieronymus erblickt in der Myrte ein Bild des Wohlduftes Christi, den die Ecclesia ausströmt. Der schon im antiken Hochzeitsbrauch verwendete Myrtenkranz bürgerte sich seit dem 16. Jh. langsam als Brautschmuck in Mitteleuropa ein, nach christlicher Auffassung als Symbol der Jungfräulichkeit – nicht zuletzt in Erinnerung an die tugendreine Königin Ester, deren jüdischer Name Hadassa soviel wie »Myrte« bedeutet. Gleich ihrem at.lichen Vor-

bild (Ester) wurde auch Maria zur »lieblichen Myrte des Herrn«.

Literatur: W. Braun: Die Myrte in Sitte und Sage der Völker. (= Daheim 57/1920–1921); A. Feldman: The Parables and Similes of the Rabbis. Agricultural and Pastoral. Cambridge 1924; E. de Sousa: O mirto em Eleusis (= Humanitas 3/1950–1951, 293–299).

Nacht

Tag und Nacht entsprechen dem Gegensatz von Licht und Finsternis. Dabei ist die geheimnisvolle, ja unheimliche Nacht für den Menschen der Frühzeit oft bedeutsamer als der Tag, den guten wie auch den bösen Geistern, aber auch dem eigenen Ursprung besonders nahestehend. Urnacht war es, bevor Sonne und Mond erschaffen wurden. Nach dem Glauben der Antike kann der Mensch sich in der Dunkelheit mit geheimen Mächten verbünden, die Zukunft erforschen und Schätze finden. Die Verknüpfung mit ethischen Vorstellungen ließ die Nacht zum Gesellen des Bösen werden, der Lebensseite abgewendet. Nach altmesopotamischen Mythen wandert der Sonnengott während der Nacht durch die Unterwelt, wo er den Toten Speise und Trank bringt.

Als Geschöpfe Gottes werden Tag und Nacht aufgefordert, den Herrn zu preisen; »lobsingt ihm und erhöht ihn in Ewigkeit« (Dan 3,71). Wegen ihrer undurchdringlichen Dunkelheit wurde die Nacht zu einem Symbol des Grauens, des Unglücks und des Todes. In der Mitternacht schlug »der Herr alle Erstgeburt im Ägypterland« (Ex 12,29). Wenn Elihu zu Ijob spricht: »Sehne nicht die Nacht herbei, wo die Leute ihre Stätte besteigen« (Ijob 36,20), so ist die Nacht des Todes gemeint, die Ijob sich in seiner Verzweiflung wünschte; der zweite Teil des Satzes ist eine Umschreibung der Grabesstätte. Der auf Gott Vertrauende braucht sich vor den Schrecken der Nacht, ja selbst »vor der Pest, die im Düsteren dahinschleicht« (Ps 91,5 f.) nicht zu fürchten. Gott läßt des Nachts Loblieder anstimmen (Ijob 35,10). Am Tag des Herrn muß die Nacht weichen; es wird nur ein einziger Tag sein, »zur Abendzeit wird es hell« (Sach 14,7). In der Nacht kann sich dem Menschen auch ein Zugang zur sonst verborgenen Tiefe des Seins eröffnen. »Bei Nacht verlangt meine Seele nach dir und auch mein Geist« (Jes 26,9). Der Prophet Sacharja hatte seine acht Visionen (»Nachtgesichte«) in der Zeit tiefer Dunkelheit (Sach 1,7–6,8). Von besonderer Bedeutung wurde die Nacht vor dem Aufbruch aus Ägypten; »eine Nacht des Wachens war das für den Herrn, als er sie aus dem Ägypterland hinausführte. Diese Nacht gehört daher dem Herrn als eine Nachtwache für alle Israeliten durch ihre Geschlechterfolgen« (Ex 12,42).

Die Nacht ist die Zeit der Unwissenheit und der Sünde. Mit der vorrückenden Dunkelheit ist jedoch das Nahen des Tages verbunden; »laßt uns also ablegen die Werke der Finsternis und anlegen die Waffen des Lichtes!« (Röm 13,12). Als »Kinder des Tages« gehören die Gläubigen »nicht der Nacht und der Finsternis« (1 Thess 5,5). Auch im NT kann das Hereinbrechen der Dunkelheit den nahenden Tod andeuten. Der johanneische Jesus sagt: »Wir müssen die Werke dessen, der mich gesandt hat, verrichten, solange es Tag ist; es kommt eine Nacht, da niemand zu wirken vermag« (Joh 9,4). Wenn Christus das Licht der Welt ist, dann bedeutet die Nacht unter heilsgeschichtlichem Aspekt den Zeitraum seiner Abwesenheit. So sind Jesu Worte zu verstehen: »Wandert einer bei Nacht, stößt er an; denn das Licht ist nicht bei ihm« (Joh 11,10). Im Anschluß an die at.liche Paschanacht wurde die Nachtwache ein wichtiger Bestandteil der eschatologischen Erwartung: Der himmlische Bräutigam kommt überraschend um Mitternacht (Mt 25,6). »Wachet also; denn ihr wißt weder den Tag noch die Stunde« (Mt 25,12). »Wie ein Dieb in der Nacht, so kommt der Tag des Herrn« (1 Thess 5,2). Im neuen Jerusalem wird es keine Nacht mehr geben (Offb 21,25; 22,5).

Da die Auferstehung Christi vor Tagesanbruch geschehen war, wird die Osterliturgie als Nachtfeier begangen. Die Feier beginnt mit dem Gedenken an das Leiden und Sterben des Herrn und wird gegen Morgen mit der Eucharistie beendet. Bereits im 4. Jh. kam die Weihe der Osterkerze auf, die nach ihrer Entzündung schließlich unter dem Ruf »Lumen Christi« in das noch dunkle Gotteshaus hereingetragen wurde. Die koptische Kirche pflegt die Überlieferung, daß Adam und Eva am Ende des Tages aus dem Paradies vertrieben wurden und in der Mitternacht auf die Erde kamen; der zweite Adam, Jesus Christus, wird in der Mitternacht geboren, in der Abendstunde haucht er am Kreuz sein Leben aus, um zu Mitternacht wieder von den Toten aufzuerstehen.

LITERATUR: M. Meinertz: Die »Nacht« im Johannesevangelium (= TüThQ 133/1953, 400–407); Cl. Ramnoux: La nuit et les enfants de la nuit dans la tradition grecque. Paris 1959; E. Th. Reimbold: Die Nacht im Mythos, Kultus, Volksglauben und in der transpersonalen Erfahrung. Köln 1970; R. Lapointe: La nuit est ma lumière (= The Catholic Biblical Quarterly 33/1971, 397–402).

Nacktheit

Das Unverhülltsein deutet auf das Fehlen irdischer Bindungen; durch das Lösen von Knoten und Schlingen hofft der naturverbundene Mensch, sich magischer Kräfte bedienen und Dämonen abwehren zu können. Die Entblößung gleicht einem schutzlosen Sichausliefern den höheren Mächten und soll sie freundlich stimmen. Kleidung und Schuhe können – als vom Menschen Geschaffenes – im Kontakt mit dem Heiligen hinderlich sein. Sakrale Nacktheit war im Alten Orient und in der Antike öfter bei Gebet, Opfer und Prophetie üblich. Sumerische Priester erschienen ohne Kleider vor der Gottheit. Bei der Einweihung wurden die Initianden des Mithras-Mysteriums ihrer Gewänder entledigt. Das Entblößen des Oberkörpers, das Ausziehen der

Schuhe oder die Abnahme der Kopfbedeckung sind als Ersatz für die gänzliche Nacktheit zu werten.

Nacktheit ist etwas für die menschliche Situation Bezeichnendes: Nackt kommt er auf die Welt, und nackt verläßt er sie (Ijob 1,21). »Wie er hervorging aus dem Schoß seiner Mutter, nackt geht er wieder dahin, wie er kam. Nichts kann er mitnehmen vom Ertrag seiner Mühe« (Koh 5,14). Vor dem Sündenfall waren Adam und Eva in natürlicher Nacktheit (Gen 2,25), die der Unschuld entspricht. Durch das Heraustreten aus dem Urzustand entstand das Schamgefühl (Gen 3,7). Seither gehört der Wille zur Verhüllung zum Wesen des (gefallenen) Menschen. Nacktheit wird Ausdruck tiefster Schande (Jes 20,4; 47,3) oder aber auch zum Zeichen der Armut. Ijob schildert die soziale Not der Ärmsten: »Nackt verbringen sie die Nacht, da Kleidung fehlt, und sie haben in der Kälte keine Decke« (Ijob 24,7). Der Herr droht den vom Glauben Abtrünnigen an, daß sie in Hunger und Durst, in Nacktheit und Entbehrung leben müssen (Dtn 28,48). In der religiösen Sphäre kommt Nacktheit in prophetischer Ekstase vor. Als Gottes Geist über Saul kam, »geriet er in Verzückung, zog seine Kleider aus und gebärdete sich ... als Prophet, so daß er den ganzen Tag und die folgende Nacht nackt am Boden lag« (1 Sam 19,23 f.). Als partielle Nacktheit ist die Enthüllung des Gesichtes bei Mose zu deuten, wenn er zur Unterredung vor den Herrn trat (Ex 34,33 ff.).

Auch im NT weist Nacktheit auf »bittere Entbehrung«; in den Paulusbriefen werden Leiden, Hunger und Blöße zusammengestellt (Röm 8,35; 2 Kor 11,27). Dem Hungrigen und Nackten soll geholfen werden (Mt 25,35 f.). Im übertragenen Sinn bedeutet Nacktheit »völlig erkennbar«; vor Gott ist nichts Erschaffenes verborgen, »alles liegt nackt und offen« vor seinen Augen (Hebr 4,13). In der Apokalypse schließlich ist Nacktheit das Bild der geistigen Unbereitschaft, gleichsam ein Attribut derjenigen, die nicht mit guten Werken bekleidet sind. »Selig, der wacht und achtgibt auf seine Kleider, damit er nicht nackt umher-

geht« (Offb 16,15). Wer zu den Siegern gehört, der ziehe weiße Kleider an, damit seine »beschämende Nacktheit« nicht sichtbar sei (Offb 3,18). Die von Paulus vorgeschriebene Enthüllung des Hauptes der Männer während des Gebets (1 Kor 11,4.7) ist letztlich ein sichtbares Zeichen für die Auslieferung an die Hoheit Gottes.
Eine Art sakraler Nacktheit findet sich in der christlichen Liturgie bei der Taufe. Cyrill von Jerusalem sprach zu den Neugetauften: »Welch wunderbare Sache! Ihr wart nackt vor den Augen aller und schämtet euch nicht; fürwahr, ihr truget das Abbild des ersten geschaffenen Adam, der im Paradiese nackt war und sich nicht schämte.« In der Mystik wurde die Nacktheit zum Bild der Läuterung; nach Dionysius Areopagita bedeuten Nacktheit und Barfüßigkeit »die Reinigung von allem, was der Seele an Äußerem anhaftet, das Ähnlichwerden mit der göttlichen Einfachheit«. Die hüllenlosen Gestalten bei den Bildern des Jüngsten Gerichts (so etwa bei Hans Memling) deuten auf das metaphysische Ausgezogensein der Geschöpfe vor Gott.

LITERATUR: Fr. J. Dölger: Der Exorzismus im altchristlichen Taufritual. Paderborn 1909, 107 ff.; J. Heckenbach: De nuditate sacra sacrisque vinculis. Gießen 1911; A. Oepke (ThWNT I, 773–775); St. E. Smallman: Nudity in Biblical Perspective (= Cristianity Today XIII/1969, 1014–1016).

Name

Weit verbreitet ist der Glaube, daß der Name eine mit seinem Träger eng verbundene Potenz ist. Kennt man den Namen, so kann man auf die Person Einfluß ausüben. Der Name, den die Eltern ihrem Kinde geben, drückt etwas von dem aus, was sie als Erwartungen in das Kind setzen. Wenn Menschen in einen neuen Zustand eintreten, bedürfen sie eines neuen Namens. Die Namen der ägyptischen Herrscher wurden auf die Denkmäler gesetzt, um so das Leben der Namensträger über den Tod hinaus zu garantieren; die schlimmste Strafe war daher die Namenstilgung.

Einen Namen haben heißt etwas bedeuten (Rut 4,14). Wessen Name vergessen wird, dessen »Angedenken schwindet von der Erde, kein Nachruhm bleibt ihm mehr im Lande« (Ijob 18,17). Gott vollendet die Schöpfung, indem er jedes der Gestirne mit seinem Namen benennt (Jes 40,26) und Adam beauftragt, jedem der Tiere einen Namen zu geben (Gen 2,19 f.). Die Namen der ersten Menschen kennzeichnen ihr Wesen. Adam ist die hebräische Bezeichnung für »Mensch«; sollte ein sprachlicher Zusammenhang mit adamah = Ackererde bestehen, so wäre dies wiederum etwas Charakterisierendes. »Adam nannte seine Frau Eva, denn sie ward zur Mutter alles Lebendigen« (Gen 3,20). Das Wort Kain bedeutet in semitischen Sprachen »Schmied« und ist etymologisch verwandt mit kanîtî = erschaffen; Kain ist der erste von der Lebensmutter »Erschaffene«. Der Eigenname kennzeichnet die Person. David wird vor dem bösartigen Nabal gewarnt; »denn er ist das, was sein Name besagt: Ein Tor!« (1 Sam 25,25). Wenn Gott den Namen Abrams (Gen 17,5), Sarais (Gen 17,15) und Jakobs (Gen 32,29) ändert, dann ist damit ausgedrückt, daß er ihre Person, ihr Leben, mit Beschlag belegt hat. Eine Stadt kann in Besitz genommen werden, wenn man seinen Namen über sie ausruft (2 Sam 12,28). Benennt Gott ausdrücklich ein Kind mit Namen, dann hat dies meist eine prophetische Bedeutung; so soll der Prophet Hosea seine Tochter »Unbegnadet« nennen, um das Verhältnis zwischen Jahwe und seinem untreuen Volk Israel zum Ausdruck zu bringen (Hos 1,6). Der Name des Kindes einer Prophetin – »Beute ist eilig, Raub kommt rasch« – soll auf den bevorstehenden Untergang von Damaskus hinweisen (Jes 8,1–4). Die Namen der großen Sünder werden »aus dem Buche des Lebens getilgt, mit den Frommen nicht aufgeschrieben« (Ps 69,29).

In Israel war die Namengebung mit der Beschneidung verbunden. Der Name von Jesus wurde von einem Engel ge-

nannt, noch ehe er empfangen wurde im Mutterleib (Lk 2,21) – ein Hinweis auf die Vaterschaft Gottes. Die Bekehrung des Saulus zeigt sich auch in seinem neuen Namen Paulus. Wenn Jesus den beiden Brüder Jakobus und Johannes den Beinamen Boanerges, d. h. »Donnersöhne«, gibt, (Mk 3,17), so ist dies der Ausweis ihrer großen Zeugniskraft. Zu seinen Jüngern spricht Jesus: »Freut euch, daß eure Namen aufgezeichnet sind im Himmel« (Lk 10,20). Wer aus den Kämpfen dieser Welt als Sieger hervorgeht, wird »bekleidet werden mit weißen Gewändern, und nimmermehr werde ich austilgen seinen Namen aus dem Buch des Lebens, sondern ich werde bekennen seinen Namen vor meinem Vater und vor seinen Engeln« (Offb 3,5).
Die antike Anschauung, daß der Name irgendwie mit dem Schicksal seines Trägers zusammenhängt (nomen est omen), wirkte auch in christlicher Zeit nach. Mit dem Namen der katholischen Kalenderheiligen erhofft man sich nicht nur deren Schutz für das Kind, sondern auch die Übertragung ihrer Tugenden. Vielerorts wird der Namenstag mehr als der Geburtstag gefeiert, da er an die Wiedergeburt in der Taufe erinnert. Bei der Aufnahme in eine völlig neue Gemeinschaft (Orden) und bei der Thronbesteigung weist der Namenswechsel auf das geänderte Wesen hin.

LITERATUR: W. Schmidt: Die Bedeutung des Namens in Kult und Aberglauben. Darmstadt 1912; Th. Schermann: Das Aufkommen christlicher Taufnamen (= Katholik 95/1915, 263–280); E. Nied: Heiligenverehrung und Namengebung. Freiburg 1924; W. Schulze: Der Namenglaube bei den Babyloniern (= Anthropos 26/1931, 895–928); H. Schumacher: Die Namen der Bibel und ihre Bedeutung im Deutschen. Stuttgart o. J.

Netz

Bei den alten Völkern war das Netz nicht nur beim Fischfang, sondern auch bei der Jagd unentbehrlich. In Marduks Händen wird das Netz zur furchtbaren Gotteswaffe, in ihm wird das

Ungeheuer Tiamat gefangen und schließlich getötet. Als Symbol unumschränkter Herrschaft hält auf einem Denkmal der Stadtgott von Lagasch, Ningirsu, ein Netz mit gefangenen Menschen. Auf einem Relief am ägyptischen Tempel zu Edfu ziehen drei Götter und der Pharao ein Netz, in dem Fische, Vögel, Landtiere und Menschen gefangen sind.

Auch im AT ist das Netz eine Gotteswaffe. Der Herr spricht über den bundesbrüchigen Zedekia, den letzten König von Juda: »Ich breite über ihn ein Netz aus, er wird gefangen in meinem Garn ... und halte Gericht über ihn des Treubruchs wegen, den er an mir verübt« (Ez 17,20). Bei Habakuk (1,14f.) erscheint die chaldäische Großmacht als Vollstrecker des göttlichen Willens; die frevelnden Israeliten sind die Fische, der chaldäische Herrscher »schleift sie mit seinem Netz fort, er fängt sie mit seinem Garn«. Netze, Schlingen und Fallen sind auch ein Bild für das Böse, das dem Guten nachstellt und in dem er sich verstrickt. Der auf Gott vertrauende Psalmist spricht: »Befreie mich aus dem Netz, das man heimlich mir legte, denn meine Zuflucht bist du!« (Ps 31,5). Die Frevler aber, die anderen eine Grube schaufeln, fallen schließlich selber hinein; »im Netz, das sie legten, verfing sich ihr Fuß« (Ps 9,16). Drangsal und Kummer gehören zum menschlichen Leben, bis es von den »Stricken des Todes« umringt ist und die »Netze des Totenreiches« über ihm niederfallen (Ps 116,3). Ja, auch der Mensch kennt nicht seine Zeit, wie die Fische, gefangen im bösen Netz, und wie Vögel, gefangen im Klappnetz. Wie jene verstricken die Menschen sich zur schlimmen Zeit, wenn diese plötzlich über sie kommt« (Koh 9,12).

Durch Jesus wird das Netz zu einem heilsgeschichtlichen Bild im Zusammenhang mit den wunderbaren Fischzügen des Petrus. Die mit Simon Petrus sich die ganze Nacht vergebens abmühenden Fischer konnten am nächsten Tag auf Jesu Wort hin reichen Fang machen, »ihre Netze waren am Zerreißen« (Luk 5,1–6) – eine Hindeutung auf das bald danach einsetzende Werk der Apostel als »Menschenfischer«. Die Wiederholung eines solchen Fischfangs, bei dem sie die Netze »wegen der Menge der Fische« nicht mehr einzuziehen vermochten, war

eine unausgesprochene Mahnung des inzwischen von den Toten auferstandenen Herrn, ihrer Berufung zu gedenken (Joh 21,4–6). Das Himmelreich wird mit einem Netz verglichen, »das ins Meer geworfen wurde und mancherlei einfing. Als es gefüllt war, zog man es ans Ufer, setzte sich hin und sammelte das Gute in Gefäße, das Schlechte aber warf man weg« (Mt 13,47f.).
Seit dem ausgehenden 2. Jahrhundert wurde die Taufe unter dem Bilde des Fischfangs mit Angel und Netz dargestellt; der Fischer sinnbildet den Taufenden, der Fisch den Täufling. Das mit kleinen Fischen gefüllte Netz kann zu einem Symbol der Kirche werden. Die Kanzel zu Traunkirchen (Oberösterreich) ist als Fischerboot gestaltet, Jakobus und Johannes Zebedäus ziehen das Netz ein.

Literatur: I. Scheftelowitz: Das Schlingen- und Netzmotiv im Glauben und Brauch der Völker (Religionsgeschichtliche Versuche und Vorarbeiten 12,2). Gießen 1912. M. Eliade: Le »Dieu Lieur« et le symbolisme des noeuds (Revue de l'Histoire des Religions 134/1947–1948, 5–36). N. A. Dahl: The parables of growth (STh 5/1952, 132–166 – auch zum Fischnetz!). J. G. Heintz: Le filet divin (Mémoire de l'Ecole Biblique). Jerusalem 1965.

Oben und Unten

Es kann nicht überraschen, daß für den aufrechtgehenden Menschen die Begriffe »oben« und »unten« von symbolischer Bedeutung sind. Während die Füße auf der Erde stehen und durch das Gesetz der Schwerkraft das Verhaftetsein an die Materie angedeutet wird, ragt das Haupt gen Himmel und trachtet danach, sich von der irdischen Abhängigkeit zu befreien. Die Gegenüberstellung von Oben und Unten sind Ausdruck für die Ordnung der Welt. Chaos herrscht, wenn beide Pole durcheinanderstürzen. Das babylonische Schöpfungslied Enuma elish kennzeichnet den präkosmischen Zustand: »Als droben die Himmel nicht genannt waren. Als unten die Erde keinen Namen hatte«. Wenn in der ägyptischen Mythologie der Luftgott Schu den Himmel (Nut) von der Erde (Geb) trennt, dann ist dies ein symbolischer Akt für die Bewußtwerdung von Oben und Unten. Die räumliche Polarität findet sich übertragen auf die soziale Struktur (Oberhaupt – Untertan; Hoch – Niedrig) und auf die sittliche Werteskale (Gut – Böse). Oben ist die Region der Götter, von oben kommen das lebenerweckende Licht und der befruchtende Regen; deshalb opferte der altorientalische Mensch besonders gerne auf den Höhen und betete mit erhobenen Händen und Augen. Aristoteles war davon überzeugt, daß alle Menschen der Gottheit den höchsten Ort zuweisen.

Das erste, was Gott erschuf, waren Himmel und Erde (Gen 1,1) – ein Doppelbegriff, der in sich die Ganzheit der Welt zusammenfaßt. Himmel und Erde – und ihre Synonyma Oben und Unten – bilden die äußerste Grenze der Sinneswahrnehmung. Mit der Trennung des Wasser »oberhalb« von den Wassern »unterhalb« des (sichtbaren) Himmelsgewölbes (Gen 1,7) wird das irdische Diesseits klar vom göttlichen Jenseits abgegrenzt. Eine an altmesopotamische Vorstellungen erinnernde Dreigliederung findet sich in Exodus (20,4): »Im Himmel droben«, »auf der Erde unten«, »im Wasser unter dem Erdboden«. Wer »fern vom Taue des Himmels da oben« ist, dem ist der göttliche Segensstrom abgeschnitten (Gen 27,39). Die – weiblich gedachte – Erde ist auf die Gaben des Himmels angewiesen: »Träufelt, ihr Himmel, von oben, Wolken sollen rieseln Gerechtigkeit!« (Jes 45,8). Jahwe wohnt in der höchsten Höhe, deshalb heißt es in einem alttestamentlichen Wallfahrtslied: »Ich erhebe mein Antlitz zu dir, der du in Himmeln thronst« (Ps 123,1). Der sündige Mensch erhebt seine Stimme »aus den Tiefen« zum Herrn, auf daß dieser neige sein »Ohr gnädig auf meines Flehens lautschallenden Ruf« (Ps 130,1f.). Der Thron Gottes steht »in der Höhe«, von wo er »in die Tiefe hinabschaut und den Schwachen vom Staube aufrichtet« (Ps 113,5ff.).

Im NT wird die Polarität Oben – Unten noch schärfer aufgezeigt. Jesus selbst sprach zu den Juden: »Ihr seid von unten, ich bin von oben. Ihr seid von dieser Welt, ich bin nicht von dieser Welt« (Joh 8,23). Unten ist alles Geschaffene, Irdische, Vergängliche. Nur wer die Wegrichtung nach oben einschlägt, kann transzendieren, hinübergehen in die andere Welt. Der eingeborene Sohn Gottes ist »der von oben Kommende«, er »ist über allem« (Joh 3,31). Nur wer »von oben« geboren wird, kann das Reich Gottes schauen (Joh 3,3). Deshalb sollen wir unsere Augen aufrichten und zu Gott emporheben. »Was droben ist, habt im Sinn, nicht was auf Erden!« (Kol 3,2). Während das irdische Jerusalem in Knechtschaft lebt – die Zeit der römischen Fremdherrschaft, im übertragenen Sinne aber alles Verlangen nach weltlicher Macht – ist »das obere Jerusalem« frei (Gal 4,26).

Die christliche Malerei stellt in verschiedenen Themen das himmlich-göttlich-segnende Oben dem irdisch-geschöpflich-empfangenden Unten gegenüber; so etwa bei der Verkündigung an Maria (von Gottvater ausgehende Lichtstrahlen treffen Kopf bzw. Ohr der Jungfrau: conceptio per aurem!) oder bei dem neutestamentlichen Pfingstereignis, bei welchem »plötzlich vom Himmel her ein Brausen entstand« und der Hl. Geist sich in Gestalt von »Zungen wie Feuer« auf die Apostel herabsenkte (Apg 2,2 f.). Das »Sursum corda!«, mit dem die Praefatio beginnt, dürfte auf die von jereminianischem Gedankengut beeinflußten Klagelieder (Klgl 3,41) zurückgehen; die Agende für die evangelisch-lutherischen Kirchen und Gemeinden von 1955 hat die Fassung: »Die Herzen in die Höhe!« Das Oben ist dem Licht und der Unendlichkeit zugewandt, und auch ein weltlicher Dichter wie Friedrich Schiller erkennt: »Doch der Segen kommt von oben« (Lied von der Glocke). Gewissen pansophischen Lehren des 16./17. Jahrhunderts war es ein vertrauter und auch im Bild festgehaltener Gedanke, daß der (männliche) Himmel als das Obere die (weibliche) Erde als das Untere befruchtet und so den Menschen erzeugt. Baum und Berg, Leiter und Turm können Symbole werden für des Menschen Sehnsucht, das Irdische zu überwinden. Der gläubige Christ weiß – wie es schon die Kirchenväter formuliert haben –, daß die wahre communio zwischen oben und unten nur im Zeichen des Kreuzes, d. h. über Christus, zu finden ist.

Ofen

Sowohl der Schmelzofen wie auch der Backofen sind ein Bild für die Wandlung; ein roher, formloser Stoff wird hineingeschoben, und ein fertiges Gebilde holt man heraus. So erscheint der Ofen gleich einem künstlichen Mutterleib, ja in Mythen und Märchen ist er geradezu ein Symbol desselben. Noch heute findet sich im Alemannischen die Redewendung »Der Ofen ist zusammengefallen« in der Bedeutung: Ein Kind ist geboren. In der Alchimie ist der Ofen das hermetische Gefäß, eine Art matrix, aus welcher der »filius Philosophorum«, der wundersame Stein, geboren wird.
Der Ofen dient in der Hl. Schrift als Bild für Leiden und Gericht. Der »eiserne Schmelzofen« Ägypten, aus dem der Herr sein Volk herausgeführt hat, war der schreckliche Ort der Knechtschaft (Dtn 4,20; 1 Kön 8,51). Das von seinen Feinden eingeschlossene Jerusalem ist wie in einem Schmelzofen, der im Dienste des zürnenden Gottes steht. »Ich tue euch zusammen und entfache wider euch das Feuer meines Ingrimms, und ihr werdet darin geschmolzen. Wie Silber im Schmelzofen schmilzt, so schmelzt ihr darin« (Ez 22,19–22). Wie der Vorgang des Schmelzens der Ausscheidung unreiner Metalle dient, so wird der Ofen selbst zu einem Bild der Wandlung, der Läuterung. Zu seinem im babylonischen Exil weilenden Volk sagt der Herr: »Siehe, ich läuterte dich ... und ich erprobte dich im Ofen der Trübsal« (Jes 48,10). Der Gedanke der Läuterung findet sich auch in der Weisheitsliteratur: »Der Tiegel ist für Silber, für Gold der Ofen recht, doch der die Herzen prüft, das ist der Herr« (Spr 17,3). Der Ofen wird schließlich zu einem eschatologischen Bild: »Fürwahr, der Tag kommt heran, der gleich einem Ofen brennt« (Mal 3,19). Im Feuer des Gerichts werden die Gottlosen verbrennen, die Gerechten aber kommen geläutert und neu geboren aus den Flammen hervor wie die drei jungen Männer, die König Nebukadnezzar in den glühenden Feuerofen werfen ließ (Dan 3,11–97).

Möglicherweise steht auch im 1. Petrusbrief (4,12) – »die zu eurer Prüfung unter euch entstandene Feuersglut« – das Bild vom Ofen im Hintergrund, wenn er auch nicht direkt genannt wird. Die Füße des zum Gericht kommenden Herrn gleichen »glänzendem Erz, als wären sie im Ofen zum Glühen gebracht« (Offb 1,15). Beim Schall der fünften Posaune wird der Schacht der Unterwelt geöffnet, und es steigt »Rauch aus dem Schacht auf wie der Rauch eines mächtigen Ofens« (Offb 9,2).

LITERATUR: A. Rüegg: Die Jenseitsvorstellungen vor Dante und die übrigen literarischen Voraussetzungen der »Divina Commedia«. 2 Bände. Einsiedeln-Köln 1945 (– besonders auch zu Feuer und Ofen!); U. Steffen: Feuerprobe des Glaubens. Die drei Männer im Feuerofen. Göttingen 1969.

Ohr

In der Symbolsprache deutet das Ohr auf die geistige Bereitschaft, sich dem Gehörten zu erschließen, zu horchen und zu gehorchen. Dem hebräischen Sklaven, der nach sechs Jahren nicht die Freiheit haben wollte, wurde von seinem Herrn an der Tür mit einem Pfriemen das Ohr durchstochen (Ex 21,6), das bedeutet, daß er durch sein Ohr (= Gehorsam) an das Haus gebunden bleibt. Um für das Wort des himmlischen Herrn geöffnet zu sein, wurde bei der at.lichen Priesterweihe das rechte Ohrläppchen mit Opferblut bestrichen – genauso wie der rechte Fuß, der zum Altar schreitet, und wie die rechte Hand, die kultische Handlungen vornimmt (Lev 8,23 f.). »Das Ohr neigen« heißt sich dem Gesprächspartner öffnen (Spr 22,17). Wie es ein inneres Auge gibt, so auch ein inneres Ohr. »Darf nicht das Ohr die Worte prüfen, wie der Gaumen die Speise verkostet?« (Ijob 12,11) Der Gottesknecht bekennt, daß der Herr ihm das Ohr öffnete und schärfte, damit er nach Art der Jünger hören kann (Jes 50,4 f.). Wer auf Gottes Anruf nicht hört, wem das Wort des Herrn nicht gefällt, hat »unbeschnittene Ohren« (Jer 6,10). Da Gott sich durch das Wort offenbart, ist die ganze Schöpfung zum Hören aufgefordert: »Höret Himmel, ich will reden, es vernehme der Erdkreis meines Mundes Ausspruch« (Dtn 32,1). Auch Gott hat ein Ohr, sonst könnte er nicht er-hören (vgl. Gen 29, 33). Das »eifernde Ohr« des Herrn hört alles, »und kein murrender Laut bleibt ihm verborgen« (Weish 1,10). In der kommenden Heilszeit werden die Ohren der Tauben geöffnet, und sie vermögen die Worte der Schrift zu hören (Jes 29,18).

Jesus leitete seine an Bildern und Gleichnissen reichen Unterweisungen öfter mit den Worten ein: »Wer Ohren hat, zu hören, der höre!« (z. B. Mk 4,9.23) Wer Jesus Christus vertraut, wird auch seine Stimme hören (Joh 10,27). Nur die »Halsstarrigen und Unbeschnittenen an Herz und Ohren« widerstreben allezeit dem Heiligen Geiste (Apg 7,51). Zu Jesu Wundern gehörte auch die Heilung der Tauben, wobei er die Finger in die Ohren legte, zum Himmel sah und sprach: »Ephpheta«, d. h. »Öffne dich!« – »Sogleich öffneten sich seine Ohren« (Mk 7,33 ff.).

Gregor d. Gr. interpretierte bei der Heilung des Taubstummen »die Finger« Jesu als Hl. Geist, durch dessen Gaben das Herz für den Gehorsam geöffnet wird. In der katholischen Kirche gehört zu den Taufriten, daß der Priester die Ohren des Katechumenen mit den Worten »Ephpheta, quod est adaperire« berührt, um so den inneren Sinn für das Wort Gottes zu erschließen.

Öl

Das aus den grünlich-schwarzen Früchten des Olivenbaumes gewonnene Öl gilt seit alter Zeit als besondere Kraftsubstanz. In der altorientalischen und auch in der antiken Welt war die Salbung ein beliebtes Mittel der Krankenheilung; in Babylonien hieß der Arzt asû, d. h. Ölkundiger. Sakralpersonen, zu denen in den alten Hochkulturen auch

die Herrscher gehörten, erhielten durch die Salbung mit Öl die Amtsvollmacht übertragen. Durch Aufgießen von Öl aufs Haupt erhob der ägyptische König einen seiner Getreuen zum Statthalter. Sargon I. von Akkad führte den Beinamen »Gesalbter des Himmelsgottes«.
Bereits in der Genesis (28,18) zeigt sich die dem Öl beigelegte Bedeutung. Nach dem Traum von der Himmelsleiter nahm Jakob den Stein, auf dem sein Haupt ruhte, setzte ihn zu einem Denkmal und goß Öl auf ihn, d. h., er entzog den Stein dem profanen Bereich und weihte ihn dem Herrn. Mose erhielt den Auftrag, die Wohnstätte Gottes mit Öl zu salben; »weihe sie mit all ihren Geräten; heilig soll sie sein!« (Ex 40,9). Nachdem Samuel einen Ölkrug über Saul goß, sprach er: »Fürwahr, der Herr hat dich zum Fürsten über sein Eigentum gesalbt« (1 Sam 10,1). Die von einem Untertanen vollzogene Handlung wurde als Salbung durch Gott empfunden; so frohlockt David im Psalm 23,5: »Du salbest mit Öl mein Haupt.« Die Salbung mit Öl bedeutet Segnung, Weihe, Anerkennung durch Gott und Auszeichnung vor den Menschen. Gerade auch die Priester bedurften dieser Weihe. Die Salbung Aarons und seiner Söhne sollte ihnen »das Recht verleihen, immerwährend Priesterdienst zu tun« (Ex 40,13 ff.). Wer zum Propheten gesalbt ist – wie z. B. Elischa (1 Kön 19,16) –, wird vom Geist Gottes erleuchtet. Ja, das Öl wird geradezu zu einem Symbol des göttlichen Geistes (man vgl. auch 1 Sam 16,13). Zwar soll der im irdischen Leben stehende Mensch sein Leben genießen, aber unbedingt muß er darauf achten, daß seine Kleider weiß bleiben und seinem Haupte das Öl nicht fehlt (Koh 9,8) – d. h., er darf nicht der Sünde verfallen und muß Gott geweiht bleiben. Wem Gott seine Huld und seinen Segen entzieht, der hat kein Öl, sich zu salben, selbst wenn er zahlreiche Olivenbäume sein eigen nennen könnte (Dtn 28,40). Messianische Bedeutung kommt dem Psalm 45,8 zu: »Du liebest das Recht und hassest den Frevel, darum salbte dich der Herr, dein Gott, bevorzugt vor deinen Genossen, mit Freudenöl.« Und im Hohenlied (1,3) heißt es

vom königlichen Bräutigam: »An Duft sind lieblich deine Salben« – mit denen die Urwunde der Menschheit geheilt werden kann –; »dein Name ist glättendes Öl«. »Gesalbter« (Messias von hebräisch maschiach = gesalbt) zu sein bedeutete die höchste von Gott kommende und auf Gott hinweisende Auszeichnung.

In dem Gleichnis von dem Samariter und dem unter die Räuber Gefallenen wird das aus Mitleid gespendete, schmerzlindernde Öl zu einem Bild der Barmherzigkeit (Lk 10,34). Schon zu Lebzeiten Jesu salbten die Apostel »viele Kranke mit Öl und heilten sie« (Mk 6,13). Das die Lampen speisende Öl wird zu einem Bild der Erleuchtung und des Hl. Geistes. Christus ist es, der die Jünger salbte und besiegelte und ihnen »das Angeld des Geistes« gab (2 Kor 1,21 f.). »In euch aber bleibe die Salbung, die ihr empfangen habt von ihm... Und sie ist wahr und nicht Lüge« (1 Joh 2,27). Wer die heilende und heiligende Salbung ausführt, ist in Wahrheit der Heiland, der als »Gesalbter« (griechisch Christos) selbst heil und heilig ist. Christus vereinigt in sich die Ämter des Königs, des Priesters und des Propheten, die ja alle drei in einem gewissen Sinne Gesalbte waren. Gott selbst salbte »Jesus von Nazaret... mit Heiligem Geist und mit Kraft« (Apg 10,38). Die entscheidende Frage des Hohenpriesters an Jesus, ob er der Messias sei, beantwortete dieser: »Du hast es gesagt!« (Mt 26,63 f.) Die Macht zu heilen hat der Heiland seinen Jüngern weitergegeben. »Ist jemand krank unter euch, so rufe er die Presbyter der Gemeinde, die sollen über ihm beten und ihn mit Öl salben im Namen des Herrn... und der Herr wird ihn aufrichten, und wenn er Sünden begangen hat, wird ihm vergeben werden« (Jak 5,14 f.).

In der Kirche wird das Öl teils in natürlichem Zustand, teils in Mischung mit Balsam und verschiedenen Gewürzen unter dem Namen Chrisam verwendet. Das Öl ist symbolischer Hinweis auf die Gnade und ihren Spender, den Hl. Geist, wie schon aus einer der mystagogischen Katechesen des Kyrill von Jerusalem hervorgeht: »Mit irdischer Salbe wird der Körper gesalbt, mit dem heiligen, lebenspendenden Geist wird die Seele geheiligt.« Nach der noch heute bei der Taufe üblichen Scheitelsalbung heißen die so in die Glaubensgemeinschaft Aufgenommenen zu Recht Christen, »Gesalbte«. Auch bei Firmung, Priesterweihe und letzter Ölung werden Salbungen vorgenommen. Die Salbung der fünf Sinne mit dem Krankenöl (oleum infirmorum) soll die Seele stärken und notfalls den Todkranken auf die letzte Reise vorbereiten, daher ihr lateinischer Name viaticum, Wegzehrung. Seit dem 7. Jh. wurden die mittelalterlichen Herrscher des Abendlandes mit Chrisam am Haupt gesalbt.

LITERATUR: A. J. Maclean: Unction (ERE 12, 509 ff.); Fr. J. Dölger: Öl der Eucharistie (= AuC 2/1930, 184–189); Ph Hofmeister: Die hl. Öle in der morgen- und abendländischen Kirche. Würzburg 1948; H. Bonnet: Salben (Reallexikon der ägyptischen Religionsgeschichte, 647 bis 649). Berlin 1952; I. de la Potterie: L'onction du Christ (= NRTh 80/1958, 225–252); Ph. Rech: Öl (Inbild des Kosmos II, 521–545); E. J. Lengeling: Todesweihe oder Krankensalbung? (= LitJB 21/1971, 193–214); E. Kutsch: Salbung als Rechtsakt im AT und im Alten Orient. Berlin 1963.

Ölbaum

Gegenüber anderen Bäumen steht der Olivenbaum, eine der ältesten Kulturpflanzen, bescheiden und demütig im Land. Bei den Griechen war der Baum dem Zeus geweiht; wem der Göttervater in den Olympischen Spielen den Sieg schenkte, der wurde mit einem Olivenzweig gekrönt. Den Toten gab man Olivenblätter ins Grab mit als versöhnendes Zeichen für die Götter der Unterwelt.
Als Noach nach dem langsamen Schwinden der Sintflut die Taube zum zweitenmal aussandte, trug sie bei ihrer Rückkehr »ein frisches Ölblatt in ihrem Schnabel« (Gen 8,11). Es war nicht nur das Zeichen, daß die Erde wieder Leben aus ihrem Schoß entläßt, sondern (eigentlich primär) daß Gott den Menschen Frieden und Segen schenkt. Wer mit

dem Olivenbaum verglichen wird, der steht unter Gottes Schutz; der Fromme kann von sich sagen: »Ich aber bin wie ein grünender Ölbaum im Gotteshaus, vertraue auf göttliche Huld für immer und ewig« (Ps 52,10). Auch Israel wurde einst von Gott »ein grünender Ölbaum« genannt; nachdem das Volk aber den zwischen Gott und den Vätern geschlossenen Bund vergaß, erhielt es von Jeremias (11,16) die Prophezeiung: »Wenn das große Getöse erschallt, legt er (der Herr) Feuer an sein Laubwerk, und seine Zweige verbrennen.« In der Vision des Propheten Sacharja von dem goldenen Leuchter mit den sieben Lampen bedeuten die beiden Ölbäume »die beiden Gesalbten, die vor dem Herrn der ganzen Erde stehen« (Sach 4,2 f. 11–14).

Der Mensch ist nach einem Gleichnis des Apostels Paulus ein Zweig des wilden Ölbaumes; Gott pfropfte ihn aber auf den edlen Ölbaum, so daß er an dessen heiliger Wurzel und an seinem Saftstrom teilhat (Röm 11,17). In der Apokalypse erscheinen die weissagenden Zeugen Gottes in dem at.lichen Bild der beiden vor dem Herrn stehenden Ölbäume (Offb 11,3 f.).

In der altchristlichen Kunst kommen Olivenbäume und -zweige in der Katakombenmalerei und auf Grabsteinen vor, sie sind Hinweis auf den ewigen Frieden, in den die verstorbenen Gläubigen eingegangen sind. Die Maler von Siena (14./15. Jh.) ließen bei Verkündigungsbildern den Erzengel Gabriel einen Ölzweig tragen und brachten so bildlich zum Ausdruck: »Der Herr ist mit dir!« Die gleiche Bedeutung mag auch bei dem Ölbaum der Stuppacher Madonna des Matthias Grünewald mitschwingen.

Literatur: L. Weniger: Altgriechischer Baumkultus. Leipzig 1919 (– auch ausführlich über den Ölbaum!); L. Rost: Bemerkungen zu Sacharja 4 (= ZATW 63/1951, 216–221); E. C. Dell'Oca: Higuera – Olivio – Vid (= Revista Biblica 24/1962, 215–224); E. Segelberg: The benedictio olei in the apostolic tradition of Hippolytus (Festschrift Engberding = Oriens Christianus 48/1964); E. M. Blaiklock: The Olive Tree (= Eternity 2/1966, 8–9).

Opfer

Eine sehr alte Opferidee ist die des Austauschs; der Mensch opfert seinem Gott, um von ihm noch mehr zu empfangen. Hierher gehört das Bittopfer, aber auch das Dankopfer, hinter dem ja die Erwartung steht, die Gottheit möge ihren Segen weiterhin geben. Aus der Erkenntnis des mystischen Zusammenhanges zwischen Leben und Tod ist das Opfer hervorgewachsen, dessen eigentlicher Zweck die Erhaltung der bestehenden Weltordnung und die Sicherung des eigenen Lebens ist. Bevorzugte Opfergaben sind die Erstlinge, d. h. die ersten Früchte, die erstgeborenen Tiere, auch die menschliche Erstgeburt. Menschenopfer sind die höchste Steigerung des Sühn- und Sündopfers, durch das der göttliche Zorn beschwichtigt werden soll. Das Menschenopfer wurde durch Tieropfer abgelöst; im griechischen Mythos tritt an die Stelle des Phrixos ein Widder, und anstatt Iphigenie wird eine Hinde geopfert. Mit zunehmender Ethisierung wird die sittliche Gesinnung und Tat als Opfer erkannt. In antiken Kulten wurde das Mahl der Opfernden als Tischgemeinschaft mit der Gottheit erlebt.

Eine anthropomorphe Gottesvorstellung ist noch erkennbar, wenn Jahwe von den Israeliten erwartet, daß sie nicht mit leeren Händen vor seinem Angesicht erscheinen (Ex 23,15). »Das Wertvollste von den Erstlingen deines Bodens sollst du in das Haus deines Gottes bringen« (Ex 23,19). Alle Erstgeburt ist Gott zu weihen; »alles, was bei den Kindern Israels den Mutterschoß durchbricht, beim Menschen und beim Vieh, gehört mir« (Ex 13,2). Von hier aus ist auch die von Abraham geforderte Glaubensprobe bei der Opferung Isaaks zu verstehen (Gen 22,1–14). Der erstgeborene Sohn war Eigentum des Herrn und konnte nur durch eine Auslösung seinem Volke erhalten bleiben (Ex 13,13). Der wahre Gott will jedoch nicht, daß ihm zu Ehren Menschen geschlachtet werden – im Gegensatz zu den phönikisch-kanaanäischen Göttern –, aber er verlangt die höchste

Opferbereitschaft. Das Opfer selbst wird so zu einem Symbol für die völlige Hingabe an Gott. Eine sublimierte Form des Menschenopfers war die Weihung zum göttlichen Dienst; so weihte Anna im voraus ihren Sohn Samuel dem Herrn (1 Sam 1,11). Die meisten Opfer des AT waren blutige Opfer, denen die Vorstellung der stellvertretenden Tötung zugrunde liegt. Das Sühneopfer, durch das der schuldbewußte Mensch die Versöhnung mit Gott zu erreichen hoffte, war immer ein Schlachtopfer. Durch die Handauflegung des Opferers auf das Haupt des unschuldigen Opfertiers sollte die Sünde auf dieses übertragen werden (Lev 4,4.15.24.29). Das auf die Hörner des Altars gestrichene Opferblut (Lev 4,25.30) deutet die Hin-Gabe des sündigen Menschen an. Bei dem unblutigen Speiseopfer bestand die Opfergabe aus bestem Mehl (Lev 2,1), dessen weiße Farbe die Reinheit andeuten sollte; Sauerteig – ein Symbol der Sünde – durfte nicht auf den Altar des Herrn kommen (Lev 2,11 f.). Ein völlig vergeistigter Opfergedanke findet sich in den Psalmen (141,2): »Als Rauchopfer gelte dir mein Gebet, erhebe ich meine Hände, sei dies ein Opfer am Abend!«

Die at.lichen Opfer erhalten vom NT her eine Erweiterung und Vertiefung ihrer Symbolbedeutung; die Gaben und Opfer »dienen dem Sinnbild und Schatten der himmlischen Dinge« (Hebr 8,5). Das Gesetz des AT mit seinen Opfern »trägt nur den Schatten der zukünftigen Güter, nicht das Erscheinungsbild der Dinge selbst« (Hebr 10,1). Anstelle aller at.lichen Opfer setzte Christus sein eigenes Erlösungsopfer beim letzten Abendmahl, das er blutig am nächsten Tage am Kreuz darbrachte. Er ist das »Lamm Gottes«, das Opfertier, »das hinwegnimmt die Sünde der Welt« (Joh 1,29). Der geheimnisvolle Zusammenhang des Stirb und Werde wird offenbar im Opfer Christi, der auferweckt wurde »von den Toten als Erstling der Entschlafenen« (1 Kor 15,20). Das Bild des Erstlingsopfers wird in der Offenbarung (14,4) auf die jungfräulichen Seelen angewandt, die losgekauft wurden »aus den Menschen als

Erstlinge für Gott und das Lamm«. Von seinen Gläubigen erwartet Gott keine blutigen, sondern »geistige Opfer« (1 Petr 2,5), hinter denen aber immer die Hingabe des ganzen Menschen stehen soll: »Bringt eure Leiber dar als ein lebendiges, heiliges, Gott wohlgefälliges Opfer, als euren sinnvoll entsprechenden Gottesdienst« (Röm 12,1).

Gregor d. Gr. verglich die Seelen der Gläubigen mit heiligen Gefäßen, »die das Wort Gottes aufnehmen, so daß aus ihren Herzen das Ganzopfer des Lebens und Gebetes dargebracht werde«. Christi Erlösungstod am Kreuz ist das einzige blutige Opfer, das der christliche Glaube kennt. In der Feier der Eucharistie wird der Kreuzestod Christi als Inbegriff des in ihm gekommenen Heils sakramental vergegenwärtigt. Der wesentliche Opferakt der Messe geschieht in der Wandlung, zu der die Kommunion als Opfermahl hinzukommt. Brot und Wein werden schon beim Opfer des Melchisedek genannt (Gen 14,18), das in der mittelalterlichen Kunst immer wieder als at.liches Vorbild des Meßopfers dargestellt wurde. Als äußerer Ausdruck der inneren Gesinnung ist die Kommunion ein Symbol für die sakramentale Teilnahme am Opfer. Der Altar ist der Opfertisch, Brot und Wein sind die Opferspeise. Nach Theodor von Mopsuestia müssen die Opfergaben, wenn sie Leib und Blut Christi sind, auch das Leiden des Herrn vergegenwärtigen; in ihrer Übertragung zum Altar erblickt er den zum Opfer schreitenden Christus, das Altarlinnen wird zum Symbol der Grabtücher, die Liturgie von der Epiklese bis zur Kommunion stellt die Auferstehung dar. Die lutherische Kirche lehnt alle Deutungen des Gottesdienstes als einer realen Opferhandlung scharf ab, anerkennt aber ein »tägliches Opfer« im Sinne von Danksagung und Bekenntnis.

↗ Lamm

Literatur: G. B. Gray: Sacrifice in the Old Testament. Oxford 1925; D. Schütz: Schuld- und Sündopfer im AT. Breslau 1930; E. O. James: Origins of Sacrifice. London 1933; F. Blome: Die Opfermaterie in Babylonien und Israel. Diss. Tübingen 1934; A. Stemper: Opfer und Opferbegriffe in der frühchristlichen Kunst und in ihrem Verhältnis zur Antike. Diss. Heidelberg 1943; R. Rendtorff: Studien zur Geschichte des Opfers im alten Israel. Göttingen 1953; K. Dronkert: Het Mensenoffer in de Oud-Testamentsche Wereld. Baarn 1955; R. Schulte: Die Messe als Opfer der Kirche. Die Lehre der frühmittelalterlichen Autoren über das christliche Opfer. Münster 1959; J. F. McCue: Luther and the Roman Catholicism on the Mass as Sacrifice (= Journal of Ecumenical Studies 2/1965, 203–233); R. Rendtorff: Studien zur Geschichte des Opfers im Alten Israel. Neukirchen-Vluyn 1967; G. B. Gray: Sacrifice in the Old Testament. Its theory and practice. New York 1971.

Osten ↗ Himmelsrichtungen

Palme

Für die Oasenländer hat von allen Palmenarten die Dattelpalme die größte wirtschaftliche Bedeutung; nichts gibt es an ihr, was der Orientale nicht zu nutzen wüßte. An Höhe und Alter überragt sie den Menschen bei weitem. In Altmesopotamien galt die Dattelpalme als heiliger Baum; assyrische Darstellungen zeigen über ihrer Fächerkrone den Sonnengott in der geflügelten Sonnenscheibe. In Ägypten wurden Palmwedel zu einem Symbol für langes, ja unendliches Leben und wurden deshalb bei Begräbnisprozessionen mitgetragen und oft auf den Sarg oder die Brust der Mumie gelegt. Auf römischen Münzen ist die Palme das Symbol für Judäa.

Die alte Lebensbaumsymbolik mag anklingen, wenn im salomonischen Tempel die Wände und Türflügel des Allerheiligsten mit Palmen zwischen den Kerubim geschmückt waren (1 Kön 6,29–35), aber die Hauptbedeutung dürfte doch gewesen sein, Jahwes Herrlichkeit anzuzeigen. Wenn an der von Gold überzogenen Zypressenholzverkleidung des großen Tempelraumes Palmen und Ketten angebracht waren (2 Chr 3,5), so sinnbilden letztere die heilige Schranke, die kein Ungläubiger und kein Frevler übertreten darf.

Die Palme ist eine Metapher des Hohen und Erhabenen; so heißt es von der göttlichen Weisheit, daß sie wie eine Palme erhöht ist in Kadesch (Sir 24,18). »Der Gerechte sprießt wie ein Palmbaum auf« (Ps 92,13). Ijob sagt von dem sich von Gott Abwendenden: »Zur Unzeit wird er am Ende sein, und sein Palmzweig wird nicht ergrünen« (Ijob 15,32).

Als das Volk vernahm, Jesus komme nach Jerusalem, »nahmen sie Palmzweige, zogen ihm entgegen und riefen: Hosanna! Gebenedeit sei, der da kommt im Namen des Herrn, und der König von Israel« (Joh 12,13). In apokalyptischer Schau sind die Märtyrer zum Zeichen ihrer Gerechtigkeit und Glaubenstreue in weiße Kleider gehüllt (»weiß gewaschen im Blute des Lammes«), die Palmen in ihren Händen deuten darauf, daß sie das Irdische überwunden und nunmehr den ewigen Lohn erhalten haben (Offb 7,9).

Bei den Kirchenvätern ist die Palme des Hohenliedes (7,8) ein Mariensymbol: »Deine Gestalt ist der Palme gleich.« Die Frucht der Palme (nach anderer Übersetzung die Dattelrispe) (Hld 7,9) ist Christus. Seit dem 7./8. Jh. bürgerte sich die mit der Palmenweihe verbundene Prozession am Palmsonntag ein zur Erinnerung an Jesu Einzug in Jerusalem. Der Volksglaube erhofft sich von den geweihten »Palmen« (Zweigbüschel gewöhnlich aus Stechpalme, Buchs oder Wacholder) die Abwehr von Unheil. In der christlichen Kunst sind die Palmzweige Attribut der Märtyrer; auf frühchristlichen Grabsteinen kann es darüber hinaus ganz einfach die Andeutung des Siegespreises sein, den der Christ nach einem guten Lebenskampf erhält. Ein Palmbaum zwischen zwei anderen Bäumen ist Symbol für das Kreuz Christi, so etwa bei Schongauers Kupferstich »Jesus nach der Versuchung«.

LITERATUR: H. Danthine: Le palmier-dattier et les arbres sacrés dans l'iconographie de l'Asie Occidentale ancienne. Paris 1937; M. Claesen: Le palmier, symbole d'Apollon (= Bulletin de l'Institut historique belge, Rome 1938, 83–102); J. Gräf: Palmenweihe und Palmenprozession in der lateinischen Liturgie. Kaldenkirchen 1959; J. Daniélou:

La palme et la couronne (Les symboles chrétiens primitifs, 33–48); I. Wallert: Die Palmen im Alten Ägypten. Berlin 1962.

Paradies ↗ *Garten*

Perle

Nach antiker Überlieferung ist die Entstehung der Perle auf das Eindringen des vom Himmel kommenden Blitzes in die geöffnete Muschel zurückzuführen; die griechische Mythe berichtet, daß Zeus selbst als Blitz in eine Muschel herabfuhr und Aphrodite zeugte. Die Symbolbedeutung der Muschel beruht auf der Beziehung zum Wasser und mit diesem zusammen wieder zum Mond und auch auf dem Gedankengang, daß die Perle sich in der Muschel bildet wie der Embryo im Mutterleib. In den Veden wird die Muschel als allezeit wirkendes Heilmittel gepriesen, mit dem auch die Dämonen besiegt werden können. Die Perle war in Altiran ein Symbol des Erlösers.
Im NT ist die Perle ein Bild für das Erdentrückte, Himmlische. Wenn Jesus seine Jünger mahnt: »Gebt das Heilige nicht den Hunden und werft eure Perlen nicht den Schweinen vor« (Mt 7,6), so greift er damit auf alte Symbolvorstellungen zurück, die in der Perle das Zeichen des göttlichen Lichtes erblicken. In Jesu Gleichnissen ist die Perle ein Bild des Himmelreiches; als der Kaufmann, der gute Perlen suchte, »eine kostbare Perle gefunden hatte, ging er hin, verkaufte alles, was er hatte, und kaufte sie« (Mt 13, 45 f.) – mit anderen Worten: für das Gottesreich, den einzigen unvergänglichen Wert, soll kein Opfer zu groß sein. Die Suche nach der wahren Perle führt zur himmlischen Stadt, ihre »zwölf Tore sind zwölf Perlen; jedes einzelne Tor aus einer einzigen Perle« (Offb 21,21); wer durch das Perlentor hindurchgeht, läßt endgültig die Spuren des Irdischen zurück. Wie in der Perle das Göttliche auf die Erde kommt, so kehrt durch die Perle das Irdische zum Himmel zurück.

In erhabener Weise sinnbildet die Perle die Inkarnation, die Wunder der Empfängnis und der Geburt Christi. Klemens von Alexandrien bezeichnet den Logos als Perle; ganz folgerichtig hat Ephräm der Syrer Maria mit einer heiligen Muschel verglichen. Auch in der mittelalterlichen Kunst sind Muscheln ein Mariensymbol.

LITERATUR: H. Usener: Die Perle. Aus der Geschichte eines Bildes (= Vorträge und Aufsätze, 219–231). Leipzig-Berlin 1907; F. Hauck (ThWNT IV, 475–477); E. Burrows: The Pearl in the Apocalypse (= JThS 43/1942, 177–179); O. Glombitza: Der Perlenkaufmann. Eine exegetische Studie zu Matth. XIII, 45–46 (= NTS 7/1960–61, 153–161); Ph. Rech: Perle (Inbild des Kosmos II, 173–206).

Pfeil und Bogen

Bogen und Pfeil gehören zu den ältesten Waffen des Menschen und sind in den altorientalischen Überlieferungen Zeichen göttlicher Macht. Mit Bogen, Keule und Fangnetz zieht Marduk in den Kampf gegen das Ungeheuer Tiamat. Auf Kunstdenkmälern wird Assur als bogenspannender oder -haltender Gott in der Sonnenscheibe dargestellt. Das Kultsymbol der ägyptischen Kriegsgöttin Neith wird von einem Paar sich kreuzender Pfeile gebildet. Der Bogen ist Ausdruck triumphierender Gewalt, so wenn der Pharao auf neun Bögen steht, d.h. neun Völkerschaften unterworfen hat. Pfeile können zum Sinnbild sengender Sonnenstrahlen, ja sogar von Krankheiten werden. Der Kanaanäische Gott Reschef ist »Herr des Pfeils«, mit seinen Geschossen sendet er unerwartete Übel und plötzlichen Tod. Attribute des antiken Liebesgottes Amor sind Pfeile, Bogen und Köcher.
In den Händen der Gottheit wird die Waffe zum Gerichtswerkzeug. Bekehrt sich der Sünder nicht, schärft der Herr sein Schwert, »er spannt seinen Bogen« und hat »seine Pfeile glühend gemacht« (Ps 7,13f.). Der leidgeprüfte Ijob klagt: »Die Pfeile des Allmächtigen stecken in mir« (6,4). Gott vergilt den Arglistigen, indem er sie mit seinem Pfeil trifft, »jählings sind

sie verwundet« (Ps 64,8). In Psalm 76,4 werden die Pfeile – wohl in Anlehnung an den kanaanäischen Gott – Reschef(e) des Bogens genannt, meistens als Flammen oder Blitze übersetzt. Als poetisches Bild findet sich der Pfeil öfters in der Bedeutung von Blitz. »Von Wasser troffen die Wolken, das Gewölk ließ den Donner erdröhnen« und des Herrn »Pfeile zuckten umher« (Ps 77,18). Der Blitz schreibt Gottes Allmacht an das Firmament und »läßt die Pfeile des Gerichtes leuchten« (Sir 43,13). Wehe, wenn die Gesetzlosen den Bogen spannen, d. h. die Macht an sich reißen; »im Dunkeln zielen sie auf Leute mit redlichem Sinn« (Ps 11,2). Der Herr aber wird die Bogen der Mächtigen zerbrechen (Jer 34,35). So können Bogen und Pfeil auch zum Bild für die Vergänglichkeit alles Irdischen werden. Des Menschen Leben geht vorbei wie »ein Geschoß, das nach dem Ziele abgeschossen wird, wobei die zerteilte Luft sogleich wieder in sich zusammenfließt, so daß man seine Bahn nicht mehr erkennen kann« (Weish 5,12). Aber auch das Wort Gottes, das die Menschen in ihrem Innersten trifft, wird mit einem Pfeil verglichen. In dem zweiten Lied vom Gottesknecht – einem alttestamentlichen Vorbild des Messias – spricht dieser, daß der Herr ihn machte »zum besonders wertvollen Pfeil, in seinem Köcher verbarg er mich« (Jes 49,2).

Im Sendschreiben an die Epheser (6,16) werden die Gläubigen gemahnt, den Schild des Glaubens zu ergreifen, »mit dem ihr alle feurigen Pfeile des Bösen auszulöschen vermögt«. Der erste der apokalyptischen Reiter, der auf weißem Roß als Sieger auszog, hatte einen Bogen als Attribut – sichtbarer Ausdruck der Macht, die ihm verliehen wurde (Offb 6,2).

Bei verschiedenen Kirchenvätern wird die biblische Pfeilsymbolik mit dem antiken Mythos von Amor verknüpft; nach Origenes ist die Liebe (Amor) Gott, der seinen auserwählten Pfeil (Christus) zu denen sandte, die gerettet werden. In dem Jesaias-Bild vom Köcher, der den besonders wertvollen Pfeil verbirgt, erblickt Hieronymus das Mysterium der Menschwerdung. Theresa von Avila hatte eine Vision, in der ein Engel ihr Herz mit dem brennenden Pfeil der Gottesliebe verwundete. Strafenden Charakter haben die von Gott auf Adam und Eva gerichteten Pfeile in mittelalterlichen Minaturen mit dem Thema der Vertreibung aus dem Paradies. In der romanischen Bauplastik sind die bogenschießenden Kentauren als sinnliche, der Fleischeslust verfallene Wesen zu deuten.

Pferd

Das schnellste Tier, das der Mensch sich untertan machen konnte, wurde schon früh zu einem Bild für das Dahineilen der Sonne und des Mondes; weiße Rosse deuten auf die Lichtgottheit, schwarze sind Attribut der Nachtgöttin. In der vedischen Mythologie heißt es, daß die Morgenröte das weiße Pferd, nämlich die Sonne, führe; an anderer Stelle des Rigveda wird die Sonne »Hengst« genannt. Die solare Bedeutung des Pferdes zeigt sich bei der Wahl des Darius zum König; weil sein Roß als erstes nach Sonnenaufgang wiehert, wird er zum Herrscher über Persien. Bekannt ist die Darstellung des in einem weißen Viergespann über den Himmel fahrenden griechischen Sonnengottes Helios. Die westsemitische Fruchtbarkeits- und Kriegsgöttin Astarte war »Herrin der Pferde«. Bei den meisten indogermanischen Völkern galt das Pferd als weissagendes Tier, schon Herodot wußte von dem Roßorakel der Perser zu berichten.

Das Pferd ist ein Bild von Kampfbegierde und Stolz. »Gerüstet wird das Roß zum Tag der Schlacht, der Sieg jedoch hängt ab vom Herrn« (Spr 21,31). Das Kriegsroß scharrt im Kampfgefilde voller Freude, »furchtbar ist sein stolzes Wiehern« (Ijob 39,20 f.). In der Ankündigung von Babylons Fall spricht der Herr: »Ja, freuet euch und jubelt nur, die ihr mein Erbe geplündert habt ... und wiehert nur wie die Hengste« (Jer 50,11). Hengste können auch zu einer Anspielung auf zügellose Sinnenlust werden (Jer 5,8). Aus den Psalmen (32,9) erklingt unüberhörbar die Warnung: »Sei nicht wie ein Roß, wie ein Maultier ohne Verstand, das nur mit Zaum und Zügel zu bändigen ist.« Es ist gut, sich nicht auf irdische Stärke zu verlassen: »Zwecklos ist das Roß für den Sieg, trotz seiner Kraft beschützt es niemand« (Ps 33,17). Als edles Tier kann das Pferd auch zum Offenbarungsträger des Göttlichen werden, so wenn auf den Glöckchen der Rosse steht: »Heiliger Besitz für den Herrn« (Sach 14,20). Gerade beim Propheten Sacharja erscheint das Pferd immer wieder im Dienst Gottes; in einer Vision erblickt er zwischen Myrtenbäumen verschiedenfarbige Pferde, die von einem Reiter auf rotem Rosse angeführt werden – »das sind die, welche der Herr ausgesandt hat, auf der Erde herumzustreifen« (Sach 1,8 ff.). In den von Gott gesandten Pferden wollte man schon Engelmächte erkennen wie auch in den Viergespannen, die nach den vier Himmelsrichtungen ausziehen, »nachdem sie sich vor den Herrn der Erde gestellt haben« (Sach 6,1–8). In seiner Eigenschaft als Richter bedient sich Gott des Rosses. Prächtig geschirrt erscheint es mit einem furchterregenden Reiter und dringt mit den vorderen Hufen auf den Tempelräuber Heliodor ein (2 Makk 3,25). Fünf herrlich aussehende Männer erschienen vom Himmel her auf goldgezäumten Rossen und stellten sich im Kampf gegen die Gottesfeinde an die Spitze der Juden (2 Makk 10,29). Beeinflußt durch den Pferdekult umliegender Völker errichteten die Könige von Juda zu Ehren der Sonne am Eingang zum Tempel des Herrn Rossestatuen, die vom König Joschija mit der Abschaffung des Götzendienstes wieder entfernt wurden (2 Kön 23,11).

In der Apokalypse erscheinen bei der Öffnung der ersten vier Siegel nacheinander »ein weißes Roß, und der auf ihm saß, hatte einen Bogen, und es wurde ihm gereicht ein Kranz, und er zog aus als Sieger und um zu siegen« (Offb 6,2), ein feuerrotes Roß, dessen Reiter den Frieden hinwegnimmt und dem ein großes Schwert gereicht wird (Offb 6,4), »ein scharzes Roß, und der auf ihm saß, hatte eine Waage in seiner Hand« (Offb 6,5), und schließlich ein fahles Roß, dessen Gefolge aus der Unterwelt stammt (Offb 6,8). Während die drei letzten Reiter ohne weiteres als

Krieg, Hunger und Tod zu erkennen sind, ist die Bedeutung des ersten nicht ganz klar, ob auch er als Heimsuchung zu verstehen ist oder ob es sich schon um Christus selbst handelt, wie er später als Richter auftritt: »Ich sah den Himmel offen, da war ein weißes Pferd, und der auf ihm sitzt, heißt »Treu und Wahr«. Er richtet und streitet mit Gerechtigkeit (Offb 19,11), bis alle seine Feinde getötet sind »vom Schwerte, das aus dem Munde dessen kam, der auf dem Pferde saß« (Offb 19,21).

Auf Katakombengrabsteinen und Grabbeigaben der frühchristlichen Zeit sind Pferdedarstellungen als Symbol eines schnellen Lebenslaufes nach dem ewigen Ziel zu verstehen. Als Vicarius Christi ritt im Mittelalter bei bestimmten Anlässen auch der Papst einen rot und golden geputzten Schimmel; ein altes Sonnensymbol wurde bewußt dem christlichen Sol Invictus und seinem Stellvertreter zuerkannt. Bei Bildern zum Heilsgeschehen – so bei der Kreuzigung – bedeuten von Christus abgewandte Pferde ein Verharren im Unglauben.

Literatur: E. B. Allo: Le premier cavalier du chapitre VI de l'Apocalypse (= RB, N.S. 11/1914, 5–36); L. Malten: Das Pferd im Totenglauben (= Jahrbuch des Deutschen Archäologischen Instituts 29/1914, 179–255); W. Koppers: Pferdeopfer und Pferdekult der Indogermanen (= Wiener Beiträge zur Kulturgeschichte und Linguistik IV/1936, 279–411); Fr. Dornseiff: Die apokalyptischen Reiter (= ZNTW 38/1939, 196–197); W. D. McHardy: The Horses in Zechariah (= Beihefte zur ZATW 103/1968, 174–179); J. Traeger: Adventus und Epiphanie – das Pferd als Lichtsymbol (= Der reitende Papst, 94–102). München 1970.

Pflanzen

Natürliche und magische Eigenschaften – wie Wohlgeruch, Heilkraft, Giftigkeit, Nährwert – sichern der Pflanze in Glaube und Brauch eine hervorragende Stellung. Im Rauschen des Baumes, im Duft der Blume, im Aufkeimen der Saat, im Reifwerden der Früchte erahnte man die unsichtbare Gegenwart göttlicher Mächte. Blume und Baum sind in ihrem weiblichen Aspekt mythischer Geburtsort; die Vegetationsgötter sind die sterbenden und wiederauferstehenden Söhne der Magna Mater, der unsterblichen Natur. Das Adonisgärtchen und die Kornmumie des Osiris zeugen von dem Glauben an die Auferstehung nach dem Tode. Von den Pflanzen, die in der Magie eine Rolle spielten, sei nur die als Betäubungsmittel und Aphrodisiakum dienende Mandragora herausgegriffen, in deren Wurzel man eine menschenähnliche Gestalt erblickte. Schließlich sei auch auf die bei den meisten Völkern anzutreffende Eigentümlichkeit hingewiesen, Menschliches durch Begriffe aus dem pflanzlichen Leben auszudrücken, man denke an Stammbaum, ein Früchtchen, Sprößling, Wuchs, fruchten, verwurzelt sein.

Während bis zur Erschaffung der Pflanzenwelt die Polarität das Wesen der Schöpfung kennzeichnet – Licht und Finsternis, obere und untere Wasser, Erde und Meer –, wird nunmehr die Entfaltung sichtbar. Auf Gottes Wort hin brachte die Erde »Grünes hervor, Pflanzen, die ihren Samen trugen ... und Frucht hervorbringende Bäume, in denen Samen waren...« (Gen 1,12). Jeder Werdeprozeß ist ein Differenzierungsprozeß, deshalb heißt es von den Samen ausdrücklich »nach ihrer Art«. Gott ist eigentlich der erste Gärtner; er »pflanzte« einen Garten und setzte den Menschen hinein (Gen 2,8). Er war es auch, der den Menschen im Anbau der Kulturpflanazen unterwies (Jes 28,24–26). Da für den biblischen Menschen die Pflanzen in Gottes Schöpfungsplan einbezogen sind, finden sich kaum Spuren von magischer Verwendung. Eine der seltenen Stellen ist in Exodus 30,14–16, wo von den »Liebeszauberfrüchten auf dem Felde« gesprochen wird; im Hohenlied (7,14) sind die duftenden »Liebesäpfel« – hier wie auch im Pentateuch handelt es sich um die Mandragora (hebräisch duda) – nur noch Symbol der Liebe. Die Tätigkeit des Pflanzens ist ein Bild für das Gedeihen schaffende Wirken des Herrn; so führte und pflanzte er sein Volk auf seinen eigenen Berg (Ex 15,17). Doch das als Edelrebe gepflanzte Volk hat sich in Unkraut verwandelt (Jer 2,21). Den auf ihn Vertrauenden verspricht der Herr, daß er ihnen »eine Pflanzung des Heiles sprießen« lasse, damit sie nicht mehr vom Hunger im Lande weggerafft werden und nicht mehr das Schmähen der Heidenvölker zu ertragen haben (Ez 34,29). Zahllos sind die Stellen, in denen Pflanzen als Gleichnis oder als Symbol dienen. Ein Weisheitsspruch im Mund der Toren ist nicht mehr als ein Dornzweig in Händen eines Trunkenen (Spr 26,9). Wie die Erde ihr Gewächs hervorbringt und der Garten das Gesäte sprießen läßt, »genau so läßt der Gebieter und Herr Gerechtigkeit wachsen« (Jes 61,11). Der Mensch selbst wird im Bilde der Pflanze geschaut: »Wer gepflanzt ward im Hause des Herrn, sprießt in den Höfen unseres Gottes; noch im Alter bringt er Frucht hervor, saftig ist er und frisch« (Ps 92,14f.). In prophetischer Sprache schließlich verbindet sich der messianische Gedanke mit der Vorstellung eines Sprosses; er bringt Gerechtigkeit und Heil (Jer 33,15f.).

In den sprachlichen Bildern des NT sind die Pflanzen Hinweis auf das innere Wachstum und Symbol der spendenden Lebenstiefe. Pflanzen und Begießen sind Gleichnis für die Tätigkeit der Apostel; Gott aber gibt das Gedeihen (1. Kor 3,5ff.). »Macht euch daher frei von aller Unlauterkeit und allem Auswuchs des Bösen und nehmt in Einfalt das eingepflanzte Wort auf, das eure Seelen zu retten vermag« (Jak 1,21). Letztlich sind alle Menschen »Gottes Ackerfeld« (1. Kor 3,9), und gerade die so selbstverständlichen, ja unscheinbaren Dinge wie die keimende Saat lassen in Jesu Gleichnissen die verborgene Herrlichkeit des Himmelreiches aufstrahlen. Mit dem Reiche Gottes ist es wie mit »einem Senfkorn, das einer nahm und in seinen Garten säte. Es wuchs und wurde zu einem großen Baum, und die Vögel des Himmels wohnten in ihm« (Lk 13,18f.). Pflanzen können zum Bild des Menschen werden: »Der gute Same, das sind die Kinder des Reiches, und das Unkraut, das sind die Kinder des Bösen« (Mt 13,38). An seinen Früchten, d.h. an seinen Handlungen, wird man den Menschen erkennen; »ein guter Baum kann nicht schlechte Früchte bringen, und ein schlechter Baum kann nicht gute Früchte bringen« (Mt 7,17–20). Die vegetativen Kräfte sinnbilden schließlich das innere Werden und das Wollen des Menschen, und dafür gelten die Worte Jesu: »Eine jegliche Pflanzung, die nicht gepflanzt hat mein himmlischer Vater, wird ausgerottet werden« (Mt 15,13).

Ungebrochen war die aus der Antike herüberreichende Tradition, daß die aus den Gräbern wachsenden Blumen, Sträucher und Bäume Symbol eines Weiterlebens sind. Bewußt wurde auch das Wiedererwachen der Vegetation im Frühling als Gleichnis des österlichen Heiles erlebt. Nach Maximus von Turin ist das »Fleisch des Herrn« zur Osterzeit »einer strahlenden Blüte gleich aus dem Grabe« entsprossen. Das der Erde verhaftete, kopflose Gewächs der Mandragora ist in der Patristik ein Bild des aus Adam hervorwachsenden Geschlechts, das in der dunklen Erde dahinwuchert, sich aber nach dem himmlischen Licht sehnt und endlich mit dem Haupt des Logos gekrönt wird. In den Legenden weist das Wachsen, Grünen und Blühen unter unnatürlichen Umständen auf die Kraft des Heiligen. Im Augenblick des Todes der heiligen Theresia von Avila fing ein schon lange verdorrter Baum zu blühen an. Heilkräuter, Blumen, ja selbst Bäume können Hinweis auf die Jungfrau Maria sein; nach Konrad von Würzburg ist sie »die Zuckerstaude, in der der Saft liegt aller Süßigkeiten«; sie ist die »Apotheke wonniglich« und wird deshalb von den spätgotischen Malern häufig in einen Rasenteppich von lauter Heilpflanzen hineingesetzt.

↗ Baum, Blumen

Literatur: Ch. Skinner: Myths and Legends of Flowers, Trees, Fruits, and Plants. London 1926; H. N. Moldenke/A. L. Moldenke: Plants of the Bible (Chronica Botanica) Waltham, Mass. 1952; L. Behling: Die Pflanze in der mittelalterlichen Tafelmalerei. Weimar 1957; E. Lehner/J. Lehner: Folklore and symbolism of flowers, plants and trees. New York 1960; J. Daniélou: Die Kirche. Pflanzung des Vaters (Sentire Ecclesiam. Festschrift Hugo Rahner, 92–103). Freiburg 1961; Z. Silberstein: Die Pflanze im Alten Testament (= Studium Generale 20/1967, 326–342). J. H. Dierbach: Flora Mythologica. Reprint Wiesbaden 1970. M. Lurker: Pflanzen (Symbol, Mythos und Legende in der Kunst, 37–58). Baden–Baden 1974.

Posaune und Trompete

Posaune und Trompete bringen unter den im Altertum üblichen Musikinstrumenten die stärksten Laute hervor, sie fanden deshalb besonders als Signalinstrumente Verwendung, sei es im Krieg, bei Festen oder als Heroldsruf. Die Posaunen wurden aus gebogenen Widder- (oder Rinder-) hörnern hergestellt und hießen hebräisch schofar. Mit der dumpfdröhnenden Posaune wurde die Thronbesteigung des Königs bekanntgegeben (1 Kön 1,34), am Versöhnungstag leitete sie das Jubeljahr ein (Lev 25,9). In ältester Zeit hat man dem Schofarhorn eine versöhnende Funktion zugeschrieben. »Erst wenn das Widderhorn geblasen wird«, soll das Volk auf den Berg hinaufsteigen (Ex 19,13); der »überaus stark schmetternde Posaunenschall«, vor dem das ganze Volk im Lager bebte (Ex 19,16), kündigte die Bereitschaft des Herrn an, seinem Volk Gnade zu erweisen. Besondere Bedeutung erlangten die von Priestern geblasenen Posaunen bei dem siebenmaligen Umzug um die Stadt Jericho; »als man den Schall des Widderhornes vernahm, stürzte die Mauer in sich zusammen« (Jos 6,16.20). Die hellklingenden Trompeten, aus Silber, später auch aus Kupfer oder Bronze, dienten zunächst bei der Wüstenwanderung als Zeichen des Aufbruchs. Wie die Posaune stellte auch die Trompete eine akustische Verbindung zwischen Gott und seinem Volke her. »Wenn ihr in eurem Land in den Krieg zieht gegen einen Feind, der euch bedrängt, so blaset in die Trompete mit lautem Lärm! Dann werdet ihr in Erinnerung kommen vor dem Herrn, eurem Gott, und werdet vor eurem Feind Rettung finden« (Num 10,9). Als Judas der Makkabäer seinen Kampf gegen den griechischen Despoten Antiochus aufnahm, warfen sich seine Männer »zur Erde nieder, ließen die Signaltrompete blasen und riefen zum Himmel« (1 Makk 4,40). Das Schofarhorn kann in eschatologischem Zusammenhang zum Symbol des Gerichts werden, wenn der Gebieter und Herr in sein Horn stößt (Sach 9,15).
Auch im NT ist die Posaune ein symbolischer Verkünder

der Auferstehung. Bei ihrem Schall werden die Toten auferweckt (1 Kor 15,52). Jesus weissagte vom Ende, daß der Menschensohn seine Engel aussenden wird »mit lautem Posaunenschall, und sie werden zusammenführen seine Auserwählten aus den vier Winden« (Mt 24,31). »Der Herr selbst wird beim Aufgebot, beim Ruf des Erzengels und bei der Posaune Gottes herabsteigen vom Himmel, und die in Christus Verstorbenen werden zuerst auferstehen« (1 Thess 4, 16). In der ersten Vision der Offenbarung (1,10) hört Johannes hinter sich die Stimme des Menschensohnes »gewaltig wie von einer Posaune«. Nach der Öffnung des siebenten Siegels verkünden die sieben Posaunen der sieben Engel das Hereinbrechen furchtbarer Heimsuchungen (Offb 8, 6–9,19; 11,15).
Nach der Psalmenerklärung des Augustinus weist das Horn der Posaunen auf die Beherrschung der Triebe, weil das Horn über das Fleisch emporragt; das gehämmerte Metall der Trompeten kündet vom Lob Gottes im Leid. Die Anfertigung der silbernen Trompeten zur Berufung des Volkes Israel (Num 10,1–10) diente der mittelalterlichen Kunst als Typos der Auferstehung vom Tode. Da nach den nt.lichen Texten die Posaune im Zusammenhang mit der Auferwekkung der Toten und Sammlung der Auserwählten erwähnt wird, findet sich dieses Instrument besonders auf Darstellungen des Jüngsten Gerichtes.

Purpur

Sowohl der zwischen Rot und Violett liegende Farbstoff wie der gefärbte Stoff werden Purpur genannt. Der echte, aus dem Farbstoff der Purpurschnecke gewonnene Purpur war wegen seiner Kostbarkeit den Göttern und Königen vorbehalten. Die Mythologie weist auf Phönikien als Ursprungsland der Purpurfärberei: Der Gott Melkart soll seiner Geliebten als erster damit ein Kleid gefärbt haben. Das Tragen dieser Farbe war in Persien ein Vorrecht der Achämenidenherrscher, in Rom das der Cäsaren.

Bei den Israeliten war Purpur bereits zur Zeit des Auszugs aus Ägypten bekannt und wurde im Kult des Herrn zur Anfertigung der Vorhänge für die Stiftshütte und der hohenpriesterlichen Gewänder verwendet (Ex 28,2–5.31.36). Auch die Vorhänge im Tempel zeigten diese Farbe (2 Chr 3,14), die als Symbol der Herrschaft galt, der göttlichen wie der irdischen. Salomons Thron war damit gepolstert (Hld 3,10) und Daniel erhielt als königliche Auszeichnung ein Purpurgewand und eine goldene Kette (Dan 5,29). Aus dem religiösen Brauchtum der »Heiden« sind mit Purpur behangene Götzenbilder bekannt (Jer 10,5.8/9). Purpur kann auch ganz einfach zu einem Bild des Reichtums und des Luxus werden; kunstvoll gefertigte Teppiche und Purpurgewänder sind geradezu eine Art Statussymbol der »tüchtigen Frau« (Spr 31,22).
Im Gleichnis vom reichen Prasser ist dieser in Purpur und feinstes Linnen gekleidet (Lk 16,19). Der Jesus zum Spott um die Schultern gelegte »purpurrote Mantel« (Mt 27,28) dürfte ein gewöhnlicher roter Soldatenmantel gewesen sein, der aber symbolisch zum Herrschergewand für den »König der Juden« umgedeutet wurde. In der Offenbarung (17,4) ist »die große Buhlerin«, »der Greuel der Erde«, in Purpur und Scharlach gekleidet; auch sie ist in gewissem Sinne eine Herrscherin, wenn auch nur über die Gottlosen.
Der hochrote Kardinalspurpur ist Zeichen der Würde und (in der blutroten Farbe) der Bereitschaft zum Martyrium. Bei dem Kirchenschriftsteller Sicardus von Cremona (um 1200) weist die Purpurfarbe auf Jesu Blutvergießen. Thomas von Aquino verbindet die in der alttestamentlichen Liturgik (Ex 25–28) vorkommenden Farben mit christlichen Wertbegriffen: Weiß = Reinheit, Hyazinth = Himmelssehnsucht, Karmesin = Liebe, Purpur = Martyrium. In der künstlerischen Darstellung trägt Christus den Purpurmantel nach der Auferstehung, manchmal als »Christkönig« schon am Kreuz.

LITERATUR: M. Reinbold: History of purple as a status symbol in antiquity. Bruxelles 1970.

In den oft im Wald oder unter Felsen verborgenen Quellen bricht der dunkle Schoß der Erde auf und läßt das Wasser des Lebens hervor. In alter Zeit wurden Quellen oft göttlich verehrt oder auf sonstige Weise mit den Göttern in Verbindung gebracht; bei den Sumerern galt Enki als Süßwasser und Fruchtbarkeit spendender Gott der Quellen. Mehrere antike Sagen berichten, wie eine Gottheit (z. B. Rhea mit einem Stab, Poseidon mit einem Dreizack) eine Quelle aus dem Felsen oder aus dem Boden schlägt. In der Mithras-Religion wurden die Tempel gewöhnlich in der Nähe oder gar über einer Quelle errichtet. Der syrische Baal-Marqod besaß als Heilgott eine wundertätige Quelle.

In den prophetischen Verheißungen taucht wiederholt das Bild vom segensreichen Wasser der messianischen Zeit auf. Wie Mose auf Gottes Geheiß hin das lebensnotwendige Naß aus dem Felsen hervorkommen ließ (Ex 17,6), so wird »eine Quelle entspringen im Hause des Herrn und das Tal der Akazien tränken« (Joel 4,18). Die im Tempel aufspringende Lebensquelle prophezeit auch Ezechiel (47,1–12). Letztlich kommen alle Quellen des Heils aus Gott (Jes 12,3). Die Psalmen (36,9f.) wissen zu rühmen, daß der Herr die Frommen vom Bach seiner Wonnen tränkt; »denn bei dir ist des Lebens Quell«. Eine »versiegelte Quelle« wird im Hohenlied (4,12) die keusche Braut genannt. In den Sprüchen (5,16) sind die Quellen ein Bild für den Samen des Mannes, dessen lebenerzeugende Kraft der Ehegemeinschaft erhalten bleiben soll.

Die Rede des Mundes, Segen und Fluch, ist wie süßes oder bitteres Quellwasser (Jak 3,10f.). Nach paulinischer Auslegung (1 Kor 10,4) tranken die durch die Wüste ziehenden Israeliten aus einem »geistigen Felsen«, und »dieser Fels war Christus«. Der Glaube an ihn wird zu einer Quelle des Lebens: »Wer an mich glaubt, aus dessen Leib werden, wie die Schrift gesagt hat, Ströme lebendigen Wassers fließen« (Joh 7,38). Die auf den Messias bezogene heilbringende Quelle stimmt mit der altorientalischen Auffassung überein, daß der König seinem

Volke ein Lebensborn sei. In der Offenbarung (7,17) erscheint der Menschensohn als das apokalyptische Lamm, das die Gerechten zu den Quellen des lebendigen Wassers führen wird. Eine beliebte Darstellung der Katakombenmalerei war das Quellwunder des Mose, wie er mit seinem Stab Wasser aus dem Felsen schlägt – von den Kirchenvätern als Vorbild der Taufe gedeutet. In frühchristlicher Zeit wurde das der Taufe dienende Wasserbecken – der Quelle ähnlich – von fließendem Wasser gespeist. In Anlehnung an Ps 42,2 wird in nachkonstantinischen Mosaiken öfters dargestellt, wie Lämmer oder Hirsche (= Symbol der nach Gottes Wort dürstenden Seelen) aus den einem Hügel entspringenden vier Quellen Wasser trinken; auf der Anhöhe steht das Lamm Gottes. Typologisch kann das Quellwunder auf die Seitenwunde Christi und ihr welterlösendes Blut hinweisen. Schließlich kann die Quelle Symbol der Maria sein (ihr at.licher Typos ist die keusche Braut), aus der Christus, das Wasser des Lebens, hervorkommt. Nach einer Legende entsprang aus dem Blut des Völkerapostels die Quelle Tre Fontane in Rom.

LITERATUR: T. J. Jones: Quelle, Brunnen und Zisterne im AT. Diss. Leipzig 1928; H. Rahner: Flumina de ventre Christi. Die patristische Auslegung von Joh 7,37.38 (= Biblica 22/1941, 269–302, 367–403); J.-E. Ménard: L'interprétation patristique de Jean VII, 38 (= Revue de l'Université d'Ottawa, Section spéciale 25/1955, 5–25); W. Michaelis (ThWNT VI, 112–117); M.-B. Wadell: Fons pietatis. Göteborg 1969; G. Binding: Quellen in Kirchen als fontes vitae (Festschrift H. Ladendorf, 9–21). Köln–Graz 1970.

Rabe

Der kohlschwarze und krächzende Vogel war den alten Völkern unheimlich. Man glaubte, daß er den Göttern nahestehe und um das Schicksal der Menschen wisse. Zwei Raben sollen Alexander d. Gr. den Weg zum Heiligtum des Ammon gewiesen haben. In der altmesopotamischen Flutsage kehren die von Utnapischtim zuerst ausgesandten Vögel (Taube und Schwalbe) wieder zurück, während sich der

Rabe auf dem zum Vorschein gekommenen Land niederließ. Raben und Krähen galten aber auch als Unheilskünder; im babylonischen Kalender stand der unglückbringende Schaltmonat, es war der dreizehnte im Jahr, im Zeichen des Raben. Das gelehrige Tier war Begleiter des griechischen Licht- und Orakelgottes Apollo und diente zur Bezeichnung des ersten Weihegrades in den Mithra-Mysterien.

In der Bibel wird der Rabe erstmals in der Genesis genannt. Bevor Noach mit den Seinen die Arche verließ, sandte er einen Raben zur Erkundung aus, »der flog hin und zurück, bis das Wasser der Erde getrocknet war« (Gen 8,7). Noach wartete vergeblich auf die Rückkehr des Vogels, der zwar keinen Nistplatz fand – und deshalb bis zum Versiegen des Wassers hin und her flog –, aber in den im Wasser umhertreibenden Leichen genügend Nahrung fand. Als Aasfresser gehört der Rabe zu den unreinen Tieren (Lev 11,15), seinen Opfern hackt er mit Vorliebe die Augen aus (Spr 30, 17). Nach dem Wort der Propheten werden Raben und Eulen zu Erben des Landes Edom, das der Herr wegen der Sünden seiner Bewohner zur Wüste machen wird (Jes 34, 11). Gottes fürsorgende Liebe macht vor keinem Wesen seiner Schöpfung halt; »er gibt den Tieren ihr Futter, den jungen Raben, die danach krächzen« (Ps 147,9); ja, er wählt den schwarzen Vogel sogar zu seinem Werkzeug, um dem am Bache Kerit verborgenen Propheten Elihu Nahrung zukommen zu lassen (1 Kön 17,4 ff.).

Seinen kleinmütigen Jüngern ruft Jesus zu: »Betrachtet die Raben; sie säen nicht, sie ernten nicht, sie haben weder Kammer noch Scheune, und Gott ernährt sie. Wieviel wertvoller seid ihr als die Vögel« (Lk 12,24). Wenn in der Offenbarung bei der Ankündigung von Babylons Fall geschrieben steht, daß die sündige Stadt »zum Schlupfwinkel für jegliches unreine und verabscheuungswürdige Gefieder« wird (Offb 18,2), dann steht hier sicher die gleiche Bildvorstellung dahinter wie bei der at.lichen Vorhersage des Gerichts über Edom.

Bei den Kirchenvätern ist der Rabe Symbol der Sünder. Der hl. Hilarius interpretiert so bereits den von Noach ausgeschickten Raben, der bei den Eitelkeiten der Welt sich niederließ, statt in die Arche (= Kirche) zurückzukehren. Bei der bildlichen Darstellung der Laster findet sich der Rabe gelegentlich als Attribut der Avaritia (= Geiz). Bei Hieronymus Bosch ist der Rabe, der im Volksglauben als Galgenvogel gefürchtet war, ein Bild für die Nachtseite des Lebens, ja Hinweis auf den Tod. Im guten Sinne erscheinen zwei Raben als Freunde des hl. Meinrad, die seine Mörder bis zur Gefangennahme verfolgen.

LITERATUR: O. Keller: Rabe und Krähe im Altertum (1. Jahresbericht des Wissenschaftl. Vereins für Volkskunst und Linguistik in Prag, 3–18). Prag 1893; F. Sühling: Die Taube als religiöses Symbol im christlichen Altertum. Freiburg i. Br. 1930 (– bringt auch Wesentliches zur Symbolik des Raben); S. Braunfels: Rabe (LCI, 3 Bd., 489–491).

Rad

Das Rad gehört zu den ältesten solaren Symbolen; teils dachte man sich die Sonne auf einem Wagen mit Rädern über den Himmel fahrend, teils stellte man sich die Bewegung des Gestirns in der Art eines Rades vor. Das Rad kann aber auch einfach die viergeteilte Sonnenbahn bedeuten und ist damit – in Übereinstimmung mit dem verwandten Kreissymbol – Inbegriff des Kosmos. Das sich drehende Rad wurde zu einem Zeichen der Vergänglichkeit, so wenn die griechische Schicksalsgöttin Tyche auf einem Rad steht. Schließlich ist das Rad ein Symbol des Gerichts; Nemesis, die strafende Göttin der Gerechtigkeit, hat es als Attribut. Der Frevler Ixion wurde zur Sühne auf ein feuriges Rad geflochten. Von Anakreon stammt der Ausspruch, daß das Menschenleben unbeständig wie die Sprosse eines Wagenrades rolle.

Ezechiel sah in seiner Vision, daß neben den zur Gotteserscheinung gehörenden vier Lebewesen je ein Rad war. »Die Räder hatten das Aussehen und waren verfertigt wie blinkende Tarsissteine... Nach vier Richtungen konnten sie laufen« (= Andeutung der vier Himmelsgegenden). Die rätselhafte Aussage »sie drehten sich nicht, wenn sie gingen« (Ez 1,17), weist auf die außerirdische Dimension; es ist ein Himmelswagen, kein von Menschen angefertigter. Die Felgen der Räder »waren mit Augen erfüllt ringsum« (Ez 1,18) – Hinweis auf die Allwissenheit Gottes. Die Erscheinung war für Ezechiel großartig, für seinen Verstand aber unbegreiflich; »die Räder erhielten vor meinen Augen den Namen Galgal (Gewirbel)« (Ez 10,13). In einer Vision Daniels (7,9) bilden Feuerflammen den göttlichen Thron und »dessen Räder flackernde Feuersbrunst«. Auch in den Psalmen wird das Rad zum Bild von Gottes erhabener und irgendwie furchteinflößender Majestät: »Dein Donner rollte wie wirbelnde Räder, Blitze erhellten das Erdrund, es zitterte und es bebte der Boden« (Ps 77,19). Das Rad kann auch ein Bild der Unruhe und Nichtigkeit sein, so heißt es bei Sir 33,5: »Des Toren Herz ist wie ein Wagenrad und wie ein rollend Rad ist all sein Denken«.

In den vier Rädern von Ezechiels Vision erblickten manche Kirchenväter einen Hinweis auf die vier Elemente oder auf die vier Jahreszeiten. Als Attribut der Kerubim wird das Rad – neben dem Baum der Erkenntnis – zum Symbol des verschlossenen Paradieses, dessen Zugang ja von einem Kerub bewacht wird. In der Mystik, besonders bei Hildegard von Bingen, war das Rad ein gebräuchliches Bild für die Gottheit. Die mittlere Fensterrose mittelalterlicher Kathedralfassaden wurde rota (Rad) genannt; ihre Nabe, das Zentrum der Heilsgeschichte, ist Christus. Das Rad wird auch zum Symbol des Menschenlebens und seiner Unbeständigkeit, von der Fortuna gedreht (Glücksrad!). Ein zerbrochenes Rad, das als Marterwerkzeug bestimmt war, aber vorher zersprang und die Henkersknechte tötete, ist Attribut der hl. Katharina von Alexandria.

LITERATUR: R. Pettazoni: La ruota nel simbolismo rituale di alcuni popoli indoeuropei (= Studi e Materiali di Storia delle Religioni 22/1949–1950, 124–138); G. Braun von Stumm: Das Rad, Symbol von Evangelium und Kirche, auf oberrheinischen Münzen des 12. und 13. Jh. (= Mainzer Zeitschrift 46–47/1951–1952, 36–56); R. Lefort des Ylouses: La roue, le swastika et la spirale: symboles antiques du tonnerre et de la foudre (= GBA 46/1955, 5–20); M. Riemschneider: Rad und Ring als Symbol der Unterwelt (= Symbolon 3/1962, 46–63).

Räucherung ↗ Weihrauch

Rechts und Links

Die Bedeutung des Gegensatzpaares Rechts – Links ist auf die alltägliche Erfahrung des Menschen mit seinen Händen zurückzuführen. Die überwiegende Mehrzahl gehört zu den Rechtshändern, und so ist die rechte Hand die »richtige« und bevorzugte, von der man sich Erfolg und Glück verspricht. Die linke Hand ist ungeschickt, »linkisch« und kann Unglück bringen. Entsprechend dem Grundsatz »similia similibus« diente die linke Hand im Alten Orient zur Dämonenabwehr; in Ägypten wurde bei Prozessionen die linke Isishand herumgetragen. Bei vielen Völkern galt die rechte Körperhälfte als männlich und dem Himmel zugewandt, die linke als weiblich und der Erde zugehörig. Rechts ist die solare, links die lunare Seite. Die beiden Begleiter des obersten Gottes von Palmyra, Bel, waren der Mondgott zu seiner Linken und der Sonnengott zu seiner Rechten.
Als antithetische Begriffe lassen sich Rechts und Links bereits im 1. Buch Mose nachweisen. Als Jakob seine Enkel segnete, war mit der Auflegung der linken Hand auf das Haupt Manasses ein geringerer Segen verbunden; der jüngere Efraim erhielt die Rechte, er sollte seinen Bruder »an Größe übertreffen, und seine Nachkommenschaft soll zu einer Fülle von Völkern werden« (Gen 48,13–19). Die bei der Geburt eines Sohnes sterbende Rahel gab ihrem Kind noch den Namen »Ben-Oni«, d. h. »Sohn des Unheils«; »aber sein Vater nannte ihn Benjamin, Sohn der Rechten« (Gen 35,18), das bedeutet »Sohn des Heils«. Die rechte

Hand Gottes, dextera Dei, dient als Bild der Kraft und Herrschaft. »Deine Rechte, o Herr, der du hervorragst durch Macht, deine Rechte, o Herr, zerschmettert den Feind« (Ex 15,6). Weil rechts der Ehrenplatz ist, ließ Salomo die Königinmutter Batseba »zu seiner Rechten sitzen« (1 Kön 2,19). Dem König gebührt ein Ehrenplatz zur Rechten Gottes (Ps 110,1). Glück und Heil kommen von der rechten Seite. Der auf Gott Vertrauende hat ständig den Herrn vor Augen; »ist er zu meiner Rechten, so wanke ich nicht« (Ps 16,8). Als polare Begriffe werden Rechts und Links schließlich auch zu Bildern für Gut und Böse. Wenn die Einwohner von Ninive nicht »zwischen rechts und links zu unterscheiden wissen« (Jon 4,11), dann erkennen sie nicht den Unterschied zwischen Recht und Unrecht.

Als die um Jesu Tod trauernden Frauen in seine Grabkammer hineingingen, »sahen sie einen Jüngling, sitzend zur Rechten«, der ihnen die Auferstehung verkündete (Mk 16, 5). Der Platz zur Rechten ist hier weniger als Ehrenplatz zu verstehen, sondern besagt, daß der Betreffende auf der rechten (göttlichen) Seite ist und seine Worte richtig, d. h. wahr, sind. Die Ehrenseite – eben weil es die gute ist – wurde von Christus nach seiner Auferstehung eingenommen, indem er sich »zur Rechten Gottes setzte« (Mk 16,19); darin erfüllt sich eine at.liche Weissagung vom Messias (vgl. Lk 20,41 f.). Von eschatologischer Bedeutung ist das Endgericht; der Menschensohn wird kommen und die Schafe (= Gerechte) zu seiner Rechten stellen und sie in sein Reich aufnehmen, die Böcke (= Verfluchte) aber werden an seine Linke verwiesen und dem Teufel übergeben (Mt 25,33–41).

Die dem Sonnenaufgang zugewandte östliche Himmelsrichtung bzw. die dem Tag entsprechende Südrichtung galten als gute, richtige, rechte Seite, der Westen und der Norden als unheilvolle, dem Untergang und der Nacht zugewandte, linke Seite. In Anlehnung an Ez 47,1, wonach das Wasser des Heils in östlicher Richtung aus dem Tempel und südlich vom Altar fließt, wurde des Erlösers Seitenwunde auf der rechten Brustseite dargestellt, obwohl das Herz links liegt. Bei der Kreuzigung mit drei Nägeln liegt der rechte Fuß immer über dem linken, was die Herrschaft des Guten über das Böse, des Geistigen über das Sinnliche andeuten soll. Alles, was sich rechts vom Kreuz befand (Maria, reumütiger Schächer, Sonne) wurde zu einem Typos der Ecclesia, während auf der entgegengesetzten Seite die Typen der Synagoge erblickt wurden (Johannes, verstockter Schächer, Mond). Im Kirchenraum wird bis ins 20. Jh. hinein die linke Frauen- oder Evangelienseite von der rechten Männer- oder Epistelseite unterschieden.

LITERATUR: Fr. J. Dölger: Sol Salutis. Gebet und Gesang im christlichen Altertum. München 1920 (ausführlich über den Osten als rechte Seite); J. Cuillandre: La droite et la gauche dans les poèmes homériques, en concordance avec la traduction celtique. Paris 1944; S. Morenz: Rechts und links im Totengericht (= Zeitschrift für Ägyptische Sprache und Altertumskunde 82/1957, 62–71); O. Nussbaum: Die Bewertung von Rechts und Links in der römischen Liturgie (= JbAC 5/1962, 158–171); E. Dinkler (LCI 3, 511–515); U. Deitmaring: Die Bedeutung von Rechts und Links in theologischen und literarischen Texten bis um 1200 (= Zeitschrift für deutsches Altertum und deutsche Literatur 98/1969); M. Lurker: Die Symbolbedeutung von Rechts und Links und ihr Niederschlag in der abendländisch-christlichen Kunst (= Symbolon N. F. 5/1980, 95–128).

Regen und Tau

Der unerreichbare und doch allgegenwärtige Himmel schleudert nicht nur tödliche Blitze, sondern sendet auch den befruchtenden Regen. Gerade in der Umwelt des israelitischen Volkes war der Regen Voraussetzung für Fruchtbarkeit und Leben. Der akkadische Wettergott, der »Deichgraf des Himmels«, ließ das Getreide gedeihen, verursachte aber auch durch das Zurückhalten der Niederschläge Dürre und Hungersnot. In altsyrischen Mythen heißt eine von Baals Töchtern »die Betaute«, sie hat auch den Beinamen »Tochter des Regens«.
Das Wasser des Himmels war ein Bild des göttlichen Se-

gens, so wenn Gott zum Volke Davids spricht: »Ich spende ihnen rings um meinen Hügel Segen und lasse den Regen zur geeigneten Zeit herunterströmen; ein Regenguß mit Segen wird es sein« (Ez 34,26). Und in den Psalmen (147,8) wird Gott ein Danklied angestimmt; denn »er hüllt den Himmel in Wolken ein, er bestimmt für die Erde den Regen, auf den Bergen läßt er hervorsprießen Gras«. Das an die atmosphärische Erscheinung gebundene Bild wird noch mehr spiritualisiert, wenn der Prophet Hosea von dem Durst nach Erkenntnis des Herrn spricht; »so wie wir ihn suchen, so finden wir ihn; zu uns kommen wird er wie Regen, wie Spätregen, der den Erdboden tränkt« (Hos 6,3). Wie Regen und Schnee vom Himmel kommen und nicht mehr dorthin zurückkehren, ohne daß sie die Erde getränkt haben und die Saat sprießen lassen, so auch kehrt das Wort aus Gottes Mund nicht nutzlos zurück (Jes 55,10 f.). Die Huld des göttlichen Königs gleicht dem Tau auf Kräutern (Spr 19,12). Das Haupt des Geliebten im Hohenlied (5,2) ist voll von Tau, und seine Locken sind voll von Tropfen der Nacht; so wird das at.liche Vorbild Christi als Segenspender gekennzeichnet. Bei Jesaja (26,19) wird das erquickende Naß zum Symbol des ewigen Lebens: »Deine Toten leben, ihre Leichname stehen auf; die Staubbewohner sind wach und frohlocken; denn Tau der Lichter ist dein Tau.« Wo aber kein Tau und kein Regen fallen, kommt fluchvolles Verdorren über das Land (2 Sam 1,21).

Auch im NT offenbart sich die Güte Gottes in den Niederschlägen. Der Allmächtige hat sich nicht unbezeugt gelassen »dadurch, daß er Wohltaten spendete vom Himmel her, den Regen schenkte und fruchtbare Zeiten und mit Nahrung und Frohsinn euer Herz erfüllte« (Apg 14,17). Zu rechter Zeit ist der Regen ein sichtbares Zeichen der Gnade Gottes, im Jakobusbrief (5,7.18) in eschatologischer Bedeutung. Der Tau wird im NT nicht erwähnt.

Die mittelalterliche Literatur spricht vom Regen der Gnade. Wie schon im AT Tau und Regen in poetischem Parallelismus membrorum einander entsprechen, so auch in der christlichen Dichtung. In der Auslegung auf Christus hin wird eine Stelle bei Jesaja (45,8) in das deutsche Adventslied aufgenommen: »Tauet Himmel, den Gerechten, Wolken regnet ihn herab.«

Regenbogen

Die vorchristlichen Völker betrachteten den leuchtenden Bogen, dessen Enden den Horizont zu berühren scheinen, als Götter und Menschen verbindende Brücke. Gerade in regenärmeren Gebieten galt der Regenbogen als eine Erscheinung des Numinosen. Von dem altarabischen Gewittergott Quzah hieß es, daß er diesen Bogen an den Wolken aufhing, nachdem er seine Hagelpfeile verschossen hatte.
Als Noach nach der vierzigtägigen Sintflut die Arche verlassen und dem Herrn auf einem Altar sein Opfer dargebracht hatte, wurde er mit seinen Nachkommen von Gott gesegnet; zum Zeichen des Bundes zwischen Schöpfer und Geschöpf wurde der »Bogen« in die Wolken gesetzt; »er soll ein Bundeszeichen zwischen mir und der Erde sein. Und wenn ich Gewölk über der Erde in Erscheinung treten lasse und der Bogen in den Wolken zu sehen sein wird, so will ich meines Bundes gedenken« (Gen 9,12–16). Als Pfand von Gottes Huld und Gnade, aber auch als Symbol seiner Herrlichkeit gehört der Regenbogen zum Throne des Weltenherrschers; »gleich dem Bogen im Gewölk an Regentagen, so sah der Glanz rings um ihn aus. Dies war die äußere Gestalt von dem, was der Majestät des Herrn glich« (Ez 1,28). Der Regenbogen deutet auf einen überirdischen Glanz, von dem auch der Hohepriester in seinem heiligen Amt umgeben ist (Sir 50,7)!
In dem eschatologischen Buch des Johannes wird das Bild des Regenbogens am Throne Gottes wieder aufgegriffen. Wenn der farbenreiche Strahlenkranz rings um den Thron dem Aussehen nach wie Smaragd ist (Offb 4,3), dann wird mit der Hervorhebung der grünlichen Farbe die Hoffnung

auf das göttliche Erbarmen angedeutet. Der aus dem Himmel herabgestiegene visionäre Engel, der Johannes die Offenbarungsschrift gab, war in eine Wolke gehüllt, »über seinem Haupte hatte er den Regenbogen« (Offb 10,1).
Der ursprüngliche Wortsinn im AT war eigentlich der Bogen als Waffe, die aber nach der Sintflut von Gott entschärft wurde; so heißt es schon in einer apokryphen Schrift (»Die Schatzhöhle«), daß der im Himmel Thronende das Geschoß seines Zornes vom Bogen in den Wolken entfernte. Bei Basilius d. Gr. symbolisiert der Regenbogen mit seinen drei Grundfarben die Dreifaltigkeit. Das unzerreißbare Band zwischen Schöpfer und Geschöpf wird auch zu einem Symbol von Maria; in einem alten Hymnus wird sie »arcus pulcher aetheri« genannt. So ist der Regenbogen in Matthias Grünewalds Gemälde »Maria mit dem Kinde« (Stuppacher Madonna) zu verstehen. In Ausmalung der Apokalypse thront Christus auf mittelalterlichen Weltgerichtsbildern auf einem Regenbogen.

Literatur: K. H. Rengstorf (ThWNT III, 340–343). A. Schimmel: Der Regenbogen als Symbol in der Religionsgeschichte (= Religion und Religionen. Festschrift für Gustav Mensching, 178–189). Bonn 1967; J. Str. Newberry: The Rainbow Bridge. A study of Paganism. London 1934.

Reich

Die Vorstellung eines von Gott gegründeten und in seinem Auftrag regierten Reiches läßt sich bei mehreren altorientalischen Völkern nachweisen. Nach Darstellung ägyptischer Reliefs wurde der König von den Göttern selbst gekrönt; danach schoß er in jede Himmelsrichtung einen Pfeil ab, womit er symbolisch die Herrschaft über die Welt ergriff. Im akkadischen »Reich der vier Weltteile« galt der König selbst als Gott, dem seine Herrschaft vom König der Götter verliehen wurde. Der religiöse Reichsgedanke findet sich auch in den Aussagen der Achämeniden über ihr Reich als eines von Ahura Mazda verliehenen Großstaates. Die folgenden iranischen Epochen verstanden das irdische Königtum als Spiegelbild des himmlischen; der Herrscher galt als Erlöserkönig, dessen Geburt durch einen Stern am Himmel verkündet wurde.

Der at.liche Ausdruck malkut bezeichnet sowohl die Königsherrschaft als auch den Herrschaftsbereich; die Funktion des Regierens und der Raum, über den sich die Herrschaft erstreckt, sind untrennbar miteinander verbunden. In einem Preislied auf Gott heißt es: »Dein Königtum ist ein Reich für die Ewigkeit, deine Herrschaft dauert über alle Geschlechter hin« (Ps 145,13). Das Reich Gottes, »seine Königsherrschaft umfängt das ganze All« (Ps 103,19). Durch die Sublimierung der Vorstellung vom davidischen König als dem von Jahwe auf Zion bestellten Herrscher, dessen Herrschaftsbereich die Welt umfaßt (Ps 2,6 ff.), wird der messianische Gedanke eingeführt. Während die Reiche dieser Welt tierhaften Charakter tragen (Dan 7,1–12), wird das kommende Reich Gottes durch den »Menschensohn« repräsentiert, ihm werden Herrschaft und Würde und Königtum über alle Völker verliehen (Dan 7,13 f.). Im Reiche des Messias wird jede Feindschaft aufhören, »nirgends handelt man bös und verderbt...; denn angefüllt ist das Land mit Erkenntnis des Herrn« (Jes 11,6–9). Das Reich Gottes ist Bild für die höchste und endgültige Seligkeit.

Das erste Thema von Jesu Heilsbotschaft war die Verkündung vom Nahen des Reiches Gottes (Mk 1,14 f.). Bei Mattäus ist vom »Himmelreich« die Rede (Mt 4,17), doch sind beide Ausdrücke bedeutungsgleich. Das Verstehen des Gottesreiches braucht seelische Aufgeschlossenheit und inneres Mitwirken, nur so trägt es Frucht. Das ist auch der Grund, warum Jesus in seinen Gleichnissen vom Wachsen des Himmelreiches im Bilde von Pflanzen spricht (Mt 13, 18–32). Mit Jesus Christus ist das Reich Gottes gekommen, aber erst am Ende der Welt, bei der glorreichen Parusie, wird es vollendet. Bis dahin muß man zu Gott beten, daß sein Reich komme (Mt 6,9 f.). Der Wille des Menschen allein öffnet ihm nicht den Zugang; »wenn einer nicht geboren wird aus Wasser und Geist, kann er nicht eintreten in das Reich Gottes« (Joh 3,5). Das kommende Reich Gottes ist aber auch schon in der Kirche Christi angedeutet. Durch den Heiland werden wir der Macht der Finsternis entrissen und »in das Reich des Sohnes seiner Liebe« versetzt (Kol 1,13). Nach der Offenbarung geht dem letzten großen Gericht das Tausendjährige Reich voraus; während dieser Epoche der Heils- und Weltgeschichte werden die Mächte des Teufels für tausend Jahre (nicht im mathematischen, sondern im symbolischen Sinne) gefesselt und in den Abgrund geworfen. Mit dem Sieger Christus nehmen die vom Tode auferstandenen Märtyrer an der Herrschaft teil (Offb 20,1–4).

LITERATUR: E. König: Geschichte des Reiches Gottes bis auf Jesus Christus. 1908; A. Carnoy: L'idée du royaume de Dieu dans Iran (= Muséon 1922); R. Frick: Zur Geschichte des Reichsgottesgedankens in der alten Kirche. Gießen 1928; H. Hempel: Der Symbolismus von Reich, Haus und Stadt in der biblischen Sprache (= Wissenschaftliche Zeitschrift der Ernst-Moritz-Arndt-Universität Greifswald. Gesellschafts- und sprachwissensch. Reihe 5/1955–1956, 123–130); C. von Korvin-Krasinski: Die Schöpfung als »Tempel« und »Reich« des Gottmenschen Christus (= Enkainia. Festschrift Maria Laach). Düsseldorf 1956; R. Schnackenburg: Gottes Herrschaft und Reich. Freiburg ^{4}1965; G. Klein: »Reich Gottes« als biblischer Zentralbegriff (= Evangelische Theologie 30/1970, 642–670).

Reis und Zweig

Während sich in dem kleinen Reis (Schößling) schon der zukünftige große Baum vorausahnen läßt, ist der Zweig eigentlich nur ein Teil. Aber nach dem in der Symbolik immer wieder anzutreffenden pars pro toto spielt der Zweig in der Glaubensgeschichte der Menschheit eine wichtige Rolle und kann auch die Bedeutung des Reises übernehmen. Es ist alter Volksglaube, daß grüne Zweige Glück und Gesundheit bringen; vom Schlag mit der Lebensrute erhofften sich Mädchen und Frauen Kindersegen. In Mesopotamien dienten in ältester Zeit vasenförmige Ständer, in die Palmzweige oder Dattelrispen gesteckt wurden, als Altar. Das Szepter der Könige stellte ursprünglich einen stilisierten Zweig vom Lebensbaum dar.

Der Zweig vom Ölbaum, den die Taube zu Noach in die Arche brachte (Gen 8,11), ließ das Zurückgehen der Flut erkennen und wurde zum Symbol neu erwachenden Lebens und der Aussöhnung mit Gott. In einem kleinen Reis erkennt Jesaja den Messias: »Doch wächst hervor ein Reis aus Jesajas Stumpf, ein Zweig bricht aus seiner Wurzel hervor. Auf ihm läßt sich nieder der Geist des Herrn« (Jes 11,1 f.). Wie ein Wurzelsproß aus dürrem Land kommt der »Gottesknecht« daher (Jes 53,2). »Siehe da, ein Mann, Sproß ist sein Name; unter ihm wird es sprießen, und er baut den Tempel des Herrn« (Sach 6,12). Der Herr erfüllt das heilsame Wort, das er »über das Haus Israel und über das Haus Juda verlauten ließ«, indem er David einen »gerechten Sproß« erstehen läßt (Jer 33,14 f.). Und nochmals wird das Bild des messianischen Reises von Ezechiel (17, 22 f.) aufgegriffen: »Also sprach der Gebieter und Herr: Von der hohen Zeder Wipfel nehme ich selbst etwas und setze es ein; von seiner Sprossen Spitze knicke ich ab ein zartes Reis und pflanze es auf hohen und ragenden Berg. Auf Israels Bergland pflanze ich es, Zweige treibt es, bringt Früchte hervor und wird zur hochragenden Zeder.«

Der Evangelist Mattäus hat in dem Gleichklang des hebräischen Wortes für Reis, Sproß (»nezer«) mit dem Namen des galiläischen Städtchens Nazaret einen tieferen Sinn erblickt. Bei der Rückkehr aus Ägypten zog Joseph mit Maria und Jesus nach Nazaret, »damit erfüllt würde, was durch die Propheten gesagt worden ist: er wird ein Nazoräer genannt werden« (Mt 2,23). Einer alten orientalischen Tradition entsprach es, wenn zum Empfang des »Propheten von Nazaret« grüne Zweige auf den Boden gestreut wurden (Mt 21,8).

Die Katakombenmalerei zeigt öfters das Motiv des Olivenzweiges im Schnabel der Taube als Symbol der Rettung der Seele aus Todesnot. In der mittelalterlichen Kunst wird Isai, der Ahnherr von Jesus, als alter schlafender Mann dargestellt, aus dessen Körper ein grünender Baum hervorwächst, in dessen Krone die Gestalten von Jesu Vorfahren zu erkennen sind. Dieser mächtige Isai (= Jesse)-Baum ist nichts anderes als das zarte Reis, das Jesaja erschaut hat und von dem noch heute das Weihnachtslied zu singen weiß: »Es ist ein Ros entsprungen (richtiger: Es ist ein Reis entsprossen) aus einer Wurzel zart. Wie uns die Alten sungen, von Jesse kam die Art.« Nicht abwegig war es, in dem »Reis Jesse«, dessen letzter Trieb Christus ist, ein Mariensymbol zu erkennen, wozu auch das Wortspiel »virga« (= Zweig, Reis) und »virgo« (= Jungfrau) im Hintergrund gestanden haben mag.

LITERATUR: D. Buzy: Les symboles de Zacharie (= RB 27/1918, 136 bis 191); W. Dommershausen: Der »Sproß« als Messias-Vorstellung bei Jeremia und Sacharja (= TüThQ 148/1968, 321–341).

Reiter ↗ *Pferd*

Ring

Die Symbolik des Ringes liegt in seiner runden Form und berührt sich darin mit der des Kreises. Das ägyptische Schriftzeichen für »Ewigkeit« ist ein Ring, der eine gewisse Ähnlichkeit hat mit einer kreisförmig gelegten Schnur, deren Endteile durch einen Knoten verbunden sind. Im ganzen vorderen Orient sollten Zauberringe vor Krankheiten und sonstigem Unheil schützen. In Griechenland war das Tragen von Ringen ein Vorrecht des freien Mannes. In Rom waren goldene Ringe als besondere Würdezeichen den Senatoren und dem Jupiterpriester zugestanden. Der altrömische Brauch des Ringwechsels bei der Eheschließung – als symbolische Geste gegenseitiger Bindung – ging später in den christlichen Hochzeitsritus über. Im ganzen Alter-

tum hatten die Siegelringe größte Bedeutung, sie waren Ausdruck der Vollmacht, der Verfügungsgewalt.
Als der Pharao alle Vollmachten Josef übertrug, ließ er ihm nicht nur linnene Gewänder anziehen und eine goldene Kette um den Hals legen, sondern er zog »seinen Siegelring vom Finger und steckte ihn an Josefs Finger« (Gen 41,42). Als der Perserkönig Xerxes seinem Vertrauten Haman die Vollmacht zur Vernichtung der Juden übertrug, bestätigte er dies durch die Übergabe seines Siegelringes (Est 3,10). Siegel und Siegelring sind Zeichen der Unantastbarkeit (vgl. Dan 6,17; 14,10) und der Wertschätzung. Im Hinblick auf den einen schlechten Lebenswandel führenden König Jojachin spricht der Herr: »Wenn auch der König von Juda ein Siegelring wäre an meiner rechten Hand, ich risse ihn von da hinweg« (Jer 22,24). Nur die Rechtschaffenen, die auserwählt sind, können zum Siegelring Gottes werden – so wie Serubbabel (Hag 2,23).
Im NT zeigt sich die antike Auffassung vom Ring als Würdezeichen. Im Jakobusbrief (2,2) wird der reiche Mann am goldenen Ring erkannt. Nach der Heimkehr des verlorenen Sohnes wird er nicht als geringer Knecht oder als Sklave behandelt, sondern durch die Überreichung des Ringes wieder in seine Sohnesrechte eingesetzt (Lk 15,22).
Als Symbol der Bindung und der Verbindung wurde der Ring auch vom Christentum übernommen. Der Trauring gilt als Zeichen der Treue. Als mittelalterliche Krönungsinsignie wies der Ring auf die Verbundenheit des Königs mit seinem Land hin. Der den Ordensfrauen überreichte Ring ist Symbol der Vermählung der gottgeweihten Seele mit Christus und findet sich in dieser Eigenschaft als Heiligenattribut, so bei Katharina von Alexandrien, die im Traum erlebte, wie ihr das Jesuskind den Verlobungsring an den Finger steckt. Der Bischofsring ist signaculum fidei und nach einer älteren Auslegung Hinweis, daß sein Träger Bräutigam der Kirche ist. Die Symbolbedeutung des allein dem Papst zustehenden Fischerringes stimmt mit der des Bischofsringes überein.

LITERATUR: A. A. Fourlas: Der Ring in der Antike und im Christentum. Münster 1971.

Rohr, Rohrstab ↗ *Schilfrohr*

Rot

Unter allen Farben findet man die rote am frühesten in symbolischer Bedeutung, zunächst aus einer magischen Vorstellung entsprungen. Bei verschiedenen prähistorischen Völkern wurden die Verstorbenen mit Ocker und Rötel bestreut, in der Hoffnung, daß die Blut und Leben sinnbildende Farbe das entwichene Leben selbst wieder beschwören könne. Die rote Farbe dient schon auf Grund ihrer emotionalen Wirkung häufig als apotropäisches Mittel; in Hellas wurden die Amulette in rotes Leinen gewikelt oder an einen roten Faden gebunden. In Ägypten galt Rot als symbolischer Hinweis auf das Dämonische, es war die Seth zugeordnete Farbe.

Rot ist Ausdruck unbeherrschter Leidenschaften und Triebe wie Haß, Grausamkeit und Unzucht. Um Liebhaber anzulocken, kleideten sich lasterhafte Frauen in Rot (Jer 4,30). Mit Rötel oder roter Schminke wurden die Götzenbilder gefärbt (Weish 13,14). Das Rot der Sünde kann nur durch das Rot der Sühne getilgt werden. Als besonders geeignetes Reinigungsmittel galt die Asche der »roten Kuh«, die jung und ohne Makel sein mußte; »der Priester aber nehme Zedernholz, Ysop und Karmesinfarbe und werfe es hinein in das Feuer, in dem die Kuh brennt« (Num 19,1–10). Die geröteten Kleider des keltertretenden Messias (Jes 63,1–3) sinnbilden den Opfertod Christi. Der Schild der für Gott streitenden und das Böse ausrottenden Krieger ist rot, »seine Helden sind in Scharlach gehüllt« (Nah 2,4).

Der Apostel Paulus knüpft an die »rote Kuh« des AT an und weist auf das viel wirkungsvollere Blut Christi (Hebr 9,13f.). Das Weib Babylon, »die Mutter der Buhlerinnen und der Greuel der Erde», war »gekleidet in Purpur und

Scharlach« (Offb 17,4), und das siebenköpfige Monstrum, auf dem sie saß, war ein »scharlachrotes Tier voll Lästernamen« (Offb 17,3).

Zunächst sei Rot in seiner minderen Bedeutung als Farbe des Infernalischen erwähnt. Satans Symboltiere wurden gerne der rotfarbigen Fauna entnommen: Fuchs und Eichhörnchen. Seit dem 14. Jh. wurde der Verräter Judas öfters rothaarig dargestellt. Demgegenüber sinnbildet Rot aber auch die grenzenlose Liebe Gottes, aus der heraus er die Welt erschuf und sie erlöste. Als Schöpfer trägt Gottvater häufig ein rotes Obergewand. Die beiden Farben des himmlischen Bräutigams im Hohenlied (5,10) interpretiert der Bischof Ambrosius als das Weiß der göttlichen Herrlichkeit und das Rot (oder Rosa) der Inkarnation. Die rote Gewandfarbe des Auferstandenen bei Matthias Grünewald ist das Rot der unbesiegbaren Sonne. Die Farbe der Liebe findet sich in der mittelalterlichen Malerei fast durchweg bei Maria Magdalena, der großen Sünderin und Büßerin, und bei Christi Lieblingsjünger Johannes. In der Liturgik ist Rot die Farbe des Hl. Geistes, der Passion und der Märtyrer.

Rute, Geißel

Als langer, dürrer Zweig oder als Gerte gehört die Rute in den Umkreis der Lebenssymbolik; schon in alter Zeit findet sich in Festriten und Volksbräuchen der Schlag mit der Lebensrute. Auch als Züchtigungsmittel dient die Rute keinem anderen Zweck, als die dämonischen, das Leben bedrohenden Mächte zu vertreiben. Im alten Rom waren die Fasces, auch Liktorenbündel genannt, das Zeichen für die Gewalt über Leben und Tod; sie bestanden aus einem Bündel von Stäben oder Ruten, die durch eine Verschnürung zusammengehalten werden und sich um ein hineingestecktes Beil gruppieren.

In den Texten der Bibel erscheinen Rute und Geißel als

Bild für Gottes Zorn und für die Züchtigung der Frevler. Stock und Rute sinnbilden das Strafgericht, das der Herr über die sündigen Menschen verhängt (Ps 89,33). Unter dem Stab, unter der Rute von Gottes Zorn erfährt der Mensch das Leid dieser Welt (Klgl 3,1). Furchtbar ertönt Gottes Drohung über Assur: »Meines Zornes Stab und meines Grimmes Rute ist in meiner Hand« (Jes 10,5); an anderer Stelle heißt es, daß der Herr der Heerscharen die Peitsche (Geißel) schwingen wird »wie damals, als er Midian am Felsen Oreb zerschlug« (Jes 10,26). Seinem eigenen Volk kündigt der Herr im Falle des Ungehorsams an, daß fremde Völker zur Schlinge und zum Fallstrick werden, »zu Geißeln in euren Seiten« (Jos 23,13). Wer von der göttlichen Rute geschlagen wird, ist letztlich nicht für den Tod, sondern für das Leben bestimmt. »Du schlägst ihn vielmehr mit der Rute und rettest vor dem Totenreich sein Leben« (Spr 23,14). Die sich entladenden Regenwolken können dem Herrn als Zuchtrute wie auch als Hulderweis dienen (Ijob 37,13).

Jesus, der die Sünden der Menschheit auf sich nahm, wurde während seiner Erniedrigung gegeißelt (Mt 27,26), damit symbolisch das Grundgesetz alles Irdischen andeutend, daß aller Weg zur wahren Freude, zur Seligkeit, durch Schmerz und Leid führt. »Wen der Herr lieb hat, den züchtigt er; er schlägt jeden Sohn, den er annimmt« (Hebr 12,6).

Als Instrument des römischen Strafvollzugs weist ein Rutenbündel auf die Geißelung Christi und auch auf die Agrippinische Sibylle, die die Geißelung Jesu vorausgesagt haben soll. Die besonders im Mittelalter zur Selbstkasteiung in Klöstern, aber auch bei Laienbruderschaften (Flagellanten!) verwendete Geißel wurde zu einem Symbol der Nachfolge Christi. Im Brauchtum des Volkes gehört die Rute zum Erscheinungsbild des Nikolaus, der nach einer nur angedrohten oder angedeuteten Züchtigung die Kinder mit allerei Gaben beschenkt.

Saat, Samen

Im Samen sind alle Teile der zukünftigen Pflanze keimhaft enthalten. Eine alte Bauernsitte ist, das neugeborene Kind in einen Korb der Aussaat zu legen und mit Samenkörnern zu bestreuen – ursprünglich sicher in der Hoffnung, daß die Lebenskraft des Samens auf den heranwachsenden Menschen übertragen werde. Da aus dem Samenkorn nur dann neues Leben hervorsprießen kann, wenn die alte Hülle von innen gesprengt wird (symbolisch ein Absterben), so wurde es nicht nur zu einem Bild des Lebens und Gedeihens, sondern auch der Auferstehung. Der altägyptische Ritus des Erdhackens weist auf den Tod des Osiris hin, der in der Symbolgestalt des Samenkornes in die Erde gesenkt wird, um dann mit der keimenden Saat wieder aufzuerstehen.
Das für alle Natur (außerhalb des Paradieses) gültige Gesetz des Werdens und Vergehens wird bereits am dritten Schöpfungstag mit Gottes Wort ausgesprochen: »Die Erde lasse Grünes hervorsprießen, samenhaltige Pflanzen, sowie Fruchtbäume, die Früchte tragen nach ihrer Art, in denen Samen ist auf Erden« (Gen 1,11). Im Falle der Abtrünnigkeit von Gottes Gebot wird den Israeliten angedroht: »Vergebens streuet ihr dann euren Samen aus, verzehren werden ihn eure Feinde« (Lev 26,16). In der Hand des göttlichen Sämannes werden die auserwählten Menschen zu Samenkörnern; der Herr wird das Volk Israel »im Land einsäen« (Hos 2,25). Ja, das ganze Menschenleben gleicht einer Saat und Ernte: »Wer in Tränen ausstreut seine Saat, wird mit Frohlocken ernten. Es geht dahin und weint, wer den Saatbeutel trägt, es kehrt wieder mit Freude, wer seine Garben zur Tenne bringt« (Ps 126,5 f.). – Das hebräische zéra bedeutet nicht nur den Samen der Pflanzen, sondern auch von Mensch und Tier. Gott stiftete zwischen dem »Samen der Frau«, damit ist ihre Nachkommenschaft gemeint, und dem der Schlange Feindschaft (Gen 3,15); der »Samen der Frau« kann als erster Hinweis auf den Messias gedeutet werden, der von Maria, der neuen Eva, geboren wird und der Schlange (der personifizierten Bedrohung allen guten

Samens, d.h. aller Lebensentfaltung) schließlich das Haupt zertritt.
Was der Mensch sät, wird er ernten (Gal 6,7). Auch ist es nicht gleichgültig, auf welchen Boden die Saat fällt: »Wer auf sein Fleisch sät, wird vom Fleisch Verderben ernten; wer auf den Geist sät, wird vom Geiste ernten ewiges Leben« (Gal 6,8). Und an anderer Stelle heißt es: »Wer spärlich sät, der wird auch spärlich ernten« (2 Kor 9,6). Das Wort »Same« ist aber nicht nur in einem irdisch-geschöpflichen, sondern vielmehr in einem spirituellen Sinn zu verstehen. Das Samenkorn wird zum Sinnbild des göttlichen Wortes; in seinem Gleichnis vom Sämann sagt Jesus selbst: »Der Sämann, er sät das Wort« (Mk 4,14), oder in der Überlieferung von Lukas (8,11): »Der Same ist das Wort Gottes.« Wer dieses Wort zwar hört, aber in der Sorge um Weltliches und in trügerischem Reichtum ersticken läßt, ist den Dornen vergleichbar, die die Saat nicht aufkeimen lassen. Wer aber sein Herz ganz öffnet, entspricht dem guten Erdreich, das vielfältige Frucht hervorbringt (Mt 13,22f.). Ja, der Samen selbst wird zur Bezeichnung für die »Kinder des Reiches« im Gegensatz zum Unkraut, den Kindern des Bösen (Mt 13,38). In einer weiteren Parabel vergleicht Jesus das Himmelreich mit einem Senfkorn: »Wenn es ausgesät wird auf die Erde, ist es das kleinste unter allen Samenkörnern auf Erden; wenn es aber ausgesät ist, geht es auf und wird größer als alle Kräuter und treibt so große Zweige, daß die Vögel des Himmels unter seinem Schatten wohnen können« (Mk 4,30ff.). Das kleine, unscheinbare Samenkorn des Schwarzen Senfs sinnbildet das Wesen und die Kraft eines unerschütterlichen Glaubens, der das Unmögliche möglich macht (Mt 17,20. Lk 17,6). Schließlich wird der in die Erde gesenkte Samen, der aus der Dunkelheit zum Licht herankeimt, zu einem Bild für die Auferstehung der Toten: »Gesät wird in Verweslichkeit, auferweckt in Unverweslichkeit... Gesät wird ein sinnenhafter Leib, auferweckt wird ein geistiger Leib« (1 Kor 15,42ff.). Die Gläubigen werden »wiedergeboren nicht aus vergänglichem, sondern aus unvergänglichem Samen durch das lebendige und bleibende Wort Gottes« (1. Petr. 1,23).

Die Kirchenväter erblickten in dem Senfkörnlein den Erlöser, der, in die Menschheit eingesät (inkarniert), zum alles überragenden Baum der Kirche heranwächst. In spätmittelalterlichen Gebetbüchern und Bibeln wurde das Gleichnis von der vierfachen Saat (auf den Weg, auf steinigen Grund, unter die Dornen und auf gutes Erdreich – nach Mt 13,3–8) öfters zusammen mit dem lehrenden Christus und seinen Jüngern dargestellt.

Literatur: E. Lohmeyer: Das Gleichnis von der Saat (= DTh 1943, 20–39); N. A. Dahl: The parables of growth (= STh 5/1951, 132–166); O. Kuss: Zur Senfkornparabel (= ThuG 41/1951, 40–46); Aem. Rasco: Christus, granum frumenti (= Verbum Domini 37/1959, 12–25, 65–77); B. Schultze: Die ekklesiologische Bedeutung des Gleichnisses vom Senfkorn (= Orientalia Christiana Periodica 27/1961, 362–386); J. Jeremia: Palästinakundliches zum Gleichnis vom Sämann (= NTS 13/1966–1967, 48–53); J. Dupont: La parable de la semance qui pousse toute seule (= RScR 55/1967, 367–392); B. Gerhardsson: The Parable of the Sower and its Interpretation (= NTS 14/1967–1968, 165–1993).

Salbung ↗ *Öl*

Salz

Dank seiner konservierenden und würzenden Eigenschaft galt das Salz als Träger einer besonderen Lebenskraft. Nach altsyrischer Überlieferung lernten die Menschen den Gebrauch des Salzes von den Göttern. Wegen seiner reinigenden Wirkung spielt das Salz auch im Kult eine Rolle. In Rom war es Sitte, den Neugeborenen Salz auf die Lippen zu streuen; dadurch sollte das junge Leben vor drohenden Gefahren geschützt werden. Überhaupt lehrt alter Volksglaube, daß den Dämonen das Salz zuwider sei. In der Alchimie werden »Geist« und »Salz« zusammengestellt; bei Heinrich Khunrath ist das Salz nicht nur das physische Zentrum der Erde, sondern auch das sal sapientiae.
Das AT verbindet mit dem Salz die Vorstellung lebenerhaltender und dauerverleihender Kraft. Es gehört nicht nur zu den Lebensbedürfnissen des Menschen (Ijob 6,6), sondern wird nach mosaischem Gesetz auch für alle Opfer

vorgeschrieben: »Jedes deiner Speiseopfer mußt du salzen!« Ja, das Salz erscheint geradezu als ein symbolisches Bindemittel zwischen Mensch und Gott. »Du darfst das Salz des Bundes mit deinem Gott bei deinem Speiseopfer nicht fehlen lassen« (Lev 2,13). Die beim Brandopfer dargebrachten Tiere sollten mit Salz bestreut werden (Ez 43,24). Das Opfersalz ist ein Salz des Bundes; man vgl. in der Elberfelder und in der Zürcher Bibelübersetzung auch Num 18,19. Das Salz wird zum Symbol für die Unverletzlichkeit des Bundes mit Gott und für dessen unverbrüchliche Treue. Durch das Hineinwerfen von Salz »heilte« Elischa eine Wasserquelle, durch deren schlechtes Wasser Fehlgeburten und Tod verursacht wurden (2 Kön 2,19–22). Das Salz kann aber auch zu einem Bild göttlichen Fluches und Zornes werden. Wegen der Bosheit seiner Bewohner wird fruchtbares Ackerland zum Salzgebiet (Ps 107,34). Seinem undankbaren Volk droht Jahwe an, daß Schwefel und Salz das Land ausbrennen und unfruchtbar machen werden (Dtn 29,22). Leben und Tod können – je nach dem Verhältnis des Menschen zu Gott – im Salz dargestellt werden. Wenn Abimelech die eroberte Stadt niederriß und Salz darauf streute, so sinnbildet dies ihre vollkommene Zerstörung (Ri 9,45).
In der Bergpredigt ist an die bewahrende Kraft des Salzes gedacht. Jesus stellt der Schlechtigkeit der Welt die Aufgabe seiner Jünger gegenüber: »Ihr seid das Salz der Erde«, d. h., die Jünger sind berufen, das Wort der Wahrheit in alle Erdteile zu tragen. Wehe aber, »wenn das Salz seine Kraft verliert« (Mt 5,13), d. h., wenn die Jünger versagen und selbst nicht mehr glaubwürdig sind. Friede und Salz (= Leben in Wahrheit) gehören zueinander (Mk 9,50). Die vor dem Schlechtwerden bewahrende Kraft des Salzes meint Paulus in seinem Brief an die Kolosser (4,6): »Eure Rede sei allezeit freundlich, mit Salz gewürzt.«
Nach dem Kirchenvater Hieronymus ist Christus selbst das »himmlische Salz«, das Himmel und Erde mit seiner lebenspendenden Kraft durchdringt. Nach römischem Taufritus

wird dem Täufling Salz als Sinnbild der Weisheit in den Mund gelegt. Im Hinblick auf die wunderbare Wirkung des Salzes bei Elischa wird dieses dem Weihwasser beigemischt. Das an Quatembertagen geweihte Salz soll nach dem Volksglauben von besonderer apotropäischer Wirkung sein.

LITERATUR: G. Aicher: Mt 5,13: Ihr seid das Salz der Erde (= BiZ 5/1907, 48–59); N. D. Coleman: Note on Mark IX, 49,50 (= JThS 24/1923, 387–396); Fr. J. Dölger: Nonna. Ein Kapitel christlicher Volksfrömmigkeit des 4. Jh. (Antike und Christentum, Bd. 5, 44–75 – über Salz 56 ff.); D. R. Griffiths: The Salt Sections in the Gospels (= The Expository Times 59/1947–1948, 81–82); O. Cullmann: Que signifie le sel dans la parabole de Jésus (= Revue d'histoire et de Philosophie Religieuses 4/1957, 36–43); W. Nauck: Salt as a Metapher in Introductions for Discipleship (= STh 6/1953, 165–178).

Sand

Für eine unzählbare Menge wird das Bild des Sandes am Meer gebraucht. Der Herr verhieß Abraham: »Ich will deine Nachkommen überaus zahlreich machen wie die Himmelssterne und wie den Sand am Ufer des Meeres« (Gen 22,17). Die gegen Israel anrückenden Philister hatten ein Fußvolk, »das so zahlreich war wie der Sand am Ufer des Meeres« (1 Sam 13,5). Nachdem Gott sich von seinem sündigen Volk abgewendet hatte, starben die Söhne massenweise, so daß die Witwen zahlreicher waren als der Meeressand (Jer 15,8). In den Psalmen (139,18) wird der Sand zum Inbegriff für die Unermeßlichkeit der göttlichen Gedanken. Bei der Last des Leidens wird auf das Gewicht des Sandes angespielt (Ijob 6,3).
Die an Abraham ergangene Verheißung zahlreicher Nachkommenschaft wurde von Paulus in seinem Brief an die Hebräer (11,12) wieder aufgegriffen. Am Ende der Zeit wird der Satan noch einmal losgelassen, und er wird ausziehen, um die Völker an den vier Enden der Erde (d. h. in allen Himmelsgegenden) zu verführen; »ihre Zahl ist wie

der Sand am Meere« (Offb 20,8). Im NT ist der Sand auch ein Bild für einen unsicheren Lebensgrund; »jeder, der diese meine Worte hört und sie nicht tut, der wird gleich sein einem törichten Mann, der sein Haus auf Sand baut« (Mt 7,26).

Saphir ↗ Edelsteine

Sauerteig

Die Wirkung des Sauerteiges, nämlich Teig aus frischem Mehl in kurzer Zeit zu durchsäuern und aufzulockern, wurde zum Bild für einen alles durchdringenden Einfluß, besonders im negativen Sinne. Beim Auszug aus Ägypten konnte aus Zeitknappheit der Teig nicht mehr gesäuert werden (Ex 12,39); zur Erinnerung daran durfte in späterer Zeit während des Festes der Ungesäuerten Brote kein Sauerteig in den Häusern aufbewahrt werden; »jeder, der dann Gesäuertes ißt, soll aus der Gemeinde Israels ausgerottet werden« (Ex 12,18 f.). Kein Speiseopfer, das ja auf dem Altar des Herrn dargebracht wurde, durfte Sauerteig enthalten; nur als Erstlingsgabe konnte er geopfert werden (Lev 2,11 f.).
Wenn Jesus seine Jünger vor dem »Sauerteig der Pharisäer und Sadduzäer« warnt, dann meint er damit deren zersetzende und den echten Glauben bedrohende Lehre (Mt 16,6–12). In seinem Brief an die durch Irrlehrer verwirrten Galater (5,9) schreibt Paulus: »Ein wenig Sauerteig durchsäuert den ganzen Teig.« Den gleichen Gedankengang finden wir im 1. Korintherbrief (5,6 ff.): »Fegt aus den alten Sauerteig, damit ihr ein neuer Teig seid; ihr seid ja ungesäuert« – nicht von der Bosheit und Lüge dieser Welt durchsetzt. »Laßt uns also Festtag halten mit dem Ungesäuerten der Lauterkeit und Wahrheit.« Die durchdringende, nicht aufzuhaltende Wirkung des Sauerteiges erhält in den Gleichnissen Jesu eine Wendung zum Positiven. Genauso unbemerkt wie eine Handvoll Sauerteig die ganze

Masse Mehl durchdringt, genau so wird das Reich Gottes sich durchsetzen, ist es doch »gleich einem Sauerteig, den eine Frau nahm und unter drei Maß Mehl vermengte, bis alles durchsäuert war« (Mt 13,33; Lk 13,21). Der im Unsichtbaren wirkende Trieb des Sauerteiges ist ein Hinweis auf jenes noch verborgene Reich, das einst die Welt verändern wird.

LITERATUR: N. A. Dahl: The Parables of Growth (= STh 5/1952, 132–166); W. G. Kümmel: Verheißung und Erfüllung. Untersuchungen zur eschatologischen Verkündigung Jesu. Zürich ³1956; O. Kuss: Zum Sinngehalt des Doppelgleichnisses vom Senfkorn und Sauerteig (= Biblica 40/1959, 641–653).

Säule

Die Säule kann tragendes Glied eines größeren Bauganzen sein, sie kann aber auch allein stehend emporragen. Dabei sind Säule, Pfeiler und Baumstamm in ihrer Symbolwertigkeit austauschbar. Der heilige Mittelpfahl im Hause mancher Völker ist – in Weiterführung der Gleichsetzung des Hauses mit dem All – der Weltenbaum. Das Nationalheiligtum der alten Sachsen, die Irminsul, hatte die Bedeutung der Weltsäule. Nach antiker Vorstellung trugen die Säulen des Herakles den Himmel. Die ägyptischen Obelisken galten als Sitz des Sonnengottes; ihre seit dem Neuen Reich paarweise Aufstellung wurde zu einer Sonne-Mond-Symbolik erweitert, d. h., sie waren nun Träger von Tag und Nacht und damit des ganzen Universums. Als Abbild der beiden Bäume am Himmelstor pflanzten die Sumerer vor ihren Tempeleingängen zwei Palmen oder errichteten zwei Säulen. Der Talmud deutet die beiden Säulen vor dem Tempel Salomos als Sonne und Mond.
Die kosmische Symbolik findet sich auch in der Hl. Schrift, in der von Säulen der Erde (Ps 75,4) und des Himmels gesprochen wird. Ijob weiß um die Macht des Herrn, »der die Erde erschüttert aus ihrer Lage, so daß ihre Säulen

erzittern« (Ijob 9,6); selbst »die Säulen des Himmels erzittern und erschrecken vor seinem Drohwort« (Ijob 26,11). Von besonderer Bedeutung sind die beiden freistehenden ehernen Säulen, die Salomo am Eingang der Tempelvorhalle errichten ließ (1 Kön 7,15–22). Sie hatten die Namen Jachin, d. h.: »Er (Jahwe) läßt feststehen«, und Boas, d. h.: »In ihm ist Kraft.« Die Säulen sind also Symbol der Standhaftigkeit und Stärke, kultisch mögen sie die Funktion großer Leuchter gehabt haben, wofür ihre »kugelförmigen Kapitelle« (1 Kön 7,41) zur Aufnahme des Öls sprechen. Säulen ohne Trägerfunktion dienten auch – wie aufgerichtete Steine – als Denkmal. »Abschalom hatte sich schon zu Lebzeiten eine Säule im Königsgrund als Denkmal errichtet« (2 Sam 18,8). Für die spätere Auslegung wichtig sind die Silbersäulen (»Gestell aus Silber«) am königlichen Tragthron (»Sänfte«) Salomos (Hld 3,10). Ausdruck unbesiegbarer Standhaftigkeit des himmlischen Bräutigams sind seine Schenkel: »Marmorsäulen, gestellt auf Sockel von Feingold« (Hld 5,15). Gott machte den Propheten Jeremias »zur eisernen Säule« (Jer 1,18), d. h. zur tragenden Kraft des Glaubens.
Im NT wurden die Apostel Säulen des Glaubens. In seinem Brief an die Galater (2,9) schreibt Paulus von Jakobus, Kephas und Johannes, daß sie »als Säulen in Ansehen stehen«. Wenn an anderer Stelle die Kirche des lebendigen Gottes als »Säule und Grundfeste der Wahrheit« bezeichnet wird (1 Tim 3,15), so wird hier die uralte kosmische Bedeutung wieder transparent; denn Welt und Wahrheit komplementieren einander.
Das symbolfreudige Mittelalter erblickte in den die Kirche tragenden Säulen die Apostel und ihre Nachfolger, was die Architektur zahlreicher Kirchen beeinflußt hat; oft genug sind an den zwölf Säulen des Mittelschiffes auch noch die Standbilder der Apostel angebracht. Die columnae argenteae des Hohenliedes (3,10) deuten auf das von den Aposteln verkündete Wort der vier Evangelisten, die den Thron Gottes tragen. Die sieben Säulen, auf denen das Haus der

Weisheit errichtet ist (Spr 9,1) sind Hinweis auf die sieben Sakramente oder auch auf die sieben Gaben des Hl. Geistes. In den zwei Säulen Jachin und Boas wollte man das Judentum und das Heidentum vorgedeutet wissen.

Literatur: W. Staerk: Die sieben Säulen der Welt und das Haus der Weisheit (= ZNTW 35/1936, 232–261); S. Yeivin: Jachin and Boaz (= Palestine Exploration Quarterly 91/1959, 6–22); W. Kornfeld: Der Symbolismus der Tempelsäulen (= ZATW 74/1962, 50–57); J. Schwabe: Die kosmogonischen Zwillinge und das Säulenpaar im Tempel (= Symbolon 6/1968, 25–55).

Schaf ↗ Lamm

Schakal

Die Erfahrung leichenfressender Hundearten ließ bei verschiedenen Völkern die Caniden zu Symboltieren des Todes und zu Geleitern in die Unterwelt werden. So erscheinen der ägyptische Totengott Anubis und der Herr der Nekropole von Abydos, Chontamenti, in Gestalt von Schakalen. Bis in unser Jahrhundert hinein gilt der Schakel bei den Berbern als unheimliches Tier, das alter Überlieferung nach ein Stück des Mondes gestohlen haben soll und sich damit nicht nur als Nachttier, sondern auch als Gegner des Lichtes erweist.
Das klägliche, die Nacht durchschneidende Heulen dient dem vom Unglück verfolgten Ijob (30,29) als Vergleichspunkt, wenn er schreibt, daß er den Schakalen zum Bruder ward. Wiederholt wird das Tier als Bewohner von Wüsten und Trümmerstätten erwähnt. In den Palastruinen des von Gott zerstörten Babylon heulen Dämonen und Schakale (Jes 13,22). Die in der Finsternis lebenden Tiere werden zu einem Kennzeichen des Todes. Der über Lüge und Betrug seines Volkes erbitterte Herr spricht: »Zu Trümmern mache ich Jerusalem, den Schakalen zum Aufenthaltsort; Judas Städte zur Wüstenei, die ohne Bewohner bleibt« (Jer 9,10). Verschiedentlich wird auch das hebräische šual (»Fuchs«) als Schakal verstanden, dabei wohl von der Annahme ausgehend, daß Füchse keine

Aasfresser sind – so bei Psalm 63,11: Die Feinde Davids gibt man der Schwertesgewalt preis, ihre Leichname müssen »Anteile der Schakale« werden. Auch bei der Simsongeschichte (Ri 15,4f.) wird šual häufig mit »Schakal« übersetzt, da der Fuchs nicht in größeren Rudeln auftritt.

Schatten

Nach Anschauung der Naturvölker ist der Schatten das zweite Ich oder die eigentliche Seele des Menschen. In altägyptischen Gräbern wird öfters gezeigt, wie der schwarze Schatten des Verstorbenen in Begleitung des Seelenvogels das Grab verläßt. Nach homerischer Vorstellung führen die Toten in der Unterwelt ein schattenhaftes Dasein. Eine andere Vorstellung erblickt in dem Schatten den Gegensatz zur sengenden Hitze und damit wird er zu einem Symbol des Schutzes; so glaubten die Ägypter, daß auf dem Pharao ein Gottesschatten ruhe und daß heilige Orte unter dem Schatten ihres Gottes lägen.
Der Bewohner heißer Gegenden, also auch der biblische Mensch, liebt den Schatten als Zufluchtsort vor der ausdörrenden Sonne. Wer unter dem Schatten eines Daches sich niederläßt, genießt den Schutz des Hausherrn (Gen 19,8). In einer Art Fabel spricht der zum Herrscher auserkorene Stechdorn zu den anderen Bäumen: »Fürwahr, wenn ihr mich salben wollt, damit ich König über euch sei, so kommt, sucht Zuflucht in meinem Schatten!« (Ri 9,8–15). Wer im Schutze des Höchsten wohnt, »in des Allmächtigen Schatten ruht«, dem kann alle Bosheit der Welt nichts antun (Ps 91, 1f.). Die Auserwählten des Herrn sind »in seiner schattigen Hand« geborgen (Jes 49,2). Im Kampf wider der Menschen Tücken ruft der Psalmist: »Sei gnädig mir, Gott, gnädig sei mir! Denn bei dir sucht meine Seele ihre Zuflucht! In deiner Schwingen Schatten berge ich mich, bis das Verderben vorüber« (Ps 57,2). Der Schatten kann zu einem symbolischen Hinweis auf die Vergänglichkeit alles Irdischen werden. »Fürwahr, als Schattenbild wandelt der Mann umher, nur für ein Nichts häuft er Schätze auf und er

weiß nicht, wer sie erhält« (Ps 39,7). Nachdem David den Herrn vor der ganzen Gemeinde gepriesen hatte, sprach er »Fremdlinge sind wir vor deinem Antlitz ... Wie ein Schatten sind unsere Tage auf Erden und ohne Hoffnung« (1 Chr 29,15).

Als eine Metapher des Schutzes findet sich der Schatten bei Markus 4,32; von dem ausgesäten Senfkorn, das größer wird als alle Kräuter, heißt es, »daß die Vögel des Himmels in seinem Schatten wohnen können«. Die Wunderkraft der Apostel konnte auch durch ihren Schatten wirksam werden, weshalb man die Kranken auf die Gassen trug und sie auf Betten und Tragbahren legte, »damit, wenn Petrus käme, wenigstens sein Schatten falle auf einen von ihnen« (Apg 5,15). Als dunkler Bruder des Lichtes weist der Schatten auf die andere, bedrohliche Seite des Seins; doch wurde Jesus geboren, um denen zu leuchten, »die in Finsternis sitzen und im Schatten des Todes« (Lk 1,79). Der Schatten ist immer nur komplementär zu denken zu dem, der ihn verursacht. Die Priester der Kirche, die dem Gesetz gemäß die Gaben darbringen, schatten die himmlischen Dinge nur vor (Hebr 8,5); »denn das Gesetz trägt nur den Schatten der zukünftigen Güter, nicht das Erscheinungsbild der Dinge selbst (Hebr 10,1).

Schiff

Da bei verschiedenen Völkern der Himmel mit einem Ozean verglichen wurde, findet sich auch öfter das Bild des Himmelsschiffes, in dem die Götter auf Reisen gehen (so z. B. die sumerische Inanna). Die Gestalt der Mondsichel, die in Mesopotamien fast waagrecht am Firmament steht, hat Anlaß zu der Vorstellung der Himmelsbarke des Mondgottes Sin gegeben. Wunsch der Ägypter war es, nach ihrem Tode im Boot des Sonnengottes Re mitfahren und so die Todesnacht überwinden zu können. Den Griechen und Römern war die »Schiffahrt des Lebens« eine vertraute Vorstellung; der letzte Teil der Fahrt wird im Nachen des Fährmanns Charon zurückgelegt. Bei den Griechen findet

sich erstmals die Allegorie vom »Schiff des Staates«; besonders Platon schildert die Vorzüge eines von seinem Steuermann gutgelenkten Staatsschiffes.
Das at.liche Schiff des Heils war die Arche, in der Noach mit den Seinen aus der Sintflut gerettet wurde. Die Arche wurde aus dem uns unbekannten Gopherholz hergestellt (Gen 6,14), möglicherweise handelt es sich weniger um Fichte bzw. Tanne (so in der Luther-Übersetzung), sondern um die Zypresse, die ja eng mit der Lebenssymbolik verbunden ist. Ezechiel (27,5 f.) nennt die zum Bau eines tyrischen Handelsschiffes verwendeten Holzarten: »All deine Planken baute man aus Wacholder (berosch, ebenfalls wohl richtiger mit Zypresse wiederzugeben) vom Hermon, Zedern vom Libanon nahm man für deinen Mastbaum ... Fichten von der Kittäer Gestade sind dein Verdeck.« Ganz allgemein ist das Schiff ein Symbol der Reise, des Übergangs sowohl für die Lebenden als auch für die Toten. »Der Weg des Schiffes auf hoher See« gehört zu den vier Wundern, die der Mensch eigentlich nicht begreifen kann (Spr 30,19) – sinnbildlicher Hinweis auf seinen eigenen Lebensweg durch die Unbilden dieser Welt.
Von größter Bedeutung für die spätere Symbolgebung wurde das Schifflein des Petrus. Eines Tages, als Jesus am See Genesaret weilte, stieg er in ein am Ufer liegendes Schiff, »das dem Simon gehörte, und bat ihn, vom Lande etwas wegzufahren. Er setzte sich und lehrte das Volk vom Schiffe aus« (Lk 5,3). Zusammen mit dem anderen von Petrus durch die Seestürme geleiteten Schiff (Mt 8,23–27; 14,24–34) wurde daraus das Schiff der Kirche, wozu auch das Wort Jesu von den »Menschenfischern« (Mt 4,19; Mk 1,17) beigetragen hat. Paulus war der Vergleich des Lebens mit der Schiffahrt geläufig; wer Glauben und gutes Gewissen von sich wirft, wird Schiffbruch erleiden, d. h. sein wahres Lebensziel nicht erreichen (1 Tim 1,19). Auch die Hoffnung wird in einem nautischen Symbol wiedergegeben: als »zuverlässiger und fester Anker der Seele« (Hebr 6,19). In immer wiederkehrenden Bildern beschreiben die Kir-

chenväter das Schiff der Ecclesia, auf welchem der Gläubige das Meer der Welt sicher durchfährt. Hippolyt erblickt in dem erfahrenen Steuermann Christus, in dem Mastbaum das Kreuz, in den zwei Steuerrudern die beiden Testamente, im weißen Segel den Hl. Geist. Es findet sich auch die Deutung, daß das ganze Schiff ein Symbol des gekreuzigten Christus sei. Wie beim Schiffsbau drei verschiedene Holzarten Verwendung fanden, so sprechen verschiedene Exegeten vom »dreifachen Holz« des Kreuzes. Ohne das (hölzerne, mit Nägeln zusammengehaltene) Schiff kann das Meer nicht befahren werden, und ohne die Annagelung Christi an das hölzerne Kreuz könnten wir das Böse dieser Welt nicht überwinden. In frühchristlicher Zeit bedeutet eine Taube mit dem Ölzweig in Verbindung mit dem Schiff die Seele, die den Frieden gefunden hat; in der Sepulkralsymbolik ist ein Leuchtturm das Bild für die glückliche Ankunft im himmlischen Hafen. Bis in die Mitte des 4. Jh. war der Anker in Anlehnung an den Hebräerbrief Sinnbild des Glaubens, häufig in Verbindung mit dem Fisch (Hinweis auf Christus und die Eucharistie). Giottos Bild der »Navicella« in der Vorhalle von St. Peter zu Rom stellt das Schiff der Ecclesia im Sturm auf dem Meere dar.
↗Arche

Literatur: H. Leclercq: Navire (DACL XII, 1008–1119); K. Goldammer: Das Schiff der Kirche. Ein antiker Symbolbegriff aus der politischen Metaphorik in eschatologischer und ekklesiologischer Umdeutung (= ThZ 6/1950, 232–237); E. Peterson: Das Schiff als Symbol der Kirche in der Eschatologie (Frühkirche, Judentum, Gnosis, 92–96). Rom-Freiburg 1959; J. Daniélou: Le navire de l'Église (Les symboles chrétiens primitifs, 65–76); E. Hilgert: The Ship and Related Symbols in the NT. Assen 1962; H. Rahner (Symbole der Kirche, 239–564).

Schild

Im ganzen altorientalisch-mediterranen Raum war der Schild ein Zeichen für Unverletzlichkeit und Sicherheit, das in den Händen der Götter auch deren Schutzbefohlenen vor Feinden und Dämonen bewahren sollte. Nach einem alten Text bezeichnete sich die Ishtar vor Arbela selbst als »gnädigen Schild« des assyrischen Königs Asarhaddon. Das Kultsymbol der ägyptischen Kriegsgöttin Neith war ein stilisierter Schild mit zwei dahinter gekreuzten Pfeilen. Die in Palmyra besonders angesehene Allat galt wohl als Schutzgöttin der Stadt und wurde – wie die griechische Pallas Athene – mit Helm, Lanze und Schild dargestellt.

In der Bibel wird der Schild zu einem Bild für den von Gott gewährten Schutz. Schon zu Abraham sprach der Herr: »Fürchte dich nicht, ich bin dir ein Schild« (Gen 15,1). Das Volk kann sich wahrhaft glücklich schätzen, das den Herrn selbst als Schild hat (Dtn 33,29). Nach einem Sieg über die Philister bezeichnet der dankbare David seinen Gott als Schild, Heilshorn und Burg (2 Sam 22,3). Während ein Schild normalerweise nur auf einer Seite Schutz bietet, gewährt Jahwes Schild auf allen Seiten Deckung; so ist der Psalm 3,4 zu verstehen: »Doch du, o Herr, bist Schild um mich her«. Aber nur die Menschen, die sich dem Guten verschrieben haben, werden von Gott beschirmt. »Er hält für die Redlichen Hilfe bereit, ein Schild ist er allen, die rechtschaffen wandeln« (Spr 2,7). Sie brauchen sich nicht vor nächtlichem Schreck zu fürchten und nicht vor dem Pfeil, der am Tage herumschwirrt; denn Gott ist ihr Schild und Panzer (Ps 91,4f.).

Der Gläubige soll »die Vollrüstung Gottes« anlegen, damit er allen Gefahren erfolgreich widerstehen kann. »Zu allem ergreift den Schild des Glaubens, mit dem ihr alle feurigen Pfeile des Bösen auszulöschen vermögt« (Eph 6,16). Auch hier also ist der Schild ein aus lebendigem Gottvertrauen entsprungenes Bild für den himmlischen Schutz.

In Anknüpfung an den Epheserbrief vergleicht Johannes Chrysostomus den Glauben mit einem Schild; wie an letzterem alle Brandgeschosse abprallen, so an ersterem alles Böse. In der christlichen Kunst ist der Schild Attribut heiliger Krieger (z. B. des hl. Georg) und des Erzengels Michael in seiner Eigenschaft als Kämpfer gegen den Satan oder gegen den apokalyptischen Drachen.

Schilfrohr

Die in heißen Gegenden nach der Dürre als erste wieder aus dem Flußbett hervorsprießende Pflanze läßt sie zu einem Symbol für das Leben werden. Die Kalmuswurzel galt im Orient als Aphrodisiacum. Die den Tod überdauernde Kraft wird in einem frühen Pyramidentext angesprochen, wenn es von Horus heißt, daß er über zwei Schilfbündel hinweg den Horizont (achet) überschreitet, d. h. neu geboren wird.
In der Bibel wird das Schilfrohr in verschiedenen Funktionen und Bedeutungen erwähnt. Es kann »Griffel des hurtigen Schreibers« sein (Ps 45,2), aber auch als »Meßrohr« dienen (Ez 40,5). Im Buch der Weisheit (3,7) wird die Herrlichkeit der Gerechten am Jüngsten Tag mit dem Sprühen von brennendem Schilf verglichen – teilweise auch übersetzt mit »Funken, die durch Stoppelfelder lodern«. Bei den Propheten ist das Schilfrohr ein Bild für Schwäche, besonders für die zerbrechliche Großmachtstellung Ägyptens, die dem zum Nachteil gereicht, der mit ihr paktiert (Ez 29,6). »Sieh, du vertrautest auf jenen zerknickten Rohrstab, auf Ägypten, der jedem, der sich darauf stützt, in die Hand eindringt und sie durchbohrt« (Jes 36,6). Die Pflanze kann aber auch auf die Barmherzigkeit Gottes hinweisen, der ein geknicktes Rohr nicht bricht wie er auch den glimmenden Docht nicht auslöscht (Jes 42,3).
Im NT ist das Schilfrohr ein Bild für die mangelnde innere Standhaftigkeit; mit Wankelmut behaftete Menschen sind wie »ein Rohr, vom Winde hin und her bewegt« (Mt 11,7; Lk 7,24). Die römischen Soldaten gaben Jesus bei seiner Verspottung einen Rohrstab als Zepter in die Hand und schlugen ihn damit auf das Haupt (Mt 27,29ff.), hier ist das Schilfrohr Zeichen der Demut.
In der christlichen Kunst findet sich die Pflanze – in Anlehnung an die Passionsgeschichte – bei der Verspottungsszene und bei der Ecce-Homo-Darstellung. Im 16./17. Jahrhundert wird das Schilfrohr als Emblem der Geburt der Jungfrau Maria (ein Wiederaufgreifen der uralten Lebenssymbolik!) und der Barmherzigkeit Gottes verwendet.

LITERATUR: H.-J. Spitz: Schilfrohr und Binse als Sinnträger in der lateinischen Bibelexegese (= Frühmittelalter. Studien 12/1978, 230–257)

Schlaf

Der Schlaf ist dem Unbewußten und Vorschöpferischen, der Dunkelheit und dem Amorphen nahe. Bevor der sumerische Gott Enki den Befehl zur Erschaffung der Menschen gab, lag er in tiefem Schlaf. Die Urzeit gleicht einem Dämmerzustand, und die Urgötter werden oft als »träge« und »müde« geschildert. In Mythen und Märchen (Dornröschen!) begegnet der Schlaf wiederholt als Sinnbild des Todes. Während der ermüdete Gilgamesh dahinschlummert, stiehlt ihm die Schlange das Kraut der Unsterblichkeit, d. h. der Held hat sich durch den Schlaf das ewige Leben verwirkt. Im griechischen Mythos sind Hypnos, der Schlaf, und Thanatos, der Tod, Brüder.
Das Eingreifen Gottes in die Heilsgeschichte wurde in alter Zeit manchmal durch einen den Menschen befallenden, tiefen Schlaf eingeleitet. So entnahm der Herr dem ruhenden Adam eine Rippe, um daraus die Stammutter zu erschaffen (Gen 2,21). Von Abraham wird berichtet, daß ihn bei Sonnenuntergang ein »Tiefschlaf« überkam, in dem ihm die göttliche Offenbarung zuteil wurde (Gen 15,12). Überhaupt ist der Schlaf ein Medium himmlischer Weisungen. »Im Traum, im Nachtgesicht, wenn tiefer Schlaf die Menschen befällt, im Schlummer auf dem Lager«, da öffnet der Herr der Menschen Ohr (Ijob 33,15f.). Das Ausschalten des Bewußtseins und das Überwechseln ins Traumreich kann auch als bedrohlich empfunden werden. Der gläubige Psalmist, der sich niederlegt und einschlummert, weiß sich unter Gottes Schutz (Ps 3,6). »Er läßt deinen Fuß nicht gleiten, nicht schlummert dein Hüter« – Jahwe selbst schläft nicht, sondern wacht über sein Volk (Ps 121,3f.). Bei Jesaias (29,10) ist der Schlaf ein Bild der Sünde und Verstocktheit: »Ausgegossen hat über euch der Herr einen Geist des Tiefschlafs, eure Augen verschloß er, eure Häupter hat er verhüllt.« Schließlich kann der Schlaf zum Bild des

leiblichen oder des geistigen Todes werden. Den Babyloniern wird ein Rauschtrank gegeben, »daß sie versinken in ewigen Schlaf und nicht mehr daraus erwachen« (Jer 51,57). Nach dem Schlaf im »Staubland«, dem Tod, werden die einen zum ewigen Leben, die anderen zum ewigen Abscheu erwachen (Dan 12,2).

Petrus und seine Gefährten wurden in der entscheidenden Stunde der Verklärung des Herrn »vom Schlaf übermannt« (Lk 9,32). Im übertragenen Sinne werden die Gläubigen vor dem geistigen Schlaf gewarnt und zur wachen Bereitschaft aufgefordert. »Wachet also, denn ihr wißt nicht, wann der Herr des Hauses kommt ... Mög er, wenn er unerwartet kommt, euch nicht schlafend finden« (Mk 13,35 f.). Wer schläft, in dessen Herz findet das Böse, die Sünde, der Tod schneller Eingang; deshalb mahnte Jesus: »Wachet und betet, damit ihr nicht in Versuchung fallet« (Mk 14,38). Nach Paulus gleicht der Schlaf einem Wandel in der Finsternis, im Schattenreich. »So laßt uns also nicht schlafen wie die übrigen, sondern wachsam sein und nüchtern« (1 Thess 5,6). Der Schlaf des Todes ist im Epheserbrief (5,14) gemeint: »Wach auf, der du schläfst, steh auf von den Toten, und als Licht wird dir erstrahlen der Christus.« Auch der Tod des Lazarus wurde von Jesus mit »Schlaf« umschrieben (Joh 11,11–14). Wer »entschlafen« ist (1 Kor 11,30), kann nicht mehr zu den Lebenden gezählt werden.

Im Gegensatz zum Wachsein und zur Erweckung als Gleichnis religiöser Bewußtwerdung ist in der religiösen Sprache des antiken und mittelalterlichen Christentums der Schlaf zu einem Bild für Unbewußtheit und Weltbefangenheit geworden. Nach Klemens von Alexandrien ist ein schlafender Mensch wie ein Toter zu nichts nütze; deshalb sollten sich die Gläubigen in der Nacht öfters von ihrem Lager erheben und Gott preisen – der gleichen Vorstellung entsprangen die in manchen Klöstern während der sonst üblichen Schlafenszeit gebeteten Nokturnen. Augustinus und Johannes Chrysostomus sprechen vom Kreuzestod Jesu als Schlaf. In der christlichen Ikonographie werden die schlafenden Jungfrauen den wachenden gegenübergestellt (in Anlehnung an Mt 25,1–13), und bei dem Motiv der

Auferstehung Christi finden sich häufig zwei Krieger – der eine das Heil verschlafend, der andere es mit wachen Sinnen erlebend.

LITERATUR: J. G. S. S. Thomson: Sleep, an aspect of Jewish anthropology (= VT 5/1955, 421–433).

Schlange

Wegen ihres Körperbaus und ihrer Lebensgewohnheiten ist die Schlange dem Menschen eines der unheimlichsten Tiere. Aus Höhlen und undurchdringlichem Dickicht hervorkommend, scheint sie der Unterwelt zugehörig, andererseits wird sie wegen ihrer Liebe zur Sonne mit dieser gleichgesetzt. Nach altägyptischer Vorstellung hausen im Totenreich feuerspeiende oder mit einem Messer bewaffnete Schlangendämonen; aber als Auge des Sonnengottes Re wehrt die Schlange alles Böse ab und wird unter der Bezeichnung Uräus zum Stirnemblem der Könige. Oft bannt die Schlange allein schon durch ihren Blick das Opfer, bevor sie es durch ihr Gift tötet; sie wird zum Symbol des Todes (griechische Laokoon-Sage). Die sich regenerierende Schlange scheint dem Mond verwandt und wird zu einem Hinweis auf das sich erneuernde Leben, auf Unsterblichkeit; die um einen Stab gewundene Äskulapschlange ist noch heute ein Zeichen des ärztlichen Standes.
Die erste biblische Aussage über die Schlange nennt als deren Hauptmerkmal die List, ja, sie »war listiger als alle anderen Tiere des Feldes« (Gen 3,1). Die gespaltene Zunge der Schlange wird in Übereinstimmung mit ihrer »Doppelzüngigkeit« erkannt; durch ihre trügerischen Versprechungen – »Ihr werdet sein wie Gott« (Gen 3,5) – verführt sie die ersten Menschen zum Essen der verbotenen Frucht. Das Auftreten der Schlange bezeichnet den entscheidenden Wendepunkt des Paradiesesdramas: Sie verspricht Leben – »O nein, auf keinen Fall werdet ihr sterben« (Gen 3,4) –, bringt aber in Wahrheit den Tod. Gottes Fluch traf die

Schlange: »Auf deinem Bauche sollst du kriechen und Staub fressen dein Leben lang« (Gen 3,14). Zwischen Mensch und Schlange wird Feindschaft gestiftet; letzterer wird in Aussicht gestellt, daß ihr der Kopf zertreten wird (Gen 3,15). Den Gläubigen ist Gewalt gegeben, über Vipern und Ottern hinwegzuschreiten (Ps 91,13). Der Patriarch Jakob prophezeit über seinen Sohn Dan, er »sei eine Schlange am Weg, eine Zornnatter am Pfade, die dem Roß in die Fessel beißt, so daß sein Reiter nach rückwärts fällt« (Gen 49,17). Dem murrenden Volk schickte der Herr »brennende Schlangen« zur Strafe (Num 21,6); als die Israeliten ihre Schuld bekannten und Mose um Fürsprache baten, befahl Gott, eine eherne Schlange anzufertigen und an einem Pfahl aufzuhängen. »Jeder, der gebissen ist, soll dann zu ihr aufblicken. Er wird am Leben bleiben« (Num 21,7 f.). Das Tier, das durch Gottes Fluch am tiefsten erniedrigt wurde, kann auf sein Wort hin der Menschheit zum Heil werden!

Die eherne Schlange ist das at.liche Vorbild des gekreuzigten Heilandes. »Wie Mose die Schlange erhöhte in der Wüste, so muß erhöht werden auch der Menschensohn, damit jeder, der an ihn glaubt, ewiges Leben habe« (Joh 3, 14 f.). Einmal hält Jesus seinen Jüngern die Schlange als Bild der Klugheit vor: »Seid klug wie die Schlangen und arglos wie die Tauben« (Mt 10,16). Sonst ist die Schlange durchwegs von schlechter Bedeutung. Seinen Jüngern hat der Herr Macht gegeben, »auf Schlangen und Skorpione zu treten« (Lk 10,19). Die Schlange ist Symbol der abgründigen, infernalischen Mächte; sie ist die Verkörperung Satans, der unter den Füßen der Jünger durch den Gott des Friedens zertreten wird (Röm 16,20). Im letzten Buch der Bibel taucht die alte Paradiesesschlange noch einmal auf, in apokalyptischer Übersteigerung als großer, roter Drache – es ist »die alte Schlange, die den Namen Teufel und Satan trägt« und den ganzen Erdkreis verführt (Offb 12,9; 20,2).

Die Ambivalenz der Schlange kommt auch in der Patristik zum Ausdruck. Ambrosius von Mailand spricht von dem

Gekreuzigten als einer am Holze aufgehängten Schlange (»serpens in ligno suspensus«). Die Prophezeiung Jakobs über Dan wird von den Kirchenvätern auf Judas (aus dem Stamme Dan) bezogen, der durch seine Heimtücke den Tod des Herrn verschuldet hat. Die Personifikation der Klugheit erhielt im Mittelalter mit Beziehung auf Mattäus 10,16 eine Schlange als Attribut. Die byzantinischen und koptischen Bischöfe tragen an der Spitze ihres Stabes zwei Schlangen als Symbol der Klugheit, mit der sie ihrer Gemeinde vorstehen sollen. Die Hinter-List der sich Eva nähernden Paradiesesschlange kommt zum Ausdruck, wenn sie öfter seit dem 12. Jh. bei Verführungsdarstellungen einen weiblichen Kopf (später auch Oberkörper) erhält.
↗ Drache

Literatur: M. Vernes: Le serpent d'airain fabrique par Moïse et les serpents guérisseurs d'Esculape (= Revue Archéologique 1918); K. Budde: Die biblische Paradiesesgeschichte, Gießen 1922, 42 ff.; B. Renz: Der orientalische Schlangendrache. Ein Beitrag zum Verständnis der Schlange im biblischen Paradies. Augsburg 1930; A. S. Yahuda: The Symbolism and Worship of the Serpent (= Religions 26/1939, 16–29); H. Leisegang: Das Mysterium der Schlange. Ein Beitrag zur Erforschung des griechischen Mysterienkultes und seines Fortlebens in der christlichen Welt (= Eranos-Jb 1939, 151–250); J.-G. Gourbillon: La parabole du serpent d'airain et la »lacune« du ch. III de l'Évangile selon S. Jean (= Vivre et Penser 2/1942, 213–226); M. Lurker: Adler und Schlange (= Antaios V/1964, 344–352); K. R. Joins: Serpent symbolism in the Old Testament. New Jersey 1974; M. Lurker: Adler und Schlange. Tiersymbolik im Glauben und Weltbild der Völker. Tübingen 1983.

Schleier

Der das Antlitz verhüllende Schleier diente ursprünglich der Abwehr böser Einflüsse; der Trauerschleier sollte vor dem gefürchteten Totengeist schützen, der Brautschleier vor lüsternen Dämonen. In Rom trugen die Vestalinnen, die als keusche Bräute der Gottheit galten, einen weißen Schleier mit Purpurverbrämung. Als Zeichen der Vollkommenheit trug Ischtar sieben Schleier; d. h., nichts Böses konnte sie ergreifen und verwunden. In den eleusinischen

Mysterien wird Demeter als Herrin des glänzenden Schleiers gefeiert. Schließlich wurde auch der sternenbedeckte Himmel als verhüllender Schleier der dahinter wohnenden Gottheit aufgefaßt.

Das Verhüllen des Gesichtes ist Ausdruck der Zurückhaltung und Distanz. Mose bedeckte sein Antlitz, als der Herr zu ihm aus dem Dornbusch sprach; »denn er fürchtete sich, Gott anzublicken« (Ex 3,6) – die Verhüllung ist hier ein Abschirmen vor etwas Übermächtigem. Das von der Gottesbegegnung auf dem Sinai erstrahlende Antlitz verhüllte Mose, als er mit den Israeliten sprach (Ex 34,33.35). Bei Frauen gehörte es zur guten Sitte, das Haupt zu verhüllen. Als Rebekka das erste Mal ihren zukünftigen Gatten Isaak gewahrte, »griff sie zum Schleier und verhüllte sich« (Gen 24,65). Die versuchte Entschleierung der schönen Susanne auf Befehl ihrer Ankläger (Dan 13,32) sollte ihr die Würde nehmen. Andererseits konnten auch Frauen eines gewissen Gewerbes einen Schleier tragen – vielleicht besonderer Art, an der man sie erkannte; so glaubte Juda, daß Tamar eine Dirne sei, »denn sie hatte ihr Angesicht verhüllt« (Gen 38,14 f.). In übertragenem Sinne bedeutet Verschleierung eine Beeinträchtigung der Erkenntnisfähigkeit; wenn die Erde in Frevlerhand ist, deckt Gott das Antlitz ihrer Richter zu (Ijob 9,24). In der Endzeit aber wird der Herr »vernichten ... die Hülle, die über alle Völker gebreitet, die Decke, die über alle Nationen geflochten« (Jes 25,7). Der Schleier kann auch Bild für den Himmel sein, den Gott »wie einen Flor ausspannt und wie ein Wohngezelt ausdehnt« (Jes 40,22).

Auf die Verschleierung der Frauen während des Betens geht Paulus im 1. Korintherbrief (11,5–15) ein; er betrachtet den Schleier als Zeichen der Schicklichkeit und vergleicht dann auch das Haar mit einem Schleier. Die Einzelargumente sind sicher aus der zeitbedingten Sitte zu verstehen; daß dem Verhüllen des Hauptes aber auch eine tiefere Bedeutung zukommt, zeigt das Nachleben in christlicher Zeit.

Die gottgeweihten Jungfrauen sollten einen Schleier tragen; Tertullian spricht von dem »Walle der Schamhaftigkeit« und von einem Schild, der »schützt gegen die Hiebe der Versuchungen, gegen die Wurfgeschosse der Ärgernisse«. Der Schleier wird zum sichtbaren Zeichen, daß die Ordensfrau nur des Herrn Eigentum ist und daß sie nicht mehr im Dienste der Welt steht. In der romanischen Kunst ist der Schleier als Bild der Tugendhaftigkeit ein besonders die Jungfrauen auszeichnendes Kleidungsstück. Auf dem Monte San Giuliano (Sizilien) ist das Bild der Madonna mit sieben Schleiern verhüllt und wird nur zu Mariä Himmelfahrt feierlich enthüllt. Der Legende nach wurde der Schleier der hl. Agatha gegen den ausbrechenden Ätna gehalten und so die Stadt Catania gerettet. Auf frühchristlichen Sarkophagen wird das Himmelsgewölbe vom antiken Himmelsgott (Uranos) als Schleier mit erhobenen Armen gehalten.

Literatur: A. Jeremias: Der Schleier von Sumer bis heute. Leipzig 1931.

Schlüssel

Die Stadtkulturen des Orients kannten schon früh hölzerne und eherne Riegel zum Verschließen der Türen. Die dazugehörigen Schlüssel waren oft recht groß, solche der Palast- oder Stadttore mußten sogar auf der Schulter getragen werden. Da nach alter Vorstellung der Himmel wie auch die Unterwelt durch Tore verschlossen ist, spielt der Schlüssel auch in den religiösen Vorstellungen eine nicht unbedeutende Rolle. So besaß Hekate als Türhüterin den Schlüssel zum Hades. In dem gnostischen Werk »Pistis Sophia« dient der Schlüssel als sprachliches Bild für die Mysterien, die den Eingeweihten den Himmel aufschließen. Die Übergabe des Schlüssels eines neuerbauten Hauses oder einer eroberten Stadt ist Ausdruck für die Übergabe des Besitzes oder der Macht.
Die Bibel bringt an mehreren Stellen das Bild des Ver-

schließens, ohne daß jedesmal ein Schlüssel genannt wird. Die Gewalttätigen »verschließen ihr sattes Herz« (Ps 17,10). Gott kann im Zorn seine Gnade vergessen und sein Erbarmen verschließen (Ps 77,10). Naheliegend ist, daß Gott auch den Himmel verschließen kann, so daß kein Regen fällt (Dtn 11,17). Von besonderer Bedeutung sollte die Stelle bei Jesaja (22,21 f.) werden, in der der Gott wohlgefällige Eljakim berufen wird, königlicher Hausminister zu werden: »Er wird Vater sein den Insassen Jerusalems und dem Hause Juda. Den Schlüssel des Davidhauses lege ich ihm auf die Schulter.« Das Davidhaus wurde später auf die Kirche hin interpretiert, der getreue »Knecht« Eljakim wurde zum Bild des Messias.

Christus übergab dem Apostel Petrus die Schlüsselgewalt über die Kirche. »Dir will ich die Schlüssel des Himmelreiches geben. Was du binden wirst auf Erden, das wird gebunden sein im Himmel; und was du lösen wirst auf Erden, das wird gelöst sein im Himmel« (Mt 16,19). Die »Schlüssel des Himmelreiches« bedeuten die oberste Vollmacht in den Angelegenheiten des Gottesreiches. Der Schlüssel kann auch zum Bild für die Erschließung geistiger Güter werden; so sprach der Herr zu den Schriftgelehrten: »Wehe euch Gesetzeslosen! Ihr habt weggenommen den Schlüssel der Erkenntnis« (Lk 11,52), d. h., sie haben das Tor zum wahren Gotteswissen verschlossen gehalten. Gott kann auch die Unterwelt aufschließen; beim Blasen der fünften Posaune erblickte Johannes »einen Stern, der vom Himmel auf die Erde gefallen war, und ihm wurde gegeben der Schlüssel zum Schacht der Unterwelt« (Offb 9,1). Bei der Errichtung des Tausendjährigen Reiches werden die Mächte der Finsternis in dem Abgrund eingeschlossen (Offb 20,1). Wer aber die Schlüssel zur Unterwelt besitzt und Macht über ihre Beherrscher hat, der vermag auch die Totenwelt zu öffnen und die Toten zur Auferstehung zu rufen (Offb 1,18).

Frühchristliche Schriftsteller erblickten in dem Schlüssel des Eljakim das Kreuz, mit dem Christus den Himmel öffnet. Seit dem 5. Jh. wird die Schlüsselübergabe an Petrus (donatio clavis) auf Sarkophagen und in Mosaiken dargestellt. In späterer Zeit steht die Petrusfigur häufig am Kirchenportal (= Tür zum Himmelreich); als Zeichen seiner Gewalt, zu binden und zu lösen, trägt er einen übergroßen Doppelschlüssel. Die theologische Tugend des Glaubens (Fides) kann einen auf ihre Treue hinweisenden Schlüssel als Attribut haben.

LITERATUR: W. Köhler: Die Schlüssel des Petrus (= AWR 8/1905, 214–243); V. Burch: The »Stone« and the »Keys«. Mt 16,18 ff. (= JBL 52/1933, 147–152); J. Ludwig: Die Primatworte Mt 16,18–19 in der altkirchlichen Exegese. Münster 1952.

Schmied

Die im Altertum mit Geheimnissen umwitterte Kunst der Bearbeitung der Metalle und ihrer Verwandlung in strahlenden Schmuck und in gefährliche Waffen brachten die Schmiede in den Ruf, mit außermenschlichen Mächten in Verbindung zu stehen. Dabei überwiegt der dunkle Aspekt, was sich bis in heutige Redewendungen – wie »Ränkeschmied« oder »eine Lüge schmieden« – übertragen hat. Schmiede sind chthonische Wesen, sie hausen im Dunkel des Waldes oder in unterirdischen Höhlen. Der aus dem Olymp geworfene Göttersohn Hephaistos arbeitet in einer dem Tageslicht nicht zugänglichen Schmiede in der Erdtiefe.

Der erste in der Bibel genannte Schmied war Tubal-Kajin, »der Erz und Eisen bearbeitete« (Gen 4,22) und der aus der verfluchten Kainslinie herstammte. Etymologisch bedeutet »Kain« soviel wie »Schmied«, auch wenn er als Ackerbauer charakterisiert wird (Gen 4,2). In Abhebung vom Nomadentum (verkörpert durch den Hirten Abel) beginnt mit dem Ackerbau die eigentliche Kultur, als deren hervorstechendster Repräsentant in der Eisen- und Bronzezeit der Schmied galt. Bereits der Sohn von Kain gründete die erste biblisch erwähnte Stadt (Gen 4,17). Kains Sünde ist sym-

bolisch zu nehmen für den mit der Kultur einsetzenden Verfall. Bei Jesaja wird der Metallschmied zu einem, der »Gottheiten bildet und Götzen gießet«, aber vom wahren Gott nichts weiß; obwohl sein Arm stark ist, »wird er hungrig dabei, trinkt er kein Wasser, so wird er matt« (Jes 44,10 ff.) – wem das Wasser des Lebens fehlt, dem können Arbeit und fremde Götter nichts nützen! Schließlich wird der Schmied zum Bild der von Gott geschaffenen Gerichtsgewalt: »Fürwahr, ich erschaffe den Schmied, der ins Kohlenfeuer hineinbläst und für sein Werk das Gerät herauszieht; ich erschuf ja auch den Verderber zum Zerstören« (Jes 54,16).
Der Apostel Paulus erwähnt einen Mann namens Alexander, der dem Satan übergeben wurde; er war »Schmied, hat mir viel Böses angetan« (1 Tim 1,20; 2 Tim 4,14).
In der Volksüberlieferung vermag der listenreiche Schmied sogar den Teufel zu prellen, oder aber er ist mit ihm im Bunde. Der Teufel kann auch selbst als Schmied auftreten.

Schmuck

Sich zu schmücken hatte in früherer Zeit nicht nur den Zweck der Zurschaustellung und der Steigerung des Ansehens, sondern sollte den Träger des Schmuckes schützen und ihm höhere Kräfte zuführen. Schon seinem Material nach war jedes Schmuckstück ein magisches Mittel. Ketten und Ringe dienten als Talismane; Metallen und Edelsteinen wurden geheimnisvolle Kräfte zugeschrieben. In assyrischen Reliefbildern tragen Götter, Genien und Könige Armbänder mit einer Rosette. In Spanien gefundene Idole einer punischen Himmelsgöttin zeichnen sich durch sternengeschmückte Halsbänder aus.
In der biblischen Welt ist das Tragen von Schmuck zunächst Ausdruck der Freude; vor allem bei festlichen Anlässen schmückt sich das Volk. Wie die Israeliten in Reinheit vor Gott erscheinen sollen, so wird ihnen auch geboten, in »heiligem Schmuck« vor ihm niederzufallen (Ps 29,2).

»Lasset dem Herrn den Ruhm; ... huldiget ihm im heiligen Schmuck« (1 Chr 16,29). Armringe bei Männern dürften die Bedeutung von Rangzeichen gehabt haben (2 Sam 1,10). Jerusalem, die auserwählte Braut des Herrn, wurde mit Gold und Silber geschmückt, mit Armspangen einer Halskette und Ohrgehänge verziert (Ez 16,11 ff.). Das Festhalten des Trägers an seinem Schmuck drückt die Treue des Volkes zu Gott aus. »Vergißt wohl ihren Schmuck eine Jungfrau, ihre Bänder eine Braut? Mein Volk aber hat mich vergessen seit unzähligen Tagen« (Jer 2,32). Als Bild in übertragenem Sinne wird die Schöpfung als Schmuck Gottes bezeichnet; die Wunder des Himmels und der Erde umkleiden ihn, »mit Pracht und Hoheit« ist er geschmückt (Ps 104,1 ff.). Der schönste, ja der eigentliche Schmuck des Menschen sind Zucht und Weisheit – durch die Mahnung des Vaters und die Unterweisung der Mutter vermittelt –; »sie sind ein goldener Kranz auf deinem Haupte und wie ein Perlenschmuck um deinen Hals« (Spr 1,9).
Die Apostel sprechen vom Schmuck nur im Sinne der inneren Zierde. Die Frauen sollen sich »in würdiger Haltung mit Ehrgefühl und Zucht schmücken, nicht mit Haargeflechten, Gold, Perlen oder teurem Kleid« (1 Tim 2,9). Der Schmuck des Christen »sei der verborgene Herzensmensch in der Unwandelbarkeit eines bescheidenen und ruhigen Geistes, der kostbar ist vor Gott« (1 Petr 3,3 f.). Das neue Jerusalem wird von Gott her aus dem Himmel herabsteigen, »hergerichtet wie eine Braut, die sich geschmückt hat für ihren Mann« (Offb 21,2).
Die Kirchenväter predigten gegen die Auswüchse des Schmucktragens, nicht nur wegen der damit verbundenen Verweltlichung, sondern auch wegen des oft amulettartigen Charakters bestimmter Schmuckteile. Ob die zahlreichen Schlangenarmbänder aus koptischen Funden auf altägyptische Vorstellungen oder auf das Bibelwort »Seid klug wie die Schlangen!« (Mt 10,16) zurückgehen, ist nicht eindeutig festzustellen.
↗ Ring

Schoß

Der Schoß (hebräisch chekh) bezeichnet den Bereich der Lenden und der Oberschenkel und ist Symbol für den bergenden Schutz, den man Kindern (1 Kön 17,19) und auch der Geliebten (2 Sam 12,8) angedeihen läßt. Rechtssymbolische Bedeutung hat es, wenn man ein neugeborenes Kind auf den Schoß setzt oder an die Brust nimmt (Rut 4,16). Der Schoß kann die Bedeutung des Mutterleibes annehmen (Ps 22,10/11).
Im Neuen Testament wird das Wort »Schoß« auch durch »Brust« oder »Busen« (griechisch kolpos) wiedergegeben. So ruht der eingeborene Sohn an der Brust bzw. im Schoß des göttlichen Vaters (Joh 1,18). Der Eingang in Abrahams Schoß ist gleichbedeutend mit der Aufnahme in den Himmel; so wurde der arme Lazarus von Engeln an die Stätte der zu neuem Leben Geborenen entführt (Lk 16,22/23).
In der mittelalterlichen Kunst zeigen Illustrationen zu dem Gleichnis vom reichen und vom armen Mann die Seele des Lazarus im Schoße Abrahams. Das Motiv – oft auch mehrere Seelen (kleine nackte Figürchen) im Schoß – wurde bewußt als Hinweis auf das Paradies gebraucht.

Schuh

Als Zeichen der Erdverbundenheit spielen Schuhe bei verschiedenen Rechtsbräuchen eine Rolle. Wie der Fuß ist auch der Schuh zum Sinnbild des Besitzes und der Macht geworden. Wer »unter dem Pantoffel steht«, wird von einem anderen beherrscht. Auf hethitischen Inschriften erscheint der Schuh als Gottesdeterminativ. Neben Heroldsstab und Reisehut gehören die Flügelschuhe zu den ständigen Attributen des griechischen Götterboten Hermes. Die Fruchtbarkeit der Allmutter Erde wird über den Schuh auf den Körper übertragen. Der Schuh selbst wird zum Fruchtbarkeitssymbol, nicht nur in orientalischen Hochzeitsbräuchen und in Märchen (Aschenputtel!), sondern auch im

etruskischen Auferstehungsglauben – so sind die in Gräbern gefundenen Schuhe in Holz, Ton oder Metall zu deuten.
Das Tragen von Schuhen und Sandalen war ein Vorrecht der Freien; die Kriegsgefangenen und Sklaven mußten barfuß gehen (Jes 20,2.4). Als Rechtshandlung konnte das Ausziehen eines Schuhes den Verzicht auf Selbstbestimmung und die Aufgabe eines Rechtsanspruches bedeuten. Boas kaufte Rut und ihr Erbe von dem rechtmäßigen Rechtsnachfolger und erhielt dessen Schuh als Zeugnis des abgeschlossenen Handels (Rut 4,6 ff.). Bei Verweigerung der Leviratsehe sollte die verschmähte Witwe dem Schwager »die Sandale vom Fuße abziehen« und ihm zurufen: »Sein Name soll fürderhin lauten: Haus eines Barfüßlers« (Dtn 25,9 f.). Der Schuh ist Symbol der Besitzergreifung, ja der Unterjochung. Wenn der Herr auf Edom seinen Schuh setzt (Ps 60,10), dann heißt das, daß er dieses Land zu seinem Sklaven macht; und wenn er von Mose bei der Erscheinung im brennenden Dornbusch verlangt, daß er seine Schuhe ausziehe (Ex 3,5), so steht der Gedanke dahinter, daß der sündige Mensch nicht vom heiligen Boden Besitz ergreife, sondern daß er in Demut und ohne Herrschaftsansprüche vor Gott stehe. Den Vollstreckern des göttlichen Zorns, vom Ende der Erde herbeigerufen, wird der Riemen ihrer Sandalen, mit denen sie Israel unterdrücken, nicht zerreißen (Jes 5,27).
Im Hause wurden die Schuhe gewöhnlich abgelegt, wobei Diener oder Sklaven behilflich waren. In seiner Demut spricht Johannes der Täufer von dem, der nach ihm kommt und mit dem Heiligen Geiste taufen wird: »Ich bin nicht würdig, mich zu bücken und aufzulösen die Riemen seiner Schuhe« (Mk 1,7; Joh 1,27). Bei der Heimkehr des verlorenen Sohnes läßt ihm der Vater das beste Kleid holen und Schuhe an die Füße geben (Lk 15,22) – der Sohn wird wieder in seine alten Rechte eingesetzt! Des Herrn Gebot an seine Jünger, weder Beutel, noch Tasche, noch Schuhe mitzunehmen (Lk 10,4; Mt 10,10), bedeutet nur den Verzicht auf irdische Güter; einfache Sandalen waren ihnen

nicht verwehrt (Mk 6,9). Die Schuhe können auch zu einem Symbol der Bereitschaft werden, das Evangelium des Friedens in alle Welt hinauszutragen (Eph 6,15).
Der Kirchenlehrer Ambrosius erblickt in der Weisung an Mose, seine Schuhe zu lösen, die Mahnung, sich nicht von fleischlichen Banden umstricken zu lassen; und die auf die königliche Braut bezogene Stelle des Hohenliedes (7,2) – »wie sind deine Schritte so schön in den Sandalen« – deutet er als Voranschreiten der Kirche oder der Seele. Die alte Fruchtbarkeitssymbolik zeigt sich noch in dem in einigen Gegenden heimischen Brauch, am Nikolaustag einen Schuh vor die Tür zu setzen, damit er mit Äpfeln, Nüssen und Pfefferkuchen gefüllt werde. Von der hl. Hedwig, der Landespatronin von Schlesien, berichtet die Legende, daß sie selbst im Winter barfuß ging, die Schuhe aber stets bei sich trug, um sie, wenn nötig, aus Schicklichkeit anziehen zu können.

Schulter

Die beiden Schultern sind die tragende Region des Menschen. Wohl dem, der starke Schultern hat, um die Bürde des Lebens und auch Verantwortung tragen zu können. In symbolischer Bedeutung findet sich das Umfassen der Schulter oder das Greifen nach ihr bereits im Alten Orient. In Ägypten war die Handauflegung auf die Schulter sichtbares Zeichen für die von der Obrigkeit übertragene Verantwortung. Jemand »die kalte Schulter zeigen« bedeutet ursprünglich ihm die dienstbare Schulter entziehen.
Der sterbende Jakob weissagt seinem Sohn Issachar, daß er wie ein knochiger Esel seine Schultern der Traglast beugt und zum Fronknecht wird (Gen 49,14 f.). Die Schulter ist ein Bild gehorsamer Dienstbarkeit. »Die Leviten hoben die Lade Gottes, wie Mose dem Wort des Herrn gemäß angeordnet hatte, mit den Tragstangen auf ihre Schultern« (1 Chr 15,15). Die widerspenstigen Israeliten »verhärteten ih-

ren Nacken«, zogen die Schultern zurück und wollten die ihnen von Gott auferlegte Bürde des Gesetzes nicht mehr tragen (Neh 9,29). »Sie zeigten eine widerspenstige Schulter und verstopften die Ohren«, um die Weisungen des Herrn nicht zu hören (Sach 7,11). Der versteifte Nacken und die zurückgezogenen Schultern sind ein Bild für den Ungehorsam. Wer aber willig die Bürde des göttlichen Wortes erträgt, dessen Schulter wird von der Last befreit (Ps 81,7). »Das Joch ihrer Last, den Stab auf ihrer Schulter, ihres Zwingherren Stock zerbrachst du« (Jes 9,3). Von der Schulter seines Volkes nimmt der Herr den von Assur auferlegten Frondienst (Jes 14,25). Die große Verantwortung des Regenten, seine Dienstbarkeit den von ihm Regierten gegenüber, zeigt sich in dem auf Christus hinweisenden Wort: »Die Herrschaft ruht auf seinen Schultern« (Jes 9,5). Als verantwortlicher Diener soll Aaron die Namen der Söhne Israels »auf seinen beiden Schulterstücken vor dem Herrn zum Gedächtnis tragen« (Ex 28,12). Der Herr der Heerscharen legt seinem getreuen Knecht Eljakim den Schlüssel des Davidhauses auf die Schulter und bestimmt ihn somit zum Herrn über Jerusalem (Jes 22,22). Wenn im Segen des Mose dem Stamm Benjamin verheißen wird, daß er zwischen den »Schultern des Herrn« wohnen werde (Dtn 33, 12), so sind damit wahrscheinlich die Bergrücken um das Heiligtum bei Jerusalem gemeint.
Sinnbild des Dienens und des Beherrschens in einem ist es, wenn der gute Hirte das verlorene und wiedergefundene Schaf voll Freude auf seine Schultern legt (Lk 15,5).
In Anlehnung an Jes 9,5 ist die mittelalterliche Kurialtheorie bei der Königsweihe von der Hauptsalbung zur Schultersalbung übergegangen. Bei der Bischofsweihe legt der Konsekrator dem Erwählten das Evangelienbuch zuerst auf Nacken und Schultern und dann in die Hände. Die Last, die Christophorus in Gestalt des kleinen Jesusknaben auf seiner Schulter trägt, entspricht der von Gott erschaffenen Welt.

Schwein

Das Schwein war bei verschiedenen Völkern des Altertums ein Symbol der Fruchtbarkeit und wurde deshalb bestimmten Göttern geopfert. In Ägypten stand das Tier in besonderer Beziehung zum Mond, es wurde an Mondfesten geschlachtet und Osiris dargebracht. Auch syrischen Volksstämmen war das Schwein heilig, es war der Fruchtbarkeitsgöttin Astarte geweiht. Andererseits galt das im Schlamm und Unrat wühlende Schwein als unreines Tier; nach ägyptischer Vorstellung gehörte es zum Gefolge des bösen Seth, der selbst in Gestalt eines schwarzen Ebers den himmlischen Horus angriff.

In der Bibel zählt das Schwein zu den unreinen Tieren (Lev 11,7); sein Fleisch darf nicht gegessen, sein Aas nicht berührt werden (Dtn 14,8). Zu den »abtrünnigen meuternden Leuten, die recht ungute Wege gingen«, gehören diejenigen, die »essen das Fleisch vom Schwein« (Jes 65,4). Der äußere Schmutz des Schweines wurde zum Bild für die innere Befleckung des Menschen; so heißt es von einem schönen, aber gefühllosen Weib, es sei wie »ein gold'ner Ring im Rüssel eines Schweines« (Spr 11,22). Die nachts aus dem Unterholz hervorkommenden und die Felder verwüstenden Wildschweine sind in den Psalmen (79,14) Sinnbild der Heidenvölker, die Israel, den Weinberg, bedrängen: »Das Wildschwein des Waldes frißt ihn kahl, ihn grast des Feldes Getier ab.«

In der Bergpredigt gebraucht Christus das Bild des unreinen Tieres für Menschen, die die göttliche Lehre beschmutzen: »Gebt das Heilige nicht den Hunden und werft eure Perlen nicht den Schweinen vor, damit sie nicht etwa diese zertreten mit ihren Füßen und sich umkehren und euch zerreißen« (Mt 7,6). Wenn in der Parabel der verlorene Sohn zum Schweinehirten wurde, d. h. die tiefste Stufe des gesetzestreuen Juden erreicht hat, dann ist damit die ganze Erniedrigung ausgedrückt (Lk 15,15). Das nach der Schwemme sich wieder im Schlamm wälzende Schwein

(2 Petr 2,22) ist Symbol des in seine alten Sünden zurückfallenden Menschen.
In der christlichen Kunst ist das Schwein ein Hinweis auf die Sünde, besonders der Unkeuschheit und der Unmäßigkeit; als Reittier der Synagoge dient es zur Kennzeichnung des Judentums im Gegensatz zur christlichen Lehre. Als Attribut des Einsiedlers Antonius ist das Schwein weniger eine Anspielung auf die teuflischen Versuchungen als vielmehr ein Hinweis auf die von den Antonitermönchen betriebene Landwirtschaft mit dem Privileg der Schweinezucht; der heilige Antonius wurde zum Patron der Haustiere.

LITERATUR: Th. Schermann: Schwein und Esel an sepulkralen christlichen Denkmälern (= Archiv für christliche Kunst XXIII/1905); P. E. Newberry: The Pig and Cult-Animal of Set (= Journal of Egyptian Archaeology 1928, 211–225); R. de Vaux: Les sacrifices de porcs en Palestine et dans l'Ancien Orient (= ZATW 77/1958, Beiheft); F. C. Sillar/R. M. Meyler: The Symbolic Pig. An Anthology of Pigs in Literature and Art. Edinburgh 1961.

Schwert

Wie andere Waffen galt auch das Schwert als Träger geheimnisvoller Kräfte; man dachte an eine geheimnisvolle Beziehung zu Feuer und Sonne, sein rasches tödliches Niedersausen wurde verschiedentlich mit dem Blitz verglichen. Kleinasiatische Wettergötter haben ein Schwert als Attribut, ebenso wurde der altsyrische Totenherrscher Mot mit einem Schwert dargestellt. Das Recht über Leben und Tod hieß bei den Römern ius gladii, es war das Recht des Schwertes.
Nach der Vertreibung Adams und Evas aus dem Paradies stellte Gott »die Kerubim und die flammende Schwertklinge auf, den Weg zum Baum des Lebens zu behüten« (Gen 3,24) – das Schwert wird hier zum Symbol der Scheidung. Wiederholt wird diese Waffe auch zu einem Bild des Krieges. Um seine Truppen mit Siegeszuversicht zu erfül-

len, erzählte Judas der Makkabäer, wie ihm in einer Erscheinung der Prophet Jeremias ein goldenes Schwert überreichte und sprach: »Nimm das heilige Schwert als Gottesgeschenk! Mit ihm sollst du die Feinde schlagen« (2 Makk 15,16). In schaurig malerischen Bildern wird geschildert, wie das Schwert frißt, sich sättigt und zugleich trunken wird vom Blut der Erschlagenen (Jer 46,10). In der Hand des Herrn der Heerscharen wird das Schwert zu einem schrecklichen Züchtigungsmittel. »Wartet nur, ich bringe über euch ein Schwert und richte zugrunde eure Höhen« (Ez 6,3). In dem sog. Schwertlied (Ez 21,13–22) wird prophezeit, wie Gott nach der Zeit der Prüfung das Schwert gegen die Menschen richten wird; »um ein Schlachten zu vollziehen, wird es geschärft, um Blitze zu zücken, ist es gefegt! ... Es ist dies das große Schwert der tödlichen Wunden ... O Schwert, das du zum Blitzen gemacht, zum Schlachten gefegt bist, fahre mit Schärfe darein nach rechts, wende dich hin nach links, wohin deine Schneiden gerichtet sind!« Deshalb die Warnung Ijobs (19,29), sich vor Gottes Zorn und seinem Schwert zu hüten. Böse heimtükkische Worte gleichen einem geschärften Schwert (vgl. Ps 57,5; 64,4). Im guten Sinn kann das scharfe Schwert zum Bild für die Eindringlichkeit des göttlichen Wortes werden, das aus dem Munde der Propheten hervorkommt (Jes 49,2). In den Psalmen (45,4) wird das Schwert zum messianischen Symbol: »Gürte dein Schwert an die Hüfte, o Held!« – es ist die siegreiche Waffe des Christkönigs, des Herrn über Leben und Tod.
Gottes Wort ist lebendig, »wirksam und schärfer als jedes zweischneidige Schwert; es dringt durch bis zur Trennung von Seele und Geist, von Gelenk und Mark« (Hebr 4,12). Auf die Bilder der Scheidung und der irdischen Entzweiung – dem einzigen Weg, um die den Tod überwindende Einheit zu erlangen – zielt der Heiland, wenn er von sich sagt: »Ich bin nicht gekommen, Frieden zu bringen, sondern das Schwert« (Mt 10,34). Das Schwert ist ja eigentlich ein Doppelsymbol von Tod und Leben, je nach seinem Besitz

und Gebrauch. Nach einer Prophezeiung des greisen Simeon wird das Herz Marias, der Mutter des Herrn, von einem Schwert durchdrungen – symbolischer Hinweis auf die sie erwartenden Schmerzen (Lk 2,35). In seiner Beschreibung des »Menschensohnes« erwähnt der Seher von Patmos das zweischneidige, aus dem Munde hervorkommende Schwert (Offb 1,16; auch 2,12).
Bei den Weltgerichtsdarstellungen des ausgehenden Mittelalters kommt aus dem Munde Christi ein zweischneidiges Schwert hervor – Symbol des göttlichen Richterspruches, der die Verdammten trifft. Als Streiter für Gott und Sieger über die höllischen Mächte hält der Erzengel Michael häufig ein Schwert in Händen. Nach dem Pontificale romanum hatte das Schwert im Ritus der Königsweihe die Bedeutung eines Sakramentale; es wurde vom Bischof unter Hinweis auf Ps 45,4 dem König überreicht. Wenn der Apostel Paulus mit zwei Schwertern dargestellt ist, so deutet das erste auf die Art seines Märtyrertodes, das zweite als »Schwert des Geistes« auf seine Glaubenskraft und die Verkündigung des göttlichen Wortes.

LITERATUR: H. Fredriksson: Jahwe als Krieger. Studien zum at.lichen Gottesbild. Lund 1945; A. H. Benna: Zur kirchlichen Symbolik: Goldene Rose, Schwert und Hut (= Mitteilungen des Österreichischen Staatsarchivs Wien 4/1951, 54–64); W. Levison: Die mittelalterliche Lehre von den beiden Schwertern (= Deutsches Archiv für die Erforschung des Mittelalters 9/1952, 14–42 – zur Symbolik der kirchlichen und der weltlichen Gewalt); O. Betz: Jesu heiliger Krieg (= NT 2/1958, 116–137).

Sechs

Die Zahl Sechs hat eine verhältnismäßig geringe Bedeutung im Glauben der Völker. Sie gilt als kosmische Zahl, die alle Hauptrichtungen des Alls bezeichnet, neben den vier Weltgegenden auch die Richtungen nach oben (Zenit) und nach unten (Nadir). Der Würfel mit seinen sechs Flächen ist der ideale Baustein. In Altindien erscheint die Zahl

in der geometrischen Figur des Hexagramms, zwei ineinandergeschobenen Dreiecken, von denen das eine den schöpferischen Vishnu-Aspekt, das andere den zerstörenden Shiva-Aspekt andeutet. Der vorislamische Kalender hatte sechs Jahreszeiten zu je zwei Monaten.
Biblisch am bedeutendsten ist der Bericht von den sechs Schöpfungstagen. »Gott vollendete am sechsten Tage sein Werk, das er verrichtet hatte« – Himmel und Erde »und all ihr Heer« waren vollendet (Gen 2,1 f.). Dementsprechend wird auch vom Menschen verlangt: »Sechs Tage lang sollst du arbeiten und alle deine Geschäfte verrichten«; der siebente Tag ist als Ruhetag für den Herrn bestimmt (Ex 20,9 f.). Sechs Jahre lang soll der Boden besät und sein Ertrag geerntet werden; »aber im siebenten Jahr sollst du ihn brach und unbestellt liegen lassen« (Ex 23,10 f.). Zur Erinnerung an die mit Gottes Hilfe geglückte Flucht aus Ägypten sollen die Israeliten nach Rückkehr zu ihren Zelten sechs Tage lang ungesäuerte Brote essen; »am siebenten Tage ist Festversammlung zu Ehren des Herrn« (Dtn 16,8). In widernatürlicher Zuordnung kann die Sechs auch Ausdruck gottfeindlicher Mächte werden; so bei dem Riesen mit sechs Fingern an jeder Hand und sechs Zehen an jedem Fuß ... Er verhöhnte Israel (2 Sam 21,20 f.).
In der Offenbarung erscheint unter den Gottesfeinden ein Tier mit der Zahl eines Menschen, »und seine Zahl ist sechshundertsechsundsechzig« (Offb 13,18). Unabhängig davon, ob es sich um einen verhüllten Hinweis auf einen irdischen Machthaber handelt – man dachte besonders an Kaiser Nero – wird mit dieser Zahl die menschliche Unvollkommenheit mit ihrer Auflehnung gegen Gott angeprangert; denn die Sechs und die mit ihr aufgebauten Zahlen sind Zeichen des Geschöpflichen und stehen in jedem Fall unter der heilig-göttlichen Sieben. Wie Gott die Welt in sechs Tagen erschuf, so leiten sechs posaunenblasende Engel den Untergang dieser Welt ein; wenn der siebente Engel zu blasen beginnt, »wird keine Zeit mehr sein, ... wird vollendet werden das Geheimnis Gottes, wie er es

verkündet« (Offb 10,6 f.). Hingewiesen sei noch auf die Sechszahl der Krüge beim Hochzeitsmahl zu Kana (Joh 2,6) und bei den sog. Werken der Barmherzigkeit (Mt 25,35 f.).

Analog der Zahl der Schöpfungstage sprach das christliche Mittelalter von sechs Weltaltern: von Adam bis Noach, von Noach bis Abraham, dann bis David, das vierte bis zum babylonischen Exil, das fünfte bis zur Menschwerdung Christi, das sechste bis zum Weltende. Ja, das Leben des Menschen selbst wurde in sechs Abschnitte unterteilt: infantia, pueritia, adolescentia, juventus, virilitas und senectus.

Seraphim ↗ *Kerubim*

Sieben

Die numinose Bedeutung der Zahl Sieben beruht sicher auf Beobachtung von Naturerscheinungen. Zunächst ist hier an die sieben Tage dauernde Mondphase zu denken, dann aber auch an die im Altertum bekannten – fünf – Planeten, zu denen noch Sonne und Mond gezählt wurden. Die in den Farben des Regenbogens und in den Tönen der Tonleiter wiedererkannte Sieben wurde zur Zahl der Fülle, der Vollkommenheit. Entsprechend der Vorstellung von sieben Himmeln waren die babylonischen Tempel siebenstufig angelegt; die Woche wurde in sieben Tage eingeteilt; sieben Schleier trug Ischtar. Die einander bekämpfenden syrischen Götter Baal und Mot regierten abwechselnd jeweils sieben Jahre. In der iranischen Religion ist Ahura Mazda von den sieben »unsterblichen Heiligen« umgeben; die wichtigste vedische Göttergruppe bilden die sieben Aditya. Die Siebenzahl wurde auch von den Griechen übernommen: siebenköpfige Hydra, sieben Musen, sieben Weltwunder.

Sieben ist der Ausdruck der gottgewollten Totalität. Die vollkommene Zeiteinheit wird in sieben Teile gegliedert; man denke an die sechs Schöpfungstage, die durch den

siebenten Tag abgeschlossen und überhöht werden (Gen 2,2 f.). Auch das siebte Jahr ist von besonderer Bedeutung (Ex 23,10 f.). »Sieben Tage lang sollst du auf dem Altar den Sühneritus vollziehen und ihn weihen« (Ex 29,37); das Fest der Tempelweihe dauerte zweimal sieben Tage (1 Kön 8,65). Das hebräische Wort šāba' (»schwören«) kommt von den sieben heiligen Dingen, bei denen der Schwur abgelegt wurde. Als Symbol der Allwissenheit hat Jahwe sieben Augen (Sach 4,10). Sieben lampenbesetzte Arme hat der heilige Leuchter (Ex 25,37). Immer wieder kommt die Zahl in der Heilsgeschichte vor: die »sieben Wartetage«, nach deren Ablauf Noach die Taube ausschickte (Gen 8,10.12); die fetten und mageren Kühe und die dicken und dünnen Ähren in Pharaos Traum (Gen 41,1–32); der siebenmalige Umgang der sieben Priester am siebenten Tag um die Stadt Jericho (Jos 6,4); sieben Locken verleihen Simson seine Stärke (Ri 16,13); im messianischen Zeitalter wird die Sonne in siebenfacher Kraft erstrahlen (Jes 30,26).
Beim zweiten Speisungswunder hat Jesus mit sieben Broten die hungrige Menge gesättigt; »von den abgebrochenen Stücken aber, die übriggeblieben waren, hoben sie sieben Körbe voll auf« (Mk 8,5–8). Das Vaterunser enthält sieben Bitten. In seiner Nachäffung des Heiligen und Göttlichen kann auch das Böse mit der Siebenzahl verbunden sein. Jesus treibt sieben Dämonen aus Magdalene aus (Lk 8,2). Der apokalyptische Drache hat sieben Köpfe mit je einer Krone (Offb 12,3). Meist aber ist Sieben die Zahl des Heils und des Göttlichen. Vor dem Thron des Herrn befinden sich sieben Geister, die auch als sieben brennende Feuerfackeln bezeichnet werden (Offb 1,4; 4,5). Die siebenfach versiegelte Buchrolle deutet auf die Vollkommenheit des göttlichen Ratschlusses, dessen Ausführung dem »Lamme« mit sieben Hörnern und sieben Augen übergeben wird (Offb 5,1.6). Weiter kommen in den apokalyptischen Visionen noch sieben Donner, sieben Posaunen, sieben Zornschalen usw. vor.
Das christliche Mittelalter erblickte in der Sieben das Ge-

heimnis des von Gott erschaffenen Menschen angedeutet: Der irdische Leib wird durch die Vier, die gottsuchende Seele durch die Drei symbolisiert. Die sieben Tugenden zerfallen in die vier Kardinaltugenden (Klugheit, Gerechtigkeit, Starkmut, Mäßigung) und in die drei göttlichen Tugenden (Glaube, Hoffnung und Liebe). In Anlehnung an Jes 11,2 wird von sieben Gaben des Hl. Geistes gesprochen. Der Freitag vor dem Palmsonntag wurde zum Gedächtnistag der sieben Schmerzen Mariens: Weissagung Simeons, Flucht nach Ägypten, Verlust des zwölfjährigen Jesus in Jerusalem, Begegnung auf dem Kreuzweg, Maria unter dem Kreuze, Kreuzabnahme, Christus auf Marias Schoß, Begräbnis Christi. Augustinus erblickte in der Sieben sowohl die Zahl der Sünde als auch der Erlösung. Für die Ambivalenz dieser Zahl spricht, daß es nicht nur sieben Sakramente, sondern auch sieben Todsünden gibt. Im 16./17. Jh. bezeichnete man im deutschen Sprachraum den Teufel oder auch eine in Verruf stehende Frau häufig als eine »böse Sieben«.

LITERATUR: J. Hehn: Siebenzahl und Sabbath bei den Babyloniern und im AT (= Leipziger Semitistische Studien II,5). Leipzig 1907. Nachdruck: Leipzig 1968; W. H. Roscher: Die hippokratische Schrift von der Siebenzahl (= Abhandlungen der Kgl. Sächsischen Akademie der Wissenschaften 28/1911); J. H. Waszink: Tertullians eschatologische Deutung der Siebenzahl (Pisciculi. Franz Josef Dölger dargeboten, 276–278). Münster 1939; L. Cillernelo: Origen del simbolismo del numero siete en S. Augustin (= Ciudad de Dios 165/1953, 501–511); G. Nádor: Some Numeral Categories in Ancient Rabbinical Literature. The Numbers 10, 7, 4 (= Acta Orientalia Hungarica 1962, 301–315).

Siegel

Unter Siegel kann sowohl der Prägestempel wie auch sein Abdruck verstanden werden. Ursprünglich dienten Tonzylinder mit eingeritzten Zeichen als Siegel, bald danach kamen auch die Siegelringe oder am Hals getragene Petschaften auf. Die Siegel und ihre Symbolik – meist waren es

Zeichen aus der religiösen Bildwelt – dienten der Sicherung des Eigentums; in Sumer hatten sie – meist aus Halbedelsteinen geschnitten – auch noch die Bedeutung eines Amuletts, sie sollten ihren Träger vor Schaden schützen und ihn den Göttern empfehlen. In der jüdischen Magie sollten Hexagramm und Pentagramm als Siegelbild die bösen Geister fernhalten; beide Zeichen wurden vom Islam als »Siegel Salomos« übernommen.

Versiegeln bezeichnet die Handhabung des Siegels und bedeutet soviel wie rechtlich beglaubigen, unterzeichnen (1 Kön 21,8). Das Siegel ist etwas ganz Persönliches. Die Braut des Hohenliedes spricht zu ihrem Geliebten: »Leg mich wie ein Siegel auf dein Herz, wie ein Siegel auf deinen Arm!« (Hld 8,6) An anderer Stelle wird die Braut »ein versiegelter Quell« genannt (Hld 4,12). Der Siegelabdruck zeigt, daß schon ein Besitzer da ist; das Versiegeln bedeutet also die Unantastbarkeit für andere. Die Löwengrube, in die Daniel geworfen wurde, versiegelte der König höchst eigenhändig (Dan 6,18). Gott kann die Sterne versiegeln, d. h. am Aufgehen verhindern (Ijob 9,7); er versiegelt manche Offenbarungen und verbietet damit ihre Bekanntgabe. Auch Daniel erhielt den Befehl: »Schließe diese Offenbarungen ein, und versiegle das Buch bis zur Endzeit« (Dan 12,4). Die »wie in einem Beutel versiegelte Missetat« (Ijob 14,17) bedeutet die vom Menschen erhoffte Vergebung der Sünden.

In der Versiegelung mit dem Hl. Geist (Eph 1,13) nimmt Gott von dem Menschen als seinem Eigentum offiziell Besitz; deshalb die Aufforderung: »Betrübt nicht den Heiligen Geist Gottes, mit dem ihr besiegelt wurdet zum Tag der Erlösung« (Eph 4,30). Die Sphragis erhält in den Paulusbriefen den Sinn des unauslöschlichen Merkmals und wird geradezu zum Signum mit Firmcharakter. »Gott ist es, der uns stark macht zusammen mit euch in Christus, der uns auch salbte und besiegelte« (2 Kor 1,21 f.). Die versiegelte Löwengrube, in der Daniel auf seine Befreiung wartete, ist Vorbild des versiegelten Grabes, aus dem Christus von den Toten auferstand (Mt 27,66). Als sein Eigentum läßt Gott vor den Katastrophen der Endzeit seine Knechte besiegeln (Offb 7,2–8), um sie unangetastet durch die Gerichte hindurchzuführen; die Besiegelung ist hier ein symbolischer Hinweis auf die besondere Fürsorge Gottes, die er seinen Getreuen zukommen läßt.

Der Bischof Kyrill von Jerusalem bezeichnete die Taufe als »Lichtgewand«, als »heiliges, unverbrüchliches Siegel«, und zu den Katechumenen sprach er: »Der Hl. Geist wird eure Seelen besiegeln. Ihr sollt auserwählt werden für den Dienst des großen Königs.« In der Ostkirche wird die Chrisamsalbung als Sphragis (Siegel) bezeichnet; die Getauften und Gesalbten mögen – wie es in einem Gebet bei der Ölweihe heißt – »durch dieses Siegel standhaft und fest bleiben, unverletzt und unverletzlich«. Bei dem römischen Taufritus wird die Stirn des Täuflings mit dem Kreuz bezeichnet; an dieser Taufsphragis, die der Seele die ursprüngliche Gottebenbildlichkeit wieder einprägt, erkennt der Herr die Seinen.

Literatur: F. J. Dölger: Sphragis. Eine altchristliche Taufbezeichnung in ihren Beziehungen zur profanen und religiösen Kultur des Altertums. Paderborn 1911; W. S. Taylor: The Seven Seals in the Revelation of John (= JThS 31/1930, 266–271); W. Michaelis: Zeichen, Siegel, Kreuz. Ein Ausschnitt aus der Bedeutungsgeschichte biblischer Begriffe (= ThZ 12/1956, 505–525); J. Daniélou: Sphragis – Das Siegel (Liturgie und Bibel, 60–74); F. Gryglewicz: Le sceau et sa symbolique dans le NT (= Annales Theologici Canonici = Roczniki Teologiczno-Kanoniczne 10, 2/1963, 5–29).

Silber

Das strahlende Weiß des Silbers ist ein Bild der Reinheit und der Reinigung. Wie die goldene Farbe mit der Sonne in Beziehung gebracht wird, so das Silber mit dem Mond. In der Königsnekropole zu Ur fand man ein silbernes Ruderboot in Mondsichelform; es ist der glänzende Kahn des Mondgottes Sin. Über die Antike hinweg bis zur spätmittelalterlichen Alchimie galt das Gold als sonnenhaft, wäh-

rend dem Silber eine lunare Bedeutung zuerkannt wurde. Im hethitischen Mythos tritt das personifizierte Silber als Parteigänger des Göttervaters auf.
Wer sich Gott zuwendet, erhält statt Erz Gold und statt Eisen Silber (Jes 60,17). Wegen seines weißlichen Glanzes diente das Silber als Symbol der Läuterung. Als eine Art Sühnegabe, als »Lösegeld für sein Leben« verlangte der Herr von jedem Israeliten »ein halbes Silberstück nach heiligem Gewicht« (Ex 30,12 f.). »Fürwahr, du stelltest uns auf die Probe, o Gott, du läutertest uns, wie man Silber läutert« (Ps 66,10). Die Worte des Herrn werden mit reinem Silber verglichen (Ps 12,7). Beim göttlichen Gericht werden zwei Drittel getilgt, das letzte Drittel aber bringt der Herr ins Feuer und wird es schmelzen, wie man Silber schmelzt (Sach 13,9). Der Herr der Heerscharen ist dem Feuer des Schmelzers gleich; »zum Schmelzen und Silberreinigen setzt er sich hin, er reinigt die Söhne Levis und seiht sie wie Gold und Silber« (Mal 3,3).
In seinem 2. Brief an Timotheus (2,20) schreibt Paulus von den goldenen und silbernen Gefäßen zu ehrenvollem Gebrauch, während die hölzernen und irdenen zu weniger ehrenvollem dienen. In einem letzten Sinn ist aber nicht das Material entscheidend – ob Gold und Silber oder Holz und Stroh –, sondern allein, daß man auf Jesus Christus als wahren Grund baut (1 Kor 3,11 f.).
Wie das Gold auf Christus weist, so das Silber auf Maria, deren Mutter Anna als Mutter des Silbers zur Patronin des Silberbergbaus wurde. In Anlehnung an die Psalmen, die das Wort Gottes mit Silber vergleichen, dient dieses Edelmetall auch als symbolischer Hinweis auf die Wahrheit der von den Evangelisten verkündeten Botschaft.

Sitzen

Die sitzende Haltung ist Ausdruck der Ruhe und Würde. Wer sitzt, wird trotz seiner Gelöstheit alles im Auge haben.

Dem Stehenden gegenüber ist der Sitzende der Herrscher; der Thron ist das Zeichen von Macht und Hoheit. Im Hinblick auf den Menschen sind die orientalischen Gottheiten immer sitzend dargestellt: die bei Megiddo gefundene Statuette des Baal nicht weniger als der das Gesetz überreichende babylonische Sonnengott Schamasch oder Osiris in seiner Eigenschaft als Totenrichter.

Während es den Knechten geziemt zu stehen, sitzen ihre Herren. Saul saß unter einer Tamariske, »und alle seine Untergebenen standen um ihn« (1 Sam 22,6). Es ist gleichsam das irdische Spiegelbild der himmlischen Ordnung, wie der Prophet Micha sie erschaute: »Ich sah den Herrn auf seinem Throne sitzen und die gesamte Heerschar des Himmels bei ihm zu seiner Rechten und Linken stehen« (1 Kön 22,19). Gott ist der wahrhaft Thronende (Dan 7,9). Im Hinblick auf den »Sproß« (Christus) prophezeit Sacharja: »Er wird bauen den Tempel des Herrn, Hoheit wird er an sich tragen und sitzen und herrschen auf seinem Throne« (Sach 6,13). Wehe dem Menschen, der sich anmaßt, den Sitz Gottes einzunehmen; es wird ihm ergehen wie dem Fürsten von Tyrus, der »einen Gottessitz besiedeln« wollte im »Herzen der Meere« (Ez 28,2).

Nachdem »der Herr Jesus« ein letztes Mal mit seinen Jüngern gesprochen hatte, »wurde er hinaufgenommen in den Himmel und setzte sich zur Rechten Gottes« (Mk 16,19). Das Sitzen ist auch die symbolische Körperhaltung dessen, der Recht spricht. In den Tagen des Endgerichts wird der Menschensohn kommen »in seiner Herrlichkeit und alle Engel mit ihm, dann wird er sich setzen auf den Thron seiner Herrlichkeit« (Mt 25,31). Immer wieder beschwört die Offenbarung des Johannes das Bild des thronenden und richtenden Gottes (Offb 4,2), vor dem die Könige der Erde, die Großen und die Reichen, die Sklaven und die Freien erzittern (Offb 6,15 f.), vor dessen Angesicht die Erde flieht und der Himmel (Offb 20,11).

Nach antikem Vorbild, das lehrende Personen zum Zeichen ihrer Würde sich setzen hieß, nimmt der Bischof auf seiner

Cathedra Platz. Sitzen während des Gottesdienstes kann Ausdruck der Sammlung und der akustischen Aufnahme sein, so bei den Lesungen der Messe (mit Ausnahme des Evangeliums). Bei der Spendung des Bußsakramentes muß der Priester sitzen, dadurch wird der Akt der Lossprechung als richterliche Handlung charakterisiert, der Beichtstuhl als Richterstuhl.

LITERATUR: H. Möbius: Über Form und Bedeutung der sitzenden Gestalt (= Mitteilungen des Deutschen Archäologischen Instituts, Athen. Abt. 41/1916); Fr. J. Dölger: Das Niedersitzen zum Gebet (= AuC 5/1936).

Skorpion

Der furchterregende Anblick des im Orient bis zu 15 cm großen Skorpions mit seinen Krebsscheren und dem giftstachelbewehrten Schwanz ließ dieses Tier zu einem Symbol dunkler, gefährlicher Mächte, ja des Todes, werden. Im Gilgamesch-Epos erscheinen zwei mächtige Skorpionmenschen als Hüter des Hölleneingangs. Ovid berichtet, daß Phaeton, des Helios Sohn, beim Anblick eines Skorpions dermaßen erschrak, daß er die Zügel sinken ließ, worauf das Sonnengespann der Erde zuraste und nur durch göttliches Eingreifen in seine Bahn zurückgeführt werden konnte.

Auch in Palästina war der Skorpion eines der gefürchtetsten Tiere. Sirach schreibt von den Skorpionen und Nattern, daß sie – wie das Racheschwert – von Gott erschaffen wurden, um die Frevler zu vertilgen (Sir 39,30). Bei Ezechiel erscheinen die widerspenstigen Israeliten als stachlige Pflanzen und giftige Skorpione, vor denen sich der vom Herrn gesandte Prophet jedoch nicht zu fürchten braucht (Ez 2,6).

Skorpione sind Bild des Unheimlichen, Bösen, Diabolischen. Wer Jesus Christus folgt, für den gelten die Worte: »Seht, ich habe euch Macht gegeben, auf Schlangen und Skorpione

zu treten, sowie über jede feindliche Gewalt, und nichts wird euch schaden« (Lk 10,19). Schlangen und Skorpione sinnbilden den Abgrund, den Tod. Wie Brot und Stein die Lebens- und Todeshälfte unseres Seins andeuten, so auch Ei und Skorpion. Jesus selbst stellt die beiden Gegensätze einander gegenüber: Wenn der Sohn (= der Gläubige) um ein Ei (= Leben) bittet, wird er von seinem Vater (= Gott) keinen Skorpion (= Tod) bekommen (Lk 11,12). Die mit dem Blasen der fünften Posaune verbundene apokalyptische Vision schildert, wie der Schacht der Unterwelt sich öffnete und Heuschrecken über die Erde kamen, »und es wurde ihnen Gewalt gegeben, wie sie die Skorpione der Erde besitzen« (Offb 9,3); fünf Monate lang sollten sie die Menschen, die nicht das Siegel Gottes trugen, quälen, »ihre Peinigung gleicht der Peinigung eines Skorpions, wenn er einen Menschen sticht« (Offb 9,5).
Wegen der tödlichen Stiche wurde der Skorpion zu einem Symbol der Häresie und des Teufels. Wenn in der Malerei das Tier auf Fahnen und Schilden der an der Kreuzigung beteiligten Soldaten erscheint, wird es zu einem Hinweis auf die wahren Auftraggeber.

LITERATUR: E. Toscanne: Sur la figuration et le symbole du scorpion (= Revue d'Assyriologie XIV/1917, 187–203); M. Bulard: Le scorpion, symbole du peuple juif dans l'art religieux des XIVe, XVe et XVIe siècles. Paris 1935; A. Renaudet: Le scorpion symbolique dans l'art religieux (= Le Journal des Savants 1935, 171–175).

Sohn (Söhne) Gottes

Im Alten Orient waren theophorische Eigennamen relativ häufig. Namen wie Ben-Hadad (Sohn des Gottes Hadad) oder Abibaal (Baal ist mein Vater) legen Zeugnis ab vom ursprünglichen Vertrauen des Menschen in den väterlichen Schutz der Gottheit. Vor allem aber galten die Herrscher als Söhne der Götter. Die Gotteskindschaft des ägyptischen Königs dachte man sich sogar in leiblichem Sinne, der Kö-

nig galt als vom Sonnengott Re gezeugt. Bei den Sumerern und Babyloniern betrachtete man den König als Adoptivsohn der Gottheit. Auf Grund der Funde vom Toten Meer wird vermutet, daß bei den Essenern »Sohn Gottes« ein Titel für den erwarteten messianischen Hohenpriester war.
Der Ausdruck »Sohn Gottes« hat im AT verschiedene Bedeutungen. Im Plural sind es die Wesen, die zum Gefolge Jahwes gehören, ihm dienen und seine Boten sind. »Zollet dem Herrn, ihr himmlischen Söhne, zollet dem Herrn glanzvolle Macht« (Ps 29,1). Hierher gehören auch die von Gott abgefallenen Engel, die sich – ihre himmlische Herkunft vergessend – mit den »Töchtern der Menschen« verbanden (Gen 6,1–4). Der als Widersacher und Ankläger innerhalb des göttlichen Hofstaates auftretende Satan erscheint ebenfalls unter den »Gottessöhnen« (Ijob 1,6). In korporativem Sinne wird die Wendung »Sohn« an einigen Stellen für Israel als Gegenstand der Errettung gebraucht. »Herr der Heerscharen, laß uns wieder erstehen ... Deine Hand sei über dem Mann deiner Rechten, über dem Menschensohn, den du dir aufzogst!« (Ps 80,18) Israel ist Jahwes »erstgeborener Sohn« (Ex 4,22); die Israeliten wird man des »lebendigen Gottes Söhne« nennen (Hos 2,1). Schließlich wird auch der regierende jüdische König Sohn Gottes genannt (2 Sam 7,14). »Sogar zu meinem Erstgeborenen bestimme ich ihn, zum Höchsten unter den Königen auf Erden« (Ps 89,28). Den vorbildlich Gerechten, den Beschützer der Witwen und Waisen, »wird Gott als seinen Sohn bezeichnen« (Sir 4,10).
Im NT ist »Sohn Gottes« eine messianische Bezeichnung Jesu. Wenn Jesus auf dieses einzigartige Vater-Sohn-Verhältnis hinweist (Mt 11,27), so liegt darin der Anspruch absoluter Vorrangstellung vor allem Geschöpflichen. Nach den Berichten über Jesu Taufe und Verklärung (Mt 3,17; 17,5) hat die aus dem Himmel kommende Stimme Gottvaters selbst von dem »geliebten Sohn« gesprochen. Schon zu Maria sprach der Engel der Verkündigung, daß der von ihr Geborene »Sohn des Allerhöchsten« und »Sohn Gottes«

genannt werden wird (Lk 1,32.35). Jesus Christus ist »der eingeborene Sohn, der an der Brust des Vaters ruht« und den Gott in die Welt sandte, daß sie »gerettet werde durch ihn« (Joh 1,18; 3,16 f.). Vom Hohenpriester befragt, erklärt er ohne Umschweife, daß er der Sohn Gottes sei (Mk 14,62), obwohl er weiß, daß diese in den Ohren der herrschenden Priesterschicht gotteslästerliche Antwort ihm das Leben kostet. Nach seiner Auferstehung erkannten die Jünger, daß er »Sohn Gottes in Macht« sei (Röm 1,4). Die Sohnschaft Jesu wird im 1. Johannesbrief (1,7; 5,20) zum grundlegenden Bekenntnis. Alle, die die Botschaft des Evangeliums aufnehmen, werden selbst zu Söhnen, zu Kindern Gottes (Joh 1,12). »Denn alle seid ihr Kinder Gottes durch den Glauben in Christus Jesus« (Gal 3,26); sie alle haben den Geist der Kindschaft empfangen und können zu Gott rufen: »Abba, Vater!« (Röm 8,15)

LITERATUR: M.-J. Lagrange: La paternité de Dieu dans l'AT (= RB 1908, 484–499); J. Zobel: Der bildliche Gebrauch der Verwandtschaftsnamen im Hebräischen mit Berücksichtigung der übrigen semitischen Sprachen. Diss. Halle 1932; H. Junker: Zur Erklärung von Gn 6,1–4 (= Biblica 16/1935, 205–212); K. Kerényi: Das göttliche Kind in mythologischer und psychologischer Beleuchtung. Amsterdam 1940. G. Cooke: The Sons of (the) God(s) (= ZATW 76/1964, 22–47); F. Hahn: Christologische Hoheitstitel, 280–350; O. Loretz: Götter und Frauen, Gen 6,1–4. Ein Paradigma zu: Altes Testament – Ugarit (= Bibel und Leben 8/1967, 120–127); W. Schlißke: Gottessöhne und Gottessohn im Alten Testament. Stuttgart 1973.

Sonne

Die licht- und wärmespendende Kraft der Sonne wurde schon vom prähistorischen Menschen erkannt und als Ausdruck überirdischer Macht verehrt. Die allmorgendlich aus der Dunkelheit hervorbrechende Sonne war den Ägyptern Garant der kosmischen Ordnung. Das Bild der geflügelten Sonne – in Ägypten aufgekommen, von Assyrern und Persern übernommen – beruht auf dem Vergleich des Tages-

gestirns mit einem Vogel. An den Untergang und Aufstieg sich anknüpfende Spekulationen ließen in Babylonien die Sonne zum Helden und Sieger im Kampf mit der Todesmacht und zum Verkünder des göttlichen Rechtes werden; der König Hammurabi will aus der Hand des Sonnengottes Schamasch die Gesetze erhalten haben.
Am vierten Schöpfungstag entstand durch Gottes Wort die Sonne; sie ist die Beherrscherin des Tages (Gen 1,14–19). Wie der Sonne Strahl sich über alles ergießt, so fällt auch Gottes Herrlichkeit auf alle seine Werke (Sir 42,16). Die kosmische Sonne wird zur Metapher der göttlichen Sonne, so wenn es bei Jesaja (60,20) heißt; »Nimmer geht deine Sonne dir unter, nicht wird der Mond dir entschwinden, denn der Herr dient dir zum ewigen Licht.« Die Söhne Korachs jubeln dem lebendigen Gott zu: »Fürwahr, Sonne und Schild ist der Herr« (Ps 84,12). Das uralte Lied vom Sonnenhelden lebt in Psalm 19,6 f. wieder auf; »wie ein Recke« geht er seinen Weg, »am Ende des Himmels da geht er auf und läuft um bis zum anderen Ende. Nichts kann sich verbergen vor seiner Glut«. Diejenigen, die Gott im Herzen tragen, werden im Buch der Richter (5,31) mit der aufgehenden Sonne verglichen. Schön wie der Mond und rein wie die Sonne ist die Braut im Hohenlied (6,10). Die für das Christentum bedeutendste Stelle im AT ist bei Maleachi (3,20; nach anderer Zählung 4,3): »Dann strahlt euch, die ihr meinen Namen fürchtet, die Sonne des Heiles auf.« Für die Ausstrahlung der Sonne hat das Hebräische kein eigenes Wort: es finden sich deshalb Umschreibungen wie »Zunge des Lichts« (Sir 43,4) und »Flügel der Sonne« (Mal 3,20).
Christus ist ein »aufgehend Licht aus der Höhe«, das denen leuchtet, »die in Finsternis sitzen und im Schatten des Todes« (Lk 1,78 f.). Jesus selbst gebrauchte die Sonne als Bild der das Gute und Böse umfassenden göttlichen Liebe (Mt 5,45). Bei der Verklärung auf dem Berge Tabor glänzte Jesu Antlitz wie die Sonne, und seine Kleider wurden »hell leuchtend wie das Licht« (Mt 17,2). Auch der Seher von

Patmos erschaut Gottes Sohn, »als ob die Sonne strahlte in ihrer Kraft« (Offb 1,16). In der Nachfolge Christi werden die Gerechten »leuchten wie die Sonne im Reiche ihres Vaters« (Mt 13,43). Daß bei Jesu Tod die Sonne sich verfinsterte (Lk 23,45), war den Gläubigen Symbol für den Tod der wahren Sonne. In der Offenbarung (12,1) erscheint am Himmel als großes Zeichen »eine Frau, mit der Sonne umkleidet«, sie ist ein Bild der Gottesmutter und der Ekklesia.

Die Urkirche hat den antiken Heliostag mit dem Inhalt ihres Auferstehungsgeheimnisses neu gefüllt; der Sonntag wurde zum Tag des Herrn. Wie die im Westen untergehende abendliche Sonne sich am Morgen im Osten neu erhebt, so ersteht Christus von den Toten auf; die Sonne der Gerechtigkeit hat »den Westen zum Osten zurückgebracht und den Tod zum Leben gekreuzigt« (Klemens von Alexandrien). Der aufgehenden Sonne entgegen beteten die Christen der Frühzeit, und immer wieder bis in die Neuzeit hinein wurden die Kirchen nach Osten gerichtet. Nach Hilarius von Poitiers ist der Logos wie die Sonne; seine Strahlen sind ewig bereit zu leuchten, wo immer sich nur die Fenster der menschlichen Seele auftun. Das zunächst am 6. Januar gefeierte Erinnerungsfest an Christi Geburt wurde um die Mitte des 4. Jh. auf den 25. Dezember verlegt, um die an diesem Tag begangene Kultfeier des Sol Invictus, des damaligen römischen Reichsgottes, zu verdrängen. Karolingische Miniaturen zeigen neben dem Kreuz die Figur des Sol, der sich aus Scham wegen der Kreuzigung der wahren Sonne das Haupt verhüllt.

LITERATUR: Fr. J. Dölger: Sol Salutis. Gebet und Gesang im christlichen Altertum. Münster 1920; Fr. Boll: Die Sonne im Glauben und in der Weltanschauung der alten Völker. Stuttgart 1922; Fr. J. Dölger: Sonne und Sonnenstrahl als Gleichnis in der Logostheologie des christlichen Altertums (= AuC 1/1929, 271–290); H. Rahner: Das christliche Mysterium von Sonne und Mond (= Eranos-Jb X/1944, 305–404); P. Schmidt: Sol invictus (= Eranos-Jb X/1944, 169–252); B. J. Le Frois: The Woman Clothed with the Sun (Ap. 12). An Exegetical Study. Roma 1954; W. Herdeg (Hrsg.): The Sun in Art. Sun Symbolism, from the

Past to the Present, in Pagan and Christian Art, Folk Art and Applied Art. Zürich 1962; W. J. P. Boyd: La femme vêtue de soleil (= Revue Thomiste 55/1955, 639–669); H.-P. Stähli: Solare Elemente im Jahweglauben des Alten Testaments. Freiburg (Schweiz), Göttingen 1985.

Speichel

Der Speichel galt als machthaltige Substanz. Wegen der erhofften bannenden Kraft spuckte man in die Richtung, von der eine Gefahr drohte. Der Speichel des babylonischen Gottes Marduk war »Speichel des Lebens«. Nach einer ägyptischen Überlieferung ist der Mund mythischer Geburtsort; der Urgott Atum sagt von sich selbst, daß er die Götter Schu und Tefnut aus seinem Munde ergoß, indem er sie ausspie. Die Heilkraft des Speichels zeigt sich in der Sage vom verlorenen und wiedergefundenen Mondauge, welches Thot bespie, worauf es sich wieder »füllte« (Bild für das Zunehmen des Mondes).

Das Anspeien eines Menschen galt als schwere Beleidigung (Num 12,14). Der Gottesknecht – in prophetischer Schau ein Vorbild Christi – bekennt: »Den Schlagenden bot ich meinen Rücken, den Raufenden meine Wange, mein Antlitz verbarg ich nicht vor Schmähen und Anspeien« (Jes 50,6).

Als schwacher Mensch hat Paulus den Galatern die Botschaft Gottes verkündet, doch sie haben die in seinem Fleische liegende Prüfung nicht verächtlich zurückgewiesen und haben auch nicht durch Ausspucken ihre Verachtung gezeigt, sondern sie haben ihn wie einen Boten des Herrn aufgenommen (Gal 4,14). Die Evangelien berichten, daß Jesus den Speichel zu Heilzwecken benützte. So berührte er damit die Zunge des Taubstummen, der daraufhin sprechen konnte (Mk 7,33 ff.). Als Jesus einen von Geburt an blinden Menschen sah, »spuckte er auf die Erde, machte Teig aus dem Speichel, strich ihm den Teig über die Augen« und hieß ihn sich in einem Teich zu waschen. Der Mann kam sehend zurück (Joh 9,6 f.).

In altchristlicher Zeit war das Ausspeien als Taufritus gebräuchlich – man erblickte darin eine sichtbare Absage an den Satan. Augustinus deutet das Gemisch von Speichel und Erdenstaub bei Jesu Wunderheilung als Symbol der Vereinigung von göttlicher und menschlicher Natur in Christus, die uns von geistiger Blindheit heilt. Die Bestreichung der Ohren und der Nase der Täuflinge mit Speichel soll die Sinne für Gott öffnen; die dabei mitschwingende exorzistische Bedeutung zeigt sich in den Worten: »Du aber entfliehe, Teufel, es naht sich das Gericht Gottes.«

Spiegel

Die religionsgeschichtliche Bedeutung des Spiegels wurzelt in dem Glauben der Identität des Spiegelbildes mit seinem Urbild. In Ägypten diente seit dem Mittleren Reich die Sonnenscheibe als Vorbild der kupfernen Spiegelplatte. Die altkleinasiatische Göttin Hebat, die »Königin des Himmels«, hält in der Hand einen Spiegel als Attribut. Bereits der Antike war die Vorstellung vertraut, daß die sichtbare Schöpfung ein Spiegel Gottes sei. In den dionysischen Mysterien hoffte man, im Spiegelbild die vom Körper losgelöste, zum unsterblichen Dasein aufsteigende Seele zu erkennen; deshalb gab man den »Eingeweihten« Spiegel mit ins Grab. Im Orakelspiegel zeigt sich die solare und die magische Bedeutung: Wie die Sonne bringt der Spiegel die Wahrheit an den Tag – bei den alten Mittelmeervölkern nicht weniger als im Märchen von Schneewittchen. Für Seneca war der Spiegel Symbol der sittlichen Selbstprüfung.

Ohne Urbild kein Spiegelbild! Im Buch der Weisheit (7,26) wird die Wesenseinheit zwischen der göttlichen Weisheit – dem Logos – und Gott selbst als »ein Abglanz ewigen Lichtes« bezeichnet, »ein ungetrübter Spiegel des göttlichen Wirkens und ein Abbild seiner Vollkommenheit«. Der Spiegel ist auch ein Bild der Eitelkeit und der Selbstliebe; zu den Requisiten »genußsüchtiger Weiber« gehörten neben Ohrgehängen und

Fußspangen auch »Spiegelchen« (Jes 3,23). Wenn die israelitischen Frauen bei der Einrichtung des heiligen Zeltes ihre Spiegel zur Anfertigung des kupfernen Beckens opferten (Ex 38,8), dann kann dies als symbolisches Opfer ihrer Ichsüchtigkeit verstanden werden.

Im NT wird der Gedanke wieder aufgegriffen, daß der Logos Spiegelbild des göttlichen Vaters ist. Christus selbst sagt: »Wer mich sah, hat auch den Vater gesehen« (Joh 14,9). Je mehr man sich in ein Bild versenkt, desto mehr geht dieses Bild in einen über, man wird selbst zum Spiegelbild. »Wir alle aber, die wir mit unverhülltem Angesicht den Glanz des Herrn widerspiegeln, werden zum selben Bild umgeformt von Glanz zu Glanz, wie er ausgeht vom Herrn, vom Geist« (2. Kor 3,18). Dem geduldigen und gläubigen Betrachter zeigt der Spiegel mehr als nur die äußere Erscheinung, er offenbart ihm sein inneres Sein; wer aber den Spiegel verläßt, verliert die Erinnerung an sein wahrhaftes Wesen (Jak 1,23 ff.).

Verschiedene Kirchenväter standen der Symbolik des Spiegels – besonders wegen seiner Verwendung im Aberglauben und in dionysischen Kulten – ablehnend gegenüber (so Firmicus Maternus). Andere namhafte Vertreter griffen jedoch das alte Bild des Spiegels wieder auf. Der Mensch muß wie ein glänzender Spiegel eine reine Seele haben, um Gott zu schauen (Gregor von Nyssa). Als Symbol des Lichtes wurden im Mittelalter Spiegel kirchlich geweiht; der Volksglauben erhoffte sich von ihnen Heilung bei Augenleiden. Bei dem Mystiker Johannes Tauler ist Christus ein »Spiegel der Gottheit«; dem 15./16. Jahrhundert galt die Jungfrau Maria als »speculum sine macula«. In seiner Ambivalenz kann der Spiegel aber auch zum Symbol der Eitelkeit werden, so in der Renaissancekunst.

LITERATUR: J. Behm: Das Bildwort vom Spiegel, 1. Kor 13,12 (Reinhold-Seeberg-Festschrift, Bd. 1, 315–342). Leipzig 1929. H. Leisegang: La connaissance de Dieu au miroir de l'âme et de la nature (Revue d'Histoire et de Philosophie Religieuses 17/1937, 145–171). G. F. Hartlaub: Zauber des Spiegels. München 1951. H. Schwarz: The mirror in art (Art Quarterly XV/1952, 97–118). N. Hugedé: La métaphore du miroir dans les Epîtres de Saint Paul aux Corinthiens. Neuchâtel–Paris 1957. O. Casel: Vom Spiegel als Symbol. Maria Laach 1961.

Sproß ↗ Reis

Stab

Die Bedeutung des Stabes hängt mit der seiner Herkunft vom lebentragenden Baum zusammen. Einerseits vermittelt der Stab Fruchtbarkeit und Leben, andererseits dient er der Abwehr des Bösen. Der als Donnerkeil bezeichnete Stab des indischen Brahmanen vertreibt die Dämonen. Das Zepter der ägyptischen Götter und Könige war der Krummstab (ursprünglich ein Hirtenstab), als Schriftzeichen hatte es die Bedeutung von »herrschen«. Nach dem Prinzip der Kontaktmagie vermag der Zauberstab Wunder aller Art zu tun. Mit einem Stab werden des Odysseus Gefährten von Kirke in Tiere verwandelt, und Dionysos läßt durch seinen efeuumwundenen Thyrsosstab eine Quelle hervorsprudeln. In der Hand orientalischer und antiker Herrscher wurde das Skeptron (Zepter) zum Zeichen der Würde und Macht, beim Richter zum Bild für die Wahrheit des Richterspruches und für die Gewalt über Leben und Tod.

Mose gebot den Israeliten, mit umgürteten Hüften, beschuhten Füßen und einem Stab in der Hand das Paschamahl zu essen (Ex 12,11). Der Stab ist somit zum Symbol der Wanderschaft geworden, gleichzeitig auch der Hoffnung im Hinblick auf Gottes Verheißung. Der vom Herrn zum Führer Israels berufene Mose erhielt die Weisung: »Nimm diesen Stab in die Hand, mit dem du die Zeichen wirken sollst« (Ex 4,17). Mose kehrte mit Weib und Kind nach Ägypten zurück und »hielt den Gottesstab in seiner Hand« (Ex 4,20). Mit dem von göttlicher Kraft erfüllten Stab vermochten Mose und Aaron zahlreiche Wunder zu vollbringen, wie Wasser in Blut zu verwandeln oder Hagel und Donner zu erzeugen (Ex 7,17–21; 9,22–25). Der wunderbare Stab begleitet die Kinder Israels auf ihrer ganzen Wanderung. Mit dem Stab wird das Wasser des Meeres zerteilt und Wasser aus dem Felsen geschlagen (Ex 14,16–31; 17,5 f.). Bereits in der Genesis (49,10) ist der Stab ein Symbol der Herrschaft und gehört als solches zu den Insignien des Fürsten. Im prophetischen Blick Bileams wird der Herrscherstab zum Sinnbild dessen, der sich aus Israel erhebt und alle seine Gegner zerschmettert (Num 24,17). Der »eiserne Stab« ist der Stab des göttlichen Gerichtes, der die Abtrünnigen zerschmettern wird (Ps 2,9). Der Stab des göttlichen Königtums ist zugleich »ein Zepter der Gerechtigkeit« (Ps 45,7). Die Kraft des vom Lebenssaft durchströmten Baumes wurde durch Gottes Wille in Aarons Stab wirksam; er grünte, blühte und trug Mandelfrüchte, während die Stäbe der übrigen Stammeshäupter dürr blieben (Num 17,16–28).

Als Jesus seine Jünger aussandte, trug er ihnen auf, »nichts mitzunehmen auf den Weg als nur einen Stab« (Mk 6,8) – Symbol der Wanderschaft im Glauben und für den Glauben. Im Hebräerbrief (1,8) heißt es vom Sohne Gottes: »Der Stab der Gerechtigkeit ist dein Herrscherstab.« Am Ende der Zeiten wird das Kind der mit der Sonne umkleideten Frau alle Völker mit eisernem Stabe lenken (Offb 12,5; 19,15) – damit wird der Stab zum Zepter des Weltherrschers!

In der christlichen Ikonographie steht immer der Stabträger im Mittelpunkt des Geschehens, der Stab selbst ist nur ein Werkzeug im göttlichen Heilsplan. Als Guter Hirte erhält Christus den Hirtenstab (man vgl. Ps. 23,4), aus dem sich der Bischofsstab als Symbol des Hirtenamtes entwikkelt hat. In der altchristlichen Kunst wurde Christus auch als Thaumatoûrgos dargestellt, der mit seinem Wunderstab Lazarus vom Tode erweckt. Der Erzengel Gabriel erhält einen Botenstab als Attribut; in der byzantinischen Kunst werden auch einfache Engel als göttliche Boten auf diese Weise ausgezeichnet. Auf das Protevangelium des Jakobus geht die Geschichte des ausschlagenden Stabes in der Hand Josefs zurück – zum Beweis, daß dieser als Gatte für die Tempeljungfrau Maria bestimmt sei. Das Motiv des grünenden Stabes findet sich nochmals bei Tannhäuser nach seiner Rückkehr aus dem Venusberg.

Literatur: F. J. M. de Waele: The Magic Staff or Rod in Graeco-Italian Antiquity. Gent 1927; P. E. Newberry: The Shepherd's Crook and the So-Called »Flail« or »Scourge of Osiris« (= Journal of Egyptian Archaeology 1929, 84–94); P. Salmon: Mitra und Stab. Mainz 1960; A. Rickert: Der Stab Gottes. Eine Betrachtung der Geschichte vom Auszug der Kinder Israel aus Ägypten (= Antaios IV/1963, 536–548).

Stadt

Mit dem Aufkommen der Städte beginnt die Entfaltung der Kultur. Nach babylonischer Überlieferung lebten die Menschen zunächst wie Tiere, bis der göttliche Oannes Landwirtschaft, Städtebau und Schrift lehrte. Der Städtebau ist ein Geschenk der Götter, die irdische Stadt ein Abbild der himmlischen. Den Babyloniern war ihre Hauptstadt die Mitte der Welt, wo Erde und Himmel zusammenkommen. Die altindischen Städte wurden nach einem bestimmten Gründungsritual angelegt, galt doch die Stadt als Abbild des Kosmos und ihr erhöhtes Zentrum als Weltberg. In der Mitte der iranischen Residenzstädte lag der Palast des Königs, der den Titel »Achse der Welt« hatte; seine Hauptstadt war die Projektion himmlischer Verhältnisse auf die Erde. Die ältesten römischen Siedlungen dürften ringförmig als Abbild der vom Horizont begrenzten terra angelegt gewesen sein, wofür u. a. auch die etymologische Gleichung urbs – orbis spricht. Die Stadt Jerusalem heißt bei den Arabern heute noch El Kuds, »die Heilige«.
Die Bedeutung Jerusalems im Altertum als Hauptstadt Israels und Judas ist nicht nur auf seine günstige geographische Lage zurückzuführen, sondern – der Überlieferung nach – auf den Wunsch Jahwes, der von diesem Platz sagte: »Mein Name wird dort wohnen. Hier will ich das flehentliche Gebet hören« (1 Kön 8,29). Der hebräische Name der Stadt, Jeruschalajim, bedeutet Haus, Wohnung (jeru) des Friedens (schalom). Für die Wahl zum religiös-politischen Zentrum mag auch beigetragen haben, daß es

– noch unter dem Namen Salem – die Stadt des Priesterkönigs Melchisedech war (Gen 14,18). Auf der Südspitze des östlichen Hügels lag die strategisch gut zu verteidigende Burg Zion, die zum Sinnbild einer uneinnehmbaren Festung der Heiligkeit wurde. Der Herr selbst hat den Zionberg erwählt (Ps 78,68). Der Name Zion (eigentlich »Burg«) wurde auf den Berg und den Tempelbezirk ausgedehnt und schließlich gleichbedeutend mit Jerusalem, der Heiligen Stadt, gebraucht. »In Schönheit erhebt sich als Wonne der ganzen Welt der Zionberg, der äußerste Norden, die Stadt des gewaltigen Königs« (Ps 48,3). Die Heiligkeit des Tempels erstreckt sich auf ganz Jerusalem, es ist die »Stadt des Herren der Heere«, die »Stadt unseres Gottes«, deren Bewohner sich in des »Heiligtums Mitte« wissen (Ps 48,9 f.). Hier ist die Mitte der Welt; denn nur hier in Jerusalem thront der Herr (Ps 135,21). Am Ende der Tage werden alle Völker zum Berge des Herrn wallen; »denn die Weisung geht aus von Zion, des Herrn Wort von Jerusalem« (Jes 2,2 f.). Bei den Propheten wird diese Stadt häufig mit »Tochter Zion« umschrieben (so bei Jes 1,8). Eschatologische Bedeutung hat bereits der kostbare Eckstein, den der Herr auf Zion legt (Jes 28,16) – er ist ein Hinweis auf den Messias, der das neue, das himmlische Jerusalem erbauen wird. Die auf Erden gebeugte und sturmumtoste Stadt wird einst »Grundmauern mit Saphirgestein« erhalten, die Sockel mit Türkis belegt, die Zinnen aus Rubin und die Tore aus Beryll gestaltet. »Alle deine Erbauer sind Jünger des Herrn« (Jes 54,11 f.). In gotterfüllten Schauungen gewahrte auch Ezechiel, wie eine neue heilige Stadt gebaut wird (Ez 40,2ff.). »Jerusalem ersteht neu mit Saphir und Smaragd und Edelstein ... Und alle seine Gassen sagen: Alleluja!« (Tob 13,17f.)
Als Hauptstadt des Landes wurde Jerusalem oft einfach als »die Stadt« bezeichnet (vgl. Mt 21,17f.; Lk 19,41). Der Untergang des alten Jerusalem schafft die Voraussetzung für das Herabkommen des himmlischen Jerusalem auf die neue Erde (Offb 3,12). Als erster stellte Paulus fest,

daß an die Stelle der alten Stadt eine neue treten wird; dem irdischen Jerusalem, das mit seinen Kindern in Knechtschaft lebt – im Sinnbild der Magd Hagar – wird »das obere Jerusalem« – im Sinnbild der freien Sara – gegenübergestellt (Gal 4,22–27). Die Bürger der Heiligen Stadt sind der rechte Same Abrahams, der in seinem tiefen Glauben auf die Verheißung wartete, »auf die festgegründete Stadt, deren Baumeister und Schöpfer Gott ist« (Hebr 11,10). Das Verlangen nach dieser Stadt ist unvereinbar mit irdischen Zielen; »denn wir haben hier keine bleibende Stätte, sondern suchen die zukünftige« (Hebr 13,14). Das vom Himmel herabsteigende neue Jerusalem ist »hergerichtet wie eine Braut, die sich geschmückt hat für ihren Mann« (Offb 21,2) – es ist die jungfräuliche Braut des Lammes und Gegenbild der nur an weltlichen Dingen hängenden Dirne Babylon. Das von der Herrlichkeit Gottes erfüllte, edelsteingeschmückte Jerusalem ist die Stadt des Paradieses, durchströmt vom lebendigen Wasser (Offb 22,1), Symbol ewiger Seligkeit.
Die mittelalterliche Auslegung unterscheidet ein vierfaches Jerusalem, das aus der Sicht Gottes eine Einheit bildet, im heilsgeschichtlichen Ablauf aber in vier Einzelstadien erscheint. Erstens die at.liche Zionsstadt mit dem Tempel, zweitens die aus lebendigen Einzelseelen gebildete Ecclesia des Neuen Bundes mit dem Zentrum Rom, drittens Gottes lebendige Wohnung im Menschen – so ist die Civitas Dei ein Symbol der Jungfrau Maria – und viertens schließlich die himmlische Stadt der Apokalypse. Auf altchristlichen Bildern stehen sich oft zwei Städte (oder zwei Häuser) gegenüber; es sind Jerusalem und Betlehem als symbolischer Hinweis auf die beiden Elemente der Judenchristen und der Heidenchristen, aus denen sich die Kirche zusammensetzt. Schon in frühchristlicher Zeit wurde die Stadt Gottes zu dem vom Kirchenbau verkörperten Ideal; besonders die romanische Basilika und die gotische Kathedrale sind Brükken zwischen der zugehörigen irdischen und der himmlischen Stadt, beide widerspiegelnd. Als Ausdruck der Sehn-

sucht nach dem ewigen Leben erscheint die heilige Stadt selbst im evangelischen Kirchenlied: »Jerusalem, du hochgebaute Stadt, Wollt Gott, ich wäre in dir.«
↗ Babylon

LITERATUR: G. Linder: Die Allegorie in Gal 4,24–31 (= ZWTh 43/1900, 223–226); K. L. Schmidt: Jerusalem als Urbild und Abbild (= Eranos-Jb XVIII/1950, 207–248); G. Bardy: La formation du concept de »Cité de Dieu« dans l'œuvre de saint Augustin (= L'Année Théologique Augustienne 12/1952, 5–19); J. Hempel: Der Symbolismus von Reich, Haus und Stadt in der biblischen Sprache (= Wissenschaftl. Zeitschrift der Ernst-Moritz-Arndt-Universität Greifswald. Gesellschafts- und sprachwiss. Reihe 5/1955–1956, 123–130); W. Müller: Die Heilige Stadt. Roma quadrata, himmlisches Jerusalem und die Mythe vom Weltnabel. Stuttgart 1961; H. Spaemann: Die Heilige Stadt (= Lebendiges Zeugnis 1/1962, 60–67); A. Stange: Basiliken, Kuppelkirchen, Kathedralen. Das Himmlische Jerusalem in der Sicht der Jahrhunderte. Regensburg 1964; N. W. Porteous: Jerusalem – Zion: The Growth of a Symbol (Verbannung und Heimkehr. Festschrift W. Rudolph, 235–252). Tübingen 1961; C. von Korvin-Krasinski: Die kosmische Urbs als Kult- und Zeitmitte (= Perennitas 1963, 471–497); J. Schreiner: Sion – Jerusalem Jahwes Königssitz. Theologie der Heiligen Stadt im Alten Testament. München 1963; G. Ravasi: La madre Sion (= Parola Spirito e Vita 6/1982, 36–52).

Stehen

Das Stehen ist die dem Menschen gemäße Grundhaltung, die ihn bereits rein äußerlich von der Horizontalstellung der Tiere unterscheidet. Aufrecht stehen ist ein Zeichen von Würde, die in besonderem Maße dem Mittler zwischen Gott und Mensch zukommt. Eine babylonische Stele zeigt, wie der König Hammurabi in stehender Haltung von dem thronenden Sonnengott die Gesetze empfängt. Da man nach allgemein menschlicher Sitte sich vor Höherstehenden erhebt, so wird das Stehen beim Gebete zum äußeren Zeichen der Ehrerbietung und Dienstbereitschaft der Gottheit gegenüber.
Der Stamm Levi war berufen, »vor dem Herrn zu stehen« (Dtn 10,8), d. h., er stand im Dienste Gottes. Es geziemt

sich den Dienern, in Anwesenheit ihres Gebieters zu stehen. Als Saul von Davids Rückkehr erfuhr, »saß er gerade zu Gibea unter der Tamariske auf der Höhe..., und alle seine Untergebenen standen um ihn« (1 Sam 22,6). Wenn solche Ehrerbietung schon dem irdischen Herrn entgegengebracht wurde, dann mit noch größerem Recht dem himmlischen. Der Prophet Micha »sah den Herrn auf seinem Throne sitzen und die gesamte himmlische Heerschar bei ihm zu seiner Rechten und Linken stehen« (1 Kön 22,19). Daniel erblickte in einer Vision Gott, wie er sich – hochbetagt und weißgewandet – auf den Thron setzte, »tausendmal Tausende dienten ihm, viele Zehntausende standen vor ihm« (Dan 7,10).

Als dienstbare Geister werden die Engel immer in aufrechter Haltung beschrieben. Als Sacharja zur Darbringung des Rauchopfers den Tempel betrat, »erschien ihm ein zur Rechten des Rauchopferaltares stehender Engel des Herrn« (Lk 1,11). Zu den auf freiem Felde übernachtenden Hirten trat ein Engel des Herrn und verkündete ihnen die Geburt Jesu (Lk 2,9). Der Gott gegenübertretende Mensch öffnet sich im Gebet dem Außerirdischen, als freier Mensch stellt er sich in freier Entscheidung dem Gericht und der Gnade des Herrn (Mk 11,25).

So wie Jesus in der Synagoge zu Nazaret stehend aus der Schrift des Propheten Jesaja gelesen hat (Lk 4,16), so liest auch der Liturge stehend das Wort Gottes. Um das Evangelium würdig aufzunehmen, erheben sich die anwesenden Gläubigen. In frühchristlicher Zeit wurde der Gekreuzigte nicht hängend, sondern stehend am Kreuze dargestellt, um darauf hinzuweisen, daß er in der Auferstehung den Tod überwunden hat.

Stein

Die Härte des Steines, seine oft sonderbare Form und die Erfahrung, daß gewissen Steinen Feuer entlockt werden

kann, scheinen – in der Vorstellung des naturverbundenen Menschen – auf das Dasein einer übermenschlichen Macht hinzuweisen. Dies gilt besonders für die »himmlischen Steine«, die Meteore, in denen sich die Möglichkeit einer Verbindung zwischen oben und unten, zwischen den verschiedenen Seinsebenen, offenbart; hier sei auf die Kaaba verwiesen, in der ein aus vorislamischer Zeit stammender Meteorstein eingemauert ist. Für die primitiven Menschen ist der Stein nichts Totes, sondern Träger des Lebens und der Fruchtbarkeit. Noch Philo von Byblos spricht von »beseelten Steinen«. In Ägypten war der Stein ein Bild für die Ewigkeit; wenn der menschliche Körper verweste, sollte sein in Stein gehauenes Bild und sein eingeritzter Name noch ein Weiterleben verbürgen.
An zahlreichen Stellen wendet sich das AT gegen eine Steinverehrung. »Ihr dürft euch keine … Steine mit Bildwerk in euer Land setzen« (Lev 26,1). Das Volk Jahwes darf nicht wie die Heidenvölker »Holz und Gestein verehren« (Ez 20,32). Gott ist darüber erzürnt, daß die Israeliten in ihrer Abtrünnigkeit den »glatten Steinen im Bachtal« Trank- und Speiseopfer dargebracht haben (Jes 57,6). Andererseits wird – in geläuterter Vorstellung – der Stein zu einem Symbol göttlicher Macht. Auf einem Stein schlafend, träumt Jakob von der Himmelsleiter und kommt zu der Erkenntnis, daß dieser Stein »Gottes Haus« (Bet-El) sei; »und hier ist des Himmels Pforte« (Gen 28,11–19). An dem aus dem Felsen hervorbrechenden Feuer erkennt Gideon das Göttliche der ihm zuteil gewordenen Erscheinung (Ri 6,21). Der gereckte, schirmende Kerub lustwandelt »inmitten feuriger Steine« (Ez 28,14). Der Altar wurde aus Steinen gebaut, die unbehauen sein mußten (Ex 20,25). In der biblischen Bildersprache steht der Stein auch für Herzenshärte (Ijob 41,16; Ez 11,19).
Steine sind tot, aber Gott könnte »dem Abraham aus diesen Steinen Kinder erwecken« (Mt 3,9). Ohne Gott ist auch der Mensch tot wie die Steine; wer aber an den »lebendigen Stein« glaubt, an Christus, wird »selbst auferbaut als ein

geistiges Haus« (1 Petr 2,4 f.). Der in den Psalmen (118,22) erwähnte Stein, der verworfen wurde und doch auserwählt ist, wird von Jesus auf sich bezogen; »jeder, der auf diesen Stein fällt, wird zerschmettert werden; und auf wen er fällt, den wird er zermalmen« (Lk 20,17 f.). Wer gegen den Stein anrennt, stürzt in sein Verderben, und beim Endgericht wird der Stein Christus seine Feinde zerschmettern. Christus ist der »Stein des Anstoßes und ein Fels des Ärgernisses« (1 Petr 2,8) – der Glaube an ihn entscheidet, ob der Stein Christus sich für jemand als Heil oder als Unheil auswirkt. Israels Berufung auf die eigenen Werke statt auf den Glauben ist ein Scheitern am Stein des Anstoßes, der allen Menschen in Christus gesetzt ist (Röm 9,32 f.). Nach der Apokalypse wird dem Sieger ein weißer Stein gegeben, auf dem ein neuer Name geschrieben steht, »den niemand weiß, als der ihn empfängt« (Offb 2,17).
Ignatius von Antiochien vergleicht die Gläubigen mit lebendigen Steinen, die durch das Hebewerk des hl. Kreuzes in die Höhe gezogen werden. Die Mystikerin Mechthild von Magdeburg betet Gott an: »Du hoher Stein.« Ein nicht selten in der mittelalterlichen Kunst aufgegriffener Typos der Geburt Christi ist der nach Daniel (2,34) sich selbst vom Berge lösende Stein.
↗ Eckstein, Fels

LITERATUR: G. Beer: Steinverehrung bei den Israeliten. Ein Beitrag zur semitischen und allgemeinen Religionsgeschichte. Berlin 1921; M. Eliade: Heilige Steine als Epiphanien, Zeichen und Formen (Die Religionen und das Heilige, 247–270); L. Alonso-Schökel: Tres imagenes de Isaias (= EB 15/1956, 63–84 – u. a. zum Stein des Anstoßes); O. J. F. Seitz: »What do these Stones Mean?« (= JBL 79/1960, 247–254); L. W. Barnard: The Testimonium Concerning the Stone in the NT and in the Epistle of Barnabas (= Studia Evang. III = Texte und Untersuchungen 88. Berlin 1964, 306–314); J. Massingberd Ford: The Jewel of Discernment. A Study of Stone Symbolism (= BiZ N. F. 11/1967, 109–116); E. Stockton: Stones at worship (= The Australian Journal of Biblical Archaeology 1/1970, 58–81).

Sterne

Es ist nicht nur die funkelnde Pracht am Firmament, die des Menschen Phantasie erregt, es ist das hinter diesem Geflimmer liegende Geheimnis. An das Himmelszelt geheftet, scheinen die Sterne Gott am nächsten; die alten Ägypter bezeichneten sie als »Gefolgsleute des Osiris«. In der babylonisch-assyrischen Religion erscheinen die Gestirne als Offenbarung der göttlichen Mächte; in Mesopotamien ist auch erstmals die Lehre vom Parallelismus himmlischen und irdischen Geschehens greifbar.

Die Sterne am nächtlichen Himmel zeugen für die Majestät des Schöpfers; »er bestimmt die Zahl der Gestirne, er ruft sie alle mit Namen auf« (Ps 147,4). Voll Freude erstrahlen die Himmelsleuchten »für den, der sie schuf« (Bar 3,35). Zum Bild himmlischer Schönheit können sie werden, »ein Schmuck, der strahlt in Gottes Höhen« (Sir 43,9). Gott selbst hat sie dem Patriarchen Abraham als Symbol der Verheißung gezeigt: »Schau nur nach dem Himmel und zähle die Sterne, wenn du es kannst. So zahlreich soll deine Nachkommenschaft sein« (Gen 15,6). In Josefs Traum (Gen 37,9) sind die elf Sterne vermutlich die Zeichen des Tierkreises als Symbole der zwölf Stämme Israels; Josef ist dann der zwölfte Stern. In Daniels Vision (12,3) werden die Weisen glänzen, »wie das Himmelsgewölbe glänzt; die vielen zur Gerechtigkeit verhalfen, sind wie die Sterne für immer und ewig«. Als Streiter für das göttliche Recht kämpfen die Sterne vom Himmel her wider den Feldherrn Sisera (Ri 5,20). Der Weise Bileam, der Gottworte hörte und des Allerhöchsten Gedanken kennt, prophezeit über den Messias: »Ich sehe ihn, doch nicht schon jetzt, ich gewahre ihn, doch nicht nahe! Auf geht aus Jakob ein Stern« (Num 24,17). Nachdrücklich aber werden die Israeliten gewarnt: »Wenn du deine Blicke gen Himmel richtest und die Sonne, den Mond und die Sterne, das ganze Himmelsheer, betrachtest, sollst du dich nicht verführen lassen, dich vor ihnen niederzuwerfen und ihnen zu dienen« (Dtn 4, 19).

Das Eintreten Christi in die irdische Welt wird den drei Magiern aus dem Morgenland durch einen Stern angezeigt (Mt 2,2). Als Inbegriff des Kosmos erblickte Johannes sieben Sterne in der Rechten des Menschensohnes (Offb 1,16), »die sieben Sterne sind die Engel der sieben Gemeinden« (Offb 1,20), die sieben Gemeinden aber sinnbilden die Gesamtkirche. Ganz allgemein sind die Sterne ein Sinnbild der von Gott geschaffenen kosmischen Harmonie, wie es sich in dem Zyklus der Tierkreisbilder dem Menschen kundtut; im Kranz aus zwölf Sternen auf dem Haupt der apokalyptischen Frau (Offb 12,1) wird der Zodiak angedeutet. Sterne werden schließlich zum Bild des göttlichen Gerichts, so, wenn die Offenbarung (8,10 f.) von dem großen Stern namens Wermut spricht, der einer brennenden Fackel gleich vom Himmel fällt. Einem Stern wurde »der Schlüssel zum Schlund der Unterwelt« gegeben; aus dem Abgrund kamen rosseähnliche Heuschrecken und peinigten die Menschen, die nicht das Siegel Gottes auf ihren Stirnen hatten (Offb 9,1–12). Paulus zieht in seinem 1. Korintherbrief (15,41 f.) einen Vergleich mit den Auserwählten: Sonne, Mond und Sterne leuchten nicht gleich; »denn ein Stern ist vom andern verschieden im Glanz. So ist es auch mit der Auferstehung der Toten.«

In der altchristlichen Sarkophagplastik, auf Lampen und Gemmen sinnbilden Sterne die ewige Seligkeit. In der Kunst dient der sechsstrahlige Stern häufig als Mariensymbol; die zwei einander durchdringenden Dreiecke weisen auf Marias Mittlerrolle zwischen Himmel und Erde. Der auf Christus deutende Stern (Weihnachtsstern) ist achtstrahlig und ist in seiner Quaternität bereits Hinweis auf das Kreuz. Verschiedentlich ist der die drei Könige führende Stern auf mittelalterlichen Bildern als Sternengel personifiziert.

↗ Morgenstern

LITERATUR: A. Drews: Der Sternhimmel in der Dichtung und Religion der alten Völker und des Christentums. Eine Einführung in die Astralmythologie. Jena 1923; J. Freundorfer: Die Apokalypse des Johannes und die hellenistische Kosmologie und Astrologie. Münster 1929; E. W. Maunder: The Astronomy of the Bible. London 1935; Th. von Scheffer: Die Legenden der Sterne im Umkreis der antiken Welt. Stuttgart 1939; A.-M. Dubarle: La femme couronnée d'étoiles (Mélanges bibliques rédigés en l'honneur de André Robert, 512–518). Paris 1956; E. Zehren: Das Testament der Sterne. Berlin 1957; J. Daniélou: L'étoile de Jacob (= VChr 11/1958, 121–138); D. Forstner: Die Welt der Symbole, 130 bis 134; S. Bartina: Mitos astrales en la Biblia (= Estudios Ecclesiasticos XLIII/1968, 327–344).

Stier und Kuh

Bis in die vorgeschichtliche Zeit zurück lassen sich Stier und Kuh als Symbole der kosmischen wie auch der irdischen Fruchtbarkeit nachweisen. Der Gedanke des die Erde befruchtenden Himmels findet sich bei dem indischen Regengott Indra, er ist der »Stier der Erde«; alles Irdische aber wurde von der Kuh Prishni geboren. Der sumerische Sturmgott Enlil hatte den Beinamen »Gott des Horns«; seine Gattin war Ningilla, »die große Kuh«. Im Nilland wurde die Himmelsgöttin Hathor in Kuhgestalt verehrt. Als Tier, das dem Himmel wie der Unterwelt zugewandt ist, wurde die Kuh zu einem Symbol der Hoffnung auf ein Weiterleben nach dem Tode; Betten, auf denen bei der Totenfeier die Bahre ruhte, erhielten die Form eines Kuhleibes. Die ägyptischen Könige führten im Neuen Reich häufig das Beiwort »starker Stier«, und im Apis-Stier verehrte man die »herrliche Seele« des Gottes Ptah. Im ganzen östlichen Mittelmeerraum wurden Tempel und Altäre mit den Schädeln geopferter Rinder geschmückt; ihre Hörner sollten das Böse abwehren.

Da den Juden durch Gottes Gebot das Kastrieren der Stierkälber untersagt war – »ein Gebrechen haftet an ihnen, ein Makel ist daran« (Lev 22,24) – handelt es sich immer um Stiere, auch wenn es in bestimmten Übersetzungen »Ochse« heißt (in der Vulgata z. B. »bos«). Wegen ihres materiellen

Wertes wie auch wegen ihrer mit den Gedanken der Zeugungskraft, der Fruchtbarkeit und des Lebens verbundenen Symbolbedeutung galten die Stiere als auserwählte Opfertiere für besondere Anlässe, die für das Wohlergehen des ganzen Volkes entscheidend waren, z. B. am Versöhnungstag (Num 29,8), bei der Tempeleinweihung (1 Kön 8,63) oder nach der Heimkehr aus dem babylonischen Exil (Esr 8,35). Nur ausnahmsweise wurden weibliche Tiere für kultische Zwecke geschlachtet, so eine rotfarbige fehlerlose Kuh, »auf die noch kein Joch gelegt ward«; zusammen mit Zedernholz und Ysop wurde sie verbrannt und ihre Asche zur Herstellung des Lustrationswassers verwendet, mit dem man sich nach der Berührung eines Toten reinigte (Num 19,1–12). Die kreuzförmig aufgestellten, in Dreiergruppen nach den vier Himmelsrichtungen schauenden zwölf Stiere, die in Salomos Tempel das »eherne Meer« trugen (1 Kön 7,25), dürften ein kosmisches Symbol sein – Zusammenfassung der vier Himmelsgegenden, Zusammenschau der vier Jahreszeiten – und damit den Sieg Jahwes über die Chaosmächte (im Bild des Urmeeres) andeuten. Man wollte das »eherne Meer« auch schon als Himmelsozean deuten und die Stiere als die zwölf Tierkreisbilder. Im Bild des Stieres wurde Gottes Kraft geschaut. Auch das Goldene Kalb, das Aaron auf des Volkes Verlangen formte (Ex 32,1–6), war eigentlich kein Abfall von Gott, wohl aber ein Abfall von Gottes Gebot, von ihm keine Bilder zu machen. Obwohl Mose in gerechtem Zorn das Kalb zerstörte (Ex 32,20), lebte die alte Vorstellung von Gott im Bild des Stieres weiter und wurde aus politischen Gründen von König Jerobeam wieder aufgegriffen: »Es ist genug mit eurem Hinaufziehen nach Jerusalem. Hier ist dein Gott, Israel, der dich aus dem Lande Ägypten weggeführt hat.« Die beiden goldenen Kälber, je eines an der Süd- und eines an der Nordgrenze aufgestellt (1 Kön 12,28 f.), sollten das Reich unter Jahwes Schutz stellen, wurden aber als Abfall von Gottes Gebot gewertet, war doch durch sie der Unterschied zu den stiergestaltigen Göttern der Nachbarvölker verwischt.

Die zwölf Stiere am »ehernen Meer« wurden von verschiedenen Exegeten (so von Beda Venerabilis) auf die zwölf Apostel bezogen, die in alle vier Weltgegenden ausziehen, um den Völkern das Wasser des Lebens zu bringen. Die für die Zubereitung des Lustrationswassers geschlachtete Kuh sinnbildet nach Methodios von Olymp das Fleisch Christi, das er zur Reinigung der Welt annahm: rotfarbig im Hinblick auf die Passion, fehlerlos ob der Unschuld, ohne Joch, weil rein von aller Sünde. Daß Ochs und Esel auf alten Krippenbildern zu finden sind, obgleich sie in der Weihnachtsgeschichte nicht erwähnt werden, ist auf Jesaja (1,3) zurückzuführen: »Seinen Eigentümer erkennt ein Ochse (Stier), ein Esel die Krippe seines Herrn; Israel aber hat keine Erkenntnis, mein Volk hat keinen Verstand.« Ochs und Esel sind im Stall zu Betlehem die Zeugen der Geburt Christi.

LITERATUR: L. Waterman: Bull-Worship in Israel (= American Journal of Semitic Languages and Literature 31/1914–1915, 229–255); E. Otto: Beiträge zur Geschichte der Stierkulte in Ägypten. Leipzig 1938; O. Eißfeldt: Lade und Stierbild (= ZATW 58/1940–1941, 190–215); J. Lewy: The Story of the Golden Calf Reanalysed (= VT 9/1959, 318–322); J. R. Conrad: The Horn and the Sword. The History of the Bull as Symbol of Power and Fertility. London 1959; J. Defradas: Le symbolisme du taureau (= Information littéraire 12/1960, 204–212); M. Weippert: Gott und Stier (= ZPalV 77/1961, 93–117); J. Duss: Die Stierbilder von Bethel und Dan. (= Annali del Instituto Universitario di Napoli, N.S. XVIII/1968, 105–137).

Stiftshütte ↗ *Zelt*

Strick

Altorientalische Denkmäler zeigen öfter, wie Gefangene an Stricken in die Sklaverei geführt werden. Der Totenherrscher der vedischen Religion, Yama, fängt die daumengroße Seele des Sterbenden in einer Schlinge; hier ist auch der Ausdruck »Todesband« bei Horaz anzuführen. Als

Ausdruck für das moralische Schuldigwerden hat sich bis heute das Bild von der »Verstrickung« erhalten.
Die Versuchungen des Lebens werden mit Schlingen verglichen, die Ruchlose gelegt haben (Ps 119,110). »Vermessene legten mir Fallen und Stricke, sie spannten ein Netz aus an meinem Weg und stellten mir Schlingen auf« (Ps 140,6). Mitleid mit den Götzendienern bedeutet für den Gläubigen einen »Fallstrick« (Dtn 7,16). Die falschen Götter werden selbst zum Fallstrick (Ri 2,3). Der Gottlose wird vom Strick seines eigenen Unglaubens gefesselt. »Die eigenen Vergehen fangen jenen; er ist gefesselt mit den Stricken seiner Sünde« (Spr 5,22). Der Strick ist Symbol der Bindung, der Knechtschaft; wer an Gott glaubt, der kann in Wahrheit nicht gebunden werden, vgl. die Geschichte von Simson (Ri 15,12 ff.). Der an die Natur gebundene Mensch wird allerdings dem endgültigen Strick, mit dem die Erde das Irdische wieder zu sich zurückholt, nicht entrinnen können; Strick und Falle werden zum Bild für die Macht des Todes (Ps 116,3). »Des Totenreiches Bande umgarnten mich, des Todes Schlingen begegneten mir« (2 Sam 22,6). Es gibt nur einen Quell des Lebens, »um so des Todes Fallen zu entkommen« – nämlich »die Furcht des Herrn« (Spr 14,17). Den Todesbanden stehen Gottes »Seile der Güte« und seine »Stricke der Liebe« gegenüber (Hos 11,4), mit denen er die Menschen aus ihrer irdischen Verstrickung befreien will.
Die Sucht nach Reichtum wird zum Fallstrick, der sein Opfer ins Verderben zieht (1 Tim 6,9). Paulus ermahnt die Diener des Herrn, die sein Wort verkünden, voll Milde auch gegen die Widersacher zu sein; »vielleicht daß Gott ihnen Bekehrung schenkt zur Erkenntnis der Wahrheit und sie wieder zu sich selbst finden von der Schlinge des Teufels weg, von dem sie gefangen sind für seine Absichten« (2 Tim 2,25 f.).
In der christlichen Kunst ist der Strick ein Attribut des Teufels, der die Verdammten des Endgerichts an einem Strick hinter sich herzieht. Bei den Märtyrern werden

Stricke zu irdischen Todesbanden (z. B. die an einen Baumstamm gebundene Afra), die aber am Tage der Auferstehung durch ihren Glauben gesprengt werden.

Tag ↗ Nacht

Tanz

In vielen Religionen ist der Tanz neben dem Opfer die wichtigste Kulthandlung. Der Tanz kann unmittelbare Äußerung dessen sein, was den Menschen innerlich bewegt; so etwa ist er Gestalt gewordene Freude. Im ägyptischen Totenkult war der Tanz ein Symbol der Auferstehungshoffnung; »an der Tür des Grabes« eilten die mit Schilfkronen geschmückten Tänzer dem Toten, der Osiris gleichgesetzt war, entgegen und begrüßten ihn mit Jubel. In den kanaanäischen Prophetenkreisen galt der Tanz als ein Mittel, sich in Ekstase zu versetzen; im mystisch-ekstatischen Tanz scheint der Körper die Schwerkraft zu überwinden. In Phönikien war Baal Markôd der »Herr des Tanzes«, und in Indien ist Shiva der »König der Tänzer«, der in seinen Bewegungen den Rhythmus des Weltalls symbolisiert. Der griechische Schriftsteller Lukian bezeichnet den Reigen der Himmelskörper als Vorbild für den Tanz auf Erden.
Der Tanz war allgemeines Zeichen der Freude und Dankbarkeit. Nach dem Durchzug durch das Rote Meer führte des Mose Schwester Mirjam unter Gesang und Paukenschlag den Reigen der Frauen an (Ex 15,20). »Meine Klage wandeltest du in Reigentanz, meinen Leidschurz löstest du auf und hast mich mit Freude gegürtet« (Ps 30,12). Die heimkehrenden Sieger wurden »mit Paukenschlägen und Reigentänzen« empfangen (Ri 11,34). Wenn im mosaischen Gesetzeswerk auch keine Vorschriften über religiöse Tänze zu finden sind, so waren diese doch nicht ungebräuchlich. Ein typisches Beispiel des Prozessionstanzes finden wir bei der Überführung der Bundeslade: »David drehte sich im

Tanz mit aller Kraft vor dem Herrn... So brachten David und das ganze Haus Israel die Lade des Herrn unter Jubel und Posaunenklang nach Jerusalem« (2 Sam 6,15). Die Söhne Zions sollen Gott »lobpreisen beim Reigentanz« und ihm Lob singen mit Saiten- und Flötenspiel (Ps 149,3; 150,4). Die Reigentänze um das Goldene Kalb sind als kultischer Tanz um einen heiligen Gegenstand zu werten (Ex 32,19); die in die Irre gegangene Menge hoffte durch ihr Umkreisen an der scheinbar mit Macht geladenen Mitte partizipieren zu können. Die Bedeutung des Tanzes für die Israeliten zeigt sich auch darin, daß das gewöhnliche hebräische Wort für Fest (= hag) ursprünglich »Umgang«, »Reigen« bedeutete. Der Tanz gehört zu den Verheißungen der kommenden Heilszeit: »Wieder erbaue ich dich, daß du neu gebaut dastehst, o Jungfrau Israel! Mit deinen Pauken schmückst du dich noch einmal, ziehst in der Fröhlichen Reigentanz aus« (Jer 31,4).

Im Gleichnis vom verlorenen Sohn wird dessen Heimkehr ins Vaterhaus mit einem Freudenfest gefeiert, zu dem Musik und Tanz gehören (Lk 15,25). Als König Herodes an seinem Geburtstag ein Festmahl gab, trat die Tochter der Herodias ein und fand »mit ihrem Tanzen den Beifall« des Königs, dessen dadurch bewirkter Gönnerlaune Johannes der Täufer zum Opfer fiel (Mk 6,21–29).

In Erinnerung an den Tanz um das Goldene Kalb und an Salomes Reigen vor Herodes – der Tänzerin Name ist im biblischen Bericht nicht vermerkt –, aber auch in Abgrenzung zu gewissen heidnischen Orgien, stand das Frühchristentum dieser Art von Körperbewegung mehr ablehnend gegenüber. Von Johannes Chrysostomus stammt das Wort: »Wo man tanzt, ist der Teufel.« Trotzdem ließ sich der Tanz nicht ganz von religiösen Vorstellungen und Bräuchen trennen. Der Kirchenlehrer Hippolyt bezeichnete den Logos als »heiligen Vortänzer im Reigen«. Die Mystikerin Mechthild von Magdeburg sprach vom »Tanz der Seele«. Die im Kreuzgang mittelalterlicher Kathedralen vom Klerus aufgeführten Reigen waren ein irdisches Vorspiel der im Himmel zu erwartenden Freuden. Der bis heute übliche sakrale Tanz der Knaben in der Kathedrale zu Sevilla wurde 1439 durch eine päpstliche Bulle sanktioniert. Zum Trauungsritus der byzantinischen Kirche gehört ein tanzartiger Umgang des Priesters mit Braut und Bräutigam um den Altar und um das Pult mit dem Heiligenbild.

LITERATUR: L. Gougaud: Dance (DACL IV, 247–258); H. Herter· Vom dionysischen Tanz zum kosmischen Spiel. Iserlohn 1947; E. L. Backman: Religious Dances in the Christian Church and in Popular Medicine. London 1952; H. Rahner: Das himmlische Tanzspiel (Der spielende Mensch, 59–79). Einsiedeln 1952; T. Shawn: Religious Use of the Dance (Religious Symbolism, edited by E. Johnson, 145–157). New York 1955; G. van der Leeuw: Die schöne Bewegung (Vom Heiligen in der Kunst, 23–84). Gütersloh 1957; H. Schade: Zum Bild des tanzenden David im frühen Mittelalter (=Stimmen der Zeit 172/1962–1963, 1–16); Th. P. van Baaren: Selbst die Götter tanzen. Gütersloh 1964.

Tau (Buchstabe)

Im phönikisch-hebräischen Alphabet der präexilischen Zeit ist der semitische Buchstabe Taw mit x wiedergegeben, während das phönikische Zeichen meist die Gestalt eines gleichschenkligen Kreuzes + hat. In der altsinaitischen Schrift hatte das Taw die Urbedeutung einer »Gerichtsmarke«. Als letzter Buchstabe des hebräischen Alphabetes galt das Taw analog dem griechischen Omega als symbolischer Hinweis auf die Vollendung. Der griechische Buchstabe Tau wurde ähnlich der crux commissa in der Form T geschrieben und war der Antike als Bild für das Kreuz und den Kreuzestod bekannt. Das Tau war auch zugleich Zahlzeichen für 300.
In einer Vision erblickt Ezechiel den himmlischen, in Linnen gehüllten Schreiber und hört den göttlichen Befehl: »Ziehe mitten durch die Stadt (Jerusalem) und ritze den Buchstaben Taw auf die Stirn der Männer, die über all die Greueltaten, die man in ihrer Mitte verübte, stöhnen und klagen.« Dann erteilte der Herr sechs anderen himmlischen

Gestalten den Auftrag, alle Menschen auszurotten, die nicht das Taw als Erkennungszeichen tragen (Ez 9,4 ff.).

Die Besiegelung der Auserwählten in der Offenbarung ist ein symbolischer Hinweis auf die besondere Fürsorge, die Gott seinen Getreuen in der endzeitlichen Bedrängnis zukommen läßt. Zwar wird das Taw nicht direkt namentlich erwähnt, aber die Parallele zur Ezechiel-Vision ist nicht zu übersehen, wenn die Engel des Gerichts den Befehl erhalten: »Bringt nicht Schaden dem Land noch dem Meer, noch den Bäumen, bis wir besiegelt haben die Knechte unseres Gottes auf ihren Stirnen« (Offb 7,3). Wer das »Zeichen des lebendigen Gottes« trägt, wird den Tod überwinden.

Die Kirchenväter deuten das Tau als Zeichen des Kreuzes; »wer immer diese Aufschrift trägt, wird nicht getötet« (hl. Hieronymus). Das Wort des Herrn in der Bergpredigt (Mt 5,18), daß »nicht ein einziges Jota oder ein einziges Häkchen vom Gesetz« vergehen wird, bis alles erfüllt ist, wird auf das Mysterium des Kreuzes hin interpretiert, da das Jota und der darüberliegende Querstrich (Haken) zusammen das Tau ergeben. Die allegorische Exegese erblickt in der Zahl 300 (im Griechischen durch den Buchstaben Tau ausgedrückt) den versteckten Hinweis auf das Kreuzzeichen. Die 300 Männer, die Gideon im Kampf gegen die Midianiter folgen (Ri 7,6), sind so ein Vorbild derjenigen, die an den Gekreuzigten glauben. Das auf den Grabplatten der Katakomben aufgemalte T ist nichts anderes als das Zeichen des Heils.

LITERATUR: H. O. Münsterer: Das Pest-Tau, ein Trinitätssymbol (= Deutsche Gaue 46/1954, 86–94); H. Rahner: Symbole der Kirche, 406–431.

Tau ↗ Regen

Die Form der Liebeswerbung, das Schnäbeln, wie auch das auf den dumpfen U-Laut abgestimmte Gurren machten den Menschen auf die Taube aufmerksam. Der Taubenruf wurde teils als Liebeszeichen, teils als Klagelaut gedeutet. Überall, wo im Alten Orient die Liebesgöttin verehrt wurde, waren ihr die Tauben geweiht. Es war der heilige Vogel der babylonischen Ischtar, der westsemitischen Astarte und auch der in Hellas heimisch gewordenen Aphrodite. Im alten Indien erblickte man in der dunkelfarbigen Taube den Todesboten. In anderen Ländern galt sie mit ihrem wehmütig-unheimlichen Ruf als Seelenvogel. Die alten Syrer errichteten über ihren Grabmälern Taubenhäuser.

Als die Quellen der Urflut versiegten, ließ Noach dreimal eine Taube fliegen. Beim zweitenmal trug sie »ein frisches Ölblatt in ihrem Schnabel« (Gen 8,11) – Symbol des Friedens, den der Herr nach der Sintflut seinem Volke gewähren wird. Die Tauben zählten zu den Opfertieren besonders der ärmeren Volksschicht (Lev 12,8; 14,22). Von den jeweils zu opfernden zwei Tauben diente die eine als Brandopfer, die andere als Sühneopfer. Im Hohenlied wird die Schönheit der Braut mit einer Taube verglichen: »Deine Augen sind wie Täubchen« (Hld 1,15). »Meine Taube in felsigen Klüften... Laß deinen Anblick mich schauen!« (Hld 2,14) »Doch einzig ist sie meine Taube, meine fehlerlose« (Hld 6,9). In den Psalmen ist die Taube Symbol der Schnelligkeit – »O hätte ich doch Flügel der Taube gleich!« (Ps 55,7); an anderer Stelle bezeichnet sich der auf Gott Vertrauende selbst als Taube (Ps 74,19).

Als Jesus getauft war, öffnete sich über ihm der Himmel, »und er sah den Geist Gottes wie eine Taube herabsteigen und auf sich zukommen« (Mt 3,16; Mk 1,10). Die Taube ist das sichtbar gewordene Liebeswort des Vaters an seinen menschgewordenen Sohn. »Ich sah den Geist herabkommen wie eine Taube vom Himmel« (Joh 1,32). In der Sendung des Hl. Geistes in Gestalt einer Taube offenbart Gott in der

dem Alten Orient geläufigen Bildsprache den von ihm erwählten Messiaskönig: »Dieser ist mein geliebter Sohn, an dem ich mein Wohlgefallen habe« (Mt 3,17). Bei der Tempelreinigung ist ein Unterschied darin zu bemerken, wie Jesus die Viehhändler und wie er die Taubenhändler behandelt hat; erstere trieb er mit einer Geißel von Stricken zum Tempel hinaus, letztere aber hat er nur mit Worten verwiesen (Joh 2,14 ff.).
Justinus der Märtyrer deutete die Taufe als eine Wiederholung der Sintflut und Christus als neuen Noach; die Taube Noachs ist somit ein Vorbild des Hl. Geistes. Die durch das Evangelium bezeugte Erscheinung des Hl. Geistes in Gestalt einer Taube wurde motivanregend für die ganze christliche Kunst; daher sieht man diesen Vogel auch auf Bildern der Verkündigung Mariä und des Pfingstwunders, ja verschiedentlich auch bei der Darstellung des Schöpfungsberichtes (Gen 1,2), in dem es heißt: »Und der Geist Gottes schwebte über den Wassern.« Die Taube schwebt über der Kanzel, weil Gott durch den Hl. Geist Wahrheit und Weisheit lehrt. Das Zeichen der Taube schmückt das Gefäß mit den heiligen Ölen, weil diese Träger der Gnadenkraft des Hl. Geistes sind. Bei Origenes werden die Gläubigen als Tauben bezeichnet; schon bei Mattäus (10, 16) heißt es: »Seid arglos wie die Tauben.« Zum Seelenvogel wird die Taube in verschiedenen Legenden, nach denen sie beim Tod eines Heiligen vom leblosen Körper gen Himmel fliegt; so wurde sie Attribut der hl. Scholastika.

LITERATUR: F. Sühling: Die Taube als religiöses Symbol im christlichen Altertum. Freiburg 1930; J. Daniélou: La colombe et la tenèbre dans la mystique Byzantine (Eranos-Jb 23/1954, 389–418); A. Feuillet: Le symbolisme de la colombe dans les récits évangéliques du baptême (= RechScR 46, 1958, 524–544); H. Dittmer: Symbol der Sehnsucht. Die Friedenstaube. Düsseldorf 1959; P. Seethaler: Die Taube des Heiligen Geistes (= Bibel und Leben 4/1963, 115–130).

Taufe ↗ *Waschungen*

In alter Zeit dienten die Tempel nicht als Versammlungsraum der Gläubigen, sondern als besonderer Aufenthaltsort, als Wohnung der Götter. Meistens war das Allerheiligste mit dem Bild der Gottheit in völligem Dunkel, gleichsam das unerforschbare Geheimnis des göttlichen Seins andeutend. Die Tempel des Alten Orients hatten auch eine kosmische Bedeutung; so galten die stufenförmigen Zikkurat in Altmesopotamien als Abbild des Weltenberges. Die Tempelanlagen im sumerischen Uruk waren mit den Ecken nach den vier Hauptrichtungen geortet. Bei den ägyptischen Tempelbauten sinnbildet der untere Teil die Erde, aus der die Pflanzen (Papyrus, Lotos und Palme in Säulenform) hervorsprießen; die mit Sternen und Göttervögeln bemalte Decke deutet auf das Himmelsgewölbe. Bei den Semiten, aber auch bei Indogermanen wurde der Tempel zum Asyl für Schutzflehende.

Das hebräische Wort für den Hauptraum des Tempels (hēkāl) bedeutet ursprünglich ein »Prachtzelt« bzw. ein »Prachtgebäude«, wie es bei orientalischen Herrschern üblich war. Salomo ließ den Tempel auf dem Hügel Morija erbauen (2 Chr 3,1). Nachdem die Bundeslade in das Allerheiligste überführt war, »erfüllte die Wolke das Haus des Herrn ... die Herrlichkeit des Herrn erfüllte das Haus« (1 Kön 8,10f.). Das Allerheiligste (debīr) selbst war ein lichtloser Raum in Übereinstimmung mit des Herrn Wort, daß er im Dunkeln wohnen wolle (1 Kön 8,12). Salomo betete bei der Tempelweihe: »So baute ich ein Haus als Hochsitz für dich, als Stätte, an der du weilst auf ewig« (1 Kön 8,13). Auch spätere Geschlechter wissen um Jahwes Gegenwart im Tempel. Jesaja (6,1) sah den Herrn »auf einem hohen und erhabenen Thron, seines Gewandes Schleppen füllten den Tempel«. Da Gott selbst der Schöpfer des Lichtes ist, bedarf er nicht des von ihm erschaffenen Lichtes. Wer im Angesicht des Tempels wohnt, wird leben; denn ein Tag bei Gott zählt mehr als tausend Tage unter Menschen. »Lieber auf der Schwelle am Gotteshaus als wohnen in der Frevler Gezelt!« (Ps 84,11). Die Propheten machen es ihren

Zeitgenossen aber klar, daß nicht das äußere Kultgebäude, sondern allein die sittliche Reinheit des Volkes Israel über die Gegenwart Gottes entscheidet (vgl. Jer 7,3–15). Schon Salomo erkannte, daß selbst der Himmel und die Himmel der Himmel Jahwe nicht zu fassen vermögen, »wieviel weniger dieses Haus, das ich erbaut habe« (1 Kön 8,27). Bei Jesaja (56,7) weitet sich die Bedeutung des Tempels aus zu einem »Bethaus für alle Völker« – der Tempel zu Jerusalem ist damit nicht mehr nur das kultische Zentrum des jüdischen Volkes, sondern wird zur heiligen Mitte der ganzen Menschheit. Die Juden waren sich der ursprünglich kosmischen Bedeutung des Tempels durchaus bewußt. Nach Auffassung des jüdischen Geschichtsschreibers Josephus Flavius sollen die drei Teile des Tempels der sichtbaren Gliederung der Welt entsprochen haben: Vorhalle = Meer, Hauptraum = Land, Allerheiligstes = Himmel.
Die schon im AT vorhandene Tempelkritik führt über Jesu Ausspruch, daß es Größeres als den Tempel gebe (Mt 12,6), zu einer Umdeutung. Der eigentliche Tempel besteht nicht aus irdischen Steinen, sondern aus dem Leib Christi; in diesem Sinne sprach der Heiland zu den Juden: »Brecht ab diesen Tempel, und in drei Tagen will ich ihn aufrichten« (Joh 2,19; vgl. Mk 14,58). Die Doppelheit von Tempelliebe und Tempelkritik findet sich auch bei Paulus, der einerseits nachdem er sich zuvor gereinigt hat, den Tempel von Jerusalem besucht (Apg 21,26), andererseits auf dem Areopag verkündet: »Der Gott, der die Welt gemacht hat und alles, was darin ist..., wohnt nicht in Tempeln, die von Händen gemacht sind« (Apg 17,24). Der Tempel als Wohnort Gottes kann in jedem gläubigen Christen errichtet werden. So schreibt Paulus in seinem ersten Brief an die Korinther (3,16): »Wißt ihr nicht, daß ihr Tempel Gottes seid und der Geist Gottes in euch wohnt?« Ja, die ganze Christenheit wird »zu einem heiligen Tempel im Herrn«, aufgebaut auf dem »Fundament der Apostel und Propheten, dessen Eckstein Christus Jesus ist« (Eph 2,20f.). Im neuen Jerusalem wird es keinen Tempel geben; »denn ihr Tempel ist der Herr, Gott, der Allherrscher, und das Lamm« (Offb 21,22).

Der von Christus aufgestellte Vergleich seines Leibes mit dem Tempel wurde von mittelalterlichen Exegeten auch in seine Lebenszeit hineingelegt; die 46 Jahre, innerhalb deren der Tempel des Leibes Christi erbaut wurde – entsprechend Johannes 2,20 –, setzen sich zusammen aus den 34 Lebensjahren und den 12 Jahren, die Maria alt war, als sie ihn gebar. Wie der salomonische Tempel ein Typos des materiellen Leibes Christi ist, so wird von den Kirchenvätern der mystische Leib des Herrn in Beziehung zur geistigen Kirche gesetzt. Bei der Einweihung der Kirche von Tyrus verglich Eusebius das ganze Bauwerk mit dem Tempel zu Jerusalem und nannte Konstantin d. Gr. einen neuen Salomo; dieser Vergleich findet sich auch bei Alkuin im Hinblick auf die Pfalzkapelle in Aachen und ihren Bauherrn Karl d. Gr. Seit dem 11. Jahrhundert gilt der in Jerusalem stehende islamische Felsendom (Ende des 7. Jahrhunderts) mit seiner Kuppel irrtümlicherweise als Templum Domini und findet Eingang in das Siegel des Templerordens wie auch in die Malerei. Nach Sicardus wird der Tempel im himmlischen Jerusalem aus lebendigen Steinen errichtet, die – ohne Hammerschlag und Eisenklirren (vgl. 1 Kön 6,7) – durch das Band der ewigen Liebe zusammengehalten werden.

Literatur: H. Wenschkewitz: Die Spiritualisierung der Kultusbegriffe Tempel, Priester und Opfer im NT. Leipzig 1932; K. Möhlenbrink: Der Tempel Salomos. Eine Untersuchung seiner Stellung in der Sakralarchitektur des alten Orients. Stuttgart 1932: S. Tromp: Corpus Christi quod est ecclesia, Bd. 1., Roma 1946; M. M. Simon: Retour du Christ et reconstruction du Temple dans la pensée chrétienne primitive (Mélanges M. Goguel, 247–257). Neuchâtel–Paris 1950; X. Léon-Dufour: Le signe du temple selon saint Jean (= RechScR 39/1951 bis 1952, 155–175); Y. M.-J. Congar: Le Mystère du Temple. Paris 1958; E. L. Ehrlich: Die Kultsymbolik im AT, 24–31; J. Pfammater: Die Kirche als Bau. Eine exegetisch-theologische Studie zur Ekklesiologie der Paulusbriefe. Roma 1960; G. Widengren: Aspetti simbolici dei templi e luoghi di culto del Viciono Oriente antico (= Numen 7/1960, 1–25); J. Hani: Le symbolisme du temple chrétien. Paris 1962; R. Haussherr: Templum Salomonis und Ecclesia Christi (Zeitschrift für Kunstgeschichte 31/1968, 108–121); E. A. E. Reymond: The Mythical Origin of the Egyptian Temple. Manchester 1969.

Das Sitzen ist die eigentliche Haltung der Gottheit und der Thron Symbol ihrer Herrscherwürde. Schon auf altmesopotamischen Rollsiegelbildern werden die Götter thronend dargestellt, wie dann auch später auf der Gesetzesstele des Hammurabi der Sonnengott Schamasch wiedergegeben ist. Bei den Ägyptern war Isis die personifizierte Macht des Thrones, den sie in ihrer anthropomorphen Gestalt als Wortzeichen auf dem Haupt trägt. Auch bei den Hethitern galt der personifizierte Thron als göttliches Wesen. Auf hethitischen und persischen Reliefwänden treten die langen Züge von Betern, Kriegern und Gefangenen immer gehend oder stehend der einen Sitzfigur gegenüber: dem Gott oder seinem irdischen Stellvertreter, dem König. Die Griechen dachten sich Zeus auf dem Olymp thronend. In der ältesten Zeit des griechischen Theaters wurde für den unsichtbaren, aber anwesend gedachten Gott Dionysos vor der Bühne ein Teilnehmerplatz angebracht; dieser Sitz blieb zunächst leer, wurde aber bald dem Dionysospriester als Vertreter seines Gottes zugewiesen. Im römischen Cäsarenkult wurden dem mit Krone und Zepter geschmückten Thron göttliche Ehren erwiesen.

Wie andere orientalische Könige ließ sich auch Salomo »einen großen Thron aus Elfenbein errichten und mit gediegenem Gold überziehen« (1 Kön 10,18). Dieser herrliche Thron gebührte eigentlich Jahwe; als sein irdischer Repräsentant herrschte Salomo über Israel. Weiter war der salomonische Thron ein Vorbild des messianischen Richterstuhles: »Ein Thron wird in Huld errichtet, einer sitze in Treue darauf, richte und trachte nach Recht, schaffe eilends Gerechtigkeit!« (Jes 16,5) Die Bedeutungen von Herrschersitz und Richterstuhl gehen in eins über. »In Ewigkeit thronet der Herr, seinen Thronsitz stellt er auf zum Gericht« (Ps 9,8). In Daniels Vision von den vier Weltreichen werden Throne aufgestellt, auf denen das Gericht Platz nimmt (Dan 7,9/10). Ezechiel erblickte »oberhalb des festen Gewölbes ... etwas, das wie ein Saphirstein aussah, etwas, das einem Throne gleichsah« und der, der auf ihm saß, wurde ringsum von Glanz umgeben »gleich dem Bogen im Gewölk an Regentagen ... Dies war die äußere Gestalt von dem, was der Majestät des Herrn glich« (Ez 1,26 ff.). Der ganze Himmel ist Gottes Thron und die Erde seiner Füße Schemel (Jes 66,1). Nach jüdischer Vorstellung war Jerusalem – das Herz des auserwählten Volkes – der Thron Jahwes auf Erden (Jer 3,17). In den Psalmen wird Gott an die Verheißungen erinnert, die er dem Ahnherrn des Hauses David gegeben hat: »Sein Geschlecht lasse ich dauern für ewig, seinen Thron wie die Zeiten des Himmels« (Ps 89,30); es ist ein Hinweis auf den Messias, wenn es weiter heißt: »Sein Name soll ewig bestehen und sein Thron gleich der Sonne vor mir, wie der Mond, der ewig besteht« (Ps 89,37 f.).

Der Engel der Verkündigung sprach zu Maria, daß der von ihr zu gebärende Sohn mit dem Namen Jesus Sohn des Allerhöchsten genannt werden wird; »Gott der Herr wird ihm den Thron seines Vaters David geben, und er wird herrschen über das Haus Jakobs ewiglich, und seines Reiches wird kein Ende sein« (Lk 1,32 f.). Daß Gottes Thron hoch über der Menschen Häupter im Himmel gedacht wird, kommt in der Strafrede über die Schriftgelehrten und Pharisäer deutlich zum Ausdruck: »Wer beim Himmel schwört, der schwört beim Throne Gottes und bei dem, der darauf sitzt« (Mt 23,22). Jesus verspricht seinen Aposteln, die ihm in Treue nachgefolgt sind, daß, »wenn der Menschensohn auf dem Throne seiner Herrlichkeit sitzen wird«, auch sie selbst »auf zwölf Thronen sitzen und die zwölf Stämme Israels richten« werden (Mt 19,28). Die Schilderung des göttlichen Thrones in der Offenbarung des Johannes zeigt Gott in seiner absoluten Souveränität als obersten und einzigen Herrn der Welt. »Ein Thron stand im Himmel und auf dem Thron saß einer. Und der darauf saß, war wie der Jaspis- und Sardisstein anzusehen, und ein farbenreicher Strahlenkranz war rings um den Thron« (Offb 4,2). Bei der Vision des Endgerichts erblickte Johannes »einen großen leuchtenden Thron und den, der darauf saß. Vor seinem Angesichte floh die Erde und der Himmel« (Offb 20,11). Mittelalterliche Theologen – wie Petrus Damiani – erkannten im Thron Salomos als Sitz der Wahrheit ein Symbol der Maria, der Mutter des wahren Salomo; das Elfenbein wurde auf die Jungfräulichkeit, das Gold auf die sie überschattende Gottheit und die Stufen zum Thron auf ihre Tugenden bezogen. Für die katholische Christenheit ist die Cathedra Sancti Petri in Rom – der »Heilige Stuhl« – zum bildlich-wörtlichen Ausdruck der kirchlichen Macht und Autorität geworden und gilt den Gläubigen als Christi Thron in der Ecclesia. Bei dem Motiv der Etimasia ist der Thron ein Symbol der Parusie; er steht bereit für den kommenden König; auf dem von einem Kreuz überhöhten Thron liegt das Buch des Lebens. In orthodoxen Kirchen findet sich die Darstellung der Etimasia über dem Altar entsprechend dem Wort des Optatus von Mileve: »Was ist nämlich der Altar anders als der Thron des Leibes und Blutes Christi.«

LITERATUR: Th. Bogler: Parata sedes tua ex tunc. Zu einem christlichen Symbol. Thronsymbol (= Schildgenossen, Beiheft 2: Gottesdienst. Ein Zeitbuch, 113–124). Würzburg 1937; H. Danthine: L'imagerie des trônes vides et des trônes porteurs de symboles dans le Proche Orient (= Bibliothèque archéologique et historique XXX, 2). Paris 1939; E. Stommel: Bischofsstuhl und hoher Thron (= JbAC 1/1958, 52–78); Th. Bogyay: Zur Geschichte der Hetoimasie (Akten des XI. Internationalen Byzantinisten-Kongresses, 58–61). München 1960; Fr. Wormald: The Throne of Salomon and St. Edward's Chair (De Artibus. Essays E. Panofsky, 532–541). New York 1961; M. Metzger: Königsthron und Gottesthron. Alter Orient und Altes Testament. Neukirchen 1985.

Tiere

In der Frühzeit erblickte der Mensch in dem Tier, das er wegen verschiedener Eigenschaften wie Schnelligkeit, Kraft, Fruchtbarkeit, Flugfähigkeit bewunderte, ein artfremdes, geheimnisvolles Wesen. Das bei vielen Völkern verehrte Tier wurde zum Offenbarungsträger einer hinter und über ihm gedachten Gottheit, oder man glaubte in ihm die Verkörperung einer göttli-

chen Kraft. Bekannt ist der Tierkult im alten Ägypten; aber genau betrachtet sind auch hier die Tiere nicht selbst Götter, sondern nur deren Erscheinungsform – so ist der Phönix das »Bild« (Ba) des Sonnengottes Re und der Apisstier das »Bild« des Osiris. In der Antike finden sich immer wieder Tiere als Attribute der Gottheiten: der Adler war Zeus zugeordnet, die Hinde Artemis, das Pferd Poseidon. Die heiligen Tiere wurden zu Opfertieren; im Dionysoskult wurden Böcke zerrissen und in Ekstase verzehrt, im Kult der Atargatis dienten Fische als sakramentale Speise. Tiere konnten zu Sinnbildern guter wie auch böser Mächte werden; göttliche und dämonische Mächte vermögen über das Tier Einfluß auf den Menschen zu gewinnen. Anstelle lebendiger Tiere können Tierbilder treten: steinerne Löwen standen als Wächter am Eingang hethitischer Tempel; eine goldene Schlange spielte bei den Sabazios-Mysterien eine große Rolle; Adler, Bär und Löwe gingen als Symbole herrscherlicher Macht schließlich in die Heraldik ein. Im Volksmund sinnbilden Tiere geistig-seelische Eigenschaften, so z.B. Schlange = Falschheit, Ameise = Fleiß, Lamm = Geduld, Löwe = Mut.
Die alttestamentliche Religion sah im Tier vor allem das Geschöpf Gottes, »in dessen Hand aller Lebendigen Seele ruht« (Ijob 12,10). Tiere sind Eigentum Gottes, und wie den Menschen wendet er auch ihnen seine väterliche Güte zu; »Menschen und Tieren hilfst du, o Herr!« (Ps 36,7). Im Gegensatz zu den anderen altorientalischen Religionen ist dem biblischen Denken eine theriomorphe Erscheinungsform Gottes fremd; das »Goldene Kalb« ist Götzenbild, nicht Gottes Bild! Das Tier steht unter Gott und soll ihn loben: »Lobsinget dem Herrn ... Ihr wilden Tiere und ihr zahmen dazu, was dahinkriecht und alles, was fliegt« (Ps 148,7.10). Nur in sprachlich-poetischen Bildern wird der Herr mit Tieren verglichen; mit seinen Schwingen deckt er den Hilfesuchenden zu (Ps 91,4), und »wie ein Löwe« zerreißt er seine Feinde (Hos 5,14). Verschiedentlich dienen Tiere als göttliche Werkzeuge des Gerichts. Den »Zahn der wilden Tiere« hetzt Jahwe auf die sündigen Menschen »mitsamt dem Gifte derer, die im Staube

dahinschleichen« (Dtn 32,24). Vier Dinge werden wider das abtrünnige Volk bestellt: »Das Schwert zum Würgen, die Hunde zum Fortschleifen, die Vögel der Luft und das Feldgetier zum Fressen und zum Vertilgen« (Jer 15,3). Tiere können als Verkörperung politischer Mächte auftreten: die vier phantastisch aussehenden Raubtiere in Daniels Vision (7,3–8) sinnbilden das babylonische, das medische, das persische und das seleukidische Reich. Auch Jesaja (27,1) erblickt die aggressiven Großmächte im Bild von Tieren; Leviathan, die flüchtige Schlange, dürfte Assyrien am pfeilschnell dahinfließenden Tigris sein; Leviathan, die geringelte Schlange, weist auf Babylon am windungsreichen Euphrat; der Drache am Nilstrom kennzeichnet Ägypten. Der Pharao – für die Israeliten die Repräsentationsfigur des Bösen – wird als »großer Drache« bezeichnet (Ez 29,3).

Wie Adam im Paradies unter den Tieren weilte, so Jesus in der Wüste (Mk 1,13); er ist in Wahrheit der Herr der Tiere. Er ist der gute Hirte, der seine Jünger – ausgestattet mit den Gaben und der Kraft des Hl. Geistes – in die Welt sendet »wie Schafe mitten unter Wölfe« (Mt 10,16). Wo Menschen sich anbetend unter Tierbilder stellen, wird ihr Tiefstand sichtbar; nur Toren können die Herrlichkeit Gottes mit der Nachbildung »fliegender, vierfüßiger und kriechender Tiere« vertauschen (Röm 1,22f.). Zur Charakterisierung der auf Zerstörung und Untergang ausgerichteten Geisteshaltung wird in der Offenbarung (13,1–8) die irdische, antichristliche Weltmacht (geschichtlich gesehen das römische Kaiserreich!) als aus dem Meer aufsteigendes Tier gesehen, das im Dienste des Drachen (Symbol Satans) steht; sein mißgestaltetes Wesen – ein Gemisch von Panther, Bär und Löwe – ist Ausdruck seiner Widernatürlichkeit und Gottfeindlichkeit. Diesem infernalischen Monstrum folgt ein zweites Tier, »es hatte zwei Hörner wie ein Lamm, redete aber wie ein Drache« (Offb 13,11); seine alles verschlingen wollende Hybris und zugleich seine Unvollkommenheit sind durch die Zahl »sechshundertsechsundsechzig« ausgedrückt (Offb 13,18) – Deutungen der Zahl auf eine bestimmte Persönlichkeit hin (z. B. Nero) müssen als willkürlich betrachtet werden. Alle Macht des Bösen wird letztlich von Gott überwunden; das menschliche Maß übersteigende Wesen Christi wird in das Bild des Lammes projiziert; es nimmt hinweg die Sünde der Welt (Joh 1,29) und erlöst die Menschheit mit seinem kostbaren Blute (1 Petr 1,19).

Grundlage christlicher Tierliebe ist die Erkenntnis, daß das Tier Mitgeschöpf aus Gottes Hand ist. Von vielen Heiligen wird ein besonderes Verhältnis zu Tieren berichtet; Franziskus von Assissi ist nicht das einzige, wohl aber bekannteste Beispiel (Legende der Vogelpredigt!). Wilde Tiere als Attribut von Heiligen können außer auf legendäre Ereignisse auch auf das in den Heiligen bereits vorweg repräsentierte Friedensreich Gottes (nach Jes 11,6–8) hinweisen. Nach der allegorisch-geistigen Schriftauslegung des Origenes zielen die im Buch der Sprichwörter gemachten Aussagen über Tiere nicht auf diese, sondern auf die durch diese gekennzeichneten Menschen. Regelrechte Tierallegorien finden sich in der bildenden Kunst erstmals in den Katakomben (z. B. ein Lamm zwischen Wölfen = Susanne zwischen den Alten nach Dan 13,7ff.). Bereits in der Patristik ist die Interpretation wilder Tiere als jähzornige und wollüstige Menschen anzutreffen; in der mittelalterlichen Kunst dienten verschiedene Tiere als Symbol oder Attribut der Laster, z. B. Hund, Skorpion = Neid; Schwein oder Bock = Wollust; Wildschwein oder Bär = Zorn. Die uralte sakrale Kommunionidee, durch den Genuß des Opfertieres Gott selbst zu empfangen, fand im Volksbrauch in den österlichen Bisquittlämmern (mit Christi Fahne!) einen Niederschlag. Während die meisten Tiere der christlichen Kunst auf die Bibel zurückgehende Symbole sind – wenn auch heute oft nicht mehr als solche verstanden –, wurden Greif, Phönix und Salamander aus altorientalisch-antiken Vorstellungen übernommen, ebenso der Pfau (ob unter den von Salomos Handelsflotte mitgebrachten tukkijim – 1 Kön 10,22 – wirklich Pfaue zu verstehen sind, ist fraglich).

Literatur: N. W. Thomas: Animals (ERE 1, 483–535). W. W. Petersen: Das Tier im Alten Testament. Frankfurt 1928. W. v. Blankenburg: Heilige und dämonische Tiere. Leipzig 1943. U. Holzmeister: »Jesus lebte mit den

Tieren«. Mk 1,13 (Vom Wort des Lebens. Festschrift für Max Meinertz. Münster 1951, 85–92). O. Seel: Der Physiologus. Zürich/Stuttgart 1960. V.-H. Debidour: Le bestiaire sculpté du moyen-âge en France. Grenoble 1961. W. Pangritz: Das Tier in der Bibel. München/Basel 1963. G. Penco: Il simbolismo animalesco nella letteratura monastica (Studia monastica 6/1964, 7–38). W. Kornfeld: Reine und unreine Tiere im Alten Testament (Kairos 7/1965, 134–147). K. Sälzle: Tier und Mensch, Gottheit und Dämon. München 1965. E. Hornung: Die Bedeutung des Tieres im alten Ägypten (Stud Gen 20/1967, 69–84). D. Schmidtke: Geistliche Tierinterpretation in der deutschsprachigen Literatur des Mittelalters (Diss.). Berlin 1968. F. Klingender: Animals in Art and Thought to the End of the MA. London 1971. E. Marsch: Biblische Prophetie und chronographische Dichtung. Berlin 1972 (ausführlich zu Daniels Tiervision!). J. B. Bauer: L'exégèse patristique créatrice des symboles (Scholia biblica et patristica, 249–255). M. Lurker: Tiere (Symbol, Mythos und Legende in der Kunst, 59–86).

Töpfer

Das Bild des Töpfers setzt kulturgeschichtlich die Erfindung der Töpferei voraus. In Ägypten wurde Chnum als Schöpfer des Menschen verehrt; er gestaltet den Leib des Kindes auf einer Töpferscheibe und läßt ihn im Samen in den Leib der Mutter gelangen. Nach einer altmesopotamischen Überlieferung wurden die ersten Menschen aus dem mit Lehm vermischten Blut eines geopferten Gottes geformt. Ein griechischer Mythos nennt Prometheus als Schöpfer des Menschengeschlechtes; aus Lehm und Wasser formte er Männer und Frauen.

Wie der Töpfer seine Gefäße formt und diese auf ihren Schöpfer zurückweisen, so bildet Gott den Menschen nach seinem Ebenbilde (Gen 1,26). »Aus dem Staub der Ackerscholle« bildete Gott der Herr den ersten Menschen »und blies in seine Nase den Odem des Lebens« (Gen 2,7). Wie der Töpfer sein Geschirr zertrümmern kann, so wird der Schöpfer seine treulosen Geschöpfe dem Tod überantworten (Ps 2,9). Im Bild des Töpfers drückt die Bibel die freie Verfügungsgewalt des Schöpfers über seine Geschöpfe aus. »Fürwahr, wie der Lehm in der Hand des Töpfers, so seid ihr in meiner Hand« (Jer 18,6). Wehe, wenn die Kreatur sich dem Creator gleich achtet. »O eure Verkehrtheit, ist gleich zu achten der Töpfer dem Ton?« (Jes 29,16) Im Auftrage Gottes wird Cyrus (Kyros) die Mächtigen niederstampfen wie Lehm, »wie ein Töpfer, der Tonerde tritt« (Jes 41,25).

Paulus nennt Gott einen Schöpfer, der mit dem Ton (= seinen Geschöpfen) nach seinem Willen verfahren kann. »Oder hat der Töpfer nicht Macht über den Ton, um aus derselben Masse das eine Gefäß zu machen zur Ehre, das andere zur Unehre?« (Röm 9,21) Und doch hat der Herr in die Menschen, in diese »irdenen Gefäße« den Schatz seiner Wahrheit hineingelegt (2 Kor 4,7). In der Apokalypse wird das zerschmetterte Töpfergeschirr wieder zu einem Bild des Gerichts. Der Sieger am Ende der Zeiten wird »herrschen mit eisernem Stabe, wie man Geschirr aus Ton zerschlägt« (Offb 2,27).

LITERATUR: R. Ambelain: La notion gnostique du démiurge dans les écritures et les traditions judéo-chrétiennes. Paris 1959; P. Fingesten: The Craft of Creation (The Eclipse of Symbolism, 29–36). Columbia/S. C. 1970.

Tor ↗ *Tür*

Traube ↗ *Weinstock*

Trompete ↗ *Posaune*

Tür, Tor

Je nachdem, ob sie geöffnet oder geschlossen ist, ermöglicht oder verhindert die Tür den Durchgang. Mit Tür und Tor ist die Vorstellung der Schwelle zwischen zwei Bereichen verbunden, dem Draußen und Drinnen, dem Heute und Morgen, dem Profanen und dem Sakralen. Die Sprache der altorientalischen Mythen und Religionen kennt Tore zum Himmel und zur Unterwelt; denn das Verlassen dieser

Welt ist ein Eingang in das Jenseits. Um ihre Tempel vor dämonischen Mächten zu schützen, stellten die Ägypter häufig Löwenfiguren an die Eingänge. In den meisten Pyramiden weisen in dem Durchgang zwischen Vorkammer und Sargkammer Inschriften auf ein »hohes Tor«, das öfter als »Tor der Nut« (also Himmelstor) bezeichnet wird. Altmesopotamische Überlieferungen berichten von göttlichen Türhütern an den Eingängen in den Himmel und in die Unterwelt. Die Römer hatten einen eigenen Gott des Tordurchganges, den zweigesichtigen Janus.
Die Vorstellung vom Tor zwischen Diesseits und Jenseits war auch dem biblischen Denken vertraut. Als Jakob aus seinem Traum von der Himmelsleiter erwachte, sprach er: »Wie schauerlich ist doch dieser Ort! Hier ist nichts anderes als Gottes Haus; und hier ist des Himmels Pforte!« (Gen 28,17). In einem Sühnepsalm klagt der König von Juda, Hiskija, daß er in der Mitte seines Lebens scheiden müsse, »zu der Unterwelt Toren beordert« (Jes 38,10). Der freie Platz, der sich innerhalb der Stadtmauer an die Tore anschloß, war der Mittelpunkt des öffentlichen Lebens. Hier war der Ort des Rechtes und des Gerichtes (vgl. Rut 4,1 bis 11; 2 Sam 15,2; Ijob 31,21). Vom Besitz des Tores hing der Besitz der ganzen Stadt ab; die Tore Zions stehen deshalb als pars pro toto für die ganze Gottesstadt. »Es liebt der Herr die Tore von Zion mehr als alle Wohnstätten Jakobs« (Ps 87,2). Die »Tore der Feinde in Besitz nehmen« bedeutet ihre Städte erobern (Gen 22,17). Wenn der erzürnte Herr seine Huld entzieht, werden Judas »Tore verfallen, sie trauern am Boden« (Jer 14,2). Am »königlichen Tor« sitzen – d. i. am Tor des Königspalastes – bedeutet soviel wie im Vertrauen des Königs stehen, man vgl. die Geschichte von Mordechai in der persischen Residenz (Est 2,19.21; 3,3). Die Tür bedeutet im übertragenen Sinn einfach Abschluß, Grenze. Gott »verschloß das Meer mit Türen, als es schäumend aus seinem Mutterschoß hervorquoll« (Ijob 38,8). Diejenigen, die schon »an den Pforten des Todes« waren, können vom Herrn gerettet werden; er vermag die »erz-

beschlagenen Tore« zu zerbrechen und die »eisernen Riegel« aufzusprengen (Ps 107,16.18).
Im NT entfaltet sich die ganze eschatologische Bedeutung von Tür und Tor als Zugang zur ewigen Seligkeit. Als Jesus einmal die Frage gestellt wurde, wie viele gerettet werden, antwortete er: »Müht euch hineinzukommen durch die enge Pforte; denn ich sage euch: Viele werden hineinzukommen suchen und es nicht vermögen. Sobald der Hausherr sich erhoben und die Türe verschlossen hat und ihr draußen steht und an die Pforte zu klopfen beginnt und ruft: Herr, mach uns auf!, wird er euch zur Antwort geben: Ich weiß von euch nicht, woher ihr seid« (Lk 13,23 ff.). Auch die törichten Jungfrauen stehen vor verschlossener Tür, während die klugen Jungfrauen mit dem Bräutigam zur Hochzeit eingelassen werden (Mt 25,1–12). Die verschlossene Tür ist ein Bild für die versäumte Möglichkeit zur Rettung. Höhepunkt der biblischen Türsymbolik ist Jesu Selbstbezeugung: »Ich bin die Tür, wer durch mich hineingeht, wird Heil erfahren« (Joh 10,7 ff.). Wem die »Tür des Glaubens« geöffnet ist (Apg 14,27), der kann den Weg zum Heil beschreiten. Die Verkündigung der frohen Botschaft ist eine »Tür des Wortes« (Kol 4,3). Der Herr hat seinem Apostel Paulus »eine große und bedeutsame Tür geöffnet«, d. h., er hat ihm den Mund geöffnet, damit er die Ungläubigen bekehren kann (1 Kor 16,9). Die Worte des Herrn an den Engel der Gemeinde in Laodizea weisen auf die Tür im Herzen ihrer Einwohner: »Siehe, ich stehe vor der Türe und klopfe an. Wer auf meine Stimme hört und die Tür aufmacht, bei dem will ich eintreten und mit ihm das Mahl einnehmen und er mit mir« (Offb 3,20). Das himmlische Jerusalem hat zwölf Tore, jedes einzelne Tor besteht »aus einer einzigen Perle« (Offb 21,21) – in den Toren zeigt sich bereits der kostbare Glanz der ganzen Stadt, nämlich Gottes Herrlichkeit. Die Tore werden nicht geschlossen werden, und doch wird nichts Unreines durch sie eingehen (Offb 21,25 ff.) entsprechend ihrer Aufgabe, Übergang und Grenze in einem zu sein.

Der Eingang in die Kirche ist nach symbolischer Auffassung der Heiland, der sich selbst als Ostium bezeichnet hat (Joh 10,7); in seiner Gerechtigkeit hält er die Ungläubigen fern, den Gläubigen aber öffnet er den Weg ins Heiligtum. Der Ineinssetzung von Kirchentür und Himmelspforte entsprechen auch häufig die Portaldarstellungen, wie z. B. die klugen und die törichten Jungfrauen und – im Tympanon – das Motiv des Jüngsten Gerichts. Der Volksglaube nahm sich besonders der Gestalt Petri an, der die Pforte des Himmels mit seinem Doppelschlüssel (sinnbildlich für die Macht, zu binden und zu lösen) öffnet. Die Vision des Propheten Ezechiel (44,1 ff.) von dem nach Osten gerichteten Tor des Heiligtums, in dem nur der »Fürst« weilen darf, wird auf Maria bezogen; von ihr sagt Ambrosius: »Sie ist verschlossen, weil sie Jungfrau ist, sie ist Tor, weil Christus durch sie eingegangen ist ... Dieses Tor sah gen Osten, ... weil sie den Aufgang geboren hat, die Sonne der Gerechtigkeit.

LITERATUR: A. Jacoby: Das Bild vom »Tor des Lichtes« (= Byzantinisch-Neugriechische Jahrbücher 2/1921, 277–284); J. Hertel: Die Himmelstore im Veda und im Awesta. Leipzig 1924; H. Windisch: Die Sprüche vom Eingehen in das Reich Gottes (= ZNTW 27/1928, 163–192); R. Guénon: La porte étroite (= Etudes Traditionelles, décembre 1938); O. Huth; Die Kulttore der Indogermanen (= ARW 34/1937, 371–377); A. Strobel: Zum Verständnis von Mt XXV, 1–13 (= NT 2/1958, 199–227); J. Goettmann: La porte de la vie (= Bible et Vie Chrétienne 51/1963, 35–59); J. Gw. Griffiths: The Celestial Ladder and the Gate of Heaven in Egyptian Ritual (= The Expository Times LXXCIII/1966, 54).

Turm

Auf einen Turm hinaufsteigen kann ähnliche Gefühle auslösen wie das Besteigen eines Berges: Die Dinge des Alltags und die Mitmenschen werden kleiner, der Himmel scheint näherzurücken. Die altmesopotamischen Stufentürme (Zikkurat) sind Nachbildungen des Weltenberges, ihre sieben

Stockwerke waren Abbild des Planetenhimmels; wer oben auf der Plattform ankam, hat den profanen Bereich durchbrochen. Die Turmspitze erreicht – symbolisch – den Himmel; so ist auch der aus babylonischer Zeit überlieferte Name der Türme zu verstehen: »Grundstein des Himmels und der Erde«. Der Turm verbindet das Oben und Unten, davon wissen zahlreiche Mythen und Märchen zu berichten; erinnert sei nur an die in einem Turm schmachtende Danae, die von Zeus in Gestalt eines goldenen Regens befruchtet wird. Die monumentalen Tortürme der ägyptischen Tempel, Pylone genannt, wurden mit zwei Göttinnen gleichgesetzt, die den Sonnengott emporheben.
Der Bau des Turms zu Babel, dessen Spitze bis in den Himmel reichen sollte (Gen 11,4), war der verzweifelte Versuch, die durch den Sündenfall zerbrochene Achse zwischen Himmel und Erde wiederherzustellen, notfalls gegen den Willen Gottes. Der Turm zu Babel wurde so zu einem Symbol des Hochmuts und der Maßlosigkeit. Doch »einen Tag hat der Heerscharen Herr bestimmt über alles Stolze und Hohe, ... über jedweden Turm, der hoch« (Jes 2,12. 15), es ist der Tag des Gerichts über der Menschen Hybris. Die an der Mauer oder über einem Tor errichteten Türme, von denen man den Feind schon von weitem erkennen kann, sind ein Bild der Wachsamkeit und des Schutzes. Vom Turm erblickte der Späher, wie Jehus Scharen heranrückten (2 Kön 9,17). Der Turm in der Mitte des Weinberges des Herrn (Jes 5,2) ist ein Bild für die göttliche Weitsicht (Allwissenheit), die das Böse durchschaut und vereitelt. Hier ist der Lobgesang auf die Schönheit der Braut des Hohenliedes (4,4) anzuschließen: »wie der Davidsturm ist dein Hals« – d. h., nichts Schlechtes ist an dir, noch kann es dir schaden! Der Turm ist somit ein Bollwerk des Guten. »Der Name Gottes ist ein fester Turm; der Gerechte flieht zu ihm und ist geborgen« (Spr 18,10). In den Stürmen der Welt ist Gott die einzig wahre Zuflucht, »ein kraftvoller Turm vor dem Feind« (Ps 61,4).
Bei den Gleichnissen Jesu findet sich die schon bei Jesaja

bekannte Schilderung des Weinberges mit dem Turm (Mt 21,33). Wenn der Weinberg ein Bild der Kirche ist, dann deutet der alles überragende Turm – nach der allegorischen Exegese – auf die Wächter der Kirche, auf die Apostel und ihre Nachfolger, die den Glauben gegen alle Feinde verteidigen.

Während im »Pastor Hermae« die alte biblische Symbolik vom Turm wieder aufgegriffen und auf die Kirche als Zufluchtsstätte und Bollwerk übertragen wurde, kam mit der Errichtung der Kirchtürme – allgemein erst ab der Karolingerzeit – in ihrer Eigenschaft als Glockenträger eine neue Deutung hinzu. Wie die Glocken von Anfang an als Mahner der Menschheit aufgefaßt wurden, so auch ihr Aufbewahrungsort; bei Honorius ist der Glockenturm Symbol der lauten Predigt. Vier Türme, wie sie bei romanischen größeren Kirchen beliebt waren, wurden auf die vier Evangelisten bezogen. In Anknüpfung an das Hohelied wird Maria bis heute in der Lauretanischen Litanei als Turm Davids gepriesen: Turris David cum propugnaculis. Ein mit Zinnen gekrönter Turm ist Sinnbild der Keuschheit. In der mittelalterlichen Ikonographie taucht auch wieder der Turm als Bild menschlichen Hochmuts und Stolzes auf, angedeutet durch einen kopfüber herabstürzenden Menschen.

LITERATUR: Th. Dombart: Der Sakralturm. Teil I: Ziqqurat. München 1920; St. Mechie: The Parables of the Tower-Builder and the King Going to War (= The Expository Times 48/1936–1937, 235–236); M. Révész-Alexander: Der Tum als Symbol und Erlebnis. Haag 1953; M. de Tupigny: Essay sur le symbolisme de la tour (= 6ième Congrès de l'Association pour l'Etude scientifique du Symbolisme, Paris 1957, 95–196 – sehr wichtig auch zur Symbolik in der Bibel; leider nur hektographiert!); J. de Gottia: La torre de Babel. Valor simbólico de la narración de Gen. 11,1–9 (= Veridad y Vida 17/1959, 401–418); A. Rosenberg (Hrsg.): Der Babylonische Turm. München 1975.

Urflut ↗ *Meer*

Die Vier deutet die kosmische Ganzheit an; es gibt vier Himmelsgegenden, vier Hauptwinde, vier Jahreszeiten und – nach antiker Überlieferung – vier Elemente. Nach der Götterlehre des ägyptischen Hermopolis herrschten vor Entstehung der Welt vier Götterpaare. Nach der babylonischen Kosmologie gibt es vier Weltpunkte im Kreislauf des Jahres. Die alten Perser unterschieden vier Weltperioden, Hesiod vier Zeitalter. In Verbindung mit Gott symbolisiert die Vier die Herrschaft des Göttlichen über das Irdische; der griechische Bildhauer Phidias stellte an die Thronfüße seiner großen Zeusstatue vier Siegesgöttinen als Zeichen seiner Regentschaft über die materielle Welt.
In der Bibel ist die Vier Hinweis auf die von Gott erschaffene Welt. Der im Garten Eden entspringende Strom teilt sich in vier Arme (Gen 2,10). Die vier Kerubim der Ezechiel-Vision (1,4–14), die nach allen Seiten hineilen können, sind ein Bild der nach allen Richtungen sich erstrekkenden Wirksamkeit Gottes, dessen in Raum und Zeit geoffenbarter Name – in konsonantischer Schreibweise JHWH – ein Tetragramm ist. Vier ist die Zahl des Materiellen, des Irdischen; »vier Ränder« hat die Erde (Ez 7,2). Die »vier Windrichtungen des Himmels« (Dan 11,4) sind Ausdruck für die göttliche Ordnung auf der Erde und im All. Vier Strafen schickt der Herr über sein ungetreues Volk: »das Schwert zum Würgen, die Hunde zum Fortschleifen, die Vögel der Luft und das Feldgetier zum Fressen und zum Vertilgen« (Jer 15,3).
Bei seiner Wiederkunft wird Christus »aussenden seine Engel und zusammenführen seine Auserwählten von den vier Winden« (Mt 24,31; Mk 13,27). Der nt.liche Apokalyptiker gewahrt um den Thron Gottes »vier Lebewesen« (Offb 4,6) – Symbole der von Gott erschaffenen Welt. Während der Himmel in der Gestalt des Kreises – der vollkommensten geometrischen Figur – geschaut wird, ist die Erde häufig mit der Vorstellung eines Quadrates verbunden. Am

Ende des Tausendjährigen Reiches wird Satan »ausziehen, um die Völker an den vier Enden der Erde zu verführen« (Offb 20,8). Bei der Öffnung der ersten vier Siegel sieht Johannes die vier Reiter, die der Herr als Heimsuchung auf die Erde sendet (Offb 6,1–8).

Wie die Paradiesesströme Eden bewässerten, so tragen die vier Evangelisten das Wasser der Offenbarung in alle Weltgegenden. Auch in der Zahl der Buchstaben des Namens Adam wollte man eine Andeutung der vier Himmelsrichtungen erkennen. Nach Durandus sind die vier Elemente im sündigen Menschen verdorben, werden aber durch das (vierstrahlige) Kreuz wieder geheiligt. Die hochmittelalterliche enzyklopädische Literatur entwickelte ein ganzes System analoger Vierergruppen, in dem die vier Elemente mit den vier Winden, Jahreszeiten, Paradiesesströmen, weiter mit den vier großen Propheten des AT, den Evangelisten, den vier großen Kirchenvätern und schließlich auch noch mit den vier Kardinaltugenden, den vier Temperamenten usw. in Verbindung gesetzt wurden.

↗ Himmelsrichtungen

Vogel

Die frei und ungebunden über der Menschen Häupter hinwegschwebenden Vögel gehören dem Luft- und Lichtreich an. Sie werden zum Symbol dieser Sphären und der in ihnen wohnend gedachten Seelen, Geister und Götter. Besonders die großen Raubvögel (der Falke bei den Ägyptern, der Adler in Vorderasien) galten als Erscheinungsträger des Göttlichen und als siegreiche Bekämpfer des Bösen. Nach altmesopotamischer Vorstellung tragen die Toten in der Unterwelt wie die Vögel ein Federkleid, während die Ägypter glaubten, daß die Seele als Vogel das Grab verlassen könne. In der frühgriechischen Vasenmalerei wurden die Seelen meistens als kleine geflügelte Mischgestalten aus Vogel und Mensch dargestellt; bei Homer »zwitschern« die Seelen. In Mythen und Märchen sind Vögel die Überbringer des Heilstrankes, so soll ein Adler in seinem Schnabel Nektar dem kleinen Zeus gebracht haben; auch als Zeit- und Schicksalskünder treten sie auf wie im Volksglauben noch heute das durch seinen Schrei den Tod ankündende Käuzchen.

Im Hebräischen gibt es kein Wort, das unserem »Vogel« entspricht; »sippor« (»Zwitscherer«) bezeichnet nur die kleinen Vögel, während »op« (»Fliegendes«) für alle geflügelten Tiere – also auch Insekten – angewandt wird. Die Raubvögel galten als unrein (Lev 11,13 ff.), weil sie sich vom Fleisch anderer Tiere und von Aas ernähren, vielleicht aber auch in bewußter Abhebung von dem Vogelkult der umliegenden Völker. Die kleinen Vögel sind ein Bild des ängstlichen und auf der Flucht befindlichen Menschen. In Psalm 102,8 klagt ein Niedergebeugter, daß er sich fühle »wie ein Vogel, der auf dem Dache allein ist«. Der gefährdete Mensch wird öfters mit einem verfolgten Vogel verglichen: »Reiß dich los ... wie ein Vogel aus der Hand des Jägers!« (Spr 6,5). Die Menschen kennen nicht ihre Zeit und verstricken sich »wie Vögel, gefangen im Klappnetz« (Koh 9,12). In seinem Dank für die Errettung aus der Kriegsnot bekennt David: »Wir konnten entrinnen wie Vögel aus der Falle des Vogelstellers« (Ps 124,7). Die Propheten nehmen verschiedentlich die Bilder ihrer Gerichts- und Heilsweissagungen aus der Vogelwelt; als Beispiel diene des Herrn Spruch in Jesaias (10,14): »Und wie nach dem Neste greift meine Hand nach dem Reichtum der Völker, wie man verlassene Eier sich rafft, so steckte ich die ganze Erde ein! Kein Flügel regte sich da, keiner sperrte zwitschernd den Schnabel auf.« Vögel können schließlich auch der Entsühnung dienen, so wird in mosaischen Zeremonien mit dem Blut eines geschlachteten Vogels und mit dem Davonfliegen eines zweiten, am Leben gelassenen Vogels ein Aussätziger gereinigt (Lev 14,1–7) und ein Haus entsühnt (Lev 14,49–53).

Im NT erscheinen die Vögel als Gegenstand göttlicher Fürsorge. »Betrachtet die Vögel des Himmels! Sie säen nicht, sie ernten nicht, sie sammeln nicht in die Scheunen, und euer himmlischer Vater ernährt sie« (Mt 6,26). Selbst die kleinen,

unscheinbaren Sperlinge, von denen man in alter Zeit fünf für zwei Pfennige verkaufte, werden von Gott nicht vergessen (Lk 12,6). Unreine Vögel, besonders die der Nacht, können das Böse sinnbilden; das gefallene Babylon wird zur Behausung für Dämonen, »zum Schlupfwinkel für jeglichen unreinen Geist und zum Schlupfwinkel für jegliches unreine und verabscheuungswürdige Gefieder« (Offb 18,2).
Cyrill von Alexandrien erblickt im lebenden Vogel des mosaischen Entsühnungsritus das Leben spendende himmlische Wort, im geschlachteten aber das kostbare Blut des Erlösers. Auf Bildern von Christi Geburt können fliegende Vögel in Anlehnung an Lev 14,53 auf die Entsündigung der Welt hindeuten. Das mit einem Vogel spielende Christuskind bei Muttergottesdarstellungen (z. B. Raffaels Madonna mit dem Zeisig) kann als Hinweis auf die Rettung der menschlichen Seele verstanden werden. Mehrere Legenden wissen zu berichten, daß aus dem Mund sterbender Heiliger – so bei Theresia von Avila – die Seele in Gestalt eines Vogels entwich.
↗ Adler, Rabe, Taube

LITERATUR: D. Forstner: Vögel (Die Welt der Symbole, 313–352); K. Spieß: Der Vogel. Bedeutung und Gestalt in sagtümlicher und bildlicher Überlieferung. Klagenfurt 1969; K. Roth-Bojadzhiev: Studien zur Bedeutung der Vögel in der mittelalterlichen Tafelmalerei. Köln, Wien 1985

Wagen

Es entspricht der altorientalischen Vorstellung von den Göttern, daß sie nicht wie die Irdischen mühselig zu Fuß daherkommen, sondern in einem Wagen über den Himmel fahren. Schon die alten Mesopotamier dachten sich das Hinziehen der Sonne als eine Wagenfahrt des Gottes Schamasch. Hurritische Mythen berichten von den beiden Stieren »Tag« und »Nacht«, die den Wagen des Wettergottes Teschub ziehen. Der griechische Sonnengott Helios eilt in seinem von vier feuerschnaubenden Flügelrossen gezogenen Wagen von Ost nach West. Auf Erden gebührt der Wagen dem König. Die

Sumerer haben den königlichen Streitwagen mit dem Gottesdeterminativ geschrieben und demnach als vergöttlicht angesehen. Wenn der Achämenidenherrscher Darius sich auf einem Jagdwagen bogenschießend auf einen Löwen darstellen ließ, dann ist dies nicht nur als Jagdschilderung, sondern auch als symbolische Wiederholung des mythischen Kampfes gegen das Prinzip des Bösen zu verstehen.

Zunächst ist der Wagen als Kampfgerät ein Bild der Macht und des Krieges (Ex 14,6 f.). Die Zerstörung der Streitwagen bedeutet die Einkehr des Friedens (Mich 5,9). Gott »schafft die Wagen aus Efraim ab und die Rosse aus Jerusalem; die Bogen des Krieges werden zerbrochen. Er gebietet den Völkern Frieden« (Sach 9,10). Das den Babyloniern vertraute Element der Gotteserscheinung – auf einem Wagen – findet auch in der Vorstellungswelt der im Exil lebenden Israeliten Eingang. Der schon vor Ezechiel bekannte Thron wird nun zum Thronwagen, der von den Kerubim (»Lebewesen«) geleitet bzw. gezogen wird. »Wenn die Lebewesen sich bewegten, gingen auch die Räder neben ihnen«, ja, »der Geist der Lebewesen beseelte die Räder« (Ez 1,19 ff., vgl. auch 10,16). Der Prophet hat den von den Kerubim fortbewegten Thron zwar nicht Wagen (merkaba) genannt, doch wurde diese Bezeichnung von späteren Schriftstellern für Ezechiels Vision übernommen. Eine scheinbar frühere Stelle, nach der David »den Plan des Wagens für die goldenen Kerubim, die ihre Flügel ausbreiten und die Bundeslade des Herrn bedecken« (1 Chr 28,18), ausgearbeitet habe, hat keine Parallele in den Königsbüchern und dürfte eher von Ezechiel selbst abhängig sein. Daß es sich aber um ein »fahrbares Gerät« handelt, wird ausdrücklich erwähnt (Ez 43,3). Der Gotteswagen des Jesaja ist mehr ein poetisches Bild: »Fürwahr, im Feuer erscheint der Herr, seine Wagen sind ein wirbelnder Sturm, um wirken zu lassen seinen Zorn und sein Dräuen in feurigen Flammen« (Jes 66,15). Gott macht die »Wolken zu seinem Gefährte« und schwebt auf den Flügeln des Windes daher (Ps 104,3). »Gottes Fahrzeuge sind unzählbar« (Ps 68,18) will besagen, daß Gottes Macht unbeschreiblich ist. Einer seiner Wagen, feurig im Aussehen und von feurigen Rossen gezogen, war der, in dem Elihu zum Himmel emporfuhr (2 Kön 2,11).

In der Patristik taucht das Bild von Christus als dem göttlichen Wagenlenker auf, teils gilt er als einzig wahrer Helios, der mit dem Wagen des Triumphes aus der Dunkelheit (= Grab) aufersteht (so bei Anastasius Sinaita), teils ist er der vom Himmel gesandte Wagenlenker, der die gläubigen Menschen zur Unsterblichkeit führt (bei Klemens von Alexandrien). Tizian malte den Triumphwagen Christi, den die vier Symbolwesen der Evangelisten ziehen. Seinen Anhängern erschien der hl. Franziskus in einem feurigen Wagen gen Himmel fahrend.

LITERATUR: G. Prausnitz: Der Wagen in der Religion, seine Würdigung in der Kunst. Straßburg 1916; M. Loeffler-Delachaux: Le symbolisme des véhicules cosmiques (= Lotos bleu 56/1951, 98–107); P. Auvray: Ezéchiel I–III. Essai d'analyse littéraire (=RB 67/1960, 481–502); J. Daniélou: Le char d'Élie (Les symboles chrétiens primitifs, 77–93). Paris 1961; J. Smolian: Vehicula religiosa. Wagen in Mythos, Ritus, Kultus und Mysterium (= Numen 10/1963, 202–227).

Waschung

Das Waschen ist die wichtigste Form der Reinigung, nicht nur von körperlichem Schmutz, sondern – im Glauben zahlreicher Völker – auch von seelischer Befleckung. Die Babylonier umschrieben das Wasser einfach als »das Reinigende«. Die alten Ägypter personifizierten den reinigenden Wasserüberguß als Göttin Kebechet, die in den Pyramidentexten als Helferin beim Himmelsaufstieg des Königs erscheint – die Reinigung durch Wasser kann demnach zur Auferstehung, zum Weiterleben nach dem Tode verhelfen. Durch die kultische Waschung wird einerseits das Unreine, die Sünde, weggenommen, andererseits Heil zugeführt und neues Leben ermöglicht, also Lustration und Konsekration

in einer Handlung. Die umfassendste Reinigung ist das Bad, wie es z. B im hellenistischen Isiskult vorgeschrieben war. Eine Teilwaschung oder eine Besprengung ist als Ersatz für das Bad anzusehen. In Babylonien mußten vor jedem Opfer die Hände gewaschen werden; Wasserbecken befanden sich vor den ägyptischen Tempeln und den antiken Heiligtümern. Im ägyptischen Totenglauben erhoffte man sich von einer Berieselung mit Wasser neues Leben.
Nur die Reinen dürfen sich dem Herrn nähern. Im Vorhof des Zeltes stand ein bronzener Wasserkessel für die kultischen Waschungen der Priester; »wenn sie ins Begegnungszelt eintreten, sollen sie sich mit Wasser waschen, sonst müssen sie sterben« (Ex 30,17–20). Aaron und seine Söhne wurden vor ihrer Einkleidung von Mose gewaschen (Lev 8,6). Am Versöhnungsfest mußte der Hohepriester seinen Leib an heiliger Stätte baden; auch der Mann, der den Sündenbock in die Wüste führte, »wasche seine Kleider und bade seinen Leib« (Lev 16,24 ff.). Die äußeren Waschungen sind eine symbolische Handlung, die die Reinigung von Sünden nicht nur andeuten, sondern auch bewirken soll. »Wasche vom Bösen dein Herz, Jerusalem, daß du befreit wirst!« (Jer 4,14) Letztlich muß Gott selbst die Reinigung des menschlichen Herzens vornehmen. »Wasche mich völlig rein von meiner Verschuldung, und reinige mich von meinem Fehltritt... Ein gereinigtes Herz erschaffe mir!« (Ps 51,4.12) Dem Propheten Ezechiel offenbart der Herr: »Ich sprenge über euch reines Wasser, damit ihr gereinigt seid; von all euren Unreinheiten und von all euren Götzenscheusalen will ich euch säubern« (Ez 36,25). Der Feldherr Naaman wurde durch siebenmaliges Untertauchen im Jordan vom Aussatz (Symbol der Unreinheit) befreit (2 Kön 5,9 bis 14).
Jesus lehnte die Verabsolutierung der at.lichen Waschungen ab, weshalb die Pharisäer von einer Übertretung der Überlieferung sprachen. Das äußere Waschen kann nicht von Sünden reinigen, da diese ja auch nicht von außen in den Menschen hineinkamen; »denn von innen, aus dem Herzen

der Menschen, kommen die bösen Gedanken, Unzucht, Diebstahl, Mord« (Mk 7). Wer einmal durch das »Bad der Wiedergeburt« (Tit 3,5) gegangen ist, bedarf nur noch der Reinigung von den täglichen Befleckungen dieser Welt; da die Füße am meisten mit dem irdischen Schmutz in Berührung kommen, genügt es, »sich die Füße zu waschen« (Joh 13,10). Im Gegensatz zu den sich wiederholenden Waschungen ist die Taufe ein einmaliger Initiationsritus. Die Wassertaufe des Johannes des Täufers ist untrennbar mit dem Sündenbekenntnis des Täuflings verbunden und hat die Vergebung der Sünden zum Ziel (Mk 1,4 f.). Indem Jesus sich im Jordan von Johannes taufen ließ, stellte er sich als das Lamm Gottes unter das Gesetz des göttlichen Gerichtes über alles Irdische. Während Johannes nur mit Wasser taufte zur Bekehrung, tauft Jesus Christus mit Heiligem Geist und Feuer (Mt 3,11). »Wahrlich, wahrlich, ich sage dir, wenn einer nicht geboren wird aus Wasser und Geist, kann er nicht eintreten in das Reich Gottes« (Joh 3,5). Nach Paulus ist die Taufe ein Symbol des Sterbens und Auferstehens mit Christus. »Wir wurden also mitbegraben mit ihm durch die Taufe auf seinen Tod, damit so, wie Christus auferweckt wurde von den Toten durch die Herrlichkeit des Vaters, auch wir in einem neuen Leben wandeln« (Röm 6,3 f.). Jene, die aus der großen Drangsal kommen und als Erlöste in den Himmel eingehen, »haben ihre Kleider weiß gewaschen im Blute des Lammes« (Offb 7,14).

Von Tertullian wissen wir, daß die Christen der Frühzeit vor jedem Gebet die Hände wuschen. Die Händewaschung war auch beim Eintritt in die Kirche üblich, weshalb in nachkonstantinischer Zeit im Vorhof der Basilika Wasserbecken standen; dieser Brauch wurde später durch die Besprengung mit Weihwasser als Symbol der geistigen Reinigung und der Erinnerung an die Taufe abgelöst. Die Händewaschung (Lavabo) des Priesters nach der Opferung soll andeuten, daß er nur mit reinen Händen und reinem Herzen zum Vollzug des eucharistischen Opfers schreiten darf.

Zur Erinnerung an das Liebesgebot des Herrn wurde die Fußwaschung am Gründonnerstag in Klöstern durch den Abt, in Kathedralen durch den Bischof und an Höfen durch den Fürsten vorgenommen. Bis ins 3. Jh. taufte man im Freien mit fließendem Wasser; neben dem dreimaligen Untertauchen (Immersionstaufe) verbreitet sich immer die Zeremonie des dreimaligen Ausgießens von Wasser über dem Haupt (Infusionstaufe). Neben den Hauptkirchen baute man bis in die romanische Zeit hinein runde oder oktogonale Baptisterien, die Johannes dem Täufer geweiht waren; die neben den deutschen Domen zu Augsburg, Regensburg und Mainz früher erwähnten Johanniskirchlein waren solche Taufkirchen. Mit dem Abkommen der Immersionstaufe wurden die im Mittelalter recht beachtlichen Taufsteine kleiner und erhielten gewöhnlich kelchförmige Gestalt.

LITERATUR: W. Brandt: Die jüdischen Baptismen oder das religiöse Waschen im Judentum mit Einschluß des Judenchristentums. Gießen 1910; I. Scheftelowitz: Die Sündentilgung durch Wasser (= ARW 17/1914, 353–412); J. Leipoldt: Die urchristliche Taufe im Lichte der Religionsgeschichte. Leipzig 1928; R. Reitzenstein: Die Vorgeschichte der christlichen Taufe. Leipzig 1929; J. Thomas: Le mouvement baptiste en Palestine et en Syrie. Gembloux 1935; Fr. J. Dölger: Nilwasser und Taufwasser (= AuC 5/1936, 153–187); O. Cullmann: Die Tauflehre des NT. Zürich 1948; W. P. Plemington: The New Testament Doctrine of Baptism. London 1948; Th. Schäfer: Die Fußwaschung im monastischen Brauchtum und in der lateinischen Liturgie. Beuron 1956; G. R. Beasley-Murray: Baptism in the NT. London 1962; L. Fazekas: Taufe als Tod in Röm 6,3 ff. (= ThZ 22/1966, 307–318); O. Böcher: Dämonenfurcht und Dämonenabwehr. Ein Beitrag zur Vorgeschichte der christlichen Taufe. Stuttgart 1970.

Wasser

Das vom Himmel kommende und in Quellen und Bächen zutage tretende Naß ist das nächstliegende Mittel zur Erfrischung des Dürstenden, zur Beseitigung der Unreinheit und zur Bekämpfung des Feuers. Ohne Wasser gibt es kein Leben.

Wasser ist Urmaterie, ist Mutter-Stoff, aus dem durch Gottvaters Geist-Wort der Kosmos erschaffen wurde. Wegen seiner Formlosigkeit ist das Wasser ein Bild des Chaotischen, des Zustandes vor Erschaffung der Welt. Nach ägyptischer Mythologie ist es Nun, das träge, wässerige Element, aus dem die Erde auftaucht. Im babylonischen Schöpfungsepos wird das auf Rollsiegelbildern oft drachenförmig dargestellte Ungeheuer Tiamat (= das Urwasser) von Marduk besiegt und aus ihrem Leib Himmel und Erde gebildet. Der griechische Naturphilosoph Thales von Milet soll gelehrt haben, daß alles Lebendige aus dem Wasser hervorgegangen ist. Bei den alten Ägyptern war das Wasser mit dem Gedanken der Wiederbelebung verbunden: als »Ausfluß, der aus Osiris hervorging«, befreit es aus der Todesstarre. Im Wasser sind Leben und Tod nahe beisammen. Die babylonische Göttin Ischtar mußte in die Totenwelt hinabsteigen, um das Lebenswasser zu erhalten.
Vor der Erschaffung des Lichtes lag Finsternis über der Urflut (tehom, sprachlich verwandt mit dem akkadischen Tiamat) und schwebte Gottes Geist über den Wassern (Gen 1,2). In Psalm 24,2 heißt es von Jahwe, daß er die Erde auf die Meere gegründet und auf Wasserfluten gestellt hat. Mit der Besiegung des Chaosdrachens versiegten die Wasser der gewaltigen Urflut und wurden die Meerestiefen wegsam gemacht für den Durchzug der Erlösten (Jes 51,9f.). Erst nachdem »das Wasser unterhalb des Himmels an einem Ort gesammelt« wurde, kam das trockene Land zum Vorschein (Gen 1,9f.). Das Urwasser wird zum Lebenswasser; »ein Strom entsprang in Eden zur Bewässerung des Gartens« und teilt sich dann in die vier Paradiesesflüsse (Gen 2,10–14), die symbolischer Hinweis auf die vier Himmelsgegenden sind. Naheliegend war es, in dem zur physischen Reinigung dienenden Wasser ein Sinnbild für die sittliche Reinigung zu sehen. Der Herr verlangte von Aaron und seinen Söhnen, daß sie sich vor liturgischen Handlungen (im Begegnungszelt und am Altar) Hände und Füße waschen sollen, »sonst müssen sie sterben« (Ex 30,18–21). In Verbindung mit dem Geist Gottes vermag einfaches Wasser Wunder zu wirken. Auf Weisung des Propheten Elischa tauchte der

aramäische Feldherr Naaman siebenmal im Jordan unter, und er war vom Aussatz geheilt (2 Kön 5,10–14). Das Quellwunder des Mose (Ex 17,6) ist ein Vorbild der sakramentalen Heilsquelle, die durch Christus den Gläubigen erschlossen wurde. Wenn »der Tag des Herrn« kommt, werden »entspringen fließende Wasser von Jerusalem aus« (Sach 14,8); es ist das Lebenswasser, das die Kirche spendet. Ganz deutlich wird dies bei Ezechiel (47,1–12); der in östlicher Richtung, d. h. dem Licht, der Sonne Christi, entgegenfließende Strom entquillt dem Tempel; »jegliches Lebewesen, das dort wimmelt, soll wiederaufleben, wohin immer der Fluß sich ergießt; groß wird die Menge der Fische sein. Denn falls dies Wasser dahin kommt, so gesundet das Meer, und alles, was der Fluß erreicht, bleibt am Leben«. – Erwähnt werden muß das Wasser auch als Bild für Unglück und Gottes Gericht, so vor allem in der Sintflut (Gen 6,17), bei der »alle Quellen der großen Urflut« aufbrachen und »die Fenster des Himmels« sich öffneten (Gen 7,11). Unüberhörbar ist der Ruf des vom Tode bedrohten Menschen: »Hilf mir, o Gott, denn das Wasser reicht mir schon bis zur Kehle!« (Ps 69,2). Als Strafgericht Gottes fluten die Wasser des Euphrat über ihre Ufer (= Bild für den König von Assur und seine gesamte Streitmacht) und überschwemmen das vom Glauben abgewichene Juda (Jes 8,7).

Die Korrespondenz zwischen der feuchten Urmaterie, dem Lebenswasser, und dem göttlichen Geist steht nicht nur am Anfang der Schöpfung, sondern auch an bedeutender Stelle in den Evangelien. »Wenn einer nicht geboren wird aus Wasser und Geist, kann er nicht eintreten in das Reich Gottes« (Joh 3,5). Als Jesus getauft wurde, öffnete sich der Himmel, »und der Heilige Geist stieg in leiblicher Gestalt wie eine Taube herab auf ihn« (Lk 3,21 f.). Durch die Vermählung des empfangenden, an die Erde gebundenen Wassers mit dem zeugenden, himmlisch-göttlichen Wort entsteht das Mysterium der reinigenden, lebenerneuernden Taufe (vgl. Eph 5,26). Am letzten Tag des Laubhüttenfestes sprach Jesus: »Wenn jemand dürstet, komme er zu mir und trinke! Wer an mich glaubt, aus dessen Leib werden Ströme lebendigen Wassers fließen.« Der Evangelist Johannes bezieht diese Worte auf den Geist, den die empfangen sollten, die an ihn glauben (Joh 7,37 ff.). Im Gespräch mit der Frau aus Samaria betont Jesus den Wesensunterschied zwischen gewöhnlichem Wasser, etwa aus dem Jakobsbrunnen, und dem Wasser, das er den Dürstenden gibt. »Wer aber trinkt von dem Wasser, das ich ihm gebe, den wird nicht mehr dürsten in Ewigkeit« (Joh 4,7–14). Der Thron Gottes und des Lammes ist der wahre Ort, von dem der Strom mit dem Wasser des Lebens kommt (Offb 22,1).

Ambrosius spricht vom Wasser als Gnadenmittel Christi, das alles abwäscht und selbst nicht gewaschen werden muß; »in dir ist der Anfang, und in dir ist das Ende. Vielmehr du bewirkst, daß wir kein Ende kennen«. Bei der Weihe des Taufwassers in der Ostervigil senkt der Priester die brennende Osterkerze (= Symbol Christi) in das Wasser und singt dabei dreimal: »Es steige herab in diesen vollen Born die Kraft des Heiligen Geistes«; die Handlung soll andeuten, daß das Wasser die Heiligungskraft durch Christus erhält. Dann wird das Wasser kreuzförmig geteilt und in die vier Himmelsgegenden (in Anlehnung an die vier Paradiesesströme) ausgesprengt. Die Besprengung mit Weihwasser, z. B. beim Betreten der Kirche, ist Symbol der geistigen Reinigung und darüber hinaus eine Erinnerung an die Taufe. Einige dem Meßwein im Opferkelch beigemischte Wassertropfen deuten auf die Verbindung des gläubigen Menschen (= Wasser) mit Christus (= Wein); eine andere Auslegung weist auf die Seitenwunde Jesu (Joh 19,34), aus der Wasser und Blut hervorkamen.

↗ Durst, Quelle

LITERATUR: A. Miller: Die Symbolik des Wassers in der Osterliturgie (= Benediktinische Monatsschrift 17/1935, 145–153); F. Wieshöfer: Das Weihwasser in der Frühzeit des Christentums und bei den klassischen Völkern. Münster 1935; J. Daniélou: Le symbolisme de l'eau vive (= RechScR 11958, 335–346); Ph. Reymond: L'eau, sa vie et sa signification dans l'Ancien Testament. Leiden 19958; J. J. McGovern: The Waters of Death (= The Catholic Biblical Quarterly XXI/1959, 350–358). J. Goettmann: Le thème de l'eau dans la Bible (= Bible et Vie Chrétienne 31/1960, 48–70); E. M. Blaiklock: Water (= Eternity 17/1966, 27–29); Ph. Rech: Wasser (Inbild des Kosmos II, 303–394); M. Ninck: Die Bedeutung des

Wassers im Kult und Leben der Alten. Eine symbolgeschichtliche Untersuchung. Erstaufl. 1921. Reprint Darmstadt 1967; A. Ohler: Gottes Macht über das Wasser (Mythologische Elemente im AT, 71–116).

Weg

Wie alles Geschöpfliche befindet sich der Mensch in ständiger Bewegung, und jede in Raum und Zeit sich abspielende Bewegung beschreibt einen Weg. Jedes Handeln des Menschen gehört zu seinem Lebensweg. Die Ägypter erblickten den sichtbaren Hinweis für ihren eigenen Lebensweg im Lauf der Sonne, aus ihm schöpften sie auch Hoffnung auf ein Weiterleben nach dem Tode. Alle Religionen versuchen, ihren Anhängern den rechten Weg durch das Leben zu weisen. Es gibt zahlreiche Riten, die die Lebensstationen der verehrten Gottheit gleich einer imitatio Dei nachvollziehen. Beim babylonischen Neujahrsfest wurde der Lebensweg des Gottes Bel, sein Abstieg in die Unterwelt und seine Rückkehr, dramatisch dargestellt. In Ägypten glaubte man im Mysteriendrama von Osiris, in dessen Tod und Wiederauferstehung, seinen eigenen Lebensweg zu schauen. Das Bild des Weges wurde in der iranischen Glaubenswelt zum Bild der Himmelsreise erweitert.

Im AT hat der Weg eine dreifache Bedeutung. Zunächst ist er der göttliche Weltplan, in Jahwes unergründlichem Willensentschluß verankert. So kann der Herr sprechen: »Meine Gedanken sind eure Gedanken durchaus nicht, eure Wege sind nicht meine Wege« (Jes 55,8). »Um wieviel die Himmel überragen die Erde, soviel sind meine Wege höher als eure Wege, ragen meine Gedanken über eure Gedanken« (Jes 55,9). Die zweite Bedeutung ist die des Lebensweges. Des Menschen ganzes Leben ist ein Weg (Spr 20,24), der Gott nicht verborgen ist (Ps 139,3). »Ist er es nicht, der meine Wege sieht und alle meine Schritte zählt?« (Ijob 31,4). Gott hat alle Wege in seiner Hand, ihm gehören alle Pfade (Dan 5,23). Schließlich bedeutet »Weg« die Lebensführung, den Wandel eines Menschen unter Bezugnahme auf Gottes Gebote. Abraham wurde auserkoren, »daß er seinen Söhnen und seiner Nachkommenschaft gebiete, sie sollen den Weg des Herrn beobachten durch Übung von Recht und Gerechtigkeit« (Gen 18,19). Der »Weg des Heiles« ist das Leben nach Gottes Willen; wer ihn geht, der wird Ruhe finden (Jer 6,16). »Auf, laßt uns hinaufziehen zum Berge des Herrn und zum Tempel des Gottes Jakobs, daß er seine Wege uns lehre und wir wandeln auf seinen Pfaden!« (Jes 2,3) Es gibt nicht nur den Weg der Frommen, sondern auch den Pfad der Ruchlosen (Ps 1,6). Wiederholt ergeht an Israel die Aufforderung, in Gottes Wegen zu wandeln; aber im letzten stellt der Herr es den Menschen frei, den »Weg des Lebens« oder den »Weg des Todes« zu wählen (Jer 21,8).

Der Ausdruck »Weg Gottes« bezeichnet den von Gott gebotenen menschlichen Lebenswandel (Mk 12,14). Das at.liche Bild von den zwei Wegen, dem guten und dem schlechten, kehrt in der Bergpredigt wieder: »Weit ist das Tor, und breit ist der Weg, der ins Verderben führt, und viele sind es, die hineingehen auf ihm. Wie eng aber ist das Tor und wie schmal der Weg, der zum Leben führt; und wenige sind es, die ihn finden« (Mt 7,13 f.). Der Höhepunkt biblischer Wegsymbolik ist die Selbstbezeugung Jesu: »Ich bin der Weg, die Wahrheit und das Leben. Niemand kommt zum Vater außer durch mich« (Joh 14,6). Jesus Christus braucht keinen Weg zum Vater, er ist selbst der Weg! Er ist aber nicht nur der Weg, er ist auch das Ziel, nämlich das Leben. »Durch sein Fleisch«, d. h. durch sich selbst, hat er allen Menschen diesen Weg eröffnet (Hebr 10,20).

Wer den Weg Christi beschreitet, wird in das Himmelreich eingehen. Aus diesem Glauben heraus entstand das Werk »Nachfolge Christi« des Thomas von Kempen. Im Kirchenjahr werden die Heilsmysterien von Christi Lebensweg (Geburt, Tod, Auferstehung) immer wieder vergegenwärtigt. Der Erinnerung des Leidensweges, auf dem Jesus zur Kreuzigung geführt wurde, dienten die im 15./16. Jh. aufgekommenen Kreuzwege mit den – erst später auf die Zahl

14 festgelegten – Stationen. Trotz allen irdischen Verhaftetseins hofft der Gläubige, die via sacra, den heiligen Weg, den Weg zum Heil, zu finden – wenn er durch die Kirchenpforte zum Altar schreitet. Jede Wallfahrt erinnert den Pilger daran, daß unser Leben auf Erden nur eine Pilgerfahrt zum Himmel ist.

LITERATUR: O. Becker: Das Bild des Weges und verwandte Vorstellungen im frühgriechischen Denken. Berlin 1937; G. Wingren: »Weg«, »Wanderung« und verwandte Begriffe (= STh 3/1949, 111–123); A. Kuschke: Der Menschenweg und der Weg Gottes im AT (= STh 5/1951, 106–118); S. V. McCasland: »The Way« (= JBL 77/1958, 222–230); F. Nötscher: Gotteswege und Menschenwege in der Bibel und in Qumran. Bonn 1958; A. Gros: Je suis la route. Le thème de la route dans la Bible (= Thèmes Bibliques 1961, 7–152); E. Repo: Der »Weg« als Selbstbezeichnung des Urchristentums. Helsinki 1964; N. Brox: Der Glaube als Weg. Salzburg, München 1968.

Weidenbaum

Die mit dem Wasser verschwisterte Weide, die von den laubabwerfenden Bäumen sich als erste wieder mit zartem Grün schmückt, wurde schon früh zu einem Bild blühenden Lebens. Wenn die Winzer der Antike mit Vorliebe Weiden in ihren Weinbergen pflanzten, dann nicht nur, um den Reben eine Stütze zu geben, sondern auch daß die Triebkraft der Weide einen günstigen Einfluß auf das Gedeihen der Trauben ausübe. Weil die Weide scheinbar ihre Blüte vor dem Ansetzen der Frucht abwirft, glaubte man, daß der Baum sich nicht durch Besamung und Frucht fortpflanze, sondern seine Lebenskraft über Wurzeln und die ins Wasser oder Erdreich gesenkten Zweige weitergebe. Die »keusche« Weide wurde zur heiligen Pflanze der jungfräulichen Göttin Kore, die als Persephone mit der Unterwelt in Verbindung stand.

Um der Befreiung des israelitischen Volkes aus der ägyptischen Knechtschaft zu gedenken und um Gott für die Ernte von Obst und Wein zu danken, wurde das Laubhüttenfest gefeiert. »Holt euch am ersten Tag prächtige Baumfrüchte, Palmzweige, Äste von dichtbelaubten Bäumen und Bachweiden und seid vor dem Herrn, eurem Gott, sieben Tage lang fröhlich« (Lev 23,40). Wenn später der Opferaltar unter Bittgesängen siebenmal umzogen wurde, dann drückten die in Händen getragenen Weidenzweige den Wunsch nach Regen, Fruchtbarkeit und Leben aus. Ja, mit der Weide wurde symbolisch das Wachstum und das Gedeihen der Nation verbunden, so wenn es bei Jesaja (44,3 f.) heißt: »Denn ich gieße Wasser auf dürstende Flur, ... meinen Segen auf deine Sprossen. Da sprießen sie ..., wie Weiden an Wassergräben es tun.« Die Weide ist aber auch der geheimnisvolle, dem Untergründigen nahestehende Baum, der nicht nur keusch, sondern auch unfruchtbar ist. Die Stelle bei Ijob (40,22), die das diabolische Urtier Behemot in nächste Nachbarschaft zu den »Weiden des Flusses« setzt, wurde in der alexandrinischen Übertragung wiedergegeben mit: »Es beschatten ihn Bäume mit Zweigen und Sprossen des Agnosbaumes« (griechisch »agnos« = keusch, »agonos« = unfruchtbar) – es ist ein bildhafter Ausdruck für das unfruchtbare Leben, für die Schatten des Todes; heutige Bibelausgaben haben meistens die lateinische Übersetzung übernommen: populus = Pappel. In ihrer tiefen Betrübnis sangen die Kinder Israels während des Exils: »An Babylons Strömen da saßen wir und weinten bei unserm Gedenken an Zion. An den Weiden daselbst hängten wir unsere Harfen auf« (Ps 137,1 f.). Das Aufhängen der Harfen am Baum der Unfruchtbarkeit ist gleichsam ein symbolisches Opfer; denn »wie sollten wir singen auf fremder Erde Lieder des Herrn«.

Der Römer Hermas (»Hirt des Hermas«) erschaut die Weide in kosmischer Ebene als Symbol der göttlichen Lebenskraft, die in der Menschwerdung Gottes in die Erde eingesenkt wurde. Augustinus greift den dunklen Aspekt auf und erblickt in den Weiden an Babylons Flüssen die im Irdischen verstrickten Menschen, unfruchtbar in jedem guten Werk. Wie die Legende berichtet, hat sich Judas nach seinem Verrat an einem Weidenbaum erhängt. Auf Heiligenbildern deuten verdorrte Weiden auf die abgestorbenen Triebe, z. B. bei Dürers »Hieronymus«.

LITERATUR: H. Rahner: Die Weide als Symbol der Keuschheit in der Antike und im Christentum (= ZKTh 56/1932, 231–253); H. Rahner: Der Weidenzweig am Jenseitstor (Griechische Mythen in Christlicher Deutung, 361–413). Zürich 1957.

Weihrauch

Der Weihrauch wird durch Verbrennen eines Harzes erzeugt. Räucherungen hatten zunächst kathartische und apotropäische Bedeutung. Den Ägyptern galt der Weihrauch als eine überirdische Erscheinungsform, und sie bezeichneten ihn als »Gottesschweiß, der auf die Erde fiel«; im Totenkult erblickte man in dem aufwärts ziehenden Rauch einen Wegweiser in das Jenseits. Mit der Sublimierung religiöser Vorstellungen wurde der Weihrauch zu einem Symbol des aufsteigenden Gebetes; Griechen und Römer hatten in der Nähe des Götterbildes im Tempel einen Weihrauchaltar (foculus) zur anbetenden Huldigung. Im Aufsteigen des Weihrauchs erblickten die Mandäer die Entfaltung des göttlichen Wesens.

Das hebräische lebonah (Weihrauch) ist abgeleitet von dem Wort für »weiß, glänzend«. Weihrauch war Bestandteil des heiligen Räucherwerks, das allein für Gott bestimmt war (Ex 30,34) – Symbol der Anbetung! Weiter war er dem Speiseopfer beizufügen; »der Priester lasse den duftenden Teil auf dem Altar in Rauch aufgehen als ein Feueropfer für den Herrn lieblichen Geruches« (Lev 2,1 f.). Der Wohlgeruch sollte auch zur Versöhnung Jahwes dienen, auf daß er nicht sein Strafgericht über das ungetreue Volk sende; Aaron »räucherte und schaffte dem murrenden Volk Sühne« (Num 17,12). Ganz allgemein ist der Weihrauch ein Symbol der Gottesverehrung und Anbetung. »Ihr frommen Söhne ... Wie Weihrauch gebt ihr süßen Wohlgeruch«

(Sir 39,14). Rauchopfer und Gebet sind wertgleich und austauschbar, sie sind beide ein Opfer vor Gott (Ps 141,2). Messianische Bedeutung erhält des Propheten Wort, daß Kamele von Saba kommen und Gold und Weihrauch herbeitragen »und künden froh des Herren ruhmreiche Taten« (Jes 60,6).

Durch die Darbringung des Weihrauchs verehrten die Magier aus dem Morgenland den Jesusknaben als den neugeborenen Heiland der Welt (Mt 2,11). In der Apokalypse werden die goldenen Schalen von Rauchwerk in den Händen der vierundzwanzig Ältesten als die Gebete der Heiligen gedeutet (Offb 5,8). Dem mit einem goldenen Rauchfaß vor den Rauchaltar tretenden Engel wurde viel Räucherwerk gegeben, »daß er es darbringe unter dem Gebet der Heiligen« (Offb 8,3).

Die Verwendung des Weihrauchs in heidnischen Kulten hatte in frühchristlicher Zeit zunächst eine Abneigung gegen seinen liturgischen Gebrauch zur Folge. Vom 4. Jh. an wurden zuerst in der Grabeskirche zu Jerusalem, dann auch in den großen Basiliken des Abendlandes Räuchergeräte vor Altären und Märtyrergräbern aufgestellt. Die Beräucherung des Altars bei Beginn des Gottesdienstes erwähnt erstmals Pseudo-Dionysius. Durch die dem Weihrauch vor der Räucherung erteilte Segnung wird er zum Sakramentale, das lustrative Bedeutung hat. Das kreuzförmige Schwingen des Thuribulum (Rauchfaß) ist Hinweis auf die Beziehung zum Kreuzesopfer, ringförmiges Schwingen soll die heiligen Gaben als Gott gehörend absondern. Werden Personen oder Sachen inzensiert, so ist darin ein äußeres Zeichen der Verehrung zu erblicken, welches aber nur in seiner letztlichen Beziehung auf Gott hin kirchliche Gültigkeit haben kann; so sind auch – neben dem seit je miteinbegriffenen apotropäischen Moment – die Beräucherungen der Leiche oder der Tumba zu verstehen.

LITERATUR: E. G. C. Atchley: A History of the Use of Incense in Divine Worship. London 1909; M. Löhr: Das Räucheropfer im AT. Halle 1927; R. H. Connolly: The Use of Incense in the Roman Liturgy

(= El 43/1929, 171–176); D. Forstner: Die Welt der Symbole, 306–312; M. Haran: The Use of Incenses in the Ancient Israel Ritual (= VT 10/1960, 113–129).

Wein

Als Erreger eines erhöhten Lebensgefühls spielt der Wein auch in der Religionsgeschichte eine nicht zu unterschätzende Rolle. Das berauschende Getränk kann zur höchsten Ekstase führen, aber auch zur Zerstörung der Existenz. Nach einer ägyptischen Mythe wurde Isis durch den Genuß von Trauben schwanger und brachte Horus zur Welt; als lebenerhaltendes Getränk reicht der Keltergott Schesmu den Toten Wein. Aus der symbolischen Gleichsetzung des Weines mit dem Blut ergibt sich die Bedeutung für den Totenkult. Auf Kreta wurde die Leiche mit heißem Wein gewaschen. Nach dem Bericht der Aeneis hat sich bei Didos Tod der von ihr mit Weihrauch geopferte Wein in Blut verwandelt. In Dionysos, dem Gott des Weins und der ausgelassenen Freude, verehrten die Griechen eine Art Er-Löser (Lysios), der die Menschen von ihren Sorgen befreit. Seit alters werden Wein und Wahrheit in sprichwörtlicher Rede miteinander verbunden.

Der Wein ist ein Bild der Lebensfreude; Menschen und Götter (d. h. in der Bibel göttliche, gottnahe Wesen, Engel) werden von ihm erquickt (Ri 9,13). Gott selbst gibt »den Wein, der das Herz des Menschen erfreut« (Ps 104,15). Während das Maßhalten – auch im Weingenuß – zu den königlichen Tugenden gehört, soll man doch dem Versinkenden den Rauschtrank gewähren – »und den Wein gebt dem Verbitterten« (Spr 31,4 ff.). Die Auserwählten Gottes werden wie Recken erscheinen, »ihr Herz wird sich freuen wie beim Wein« (Sach 10,7). Wenn der Herr den Durstigen nicht nur Wasser anbietet, sondern auch Wein, »ganz umsonst« (Jes 55,1), dann gewährt er ihnen nicht nur Leben, sondern auch Freude. Der Wein wird weiter zu einem Bild für geistliche Gaben; so hat die göttliche Weisheit »ihren

Wein gemischt, auch hat sie ihre Tafel schon gedeckt« (Spr 9,2). Messianische Bedeutung erhält der Segen, den Jakob über seinen Sohn Juda spricht: »An den Weinstock bindet er seinen Esel und an die Rebe seiner Eselin Junges. Er wäscht im Wein sein Kleid und im Rebenblut sein Gewand« (Gen 49,11). Das eschatologische Mahl wird ein Mahl von abgelagerten, geläuterten Weinen sein (Jes 25,6).

Als erstes Wunder hat Jesus bei der Hochzeit zu Kana Wasser in Wein verwandelt (Joh 2,3–10) – ein Hinweis auf die anbrechende Freude und Segensfülle des Gottesreiches. Der barmherzige Samariter goß Öl und Wein in die Wunden des unter die Räuber Gefallenen (Lk 10,34); die zu dieser Parabel gehörende Markusparallele (12,34) zeigt einwandfrei den Zusammenhang mit dem Gottesreich-Motiv auf. Öl und Wein finden sich auch sonst zusammengestellt; sie sind nicht nur im irdischen Sinne von heilender Wirkung, sondern auch in einem über-natürlichen Sinne zum Heile führend. Deshalb wird selbst dem apokalyptischen Reiter auf dem schwarzen Roß, von Gott als Heimsuchung auf die Erde gesandt, zugerufen: »Dem Öl aber und dem Wein füg keinen Schaden zu!« (Offb 6,6) Höhepunkt biblischer Weinsymbolik sind Jesu Worte beim letzten Abendmahl, als er den Kelch seinen Jüngern gab: »Trinket alle daraus; denn dies ist mein Blut des Bundes, das für viele vergossen wird zur Vergebung der Sünden« (Mt 26,27 f.).

Der Märtyrer Justinus erblickte in dem Segen Jakobs über Juda den Hinweis auf Christus, durch dessen Blut alle an ihn Glaubenden rein gewaschen werden. Wie in den at.lichen Weinbergliedern die Liebe Gottes zu seinem Volk Ausdruck fand, so wird der Wein, gereicht im Segensbecher der Eucharistie, zum Symbol des hochzeitlichen Bundes zwischen Christus und der Ecclesia. Brot und Wein auf dem Altar sind das Mysterium der Einheit mit Christus. Einige Kirchenväter (so Irenäus) erblickten in der liturgischen Mischung von Wein und Wasser ein Symbol für die Vereinigung von Gottheit und Menschheit in Christus. Den Mischtrank des Kelches deutete man auch als das aus der Seite des Herrn fließende Wasser und Blut. Bei den Mystikern wird der Rausch zu einem Bild der Gotterfülltheit und Gottvereinigung. Mechthild von Magdeburg spricht vom Eintreten in die Weinzelle; »die Braut wird trunken beim Anblick des edlen Antlitzes«.

LITERATUR: K. Kircher: Die sakrale Bedeutung des Weines im Altertum. Gießen 1910; V. Zapletatl: Der Wein in der Bibel. Kulturgeschichtliche und exegetische Studie. Freiburg 1920; G. Schreiber: Zur Symbolik, Sprache und Volkskunde des Weines (= Beiträge zur sprachlichen Volksüberlieferung, 208–232). Berlin 1953; E. R. Goodenough: Jewish Symbols in the Greco-Roman Period. Bd. 6. New York 1956; E. St. Drower: Water into Wine. A Study of Ritual Idiom in the Middle East. London 1956 (– über Lebensspeise und Lebenstrank); J. Jeremias: Die Abendmahlsworte Jesu. Göttingen ³1960; Ph. Rech: Wein (Inbild des Kosmos II, 423–466); B. Wulf: Das heilige Mahl – Brot und Wein. Freiburg 1969 (– vom anthroposophischen Standpunkt aus); L. Scheffczyk: Die Heilszeichen von Brot und Wein. Eucharistie als Mitte christlichen Lebens. München 1973.

Weinstock und Traube

Der in warmen Ländern üppig wachsende Weinstock, dessen Früchte ein kräftigendes, anregendes und – im Übermaß genossen – berauschendes Getränk geben, wurde im alten Orient zu einem sprechenden Bild für Wohlergehen und Reichtum. In Altmesopotamien war die Rebe geradezu identisch mit dem »Kraut des Lebens«; das sumerische Schriftbild für »Leben« war ursprünglich ein Rebenblatt. In der Religion der Mandäer (in geringen Resten bis heute im Irak lebend) ist der »außerhalb der Welten stehende Weinstock« ein Gleichnis für den Vater alles Lebens; die Aussage vom himmelumspannenden Weinstock, dessen Beeren die Sterne sind, läßt die Funktion als kosmischer Baum durchschimmern.

Der Weinberg und die Rebenpflanzung waren biblische Bilder für das auserwählte Volk. »Denn der Weinberg des Herrn der Heerscharen ist das Haus Israel, und die Leute von Juda sind seine liebliche Pflanzung« (Jes 5,7). Das

Bild vom Weinberg wechselt in das des Weinstockes über, wenn es bei Hosea (10,1) heißt: »Israel war ein üppiger Weinstock, ließ zahlreiche Früchte reifen.« Im Hohenlied (7,13) lädt die Braut ihren himmlischen Geliebten ein, in die Weinberge aufzubrechen; »wollen sehen, ob der Weinstock schon treibt, die Rebblüte aufspringt... Dort will ich meine Liebe dir schenken.« Der Weinberg ist Wahrzeichen der Himmel und Erde verbindenden Liebe Gottes. Zu ungeheurer Größe wuchs der aus Ägypten entwurzelte Weinstock heran, vom himmlischen Weingärtner liebevoll wieder eingepflanzt: »Raum schufst du für ihn, er schlug Wurzeln und überdeckte das Land. Von seinem Schatten wurden die Berge verdunkelt, von seinen Zweigen die Zedern Gottes. Seine Ranken streckte er bis ans Meer und bis an den Euphratstrom seine Triebe« (Ps 80,9–12). Aber furchtbar ist die Strafe Jahwes für den Abfall seines Volkes: »Das Wildschwein des Waldes frißt ihn kahl« (Ps 80,14). Die von den nach Kanaan ausgesandten Kundschaftern mitgebrachte große Traube – »sie trugen sie zu zweien an einer Stange« (Num 13,23) ist ein Bild für die Fülle des Gelobten Landes und für den Reichtum göttlicher Verheißung.

Ein Höhepunkt der Weinbergsymbolik ist Jesu Gleichnis vom Gutsherrn, der einen Weinberg pflanzte, ihn umzäunte und vor seiner Abreise seinen Pächtern übergab. Als er zur Erntezeit zurückkehrte und die Früchte verlangte, mißhandelten und töteten die treulosen Winzer die vom Gutsherrn geschickten Knechte. »Zuletzt aber sandte er seinen Sohn zu ihnen«, aber »sie ergriffen ihn, warfen ihn zum Weinberg hinaus und töteten ihn« (Mt 21,33–39). Der Sohn des (Guts-)Herrn ist kein anderer als Jesus Christus. Dieser aber ist nicht nur Gottes Sohn, sondern auch »der« Menschensohn, und so kann er in der Nacht vor seinem Tode von sich selbst bezeugen: »Ich bin der wahre Weinstock, und mein Vater ist der Weingärtner« (Joh 15,1). Und zu seinen Jüngern sprach er weiter: »Ich bin der Weinstock, ihr seid die Reben« (Joh 15,5).

Verständlicherweise wurde das Bild vom Weinstock immer wieder von den Kirchenvätern aufgegriffen und durchleuchtet. Nach Kyrill von Jerusalem wird der Mensch durch die Taufe ein Teil des heiligen Weinstockes; wer im Glauben bleibt, »wird wachsen als ein fruchttragender Rebzweig«. Damit wird die große Glaubensgemeinschaft der Kirche selbst zu jenem Weinstock, der die Länder überdeckt und dessen Ranken sich bis an das Meer erstrecken (nach Ps 80,9–12). Die große, zwischen zwei Männern getragene Weintraube wird als Symbol des Erlösers am Kreuz gedeutet; wie die Traube der Kelter entgegenreift, so hat der Heiland sein Blut für uns hingegeben. Die Traube, nach der schon der kleine Jesus greift, weist auf das Abendmahl; bei Martin Schongauers »Heiliger Familie« reicht Maria dem Jesusknaben Trauben. In der frühchristlichen Grabkunst war die Frucht des Rebstocks ein Symbol für das jenseitige glückliche Leben.
↗ Kelter

LITERATUR: E. Power: Ego sum vitis vera (= Verbum Domini 1/1921, 147–152); C. Leonardi: 'Ampelos. Il simbolo della vite nell'arte pagana e paleocristiana. Roma 1947; S. M. Gozzo: Disquisitio critico-exegetica in parabolam N. T. de perfidis vinitoribus. Rom 1949; J. Daniélou: La vigne et l'arbre de vie (Les symboles chrétiens primitifs, 33–48); O. Nussbaum: Die große Traube Christi (= JbAC 6/1963, 136–143); Ph. Rech: Weinberg, Weinstock, Traube, Kelter (Inbild des Kosmos II, 395–423); R. Borig: Der wahre Weinstock. Untersuchungen zu Jo 15, 1–10. München 1967; A. Thomas: Maria die Weinrebe (= Kurtrierisches Jahrbuch 10/1970, 30–55).

Weiß

Die weiße Farbe spielt seit alters in Kult und Aberglauben eine große Rolle. Es ist die bevorzugte Farbe der den Göttern geweihten Tiere. So war der Stier des babylonischen Wettergottes Adad durch eine weiße Farbe ausgezeichnet, und in Rom wurden weiße Tiere den Himmelsgöttern dargebracht. In Iran war es die Farbe Ahura Mazdas, des guten und höchsten Gottes, der geradezu den Beinamen »der weiße Herr« hatte. Die griechischen Priester trugen weiße Gewänder wie auch die Electi der Manichäer. Infolge der Verbindung der weißen Farbe mit dem Heiligen und Göttlichen findet sich Weiß häufig als Symbol ethischer Reinheit und Vollkommenheit.

Weiß war die Farbe der Freude und der Festlichkeit. Bei aller Unbegreiflichkeit des menschlichen Lebens gibt Kohelet, der Prediger, den Rat: »Iß dein Brot in Freude... Allzeit seien deine Kleider weiß, und Öl soll deinem Haupt nicht fehlen!« (Koh 9,7 f.). Nach mosaischem Gesetz war als Stoff für den Gebrauch des Heiligtums ein feines weißes Linnen (Byssus) vorgeschrieben (Ex 26,1; 27,9). Auch die Kleidung der Priester soll »Gold, violette Purpurwolle, roten Purpur, karmesinroten Stoff und Byssus verwerten« (Ex 28,5–8); Leibrock und Turban sind ganz aus weißem Leinen anzufertigen (Ex 28,39). In Daniels Vision erscheint Gott als »Hochbetagter«, sein »Gewand war weiß wie Schnee, sein Haupthaar wie Wolle so rein« (Dan 7,9). Von weißer Farbe war auch das »Linnengewand« des Engels, dessen Leib wie Chrysolith war (Dan 10,5).

Die Farbe des ungebrochenen Lichtes wurde im Christentum die sakrale Grundfarbe. Auf dem Berg der Verklärung glänzte Christi Antlitz wie die Sonne, »seine Kleider aber wurden hell leuchtend wie das Licht« (Mt 17,2). »Seine Kleider erstrahlten überaus leuchtend hell, wie kein Walker auf Erden sie so aufzuhellen vermag« (Mk 9,3). Die bei der Auferstehung des Herrn anwesenden Engel saßen »in weißen Gewändern« beim Grabe (Joh 19,12). In der Apokalypse sinnbildet die weiße Farbe vollkommene Reinheit und unvergängliche Herrlichkeit. Diejenigen, die aus der großen Drangsal in das himmlische Jerusalem eingehen, haben »ihre Kleider weiß gewaschen im Blute des Lammes« (Offb 7,13 f.). Bei der feierlichen Eröffnung des Gerichtsvollzuges schreiten die sieben Engel daher, »angetan mit reinem, strahlendem Linnen und die Brust umgürtet mit goldenen Gürteln« (Offb 15,6). Der zum Endkampf auf-

brechende Christkönig reitet auf einem weißen Pferd (Offb 19,11); die Heerscharen im Himmel ziehen hinter ihm her »auf weißen Pferden, gekleidet in weißes und reines Byssus-Linnen« (Offb 19,14).
Die Taufkleider, die die Neophyten in altchristlicher Zeit trugen, waren weiß; acht Tage nach der Taufe (zu Ostern) legten sie diese wieder ab, deshalb heißt dieser letzte Tag »Dominica in albis« (»Weißer Sonntag«). Die weißen Erstkommunionkleider der Mädchen und die weißen Hochzeitskleider der Bräute sind symbolischer Hinweis auf Unschuld und Jungfräulichkeit. Im römischen Ritus ist die weiße Farbe den Festen des Herrn (mit Ausnahme der Passionstage), der Muttergottes, der Bekenner und Jungfrauen zugeordnet.

Weizen, Ähre

Nirgends wird das Gesetz des »Stirb und Werde« dem Menschen so deutlich vor Augen geführt wie bei dem Vorgang der Saat und Ernte. Wie das Weizenkorn aus dem dunklen Schoß der Erde seiner Bestimmung entgegenwächst, so kommt der Mensch aus einem dunklen Urgrund; und letztlich ist es beider Schicksal, wieder in ihren Ausgang einzumünden. In Hellas konnte die Ähre sowohl die Feldfrucht als auch die Frucht des Menschenschoßes bezeichnen. Wenn in den Eleusinischen Mysterien den Eingeweihten als Höchstes und Tiefstes eine Ähre gezeigt wurde, dann war diese sicher mehr als nur das Symbol der Fruchtbarkeit, vielmehr war es das Bild der aus der Unterwelt aufsteigenden Göttin Kore, mit der das Leben in einem allumfassenden Sinne zurückkehrte. In Ägypten war das aufwachsende Korn Sinnbild des vom Tode auferstehenden Osiris.
Als Bild für die Fruchtbarkeit finden sich die Ähren in einem Traum des Pharao; die sieben fruchtbaren Jahre wurden durch sieben schöne und volle Ähren angedeutet,

die sieben mageren Jahre durch »sieben magere und vom Ostwind ausgetrocknete Ähren« (Gen 41,5–27). Bedeutungsvoll sind auch die Worte der Moabiterin Rut: »Ich gehe hinaus aufs Feld und werde Ähren sammeln hinter dem, in dessen Angesicht ich Gunst finde.« Eine glückliche Fügung führte sie auf das Feld des Boas (eines Vorbildes Christi), der zu ihr sprach: »Der Herr möge dir dein Tun vergelten ... dafür, daß du gekommen bist, um unter seinen Flügeln Schutz zu suchen« (Rut 2,1–12). Das Auflesen der auf Gottes Acker wachsenden Ähren führte schließlich zur göttlichen Frucht: Rut wurde die Ahnmutter Davids und damit auch von Jesus. Die im Hohenlied (7,3) über die himmlische Braut getroffene Aussage: »Dein Leib ist ein Weizenhaufen« wurde motivanregend für die mittelalterliche Ährenkleidmadonna.

Als Symbol eines neuen Lebens verwendet Jesus das Weizenkorn: »Wahrlich, wahrlich, ich sage euch: Wenn das Weizenkorn nicht in die Erde fällt und stirbt, bleibt es allein; wenn es aber stirbt, bringt es viele Frucht« (Joh 12,24 f.). Mit diesem Bild kennzeichnet der Heiland den Sinn seines eigenen bevorstehenden Sterbens. Auf die Frage, in welchem Leib die Toten auferweckt werden, antwortet Paulus: »Was du säst, wird nicht lebendig, wenn es nicht zuvor starb. Was du säst, das säst du nicht als den Körper, der werden soll, sondern nur als Korn, etwa vom Weizen oder von etwas anderem« (1 Kor 15,36 f.); die nicht begreifbare Daseinsweise des Auferstehungsleibes versucht Paulus durch den Vergleich aus der Natur anzudeuten. Die Entfaltung des Weizenkorns wird schließlich zu einem Bild für die Ausbreitung des Gottesreiches: Der Same keimt und sprießt auf. – »Von selbst trägt die Erde Frucht, zuerst den Halm, dann die Ähre, dann volles Korn in der Ähre« (Mk 4,26 ff.). So entfaltet sich die innere, aus Gott wirkende Kraft zum Guten und wächst ihrer Bestimmung entgegen.

Das Mittelalter erblickte in dem Weizenkorn ein Symbol des in die Unterwelt abgestiegenen und von den Toten wieder auferstandenen Christus. Auch die Beziehung zwischen der Weizenfrucht und der sakramentalen Speise war so geläufig, daß (bis in die heutige Zeit) die Eucharistie durch Ähren angedeutet werden konnte, so etwa bei der Verzierung von Altargerät und Paramenten. In seiner »Goldenen Schmiede« hat Cunrat von Würtzpurck Maria eine Weizengarbe genannt; denn die Garbe enthält die Körner, aus denen das Mehl für die Hostie gewonnen wird. Spätmittelalterliche Darstellungen zeigen Maria in einem Ährenkleid. Weizenhalme als Lager des Jesuskindes (so bei dem Portinari-Altar des Hugo van der Goes) sind als Hinweis auf die Eucharistie zu deuten.

LITERATUR: R. Berliner: Zur Sinnesdeutung der Ährenkleidmaria (= Die Christliche Kunst 26/1929–30, 97–112); P. Wolters: Gestalt und Sinn der Ähre in antiker Kunst (= Die Antike VI/1930, 284–301); A. Pigler: La Vierge aux épis (= GBA 74/1932, 129–136); E. Richter: Zum Problem der Herkunftsergründung der Ährenkleidmuttergottes (= Deutsche Gaue 48/1956, 77–83); A. Rasco: Christus, granum frumenti (= Verbum Domini 37/1959, 12–25, 65–77); H. Riesenfeld: Das Bildwort vom Weizenkorn bei Paulus. Zu I Kor 15 (= Studien zum NT und zur Patristik. Festschrift E. Klostermann, 43–55). Berlin 1961; Ph. Rech (Inbild des Kosmos II, 467–484).

Weltecken ↗ *Himmelsrichtungen*

Widder ↗ *Lamm*

Wind

Das Säuseln des Windes und das Heulen des Sturmes führten den einfachen Naturmenschen zu Personifizierungen dieser Naturerscheinungen, zumal die eigentliche Verursachung noch nicht erkannt wurde. Der Wind galt als Atem der Erde und war damit Symptom des kosmischen Lebens. Im unsichtbaren Wind, welcher der groben Stofflichkeit entrückt scheint, glaubte man eine höhere Macht verborgen. Zahlreiche Völker haben ihre eigenen Sturmgötter und Windgeister; der Name des sumerischen Hauptgottes Enlil bedeutet nichts anderes als

»Herr Windeshauch«. Der im heißen Nilland belebende Nordwind kommt – nach altägyptischen Texten – aus der »Kehle Amuns«. In der altsyrischen Religion spielt nach der Überlieferung Philons von Byblos der Wind eine wichtige Rolle bei der Erschaffung der Welt: als »dunkle« windige Luft, die sich selbst begattet, schwebte er über dem Chaos.

Das hebräische Wort für Wind – ruach – hat auch die Bedeutung von Hauch, Atem, Geist und ist deshalb in seinem jeweiligen Bedeutungsgehalt nicht immer klar zu erfassen. So schwebt im Anfang der Welt Gottes ruach über den Wassern (Gen 1,2) – es ist der Geist oder bildlich der Odem des Schöpfergottes, der dem Wind gleich in Bewegung, d. h. aktiv ist. Wenn der Herr seinen Hauch aussendet, wird das Antlitz der Erde neu gestaltet (Ps 104,30). In prophetischer Schau wird der Wind zum Atem Gottes, der die verdorrten Totengebeine wieder zum Leben erweckt (Ez 37,9). Der stürmisch daherjagende Wind ist mit dem Erscheinen Gottes verbunden. »Er ritt auf dem Kerub und flog daher, er schwebte auf den Flügeln des Sturmes« (Ps 18,11). Die Gotteserscheinung Ezechiels wurde durch einen Sturmwind aus dem Norden angekündigt (Ez 1,4). Am Berge Horeb zog der Herr an Elihu vorüber; ein starker, mächtiger Sturm, der die Berge zerriß und die Felsen zerbrach, ging vor ihm her, dann folgten Erdbeben und Feuer; schließlich »kam ein leises und zartes Säuseln«, und dann sprach Gott mit seinem Diener. zu beachten ist, daß der Herr von Sturm, Erdbeben und Feuer wesentlich verschieden ist, wenn es heißt: »Doch im Sturm war der Herr nicht…, doch im Erdbeben war er nicht…, und auch im Feuer war er nicht« (1 Kön 19,11 ff.). Der Wettersturm, aus dem der leidgeprüfte Ijob die Stimme seines Herrn hört (Ijob 38,1) ist nicht Gott, sondern nur der Offenbarungsträger Gottes. Wind und Sturm sind die Wege des Herrn (Nah 1,3). In der biblischen Bildersprache bedeutet Sturm auch soviel wie Strafgericht und Schrecken. »Fürwahr, ein Sturm vom Herrn bricht los, ein heftiger, wirbelnder Wind; über der Gottlosen Haupt braust er her« (Jer 23,19). Die Trunkenbolde von Efraim werden wie von einem Hagelwetter, einem vernichtenden Sturm niedergestreckt (Jes

28,2). Das spurlose Vorüberwehen des Windes kann zum Bild der Vergänglichkeit werden. Wer sich für den Wind müht, dem bleibt kein Gewinn (Koh 5,15). Ijob klagt dem Herrn: »Bedenke, daß nur ein Hauch ist mein Leben« (Ijob 7,7).
Im NT wird der Wind mit dem Geist Gottes verbunden. Der menschgewordene Logos spricht zu Nikodemus: »Wundere dich nicht, daß ich dir sage: Ihr müßt geboren werden von oben. Der Wind weht, wo er will; du hörst sein Sausen; du weißt aber nicht, woher er kommt und wohin er geht. So ist es mit jedem, der geboren ist aus dem Geiste« (Joh 3,7f.). Das Geborenwerden von oben – nach anderer Lesart ist es ein Gezeugtwerden – in Verbindung mit dem Wind erinnert an den göttlichen Odem der Genesis (2,7). Als der Tag des Pfingstfestes gekommen und Christi Jüngerschar versammelt war, »entstand plötzlich vom Himmel her ein Brausen wie von einem daherfahrenden gewaltigen Sturm und erfüllte das ganze Haus, in dem sie weilten«, und der Heilige Geist kam über sie (Apg 2,2ff.). In der Apokalypse (7,1–3) halten vier Engel die »vier Winde der Erde« fest, »damit kein Wind wehe über das Land noch über das Meer, noch über irgend einen Baum«.
Auf die symbolische Beziehung zwischen Wind, Lebensodem und Pneuma wies nachdrücklich Kyrill von Alexandrien hin; er verglich die Lebensübertragung auf Adam mit der Handlung des verklärten Christus am Osterabend, wobei die Jünger mit den Worten »Empfanget den Heiligen Geist« angehaucht wurden (Joh 20,22). In seinem Kommentar zum Hohenlied hat Hippolyt die Stelle von Nordwind und Südwind und ihren Düften (Hld 4,16) auf den Lebensodem des Auferstandenen bezogen. Das Anhauchen und Blasen im Taufritus ist Symbol der Lebensvermittlung wie auch der Austreibung böser Mächte. Der Bamberger Scholastikus Ezzo dichtete: »Der segel de ist der wahre geloube, ... der heilige atem ist der wint.« Auf frühchristlichen Sarkophagen werden die Winde durch geflügelte Jünglinge dargestellt, die auf einem Horn oder einer Muschel blasen; im Mittelalter sind die Gestalten meistens auf geflügelte blasende Köpfe reduziert, so auch noch die Windengel in Dürers Holzschnitt-Apokalypse.

LITERATUR: E. Unger: Die Offenbarung der Gottheit durch den Windhauch (= Forschungen und Fortschritte VI/1930, 270); J. Nougayrol: Les quatre vents (= Revue d'assyriologie et d'archéologie orientale 1966, Brèves communications); Ph. Rech: Wind und Atem (Inbild des Kosmos II, 9–49); R. Hampe: Kult der Winde in Athen und Kreta. Heidelberg 1967.

Wohlgeruch ↗ *Geruch*

Wolf

Dem in der Wildnis lebenden Wolf, der vom Raub lebt und auch das Aas nicht verschmäht, haftet etwas Dämonisches an. Er steht auf der Nachtseite des Lebens. Bei den Anhängern Zarathustras war der Wolf Symbol des Bösen, dem Reich Ahrimans zugehörig. Der wahrscheinlich aus Kleinasien stammende Apollon ist nicht nur der strahlende Lichtgott, er hat auch eine dunkle Seite, ist Lykaios, der Wölfische, der Pest und Tod in das Lager der Griechen vor Troja sendet. In zahlreichen Mythen und Märchen ist der Wolf Repräsentant der dunklen, lebenbedrohenden Mächte.

Auch in der Bibel erscheint der Wolf als ein Bild des Bösen. Das Volk Israel wird von den Mächtigen ausgebeutet; »seine Würdenträger gleichen beutezerreißenden Wölfen, sie vergießen Blut, richten Menschenleben zugrunde« (Ez 22,27). Im Zwölfprophetenbuch heißt es von den gottlosen Richtern, daß sie wie »Wölfe am Abend« sind und »gleich jungen Bestien am Morgen« (Zef 3,3). In der Weissagung des sterbenden Jakob wird Benjamin mit einem reißenden Wolf verglichen; »früh am Morgen frißt er Raub, am Abend verteilt er Beute« (Gen 49,27).

Der Wolf ist der Böse, der in die Herde der Menschen einfällt, »er räubert unter ihnen und versprengt sie« (Joh 10,12). Jesus warnte vor der Heimtücke der falschen Propheten, »die in Schafskleidern zu euch kommen; inwendig sind sie reißende Wölfe« (Mt 7,15). Während die Gottesfürchtigen gleich wehrlosen Lämmern sind, werden ihre Feinde mit Wölfen verglichen (Mt 10,16). Der Apostel

Paulus erkennt die bevorstehenden Gefahren für die junge Kirche: »Ich weiß, es werden nach meinem Weggang reißende Wölfe bei euch eindringen und die Herde nicht schonen« (Apg 20,29).

Nach mittelalterlichem Glauben nimmt der Teufel gerne die Gestalt des Wolfes an. Schon Augustinus meint im Hinblick auf die Schriftstelle bei Johannes: »Wer ist der Wolf, wenn nicht der Teufel?« In der romanischen Plastik dient der Wolf ganz allgemein zur Kennzeichnung des Dämonischen, sei es, daß er ein Lamm zerreißt oder daß er dem Menschen nachstellt.

Literatur: O. Böscher: Wölfe in Schafspelzen. Zum religionsgeschichtlichen Hintergrund von Matth 7,15 (= ThZ 24/1968, 405–426); M. Lurker: Hund und Wolf in ihrer Beziehung zum Tode (= Antaios X/1969, 199–216).

Wolken

In heißen Gegenden sind die Wolken willkommen als Schattenspender und als Regenbringer. Sie verdecken die Strahlen des himmlischen Lichts und werden doch von ihnen durchtränkt. Sie erscheinen als göttliche Boten von Segen und Fluch. Um Bergeshöhen und unter dem Himmel sich ausbreitend, verhüllen sie die Wohnstätte Gottes. Der syrische Sturm- und Wettergott Baal hatte den Beinamen »Wolkenreiter«.

Wer aber »band das Wasser in ein Gewand?« (Spr 30,4); Gott allein vermag den Wolken zu gebieten und die Pforten des Himmels zu öffnen (Ps 78,23). Die über den Himmel ziehenden Wolken werden in der metaphorischen Sprache des Orients zum Wagen Gottes: »Da, es fährt auf schneller Wolke der Herr und kommt nach Ägypten« (Jes 19,1); er ist's, »der Wolken zu seinem Gefährte macht« (Ps 104,3). Die Wolken werden zum sichtbaren Zeichen von Gottes Gegenwart. Auf ihrer Wanderung durch die Wüste zog der Herr seinem auserwählten Volk in einer

Wolkensäule voran (Ex 13,21); die Herrlichkeit des Herrn erschien in der Wolke (Ex 16,10). Wenn sich die Wolke über der Bundeslade niedersenkte, schlugen die Israeliten ihre Zelte auf. Außerhalb des Lagers stand das »Zelt der Begegnung«; sobald Mose das Zelt betrat, »ließ sich die Wolkensäule auf das Zelt herab und stand am Zelteingang, und Gott sprach mit Mose« (Ex 33,9). Die »Herrlichkeit des Herrn« erfüllte in Gestalt einer Wolke den von Salomo erbauten Tempel (1 Kön 8,10 f.). In Ezechiels prophetischem Gesicht (1,4) war die Erscheinung Gottes in »eine gewaltige Wolke und loderndes Feuer mit Glanz« eingehüllt. Die formlose und unstete Wolke kann auch zum Symbol eines unbeständigen Lebens und der irdischen Vergänglichkeit werden. »Eine Wolke schwindet und zieht von dannen; so kommt, wer hinabstieg zum Reich der Toten, nicht wieder empor« (Ijob 7,9). Der leidgeprüfte Ijob klagt: »Gleich einer Wolke entschwand mein Glück« (30,15).
Bei der Verklärung Jesu überschattete eine lichte Wolke Petrus, Jakobus und dessen Bruder Johannes, und »eine Stimme sprach aus der Wolke: Dieser ist mein geliebter Sohn« (Mt 17,5). Nach der Verheißung des Hl. Geistes wurde der Herr vor den Augen der von ihm auserwählten Apostel »emporgehoben, und eine Wolke entzog ihn ihren Blicken« (Apg 1,9). Bei der Wiederkunft Christi, wenn die Sonne sich verfinstert und die Sterne vom Himmel fallen, dann wird man »kommen sehen den Menschensohn auf den Wolken mit großer Macht und Herrlichkeit« (Mk 13,26). Beim Letzten Gericht sitzt der Menschensohn auf einer lichten Wolke, mit seiner Sichel wird er die Erde abernten (Offb 14,14 ff.). Die in Christus Verstorbenen aber werden wieder auferstehen und »entrückt werden auf den Wolken, zur Begegnung mit dem Herrn der Lüfte« (1 Thess 4,16 f.).
Wie im AT Gott in der kosmischen Erscheinung verhüllt ist, so ist das göttlich-himmlische Wesen Christi vom menschlich-irdischen Leib verdeckt. Nach den Kirchenvätern ist die Wolkensäule ein Hinweis auf Christus. Aus Scheu vor der Verbildlichung wurde der Schöpfer in der frühmittel-

alterlichen und romanischen Kunst durch eine die Wolken durchdringende Hand symbolisiert. Lukas Cranach setzt auf seinem Gemälde vom Paradies das Haupt Gottvaters in einen Wolkenkranz. Bei Hugo van der Goes (Portinari-Altar) ist das Jesuskind auf Wolken gebettet, ist es doch der nach Daniel (7,13) mit den Wolken des Himmels erschienene Menschensohn.

LITERATUR: R. B. Y. Scott: Behold He Cometh with Clouds (= NTS 5/1958–1959, 127–132); E. Manning: La nuée dans l'Ecriture (= Bible et Vie Chrétienne 54/1963, 51–64); E. Manning: Le symbolisme de la nubes chez Origène et les Pères latins (= RechScR 51/1963, 96–111).

Wolle

Da die Wolle die Fähigkeit hat, Unreinigkeiten aufzusaugen, wurde ihr kathartische Bedeutung beigemessen. In den eleusinischen Mysterien wurden den Mysten Wollfäden um den rechten Handknöchel gebunden. Die Toga des flamen dialis mußte aus Wolle gewebt sein. Bei den Ägyptern und bei den Orphikern galt die Wolle dagegen als unrein, da sie in der Schafschur ein Bild des Sterbens erblickten und sie es ablehnten, Teile getöteter Tiere zur kultischen Kleidung zu verwenden.
Die Schafschur wurde bei den Israeliten festlich begangen. Der heimtückische Abschalom nützte die Zeit der Schur zur Rache, indem er alle königlichen Prinzen einlud und ermorden ließ (2 Sam 13,23–33). Nach der Schur mußte die erste Wolle dem Heiligtum abgeliefert werden (Dtn 18,4). Meistens wird die Wolle als weiß oder rein charakterisiert. In Daniels Vision hatte der Hochbetagte auf dem Thron ein Gewand so weiß wie Schnee, sein Haupthaar war »wie Wolle so rein« (Dan 7,9). Gottes Schöpfermacht »spendet den Schnee wie Wolle« (Ps 147,16). Weiße Wolle ist ein Symbol der Unschuld. Denjenigen, die willig sind und auf den Herrn hören, wird versprochen: »Sind eure Sünden wie Karmesin, sie sollen werden schneeweiß, sind sie wie

Purpur so rot, sie sollen werden wie Wolle« (Jes 1,18). Karmesinrote (Woll-)Fäden dienen – zusammen mit Ysop, Zedernholz und einem lebenden Vogel in das Blut eines geschlachteten Vogels getaucht – als Entsühnungsmittel zur Wiedererlangung der Reinheit (Lev 14,49–53). Im Dienste des Herrn mußten die Hohenpriester Leinengewänder tragen; wollene Kleidung war ihnen ausdrücklich verboten (Ez 44,17).
Die an Daniel erinnernde Beschreibung des Menschensohnes in der Offenbarung schildert Haupt und Haare als »leuchtend hell wie schneeweiße Wolle« (Offb 1,14).

LITERATUR: J. Pley: De lanae in antiquorum ritibus usu capita duo. Diss. Münster 1911.

Wurm

Die Beobachtung der Madenentwicklung auf Geschwüren und der schmarotzenden Darmbewohner trug mit zu der Vorstellung von der heimlichen Verwandtschaft zwischen Mensch und Wurm bei. In der Antike war auch der Volksglaube verbreitet, daß der gleich dem Wurm aus Erde erschaffene Mensch nach seinem Tode in Würmer zerfalle oder von ihnen gefressen werde. In der Symbolsprache sind Wurm und Schlange austauschbar.
Im Buche Ijob (25,6) wird die Größe Gottes gerühmt, vor dessen Augen selbst die Sterne nicht rein sind; um wieviel armseliger ist »der Mensch, die Made! Das Menschenkind, der Wurm!« Und doch wird der Mensch von seinem Schöpfer nicht im Stich gelassen: »Hab keine Furcht, du Würmlein Jakob, schaue nicht geängstigt herum, Würmlein Israel; ich helfe dir« (Jes 41,14). Wenn in Ps 22,7 der Gerechte (ein Vorbild Christi) von sich sagt: »Ich bin ein Wurm und kein Mann«, so entsagt er damit dem überheblichen Stolz, dem prometheischen Hochmut, der sich mit dem Höchsten messen möchte, und erkennt in Demut seine irdische Hinfälligkeit. Die Leichen der von Gott Abtrün-

nigen werden im Ge-Ben-Hinnom-Tal von nicht verlöschendem Feuer und von immer nagenden Würmern zur Strafe gepeinigt (Jes 66,24).
Der hochmütige König Herodes, der sich vom Volk wie einem Gott zujubeln ließ, wurde augenblicklich von einem Engel des Herrn geschlagen. »Von Würmern zerfressen, gab er seinen Geist auf« (Apg 12,23). Die alte Vorstellung, daß die toten Sünder von Würmern gequält und vom Feuer verzehrt werden, findet sich bei Markus (9,43–48) wieder.

LITERATUR: F. Lang (ThWNT VII, 452–456).

Wurzel

Zweige, Blätter und Blüten können absterben oder entfernt werden, und doch lebt die Pflanze weiter, vorausgesetzt, daß die Wurzel, ihr wichtigster Teil, erhalten bleibt. Die oft seltsamen Wurzelgebilde erregten schon früh die abergläubische Phantasie des Volkes (wie z. B. besonders die schwarze, giftige Wurzel der Mandragore). Im symbolischen Denken bezeichnet die Wurzel den Anfang, den unsichtbaren Urgrund des Gewordenen. Da letztlich aller Anfang bei Gott liegt – bildlich oben, im Himmel –, ist es zu verstehen, daß in verschiedenen religiösen Texten (z. B. in den Upanischaden) die Wurzel des Weltenbaumes nach oben schaut, während die Krone sich zur Erde neigt.
Verwurzelt sein, Wurzel schlagen, das bedeutet mit den Quellgründen des Lebens in Verbindung stehen. Die Macht Gottes erkennen »ist Wurzel der Unsterblichkeit« (Weish 15,3). Für sein Volk, für Israel, will der Herr »wie Tau sein, daß es wie die Lilie blüht und Wurzel schlage dem Storaxbaum gleich« (Hos 14,6). »Nimmer wankt die Wurzel der Gerechten« (Spr 12,3). Der Gottlose dagegen wird aus der »Lebendigen Land« entwurzelt (Ps 52,7) oder wie es bei Ijob (18,6) heißt: »Von unten dorren seine Wurzeln, und von oben welkt sein Zweig.« Die inhaltsschwerste Stelle

des AT weist auf den Urgrund, auf die Wurzel allen Seins hin. Gottes Sohn ist wie eine Wurzel aus dürrem Land (nach anderer Übersetzung: lechzendem Land) (Jes 53,2); das ausgetrocknete, sich nach Wasser sehnende Land ist Israel. Im gleichen Atemzug aber spricht der Prophet auch vom messianischen Sproß und deutet so mit den beiden Pflanzenteilen, die ja in der Natur nicht eins sein können, das Mysterium Christi an. Wie dieser selbst die geheimnisvolle Wurzel ist und zugleich das aus der Wurzel hervorkommende Reis, so ist er der in das sterbliche Fleisch Eingegangene und doch der zum ewigen Leben Auferstandene.

Der Apostel Paulus spricht von der »heiligen Wurzel« des Baumes, der den gläubigen Teil der Menschheit darstellt. »Ist die Wurzel heilig, dann auch die Zweige«; die schlechten Zweige werden herausgebrochen, die Ungläubigen von dem aus der Wurzel quellenden »Saftstrom des Ölbaumes« entfernt (Röm 11,16–24). Nur wer in Christus als dem Herrn wandelt, in ihm »verwurzelt und aufgebaut« ist, wird das Heil erlangen (Kol 2,7). Wer keine Wurzel hat, kann im Leben keinen Halt haben, er wird verbrennen und verdorren (Mt 13,6). Im Schlußkapitel der Apokalypse findet sich die Selbstoffenbarung Christi, die zugleich eine Bestätigung der messianischen Symbolik von der Wurzel ist: »Ich, Jesus, habe meinen Engel gesandt, um euch dies vor den Gemeinden zu bezeugen. Ich bin der Wurzelsproß und der Stamm Davids, der hellstrahlende Morgenstern« (Offb 22,16).

Jedes Jahr wird in der Adventsliturgie (in den vom 17. bis 23. Dezember gesungenen O-Antiphonen) die von Jesaja verheißene Wurzel als Heilbringer angerufen: »O Wurzel Isai, du stehst als Bannerzeichen für die Völker, Könige verstummen vor dir, die Weltstämme bitten dich flehend: Komm, uns zu befreien!« Nach der Jenseitsschau in Dantes »Divina Commedia« gleichen die himmlischen Sphären in ihrer Gesamtheit der Krone eines umgekehrten Baumes, dessen Wurzeln nach oben gerichtet sind und der immer Früchte hat und keine Blätter verliert.

Literatur: J. Albani: Die Bildersprache der Pastoralbriefe (= ZWTh 46/1903, 40–58 – auch zum Bild der Wurzel); Chr. Maurer (ThWNT VI, 985–991); Ph. Rech: Wurzel (Inbild des Kosmos I, 420–442).

Wüste

In der religiösen Sprache ist die Wüste ein Land lebensfeindlicher Mächte, des Todes; sie erscheint als Rückbildung ursprünglich gottgewollter Fruchtbarkeit. Es ist eine Gegend, in der zahllose Gefahren – wie Hunger und Durst, Sandstürme und Schlangen – auf den Menschen lauern. Dem ägyptischen Fruchtbarkeitsgott Osiris steht der Wüstengott Seth in unversöhnlicher Feindschaft gegenüber.

Die Wanderungen des auserwählten Volkes zwischen Eufrat und Nil waren immer wieder »vom Wüstenschwerte bedroht« (Klgl 5,9). Zuerst mußten die Israeliten durch die »schaurige Wüste« (Dtn 1,19) ziehen, bevor sie in das Land geführt wurden, in dem Milch und Honig flossen. Der Zug durch die Wüste (Ex 15,22–19,2) wird zu einem Symbol der Prüfung und Reinigung. Hosea betrachtet den Wüstenzug als Mittel der sittlichen Läuterung: Um Israel, die treulose Braut, zur Umkehr zu bewegen, will es Gott in die Wüste führen (Hos 2,16). Wenn ein Land in eine Wüste verwandelt wird, so bedeutet dies, daß es in den Zustand des ursprünglichen Chaos zurückversetzt wird (Jer 4, 23–26). Also sprach der Herr: »Wüste werde das ganze Land, ich mache ihm den Garaus« (Jer 4,27). Als Ort der Gottesferne hausen in dem von Gott zerstörten, ver-wüsteten Land die Gespenster und die bösartigen Tiere; »Strauße haben dort ihren Sitz, struppige Böcke tanzen daselbst« (Jes 13,21). In die Wüste, wo der dämonische Asasel haust, wird der Sündenbock getrieben (Lev 16,10). Wenn Gott will, kann er auch die Wüste fruchtbar machen. »Freuen sollen sich Wüste und Dürrland, die Steppe jubeln und blühen von Halmen« (Jes 35,1); denn »heißer Boden wird zum Tümpel voll Schilf, dürstendes Land zum bewässernden Quell« (Jes 35,7).

Unzugänglich, wie die Wüste ist, kann sie auch zu einem Ort der Weltabgeschiedenheit werden. Mit Johannes dem Täufer erfüllte sich des Jesaja Wort (40,3) vom »Rufer in der Wüste«, der den Weg des Herrn bereitet (Mk 1,3). Bei der Versuchung Jesu erscheint die Wüste als Heimat des Bösen (Mt 4,1); der Sinn des vierzigtägigen Wüstenaufenthaltes liegt weniger in der Askese als in einer Bewährungsprobe im Kampf mit dem göttlichen Widersacher (Lk 4,1–13). Der aus den Menschen ausgefahrene unreine Geist »wandert durch wasserlose Gegenden, sucht Ruhe und findet sie nicht« (Mt 12,43). Nach Paulus hat Gott viele seines Volkes in der Wüste dahingerafft, weil er kein Wohlgefallen an ihnen hatte. »Dies ist uns zum Vorbild geschehen, daß wir nicht nach dem Bösen gelüsten, wie jene gelüsteten« (1 Kor 10,5 f.).

Wer den Geist Gottes in sich trägt, wird auch in der Einsamkeit nicht verlassen sein. Spätmittelalterliche Maler (wie Geertgen tot Sint Jans) versetzen den in der Zurückgezogenheit der Wüste sich auf sein Prophetenamt vorbereitenden Johannes den Täufer in eine paradiesische Landschaft. Für den Heiligen verliert die Wüste ihre Schrekken. Paulus Eremita, der »Vater des Einsiedlerlebens«, verbrachte viele Jahrzehnte in der Wüste, sich ganz dem Gebet und der Betrachtung hingebend.

Literatur: W. Wiebe: Die Wüstenzeit als Typos. Diss. Göttingen 1940; P. Bonnard: La signification du désert, selon le NT (Hommage et reconnaissance. A l'occasion du soixantième anniversaire de K. Barth, 9–18). Neuchâtel-Paris 1946; R. T. Anderson: The Role of the Desert in Israelite Thought (= JBR 27/1959, 41–44); U. W. Mauser: Christ in the Wilderness. London 1963.

Ysop

Der in Palästina als Unkraut auf Mauern und felsigen Stellen wachsende Ysop (1 Kön 5,13) ist eine Majoranart und gehört zur Familie der Lippenblütler. Erstmals wird dieses aromatische Kraut in Verbindung mit dem Auszug aus Ägypten erwähnt. »Nehmt einen Sprengwedel aus Ysop und taucht ihn in das Blut, das sich in der Schale befindet, und streicht damit die Oberschwelle und die beiden Türpfosten« (Ex 12,22). Die im Altertum als Heilmittel geschätzte Pflanze dient bei Lustrationen mit dem Blut der Opfertiere; so besprengt der Priester einen Aussätzigen siebenmal mit einem in Vogelblut getränkten Ysop (Lev 14,6f.), das Haus eines Aussätzigen wird auf die gleiche Weise entsühnt (Lev 14,49ff.). Die reinigende und in gewissem Sinne heilende (heilmachende) Kraft zeigt sich auch bei dem komplizierten Ritual der roten Kuh; »Der Priester nehme Zedernholz, Ysop und rote Kermesinfarbe und werfe es hinein in das Feuer, in dem die Kuh brennt« – die Asche diente zur Herstellung eines Reinigungswassers (Num 19,6–9). In einem ergreifenden Bußgebet wendet sich der Psalmist zu Gott: »Schaffe mir Sühne mit Ysop, auf daß ich rein sei, wasche mich, daß ich weißer werde als Schnee!« (Ps 51,9).

Im Hebräerbrief wird an den mosaischen Ritus der Besprengung mit Blut in Verbindung mit Ysop zum Zweck der Entsühnung erinnert (Hebr 9,19). Die ursprünglich kultisch verwendete Pflanze ist schließlich bei Jesu Kreuzigung nur noch Requisit. Ein mit Essig gefüllter Schwamm wird auf einem Ysopstengel angebracht und zu des Sterbenden Mund geführt (Joh 19,29) – der Gläubige mag aber gerade auch an dieser scheinbar nebensächlichen Erwähnung einen symbolischen Bezug erkennen zwischen der entsühnenden Pflanze und dem, der die Welt von ihren Sünden erlöst.

Augustinus schreibt in seinem Kommentar zu Psalm 51,9: »Laß dich mit Ysop besprengen, die Demut Christi wird dich rein machen.« Im Liber floridus des Lambertus von St. Omer (12. Jahrhundert) wird die Ecclesia als Arbor bona dargestellt; die Tugend der Caritas wird von Ysopzweigen umrahmt.

Zahlen

Raum und Zeit werden durch die Zahlen unterteilt und gegliedert. Schon in frühester Zeit konstruierte der Mensch

Beziehungen zwischen den kosmischen Rhythmen und seinen eigenen Körperteilen. Das Geheimnis der Zahlen und ihre wahren Werte wissen bedeutete die Welt in ihren innersten Zusammenhängen verstehen. Die dem sumerischen Priesterkönig Gudea sich offenbarende Gottheit »kennt die Zahlen«. An den Maßverhältnissen der Gestirnläufe glaubte man die ordnenden Kräfte des Kosmos zu erkennen. Die altmesopotamische Zahlensymbolik und -magie blieb nicht ohne Einfluß auf die benachbarten Völker und wurde auch in Griechenland bekannt. Pythagoras glaubte, daß die Prinzipien des Seienden in den Zahlen zu finden seien; die geraden und die ungeraden Zahlen stellen die zwei Gegensätze dar, in deren Spannung das Weltall besteht. Bei zahlreichen Kulturen läßt sich nachweisen, daß die geraden Zahlen häufig mit dem Geistigen und Maskulinen, die ungeraden Zahlen mit dem Materiellen und Femininen in Verbindung gebracht wurden. Aus dem in Griechenland üblichen Gebrauch der Buchstaben als Zahlzeichen ergab sich die Möglichkeit, einzelne Buchstaben bzw. ganze Worte in Zahlen umzusetzen.
Über den reinen Zähl- und Mengenwert hinaus haben die Zahlen oft noch eine Symbolbedeutung, wenn diese auch nicht immer sogleich durchschaubar ist. Die Eins ist Gott zugehörig; denn es gibt nur einen Gott (Dtn 6,4). Wie mit dem Sündenfall die von Gott geschaffene Einheit zerfällt (Gut – Böse, Mann – Weib, Leben – Tod), so beendet der Turmbau zu Babel die Einheit der Sprache (Gen 11,6). Zwei ist die Zahl des Gegensatzes und der Ergänzung; deshalb das paarweise Mitnehmen der Tiere in die Arche (Gen 6,19 f.). Die polaren Zwei, die in ihrem Zusammenklang immer auf die göttliche Eins zurückweisen, finden sich in den mosaischen Gesetzestafeln und in den zwei Säulen vor dem salomonischen Tempel. Sicher ist auch die Fünf mehr als nur eine mathematische Zahl; es ist die Zahl der Opfertiere (Num 7,17.22.29), der Schleudersteine Davids im Kampf gegen Goliath (1 Sam 17,40) und der Mose zugeschriebenen Bücher, in ihrer Gesamtheit griechisch Penta-

teuch genannt. Acht ist die Zahl eines neuen Anfangs: In Noachs Arche wurden acht Menschen gerettet (Gen 6,18; vgl. 1 Petr. 3,20); am achten Tage erfolgt die Beschneidung (Gen 21,4); der achte Sohn Isais ist der von Gott erwählte König Israels (1 Sam 16,10 f.). Die Neun ist ohne erkennbare symbolische Bedeutung. Die Zahl 40 bezeichnet meistens eine Zeit der Not, der Entsagung oder der Strafe: Sintflut (Gen 7,12), Wüstenwanderung (Ex 16,35), Sinaiaufenthalt des Mose (Ex 24,18), Frist bis zum Untergang Ninives (Jon 3,4). Die Zahl 50 ist Ausdruck gottverbundener Freude; am 50. Tag, nachdem »man die Sichel an den Halm angelegt«, soll der Israelit mit seinen freiwilligen Gaben fröhlich vor den Herrn treten (Dtn 16,9–11); das 50. Jahr ist das Jobeljahr in Israel – hebräisch schenat hajjobel bedeutet Jahr (des Freudenschalles) der Hörner (Lev 25,8–12). 70 war den Israeliten symbolischer Hinweis auf die Ganzheit, die Fülle: Auf ihrer Wüstenwanderung kamen die auf Gott Vertrauenden nach Elim mit seinen 12 Wasserquellen und 70 Palmen (Ex 15,27); vor dem Herrn wurde Israel von 70 Ältesten vertreten (Ex 24,1); nach jüdischer Überlieferung gab es 70 Völker (in Gen 10 werden, die drei Stammväter ausgenommen, 70 Namen aufgezählt).

Im NT ist die Zwei die Zahl der Entscheidung, wie das Beispiel der zwei Tempelbesucher (Lk 18,10–14) und das Bild der zwei Wege (Mt 7,13 f.) zeigen; denn niemand kann zwei Herren dienen (Mt 6,24). Für eine – nicht näher bestimmbare – Symbolbedeutung der Fünf sprechen die fünf Brote, mit denen Jesus die fünftausend Menschen speist (Mk 6,38–44), die fünf klugen und die fünf törichten Jungfrauen (Mt 25,1 f.) und die fünf Talente (Mt 25, 14–30). Die Zahl Acht hat ihre Bedeutung durch die am achten Wochentag erfolgte Auferstehung des Herrn erhalten. 40 Tage fastete Jesus in der Wüste, und die gleiche Zeit liegt zwischen seiner Auferstehung und der Himmelfahrt (Lk 4,1 f.; Apg 1,3). Der 50. Tag nach der Auferstehung Christi ist der Tag des Pfingstfestes (griechisch Pentekoste).

70 als Zahl der Ganzheit und der Vollkommenheit zeigt sich bei den 70 Jüngern, die Jesus vor sich hersendet (Lk 10,1) – sie sollen sinnbildlich die ganze Menschheit erfassen entsprechend den in der Genesis aufgezählten 70 Völkern. Eine Vergebung ist vollkommen, wenn sie 70mal 7mal gewährt wird (Mt 18,21 f.).
Die biblische Zahlensymbolik wurde schon im Frühchristentum, besonders aber durch Augustinus ausgebaut. Zu beachten ist, daß ein und dieselbe Zahl ambivalent auftreten kann; so kann die Zwei die Vereinigung von Zusammengehörigem ausdrücken (die zwei Gesetzestafeln, die zwei Testamente, die zwei Naturen in Christo), sie kann aber auch die Trennung von Einheitlichem andeuten (Licht und Finsternis, Judentum und Christentum, Zöllner und Pharisäer). Augustinus stellt eine Beziehung her zwischen der Zahl Fünf und den menschlichen Sinnen; während die fünf törichten Jungfrauen sich ganz den Sinnengenüssen hingaben, haben sich die fünf klugen Jungfrauen ihrer enthalten. Die echte Symbolbedeutung der Zahlen ist daran zu erkennen, daß ihnen – nach altem Glauben – ein höherer, von Gott verliehener Sinn zukommt. Die Sechs bedeutet z. B. nicht deshalb die Vollkommenheit, weil Gott die Welt in sechs Tagen erschaffen hat, sondern Gott bediente sich dieses Zeitraumes, weil die Sechs an sich eine vollkommene Zahl ist. In der Kunst, im Kirchenjahr und im Volksglauben sind die Spuren der Zahlensymbolik noch festzustellen. Die altchristliche oktogonale Form der Baptisterien wurde durch die Acht als Zahl der Auferstehung begünstigt. Die Dreizehn als Unglückszahl wurde u. a. auch auf das letzte Abendmahl Christi bezogen: Christus, die dreizehnte Person, schied bald danach durch den Kreuzestod aus dem Kreis der Jünger. Der Zahl der Buße entsprechend dauert die Fastenzeit 40 Tage.
↗ Drei, Vier, Sechs, Sieben, Zehn, Zwölf

LITERATUR: A. Schmitt: Mathematik und Zahlenmystik Augustins (Festschrift der Görres-Gesellschaft, 533–566). Köln 1930; P. Friesenhahn: Hellenistische Wortzahlensymbolik im NT. Leipzig 1935; Ad.

Heller: Biblische Zahlensymbolik. Reutlingen 1936; W. E. Filmer: God Counts. A Study in Bible Numbers. Croydon 1947; Fr. C. Endres: Mystik und Magie der Zahlen. Zürich [3]1951; U. Großmann: Studien zur Zahlensymbolik des Frühmittelalters (= ZKTh 76/1954, 19–54); O. H. Lehmann: Number-Symbolism as a Vehicle of Religious Experience in the Gospels, Contemporary Rabbinic Literature and the Dead Sea Scrolls (= Studia Patristica IV/Berlin 1961, 125–135); M. Riemschneider: Von 0 bis 1001. Das Geheimnis der numinosen Zahl. München 1966; O. Arndt: Zahlenmystik bei Philo. Spielerei oder Schriftauslegung? (= Zeitschrift für Religions- und Geistesgeschichte 19/1967, 167–171); Cl. Schedl: Talmud – Evangelium – Synagoge. Innsbruck 1969 (– erblickt im Geheimnis der Zahl das Verbindende der drei religiösen Bereiche).

Zeder

In besonderem Ansehen stand die durch ihren hohen, geraden Wuchs und ihren Wohlduft ausgezeichnete Zeder, deren Holz vor Wurmfraß sicher ist und im Altertum als unverweslich galt. Dem Gilgamesch-Epos ist zu entnehmen, daß dieser Baum dem Enlil, dem »Herrn der Schicksalsbestimmung«, heilig war. Der Gott Tammuz soll unter einer Zeder geboren worden sein. Die immergrünen Bäume der Zeder und der Zypresse wurden zu einem symbolischen Hinweis auf ein immerwährendes Leben.
Ausgedehnte Zedernwälder bildeten die »Pracht des Libanon«, die Jesaja (35,2) als Sinnbild des Gottesreiches schaut. Die Psalmen sprechen ganz schlicht von »Gottes Zedern« (Ps 80,11). Das zarte Reis, das der Herr auf »Israels Bergland« pflanzt und das Zweige treibt und Früchte bringt, wächst schließlich zur »hochragenden Zeder« heran (Ez 17,22 f.). Die göttliche Weisheit »wuchs empor wie eine Zeder auf dem Libanon« (Sir 24,13), aber auch der Gerechte wird mit einer heranwachsenden Libanonzeder verglichen (Ps 92,13). Der Seher Bileam preist die Wohnstätten Israels: »Wie schön sind doch, o Jakob, die Zelte dein, ... wie Eichen vom Herrn gepflanzt, wie Zedern an den Gewässern« (Num 24,5 f.). Im Hohenlied findet sich wie-

der die Zusammenstellung von Libanon und Zeder, wenn die schöne, edle Gestalt des gottmenschlichen Bräutigams besungen wird (Hld 5,15). Wenn bei der Zubereitung des Lustrationswassers, welches nach einer Leichenberührung zur Reinigung diente, Zedernholz eine Rolle spielte (Num 19,6), dann sicher nicht ohne den Gedanken der Unverweslichkeit. Es entspricht der Ambivalenz aller echten Symbole, wenn die Zeder auch zu einem Bild des Schlechten und geistig Niederen werden kann. Der Herr sprach zu Ezechiel (31,3 ff.) vom Pharao als »Zedernart auf dem Libanon, ... mit schönem Geäst den Wald überschattend und hochragenden Wuchses«, aber weil sie »ihren Wipfel bis in die Wolken hineinreckte und ihr Sinn hochfahrend war ob ihrer Größe, darum gab ich sie in die Gewalt eines Machtvollen unter den Völkern, damit er auf Grund ihrer Frevel an ihr handle« (Ez 31,10 f.). Am Jüngsten Tage wird der Herr der Heerscharen Gericht halten »über alle Zedern des Libanon, die hochragenden, stolzen« (Jes 2,13). Nach Kyrill von Alexandrien war das Zedernholz ein Vorbild des unverweslichen Fleisches Christi. Da das Innere des salomonischen Tempels ganz mit Zedernholz ausgetäfelt war (1 Kön 6,18) und somit dieses edle Holz auch das Allerheiligste (mit der Bundeslade) umschloß, wurde in alten Liedern Maria als Zeder bezeichnet, da sie ausersehen war, das Allerheiligste, Christus, zu tragen.

LITERATUR: Ch. Virolleaud: La montagne des cèdres dans les traditions de l'ancien Orient (= Revue de l'histoire des Religions 101/1930, 16 bis 26); H. F. D. Sparks: The Symbolical Interpretation of Lebanon in the Fathers (= JThS 10/1959, 264–279); E. M. Blaiklock: New Light on Bible Imagery. The Cedar (= Eternity 17,11/1966, 25 f.).

Zehn

Die Zehn ist eine sog. »runde Zahl«, d. h., sie bildet ein abgeschlossenes Ganzes; die rationale Grundlage sind die zehn Finger, die erste Rechentafel der Menschheit. In der buddhistischen Lehre gibt es zehn Gebote, davon fünf für den Laien und fünf für den Mönch. Bei den Pythagoräern spielte die Zehn eine Rolle als Summe der ersten vier Zahlen (1+2+3+4=10), die zusammen ein Hinweis auf die Vollkommenheit sind. Die jüdische Kabbala zählt zehn Sephirot als Ausstrahlungen der Unendlichkeit Gottes.

Als Grundlage des in Israel gebräuchlichen Zahlensystems kommt die Zehn oder ein Vielfaches von ihr – ohne Symbolbedeutung – in den Maß- und Zahlenangaben der Stiftshütte und des Tempels vor. Darüber hinaus kann die Zehn aber auch bevorzugte Zahl für ein abgerundetes Ganzes sein. Nachdem die Israeliten durch die zehn ägyptischen Plagen aus der Knechtschaft befreit wurden (Ex 7–12), hat Gott in den Zehn Geboten alle seine Forderungen zusammengefaßt (Ex 20,1–17). Am zehnten Tage des siebenten Monats »sollt ihr fastend euch kasteien und keinerlei Geschäfte verrichten«, es ist der Tag der Sühne, der Reinigung von Sünden (Lev 16,29 f.) – gleichsam der Karfreitag des Alten Bundes. Abraham gab Melchisedek »den Zehnten von allem« (Gen 14,20). Auch Jahwe beansprucht diese Grundabgabe: »Aller Zehnte des Landes, vom Saatertrag des Bodens und von den Baumfrüchten, gehört dem Herrn; er ist dem Herrn heilig« (Lev 27,30). Die Zehn kann auch in Verbindung mit gottfeindlichen Mächten erscheinen und ist dann Ausdruck für die Totalität des Bösen; so sind die zehn Hörner des schrecklichen Tieres in Daniels Vision zu verstehen, auch wenn die Hörner als Könige gedeutet werden (Dan 7,7.24).

Als Rundzahl kommt die Zehn auch in den Evangelien vor, erinnert sei an die zehn Talente und die zehn Jungfrauen. Zehn aussätzige Männer wurden von Jesus gereinigt (Lk 17,12–19). Die Gemeinde von Smyrna muß zehn Tage Drangsal erleiden (Offb 2,10). In ungünstigem Sinne erscheinen wieder die zehn Hörner, sie sind Ausdruck der satanischen Mächte. »Siehe, ein großer, roter Drache mit sieben Köpfen und zehn Hörnern«; auch das aus dem Meer aufsteigende Tier und das »scharlachrote Tier voll Lästernamen« werden mit zehn Hörnern geschildert (Offb 12,3; 13,1; 17,3).

Zehn ist den Kirchenvätern die Zahl der christlichen Vollkommenheit. Nach Origenes sind Ursprung und Sinn aller Zahlen auf sie zurückzuführen, und Augustinus meint: »Numerus denarius totam sapientiam significat.« Die göttliche Drei und die menschliche Sieben – man denke an die entsprechende Aufteilung des Dekalogs – werden in der Zehn zusammengefaßt. Honorius Augustodunensis zählt nach den im Hohenlied (7,1–10) gepriesenen Gliedern der Braut die zehn Glieder der Kirche auf.

Zelt

Das den Menschen vor den Unbilden der Witterung schützende Zelt wurde bei zahlreichen Völkern zu einem Bild des die Erde überspannenden Himmels. Antike und islamische Quellen erwähnen Zeltheiligtümer bei semitischen Stämmen, diese dienten besonders zur Aufbewahrung von Idolen und Orakelinquisiten.

Die Vorstellung vom kosmischen Zelt schwingt mit, wenn Ijob (9,8) davon spricht, daß Gott »den Himmel ausspannt« oder wenn an anderer Stelle (36,29) das Gewitter mit dem »donnernden Krachen seines Gezeltes« verglichen wird. Der mit Pracht und Hoheit bekleidete Herr ist es, »der die Himmel spannt wie ein Zelt« (Ps 104,2); er ist es, der hoch über der Erde Kreis thront und »der den Himmel wie einen Flor ausspannt und wie ein Wohngezelt ausdehnt« (Jes 40,22). Der im Himmelszelt thronende Gott läßt sich auch auf Erden, in der Mitte seines Volkes, eine Wohnstätte aus Zeltdecken anfertigen (Ex 26,1–14). Mose erhielt den ausdrücklichen Befehl: »So richte also die Wohnstätte auf, entsprechend ihrem Modell, das dir auf dem Berge gezeigt worden ist« (Ex 26,30); das heilige Zelt, nach der Lutherübersetzung Stiftshütte genannt, war damit nichts anderes als die Widerspiegelung des überweltlichen immateriellen Vorbildes. Der Herr nahm von seiner irdischen

Wohnung Besitz, indem er mit seinem Lichtglanz das Begegnungszelt erfüllte (Ex 40,34). Ursprünglich glich das Zelt mehr einer Orakelstätte, in der Jahwe sein Urteil fällte (vgl. Num 11,16f.) und in dem er seine Anordnungen erließ (Ex 33,7ff.); die Zusammengehörigkeit von Zelt und Bundeslade wird erst von der Tradition des Priestercodex betont. Das schützende Zelt kann zum Bild für Gottes Erbarmen und Hilfe werden: »Fürwahr, in seiner Hütte beschützt er mich am Tage des Unheils; schirmt mich in seines Zeltes Versteck« (Ps 27,5). Das Zelt ist eine Metapher des himmlischen Schutzes, der dem Bösen entzogen wird: Gott fegt ihn »hinweg aus dem Zelt« und entwurzelt ihn damit aus der Lebenden Land (Ps 52,7). In dem Sühnepsalm des jüdischen Königs Hiskija erscheint das Zelt als Bild menschlicher Hinfälligkeit und irdischer Vergänglichkeit: »Angebrochen ist mein Lager, abgedeckt über mir wie ein Hirtengezelt. Wie ein Weber sein Zelt, rollst du mein Leben auf« (Jes 38,12).
Paulus spricht von der Sehnsucht der Menschen, die irdische Zeltwohnung mit dem »nicht von Händen erbauten, ewigen Haus im Himmel« zu vertauschen. »Ja, in diesem Zelt weilend, seufzen wir bekümmert, weil wir nicht entkleidet, sondern überkleidet werden wollen, damit das Sterbliche aufgesogen werde vom Leben« (2 Kor 5,1–4). Der menschliche Leib und das irdische Leben werden mit einem Zelt verglichen; der Abbruch des Zeltes ist ein Bild für den Tod (vgl. 2 Petr 1,13f.). Das heilige Zelt des AT war »Sinnbild und Schatten der himmlischen Dinge«; das »wahre Zelt, das errichtet hat der Herr, nicht ein Mensch«, ist im Himmel, und der ihm zugehörige »Hohepriester, der sich setzte zur Rechten des Thrones der Majestät«, ist kein anderer als Christus (Hebr 8,1–5). Wenn der neue Himmel und die neue Erde errichtet sind, wird »das Zelt Gottes« wieder unter den Menschen sein; »er wird bei ihnen wohnen« (Offb 21,3). Das Zelt (nach Luthers Übersetzung: die Stiftshütte) ist die himmlische Wohnung Gottes, die allen Erlösten offensteht (Offb 15,5).
Das Weltbild des syrischen Seefahrers und Mönches Kosmas Indikopleustes ähnelt (im Gegensatz zu dem sonst im christli-

chen Mittelalter anerkannten sphärischen Weltbild) dem Bau der mosaischen Stiftshütte. Seit dem 6. Jahrhundert erhält der Altar häufig einen auf vier (oder mehr) Stützen stehenden, ursprünglich aus einem Tuch bestehenden Überbau, das Ciborium, das an das heilige Gezelt des AT anknüpft; symbolisch wird die Ciborium-Kuppel als Himmel gedeutet.

LITERATUR: R. Eisler: Weltenmantel und Himmelszelt. 2 Bände. München 1910. R. Hartmann: Zelt und Lade (= ZATW 37/1917–1918); G. von Rad: Zelt und Lade (= NKZ 42,8/1931); W. Michaelis: Zelt und Hütte im biblischen Denken (= Evangelische Theologie 14/1954, 29–49): J. Ratzinger: Volk und Haus Gottes in Augustins Lehre von der Kirche. München 1954 (– über Zelt 238). W. Michaelis (ThWNT VII, 369ff.). M. Görg: Das Zelt der Begegnung. Untersuchung zur Gestalt der sakralen Zelttraditionen Altisraels. Bonn 1967. R. Schmitt: Zelt und Lade als Thema alttestamentlicher Wissenschaft. Gütersloh 1972. G. Schmolze: Das biblische Symbol der Stiftshütte (= Symbolon, N. F. 7/1985, 27–66).

Zion ↗ *Stadt*

Zunge

Als Werkzeug der menschlichen Sprache kann die Zunge dem Guten wie auch dem Bösen dienen. Die Erschaffung des Wortes läßt die Zunge zu einem Schöpfungsorgan werden. Der ägyptische Gott Ptah hat durch Herz und Zunge, d. h. durch die Kräfte des Verstandes und des schöpferischen Wortes, die Welt hervorgebracht. Es sind auch die beiden Organe, die nach ägyptischer Vorstellung des Menschen Handeln entscheidend bestimmen; in der Weisheitslehre des Amenophis wird der Mensch vor einer Steuerung durch seine Zunge gewarnt.

Die Zunge des Gottesfürchtigen rühmt und preist den Herrn (Ps 126,2). »Geklärtes Silber ist die Zunge des Gerechten« (Spr 10,20), seine Lippen werden kein Unrecht reden, und seine Zunge wird nichts Verkehrtes sprechen (Ijob 27,4). Immer wieder findet sich die Vorstellung, daß die Zunge Zeugnis ablegt vom inneren Menschen. »Ruhm und Schmach sind in der Hand des Schwätzers, des Menschen Zunge ist sein Untergang« (Sir 5,13). Vorausgesetzt, daß Zunge und Herz, Wort und Wille übereinstimmen, hängt von der Zunge des Menschen Wohlergehen ab; »Tod und Leben sind in der Gewalt der Zunge, und wer mit Liebe auf sie achtet, kann ihre Frucht genießen« (Spr 18,21). Verleumder, die das Wort von einem zum andern tragen und dabei verdrehen, werden von Jesus Sirach »dritte Zunge« genannt; sie gleicht einer furchtbaren Waffe: »Geißelhieb verursacht Striemen, doch Zungenhieb zerschmettert Knochen. Schon viele sind gefallen durch des Schwertes Schärfe, doch mehr noch sind gefallen durch die Zunge« (Sir 28,13–18). Die gefährliche Zunge wird mit den Schlangen verglichen (Ps 140,4).

In ihren Sendschreiben mahnen die Apostel zur Beherrschung der Zunge. Die Frömmigkeit eines Menschen ist wertlos, wenn er seine Zunge nicht im Zaum hält (Jak 1,26). Zwar ist die Zunge nur »ein kleines Glied, vermißt sich aber großer Dinge«, sie ist einem kleinen Feuer vergleichbar, das einen großen Wald anzünden kann (Jak 3,5). Wer das wahre Leben liebt, »bewahre seine Zunge vor Bösem und seine Lippe vor hinterlistiger Rede« (1 Petr 3,10). Eigentlich ist die Zunge das Organ des Bekennens, weil sie die Wahrheit kennt. Wer sich zu Christus bekennt, verherrlicht Gott (Phil 2,11). Die innere Begnadung durch den Hl. Geist zeigte sich bei den Jüngern Jesu dadurch, daß ihnen Zungen erschienen, »wie von Feuer, die sich verteilten und einzeln herabsenkten auf einen jeden von ihnen«. Und »alle fingen an, in anderen Zungen zu reden, so wie der Heilige Geist ihnen eingab zu sprechen« (Apg 2,3 f.).

Das Erscheinen der feurigen Zungen beim Pfingstwunder war ein beliebtes Motiv der mittelalterlichen Malerei. Die Wahrheit läßt sich nicht totschweigen, auch wenn man die Zunge herausreißt. Der Legende nach sprach Bischof Emmeran von Regensburg noch immer, nachdem man ihm die Zunge ausgeschnitten hatte. Als das Grab des Johannes von Nepomuk – der energisch für die Rechte der Kirche eintrat, andererseits aber als Beichtvater standhaft schweigen konnte – rund dreihundert Jahre nach seinem Tode geöffnet wurde, fand man angeblich seine Zunge unversehrt.

LITERATUR: F. P. Dhorme: L'emploi métaphorique des noms de partis du corps en hébreu et en akkadien (= RB 30/1921, 517–540); H. Kees: Herz und Zunge als Schöpferorgane in der ägyptischen Götterlehre (= Stud Gen 19/1966, 124–126).

Zwölf

Zwölf ist eine in vieler Hinsicht bedeutsame Zahl. Die zwölf Tierkreisbilder teilen den Sternenhimmel in zwölf Regionen ein. Bei einer Rundzahl von 360 Tagen im Jahr und 30 Tagen im Monat ergibt sich die Zahl Zwölf, in der sich die göttliche Drei und die irdische Vier durchdringen. Dazu kommt noch die Bedeutung als Grundzahl des Sexagesimalsystems. Das Gilgamesch-Epos ist in zwölf Tafeln eingeteilt; der Marduktempel zu Babylon hatte zwölf Tore. Die Ägypter haben der Sonne, ihrem zwölfstündigen Tageslauf entsprechend, zwölf verschiedene Erscheinungsformen zugesprochen; die Unterwelt wurde in zwölf Regionen gegliedert. Verschiedene alte Religionen hatten eine Zwölfzahl von Göttern; in Athen galt der Zwölf-Götter-Altar am Markt als Stadtmittelpunkt. Das Zwölftafelgesetz bildete die Grundlage des römischen Rechts.
Die Vollzahl des Gottesvolkes zeigt sich besonders deutlich bei den zwölf Söhnen Jakobs (Gen 35,22–26), aus denen die zwölf Stämme Israels hervorgehen. Aus jedem Stamm schickte Mose einen Kundschafter in das vor ihnen liegende Land (Dtn 1,23). Auf seiner Wüstenwanderung fand das Volk in Elim zwölf Wasserquellen (Num 33,9). An ihrem ersten Lagerplatz in Kanaan, nachdem der Jordan glücklich durchzogen war, errichteten die Israeliten gemäß göttlichem Befehle zwölf Gedenksteine, je einen für einen Stamm; der Ort erhielt den Namen Gilgal, d. h. (Stein-) Kreis (Jos 4,1–8.20). Die Priesterschaft wurde in zweimal zwölf Abteilungen gegliedert (1 Chr 24). Zwölf ist die Zahl der sogenannten »kleinen Propheten«. In den zwölf Edel-

steinen am Schild des Ephod – sie weisen wiederum auf die zwölf Stämme (Ex 28,21) – wird wahrscheinlich schon im AT eine kosmische Symbolik transparent, nämlich eine auch sonst im Alten Orient bekannte Gleichsetzung von Stein und Stern. Hier sei auch auf die das »eherne Meer« tragenden zwölf Stiere verwiesen, die nach den vier Himmelsrichtungen orientiert sind (1 Kön 7,25).

Sicher schwingt die alte Symbolbedeutung der Zwölf in der Zahl der von Jesus gewählten Apostel mit (Mt 10,2 ff.), die zu den tragenden Säulen der Christenheit wurden. In der Apokalypse ist es die Zahl der Vollendung. Die mit der Sonne umkleidete Frau trägt »einen Kranz von zwölf Sternen« (Offb 12,1); jeder Stern steht stellvertretend für ein Tierkreisbild. Um den göttlichen Thron sitzen zweimal zwölf Älteste in ihren weißen Kleidern (Offb 4,4). Das Lamm wird von 12 000 Besiegelten aus jedem der zwölf Stämme angebetet, insgesamt also 144 000 (Offb 7,4–10). Das neue Jerusalem hat zwölf Tore mit den Namen der zwölf Stämme Israels, und die Mauer der Stadt »hat zwölf Grundsteine, und auf ihnen die zwölf Namen der zwölf Apostel des Lammes« (Offb 21,12 ff.). Die vom Tierkreis auf den Jahreskreis übertragene kosmische Bedeutung zeigt sich beim Baum des Lebens, »der zwölfmal Früchte trägt, jeden Monat seine Frucht abgebend« (Offb 22,2).

Die Zwölfzahl der Apostel erklärt Augustinus durch die Verknüpfung der vier Evangelien (für die Teile der Erde) mit der von ihnen verkündeten Dreifaltigkeit. Das apostolische Symbolum (Glaubensbekenntnis) umfaßt zwölf Artikel, und die Regel des hl. Benedikt zählt zwölf Grade der Demut. Im Hochmittelalter, so bei Innozenz III., findet sich eine regelrechte Verkettung von Zwölfersystemen; den zwölf Aposteln werden nicht nur die zwölf Propheten, die zwölf Patriarchen, die zwölf Kundschafter, die zwölf Söhne Jakobs und die zwölf Stämme gegenübergestellt, sondern auch die zwölf Löwen Salomos (1 Kön 10,18–21), die Stiere am ehernen Meer, die Zahl der Monate und der Tierkreisbilder. Das in der altchristlichen Kunst beliebte

Motiv der zwölf Schafe weist ebenfalls auf die Apostel wie auch auf ihr atl. Vorbild der zwölf Stämme.

Zypresse

Die schlanke, gen Himmel strebende Zypresse findet sich bereits auf altmesopotamischen Rollsiegeln in religiöser Bedeutung und galt in Persien als heiliger Baum. Die immergrüne Zypresse wurde zu einem symbolischen Hinweis auf ein immerwährendes Leben; vielleicht galt sie gerade deswegen in der Antike als Totenbaum (und ist bis heute ein Lieblingsbaum der Friedhöfe), weil die Hoffnung auf ein Weiterleben mitschwang.

Mehrmals wird die Zypresse als stattlicher Baum des Libanon erwähnt (2 Kön 19,23); in das neue Jerusalem wird des Libanon Pracht eingehen, Buchsbaum und Zypresse werden Gottes heiligen Wohnort schmücken (Jes 60,13). Neben Zedern und Platanen stehen auch Zypressen in Gottes Garten (Ez 31,8). Beim Propheten Hosea (14,9 – in der hebräischen Urfassung –) spricht der Herr von sich selbst: »Wie eine immergrüne Zypresse bin ich.« Bei der Ausstattung des Tempels verkleidete Salomo den großen Raum »mit Zypressenholz und überzog ihn mit vortrefflichem Gold« (2 Chr 3,5). Die hohe Zypresse stellt die Erhabenheit der Weisheit dar (Sir 24,13). Nicht sicher ist, ob auch das hebräische gopher mit Zypresse zu übersetzen ist, dann wäre die Arche Noach aus Zypressenholz erbaut worden (Gen 6,14), was gut mit der sonstigen Symbolbedeutung des Baumes als Lebensträger übereinstimmen würde.

In der byzantinischen Kunst spielen die Zypressen als arbor vitae eine besondere Rolle, meistens umrahmen sie das Kreuz oder bilden das Gewächs des himmlischen Jerusalem. Da das Zypressenholz zur Ausstattung des Tempelinnern diente, wurde die Zypresse zu einem Symbol von Maria, deren Leib – den Tempelwänden gleich – das Allerheiligste umschloß.

ANHANG

ABKÜRZUNGEN DER BIBLISCHEN BÜCHER

Altes Testament

Gen	Genesis (= das 1. Buch Mose)
Ex	Exodus (= das 2. Buch Mose)
Lev	Levitikus (= das 3. Buch Mose)
Num	Numeri (= das 4. Buch Mose)
Dtn	Deuteronomium (= das 5. Buch Mose)
Jos	Das Buch Josua
Ri	Das Buch der Richter
Rut	Das Buch Rut
1 Sam	Das 1. Buch Samuel
2 Sam	Das 2. Buch Samuel
1 Kön	Das 1. Buch der Könige
2 Kön	Das 2. Buch der Könige
1 Chr	Das 1. Buch der Chronik
2 Chr	Das 2. Buch der Chronik
Esr	Das Buch Esra
Neh	Das Buch Nehemia
Tob	Das Buch Tobias [griechisch]
Jdt	Das Buch Judit [griechisch]
Est	Das Buch Ester [mit griechischen Zusätzen]
1 Makk	Das 1. Buch der Makkabäer [griechisch]
2 Makk	Das 2. Buch der Makkabäer [griechisch]
Ijob	Das Buch Ijob (= Job = Hiob)
Ps	Die Psalmen
Spr	Das Buch der Sprichwörter (= Die Sprüche Salomos)
Koh	Kohelet (= Der Prediger Salomo)
Hld	Das Hohelied (= Das Hohelied Salomos)
Weish	Das Buch der Weisheit (= Die Weisheit Salomos) [griechisch]
Sir	Das Buch Jesus Sirach [griechisch]
Jes	Das Buch Jesaja
Jer	Das Buch Jeremia
Klgl	Die Klagelieder des Jeremia
Bar	Das Buch Baruch [griechisch]
Ez	Das Buch Ezechiel (= Hesekiel)
Dan	Das Buch Daniel [mit griechischen Zusätzen]
Hos	Das Buch Hosea
Joel	Das Buch Joel
Am	Das Buch Amos
Obd	Das Buch Obadja
Jon	Das Buch Jona

Mich	Das Buch Micha
Nah	Das Buch Nahum
Hab	Das Buch Habakuk
Zef	Das Buch Zefanja
Hag	Das Buch Haggai
Sach	Das Buch Sacharja
Mal	Das Buch Maleachi

Neues Testament

Mt	Das Evangelium nach Mattäus
Mk	Das Evangelium nach Markus
Lk	Das Evangelium nach Lukas
Joh	Das Evangelium nach Johannes
Apg	Die Apostelgeschichte
Röm	Der Brief an die Römer
1 Kor	Der 1. Brief an die Korinther
2 Kor	Der 2. Brief an die Korinther
Gal	Der Brief an die Galater
Eph	Der Brief an die Epheser
Phil	Der Brief an die Philipper
Kol	Der Brief an die Kolosser
1 Thess	Der 1. Brief an die Thessalonicher
2 Thess	Der 2. Brief an die Thessalonicher
1 Tim	Der 1. Brief an Timotheus
2 Tim	Der 2. Brief an Timotheus
Tit	Der Brief an Titus
Phlm	Der Brief an Philemon
Hebr	Der Brief an die Hebräer
Jak	Der Brief des Jakobus
1 Petr	Der 1. Brief des Petrus
2 Petr	Der 2. Brief des Petrus
1 Joh	Der 1. Brief des Johannes
2 Joh	Der 2. Brief des Johannes
3 Joh	Der 3. Brief des Johannes
Jud	Der Brief des Judas
Offb	Die Offenbarung des Johannes

MEHRBÄNDIGE LEXIKA

DACL	Dictionnaire d'Archéologie chrétienne et de Liturgie. Publié par F. Cabrol / H. Leclerq. 15 Bände. Paris 1907 ff.
ERE	Encyclopaedia of Religion and Ethics. Edited by James Hastings. 12 Bände. Edinburgh 1908 ff.
LCI	Lexikon der christlichen Ikonographie. Hrsg. von Engelbert Kirschbaum. Allgemeine Ikonographie 4 Bände. Freiburg 1968 ff.
LThK	Lexikon für Theologie und Kirche. 2. Auflage hrsg. von Josef Höfer und Karl Rahner. 10 Bände + 1 Registerband. Freiburg 1957 ff.
RAC	Reallexikon für Antike und Christentum. Sachwörterbuch zur Auseinandersetzung des Christentums mit der antiken Welt. Hrsg. von Theodor Klauser. Zahlreiche Bände, großenteils noch im Erscheinen. Stuttgart 1950 ff.
RGG	Die Religion in Geschichte und Gegenwart. Handwörterbuch für Theologie und Religionswissenschaft. 3. Auflage hrsg. von K. Galling. 6 Bände + Registerband. Tübingen 1957 ff.
ThWNT	Theologisches Wörterbuch zum Neuen Testament. Hrsg. von Gerhard Kittel; fortgeführt von Gerhard Friedrich. 9 Bände. Stuttgart 1933 ff.

ZEITSCHRIFTEN UND IHRE ABKÜRZUNGEN

ALW — Archiv für Liturgiewissenschaft. Regensburg.
Antaios. Zeitschrift für eine freie Welt. Stuttgart.
ARW — Archiv für Religionswissenschaft. Leipzig.
AuC — Antike und Christentum. Münster.
Bibel und Leben. Düsseldorf.
BiViChr — Bible et Vie Chrétienne. Paris.
Biblica. Commentarii editi cura Pontificii Instituti Biblica. Roma.
BiZ — Biblische Zeitschrift. Paderborn.
Cah Arch — Cahiers Archéologiques. Fin de l'antiquité et Moyen âge. Paris.
DTh — Deutsche Theologie. Monatsschrift für die Deutsche Evangelische Kirche. Stuttgart.
EB — Estudios Biblicos. Madrid.
EL — Ephemerides Liturgicae. Roma.
Eranos-Jb — Eranos-Jahrbuch. Zürich.
Erbe und Auftrag. Beuron.
Eternity. The Magazine of Christian Truth. Baltimore.
EThL — Ephemerides Theologicae Lovanienses. Louvain.
GBA — Gazette des Beaux-Arts. Paris.
HThR — The Harvard Theological Review. Cambridge.
IEJ — Israel Exploration Journal. Jerusalem.
JAOS — Journal of the American Oriental Society. Baltimore.
JbAC — Jahrbuch für Antike und Christentum. Münster.
JBL — Journal of Biblical Literature. Philadelphia.
JBR — Journal of Bible and Religion. Brattleboro (Vermont).
JR — Journal of Religion. Chicago.
JThS — Journal of Theological Studies. Oxford.
Kairos. Zeitschrift für Religionswissenschaft und Theologie. Salzburg.
LitJb — Liturgisches Jahrbuch. Münster.
MThZ — Münchener Theologische Zeitschrift. Vierteljahrschrift für das Gesamtgebiet der katholischen Theologie. München.
Münster — Das Münster. Zeitschrift für Christliche Kunst und Kunstwissenschaft. München.
NKZ — Neue Kirchliche Zeitschrift. Erlangen.
NRTh — Nouvelle Revue Théologique. Louvain.
NT — Novum Testamentum. An international Quarterly for New Testament and related Studies. Leiden.
NTS — New Testament Studies. An International Journal published quarterly. Cambridge.
Numen. International Review for the History of Religions. Leiden.
PalEQ — Palestine Exploration Quarterly. London.

PalJb	Palästina-Jahrbuch des deutschen evangelischen Instituts für Altertumswissenschaft des hl. Landes zu Jerusalem. Berlin.
RB	Revue Biblique. Paris.
RechScR	Recherches de Science Religieuse. Paris.
RQS	Römische Quartalschrift für christliche Altertumskunde und für Kirchengeschichte. Freiburg i. Br.
RScR	Revue des Sciences Religieuses. Strasbourg.
STh	Studia Theologica cura Ordinum Theologorum Scandinavicorum edita. Lund.
Stud Gen	Studium Generale. Zeitschrift für die Einheit der Wissenschaften im Zusammenhang ihrer Begriffsbildungen und Forschungsmethoden. Berlin.
Symbolon. Jahrbuch für Symbolforschung. Basel. N. F. Köln.	
ThPQ	Theologisch-Praktische Quartalschrift. Linz.
ThStKr	Theologische Studien und Kritiken. Gotha.
ThuG	Theologie und Glaube. Zeitschrift für den katholischen Klerus. Paderborn.
ThZ	Theologische Zeitschrift. Basel.
Traditio. Studies in ancient and medieval History, Thought and Religion. New York.	
TüThQ	Tübinger Theologische Quartalschrift. Stuttgart.
VChr	Vigiliae Christianae. A Review of early christian life and language. Amsterdam.
Verbum Domini. Commentarii de Re Biblica. Roma.	
Vivre et Penser. Recherches d'exégèse et d'histoire. Paris.	
VT	Vetus Testamentum. Quarterly published by the International Organization of Old Testament Scholars. Leiden.
ZATW	Zeitschrift für die Alttestamentliche Wissenschaft. Berlin.
ZDVKW	Zeitschrift des Deutschen Vereins für Kunstwissenschaft. Berlin.
ZKTh	Zeitschrift für Katholische Theologie. Wien.
ZNTW	Zeitschrift für die Neutestamentliche Wissenschaft und die Kunde der älteren Kirche. Berlin.
ZPalV	Zeitschrift des Deutschen Palästina-Vereins, Leipzig–Wiesbaden.
ZWTh	Zeitschrift für wissenschaftliche Theologie. Frankfurt.

LITERATURHINWEISE

Adinolfi, M.: L'insegnamento escatologico nelle parabole (=Antoniamnum 36/1961, 137–172)

Albani, J.: Die Bildersprache der Pastoralbriefe (=ZWTh 46/1903, 40–58).

Altmann, A. (Hrsg.): Biblical Motifs, Origins and Transformations. Cambridge 1966.

Batey, R.: A New Testament Nuptial Imagery. Leiden 1971

Bauer, J. B. (Hrsg.): Bibeltheologisches Wörterbuch. 2 Bände. 3. Aufl. Graz – Wien – Köln 1967.

–: Scholia biblica et patristica. Graz 1972.

Baumann, E.: Die Hauptvisionen Hesekiels (=ZATW 67/1955, 56–67).

Beasley-Murray, G. R.: A Book of Revelation. London 1974.

Beaucamp, F.: La Bible et le sens religieux de l'univers. Paris 1959.

Becker, M.: Bild – Symbol – Glaube. Essen 1965.

Beigbeder, O.: Lexique des symboles. Paris 1969.

Benini, R.: Un po' più di luce tra i simboli e i fantasmi dell Apocalisse (=Rendiconti della Classe di Scienze morali, storiche e filologiche dell Accademia dei Lincei 6, Ser. 13/1937, 286–312).

Benz, E.: Die Vision. Erfahrungsformen und Bilderwelt. Stuttgart 1969.

van den Bergh van Eysinga, G. A.: Symbolisches in der Apokalypse Johannis (=Acta Orientalia 2/1924, 32–38).

Biser, E.: Die Gleichnisse Jesu. München 1965.

–: Theologische Sprachtheorie und Hermeneutik. München 1970.

Blaiklock, E. M.: Word Pictures from the Bible. Grand Rapids 1971.

Böcher, O.: Das neue Testament und die dämonischen Mächte. Stuttgart 1972.

–: Die Johannesapokalypse (Erträge der Forschung, 41). Darmstadt 1975.

Bonsirven, J.: L'Apocalypse de saint Jean. Texte et Commentaire. Paris 1951.

van de Born, A.: De symbolische handelingen der oud-testamentische profeten. Roermond 1935.

Brown, St. J.: Image and Truth. Studies in the Imagery of the Bible. Roma 1955.

Buzy, D.: Les symboles de l'Ancien Testament. Paris 1923.

Calmes, Th.: Les symboles de l'Apocalypse (=RB 12/1903, 52–68).

Cambier, J.: Les images de l'Ancien Testament dans l'Apocalypse de Saint Jean (=NRTh 77/1955, 113–122).

Casel, O.: Das christliche Kultmysterium. Hrsg. von B. Neunheuser. Regensburg [4]1960.

Cassuto, U.: A Commentary on the Book of Genesis. London 1965.

Christiansen, I.: Die Technik der allegorischen Auslegungswissenschaft bei Philon von Alexandrien. Tübingen 1969.

Clemen, C.: Visionen und Bilder in der Offenbarung Johannis (=ThStKr 107/1936, 236–265).

Cope, G.: Symbolism in the Bible and the Church. London 1959.
Coppens, J.: Les Harmonies des Deux Testaments. Essai sur les divers sens des Ecritures et sur l'unité de la Révelation. Paris–Tournai 1949.
Crenshaw, J. L.: Old Testament Wisdom. An Introduction. Atlanta 1981.
Criado, R.: Tienen alguna eficacia real las acciones simbólicas de los profetas? (=EB 7/1948, 167–217).
–: Los simbolos del amor divino en el Antiguo Testamento (A. Bea / H. Rahner / H. Rondet / F. Schwendimann: Cor Jesu, 411–460). Roma 1959.
Daniélou, J.: Liturgie und Bibel. Die Symbolik der Sakramente. München 1963. Originalausgabe: Bible et Liturgie. Paris 1958.
–: Les symboles chrétiens primitifs. Paris 1961.
Debidour, V.-H.: Le bestiaire sculpté du moyen-âge en France. Grenoble 1961.
Dodd, Ch. H.: The Interpretation of the fourth Gospel. Cambridge 1953.
Driver, G. R.: Mythical Monsters in the Old Testament (Studi Orientalistici in honore di Giorgio Levi della Vida. I, 234–249). Rom 1956.
Ehrlich, E. L.: Kultsymbolik im Alten Testament und im nachbiblischen Judentum (Symbolik der Religionen III). Stuttgart 1959.
Eichholz, G.: Tradition und Interpretation. Studien zum NT und zur Hermeneutik. München 1965.
Eichhorn, D.: Gott als Fels, Burg und Zuflucht. Eine Untersuchung zum Gebet des Mittlers in den Psalmen. Bern 1972.
Eliade, M.: Die Religionen und das Heilige. Elemente der Religionsgeschichte. Salzburg 1954.
Ernst, J.: Die »himmlische Frau« im 12. Kapitel der Apokalypse (=ThuG 58/1968, 39–59).
Esche, S.: Adam und Eva. Sündenfall und Erlösung (Lukas-Bücherei zur christlichen Ikonographie). Düsseldorf 1957.
Fader, E.: Die Bildersprache der Evangelien. Berlin 1937.
Farbridge, M. H.: Studies in Biblical and Semitic Symbolism. Reprint of 1923 edition. New York 1970.
Farrer, A.: A Rebirth of Images. The making of St. John's Apocalypse. Westminster 1949.
Ferguson, G.: Signs and Symbols in Christian Art. New York 1961.
Feuillet, A.: Le messianisme du Livre d'Isaie. Ses rapports avec l'histoire et les traditions d'Israel (=RechScR 36/1949, 182–228).
–: Le Messie et sa mère d'après le chapitre XII de l'apocalypse (=RB 66/1959, 55–86).
Finkelstein, L.: The Hebrew Text of the Bible. A study of its cadence symbols (Symbols and Society. Ed. by Bryson, Lyman, a. o., 409–423). New York – London 1953.
Fleming, D. J.: Christian Symbols in a World Community. New York 1940.
Fohrer, G.: Die symbolischen Handlungen der Propheten. Zürich 1953.
Förster, W.: Die Bilder in Offenbarung 12f. und 17f. (=ThStKr 104/1932, 279–310).
Forstner, D.: Die Welt der Symbole. Innsbruck ²1967.

Francke, J.: Veelkoppige monsters. Mythologische figuren in bijbelteksten. Goes 1971.
Fransen, F.: Symbolique et langage biblique (=Bijdragen 28/1967, 152 bis 176).
Frederiksson, H.: Jahwe als Krieger. Studien zum alttestamentlichen Gottesbild (Diss.) Lund 1945.
Frei, G.: Symbolverständnis und Bibel (=Schweizer Rundschau. Monatsschrift für Geistesleben und Kultur 49/1949–1950).
Fremgen, L.: Offenbarung und Symbol. Das Symbolische als religiöse Gestaltung im Christentum. Gütersloh 1954.
Frost, S. B.: Old Testament Apocalyptic. Its Origins and Growth. London 1952.
Gaster, Th.: Myth, Legend and Custom in the Old Testament. A comparative study. London 1969.
–: Thespis. Myth and Drama in the Ancient Near East. New York 1950.
Gentile, G.: Simbolismo e iconologia nelle figurazioni bibliche (Studi di storia dell'arte in onore di Antonio Morassi, 11–15). Venezia 1971.
Goldammer, K.: Elemente des Schamanismus im Alten Testament (Ex orbe religionum II. Festschrift Geo Widengren, 266–285). Leiden 1972.
–: Kultsymbolik des Protestantismus (Symbolik der Religionen VII). Stuttgart 1960.
Gollinger, H.: Das »Große Zeichen« von Apokalypse 12 (Stuttgarter Biblische Monographien II). Würzburg–Stuttgart 1971.
Gonzales, A.: El lenguaje de la naturaleza en el Canter de los Cantares (=EB XXV/1966, 241–282).
Goodenough, E.: Jewish Symbols in the Greco-Roman Period. 8 Bände. New York 1953–1958.
Grabner–Haider, A.: Semiotik und Theologie. Religiöse Rede zwischen analytischer und hermeneutischer Philosophie. München 1973.
Grill, S.: Die Symbolsprache des Hohen Liedes. Heiligenkreuz 1964.
Guillet, J.: Thèmes bibliques. Etudes sur l'expression et le développement de la révélation. Paris 1950. Deutsche Ausgabe: Luzern 1954.
Guldan, E.: Eva und Maria. Eine Antithese als Bildmotiv. Graz 1966.
Gunkel, H.: Märchen im Alten Testament. Tübingen 1921.
Haag, H. (Hrsg.): Bibellexikon. Einsiedeln ²1968.
–: Vom alten zum neuen Pascha. Geschichte und Theologie des Osterfestes (Stuttgarter Bibelstudien 49). Stuttgart 1971.
Habel, N. C.: Symbolism of wisdom in Proverbs 1–9 (=Interpretation 26/1972, 131–157).
Haeussermann, F.: Wortempfang und Symbol in der alttestamentlichen Prophetie. Eine Untersuchung zur Psychologie des prophetischen Erlebnisses. Gießen 1932.
Hahn, F.: Christologische Hoheitstitel. Göttingen ²1964.
Halver, R.: Der Mythos im letzten Buch der Bibel. Eine Untersuchung der Bildersprache der Johannes-Apokalypse. Hamburg 1964.
Hanson, R. P.: Allegory and event. A study of the sources and significance of Origen's interpretation of scriptures. London 1959.

Harvey, J.: Symbolique et théologie biblique (=Sciences Ecclésiastiques IX/1957, 147–157).
Heiler, F.: Erscheinungsformen und Wesen der Religion. Stuttgart 1961.
Heller, A.: 200 biblische Symbole. Stuttgart 1962.
Hempel, J.: Das Bild in Bibel und Gottesdienst. Tübingen 1957.
–: Heilung als Symbol und Wirklichkeit im biblischen Schrifttum. Göttingen 1958.
Hooke, S. H.: Symbolism in the Dead Sea Scrolls (Studia Evangelica. Ed. by K. Aland and others, 600–612). Berlin 1959.
Humbert, P.: Études sur le récit du paradis et de la chute dans la Genèse (Mémoires de l'Université de Neuchâtel, 14). Neuchâtel 1940.
Hunter, A. M.: Interpreting the Parables. London 1960.
Inscriptions Reveal. Documents from the Time of the Bible, the Mischna and the Talmud. Revised second edition. Jerusalem 1973.
Jeremias, J.: Die Gleichnisse Jesu. 8. Aufl. Göttingen 1970.
Johnstone, W.: Mythologising of History in the Old Testament (=Scotish Journal of Theology 24/1971, 201–217).
Jungmann, J. A.: Symbolik der katholischen Kirche. Stuttgart 1960.
Kahlefeld, H.: Gleichnisse und Lehrstücke im Evangelium. Frankfurt 1963.
Keel, O.: Die Welt der altorientalischen Bildsymbolik und das AT. Am Beispiel der Psalmen. Köln 1972.
–: Wirkmächtige Siegeszeichen im Alten Testament (Orbis Biblicus et Orientalis, 5). Fribourg – Göttingen 1974.
Kirchgässner, A.: Die mächtigen Zeichen. Ursprünge, Formen und Gesetze des Kultes. Freiburg i. Br. 1959.
–: Welt als Symbol. Würzburg 1968.
Klos, H.: Die Sakramente im Johannesevangelium. Vorkommen und Bedeutung von Taufe, Eucharistie und Buße im vierten Evangelium (Stuttgarter Bibelstudien 46). Stuttgart 1970.
König, F.: Religionswissenschaftliches Wörterbuch. Die Grundbegriffe. Freiburg i. Br. 1956.
Kretschmer, W.: Psychologische Weisheit der Bibel. Urbilder des Seins und Werdens im biblischen Schöpfungsbericht. München 1955.
Kümmel, W. G.: Verheißung und Erfüllung. Untersuchungen zur eschatologischen Verkündigung Jesu. Zürich ^{3}1956.
Künstle, K.: Ikonographie der christlichen Kunst. Freiburg i. Br. 1928.
Kuhl, C.: Das Hohelied und seine Deutung (=Theologische Rundschau 9/1937, 137–167).
Lange, G.: Bild und Wort. Die katechetische Funktion des Bildes in der griechischen Theologie des 6. bis 9. Jahrhunderts. Würzburg 1969.
Lange, K.: Geistliche Speise. Untersuchungen zur Metaphorik der Bibelhermeneutik (=Zeitschrift für deutsches Altertum und deutsche Literatur 95/1966, 81–122).
Langenberg, H.: Die prophetische Bildsprache der Apokalypse. Metzingen 1952.

Leal, I.: El simbolismo histórico del cuarto Evangelio (=EB 19/1960, 329–348).
Lechner, J. / Eisenhofer L.: Liturgik des Römischen Ritus. Freiburg i. Br. 1952.
Legeay, G.: Le symbolisme dans l'Écriture. Noms et figures de Notre-Seigneur. Paris 1903.
Leloir, L.: Symbolisme et parallélisme chez Éphrem (Memorial Albert Gelin, 363–374). Lyon 1961.
Léon-Dufour, X. (Hrsg.): Wörterbuch der biblischen Botschaft. Freiburg i. Br. ^{2}1967.
Léon-Dufour, W.: Wörterbuch zum Neuen Testament. München 1977.
Lettner, M.: Zur Bildersprache des Origenes (Diss. München) 1962.
Linnemann, E.: Gleichnisse Jesu. Einführung und Auslegung. Göttingen 1961.
Llanillo Garcia, F. A.: El lenguaje figurado en el libro de Isaias (=Miscelánea de estudios árabes y hebraicos 4 / Granada 1955, 214–240).
Loewenstamm: Comparative Studies in Biblical and Ancient Oriental Literatures (Alter Orient und Altes Testament, 204). Kevelaer 1980.
van der Loos, H.: Allegorische Exegese (=Nederlands Theologisch Tijdschrift 2/1947–1948, 129–137).
Loretz, O.: Schöpfung und Mythos. Stuttgart 1968.
Lubac, H. de: Exégèse médiévale. Les quatres sens de l'écriture. Bd. I bis IV. Paris 1959–1964.
–: La Foi chrétienne, essai sur la structure du Symbole des Apôtres. Paris 1969.
–: Geist der Geschichte. Das Schriftverständnis des Origenes. Einsiedeln 1968.
Lüers, G.: Die Sprache der deutschen Mystik des Mittelalters im Werke der Mechthild von Magdeburg. Nachdruck Darmstadt 1966.
Lundberg, P.: La typologie baptismale dans l'ancienne église. Leipzig–Uppsala 1942.
Lurker, M. Symbol, Mythos und Legende in der Kunst. 2. Aufl. Baden-Baden 1974.
–: Der Baum in Glauben und Kunst. 2. Auflage Baden-Baden 1976.
Lurker, M. (Hrsg.): Wörterbuch der Symbolik. Stuttgart ^{3}1985.
Lys, D.: Le plus beau chant de la creation. Commentaire du Cantique des Cantiques. Paris 1968.
Madsen, I. K.: Zur Erklärung der evangelischen Parabeln (=ThStKr 101/1929, 297–312; 104/1932, 311–336).
Ménard, J.-E.: Le Symbole. Strasbourg 1975 (– u. a. Th. Chary: Le symbole dans l'AT; P. Prigent: Le symbole dans le NT; P. Ricœur: Parole et symbole).
Metzger, M.: Himmlische und irdische Wohnstatt Jahwes (=Ugarit-Forschungen 2/1970, 139–158).
Meves, Chr.: Die Bibel antwortet in Bildern. Tiefenpsychologische Textdeutungen. Freiburg 1973.
Minear, P. S.: I Saw a New Earth. An introduction to the visions of the Apocalypse. Washington 1969.
–: Images of the Church in the New Testament. Philadelphia 1960.
Mollenkott, V. R.: Gott eine Frau? Vergessene Gottesbilder der Bibel. München 1985.

Molsdorf, W.: Christliche Symbolik der mittelalterlichen Kunst. Nachdruck Graz 1968.
Morey, J. J.: The Parables of the Kingdom. London 1932.
Moschner, F. M.: Das Himmelreich in Gleichnissen. Betrachtungen zu neutestamentlichen Texten. Freiburg i. Br. 1953.
Mowinckel, S.: Psalmenstudien. 2 Bände. Oslo 1921–1924. Neudruck: Amsterdam 1961.
Müller, H.-P.: Vergleich und Metapher im Hohenlied. Freiburg (Schweiz), Göttingen 1984.
Niederwimmer, K.: Tiefenpsychologie und Exegese (=Wege zum Menschen 22/1970, 257–272).
Niewalda, P.: Sakramentssymbolik im Johannesevangelium? Eine exegetisch-historische Studie. Limburg 1958.
Notter, V.: Biblischer Schöpfungsbericht und ägyptische Schöpfungsmythen (Stuttgarter Bibelstudien 68). Stuttgart 1974.
Ohler, A.: Mythologische Elemente im Alten Testament. Eine motivgeschichtliche Untersuchung. Düsseldorf 1969.
Ohly, F.: Hohelied-Studien. Grundzüge einer Geschichte der Hoheliedauslegung des Abendlandes bis um 1200. Wiesbaden 1958.
Pangritz, W.: Das Tier in der Bibel. Basel–München 1963.
Panunzio, S.: Bibel und Kosmologie (=Kairos 4/1962).
–: Contemplazione e Simbolo (=Dialoghi, Rivista Bimestrale di letteratura, arti, scienze XVII/1969, 309–327; XVIII/1970, 42–57).
Patai, R.: Zum Wesen der hebräischen Mythologie (=Paideuma II/1965, 58–67).
Pépin, J.: Mythe et allégorie. Les origines grecques et les contestations judéo-chrétiennes. Paris 1958.
Peters, N.: Sache und Bild in den messianischen Weissagungen (=Theologische Quartalschrift 112/1931, 451–489).
Petzold, H.: Über Symbole und Sinnbilder der Bibel (=Erbe und Auftrag 42/1966, 119–130).
Pfeifer, G.: Ursprung und Wesen der Hypostasevorstellungen im Judentum. Stuttgart 1967.
Philippe, M.-D.: La symbolique de la messe. Paris 1961.
Pirot, J.: Paraboles et allégories évangeliques. La pensée de Jésus, les commentaires patristiques. Paris 1949.
van der Ploeg, J.: Old Testament Signs (=Scripture VIII/1956, 33–44).
Pritchard, J. B.: Ancient Near Eastern Texts Relating to the Old Testament. Princeton ²1955.
Rahner, H.: Griechische Mythen in christlicher Deutung. Zürich 1957.
–: Symbole der Kirche. Die Ekklesiologie der Väter. Salzburg 1964.
Ramseyer, J. Ph.: Eléments pour une théologie biblique de l'image (=Catechistes 61/1965, 6–24.)
Réau, L.: Iconographie de l'art chrétien. Introduction générale. Paris 1955.
–: Iconographie de l'art chrétien. Iconographie de la Bible. 2 Bände. Paris 1956–1957.

Rech, Ph.: Inbild des Kosmos. Eine Symbolik der Schöpfung. 2 Bände. Salzburg 1966.

Regnier, A.: Le réalisme dans les symboles des prophètes (=RB 32/1923, 383–408).

Rehm, M.: Das Bild Gottes im Alten Testament. Würzburg 1951.

Reifenberg, H.: Symbol als Sinnbild und Sinnspruch (=LitJb 20/1970. 11–21).

Ricœur, P.: Hermeneutik und Strukturalismus. Der Konflikt der Interpretationen, I. München 1973.

Rienecker, Fr. (Hrsg.): Lexikon zur Bibel. 7. Aufl. Wuppertal 1960.

Rietschel, Ch.: Sinnzeichen des Glaubens. Kassel 1965.

Rignell, L. G.: Die Nachtgesichte des Sacharja: Eine exegetische Studie. Lund 1950.

Robertson, A. Th. / H. W. Davis: Word Pictures in the New Testament. New York 1930.

Roeder, H.: Saints and their Attributes. London–New York 1955.

Roellenbleck, E.: Magna Mater im Alten Testament. Eine psychoanalytische Untersuchung. 2. Aufl. Darmstadt 1974.

Rogerson, J. W.: Myth in the Old Testament Interpretation. Berlin 1974.

Rosenberg, A.: Vom Wesen des Symbols. Die biblischen Symbole des Lebensbaumes und des Lebenswassers (Psychotherapie und Seelsorge. Hrsg. von W. Bitter). Stuttgart 1954.

–: Michael und der Drache. Urgestalten von Licht und Finsternis. Olten–Freiburg 1956.

Rowley, H. H.: The Interpretation of the Song of Songs (=JThS 38/1937, 337–363).

–: The Relevance of Apocalyptic. A Study of Jewish and Christian Apocalypses from Daniel to the Revelation. London 1952.

Rudolph, K.: Der Beitrag der Religionswissenschaft zum Problem der sogenannten Entmythologisierung (=Kairos XII/1970, 183–207).

Saintyves, P.: Essais de folklore biblique. Magie, mythes et miracles dans l'Ancien et le Nouveau Testament. Paris 1923.

Salzer, A.: Die Sinnbilder und Beiworte Mariens in der deutschen Literatur und lateinischen Hymnenpoesie des Mittelalters. Nachdruck Darmstadt 1967.

Sauser, E.: Zur Bedeutung des Symbolbegriffs für die christliche Ikonographie (=Bibliographie zur Symbolik, Ikonographie und Mythologie 5/1972, 5f.).

–: Die frühchristliche Kunst. Sinnbild und Glaubensaussage. Innsbruck 1966.

Schauf, H.: Der brennende Dornbusch. Vom Mariensymbol der Hl. Schrift bei den Vätern. Paderborn 1940.

Schedl, C.: Geschichte des Alten Testaments. 5 Bände. Innsbruck 1964ff.

Schelkle, K. H.: Auslegung als Symbolverständnis (=TüThQ 132/1952, 129–151).

Scherer, R.: Philosophische Gedanken zum Symbolverständnis (=ALW 12/1970, 34–53).

Schlier, H.: Der Brief an die Epheser. Ein Kommentar. Düsseldorf 1957 (–besonders zu Bau, Haupt, Himmelsstadt, Leib, Licht).

Schmidt, K. L.: Die Bildersprache in der Johannes-Apocalypse (=ThZ 3/1947, 161–177).
Schmidt, W.: Anthropologische Begriffe im AT (=Evangelische Theologie 24/1964, 374–388).
Schreiner, J.: Die Symbolsprache in der jüdischen Apokalyptik (Bild – Wort – Symbol in der Theologie. Hrsg. von W. Heinen, 55–81). Würzburg 1969.
–: Alttestamentlich-jüdische Apokalyptik. Eine Einführung. München 1969.
Schüngel–Straumann, H.: Gottesbild und Kultkritik vorexilischer Propheten. Stuttgart 1972.
Schweizer, E.: Ego eimi ... Die religionsgeschichtliche Herkunft und theologische Bedeutung der johanneischen Bildreden, zugleich ein Beitrag zur Quellenfrage des vierten Evangeliums. Göttingen 1939.
Seel, O.: Der Physiologus. Zürich–Stuttgart 1960.
Sickenberger, J.: Erklärung der Johannesapokalypse. Bern 1940.
Silberstein, Z.: Die Pflanze im Alten Testament (=Stud Gen 20/1967, 326–342).
Spiegel, Y. (Hrsg.): Psychoanalytische Interpretation biblischer Texte. München 1972.
Spitz, H. J.: Die Metaphorik des geistigen Schriftsinnes. Ein Beitrag zur allegorischen Bibelauslegung des ersten christlichen Jahrtausends. München 1972.
Springer, M. Th.: Nature – Imagery in the Works of Saint Ambrose (Diss.) Washington 1931.
Stadelmann, L. I. J.: The Hebrew Conception of the World (Analecta Biblica, 39). Rome 1970.
Stählin, W.: Das Bild der Natur (Symbolon. Vom gleichnishaften Denken, 127–134). Stuttgart 1958.
Steffen, U.: Das Mysterium von Tod und Auferstehung. Göttingen 1963.
Steinberg, J.: Der Mensch in der Bildersprache des AT (Diss. Bonn) 1935.
Straub, W.: Die Bildersprache des Apostels Paulus, Tübingen 1937.
Strobel, A.: Zum Verständnis von Mt XXV, 1–13 (=NT 2/1958, 199 bis 227).
Stuiber, A.: Bildersprache (RAC, Bd. 2, 341–346). Stuttgart 1954.
Sullivan, D. J.: Symbolism in Catholic Worship (F. E. Johnson: Religious Symbolism, 39–52). New York – London 1955.
Swaeles, R.: L'orientation ecclésiastique de la parabole du festin nuptial en Mt. XXII, 1–14 (=EThL 36/1960, 655–684).
Tillich, P.: Symbol und Wirklichkeit. 2. Aufl. Göttingen 1966.
Timmers, J. J. M.: Symboliek en iconographie der christelijke kunst. Roermond–Maaseick 1947.
Torrey, Ch. C.: The Apocalypse of John. New Haven 1958.
Touilleux, P.: L'Apocalypse et les cultes de Domitien et de Cybèle. Paris 1935.
Toyotome, M.: Poetic images and forms in the sayings of Jesus (Diss.) Columbia University 1953 (Dissertation Abstracts 14/1954).
Tresmontant, C.: Essai sur la pensée hébraïque. Paris 1953.
Tromp, N. J.: Primitive Conceptions of Death and the Nether World in the Old Testament (Biblica et Orientalia, 21). Rome 1969.

Tsermoulas, J. M.: Die Bildersprache des Klemens von Alexandrien (Diss. Würzburg). Kairo 1934.

Vahanian, G.: Biblical Symbolism and Man's Religious Quest (=JR 38/1958, 226–239).

Vann, G.: Der Lebensbaum. Studien zur christlichen Symbolik. Einsiedeln–Köln 1962.

Vereno, M.: Vom Mythos zum Christos. Versuch einer Analyse der Wirklichkeit in der Geschichte. Salzburg 1958.

–: Der ontologische und der gnoseologische Aspekt religiöser Symbole (= Akten des XIV. Internationalen Kongresses für Philosophie Wien. 2.–9. Sept. 1968, S. 352–359).

–: Tradition und Symbol. Die Bedeutung altüberlieferter Weisheit für den modernen Menschen (=Symbolon 5/1966, 9–24).

Vergote, A.: Symbolische Gebärden und Handlungen in der Liturgie (=Concilium. Internationale Zeitschrift für Theologie 7/1971, 95 bis 102).

Voelkl, L.: Zusammenhänge zwischen der antiken und der frühchristlichen Symbolwelt (=Münster 16/1963, 233–282).

Vögtle, A.: Der Einzelne und die Gemeinschaft in der Stufenfolge der Christusoffenbarung (Festschrift H. Rahner, 50–91 – zu den Bildern Ernte, Festmahl, Hirt und Herde). Freiburg i. Br. 1961.

Voss, G.: Kosmische Bildwirklichkeit in der neutestamentlichen Verkündigung. Ein Versuch zu Joh 1–2 (= Una Sancta 1/1977, 13–38).

Webber, Fr. R.: Church symbolism; an explanation of the more important symbols of the Old and New Testament, the primitive, the mediaeval and the modern church. Detroit 1971.

Wehr, G.: Wege zu religiöser Erfahrung. Analytische Psychologie im Dienste der Bibelauslegung. Darmstadt 1974.

Weinreb, F.: Die Symbolik der Bibelsprache. Einführung in die Struktur des Hebräischen. Zürich 1969.

Weippert, H. / Kl. Seybold / M. Weippert: Beiträge zur prophetischen Bildsprache in Israel und Assyrien. Freiburg (Schweiz), Göttingen 1985.

Weiser, A.: Die Darstellung der Theophanie in den Psalmen und im Festkult (Festschrift für A. Bertholet, 513–531). Tübingen 1950.

Wenschkewitz, H.: Die Spiritualisierung der Kultusbegriffe Tempel, Priester und Opfer im Neuen Testament. Leipzig 1932.

Westermann, Cl.: Genesis 1–11. Darmstadt 1972.

Wilder, A. N.: Eschatological Imagery and Earthly Circumstance (=NTS 5/1958–1959, 229–245).

Wiles, M. F.: The spiritual Gospel. The interpretation of the fourth Gospel in the early Church. Cambridge 1960.

Wilson's Dictionary of Bible Types. London 1958.

Winter, U.: Frau und Göttin. Exegetische und ikonographische Studien zum weiblichen Gottesbild im Alten Israel und dessen Umwelt. Freiburg (Schweiz), Göttingen 1983.

Wolff, W.: Changing Concepts of the Bible. A Psychological Analysis of its Words, Symbols and Beliefs. New York 1951.
Wünsche, A.: Die Bildersprache des Alten Testaments. Leipzig 1906.

REGISTER
DER BILD- UND SYMBOLBEDEUTUNGEN

(a = alttestamentlich, c = christlich, n = neutestamentlich)

Ägypten	Aas (a)
	Drache ↗ Tiere (a)
	Schilfrohr (a)
Allmacht	A und O (a, n)
	Arm (a, n)
	Horn (n)
Allwissenheit	Adler ↗ Lebewesen (a)
	Auge (a, n)
	Lampe (a)
	Turm (a)
Altar	Kelter (a)
	Thron (c)
Amtsübertragung	Handauflegung (a)
	Kleidertausch ↗ Kleid (a)
	Ringübergabe ↗ Ring (a)
	Schlüsselübergabe ↗ Schlüssel (a, n)
Anbetung	Knien (a, n, c)
	Niederfallen ↗ Fuß (n)
	Weihrauch (a, n, c)
Anfang, neuer	Acht ↗ Zahlen (a)
Antichrist, antichristliche Mächte, s. auch Teufel	Babylon (n)
	Drache (n)
	Drei (n)
	Heuschrecke (n)
	Mischwesen ↗ Bär (n)
	Rot (n)
Apostel	Edelsteine (c)
	Salz (n)
	Säule (n, c)
	Stier (c)
	Turm (n)
	Weinstock (a)
Armut	Nacktheit (a)
Assyrerkönig	Löwe (a)
	Schermesser ↗ Haare (a)
	Wasser (a)

Auferstehung	A und O (c)
	Adler (c)
	Baum (a)
	Biene (a)
	Fisch (n)
	Frosch (c)
	Granatbaum und -apfel (c)
	Hahn (c)
	Hase (c)
	Heuschrecke (c)
	Honigwabe ↗ Honig (c)
	Löwe (c)
	Mond (c)
	Posaune (n, c)
	Samen ↗ Saat (n)
	Sonne (c)
	Weizen (n, c)
Aufnahme in neue Gemeinschaft	Gürtel (c)
	Kleid (c)
	Kuß (c)
	Name (c)
Aufstieg zum Himmel	Berg (n)
	Leiter (a, n, c)
Ausdauer	Adler (a)
Auserwählung	Brot (a)
	Buch (n)
	Grün ↗ Farben (c)
	Lilie (a, c)
	Ring (a)
	Stab (a)
	Wein (a)
	Weinberg ↗ Weinstock (a)
	Löwe (a)
Babylon, babylon. König	Leviathan ↗ Tiere (a)
	Morgenstern (a)
Barmherzigkeit, Erbarmen	Öl (n)
	Schilfrohr (a, c)
	Regenbogen (n)
Bereitschaft	Gürtel (a, n, c)
	Lampe (n)
	Schuh (n)
Besitzergreifung	Fuß (n)
	Kleid (a)
	Name (a)
	Schuh (a)

	Siegel (n)
	Tor (a)
Blut Christi	Milch (c)
	Wein (n, c)
Bosheit, Böses	Bär (c)
	Dornen (n)
	Drache (a, c)
	Finsternis (n)
	Fuchs (a, c)
	Motte (a)
	Netz (a)
	Sauerteig (n)
	Sieben (n)
	Skorpion (n)
	Vögel (n)
	Wolf (a, n, c)
	Zehn (a, n)
Braut	Garten (a)
	Granatfrucht (a)
	Lilie (a)
	Quelle (a)
	Siegel (a)
	Taube (a)
	Turm (a)
	Weizen (a)
Bräutigam	Apfelbaum ↗ Baum (a)
	Blume (a)
	Haupt (a)
	Hirsch (a)
	Hirt (a)
	Lilie (a)
	Myrrhe (a)
	Saphir ↗ Edelsteine (a)
Brautsymbolik	Gürtel (c)
	Hochzeit (c)
	Kranz (c)
	Ring (c)
	Tanz (c)
	Weiß (c)
Bund mit Gott	Beschneidung (a)
	Blut (n, c)
	Bundeslade (a)
	Regenbogen (a, c)
	Salz (a)
Buße	Acker (a)

Asche (a, c)
Kleid (a, c)
Knien (c)

Christus

A und O (c)
Adler (c)
Altar (c)
Apfel ↗ Frucht (c)
Arm (n)
Blitz (n)
Blume (c)
Bräutigam (n, c)
Brot (n, c)
Diamant (c)
Eckstein (n)
Einhorn (c)
Erstgeborener ↗ Erstling (n)
Fels (n, c)
Feuer (c)
Fisch (c)
Frucht (n)
Haupt (n)
Hirsch (c)
Hirte (n)
Keltertreter ↗ Kelter (c)
Kohlen (c)
König (n, c)
Lamm (n, c)
Licht (n, c)
Mandelzweig ↗ Mandelbaum (c)
Morgenstern (n, c)
Pfeil (c)
Reiter ↗ Pferd (n)
Salz (c)
Schiff (c)
Schlange (n, c)
Senfkörnlein ↗ Saat (c)
Sohn Gottes (n)
Sonne (n, c)
Stein (n)
Tempel (n, c)
Tür (n, c)
Wagenlenker ↗ Wagen (c)
Weg (n)
Weinstock (n, c)
Weizenkorn ↗ Weizen (c)

	Wolkensäule ↗ Wolken (c)
	Wurzelsproß ↗ Wurzel (n, c)
Dauer	Fels (n)
	Salz (a, n)
Demut	Barfüßigkeit ↗ Fuß (a)
	Esel (c)
	Haar (a, c)
	Schilfrohr (n)
	Veilchen (c) ↗ Blumen (c)
Dienstbarkeit	Schulter (a, n)
	Stehen (a, n, c)
Dreifaltigkeit	Auge (c)
	Drei (a, n, c)
	Harfe (c)
	Regenbogen (c)
Ecclesia, s. Kirche	
Ehrenseite	Rechts (a, n)
Eigentumszeichen	Siegel (a, n, c)
	Taw ↗ Tau (a)
Endzeit, eschatologische Motive, s. auch Parusie	Berg (a)
	Blindenheilung ↗ Blindheit (a)
	Feuer (a, n)
	Garten (n)
	Gold (a, n)
	Kelter (n)
	Kuß (a)
	Milch (a)
	Mond (a)
	Nacht (n)
	Ofen (a)
	Posaune (a, n)
	Rechts und Links (n)
	Regenbogen (n)
	Reich (a)
	Tanz (a)
	Wasser (a)
	Weiß (n)
Erde, Irdisches zu Erde	Asche (c)
	Bauch (a)
	Unten (a, n, c)
	Vier (a)
Erkenntnis	Baum (a)
	Duft (n)
	Schlüssel (n)

Erleuchtung	Blindenheilung ↗ Blindheit (c)
	Licht (n, c)
Erlösung	Apfel ↗ Frucht (c)
	Blut (n, c)
	Brot (n)
	Brunnen (c)
	Dornen (c)
	Kreuz (n)
	Sieben (c)
Erntedank	Feststrauß ↗ Ernte (a)
eucharistische Symbole	Ähre ↗ Weizen (c)
	Brot (n)
	Fisch (n, c)
	Kelch ↗ Becher (n)
	Traube ↗ Weinstock (c)
	Wein (c)
Evangelisten	Lebewesen (c)
	Säule (c)
	Turm (c)
Fleisch, Leiblichkeit	Blumen (a)
	Erde (c)
	Gefäß (a)
	Gras (a, n, c)
Fleiß	Ameise (a)
Freude	Fünfzig ↗ Zahlen (a)
	Harfe (a)
	Hochzeit (a)
	Kranz (a)
	Schmuck (a)
	Tanz (a, n, c)
	Wein (a, n)
	Weiß ↗ Farben (a)
Frevler, s. Sünder	
Frieden, Eintracht	Feigenbaum (a)
	Heuschrecke (a)
	Olivenzweig ↗ Ölbaum (a, c)
	Zerstörung der ↗ Wagen (a)
Fruchtbarkeit	Ähre ↗ Weizen (a)
	Garten (a)
	Mond (a)
	Schuh (c)
	Stier (a)
	Weide (a)
Fürsorge Gottes	Adler (a)
	Arche (a)

	Flügel (a, n)
	Siegel (n)
Ganzheit	Adam ↗ Himmelsrichtungen (c)
	Altar (a)
	Drei (a)
	Himmelsrichtungen (a)
	Sieben (a, n)
	Fünfzig ↗ Zahlen (a)
	Zehn (a)
Geist Gottes, s. Heiliger Geist	
Gerechte, Rechtschaffene	Baum (a)
	Frucht (a)
	Licht (a)
	Ölbaum (a)
	Palme (a)
	Ring (a)
	Sohn Gottes (a)
	Zeder (a)
Gerechtigkeit	Frucht (a, n)
	Gürtel (a, c)
	Holz der ↗ Arche (a)
	Kleidung (a, n)
	Stab (a, n)
Gericht	Adler (a)
	Arm (a)
	Durst (a)
	Eisen (a)
	Erdbeben (a, n)
	Ernte (a, n)
	Feigenbaum (n)
	Feuer (a, n)
	Fuß (n)
	Kelter (a, n)
	Ofen (a, n)
	Pfeil und Bogen (a, c)
	Rute (a)
	Schermesser ↗ Haar (a)
	Schmied (a)
	Schofarhorn ↗ Posaune (a)
	Stab (a)
	Sterne (n)
	Wasser (a)
Geschlechtsregion	Fleisch (a)
	Lende (a, n)
Glauben, Glaubenslehre	Anker (c)

	Buch (c)
	Milch (n)
	Quelle (n)
	Samenkorn ↗ Saat (n)
	Schild (n, c)
Gläubige	Adler (a, n)
	Altar (c)
	Gefäß (n, c)
	Rebzweig ↗ Weinstock (c)
	Samen ↗ Saat (n)
	Sohn Gottes (n)
	Stein (c)
	Taube (a, c)
	Tempel (n)
	Wurzel (n)
Gnade	Angesicht (a)
	Feigenbaum (c)
	Fluß (c)
	Horn (a)
	Lilie (c)
	Öl (c)
	Regen (n, c)
	Wasser (c)
Gott, Gottheit	A und O (a, c)
	Arm (c)
	Auge (c)
	Bär (a)
	Berg (c)
	Burg (c)
	Edelsteine (a)
	Fels (a)
	Feuer (a, n)
	Hand (a, c)
	Horn (a)
	Jäger (a)
	Keltertreter ↗ Kelter (a, n)
	König (a)
	Kranz (a)
	Kreis (c)
	Lampe (a)
	Löwe (a)
	Rad (a, c)
	Sonne (a)
	Stein (c)
	Turm (a)

Handlung, symbolische	Barfußgehen ↗ Fuß (a)
	Hochzeit (a)
	Namengebung ↗ Name (a)
	Tragen eines Joches ↗ Joch (a)
	Zerbrechen des Kruges ↗ Gefäß (a)
Häresie, Häretiker	Frosch (c)
	Fuchs (c)
	Skorpion (c)
Härte	Diamant (a)
	Erz (a)
Heil	Arche (a, n)
	Becher (a)
	Brunnen (a)
	Fackel (a)
	Fisch (a)
	Helm (a, n)
	Holz (a, c)
	Horn (a, n)
	Kreuz (n, c)
	Löschen des ↗ Durstes (a, n)
	Quelle (a)
	Rechts (a, c)
	Schlange (a)
	Sieben (n)
	Tau (c)
	Wein (n)
Heiliger Geist, Geist Gottes	Feigenfrucht (c)
	Finger Jesu ↗ Ohr (c)
	Lampe (c)
	Öl (a, c)
	Rot (c)
	Säule (c)
	Taube (n, c)
	Wasserstrahlen ↗ Brunnen (c)
	Wind (n, c)
	Zunge (n, c)
Heiligkeit	Drei (a, n, c)
	Gold (a)
	Jerusalem ↗ Stadt (a)
	Kreis (a)
	Saphir ↗ Edelsteine (c)
Herrlichkeit und Majestät Gottes	Edelsteine (a, n)
	Lebewesen (a, n)
	Palme (a)

	Rad (a)
	Weiß (n)
	Wolken (a)
Herrschaft	Alpha und Omega ↗ A und O (n)
	Haupt (a, n)
	Joch (a)
	König (a, n, c)
	Krone (c)
	Lilie (c)
	Purpur (a, n)
	Reich (a)
	Stab (a, n)
Himmel	Allerheiligstes des ↗ Tempels (a)
	Buch (n)
	Oben (a, n, c)
	Schleier (a, c)
	Thron (a, n)
	Zelt (a, n)
Himmelreich	Hochzeitsgemach ↗ Hochzeit (n)
	Netz (n)
	Perle (n)
	Pracht des Libanon ↗ Zeder (a)
	Sauerteig (n)
	Schoß (n, c)
	Senfkorn ↗ Saat (n)
	Weizenkorn ↗ Weizen (n)
Himmelsrichtungen	Farben (a)
	Lebewesen (a)
	Vier (a, c)
Hingabe an Gott	Opfer (a, n)
Hochmut	Babylon (a, n)
	Turm (a, c)
	Zeder (a)
Hoffnung	Anker ↗ Schiff (n)
	Stab (a)
hohepriesterliche Symbolik	Edelsteine (a, c)
	Granatfrucht (a)
	Krone (a)
	Regenbogen (a)
	Wolle (a)
Hölle, s. auch Unterwelt	Burg (c)
	Feuer (c)
Huldigung, s. Verehrung	
Inkarnation	brennender Dornbusch ↗ Dornen (c)
	Mandorla ↗ Mandelbaum (c)

	Perle (c)
Israel, Israeliten	Altar (a)
	Augapfel ↗ Auge (a)
	Blumen (a)
	Braut ↗ Hochzeit (a)
	Dirne ↗ Hochzeit (a)
	Dornstrauch ↗ Dornen (a)
	Eckstein (a)
	Erstgeborener ↗ Erstling (a)
	Fische ↗ Fischer (a)
	Haus (a)
	Skorpion (a)
	Sohn Gottes (a)
	Weinberg ↗ Weinstock (a)
Jerusalem, neues	Braut ↗ Stadt (n)
	Edelsteine (a, n, c)
	Leuchter (c)
	Schmuck (n)
	Stadt (a, n, c)
	Tür, Tor (n)
Juden, Judentum	Blei (c)
	Lampe (c)
	Säule (c)
	Schwein (c)
Judenchristen und Heidenchristen	Stadt (c)
Jungfräulichkeit	Biene (c)
	Dornbusch ↗ Dornen (c)
	Garten (c)
	Kranz (c)
	Lilie (c)
	Myrthe (c)
	Weiß (c)
Kennzeichen, Kennzeichnung	Lammblut ↗ Lamm (a)
	Name (a, n, c)
	Siegel (a, n, c)
	Tau (Buchstabe) (a)
Keuschheit	Einhorn (c)
	Gürtel (c)
	Smaragd ↗ Edelsteine (c)
	Turm (c)
Kirche	Arche (c)
	Braut (a, n, c)
	Brust (a)
	Granatapfel (c)

	Haus (n)
	Leuchter ↗ Lampe (n)
	Mond (c)
	Netz (c)
	Rechts (c)
	Reich (n)
	Säule (n)
	Schiff (n, c)
	Stern (n)
	Turm (c)
	Weinstock (c)
Klugheit, List	Schlange (a, n, c)
Knechtschaft	Barfüßigkeit ↗ Fuß (a)
	Joch (a)
	Strick (a)
König, Königtum	Gold (c)
	Lampe (a)
	Purpur (a, n)
	Sohn Gottes (a)
kosmische Symbolik	Farben (a)
	Gürtel (n)
	Himmelsrichtungen (a)
	Lebewesen (a, n)
	Mauer (n)
	Meer, ehernes ↗ Stier (a)
	Säule (a)
	Stern (n)
	Tempel (a)
	Vier (a, n)
	Weltenbaum ↗ Baum (a)
	Zwölf (a, n)
Kraft, s. Stärke	
Kreuz Christi	Altar (c)
	Arche (c)
	Baum (c)
	Himmelsrichtungen (c)
	Jakobsleiter ↗ Leiter (c)
	Kelterbalken ↗ Kelter (c)
	Palme (c)
	Schiff (c)
	Schlüssel (c)
	Tau (Buchstabe) (c)
Krieg	Reiter ↗ Pferd (n)
	Schwert (a)
	Wagen (a)

Läuterung	Feuer (a, n)
	Nacktheit (c)
	Ofen (a)
	Silber (a)
Leben	Bauch (n)
	Baum (a)
	Blut (a)
	Brunnen (n, c)
	Buch (a, n, c)
	Fackel (c)
	Fisch (a)
	Haupt (c)
	Honig (a, c)
	Kohlen (a)
	Lampe (a, c)
	Lebensodem ↗ Wind (c)
	Licht (n)
	Milch (a)
	Quelle (a, n, c)
	Weizenkorn ↗ Weizen (n)
Leben, ewiges, s. auch Seligkeit	Frosch (c)
	Tau (Buchstabe) (a)
	Traube ↗ Weinstock (c)
Leben der Völker	Meer (a)
Lebenslauf, Lebensweg	Kelch ↗ Becher (n)
	Pferd (c)
	Rad (c)
	Saat und Ernte ↗ Saat (a)
	Schiff (a, n)
	Weg (a, c)
Lebensspeise, Lebenstrank	Brot (a, n, c)
	Honig (a, c)
	Milch (a, c)
	Wasser (a, n)
Lebenswandel	Fuß (a, n)
	Weg (a, n)
Licht	Hahn (c)
	Lampe (a, n, c)
Liebe	Herz (c)
	Mandragora ↗ Pflanzen (a)
Liebe, göttliche	Feuer (c)
	Flügel (a)
	Pfeil (c)
	Rot (c)

	Sonne (n)
Lob Gottes	Harfe (a, n)
	Tanz (a)
Logos	Bundeslade (c)
	Hand (c)
	Honig (c)
	Perle (c)
	Sonne (c)
	Vortänzer ↗ Tanz (c)
Los, zuerteiltes	Becher (a)
Macht	Einhorn (a)
	Horn (a, n)
	Krone (a)
	Wagen (a)
Macht Gottes	Arm (a, n)
	Blitz und Donner (a)
	Krone (a)
	Löwe ↗ Lebewesen (a)
	Stein (a)
	Wagen (a)
Maria	Acker (c)
	Blumen (c)
	Bundeslade (c)
	Civitas Dei ↗ Stadt (c)
	Einhorn (c)
	Garten (c)
	Gefäß (c)
	Granatapfel (c)
	Lebensbaum ↗ Baum (c)
	Mond (c)
	Morgenstern (c)
	Muschel ↗ Perle (c)
	Myrte (c)
	Palme (c)
	Quelle (c)
	Regenbogen (c)
	Reis (c)
	Silber (c)
	Stern (c)
	Thron (c)
	Tor ↗ Tür (c)
	Turm (c)
	Vlies des ↗ Lammes (c)
	Weizengarbe ↗ Weizen (c)
	Zeder (c)

	Säule (a)
Stärke, Kraft	Adler (a)
	Gürtel (a)
	Horn (a, n, c)
	Lende (a)
	Rechts (a)
	Säule (a)
	Stier (a)
Starrsinn	Erz (a)
Stern	Auge (a, n)
Stolz, s. auch Hochmut	Pferd (a)
Strafe	Blindheit (a)
	Blitz (a, n)
	Dornen und Disteln (a)
	Eisen (a)
	Erlöschen der ↗ Lampe (a)
	Erz (a)
	Feigenbaum, unfruchtbarer (a)
	Feuer (a, n)
	Frosch (a, n)
	Hagel (a, n)
	Heuschrecke (a)
	Rute (a)
	Sturm ↗ Wind (a)
	Vierzig ↗ Zahlen (a)
	Wasser (a)
	Wurm (a, n)
Sühne	Blut (a, n, c)
	Erz (a)
	Opfer (a)
	Rot (a)
Sünde, Sündhaftigkeit	Aussatz (a)
	Babylon (n)
	Blindheit (a)
	Diamant (a)
	Dornen (n, c)
	Drache (c)
	Eisen (a)
	Erde (c)
	Feigenblätter ↗ Feigenbaum (c)
	Fleisch (n)
	Kleidung, schmutzige (a)
	Rot (a, n)
	Schlaf (a)
	Schwein (c)

	Sieben (c)
	unbeschnitten ↗ Beschneidung (a, n, c)
Sündenfall	Apfel ↗ Frucht (c)
Sünder	Gras (a)
	Hase (c)
	Rabe (c)
	Schwein (n)
	Weide (c)
Sünder, reuiger	Hahn (c)
Synagoge	Auge (c)
	Krone (c)
	Links ↗ Rechts (c)
Taufe, Taufsymbolik	Anhauchen ↗ Wind (c)
	Blindenheilung ↗ Blindheit (c)
	Fisch (c)
	Fischfang ↗ Fischer (c)
	Geruch (c)
	Heimkehr in die Herde ↗ Hirte (c)
	Himmelsrichtungen (c)
	Hirsch (c)
	Kleid (c)
	Morgen (c)
	Nacktheit (c)
	Öl (c)
	Quelle (c)
	Salz (c)
	Siegel (c)
	Speichel (c)
Teufel, Satan	Bär (c)
	Blitz (n)
	Drache (n)
	Fuchs (c)
	Hinken (c)
	Horn (c)
	Löwe (n)
	Rot (c)
	Schmied (c)
	Skorpion (c)
	Wolf (c)
Tierkreis	Edelsteine (c)
	Sterne (n)
	Bauch (a)
Tod	Aas (a)
	Fackel (c)
	Finsternis (n)

	Löwe (a, n, c)
	Meer (a, c)
	Myrrhe (n, c)
	Nacht (a, n)
	Netz (a)
	Pferd, fahles (n)
	Rabe (c)
	Schakal (a)
	Schlaf (a, n, c)
	Skorpion (n)
	Strick (a, c)
	Zeltabbruch ↗ Zelt (n)
Todankünder	Hund (n)
Trauer	Asche (a)
	Brust (a)
	Erdbeben (c)
Treue	Diamant (c)
	Gürtel (a)
	Hund (c)
	Ring (c)
	Schmuck (a)
Tugenden, Tugendhaftigkeit	Schleier (c)
	Sieben (c)
	Stufen ↗ Leiter (c)
Unermeßlichkeit	Sand (a, n)
Unglauben	Babylon (c)
	Hund (c)
	Pferd (c)
Unheil	Austrocknung ↗ Fluß (a)
	Links ↗ Rechts und Links (c)
	Norden ↗ Himmelsrichtungen (a)
	Schwarz ↗ Farben (a)
Unkeuschheit, Unzucht	Esel (a)
	Kröte ↗ Frosch (c)
	Rot (a)
	Schwein (c)
Unreinheit	Aussatz (a, n)
	Hund (a, n)
	Schwein (a, n)
Unschuld	Lilie (a)
	Nacktheit (a, c)
	Weiß (n, c)
	Wolle, weiße (a)
Unterwelt	Brunnen ↗ Höhle (a)
	Fischbauch ↗ Fisch (a, n)

	Höhle (a, n)
	Löwe (a)
	Meer (a, c)
Urstoff	Erde (a)
	Milch (a)
	Wasser (a)
Urzeit, Urzustand	Finsternis (a)
	Paradies ↗ Garten (a)
	Urflut ↗ Meer (a)
Verantwortung	Schulter (a)
Verehrung, Huldigung	Kranz (a)
	Kuß (a, c)
	Weihrauch (a, n, c)
Vergänglichkeit	Asche (a)
	Blumen (a, n)
	Erde (a, n, c)
	Fleisch (a, n)
	Gold (n)
	Gras (a, c)
	Kranz (a)
	Motte (a, n)
	Pfeil (a)
	Schatten (a)
	Wind (a)
	Wolken (a)
	Zelt (a)
Verheißung	Lende (a)
	Sand (a)
	Sterne (a)
	Tanz (a)
	Thron (a)
	Traube ↗ Weinstock (a)
Verlangen nach Gott, nach der Seligkeit	Durst (a, n)
	Hirsch (c)
	Honigschlecken ↗ Honig (c)
	Milch (n)
	Zelt (a)
Versöhnung	Regenbogen (a)
	Schofarhorn ↗ Posaune (a)
	Weihrauch (a)
Verstocktheit, Herzenshärte	Diamant (a)
	Schulter (a)
	Stein (a)
Versuchung	Strick (a, n)

Zorn	Bär (a)
	Hund (c)
Zorn Gottes	Becher (a, n)
	Blitz (a)
	Erdbeben (c)
	Feuer (a)
	Hagel (a, n)
	Kohlen (a)
	Rute (a)
	Salz (a)
Zuflucht	Burg (a)
	Flügel (a)

BIBELSTELLENREGISTER

Lev

Xavier Léon-Dufour

WÖRTERBUCH ZUM NEUEN TESTAMENT

470 Seiten.
Sonderausgabe kartoniert und gebundene Ausgabe

Das Wörterbuch zum Neuen Testament bietet dem Leser eine neuartige, sehr instruktive und intelligente Mini-Enzyklopädie, die das Realienwissen, über das ein Leser des Neuen Testaments verfügen muß, in praktischer und leicht verständlicher Form darbietet.
Das Wörterbuch hat zwei Teile: Eine Einleitung, in der der Leser genaue Auskünfte über die Welt erfährt, in der das Neue Testament entstanden ist, und das alphabetische Wörterbuch selbst. Von den 5500 griechischen Wörtern, die im Neuen Testament vorkommen, werden in diesem Wörterbuch alle die Ausdrücke (etwa 1000) behandelt, die einer historischen, geographischen, archäologischen, literarischen oder theologischen Erklärung bedürfen. Es handelt sich also um ein wahrhaftes »Wörterbuch«, brauchbar und lehrreich nicht nur für den Theologen, sondern auch für den Religionslehrer, ja für jeden, der selbständig Zugang zum Verständnis des Neuen Testaments sucht.